Minerva Shobo Librairie

# 北欧福祉国家は持続可能か

## 多元性と政策協調のゆくえ

クラウス・ペーターセン／スタイン・クーンレ／パウリ・ケットネン［編著］
大塚陽子／上子秋生［監訳］

ミネルヴァ書房

# はじめに

本書は北欧の研究機関である Nordic Centre of Excellence, *Norwel*（The Nordic Welfare State - Historical Foundations and Future Challenge）に所属する北欧五カ国（スウェーデン、デンマーク、ノルウェー、フィンランド、アイスランド）の福祉国家研究者たちが日本の読者に向けて書き下ろしたものである。日本において北欧福祉国家に関する議論は、エスピン・アンデルセンが火付け役となったタイポロジーブームとともに、一九九〇年代から盛んになった。しかし多くの場合、スウェーデンのみが事例として扱われ、北欧諸国は他のヨーロッパ諸国やアメリカを含む国際比較研究といった大きな枠組みの中で「北欧モデル」と一括りにされてきた。それでは一体この「北欧モデル」とは何なのであろうか。確かに北欧諸国には類似点が多い。しかしながら、その類似性の源が北欧各国間の古くからの政策的協調にあることは意外に知られていない。また、「北欧モデル」という単一的なものの見方を一度解体し、北欧各国に目を投じてみれば、それぞれの福祉国家の成立・機能・発展のプロセスにはかなりの相違がみられ、安易に一括りにできないこともわかる。本書が提供する新しさとは、「北欧モデル」を問い直すための北欧諸国間の比較による類似性・相違性の原点の発掘なのである。

この北欧諸国間の比較は、これまで日本に紹介されてきた福祉国家研究のメインストリームからではなく、ジェンダー、家族、地方分権、ボランティア組織、雇用等の社会の一側面から描き出すことによって可能になるといった点も本書のもう一つの特徴となろう。実際に本書では、政治学、社会学、歴史学、経済学といったさまざまな専門分野の北欧の研究者たちが学際的かつ多元的に「北欧モデル」を描き出している。日本においては福祉パラダイスとしてみなされがちな北欧であるが、近年、移民問題などにより福祉国家としての連帯が懸念されるなかでどのように存続すべきかを北欧の研究者自身が論じている点も興味深い。そしてさらに、本書のいくつかの章で引き合いに出されるマルハナバチが、空中を浮遊できそうもないようにみえながら、実際には宙に浮かぶように、北欧モデルは存続の危機に幾度も直面しながらも未だに存続しているのである。その理由もまた、本書は日本の読者に提供している。

北欧は理想の福祉国家であると常に称賛されてきたわけではない。北欧福祉国家はあまりにも包括的で国民を怠惰にし、「福祉依存者」にしてきたため、経済成長にも貢献しないと主張する者もいる。しかし、一九八〇年代以降、数多くの福祉国家の比較研究の功績を基礎に、「北欧モデル」という概念は、北欧諸国を取り上げる国際機関・学界・マスメディアのいずれにおいても、幅広く積極的な共通認識をもつ用語となることに成功してきた。近年は、北欧諸国内において、受け継がれてきたこの概念をめぐる「文化戦争」が生じている。多くの社会民主主義者たちは、「北欧モデル」とは自分たちのモデルのことだと主張するが、保守主義者たちや自由主義者たちは、「北欧モデル」を以前よりもさらに共有することを主張する。社会民主主義モデルの所有権に関する、政党を越えたこの主張は、それ自体は実に興味深く、少なくともこのモデルの成功を示す指標である。全政党が勝ち組に寄ることを欲している。ある包括的な文献によれば、以下の三つの主要な特徴が分析結果としてまとめられる。それは「国家性」「普遍主義」「平等」である。

特にこのモデルの「国家性」とは、国家の強い役割のことであるが、これは、義務と権利の両側面から、ポジティブなものとしてとらえられている。このタイプの国家は、支配階級の管理下にある抑圧的な強制装置が他の多くの国々よりも弱い。さらに、地方政府は法治単位と認識され、貴族よりも神父によって導かれた教養ある平民によって治められている。現代の地方政府と中央国家の役割は、公共サービス・雇用と多くの税財源による現金給付においてみられる。

「普遍主義」、すなわち普遍的な社会権の原則は、北欧諸国においては全国民に向けて拡大されている。サービスや現金給付は、生活困窮者に向けてばかりではなく、中産階級も包括している。社会保障プログラムは、政治・経済の近代化や国家建設プロジェクトの時代における第一歩であった。歴史的に、貧困な農民や労働者に人生の機会を同じように与えることは、同じリスクと社会権があることを認識させることおよび普遍主義原則を根付かせることに貢献した。これらは第二次世界大戦後の二〇年間において実践された。

「平等」に関していえば、かなり縮小された階級・所得・ジェンダー・地域の格差が北欧諸国の歴史的な遺産となっている。近代の産業ブルジョワジーは、コーポラティスト的な方向性を通じて影響力をもつようになったにもかかわらず、中央政府において強力な政治的地位を獲得しなかった。北欧の近代階級構造に向かう道筋は、農民の強固な地位と領主の弱体化、議会システムや労働市場における交渉への労働者階級の比較的容易なアクセスによって形成された。所得格差が小さいこともまた北欧の経験の一つであり、比較の視点からみると、貧困レベルは他の国々よりも驚くほど低い。さらに、北欧諸国はジェンダー不平等が少ないことでも有名である。高度なジェンダー平等は北欧モデルの主要な特徴となっている。

本書は北欧五カ国における各国の福祉国家の出現を詳説している。福祉国家の「パッケージ」全体、すなわち、原則、政策、制度、結果、そして社会民主主義的なガバナンスの公式および非公式な側面、すなわち政治参加、政治進出、政府統治、市民社会参画、協同形態、紛争解決ルールに関して、北欧諸国はかなり類似しており、他の国家や他の国家群とは差別化された地位にある。これらの認識された類似点は「北欧モデル」というラベルを正当化する。

しかし、これまでにも述べてきたように、「北欧モデル」とは「五つの例外をもつ単一のモデル」である。本書は、北欧諸国間の多くの相違点もまた福祉国家の多元的な視点から論じている。「多元的な」という意味は、北欧福祉国家の多様性と同時に北欧モデルにおける国家よりも他のアクター、たとえば、第三セクターや市民社会、ボランタリー組織の役割に言及している。北欧福祉国家は、特に第二次世界大戦後の四〇年間に成熟してきた。その後、一九九〇年代から二〇〇〇年代の最初の一〇年間においては、福祉先進国と呼ばれる北欧においても福祉アレンジメントの基本的な状況には大きな変化があった。本書はまた、北欧諸国がどのように彼らの福祉国家を維持することに成功しているのか、そして、グローバル化の高波の中で変化する階級構造、社会政治的圧力、理念的な言説、ヨーロッパ統合という課題にどのように対応してきているのかを検証している。

本書の焦点は現代の北欧社会であるが、現状と将来的展望を理解するためには、過去に遡る必要がある。本書の構成は三部に分けられている。第Ⅰ部は北欧五カ国それぞれの福祉国家の歴史的発展と北欧の社会政策協力を扱っている。第Ⅱ部は「北欧モデル」の数々の主な特徴と特性を紹介し、議論している。最後に、第Ⅲ部は北欧福祉国家の組織化の現状と将来の課題について議論をしている。

論者にとって著書の中に何を含む／含まないかを判断するのは容易ではないが、本書では、全体として、北欧の独特な特性を形成するような、もっとも頻繁に考察される事項を盛り込むこととした。以下、本書で扱われている最も重要な問題や事項の概要について述べていく。

「北欧モデル」という特殊な概念には長い歴史がある。社会と同じくらいその概念はダイナミックなものの、起源を探ることはいつも容易ではない。しかし、北欧社会モデルという理念は少なくとも一九三〇年代まで遡るが、前史的な起源はそれよりもさらに以前になる。歴史研究者は、国家の文化、宗教（ルター主義）、そして二〇世紀に発達した福祉国家発展の重要な前史となる地方自治の伝統を、他の専門分野の研究者との間において強調している。第1章から第5章では、北欧の歴史研究者が、一九世紀後半からこんにちまでの五つの福祉国家それぞれの歴史的発展を概観している。本書の第Ⅰ部は、北欧モデルを理解するための一般的な時系列のフレームワークと発展の背後にある歴史的な原動力についての議論である。ここでの一つの重要な結論は、北欧モデルが構造的な発展や外圧によって単に必然的にもたらされたものではないということである。むしろ、北欧モデルの特殊な特徴は、時には無規制な市場原理による悲惨な結果を規制および鎮静するための政治的挑戦といえる。これによって、北欧福祉国家は、規制された資本主義の特殊なバージョンとして描写されるかもしれない。一方で、この発展は、産業の近代化、完全雇用、経済成長によって構築されたものの、他方では、多くの社会サービス、社会保障制度、政治的妥協が、近代化が進むことによりもたらされるものを制御するために導入された。一九三〇年代および一九四〇年代から、この発展はしばしば資本主義と社会主義の間の「第三の道」と呼ばれるようになった。もちろん、基準地点（北欧福祉国家を資本主義であるのか、もしくは社会主義であるのかという尺度で測ることへの批判）を議論しえたとしても、福祉国家の発展は、幅広い政治的妥協を基礎とする程度が非常に大きかったといえる。福祉国家システムの発展は、国民国家のフレームワークの内部で発生したものの、「北欧（ノルディック）」という概念は、非常に早期から影響力をもっていた。歴史の部の最終章である第6章では、北欧の密接な政治的妥協が、かなり類似した福祉政策の発展および特殊な北欧福祉モデルの理念に関する共通のアイデンティティに影響を与えた。

第Ⅰ部が各国それぞれの歴史的経緯を同時に取り扱う一方で、第Ⅱ部は北欧モデルの主な特徴に関する議論を比較している。全章が、すべてではないが、いくつかの北欧諸国を取り扱っており、一般的な傾向と国別の相違を論じることを目的としている。

まず、多くの論文が、北欧五カ国における特定の福祉政策の特徴を取り扱っている。このなかには、第7章のように、北欧福祉国家の根幹とみなされる普遍主義の原則と実態についての論文も含まれる。普遍主義とは、北欧諸国がたいてい全市民（多くの場合は全住民）にとって同じ条件のもとでの社会権を基礎として、全人口を保障する制度をもつという事実について言及する。社会権や教育権の理念に密接に関連する事項は、北欧諸国が貧困や所得分配の不平等を撲滅することにおいてかなり成功してきたことを実際に示している証拠である。北欧諸国は、第8章において示されているように、世界で最も万人平等かつ最も貧困率の低い国々の中にある。もちろん、経済成長や富は、この結果を説明する非常に重要な要因であるが、同様に、制度や政策に関する政治決定，および，どのような制度的解決がデザインされたかという結果でもある。他の重要な特徴は，第9章において論じられているように，ジェンダー平等についてである。これは，北欧においてかなり重要なものとしてよく指摘される。北欧諸国は，しばしば「女性に好意的な」福祉国家であると描写される。国家介入（家族政策），ジェンダー平等問題に向けた強い女性運動，女性の労働市場参加は，政治課題として高く位置づけられている。第10章は北欧の家族，家族政策と労働生活についてであるが，これらの側面は，北欧諸国間における相違点を指摘するなかでより詳細に議論されている。このように異なる方法で，第Ⅱ部における数々の論文は，強力な国家を通した社会連帯が個人の自律への強調と共存しえた北欧の社会政策的志向を明確にしている。

北欧諸国における社会の組織化の方法を描き出し，議論している論文も多くある。北欧福祉国家は，国家介入の強い国家主体，影響力の強い国家官僚制，そして，重要な割合の労働人口を雇用する巨大な公共部門として，しばしば適切に描かれる。しかしながら，これは描写の一面に過ぎない。そこには「国家」と「社会」の密接な関係が含まれなくてはならない。この一側面が北欧福祉国家における分権化の特徴である。多くの市民が福祉国家に地方レベルで関わる。第11章では，北欧における地方政府と自治体部門の役割について議論されている。別の側面としては，ボランタリー組織もしくは市民社会と福祉国家との全面的に積極的な相互関係である。国家と社会は，国家が市民社会を締め出すリスクをめぐって相互対立するものとして理解されているが，北欧諸国においては協力関係が以前から存在し，現在ではより一般的であるために，このような対立は限定されている。公共部門の外に視野を転じてみると，第13章で説明されているように，労働市場をめぐる諸関係に接近してみることは価値がある。北欧は，自律的な労働市場によって特徴づけられている。それは労働市場がよく組織化された雇用主組合と労働組合との間の交渉によって主に規制されているからである。このモデルの前提条件は，両者の組織化の程度の高さである。第三のアクターとしての国家は，労働市場内の妥協を円滑にしてきた。労働組合と雇用主組合は労働市場政策に少なからぬ影響力を及ぼし，社会政策と経済政策を結びつけた。これらの「協同組合主義の」システムは，福祉システムを通じた包括的な社会保障と結びついて，比較的柔軟な労働市場を形成することに成功してきた。

前述の各章は，本書において注目すべき事項を批判的に検証・議論しているものの，全体的な結論は，北欧五カ国が少なくとも一〇〇年以上にわたる堅実な経済活動と社会保障および政治的安定を両立させる現代福祉国家に変容することに成功してきたことである。本書の第Ⅲ部では，「北欧社会モデルに終焉はあるのか」「北欧社会モデルは現在および将来の国内人口問題，社会問題、国際的課題のなかでも持続し得るのか」を論じている。

課題の中でも喫緊の政治アジェンダとして移民問題とグローバリゼーションがある。大規模な移民問題は、北欧福祉国家にどれほどの影響を与えるのであろうか。第14章は、かつて単一民族であった北欧社会が、どのように一九六〇年代からこんにちまで移民問題に対応してきたのかを論じている。この課題は現実的かつ象徴的な課題であり、時には移民の統合政策、包摂／排除政策、社会権・教育権などをめぐる政治闘争にも緊張を与えてきた。別の「外からの」脅威はEU統合から生じてきている。デンマークは一九七三年に、スウェーデンとフィンランドは一九九五年にEUに加盟した。ノルウェーとアイスランドはEU加盟国ではないが、EUとの特別協定（ヨーロッパ経済地域）を通じて、EU政策に大規模かつ密接に関わることを余儀なくされている。このことは、第15章において、北欧のEU加盟国に対するEUの増大する影響力を考察するばかりでなく、福祉国家への民衆支持やグローバリゼーションがその国の労働市場に与える影響という点でのヨーロッパの経験を比較しながら論じている。

終章である第16章は、北欧福祉国家への脅威に関する通常の疑問をまとめ上げ、包括的、歴史的視点からそれを議論している。第14章・第15章で述べてきたグローバリゼーションや移民問題に加え、第16章では、経済発展、社会の変化、理念の変化（特に新自由主義の役割）を含んでいる。歴史的に北欧福祉国家は、新しい課題への対応を取り入れ、発展させるという点においては成功してきているが、これは将来においても成功し続けられるのであろうか。終章は、この質問に対して、これまで各章で行われてきた議論を歴史的に考察する機会を提供し、また部分的には、これまでの各章における議論を総括し結論づける役割も果たしている。

本書は、福祉国家研究者はもちろんのこと、歴史研究者、政策研究者、社会福祉関係者、院生・学生など幅広い読者層に北欧福祉国家研究の一筋縄ではいかない側面を、しかしながら体系的に提供するであろう。本書の刊行にあたり、スカンジナビア・ニッポン ササカワ財団（Scandinavia-Japan Sasakawa Foundation）、ミュラー財団（A. P. Møller and Chastine Mc-Kinney Møller Foundation）、デンマーク国立南デンマーク大学福祉国家研究所（Centre for Welfare State Research, University of Southern Denmark, Denmark）およびノルウェー国立ベルゲン大学比較政治学部（Department of Comparative Politics, University of Bergen, Norway）から出版助成を受けたこと、また、ミネルヴァ書房から快く出版を引き受けていただいたことを謝辞として付しておきたい。

二〇一六年一二月

クラウス・ペーターセン（Klaus Petersen）、大塚陽子（Yoko Otsuka）、スタイン・クーンレ（Stein Kuhnle）、上子秋生（Akio Kamiko）、パウリ・ケットネン（Pauli Kettunen）

北欧福祉国家は持続可能か――多元性と政策協調のゆくえ

# 目次

はじめに

# 第I部　北欧モデルの成立と展開

## 第Ⅱ部　多様な福祉政策的側面からみた北欧モデル

# 第Ⅰ部　北欧モデルの成立と展開

# 第1章　スウェーデン——社会権の充実による社会保障体制の進展

スウェーデンは社会民主主義的な国家のプロトタイプとして知られるようになった。一九六〇年頃より、近代スウェーデンの社会保障システムは、社会権はすべての住民を包摂すべきであるという普遍主義の原則と、何らかの理由で働き続けられなくなった者の生活水準を保障する所得保障の結合を基礎として作られた。社会保険は、市場による解決を最小限としつつ、国家によって作られた。本章は、スウェーデンの近代福祉国家への道程と、それが近年遭遇した危機を説明するものである。

## 1　一九三二年以前のスウェーデンにおける社会保障

スウェーデンにおける近代的社会政策に関する議論は、ドイツのオットー・フォン・ビスマルク首相とドイツにおける社会政策論議に触発されるとともに、貧困、移民、社会的・経済的不安定、ならびに都市化・工業化および資本主義的賃金労働者の発生という一九世紀後半における重要な社会問題に触発され、一八八〇年代に始まった。

当時のスウェーデンは、他の北欧諸国と同じく、ほとんどが非都市部であった。人口の大部分——五〇％を超す部分——が農村に住み、農業・林業・水産業などに従事していた。小規模な農場やそれに似た生活の糧を持つ者にとって、老齢年金やその他の保険は、都市の労働者ほどには問題ではなかった。しかし、非都市部居住者は納税者であり、政治システムや議会において重要な役割を果たしていた。スウェーデンにおいては、この納税者の大多数に利益を還元することなく国家が資金を出すシステムを導入することはほとんど不可能だった。したがって、貧困状態にある者・労働者階級・工業労働者といった特定のグループだけを対象とする提案に対し、政治的支持を得ることは困難だった（Englund 1976; Elmér 1960; Johansson 2003; Åmark 2005）。

一九世紀後半および二〇世紀初頭、社会保険はスウェーデンにおいて、保守主義者と自由主義者の間の重要な政治的論争の場となった。保守派のいくつかのグループは、この分野での新しい国家の財政支出に留保を付け、一方、他の保守派のグループや自由主義者は、労働者問題とも呼ばれる増大する社会問題の解決を要求していた。一八九一年に多くの、そしてしばしば任意加入による小さな基金への政府の援助が導入された。一九一〇年にこの援助は、より詳細な政府の統制と引き換えに拡大された。殊に政府は、それぞれの個人が同時に二つ以上の健康保険組合のメンバーになれないことを要求した。その結果、多くの基金が所得階級別のシステムを導入した。そこでは、当該個人自身が付保される収入を選び、その所得階級に従って保険料を支払うことになっていた。このシステムは、任意加入による所得階層化とも呼びうるものであった（Lindqvist 1990; Edebalk 1996; Johansson 2003; Åmark 2005: 47）。

　職業上の事故に関する保険は一九〇一年に導入された。これは、一定額の給付金を伴うものであった。このシステムは、収入維持の原則がこの保険に導入された一九一六年に変更された。その原則は、怪我をした労働者は収入の三分の二を給付として与えられるべきだというものであった。しかし、収入の上限はかなり低かった。この変更の目的は、この上限を生計費の最も高い地域の工業労働者の平均に近づけることであった。これは、この収入維持原則の背後にあった目的が、ホワイトカラーの労働者や公務員をこのシステムに包摂することではなく、一般の労働者の生活水準を維持することにあったことを示している(1)。

　一九一三年に国会が国民の年金制度について可決した。このやや複雑でしばしば誤解される制度は、非常に異なった要素を取り入れている。その一つは、被保険者が支払う保険料によって支えられるという、ほとんど普遍的な年金保険制度を含んでいるという要素である。保険料も年金支払額も共に非常に低額であり、男性に有利で女性に不利な収入の配分を反映する支払保険料に関連づけられていた。一九三〇年代初頭の年間の年金支払額は、一般の工業労働者の数日分の賃金程度であり、年金保険の経済的重要性は極めて小さかった（Åmark 2005）。

　他の一つの要素は、労働できない者たちへの障害年金という形での、収入とニードの双方を考慮した国庫負担による制度という要素である。形式的には、国家と地方自治体によって負担されるこれらの補足的年金制度は、障害者のためであったが、実際には、六七歳以上で収入を持たないすべての者にこの補足的年金は与えられていた。その当時の標準からいっても、年金額は低く、高齢者に公共の救貧制度の世話にならない生活を保障するものではなかった。一九三〇年代初期において、追加的年金の総支払いコストは年金保険の制度に従って支払われた給付のコストの九倍にも上った。追加的年金の約三分の一は六七歳以下の障害者に支払われ、三分の二は、実のところ、六七歳以上の者への老齢年金であった（Elmér 1960; Berge 1995; Åmark 2005）。

年金保険制度は、扶助から自助へという自由主義の原理に基づいて形作られたが、追加的年金制度は、伝統的で、国家が負担する、対象を絞った制度であり、それが当初の意図より幅広く適用されるようになったものである（Elmér 1960; Åmark 2005: chap 2; Baldwin 1990: 65）[2]。

貧困との戦いが一八九〇年代から一九五〇年代までのスカンジナビア諸国の社会政策を席巻していた。この戦いは、強く性別によって支配されていた。社会政策は、夫が働いて生活を支え、妻が家事と育児に主な責任を持つという、男性稼ぎ手モデルをその出発点としている。社会保険制度の創設は、この男女の違いを前提としていた。新しい社会保険は、主に賃金稼得者と労働市場をその対象とし、他の改革は、母としての女性を援助するための対象としていた。労働市場への参加は男性と女性とで全く違うものとされていた。下位の社会階層に属する一四歳以上の者は、教育を受けているのでない限り、一般には働いて自らと家族を養うものと考えられていた。そして、教育を受けている者は、ごく少数だった。この時代、スウェーデン人の結婚年齢は高かった。平均初婚年齢は、男性で二九歳、女性で二六歳だった。女性は結婚あるいは長子誕生後には、家事と育児を優先すべきだとされていた。したがって、女性は、疾病保険・失業保険・労災保険に関して男性と同じニーズを持つとは考えられていなかった。一方、老齢年金は女性にとって、彼女らはより長寿なので、男性にとって以上に重要だった（Carlsson-Wetterberg 1986; Kulawik 1999; Johansson 2003: chap 7; Åmark 2002）。

スウェーデンにおいては、一九二〇年代は労働市場問題に関する政治的闘争の時代、つまり、階級闘争の時代であった。労働市場問題、労働関係の安定、失業は、第一次世界大戦後の重要な政治課題となった。失業者への国家政策は、初歩的で、要求の厳しいものだった。一九一四年に、国家が支援する地方政府による失業給付および失業対策事業の制度が導入された。しかし国会は、全国的労働組合によって組織された失業基金に対する国家支援の問題について決定することができなかった（Edebalk 1996; Heclo 1975: chap 3; Abukhanfusa 1987）。国家はニーズテストによる支援と不人気な、いわゆる「失業対策雇用」を失業者に提供した。失業者、特に独身者は、遠隔の地方部に送られ、仮設小屋に住み、道路建設などの資格のいらない低賃金の仕事をすることを強制されることもあった（Eriksson 2004; Edling 2006）。

スウェーデンの社会保険制度における経済的給付は、依然として極めて低水準であったので、家族を養うには不十分であった。しかし同時期に、普遍主義の理念ともいうべき、少なくとも広範囲で支持される解決策が生まれた。新しい社会保険は、社会の中の最も貧しい層や労働者階級だけを対象とするのではなく、通常の賃金を得ている賃金稼得者をも含んだ。高い所得を得ているホワイトカラー労働者は、所得調査によって制度から外された。社会保障保険は、何らかの理由によって自らの仕事のみでは生活できない者の多くに補助的所得を与えた。しかし、この給付は通常、被保険者およびその家族の生活を支え、彼らを、他の所得源、他の家族、使用者、または最悪の場合には、救貧制度への依存から解放するに十分ではなかった。自由民主主義は、実際に社会保障の問題を解決することができなかった。これは、資本主義社会においてありふれたことであった[(3)]。

## 2　国民の家の建設——一九三二～一九五〇年

一九三〇～一九四〇年代において、スウェーデンは一九三〇年代の経済危機によって引き起こされた失業の増大、増加する高齢者の貧困問題、家族の貧困、殊に、多子家族の貧困、人口減少問題——出生率は長期にわたって減少しており、一九三〇年代には、ヨーロッパの他のどの国よりも低かった——といった、いくつかの大きな社会問題に直面していた[(4)](Hatje 1974: Åmark 2005: chap 7 & 8)。

一九三二年に、スウェーデンでは社会民主党が政権を獲得し、同党はそれを四四年間維持し続けた。同党は、社会を国家と政治制度の力で改革するという新しい公約を掲げていた。同時に、色々な問題を調査し、提案された改革について一致を見るために広く国会の委員会を利用するスウェーデンの政治制度は、すべての主要政党がそれらの政治課題に影響を与えることを可能にした。社会民主党の優位は、ブルジョア政党が影響を欠いたということを自動的に意味しない(Heclo 1975; Hatje 1974; Åmark 2005: chap 8)。

社会民主党の新しい政治の背後にあった原則は常に新しいものばかりではなかったが、物事を成し遂げようとする意志と能力は、正に新しいものだった。自由党も同じような言葉を使ったかもしれないが、社会民主党は大抵、その原則を高い税率と公的部門のさらなる拡大によって実現することにより熱心であった。それ以前の時代での社会政治思想を支配してきた、自助への幅広い援助という自由党の原則は、徐々に、国家によって組織された普遍的なシステムに取って代わられていった(Olson 1986; Olsson 1990; Esping-Andersen 1993; Berge 1995; Åmark 2005)。

一九三〇年代に社会民主党政権によって開始された新しい失業政策および新しい経済政策の主要な課題は、賃金稼得者を労働市場にできるだけ早く戻すことであった。この政策は、当時の社会民主党の修辞の中では「労働の原理」と名づけられた。労働運動にとって失業と戦うための最も重要な手段は、労働者にできるだけ早く労働市場に再参入するよう促す積極的労働市場政策であった。このような政策は、労働者を失業している間の経済的困難から守る政策より重要だと考えられた。言い換えれば、再商品化は脱商品化より重要だということである（Åmark 2005; Esping-Andersen 1986 & 1990）。

社会民主党の失業政策のもう一つの内容は、全国労働組合により組織された失業基金への国庫補助の導入である。この問題は何十年も議論されてきていたが、ここで社会民主党は、労働組合運動と労働者に対して、同党が重要な課題において労働者の利益を促進するということを示さなければならなかった。この観点からいえば、同党が一九三四年に非社会主義政党との妥協の後、議会に受け入れを認めさせた決定は、失敗であった。失業保険制度の構築は、ベルギーのゲント市から名づけられた、いわゆるゲント方式によっていた。国家は、全国労働組合によって組織・管理される失業基金に援助を与える。問題は、保険を規制する規程の幅が細かく、一方、国家からの援助がまだ小さいことだった。多くの労働組合は、彼らが支払わなければならない金額を補償するにはこの援助があまりに小さいと考えた。たとえば組合は、スト破りをする者も失業基金のメンバーにしなければならないことを恐れた。したがって、基金のごく一部のみが、一九三〇年代に国家援助を受けるために登録し、そのメンバーの数は少なかった。しかし、暫くして、労働組合の政治力が示された。一九四一年には、この規制は労働組合の要求に合わせて変更され、彼らは次々に国家援助を受け入れるために登録していった（Edebalk 1996; Åmark 2005; Edling 2006）。

失業基金の管理をめぐる議論は、一九四〇年代から一九五〇年代初期へと続いた。主要な問題は普遍主義の問題だった。ゲント方式では、組織に未加入の労働者や失業を繰り返す労働者は、普通、保険制度から除外されてしまう。一九五〇年には、保険適用外の人数は、二四五万人の賃金労働者のうち、七〇万人と計算されていた（Åmark 2005: chap 4）。スウェーデンにおいては組織参加率は特別に高かったとはいえ、労働組合が管理している制度は普遍的にはなり得ない。ブルジョア政党は義務的な、国家が組織する保険制度をより好んだ。その理由の一つは、そうすれば労働組合は重要な政治力の源泉を失うであろうということだった。しかし、労働組合は義務的保険制度の提案を阻止するだけの政治力を持っていた。増大した政府からの経済援助と労働組合の希望に従った所得保障制度によって、労働組合は失業基金の管理についての影響を保持しえた（Åmark 2005: chap 3; Edling 2006）。この問題については、労働運動にとっては労働組合の力が普遍主義の原則よりも重要だった。

一九三〇年代および一九四〇年代のスウェーデンの最も重要な社会政治的改革の一つは、国民年金に関する法制度であり、これは、一九三五年と一九三七年に改正されている。社会民主党にとっての最終目標は、社会大臣グスタフ・メーレル（Gustav Möller）の言葉によれば、「労働者や農業労働者や小農民を救貧制度の重荷となるリスクから解放」することである（Möller 1935: 10）。この地方の救貧制度の重荷となるリスクからの解放は、社会大臣グスタフ・メーレルの演説に繰り返し出てくるテーマであり、これは、収入のない高齢者が実際の状況において自らがそうであると認識するほど、重要で差し迫った懸念であった。高齢者は既に労働市場を去り、そこに戻ることはできない。したがって、デンマークの社会学者イェスタ・エスピン-アンデルセン（Gösta Esping-Andersen）が脱商品化と呼んだものは、社会民主党政権が注意を払う問題ではなかった。その代わり、政府が国民を、地方政府とその官僚と地方政府のニーズテストによる救貧制度への屈辱的な依存から解放しなければいけないのであった。グスタフ・メーレルと社会民主党は、国民の権利のために戦っていた（Esping-Andersen 1986 & 1990; Åmark 2005: chap 4）。

ブルジョア政党もまた、老齢年金給付を改革し、改善するという目標を公約していた。保守党は、殊に、保険制度をそのまま維持することに熱心で、農民党は、社会民主党の地域的な物価格差に関連した特別な年金付加給付の導入の阻止に失敗した（Petersen and Åmark 2006）。

一九四八年には、老齢年金は再び改革された。一九一三年以来の保険制度は廃止され、年金は普遍的かつ一定額で、国庫負担によるものとなった。従前の所得調査は、社会民主党内における深刻な論争に、グスタフ・メーレルの率いる派閥が勝利したことにより、保守党および農民党の要求に従い廃止された（Åmark 2005: chap 6; Baldwin 1990: 134）[5]。所得調査の廃止は、スウェーデンにおける社会改革の背後にある、妥協で結論を見出し、いくつかの政党の支持を取りつけるという、かなり複雑な構図のよい例である。普遍主義の原則は、社会民主党にのみ見られるのではない。その原則は、農民党ばかりでなく、保守党にもよっても代表される地方部人口の利益にも応答していた。

定額の老齢年金は、労働者と農民を同一に扱い、また男女を平等に取り扱った（既婚夫婦に対する年金は、単身者の年金より低かった）。新しい制度は、普通の工業労働者の賃金の約二〇％程度の支給に過ぎなかったが、引退した人々は救貧制度からの追加的援助なしに、年金で生活することができた（Palme 1990）。

一九三〇年代の第三の主要な政治課題は、いわゆる「人口危機」であった。スウェーデンにおける出生率は、他のどのヨーロッパ諸国よりも急速に低下した。非社会主義政党は人口の増加を促進しようとしたが、一方、社会民主党は社会政策の改良により興味を持っていた。しかし、人口問題についての共通の関心により、一九三〇年代および一九四〇年代に大小の多くの法律が国会を通過した（Hatje 1974; Kälvemark 1980, Åmark 2005: chap 8）。新しい家族政策が、男性による一致のもとで導入された、この新政策は、男性稼ぎ手モデルを強化し、夫が何らかの理由で働けなくなったときに、その妻子を支えていくことを容易にした。たとえば、一九四六年の疾病保険に関する政府提案による法案は、児童手当とともに、妻が病気の間の保育費用をその家族が支払っていけるように、妻への給付を含んでいた（Abukhanfusa 1987: chap 4; Åmark 2005: chap 8）。

この新しい社会政策はまた、夫／父との関係において妻と子が経済的に自立することを強化する多くの改革を含んでいた。この一連の改革の中で最も重要だったのは、一九四八年に導入された普遍的な児童手当であった。この改革における一つの興味深い細部は、多くのアングロサクソン諸国の場合と同じく、この手当は父親にではなく、直接母親に支払われたということである。保守党は、高所得者を利する、子どものための税額控除を含む古い制度を守ろうとし、農民党は、可能な限り効率的に人口増加を促進するために、同じ所得階層毎に、有子家族と単身者の間で、所得を水平的に再分配する制度を支持した（Hatje 1974: 87-118）。

一九三七年に法制化された養育費前払いも、母親の地位を強化した。なぜならば、両親が非婚もしくは離婚した子どものために、よくあることだったが、父親が養育費を支払わなかった場合には、国家が養育費を支払ったからである。妊娠中の女性および新生児の母親に対する改革も、母親と子どもの休暇旅行への援助も、同様の精神をもって行われた（Abukhanfusa 1987; Tilton 1990: chap 5; Ohlander 1993; Bergman 1999）。

一九三〇年代および一九四〇年代に形成された家族政策は、実際に不明瞭なものだった。一方では、夫が妻を在宅させながら妻子を養う可能性を強化する政策には専業主婦の理想があり、これは労働運動によって目指された理想でもあった（Hirdman 1989 & 1998）。

他方では、新しい政策は、家庭内における母親の地位を強化・援助し、彼女らを夫から自立させた。しかし、スウェーデンにおいては、国家が在宅育児をする女性を援助するための補助を支払うべきであるという、「母親賃金」に関する真剣な議論が行われたことは一度もない。しかしながら、保守党が一九四〇年代にそのような政策を支持していたことは記録されるべきである（Hatje 1974: 87, 213, 232; Abukhanfusa 1987; Tilton 1990: chap 5; Ohlander 1993; Åmark 2005: chap 8）。

スウェーデンの社会政策を再形成するには、一五年かかった。一九五〇年頃には、スウェーデンは新しい、コストの高い制度を持つに至った。一九四八年に老齢年金は非常に寛大なものであったので、高齢者は公共の救貧政策に頼らなくてよかった。一九四六年に児童手当は、国内のすべての子どもに対して親の所得と無関係に支払われた。疾病保険と失業保険は、まだ任意加入の組織によって担われていたが、国家によって援助され、管理されていた。定額給付が老齢年金・児童手当・疾病保険に導入された。スウェーデンは基礎保障モデルの方向へ向かっているようだった（Korpi 1998）。これらの改革の背後には、一種の「原動力」として社会民主党を見ることができる。しかし、社会民主党は工業労働者階級の利益のためだけに戦ったのではない。定額システムはいまだに数の多かった地方部人口と小規模農家にも都合がよかったのである。ブルジョア政党も、殊に人口問題を強調し、所得調査に反対し、普遍主義の理念を支持することによって、改革作業に加わった（Åmark 2005）。

## 3　所得保障に関する論争
### ——スウェーデン社会民主労働党（ＳＡＰ）対スウェーデン全国労働組合連盟(6)（ＬＯ）

第二次世界大戦の終了時点において、スウェーデンは比較的優位な経済状況にあった。スウェーデンは戦災を受けなかったので、産業は無傷だった。社会の再生に集中する代わりに、スウェーデンは直ちに平和と繁栄の世界へ踏み出すことができたので、経済成長は早かった。一九七〇年には、スウェーデンは世界で第三位の富裕国となった（Korpi 1992: 69）。

一九五〇年以降に形作られた、新たなスウェーデン福祉国家は、二つの主要な争いの中で形成された。一つは、労働運動における基礎保障の原則と所得保障との原則の争いであり、もう一つは労働運動とブルジョア政党との間での、階級間の正義、社会保障制度における寛大さの度合い、および社会階級間の経済的再分配の大きさについての争いであった。

一九三七年にスウェーデン社会民主党が最初の一群の社会政治的改革を完遂したとき、将来の計画を立てるべき時が来た。グスタフ・メーレルがデンマークの例に刺激されて任命した社会福祉委員会が、スウェーデンの社会福祉制度のすべての部分を精査すべきこととなった。その後一〇～一五年の間に、メーレルは次々と起きる問題について、この委員会と深刻な争いをすることとなってしまった。これらの争いは、すべての主要な社会保険における所得保障の問題に集中していた。保険制度における給付は、イギリスのベヴァリッジ・モデルのように定額であるべきか、あるいは何らかの所得保障を行うべきかといったことである(7)。

社会福祉委員会は、所得に関連した給付を伴う制度を強く推した。たとえば同委員会は、疾病保険における給付は給与所得者に生活水準を下げることを強いてはならない、すなわち「疾病保険の任務は、少なくとも労働できない短い期間においては、生活水準をできるだけ維持することである」と論じた（Åmark 2005: chap 6）。この所得維持を達成するために推奨されたやり方は、すでに任意の疾病保険協会および労災保険において行われていた。これは被保険者をその年収によっていくつかの所得階層に分類するという方式だった

(ibid)。

所得保障の原則はまた、スウェーデン全国労働組合連盟によっても支持された。所得維持は、労働市場によって作り出された社会秩序が社会保障制度によって再形成されることを意味した。スウェーデンの強力な団体交渉システムによって制度化された賃金システムは、成年の熟練労働者と、労働能力の低い女性、若年者および高齢者を区別したことを意味していた。また、この区別は所得保障の原則によって保護されていた。

グスタフ・メーレルは、その演説や文章の中でしばしば、従来の、ニーズテストによる貧困者救済に対する機械的な処理システムの利点を説いている。国民の権利をできる限り強くするとともに、官僚は国民に対し、できるだけ力を持たないようにすべきであるとメーレルは述べた。メーレルにとって、社会福祉委員会によって示された解決策はあまりに複雑だった。多くの所得階層に分ける制度は、一般国民を独裁的な官僚の手中にある無力な犠牲者としてしまう。その代わりにメーレルは、定額給付によるスウェーデン式ベヴァリッジ・システムと呼ぶべきものを示した。社会福祉委員会および任意健康保険組合を代表するその専門家からの継続する抵抗にもかかわらず、彼の提案は社会民主党の過半数および国会の過半数の支持を得た。反対者の中には、ブルーカラー労働者の労働組合運動があった。メーレルの改革は、決して実施されることはなかった。その改革は高いコストゆえに、彼の辞職まで延期された（Lindqvist 1990: chap 5; Baldwin 1990: 144-146, Svensson 1994: 193-216)。

メーレルと社会福祉委員会の争いは、強制加入による失業保険の問題をめぐって継続した。早くも一九二〇年代において、強制加入による失業保険はメーレルの政治公約の一部だった。どのような給付が使われるべきかもまた、公約の一部だった。メーレルの視点からいうと、一方で、老齢年金・児童手当・疾病保険が定額給付であり、他方で、失業保険（および労災保険）が所得に関連づけられた給付であるということは、一貫性を欠き、満足なものではなかった。社会福祉委員会での保守党と自由党の代表は失業基金を労働組合から解き放ち、国家によって組織された制度とすることを望み、同委員会に属する社会民主党員は労働組合の基金がすべての賃金労働者のための特別の社会保険委員会によって管理される新しい強制加入保険によって補足される制度を提案した（Edebalk 1996: 137; Åmark 2005: chap 6)。

メーレルは、この紛争の種だらけの問題を解決しないで放置しておくことを選好した。その代わり、彼は国会と政府が経済的理由から認証することをいまだに拒否していた疾病保険の実施に努力を傾注した。スウェーデン全国労働組合連盟も社会福祉委員会の提案のいずれをも支持しなかった。労働組合の大半は強制加入保険の考え方に反対だった。彼らは、ゲント・モデルが彼らに与えた，そのメンバーに対する力を維持したかった（Edebalk 1996: 138-143, 162; Åmark 2005: chap 6）。

一九五一年，グスタフ・メーレルは，若く活気にあふれたグンナー・ストレングに社会大臣職を交代した。ストレングは農業労働者組合の議長を経験し，スウェーデン全国労働組合連盟にも近く，後に財務大臣となった。所得と関連づけられた三つの保険の協調されたシステムを作り上げるために，彼は，疾病・労災・失業の三保険に関する委員会を直ちに設立した。これらの委員会によって答申された新しい提案は，社会福祉委員会によって提案された原則に元来基づくものであり，一三の所得階層を組み入れた制度だった。このモデルによって，これらの保険はホワイトカラーの労働者にも広げられた（Kangas 1991: 68）[8]。労働組合の連合は，所得保障の問題に関わるグスタフ・メーレルとの戦いで主要な勝利を収めた。

メーレルが最終的に社会大臣を辞した時に，定額給付と労働組合の失業基金とは別の義務的保険という考え方は過去のものとなった。社会福祉委員会は日額給付の上限を八クローネから二〇クローネに引き上げることを勧告した。これは重要な給付の引き上げであり，保険がホワイトカラー労働者にとってより魅力的なものになったことを意味した。しかし，ホワイトカラーの組合が，より高い割合で自分たち自身の失業基金を設置しはじめるのは，一九七〇年代になってからだった（Åmark 2005: chap 6）。

## 4　付加年金をめぐる争い
### ――労働運動対ブルジョア政党

社会保障の原則をめぐる論争は年金制度をめぐる政治闘争においても見出される。改革の背後でのスウェーデン全国労働組合連盟の推進力としての役割は，付加年金に関する研究においてよく強調されている。スウェーデン全国労働組合連盟は一九四〇年代に早くも基本的意思決定を行い，使用者との団体交渉に基づいて時には国庫が財政負担する定額制給付という解決策の代わりに，引退後の生活水準の維持のための所得維持機能があり，強制加入によって国家が組織して国庫が財政負担する付加年金という解決策を選んだ。スウェーデン全国労働組合連盟の視点からいえば，これは，多くのホワイトカラー労働者はすでに使用者が負担する年金制度を持っているので，ブルーカラー労働者とホワイトカラー労働者との間の正義と平等の問題であるとみなされた（Molin 1967; Heclo 1975; Svensson 1994; Stråth 1998）。

研究者の中には付加年金に関する決定の戦略的因果関係を指摘する者もいる。年金改革を通して，ホワイトカラー労働者は，彼らをも包含する進んだ社会保障制度のためにより高い税金を払う気になったはずである。このようにホワイトカラー労働者は、形成されつつある福祉国家と社会民主党の全体的な政治的野心に結び付けられていった（Esping-Andersen 1990 & 1993; Palme 1990; Korpi and Palme 1998）。これは確かに一九六〇年以降に起きたことの納得できる説明であるが、一九五〇年代以前に遡れば、状況は異なっていた。多くのホワイトカラー労働者は既に使用者が負担する年金制度に加入しており、彼らは、スウェーデン全国労働組合連盟によって要求された改革に大きな興味を示さなかった。短期的には、付加年金改革は、労働者階級を片側に、中・上流階級をもう一方においた両者の政治闘争のように見えた（Heclo 1975; Svensson 1994; Stråth 1998）[9]。当初、スウェーデンの労働運動は中流階級の福祉国家を作り出すことを意図していなかった（Esping-Andersen 1993）。しかしその後、これは本来は別の目的のために導入された一連の政策によってもたらされてしまったのである。

右派と左派との間の政治的闘争もまた、国民の間での経済的資源の再分配をめぐっての争いであった。社会民主党はすべての国民のための年金制度を欲し、ブルジョア政党は他の選択肢を望んだ。都市の中流階級を取り込もうと、中央党と改名された元の農民党は、改善された老齢年金と任意の付加年金を持つ制度を提案した。この提案は、特に農民のような自営業者の利益に合致するように作られていた。保守党と自由党は、影響力のあるスウェーデン経営者協会に追随して、強化された老齢年金が団体交渉による任意の付加年金制度によって補足される制度を提案した。この両党のうち、より強力な自由党は、政権を社会民主党から奪取することを目指した。年金の議論において、自由党の執行部は、彼らの支持者の中の他の一つの重要な利益集団である一般のホワイトカラー労働者ではなく、雇用者の利益を支持することを決めた。その結果は、一九五〇年代後半における選挙での大きな敗北であった[10]。

一九五五〜一九六〇年までの期間は、付加年金の問題が大問題であった。社会民主党が勝者となったが、その差は極めて小さなものだった。一九五八年における国会での最後の決定において、共産党に支持された社会民主党は一票差で勝利したが、これは、ブルーカラー労働者である一人の自由党の国会議員が、自らの党の方針を支持することを拒んだからであった（Molin 1967）。

一九五〇年代の後半において、所得保障の原則は、スウェーデンのすべての社会保険に導入された。——その中でも一九五五年の疾病保険と一九五八年の付加年金が最も重要なものであった。——次の一〇年間において、いくつかの小改正により、給付は所得損失の一〇〇％にまで高められた。一九七四年には、団体交渉により、付加年金への追加的給付が導入された。これにより、年金額は、最も所得が高かった時期の所得の約七五％にまで高められた（Kangas 1991）。同じ年に、父親を両親保険の対象とする改正が行われた（Ohlander 1993）。福祉国家の拡大における最後の改革は、一九七七年の新しい労働災害法だった。この法律は、傷害を受けた者が保険会社の決定につき、保険高等裁判所に上訴する可能性を開いた。これらの上訴の多くは勝訴で終わり、その結果、この保険のコストの急速な上昇を招いた。これが次に、一九八〇年代後半における福祉国家の危機の一因となるのである（Sund & Åmark 1990）。

一九五〇年代において、一般的な貧困との偉大な戦いは、すべての北欧諸国において勝利に終わった。もちろん、低所得世帯は存在し、これに関する議論は、たとえば一九六〇年代のスウェーデンおよびデンマークで活発だった。しかし、一般的構図は、圧倒的に高い生活水準と、広く行き渡った所得の再分配が行われ、貧しい者がほとんどいない近代的国家のものであった。一九八〇年頃の北欧諸国においては、老齢年金受給者やシングルマザーといったグループにおいても、貧困は極めて稀であった（Rothstein 1994: 218）。同時にスウェーデンにおいても、他の北欧諸国においても所得分配は極めて平等であった。高い税率と小さな給与格差に支えられた包括的福祉制度が、この結果を説明していた。

## 5　スウェーデン全国労働組合連盟のイデオロギー

他の北欧諸国のプロトタイプとなったスウェーデンの福祉国家モデルはスウェーデンの労働運動、殊に、労働組合運動のイデオロギーに従って形作られた。我々は、社会保障に関するスウェーデン全国労働組合連盟のイデオロギーの中に二つの異なった原則を見る。第一の原則は、高度に練り上げられた生産性の原則である。成人の男性は、女性や見習い工よりも多くのものを生産できるので、よりよい賃金を得るべきであり、男性の間での賃金格差は、職業と労働能力によって生じるべきであるということである。一方でスウェーデン全国労働組合連盟は、何処に住んでいようと何人の家族を養う必要があろうと、（男性）労働者に同じ生活水準を与えられるような給付制度を組織したがった。したがって、賃金システムを生計費の地域格差に対応する追加的給付と結合し、家族手当を社会保険に、あるいは労働組合が支払うストライキ手当に加えることが必要だった。

我々は、賃金システムと、労働組合費および労働組合自身が決定する給付制度において、労働運動によって選出された代表者やその職員によって制御・管理され、制度化された社会規範によって完全に実現された社会的分類制度を見ることができる。この社会的分類制度は、労働者階級をいくつかの異なった地位のグループに分割するために利用された制度である。それは、ホワイトカラー労働者を福祉国家に取り込むという戦略目標とは何の関係もなかった。

労働運動によって選出された代表者やその職員が完全に生産的な成人の男性の権利を確認したとき、彼らはまた、これらの男性は、他の男性や若年者や女性よりも優れた者とみなされるべきであると論じた。所得階級を用いて、彼らは、労働者階級の中での地位の違いを支持する目的を持って社会分類を導入し、守った。これらの規範の制度化は、これらの規範を強力で変更し難いものとした。これらの規範は、社会分類に関する一つの思考様式となり、何度も繰り返し確認された。スウェーデン全国労働組合連盟が支持することを選択したのは、この制度の強い力だったのである（Åmark 1998 & 2005: chap 6)。

スウェーデン全国労働組合連盟にとっての最も重要な動機は、ブルーカラー労働者とホワイトカラー労働者との間、および労働者階級と中産階級との間の、正義と平等への要求だった。所得保障は、使用者の野心や行動に関わりなく、すべての賃金労働者を包含する社会権であるべきであった。社会権は、国家によって保障されるが、政党や利益団体や任意団体といった市民社会の諸団体の仲介を経て実現されていく。疾病援護団体や失業基金は、国の社会保険制度のルールやその実施に影響を与えた。労働市場の関係者は、自分たち自身の制度を作り、これが、国家が自らの解決策を選択する際の、選択の可能性に影響を与えた。このため、我々は明確に、「市民社会の相対的自律性」について語ることができる。

## 6　社会扶助

北欧諸国の福祉のパラドックス（Lödemel 1997）は、幅広い社会保険制度と、同時に強くコントロールされた、ニーズテストによる救貧制度もしくは社会扶助制度が要因である。イギリスにおいては、全く逆の状況が見られる。そこでは、社会保険制度はどちらかといえば弱く、社会扶助は幅広かったため、ほとんど、普遍的な社会権と考えられていた。スウェーデンの福祉国家は強力な社会保険制度と結びつけられているが、社会扶助も、常に重要な構成要素であった。

一九二〇年代および一九三〇年代の大失業時代には、救貧給付を受けた者の比率は、最大で人口の一〇％にも達した。その後、一九五〇年代および一九六〇年代には、以前の水準である人口の約五％に低下した。一九六〇年代の後半および一九七〇年代前半には、主に社会扶助対象者に関するソーシャルワーカーたちのより連帯的なイデオロギーによって、この比率は再び上昇した。一九八〇年代以降は対象者に対するより厳しく、要求的な態度が支配的になったが、しかし同時に、一九八〇年代前半と一九九〇年代前半における失業率の上昇のために、受給者の数は上昇した。特に、一九五〇年代以降の生活水準の向上にもかかわらず、受給者の比率は人口の五％から一〇％の間で変動した（Halleröd 1991; SOU 2000: 92）。長期的には、貧困者の社会的要求は、かなり一定のものであった。

## 7　ジェンダー平等

定額給付またはそれに類似した基礎保障給付を行う社会保険は、しばしば夫に家族を扶養する責任を与え、妻に家事・ケアの責任を与えるモデルと結び付けられており、所得保障の考えに基づく社会保険は、通常、二人稼ぎ手モデルと結び付けられている。保険が被保険者の所得に比べて高い給付を行う場合には、妻子に対する追加の給付である家族手当を支払うことは不可能となる。家族手当の代わりに、北欧諸国は、一九六〇年代以降に包括的な公共の保育制度を作り上げた。この制度は、子どもが幼少時でも両親が共に働ける可能性を大きくした。社会保険は、女性が賃金労働に従事する誘因となるように形作られた（Åmark 2005; Korpi 2000; Montanari 2000）。

一九五〇年代および一九六〇年代に作られた当初の福祉国家の北欧モデルは、男女の平等も促進した。この平等は労働市場への参加を通じて達成されるべきものであった。女性は賃金労働を通じて自身と家族を支えるべきこととされた。これは包括的な大規模計画であり、社会の多くのセクターに影響を与えた。この動きの中のいくつかの新しい傾向としては、以下のようなことがあった（Leira 1993; Hirdman 1998; Korpi 2000; Åmark 2006）。

① 教育制度は女性に対して、男性とほぼ同じ条件で開放された[11]。これは殊に、一九五〇年代および六〇年代においては重要であり、女性が教育を受けることだけでなく、しばしば資格を要する職業のために、職業訓練を受けたり、大学教育を受けたりすることをも当たり前のこととした小さな革命であった。女性は働くために教育や訓練を受け、これをキャリア形成のために使うことを望んだ。

② 男性と女性は同一労働同一賃金であるべきであるという明確な原則のもとで、賃金は同等であるべきこととされた。この原則は、少なくともスウェーデンにおいては、まだ完全には達成されていない。

③ 拡大する公的部門は女性の労働力を必要とし、これは女性の賃金労働を促進した。

④ 女性が働くことを可能にするため、公的保育施設や他の形態での保育が拡大される必要があった（Bergqvist et. al. 1999; Lewis 1992)。

女性が稼得者となったとき，それは社会保険制度が女性にも利用可能になったことを意味した。しかし，労働市場におけるジェンダー階層構造によって作り出された格差は，多くの近代的社会保険において，それらが所得保障原理に基づいて作られているために再現された。普遍主義および国家組織と結合された所得保障は，北欧独特のモデルとなった（例外は，デンマークの年金制度である。この制度では，デンマークは基礎保障をより取り入れている）（Petersen & Åmark 2006; Korpi & Palme 1998）。多くの面において，国家は女性に対して男性同一の社会権を保障したが，労働市場は男性と女性に対して異なる対応を続けた。

## 8　危機・批判・再安定化への政治

一九六〇年代になると，社会民主党の業績，特に，どのようにしてその成功を管理してきたかについて同党を批判することが正当なこととなった。このような福祉に関する反乱は，安定した経済的・物質的成長の中で育ち，高等教育を受けるよい機会がある中で育ち，リンゴの木が秋に実を結ぶのと同じ正確さで大衆による抗議が実を結ぶ社会の中で育った世代によって行われた（Salomon 1996, Östberg 2002）。反抗する若者からの万人平等主義的かつ民主主義的な批判は，福祉国家が疎外・非民主的・官僚主義的・階層構造的な意思決定を行い，かつ物質主義であることに対する批判であった。この批判は，社会民主主義的労働運動に深刻なイデオロギー上の問題を引き起こした（Lundberg & Åmark 1997）。

このような抗議は，現存の福祉国家およびその基礎となっている社会的・政治的妥協に向けられているとはいえ，批判する者の中には，社会的・政治的展開の推進力として巨大でよく組織された社会民主労働党がない社会を想像する者はほとんどいなかった。そして，ほとんどの批判者が，彼らがより到達した発展への出発点とみなす，福祉国家を正当化する基本的な社会規範を原則として受容した上で，議論していた（Lundberg and Petersen 1999）。

一九七〇年代の経済危機は，他の主要西側諸国より数年遅れてスウェーデンに到来した。一九七七年になり，ようやく影響が深刻となった。一九八〇年代前半に失業が増大したが，他のヨーロッパ諸国のレベルほどの失業率の高さまでにはまだ至らなかった。しかしこれは，公的部門での巨大な財政赤字，公的部門の縮減による経費削減およびより高い効率の要請，そして，約一〇年後の民営化および福祉国家の新しい解決策への要求等を伴った，国家にとっての経済危機を生じさせた。この危機は一九九〇年頃に深刻化し，当時のスウェーデンもまた，数え方によっては一〇%から一四%といったヨーロッパ諸国レベルの大失業に苦しんでいた。

研究者のなかには、この経済危機がスウェーデン・モデルの終焉を示したと論じる者がいる一方で、スウェーデンの社会保障制度の継続性を強調する研究者もいる（SOU 1990: 44 & 2000, 3）[12]。いずれにしろ、スウェーデンは初めて、社会保険制度の大きな変更に直面しはじめた。疾病保険および失業保険における保障率は八〇％に下げられ、多くのプログラムにおいて、新しく厳しい資格要件が導入された（SOU, 2000）[13]。

社会民主党が六年間の野党時代の後の一九八〇年代前半に政権を奪回したとき、福祉国家の将来に関する新しい問題が信頼できる回答を要求していた。それらの問題とはすなわち、経済危機と低下しつつある経済成長は一時的なものか、本質的なものか。福祉の概念を再定義することが必要か、または、将来にもスウェーデンの伝統的福祉モデルを確保することは可能か。そして恐らく最も重要な問題として、選挙民は福祉国家と公的部門の引き続いての拡大を支持する用意があるか（Mellbourn, 1993）である。

この新しい回答と考え方の追求は、新自由主義的批判の勃興と政治的コンセンサスの低下という政治的文脈の中で行われた（Boréus 1994; Andersson 2006; Ryner 2002）。サッチャリズムおよびレーガニズムの影響を受けて、スウェーデンの保守主義者は、社会政策における制度変更に向けて議論し始めた。スウェーデン経営者協会は、徐々に、中央交渉を放棄しはじめた。大企業は、政府と労働組合が経営者の政策処方箋を採用しないなら、海外に脱出するとますます脅しをかけた（Johansson & Magnusson 1998; Swenson 2002）。

ケインズ経済学および経済計画への信頼は失われた。社会民主党の財務大臣キェル・オロフ・フェルト（Kjell Olof Feldt）は、経済政策の新しい、いわゆる「第三の道」を新自由主義とケインズ主義との間にデザインした（より正確に言うと、サプライサイド経済学と賃金抑制の奇妙な組み合わせである。）（Feldt 1991; Lindvall 2005）。この戦略に伴う主要な問題は、社会民主党と労働組合との紛争を増すことであった（Åmark 1993）。さらに社会民主党は、社会についての同党の伝統的考え方にイデオロギー上の信頼性を与える能力の一部を失った（Pierson 1994）。社会民主党はこの時点で、しばしば「ニューエコノミー」と呼ばれるものへのスウェーデン社会の変容を管理するという目的のためにすべてを捧げていたと論じることができるかもしれない。もちろん、社会民主党は、自らを市場経済と経済成長の成功した管理者とみていた（Lewin 1967; Andersson 2006）。しかし、それ以前には、彼らは常に異なる未来を約束していた。いわゆる第三の道の経済政策は、社会民主党がこの性格を捨てたことを意味していた。

一九九〇年代の一連の危機の中で加速したこの変容過程は、

福祉国家をさまざまな緊張の原因から救い出すための社会民主党による再安定化プロジェクトとして分析することができる。第一にこれは、社会民主党が新しい規制緩和による経済成長モデルの背後で、社会における主要な利害間の社会的妥協を再組織化しようとしたことを意味している。第二に、同党は社会組織の大規模な改造に乗り出した（市場での規制緩和、EUへの加盟、民営化と公的部門におけるニュー・パブリック・マネジメント導入による改革、福祉削減等々）。第三に、同党は、福祉国家の周囲にある社会的規範の再構成を行おうとした（競争力、個人主義、フレキシビリティ、マルチカルチュラリズム、グローバリズム等々）（Lundberg & Petersen 1999; Andersson 2009; Ryner 2002）。

この新しい再安定化の政治政策の結果の一つは、社会民主党と福祉国家との関係の変化であった。これ以降、社会民主党員は、選挙民に対して、何よりもまず、ニューエコノミーの信頼できる下僕として彼ら自身をアピールしようとした。ニューエコノミーにおいては、政党と社会運動は、グローバル経済の中で競争力を作り出す国家の能力によって価値を測られることとなる（Reich 1991; Andersson 2009）。このことはまた、現在の社会民主党員は、彼ら自身の過去を新たな全く違った視点で見ているということを意味している（Lindberg 1999）。福祉国家は、少なくとも以前ほどには、労働者と資本家との間の、また、政治と市場との間の権力闘争の結果と考えられてはいない。いまや福祉国家は、スウェーデンを国際投資と金融資本の誘致可能な国とする結果（たとえば、教育の行き届いた競争力のある労働力）を作り出せる一連の制度的整備と考えられている（Kettunen 1998 & 1999）。福祉国家は新しいグローバル経済のなかで、可能な限り多くの市民が利益を得ることを保障すると論じられている[14]。このように、社会民主党の政治家は保障・平等・社会権といった左翼的価値に新しい、実質的な意味を与えようとしているのである（Kettunen 1998 & 1999）。

この概念の変容は、二〇〇〇年三月一〇日〜一二日にストックホルムで開かれた社会民主党の臨時党大会で採択された政治ガイドラインに次のように極めて明瞭に示されている。

「それぞれの、そして、すべてのスウェーデンの福祉改革は、保障と平等のためだけでなく、発展と近代化のための勝因であった。社会正義がスウェーデンを技術的に進歩させ、経済的に豊かな国にすることに貢献したことは、歴史が証明している。」

この開会挨拶で、党議長ヨーラン・ペーション（Göran Persson）は、スウェーデンモデルが「福祉そのものが生産的であり」「平等と福祉は、併存できるだけではなく、互いの前提条件である」という万有引力の法則をいかにして支えてきたかについて語った。ヨーラン・ペーションの比較において、高い税率、強い労働者の権利、および古風な価値観をもつスウェーデンは、世界経済の「マルハナバチ」とも呼ぶべきものである。「このハチは、その重過ぎる体と薄過ぎる羽根をもってしては、飛べるはずがない。それにもかかわらず、このハチは飛ぶのだ」。さらに重要なことには、「スウェーデンのマルハナバチは、ニューエコノミーのなかで飛ぶのだ」と彼は述べている（Andersson 2009）[15]。

グローバリゼーションと人口の高齢化のような新しい課題に直面するスウェーデンの福祉国家を再安定化させようとする試みの最も顕著な事例は、公的年金制度の改革である。新しい年金制度は、広い政治的合意の下で、一九九四年、一九九八年および二〇〇一年の一連の国会の決定を通じて創設された。この改革は、確定給付型年金から確定拠出型年金への、また、定年退職制度から、選択定年制度への移行を意味した。この改革はまた、使用者の負担から被用者の個人負担への部分的移行、および生涯所得方式として知られる新しい給付方式の導入を意味した。これらの名目上の確定拠出型モデルへの国家制度の根本的な移行には加えて、年金保険料の一部を退職者には支払わずに、保険料納付者への給付のために積み立てておく、特別なプレミアム年金を設ける決定がなされた（Lundberg 2003 & 2009; Anderson & Immergut 2007）。

## 9　新しい不平等の構図

しかしながら、再安定化をめぐる政治的駆け引きが社会的・政治的にもたらした結果は全く違うものだった。スウェーデンの国民は、新しい知識基盤経済における成功と失敗をすべて平等に共有している訳ではなかった。社会的排除と不平等のための新しい、精巧なメカニズムが創り出されていた。すべての北欧諸国において、新しい様式の貧困が、主に一九九〇年代の大量失業の再出現によって、社会保障制度が、縮小されようと、方式が替えられようと、民営化されようと、さらには、強化されようと、社会保障制度にとっての難問となった（Lindvall 2005）。

社会権は自明のものではない。社会権は、それをめぐって常に争われ、問題視され、議論され、改善され、強化され、もしくは、弱体化される。最近のトレンドのなかで、いくつかのものを指摘することができる。北欧諸国における社会権は、一九六〇年代および一九七〇年代に最強であった。その後、社会権には疑問が呈され、経済成長への潜在的な障害であるとして、また、プライバシーへの国家介入である等として、議論の対象となった。女性の権利は、近年において強化された。しかし同時に、収入格差が急速に拡大しており、その結果、富める者が公的部門におけるニュー・パブリック・

マネジメント改革や教育・医療・高齢者介護といった分野で新たに作られた民間市場によって供給される機会を利用する新しい可能性が生じてきている。社会権は国家が強力であるときに強力となる。したがって、我々は、通常、社会権と社会民主主義政党の強さおよび戦略能力との間に、歴史的照応性を見出す。

こんにち、北欧の労働運動は、スウェーデンを初めてとして、悪い方向への変化を経験している。二〇〇六年の総選挙において、「スウェーデンのための同盟」と称する国会における四つの非社会主義政党の連合が社会民主党を打倒することに成功した（Lundberg and Petersen 2006）。与党である社会民主党および同党の各般の再安定化政策の結果への不満の高まりを利用して、連立内の最大政党である保守党は、自らを「新労働者党」として再登場させた。選挙戦の間、同党は、自身を、福祉に好意的で、社会的な責任を持ち、環境に敏感な、グローバル経済におけるスウェーデンの国益を擁護する者としてアピールした。これによって、「新保守」は、一九八〇年代および一九九〇年代に提唱していた新自由主義的政策から遠ざかった。社会民主党は激しく弱体化し、与党で当然であるという党自身のアイデンティティと葛藤しながら、今回は緑の党および左翼党と連合したが、二〇一〇年の総選挙で二度続けての敗北を喫した（Nilsson 2004; Lundberg & Petersen 2006）。

保守党の選挙公約のトップには、一九九〇年代以来の社会民主党の改革公約の継続および深化が掲げられていた。その結果公的部門におけるニュー・パブリック・マネジメントが導入・準備・実施された。他方で、同党は、新しい職業政策を導入して、雇用・起業・小企業の創設を促進した。連立与党はまた、国民に、いますぐ就くことができる新しい職に就くことを勧めたり、プレッシャーを与えたりすることを望んだ。失業保険の構成は、新しい職を受け入れることをより有利に失業保険を受給し続けることがより不利になるように、変更された。被保険者の払う保険料は増額された。その結果、多くの者が任意の失業基金を脱退した。二年間の間に、四〇〇万人近かった失業基金メンバーの内、約五〇万人が脱退した（Arbetsmarknadsdepartementet 2008: 62; Jangenäs & Svenningsson 2009）。

一九九九年から二〇〇四年の間に、スウェーデンの失業者の七〇%が失業保険から経済的補償を受け取った。二〇〇八年には、そのような補償を受け取ったのは、五五%に過ぎなかった。失業保険の受給資格を有していないのは、特に、若年者および移民であった。この変化は、部分的には、保険の規則の変化と、スウェーデンにおける積極的労働市場政策の変化により引き起こされたものであるが、失業基金のメンバーの減少によって引き起こされたものではない（Inspektionen för arbetslöshetsförsäkringen 2009; Peralta 2006）。

スウェーデンにおける政治的関心事の中で重要性が増していたもう一つの問題は、大量移民による影響である（Johansson 2005; Ekström von Essen & Fleischer 2006）。長い間、スウェーデンには、ノルウェー・フランス・ベルギー・デンマークで知られているような種類の、一定の力を持った極右政党がなかった。しかし、スウェーデンが民族主義・人種差別・不寛容といった現象と縁がなかった訳ではない。二〇一〇年の総選挙において、新しいポピュリズム政党、スウェーデン民主党が国会で議席を得ている（Ekström von Essen & Fleischer 2006）。その総選挙の後に連立内閣は政権を保ったが、少数与党政権となった。政府はスウェーデン民主党と交渉して取引をすることを望まなかったので、政府が新しい提案を国会に認めさせることは困難となり、約束された改革は延期された。

スウェーデンの福祉国家はどの方向に向かっているのか。これは我々には答えるのが難しい問題である。しかし、いくつかのことはいえる。(16)

① 民営化が、多くの議論の後にようやく重要性を持ち始めた。民営化は近い将来において、医療機関・保育所・学校でより重要になることが予想されるが、まだ、大学や刑務所には進出していない。

② 社会保障制度は弱体化し、国民は以前と同程度には公的制度を信用していない。彼らは、自らの保険に入り、使用者は、ホワイトカラー労働者のために、会社ごとの制度を導入している。新しい資格に関する規則が、社会保障制度から給付を受ける権利を制限している。

③ 労働市場において、団体交渉と法律が弱体化し、労働市場は、より大きな競争、より多くの短期雇用、より大きな不安定を許容しつつある。

④ 我々は、強さと自立を強調する個人についての新しい意識と、国家による標準化された解決策への懐疑に直面しているのであろうか。こういった個人を見出すことは可能である。しかし、スウェーデン国民の福祉国家への愛着心は、社会学的調査において繰り返し確認されているところである（Svallfors 1996）。変化への要求は、普通の人々からきているのではなく、「新しいフロンティア」つまり、近代の貪欲な個人から来ているのである。

## 10　スウェーデン福祉国家の原則

貧困とニードに対する保障は、一般原則である。これは殊に、二〇世紀の前半において重要であった。低い生活水準、経済的苦境の時期、貧しい住宅は、国民にとって社会保障を重要なものとした。

普遍主義は一九一三年の老齢年金改革以降、スウェーデンの社会政策の基本原則だとよくいわれる。一定の組織のみを対象とする制度や、労働者階級のみに向けられた保険制度に比べると、これはもちろん正しい。しかし、近年の歴史研究は、スウェーデンの制度における限界と制約を強調する。倫理的な分類や経済的な資格要件は、制度における上限・下限と組み合わされて、すべての国民を同一に扱うことをせず、性別・年齢・労働市場における地位・所得といったものによって国民の間に差異を作り出し、支持していくということを意味する。

所得保障は、一九五〇年代に支配的な原則となった。その後の一〇年間の新しい改革によって、制度は極めて寛大な、コストの高いものとなった。この効果の一つは、中流階級が社会民主党の福祉国家に強く結びつけられたということであった。このような制度の高コストは、一九九〇年代前半の経済危機の後の一〇年間において、社会保険制度だけでなく、スウェーデン国家の厳しい財政危機の要因となった。

積極的労働市場政策は、近代の、スウェーデン社会民主主義の特徴である。それは二つの側面を持っている。一つは、政治的約束としての完全雇用であり、もう一つは、個人の責任としての働く義務である。スウェーデンの高い生活水準は、スウェーデン国民の人口の極めて高い割合が賃金労働に従事していることの結果である。他方、社会権は労働市場の構造、殊に、性別に基づく構造に合わせて調整される。

福祉国家は国民に対して大きな社会権を保障するだけではなく、いくつかの義務についての要求も提唱する。

① 労働市場に参加する義務―全員が働かなければならない。
② 社会的に尊敬される義務、あるいは、社会的に適切な行動をする義務―全員が適切な行動をしなければいけない。
③ 社会的に責任を負う義務―全員が自分自身とその家族への責任を果たさなければならない。

社会民主党は、近代スウェーデンの福祉国家の形成に主要な役割を果たした。同時に社会民主党は、他の政党や他の主要な利益集団との交渉・妥協や、さらには、包括的な社会改革に関するコンセンサスを促す政治システムのなかで行動していた。

普遍主義の原則は社会民主主義的な労働者階級の団結の産物ではない。幅広い対象を持つ解決策は社会民主党が政権をとる以前に制度化されていた。たとえば、ブルジョア政党は、社会保険を広げるために、所得調査の廃止を図っていた。その結果、中流段級と自営業者は社会保険に取り込まれた。

労働者階級の利害も社会民主党のイデオロギーも、定額給付もしくは被保険者向けの所得保障の原則のどちらを選ぶべきかを決定することができなかった。これらの原則の間での最終的選択は、労働組合が勝者となった労働運動内部での大きな論争の後に行われた。

一九九四〜二〇〇六年までの間、社会民主党が政権与党だったということにもかかわらず、社会保険制度の大小いくつかの改革や切り下げが行われた。近代のスウェーデンのソーシャル・ポリティックスは、貧困を防ぐことにまだ成功しており、比較的高い程度に国民間の所得再分配を行っている。しかし、給付のレベルは大きく切り下げられている。スウェーデンの福祉国家は、イギリスの基礎保障タイプの方向にも、ヨーロッパ大陸のコーポラティストタイプの方向にも向かっているように見えない。その代わりに、労働市場の組織によって交渉される団体交渉と公的および民間の解決策を混合しながら、新しいタイプの福祉国家が生まれつつあるようである。

注

(1) Edebalk (1996: chap 5), Åmark (2005: chap 2), Zetterberg (1997: chap 16) は、この保険は自由主義的理想を示していると論じている。
(2) Elmér (1960), Åmark (2005: chap 2), Baldwin (1990: 65) は、一九一三年の年金改革の複雑な構成を誤解し、老齢年金制度の継続性を過剰評価している。
(3) Esping-Andersen (1990: 46) も参照。
(4) 一九三〇年代前半における平均出生率は、出産年齢の女性一人当たり一・七だった。
(5) Olsson (1990: chap 2) も参照。ボールドウィンは、保守党の役割を強調するが、オルソンによれば、この役割を誇張しているという。
(6) The Swedish Trade Union confederation（スウェーデン全国労働組合連盟）。
(7) 額は、男性稼ぎ手モデルに従って、性別とニードによって段階づけられていたが、ベヴァリッジ・モデルを定額制と最初に特徴づけたのはベヴァリッジ自身であった (Social Insurance and Allied Services. (1942: 403), Åmark op. cit. (2005: chap 6) 参照。
(8) Kangas (1991) は、疾病保険の適用範囲を示している。
(9) Heclo (1975) および Svensson (1994) は、社会民主党の戦略的思考についての詳細な分析を含む。
(10) 自由党とその党首 Bertil Ohlin については、Molin (1967), Larsson (1998: 313-357)。

(11) ノルウェーにおける同じ展開については、Skrede (1999) も参照。
(12) SOU (1990: 44) は、前者の見解の典型的な例であり、SOU (2000: 3) が後者の例である。
(13) SOU (2000: 3) は、一九九〇年代のスウェーデンの展開についての幅広い概観を提供している。
(14) 下院で採択されたガイドラインでは、「グローバリゼーション」という語が二八回、「経済成長」という語が二九回使われているが、「社会政策」という語は全く使われていない (Socialdemokraternas riktlinjer för utveckling och jämlikhet. Antagna av kongress år 2000 den 12 mars.)。
(15) Socialdemokraternas riktlinjer för utveckling och jämlikhet. Antagna av kongress år 2000 den 12 mars. スウェーデンのマルハナバチが国際報道においてどのように描写されているかについては、次の記事も参照。"Sweden, the Welfare State, Basks in a New Prosperity" in *New York Times* 8/10-99; "Shining Stockholm" in *Newsweek International* 7/2-2000; "E-vikings blaze the online trail: Scandinavians are leading Europe in the technology revolution that will dominate the early years of the 21st century" in *Financial Times* 11/5-2000; Andersson (2009).
(16) 特に SOU (2000: 3), Starrin-Svensson (1998) 参照。

## 参考文献


Abukhanfusa, K. (1987) *Piskan och moroten. Om könens tilldelning av skyldigheter och rättigheter i det svenska socialförsäkringssystemet 1913-1980,* Carlssons, Stockholm.

Andersson, J. (2006) *Between Growth and Security. Swedish Social Democracy from a Strong Society to a Third Way,* Manchester UP, Manchester.

Andersson, J. (2009) *När framtiden redan hänt. Socialdemokratin och folkhemsnostalgin,* Ordfront, Stockholm.

Anderson, K. M. & E. Immergut (2006) "Sweden: After Social Democratic Hegemony", in Anderson, Immergut & Schulze (eds.) *Handbook of West European Pension Politics,* Oxford UP, Oxford, ÅRSTAL.

Arbetsmarknadsdepartementet (2008) *En arbetslöshetsförsäkring för arbete,* Ds 2008: 62, Stockholm.

Baldwin, P. (1990) *The Politics of Solidarity. Class Bases of the European Welfare State 1875-1975,* Cambridge University Press, Cambridge.

Berge, A. (1995) *Medborgarrätt och egenansvar. De sociala försäkringarna i Sverige 1901-1935,* Arkiv, Lund.

Bergman, H. (1999) "En familj som andra. Barnavårdsmän och genuspolitik i den tidiga välfärdsstaten", *Svensk Historisk tidskrift,* nr 2.

Bergqvist, C., et. al. (1999) *Likestillte demokratier? Kjönn og politikk i Norden, Universitetsforlaget,* Oslo.

Boréus, K. (1994) *Högervåg: NyLiberal ismen och kampen om språket i svensk offentlig debatt 1969–1989,* Tiden, Stockholm.

Carlsson-Wetterberg, C. (1986) *Kvinnosyn och kvinnopolitik. En studie av svensk socialdemokrati 1880–1910,* Arkiv, Lund.

Edebalk, P. G. (1996) *Välfärdsstaten träder fram. Svensk socialförsäkring 1884–1955,* Arkiv, Lund.

Edling, N. (2006) "Limited Universalism: Unemployment Insurance in Northern Europe 1900–2000", in N. F. Christiansen, N. Edling, P. Haave, & K. Petersen (ed.) *The Nordic Model of Welfare. A Historic Reappraisal,* Museum Tusculanum, Århus.

Ekström von Essen, U. & R. Fleischer (2006) *Sverigedemokraterna i de svenska kommunerna 2002–2006. En studie av politisk aktivitet, strategi och mobilisering,* Integrationsverket.

Elmér, Å. (1960) *Folkpensioneringen i Sverige med särskild hänsyn till ålderspensioneringen,* C W K Gleerups, Lund.

Englund, K. (1976) *Arbetarförsäkringsfrågan i svensk politik 1884–1901.* Almquist & Wicksell International, Uppsala, 1976.

Eriksson, L. (2004) *Arbete till varje pris. Arbetslinjen i 1920-talets arbetslöshetspolitik,* Almqvist & Wiksell International, Stockholm.

Esping-Andersen, G. (1986) *Politics against Markets. The Social Democratic road to power,* Princeton University Press, Princeton N J.

Esping-Andersen, G. (1990) *Three Worlds of Welfare Capitalism,* Polity Press, Cambridge.

Esping-Andersen, G. (1993) "The Making of a Social Democratic Welfare State", in K. Misgeld, K. Molin, & K. Åmark (eds.), *Creating Social Democracy. A Century of the Social Democratic Labor Party in Sweden,* Penn State Press, Pennsylvania.

Feldt, K.-O. (1991) *Alla dessa dagar,* Tiden, Stockholm.

Halleröd, B. (1991) *Den svenska fattigdomen, en studie av fattigdom och socialbidragstagande,* Arkiv, Lund.

Hatje, A.-K. (1974) *Befolkningsfrågan och välfärden. Debatten om familjepolitik och nativitetsökning under 1930-och 1940-talen,* Allmänna förlaget, Stockholm.

Heclo, H. (1975) *Modern Social Politics in Britain and Sweden. From Relief to Income Maintenance,* Yale University Press, London and New York.

Hirdman, Y. (1989) *Att lägga livet till rätta,* Carlssons, Stockholm.

Hirdman, Y. (1998) *Med kluven tunga,* Atlas, Stockholm.

Inspektionen för arbetslöshetsförsäkringen (2009) *Arbetssökande med och utan arbetslöshetsersättning,* Dnr 2009/417, Stockholm.

Jangenäs, B. & L. Svenningsson (2009) *Arbetsmarknadspolitik i förfall. Arbetslöshetsförsäkringen, arbetsförmedlingen och politiken,* Arbetarrörelsens tankesmedja, Stockholm.

Johansson, A-L. & Magnusson, L.（1998）*LO andra halvseklet: Fackföreningsrörelsen och samhället*, Atlas, Stockholm.

Johansson, Christina（2005）*Välkomna till Sverige ? Svenska migrationspolitiska diskurser under 1900-talets andra hälft*, Bokbox, Malmö.

Johansson, P.（2003）*Fast i det förflutna. Institutioner och intressen i svensk sjukförsäkringspolitik 1891-1931*, Arkiv, Lund.

Kangas, O.（1991）*The Politics of Social Rights. Studies on the Dimensions of Sickness insruance in OECD Countries*, Swedish Institute for Social Research, Stockholm.

Kangas, O. & J. Palme（1992）*Class-politics and Institutional Feedbacks: Development of Occupational Pensions in Finland and Sweden*, Working paper 3/1992 from the Swedish Institute for Social Research, Stockholm.

Kettunen, P.（1998）"Globalization and the Criteria of 'Us'", in F. Flemming, et. al.（Hg）*Global redefining of Working Life*, Köpenhamn.

Kettunen, P.（1999）"The Nordic Model and the Making of the Competitive 'US'", in Edwards & Elgar, *The global Economy, National States and the Regulation of Labour*, Mansel, London and New York.

Korpi, W.（1992）*Halkar Sverige Efter. Sveriges ekonomiska tillväxt 1820-1990 i jämförande belysning*, Carlssons, Stockholm.

Korpi, W. & J. Palme（1998）"The Paradox of Redistribution and Strategies of Equality: Welfare State Institutions, Inequality and Poverty in the Western Countries", *American Sociological Review*, nr 63.

Korpi, W.（2000）"Faces of Inequality. Gender, Class and Patterns of Inequality in Different Types of Welfare States", *Social Politics*, 7.

Kulawik, T.（1999）*Wohlfartsstaat und Mutterschaft. Schweden und Deutschland 1870-1912*, Campus Verlag, Frankfurt.

Kälvemark, A.-S.（1980）*More children of better quality ? Aspects on Swedish population policy in the 1930s*, Almqvist & Wicksell International, Stockholm.

Larsson, S. E.（1998）*Bertil Ohlin. Ekonom och politiker*, Atlantis, Stockholm.

Leira, A.（1993）"The 'womanfriendly' welfare state ? The case of Norway and Sweden", in J. Lewis（ed.）, *Women and Social Policies in Europe. Work, Family and the State*, Edward Elgar, Aldershot.

Lewin, L.（1967）*Planhushållningsdebatten*. Almqvist & Wicksell, Stockholm.

Lewis, J.（1992）"Gender and the Development of Welfare Regimes", *Journal of European Social Policy*, vol. 3.

Lindberg, I.（1999）Välfärdens idéer: Globalisering, elitismen och välfärdsstatens framtid, Atlas, Stockholm.

Lindqvist, R.（1990）*Från folkrörelse till välfärdsbyråkrati. Det svenska sjukförsäkringssystemets utveckling 1900-1990*. Arkiv, Lund.

Lindvall, J. (2005) *Ett land som alla andra: Från full sysselsättning till massarbetslöshet.*, Atlas, Stockholm.

Lundberg, U. & K. Åmark (1997) "En vänster i takt med tiden? 60-talets politiska kultur i 90-talets politiska självförståelse", *Häften för kritiska studier,* nr. 2.

Lundberg, U. & K. Petersen (1999) "Immanent, Transzendent und exterritorial: Dänishe und Schwedishe Socialdemokratie und die ideologische herausforderung des Wohlfahrtsstaates in den letzen 30 Jahren", Nordeuropaforum, nr. 2.

Lundberg, U. (2003) *Juvelen i kronan. Socialdemokraterna och den allmänna pensionen.* Hjalmarson & Högberg, Stockholm.

Lundberg, U. & K. Petersen (2006) "Välfärdens seger-politikens död? Spelet om välfärdsstaten i Sverige och Danmark", in T. Lundqvist (ed.) *Den kreativa staten. Framtidspolitiska tendenser,* Institutet för framtidsstudier, Stockholm.

Lundberg, U. (2009) "The democratic deficit of pension reform", in P. Petersen & J. H. Petersen (eds.) *The Politics of Age: Basic Pension Systems in a Comparative Perspective,* Peter Lang, Frankfurt Am Main.

Lödemel, I. (1997) *The Welfare paradox. Income Maintenance and Personal Services in Norway and Britain, 1946-1966,* Scandinavian University Press, Oslo.

Mellbourn, A. (1993) *Bortom det starka samhället.* Carlssons, Stockholm, Bergström.

Molin, B. (1967) *Tjänstepensionsfrågan. En studie i svensk partipolitik.* Akademiförlaget, Lund.

Montanari, I. (2000) *Social Citizenship and Work in Welfare States. Comparative Studies on Convergence and on gender,* Institute for Social Research, Stockholm.

Möller, G. (1935) *De nya folkpensionerna,* Tiden, Stockholm.

Nilsson, Torbjörn (2004) *Mellan arv och utopi: moderata vägval under 100 år, 1904-2004,* Santérus, Stockholm.

Ohlander, A.-S. (1993) "The Invisible Child? The Struggle over Social Democratic Family Policy", in K. Misgeld, K. Molin & K. Åmark (eds.), *Creating Social Democracy. A Century of the Social Democratic Labor Party in Sweden,* Penn State Press, Pennsylvania.

Olson, S. E. (1986) "Sweden, in Flora, P." *Growth to Limits. The Western European Welfare States Since World War II,* Walter de Gruyter, New York.

Olsson, S. E. (1990) *Social Policy and Welfare State in Sweden,* Arkiv, Lund.

Palme, J. (1990) *Old Pension Rights in Welfare Capitalism. The development of old-age pensions in 18 OECD Countries 1930 to 1985,* Institute for Social Research, Stockholm.

Petersen, K. & K. Åmark (2006) "Old Age Pensions in the Nordic Countries, 1880–2000", in N.-F. Christiansen, K. Petersen, N. Edling, & P. Haave (eds.) *The Nordic Model of Welfare. A Historical Reappraisal,* Museum Tusculanum Press, Århus.

Peralta, J. (2006) *Den sjuka arbetslösheten,* Acta Universitatis Upsaliensis, Uppsala.

Pierson, P. (1994) "The New Politics of the Welfare State", *ZeS-Arbeitspapiere,* 3, Bremen.

Kitschelt, H. (1994) *The Transformation of the European Social Democracy,* Cambridge.

Reich, R. (1991) *The Work of Nations,* Vintage, New York.

Rothstein, B. (1994) *Vad bör staten göra ? Om välfärdsstatens moraliska och politiska logik,* SNS förlag, Stockholm.

Ryner, M. (2002) *Capitalist Restructuring, Globalization and the Third Way: Lessons From the Swedish Model,* Routledge, London & New York.

Salomon, K. (1996) *Rebeller i takt med tiden. FNL-rörelsen och 60-talets politiska ritualer,* Rabén Prisma, Stockholm.

Skrede, K. (1999) "Shaping gender equality-the role of the State: Norwegian experiences, present policies and future challenges", *Comparing Social Welfare Systems in Nordic Countries and France. Copenhagen Conference, France-Nordic Europe,* volume 4, Nantes, Maison des Sciences de l'Homme Ange-guepin.

Social Insurance and Allied Services (1942) *The Beveridge Report.* Cmd 6404, H. M. Stationery Office, London.

SOU (1990) *Demokrati och makt i Sverige,* Maktutredningens huvudrapport, Stockholms, p. 44.

SOU (2000) Kommittén Välfärdsbokslut. *Välfärd vid vägskäl. Utvecklingen under 1990-talet,* Delbetänkande, Stockholm, p. 3.

SOU (2000) Starrin and Svensson 1998.

Stråth, B. (1998) *Mellan två fonder. LO och den svenska modellen,* Atlas, Stockholm.

Sund, B. & K. Åmark, (1990) *Makt och arbetsskador under 1900-talet,* Carlssons, Stockholm.

Svensson, T. (1994) *Socialdemokratins dominans. En studie av den svenska socialdemorkatins partistrategi,* Almquist & Wicksell International, Uppsala.

Svallfors, S. (1996) *Välfärdsstatens moraliska ekonom: välfärdsopinionen i 90-talets Sverige,* Boréa, Umeå.

Swenson, P. A. (2002) *Capitalists against markets: the making of labor markets and welfare states in the United States and Sweden,* Oxford University Press, New York.

Tilton, T. (1990) *The Political Theory of Swedish Social Democracy. Through the Welfare State to Socialism,* Clarendon Press, Oxford.

Wennemo, I. (1994) *Sharing the Costs of Children. Studies on the Development of Family Support in the OECD Countries,* Swedish

Institute for Social Research, Stockholm.
Zetterberg, H. (1997) *Sociological Endeavour. Selected Writings,* City University Press, Stockholm.
Östberg, K. (2002) *1968. När allting var i rörelse. 60-talsradikaliseringen och de sociala rörelserna,* Prisma, Stockholm.
Åmark, K. (1993) "Social Democracy and the Trade Union Movement: Solidarity and the politics of self-interest", in Klaus Misgeld, K. Molin & K. Åmark, *Creating Social Democracy. A Century of the Social Democratic Labor Party in Sweden,* Penn State Press.
Åmark, K. (1998) *Solidaritetens gränser. LO och industriförbundsprincipen under 1900-talet,* Atlas, Stockholm.
Åmark, K. (2002) "Familj, försörjning och livslopp under 1900-talet", in H. Bergman & P. Johansson, *Familjeangelägenheter. Modern historisk forskning om välfärdsstat, genus och politik,* Symposion, Göteborg.
Åmark, K. (2005) *Hundra år av välfärdspolitik. Välfärdsstatens framväxt i Norge och Sverige,* Borea, Umeå.
Åmark, K. (2006) "Women's labour force participation in the Nordic countries during the 20th century", in N. F. Christiansen. N. Edling, P. Haave & K. Petersen (eds.) *The Nordic Model of Welfare. A Historic Reappraisal,* Århus: Museum Tusculanum.

Socialdemokraternas riktlinjer för utveckling och jämlikhet. Antagna av kongress år 2000 den 12 mars.
"Sweden, the Welfare State, Basks in a New Prosperity", in *New York Times,* 8/10-99.
"Shining Stockholm" in *Newsweek International,* 7/2-2000.
"E-vikings blaze the online trail: Scandinavians are leading Europe in the technology revolution that will dominate the early years of the 21st century" in *Financial Times,* 11/5-2000.

（クラース・オマルク、ウルバン・ルンドベルグ）

# 第2章　デンマーク――政治的妥協による発展

## 1　福祉国家の創設期と国家の役割

本章は、二〇世紀のデンマーク福祉国家史の大まかな概要をみていくことを目的とする。(1)デンマーク福祉国家史研究はかなり新しい起源をもつ。一九七〇年代後半以前、この分野は、社会政策法制を新しくするために、また社会史家たちのために、歴史的背景を描写しながら、国家官僚の出来事を主に扱っていた。しかし、一九七〇年代後半以降より、福祉国家の未来（もしあるならば）についての集中的な政治議論に続いて、この分野への関心が高まってきている。この一〇年もの間、研究者、歴史家、歴史社会学者は、福祉国家の発展に関する多角的な説明やその成り行きについての議論を提供してきた（Kolstrup 1992: 315-336; Petersen 1997: 356-375, 参照）。本章では、この研究の大部分について描写するが、いうまでもなく、すべての議論や論争の詳細にまでは踏み込めないことを断っておく。

本章はデンマーク福祉国家の次のような時代区分に基づいている。(2)

① 一九世紀最後の一〇年から一九二〇年代まで
市場の支配、救貧法、フィランソロピー、施しに基づいた初期の国家法制によって特徴づけられた時期である。この理念は自由主義の自助原則、キリスト教保守的な社会倫理、デンマーク／ノルウェーにおける特別な労働市場組織である、社会民主改良主義による初期の影響の混合である。

② 一九三〇年代から一九五〇年代まで
国家介入が増大し、市場の影響およびフィランソロピー施設が少しずつ減らされてきた時期である。市民の社会権の原則に基づいた包括的な社会立法がつくられた。この理念は社会民主改革主義によって支配されている。社会民主改良主義者とは、社会工学系の政策立案者として積極的な公務員であった。この時期はジェンダー・家族問題への関心が高まっていた。

③ 一九五〇年代から一九七〇年代まで
国家／公共部門が、完全に支配的となる福祉国家の創設に

おける中心となる時期である。社会のあらゆる部門を含む総合戦略としての福祉は、普遍主義の原則を基礎としていた。社会科学は良好な社会に向けた指南として発展した。普遍主義と共産主義の間の第三の道としての福祉国家の理念が構築され、社会民主主義と福祉の黄金時代であった。

④　一九七〇年代から一九九〇年代まで

福祉国家の危機と特徴づけられ、再編が行われた時期である。経済危機、福祉国家への有権者の支持およびイデオロギー支持の衰退が生じるが、画期的な変革は起こらなかった。市場に回帰するものの、国家は支配的エージェントであることに変わりはなかった。「ボランタリーな社会組織」という形でのフィランソロピーへの回帰も生じた。普遍主義の原則に対する攻撃が起こった。ウェルフェアから「ワークフェア」への再編に関する議論が、社会科学および新しい社会倫理に用いられた。

⑤　一九九〇年代から現在まで

積極的労働市場政策を基礎とした福祉国家の再編によって特徴づけられる時期である。市民および福祉手当・サービス受給者の義務が新たに強調され、グローバル化やEUからの難題があった。しかし、「福祉」はメタ・イデオロギーとして残った。

本章では第二期と第三期に特化して論ずることとするが、まず、福祉国家の創設期における社会構造・政治環境に関するいくつかの特徴について言及する。

ほとんどすべての国々において、福祉国家の構築には近代化の過程における重要な要素が生じた。それはたとえば、都市化や社会保障・社会統制の伝統的な形態の破壊に付随した農業中心社会から工業社会への移行である。さらに、これらは、人々が自分自身を個別の市民かつより大きな社会集団の一員として認識できる比較的明確かつ流動性のある階級構造のなかで、また階級構造のために構築されていた。認識の葛藤と交差して、人々はこれらの集団をその後の社会秩序を形成する第一義的なエージェントとしてみなしていた。そして、これらの集団、とりわけ農民や労働者は、デンマークにおける政治民主主義の形成および福祉国家の構築において重要な役割を果たした。

一九世紀最後の一〇年間まで、デンマークの経済および社会構造は、完全に農業によって支配され、貧困は農村の人々にとっての第一義的な課題であった。一八七〇年代以降の人口移動、急速な都市化、進展しつつある工業化は、農村部門－都市部門間のバランスの変化をもたらした。国家経済のなかでは農業部門がまだ支配的であったが、貧困および失業・労働災害・疾病・高齢者の貧困といった社会問題が徐々に「労働者の」問題となっていった。これらの問題は、救貧法やこれらの問題を解決するための自助組織・慈善事業の無能さがどれくらい主要政党——農民政党であるVenstre（左党）、および保守主義与党であるHøjre（右党）にとって明らかになっているかを測るバロメータであった。さらに、非常に強力な労働組合運動と社会民主党の出現が、保守主義者および自由主義者に救貧法制度改革の必要性を確認させた。結局一八九一～一八九二年には、三つの法がデンマーク議会（Rigsdagen）で可決された。高齢者と疾病者の状況といった二つの領域は救貧法から引き出された。地方自治体は、道徳的に実直で貧しい六〇歳以上の全市民に対して、生活費の半分を国が補償するというかたちで年金を与えることにした。これは、貧困者が一〇年前には救済を敬遠していたはずだという状況からきている。この財源の主要部分がビール税からきていたというのは恐らくデンマークにとって特徴的なことであろう。したがって、デンマークは、保険料でなく国家財源による方式の導入によって、二つの現代的な方式、すなわち、ビスマルク型の強制的手法と効果的ではないイギリスの任意供給との間を歩んできた。この方式はデンマークの社会保障法における一つの揺るぎない筋目となった。

第二の主要な改革は健康保険組合（Sygekasse）と国家財源の組み合わせの導入であり、自助と公助の社会保守主義の理念を反映している。健康保険組合は初期において少数派である労働者階級と下位中産階級のみ保障していた。しかしながら、二〇世紀の最初の一〇年間にこの方式は急速に普及し、第二次世界大戦以前にはほぼすべての国民が健康保険によって保障された。この方式は国家が健康保険の総責任を引き受けた一九七〇年まで続いた。

老齢年金と健康保険の両事例における立法側の主要目的の一つは、市民権、とりわけ、議会選挙権・地方選挙権の喪失から受給者を守ることであった。

一九七〇年に自助と公助の組み合わせは失業法制に取り入れられた。労働組合の共済失業基金は、必要とあれば失業手当を支給補助する合意のもとで国家によって受け入れられていた。この取り組みはこんにちまで継続している（初期の法制については、Petersen 1985; Levine 1988: 69-95; Baldwin 1990: 65-76, 147-157, 参照）。

したがって、デンマークの社会保障制度の極めて早い段階から、社会民主主義労働運動が政治過程において決定的な影響力を獲得する以前でさえも、国家は主要な役割を果たしていた。

しかしながら、二〇世紀の最初の一〇年より社会民主主義者たちは自分たちの影響力を地域コミュニティに認識させた。社会民主主義者たちは市議会の多数議席を獲得するとすぐに普遍主義原則に基づいた社会改革事業を開始した。未来の福祉国家法制の実験として都市社会主義が作用した[3]。

第一次世界大戦以前は慈善事業が社会保障システムの主要[4]な役割を担っていたことはまだ覚えておく必要がある

(Karin 1998)。しかしまた、この領域においては民間組織が国家に対して経済的支援の訴えをしながら接近したために、公私関係が少しずつ密接となってきていることも観察される。もちろん、そのような支援は程度の差はあるものの、細目にわたる国家管理によって常に達成されている。

デンマークの社会システムの別の基本的な側面は、第一次世界大戦以前の何十年かの間に導入された。初期の社会システムと並行して、労働市場団体・雇用主協会・国家権力の積極的な承認による国家労働組合協会が、国家に対する労働市場の自律性を基礎とする協調、紛争、および紛争解決のためのモデルを構築した。このシステムは全国的な団体協約、紛争調整・紛争解決のための文書の開示、独立した裁判制度の確立、そして最後に、主要な労働市場組織の国家とのボランタリーな協働への積極的参加を含んでいた。デンマークにおける労働市場のユニークな役割は、女性を含む賃金労働者の極めて高い組織率に根ざしている。これは個人と集団の間の微妙なバランスのために古くから続く伝統であった。このバランスは労働運動によって維持され、また、福祉戦略の前提条件として役に立った。実際、自律的な労働市場と国家の間のこの三角形はデンマークの福祉国家の構築における定礎となった。

## 2　社会民主党政権の誕生

一九世紀最後の一〇年間の初頭から、国家統合はほとんどの国において、すべての政党と政治運動の目標であった。この目標は、かなりの程度まで、両大戦間のデンマークにおいて果たされた。しかし、国家統合が引き起こされる以前には、社会階級と政党との間における勢力均衡に変化があった。この変化は一九二〇〜一九三〇年代に生じ、自由主義もしくは保守主義の農民運動と都市ブルジョア運動が顕著に後退し、社会民主主義労働運動に好都合となった。しかし、この変化以前にも、社会民主主義者たちは政治領域への彼らの存在感とオルタナティヴな社会秩序に対する彼らの要求を通して、政治言説に紛れもない印象を刻みつけた。

二〇世紀の大部分の時期において、労働運動はデンマークのなかで政治的・社会的な行動指針を据えた。デンマーク社会民主主義者の強みは労働者階級を動員する能力だけでなく、労働者階級以外の大規模な社会集団、とりわけ、ホワイトカラーの労働者という新しい集団や都市のプチ・ブルジョワジー、つまり、ほとんどどこでも保守主義運動やファシズム運動にですら引きつけられた「一般市民」への訴求にも成功したことにある。さらに、社会民主主義者たちは社会政策の裏側で幅広い連帯を形成することにおいてユニークな才能を発揮した。それはまず、まとまった労働者と農民の利益を創造することによってである。北欧において一九三〇年代と第二次世界大戦に続く何十年かの間、いわゆる経済成長と福祉の黄金時代は、特徴的であった。ほとんどすべての主要な改革は、重要な社会階級や政治政党を含む大多数派によって成し遂げられてきた。よくいわれるように、それは合意ではなく、社会民主党と急進的自由主義者たちの間の同盟によって対処されてきた対立する利害間の妥協に基づいていた（Christiansen 1978: 297-322; Christiansen 1994: 77-101, 参照）。そして、たとえデンマーク社会民主党が北欧の政党のなかで最も弱かったとしても、社会民主主義労働運動の決定的な役割を強調することは正しいとみられる。その理由として、まず第一に、社会民主党は資本主義と社会保障・社会公正[5]を調和させた「良い社会」の構想を明確に表していたからである。このかなりシンプルな手法（理性、平等、保障、公正）に基づいて、社会民主党は、他のどの政治形態よりも、政治的アジェンダの設定や同時に対立する利害間の中和を成し得ることを証明した。第二に、デンマーク／北欧の社会民主主義者たちは、現実的・目的志向的かつ統合的な権力概念をもち合わせていた（Grelle 2008, 参照）。社会民主主義者たちが多数派勢力となる以前でさえも、彼らの存在はその他のアクターの政治的場面に影響を与えていた。彼らの時代の極めて初期において、社会民主主義者たちは権力の獲得と保持のためには社会のあらゆるレベルおよびあらゆる機関での努力が必要だと認識していた。この努力のなかで、彼らは自由主義者とともに一九世紀の大衆運動からの伝統を構築かつ継続し、社会統合や完全なジェンダー統合に向けた特異な包括力を示す民主主義を徐々に形成することが可能であることを証明した。彼らは承認と妥協に基づいた政治文化の形成に貢献した。これらの要因も高い度合いの正統性から成り立っており、そしてそれは両大戦間以降からのデンマークの国力によって活性化されたものであった。

## 3　福祉政策のブレークスルー
### ——二回目の社会改革

個人化は近代性の発展における顕著な特徴の一つである。この点において、北欧福祉国家はその他の福祉モデルよりもかなり高い度合いで近代性を顕著に取り入れてきた。後のデンマーク社会省大臣であるカール・クリスチャン・スタインケ（Karl Kristian Steincke）は、一九二〇年に彼がデンマーク／北欧福祉政策史の基本テキストである『社会保障制度の未来』（*Fremtidens Forsørgelsesvæsen*）を出版した際に、この問題を取り扱った。スタインケは体系的な社会政策戦略の創造における先駆者であった。実際に、彼はナチスドイツが類似の制度を採用する七年前に人工中絶法を主張し、デンマーク議会（Rigsdag）で審議にかけた最初の政治家であった。一九三〇年代中期にスウェーデンのアルバ＆グンナー・ミュルダール（Alva & Gunnar Myrdal）の著作が登場するまで、スタインケの著書は最も影響力のある貢献を北欧の社会政策思想に与えたと考えられる(6)。

特にスタインケはデンマークにおける社会保障システムの大規模な改革を計画していたため、彼の計画は、階級やジェンダーに関係なく、全個人市民に対する豊かな社会権の原則に基づいていた。そのため、これは一九一五年の憲法における女性に対する政治的権利の拡大および一九二〇年代初頭における女性の婚姻上の地位の法的な改善に続くものであった。

スタインケの計画は、家族と個人との微妙なバランスを表現している。スタインケにとって、個人とは近代社会の基本単位であり、すべての市民の最低限度の生存を保障することは国家の義務であった。この意味において、女性は自立した個人としてみなされた。しかし他方では、社会政策の目的は男性稼ぎ手を基礎とする核家族を維持かつ保障するという現代的考えにも忠実であった。この点において、社会民主主義者たちは労働組合運動のみでなく、家族こそが社会政策制度にとって与えられた出発点だととらえる自由党や保守党とも明らかに調和しながら活動していた。

一九三三年の社会改革法案の可決は、デンマーク福祉国家史の転換点を表している。スタインケは、社会省大臣当時の彼の役割において、一九二〇年からの彼の計画の大部分を成し遂げることに全般的に成功した。それは当時のヨーロッパ諸国のなかでは最も包括的な社会立法であったからである。最も重要な点は、一九二二年の老齢年金改革とともに諸権利の原則が承認されたことである（Petersen 2006）。この原則は社会手当やケアを受ける全国民の社会権の一般原則および全国民の最低限度の生活を、ニーズの有無に関係なく提供する国家義務となった。この改革は貧困者を地方自治体の裁量から解放した。それまで貧困者の取り扱いは、ある教区・町から別の教区・町へと多大な格差のあることに特徴づけられていた。それ以降、福祉供給は平等になるだろうと思われた。価値のある貧困者と価値のない貧困者との差異は取り除かれた。経済的支援やケアを受けると政治的権利を失う人の数は劇的に減少した。

一九三三年の社会改革は、以前の全社会立法の体系化および拡大を意味した。それと同時に、新しい原則が導入されたことにより、この改革はデンマークにおける福祉政策のさらなる発展の柱になった。社会改革の目的には三つあった。まず第一に、とりわけ失業手当金を大幅に上げることで、労働者階級の社会的再生産の水準を上昇させることであった。第二に、社会的困窮事例における社会的排除のリスクを最小限にすべきことである。そして最後に、反民主主義運動・体制がヨーロッパ中に押し寄せた時点で、全主要政党の政治家た

ちが、本改革を国家統合の手段および議会制民主主義の支援とみなしたことである。(7)

一九三四年に社会民主党は、「国民のためのデンマーク（Danmark for Folket）」、というプログラムを採用することによって国家統合を確実にする努力を行った。この文書のなかで、彼らは大資本家・大土地所有者とは異なるすべての社会階級・社会集団に、社会民主党のビジョンである「国民の共同体（Folkefællesskab）」を背後とする再組織化を呼びかけた。今や、社会民主党の労働運動の偉大なる功績は、労働者たちが自らを国家共同体のフルメンバーとしてみなすように、また、民主主義のための強固な連合の中核として行動することを可能にした（Christiansen 1992: 512-586）。

最後に、北欧（Norden）のヨーロッパにおける特殊な地域としての理念が一九三〇年代に形成された。北欧の人々と社会民主党は特に北欧諸国間の大きな類似に気づき、自由民主主義、高生活水準、包括的な社会保障の結びつきを他のすべての国家から差異化する特殊な社会タイプとして計画していた。北欧の人々の自己認識のなかには、実際には多くの外国人観察者の見方においても、北欧社会は単一の、模倣する価値のあるモデルであった。第二次世界大戦後の間には、この思考路線はさらにもっと顕著となった。

## 4　継続的な発展――一九四五年以前から以後へ

第二次世界大戦とドイツによるデンマーク占領は、社会保障システムの発展を抑制した。一九四五年直後の数年は平時に戻ろうとまだしていたものの、社会政策的（それと同時に、財政政策のための）方向性へ向かった束の間の時代として描かれる。しかし、一九四〇～一九五〇年は福祉国家の発展における休止を意味しなかった。それはむしろ外野から強要された一時的な後退のように思われた。一九三〇年代の立法（社会改革）は、一九七〇年代まで社会政策的発展のバックボーンから来ていたし、一九三〇年代に社会政策の先駆者によって議論された多くの理念は、一九五〇～一九六〇年代に現実となった。政治的な側面において、戦後における主要な社会政策のエージェントは、いまだに社会民主党と社会自由党の同盟に終わったままであった。より長い歴史的観点にたてば、一九二〇年代～一九七〇年代までのこの時代は非継続性よりも継続性に象徴されていた。

## 5　福祉国家の黄金時代――一九五〇～一九七三年

一九五〇～一九七〇年代中期の間は、デンマーク福祉国家の黄金時代であった。これらは、一連の福祉改革が、こんにち我々が住み、議論している現代福祉国家を形成した年であった。後でより詳細を述べるように、一九五〇年代初期は労働運動と社会民主党が、後に続く発展の骨組みを形成することとなる、統合的に成長した福祉モデルを明確に打ち出した時期である。一九五〇年代後半から一連の社会改革が生じ、社会保障システムと社会問題が語られる方法の双方を変化させた。デンマークは北欧的文脈、すなわち、社会権として明示された合理的かつ科学的な方法で組織化された、税財源の普遍的な社会保障という点で、現代福祉国家となった。ゆえに、質的な観点では、デンマーク福祉国家は時代を遡って追跡されなくてはならない。

一九五〇～一九七三年の間、社会支出はGNPの八%から二三%に上昇した。この成長は、福祉改革後の時期の主に晩年に始まった。それに続く年には一九八二年まで、シェアは三五%まで上昇した（Christensen 1996: 27）。しかし、一九七三年後の時期が低経済成長に特徴づけられる一方で、初期におけるかなりの上昇は、前代未聞の経済成長率を背景に生じたことを忘れてはならない。固定価格において、一九六〇～一九七〇年の間の社会支出成長は一六〇%であった（ちなみに、この期間の前後では一〇〇%以下であった）（Knudsen 1996: 19）。よって、「黄金時代」という用語は、量的な意味でも上手く精選されている。

## (1) 背　景

福祉国家改革の発展は、当然のことながら、その時代の一般的な歴史的発展から切り離して考察することはできない。ここでは詳細には立ち入らないが、四つの側面が中心的な背景を成している。第一に、社会改良の理念が「産業の近代化および経済成長」の理念と密接に組み合わされたことである（Hansen & Henriksen 1984: Petersen 1998）。デンマークにおける社会改革のタイミングを、一〇%と同等の高さにある幾年かの成長率、および農業支配国家から近代工業国家への斬新な変化とともに、強固な経済パフォーマンスを考慮することなく理解することは不可能である。農村地域からの移住と女性の労働市場参加の増加は、公的な福祉供給の需要を形成した。そして、経済ブームは社会保障改革をゼロ・サム・ゲームに終始することなしに資金調達することを可能にした。第二に、「強い社会民主主義の影響とデンマークの政治文化の結合」は、主要な改革の陰で幅広い政治的合意を形成する要因であった（Bryld 1996: 5-21）。一九二三年以降、社会民主党はデンマークにおいて最大政党であり、一九五〇年～一九七三年の時期には一七年間内閣を形成していた。影響力のある労働運動と社会科学の連携のなかで、社会民主党はデンマークにおける社会政策的アジェンダを打ち出した。社会改革の難航のなかで、より小さな社会自由党（Det radikale Venstre）は重要な政治パートナーであった。しかし、交渉と妥協の伝統をもつデンマークの政治文化は、ほとんどのあらゆる主要な改革が幅広い妥協として終わったことを意味している。[8] このことは、デンマーク福祉国家に強い政治的・議会的な土壌を与えた。第三に、冷戦が内部の政治的合意形成と社会保障に利益をもたらす趨勢を作り出したことである。一九三〇年代からの教訓は、社会問題や社会不安が、ナチズムもしくは共産主義のような急進的な解決策を生み出すこと、そして国内外の安全保障の概念が福祉国家を冷戦の反共産主義の影響にさらすことなく、相互に結びつくことであった（Petersen 1998: 97; Villaume 1995: 321）。最後に、合理的かつ科学的な思考の可能性への確固たる信念が、文化的指導者たちに社会問題の政治的解決を非政治的な科学として表現させることを可能にした一九三〇年から受け継がれていた。戦後期において、一九三〇年代の社会工学者たちは、社会民主党内もしくは社会民主党に強いコネクションをもつ影響力のある政治家や官僚となった。計画や問題の合理的解決への信条は、政党にとって政治的妥協を形成すること、およびそれらの妥協を最良の解決として合法化することを容易にした。

### （2）社会民主主義的な福祉国家

デンマークの戦後福祉国家は厳格な政治計画に沿って発展しなかった。後で示されるように、特に社会民主党の政治家は、単一の政策領域についての一般的な原則や計画に影響を及ぼしたが、福祉国家政策の長所は、その柔軟性や経験主義でもあった。[9]

一九五〇年頃に、社会民主主義有識者は新しい政治戦略の必要性を議論しはじめた（Christiansen 1996a; Petersen 1998: 107）。若手の社会民主主義的な国家経済学者たちのなかには、分配の政治学についての伝統的な政治路線を疑問視し、デンマーク社会の近代化の必要性を議論する者もいた。これはマクロ経済学のプランニングとミクロ経済学の自由主義化の二重の戦略から生じたと思われる。国家の役割は、効率性と社会保障給付の計画を組み合わせた成長経済にとって効果的なフレームワークを形成していた。近代化と経済成長は、再分配への伝統的な闘争をその都度再開することなしに、社会改革を具現化することを可能にさせた。福祉国家は経済的余剰によって賄われ、完全雇用に向けた経済・産業政策に基づくはずであった。

再分配政策以外の別の側面は、普遍的な社会改革の受け入れが進展したことであった。歴史的に、社会民主党は（学校や病院などのような）普遍的な社会機関に以前から好意的であったが、他方では、すべての人々に社会保障を開くことには気が進まなかった。[10] 普遍的な社会改革は、政党や労働運動の地盤のなかに、増加しつつあるホワイトカラー労働者を包摂することも可能にしたであろう。平等や再分配に関する伝統的な政治目標は、消滅こそしなかったが、すべての国民のための社会保障の理念と結合した。

その翌年に、経済成長と社会改革を結びつける戦略は、社会民主党によって引き継がれた。一九五七年の議会において、党首であるH・C・ハンセン（H. C. Hansen）首相は「積極的生産政策を通じて、すべての人々によい就労の機会を創出すれば、福祉国家は建設され、新しい社会的・文化的進歩は形成されるであろう」とまとめた（Protocol of 1957 Congress of The Social Democratic Party, p. 124 [own translation]）。この引用はまた、一九五〇年代における福祉の非常に幅広い概念を示している。これは社会保障供給のみに限定されず、文化的な側面も含むものであった。このことは、現代の労使関係が厳しい予想外の悪影響をもたらすことを緩和する事柄ばかりではなく（たとえば、科学的経営によって）、個人の自由や民主主義の擁護を促進する可能性への信念でもあった(11)。教育政策に対する強調は別として、文化的促進に関するこれらの考えは一度も具現化されなかった。具現化されたのは、ジェンダー平等が関与した一九六〇年代からにすぎない。

一九五〇年代におけるこの状況は、社会改革のために設定された。影響力のあるエージェントは社会民主主義的なマインドをもつ社会工学者たちであった。なぜならば、社会問題（たとえば失業）に関わる長期研究は社会政策設計の一部であったからである。しかし今や、専門家を用いて、科学的な分析を行うことは、さらに進み、より画期的なやり方で制度化された。この発展の主たる象徴は、議論と計画を経て一九五八年に設立された国立社会研究所である（Friis & Petersen 1998）。この研究所は、無数の社会問題に光を当てる研究所を危険とみなすブルジョア政党の意志に反するようになっていった。科学的な社会研究と抵抗との結びつきは、急進的に社会を変革しそうな脅威を与えた。国立社会研究所は、公共の委員会のメンバーであると同時に、数々の問題をアジェンダとして据え、一九六〇～一九七〇年代の社会改革における中心的なエージェントとなった。

### （3）一九四五～一九七四年の主要な改革

経済が一九五〇年代の終盤から大規模に飛躍したまさにその時に、近代的なデンマーク福祉国家の建設は始まった(12)。これら三つの成長の一〇年間における社会改革は、二つの改革の波に分類される。最初の波は一九六〇年頃に生じたが、主に、既存の制度のなかにリハビリ・予防・合理的経営のような現代の社会政策的原則を、また、スティグマや自ら招いた社会問題という考えを取り除くことを導入するようなものであった。第二の波は一九七〇年くらいに生じたが、これらの原則に基づいた新しい社会保障システムに焦点を絞っていた。

それ以前の唯一の大規模な改革は、論争の翌年である一九五六年に導入された国民年金制度であった。この改革はすべての人への普遍的で一律の給付を伴う年金制度と、その上に所得に関連する給付を導入した。より技術的な意味では、一九五六年の改革は税金を財源とする累進課税システムの路線を踏襲した。しかし、この一律の給付は、富裕層の除外を却下した。同時に、老齢年金（Aldersrente）から普遍的な社会権への移行を強調した国民年金（Folkepension）への明確な変更もあった。現代を観察する専門家と歴史家の双方から、一九五六年の年金改革はしばしばデンマークの社会保障における普遍主義のブレークスルーとして描かれてきた（Petersen & Petersen 2009）。しかし実際に、年金給付の主要部分は一九七〇年まで（一九六四年に法制化）資力調査付きであった。この改革は公共による支援および年金受給者数の増加という点で成功した[13]。年金受給開始年齢が六〇歳から六七歳に上昇したため、特に男性稼ぎ手を失った女性にとって可能性のある問題が実際に生じた。その後すぐに、未亡人に資力調査付きの社会扶助の可能性を与えるために、寡婦年金が導入された。これはジェンダー役割がどのように社会政策立法に影響しているのかを描写するものである。

一九五〇年代の後半から事態は急速に動き出した（Petersen 1998）。一九五八年の「学校改革」によって、総合小学校が最初の第七学年に向けて導入され、一九六〇年代には第九学年まで増設された。一九六〇年の「リハビリテーション法」と一九六一年の「公的扶助法」は真に前向きかつ予防的な社会政策を導入し、市民権を失った「報われない」受給者が存在する古い制度を取り除いた。この二つの改革は共に最後まで残存した古い救貧法を排した。社会扶助は、以前ならば周辺化されていた集団を含む、誰にとっても請求できる権利となりつつあった。また、条例の進歩的な内容が、一九七四年のさらなる社会改革に向けて強調された。一九六〇年に「障害年金制度」に付属する規則が、先天性障害で苦しむ人々を含めるために改定された。そしてまた、障害者に関連して、予防政策に対する関心が高まってきた。

一九三〇年代以降、家族問題に関する公的な関心が生じていた（以下を参照）。このことは新しい社会政策立法にとっていくつかの提案を導いたが、それらの提案の多くは一九六〇年代まで実現されなかった。続く一〇年間において、家族政策の理念は実際に導入され、意味あるものとなった。家族関係が政治的問題に転じていく背後にある主なエージェントは、女性運動であり、特に社会民主党とつながり深い女性団体であった（Petersen 2000）。彼女たちは、女性の置かれた状況を一般に家族と深く結びつけて見ていた。そして、公的な社会給付を通して、社会におけるより積極的な役割の機会が女性に与えられ、家族生活と労働生活の間の深い葛藤が最小限にされることを望んだ。家族の政策対象化はデリケートな問題であり、特定のニーズをもった特定の対象集団に社会扶助を支給することとは非常に異なっていた。家庭の境界線に交差することは、多くの国民のなかに強い感情を呼び起こし、既存のジェンダー関係に言及することであった。一九六〇年代に女性が次々に数多く労働市場に参入したにもかかわらず、既存のジェンダー役割は一九七〇年代半ばまで実際には疑問視されなかった。疑問視されるまでは、主婦の役割と仕事を両立させることについてのより多くの問題が生じていた。したがって、一九六〇年代の家族改革はかなり控えめで、(一九五〇年代からの制度拡大によって) 家族に対する一般的な経済的支援、およびシングルマザーのために対象を絞った改革、特に公的保育供給の拡大、のみにとどまった (Borchorst & Siim 1984; Koch-Nielsen 1998: 59)[14]。

一九六〇年代の半ばまでに、既存の福祉国家に関する堅固な政治的合意が確立したように思われた。一九五六年の年金改革に続いて、政治的右派はいわゆる福祉国家の将来についての議論を喚起した。参加者たちは社会政策自体を拒絶はしてはいなかったが、国家にすべてを委任し、社会主義を背後でうろつかせることに対して警戒感を示した。これは部分的に、社会工学の概念に対する誤解であった。この誤解は、社会工学の概念がもつ急進的な将来性と社会民主党への強い結びつきの双方ゆえのものであった。二つの主要ブルジョア政党である農民党と保守党は、社会民主党によって設定され、かつ社会自由主義者たちによって支持された福祉改革アジェンダの代案を打ち立てようとした (Petersen 1998: 119, 193)。その別のアジェンダとは、一九五九年の「V-Kプラン」において述べられたように、物質的生活水準が上昇すれば、市場原理に基づいて、国民は自身を保険にかけられるようにすべきであるというものであった。経済成長は、社会民主党によって設定された戦略とは反対に、国家福祉の経費削減をもたらすべきであった。社会民主党によるこの戦略上の決定は、即座にこの二つの政党を隔離させる恐れを与えたため、まもなく廃止された。政府の権力と選挙の勝利を追求するために、最初は農民党[15]が、そしてさらに気の進まなかった保守党は、福祉国家への理念的な抵抗をあきらめた。これを背景に、一九六〇～一九七〇年代の社会改革の多くは、社会民主党と社会自由党の改革要求、および実際に立法プロセスへの影響力を模索するブルジョア政党という一つの図式に続く、広範囲な政治的妥協の形式をとった。しかし時として、この二つのブルジョア政党は先頭に立とうとした。

この変化の好例は、二つのブルジョア政党がデンマークの社会保障システムを全体的に見直すための会議を提案した一九六四年に起こった。しばらくの間、公務員集団から社会保障システムの合理化の必要性が声としてあげられた。また、社会的専門家の間の見解では、一九三三年の改革によって形成された枠組みは、もはや十分に効果を成さなかった。しかし、特異な発議が、社会民主党および社会保障改革を彼らの特権としてみる政府を揺るがせた。二つのブルジョア政党が、社会民主党が堅固に反対した公的援助のもとに失業保険基金をおくことに関する提案を行ったのである。このようなステップは労働運動を深刻に弱めるものであっただろう。したがって、社会民主党政府はすぐにその発議を引き継ぎ、将来の変革を議論するための委員会を設置した。そこでの主な議論は、社会保障システム全体を一つの流れのなかで設置されたように、如何に体系化するかということであった。その作業はかなり徹底的に行われ、何年か続いた。既存のシステムにおける問題を分析すること、市民と彼らの要望について話し合うこと、適当な利益団体や専門家を巻き込むことによって、意思決定に最適な基盤が構築されることとなった。この科学的かつ合理的なアプローチの欠点は、幅広い、民間に普及した議論が一度も起こらなかったことであった。

最初から、委員会はシステムの一本化に向けて行動した。問題に関係なく、市民はまったく同一の場所に進まなければならなかった。国民はある官僚制から別の官僚制に、たとえば、疾病基金から自治体行政に移ったり、戻ったり、飛び移るべきではない。結局、労働組合の支援とともに、社会民主党は、一元化されたシステムの枠外で失業基金を保持することに成功した。

この動きは、一九六〇年代後半から一九七〇年代半ばまでの、しばしば第三次社会改革として共に表される、いくつかの相互関連した社会的・行政的改革のなかでもたらされた[16]。最も重要な特色は、一般税を財源とする普遍的な国営の「医療保険制度」を伴った、既存の疾病保険基金の復活であった。一九六〇年代後半から、大小いくつかの疾病および失業保険の改革が行われた。このことは、給与補償水準を一般的に上昇させることを意味した。一九七三年には、前所得（一定水準以下の所得）の九〇％にまで設定された。このことはまた、国家がこの制度の多大な財政責任を引き受けたことを意味した[17]。一九六七年の失業制度改革は、国家が、増加する失業ゆえに拡大する支出に対する責任も引き受けることを意味した。それ以前は、個々の基金が自ら周辺化されるリスクを負わなければならなかった。栄光の王冠は、現代の社会政策立法とともに既存の扶助制度に取って代わった一九七四年の社会扶助法の施行であった。この法は所得喪失の原則に基づいている。それはすなわち、個人が理由の如何にかかわらず所得を失った場合には、その個人の現所得は公的な支援が短期間において補償すべきであり、それによってその個人はより深い困窮から免れることを意味した[18]。これは当然のことながら、公的移転の多くが短期間となる高度成長と低失業の時代に構想された法律の一部であった。

一九六七年と一九七四年の改革を考え合わせると、第三の社会改革はデンマークにおける社会保障システムの新しい枠組みを構築した。この改革の非常に野心的な目標は、予防・リハビリ・ホリズム・個人のニーズ・保障のような概念によって典型化される。公的扶助は、個人のニーズやその人の具体的な状況に適合しなければならなかった。これは既存の標準給付の廃止を意味した。この制度の前提条件は、社会行政において正しく機能し、熟練した雇用労働者であることであった。増加しつつある業務は自治体当局によって執行されなければならないため、中央政府と地方政府間の負担配分のシフトもまた結果として生じた。大まかに述べると、中央政府は年金財政を引き受けたが、その一方で、中央政府の他の領域における財源は五〇％まで削減された。それ以降、社会システムは純粋に税が財源となった。個人で支払う保険料はほとんど消滅し、雇用主の保険料はかなり控えめであった（Christensen 1996: 29）。

失業保険制度を除き、社会保障システムの保険寄りの性格は、税財源の社会権システムを支持するなかで実質的には消滅した。

これの多くの前提条件は、福祉国家の経済的危機と政治的危機の双方のために一九七三〜一九七四年から変化した。この変化は特に一九七四年からの新社会扶助法にうまく適合した。この新法が、増加する要求や法における理念を具現化する困難にほどなく遭遇したためである[19]。しかし、いわゆる福祉国家の危機に話を転じる前に、社会・政治過程のなかで懸命に取り組まれてきた福祉改革を振り返って言及することもまた価値あることかもしれない。ここで三つの主要な福祉に関わる領域が注目される。それはすなわち、住宅政策、所得に関連した年金制度、および文化政策である。

少なくとも一九三〇年代以降は、住宅市場への大きな公共の関心が存在していた。社会専門家とともに、労働運動は、老齢年金の権利に加えて、基本的な社会権として、住宅をもつ権利のために闘争していた。具体的説明には立ち入らないが、我々は、なぜこれが一度も成立しなかったのかという経済的理由と政治的理由の双方を指摘することができる（住宅政策については、Esping-Andersen〔1985〕, Daugaard〔1984: 171-203〕, Frimand〔1999: 1-22〕, 参照）。スウェーデンのように国家によって計画された住宅政策の代わりに、デンマークにおける住宅市場は、一九五八年と一九六六年に行われた二つの主要な住宅政策改革の結果として、次第に自由化された。デンマークの住宅政策は、主に、低所得世帯に対する支援によって、この発展に関する最悪の社会的結果を解決し続けている。労働運動と社会民主党のもう一つの後退は、包括的な所得に関連した年金制度実施の失敗であった。一九六〇年代初期には、デンマークがスウェーデンの一九五七年改革に続くであろうことは、あたかも時間的な問題としてのみとらえられているかのようだった。社会民主党はこの件について議論をしてきており、議論の開始は一九六四年の非常に控えめな労働市場付加年金（ＡＴＰ）制度とともにもたらされた[20]。そして、政府はスウェーデンモデルをどのようにデンマークの状況のもとで実践することができるかを調査する委員会を設置した[21]。最後に、一九六六年一一月の選挙結果として、社会民主党政府は初めて、穏健左派政党である社会主義人民党（Socialistisk Folkeparti）とともに議会において多数派を形成することができた。その背景には、所得に関連した年金制度の施行がちょうど間近であるからだと思われた。社会民主党政府は即座に、スウェーデンモデルのやや控えめなバージョンである包括的な計画を、ブルジョア政党の反対を鎮静化させることを期待して、提出した。しかし、この戦略ではうまくいかなかった。特に、この計画に関連した基金を統括していた大規模な労働組合が、社会民主党右派につながる全政党（伝統的な社会的・政治的同盟政党である社会自由党を含む）によって激しく拒絶されたのである。同時に、社会主義人民党の内部では社会民主党政府を支援することへの抵抗が拡大し、彼らは実際に支援をとりやめた。結果として、ブルジョア政府が一九六八～一九七一年の時期に成立し、所得に関連した年金制度についての各論を忘却の彼方へと追いやった[22]。

福祉史についての主流文献のなかでは、政治的干渉の一つの領域としての文化は、優れた役割を果たしているようにはみえない。それは福祉国家に対する熱烈な支持者によって一九五〇～一九六〇年代に提唱された考えとは非常に裏腹なことであった（この議論については、Klaus Petersen 1998; Fonsmark 1990. 参照）。前述のように、一九五〇年代における社会民主主義の有識者たちは文化的な側面を福祉国家についての彼らの視点のなかに含んでいた。そして一九六〇年代の間に彼らは、これらの考えのいくつかを実践しようと実際に試みた。一九六一年に初めて、文化大臣が指名された。そして次第に文化的な生活への公的支援が増加した。しかし、文化的事柄への国家支援という考えは一度も広く普及しなかった。ブルジョア政党は非常に躊躇していた。一九六〇年代半ばには、現代芸術家・文筆家に対する公的資金供給への広く普及した抵抗が非常に強く表明された。この背景の下で一九六七年に社会民主党政府は、文化センターを全国に普及させる総合計画を断念した。これがデンマークにおける文化改革の全盛であり、それ以降、文化政策は（メディア政策は別として）極めて周辺的な役割となっている。

まとめると、形成期において、デンマーク福祉国家はその特徴がしばしばスカンジナビアもしくは北欧福祉モデルに関連すると思われていた。前節で論じたように、税財源で、かつ国家供給による福祉改革は二〇世紀初頭に根づいた。この時期において、これら二つの路線はさらに進んだ。税財源は次第により支配的になり、一九七〇年頃には改革の結果として個人保険料が（失業保険を除き）ほぼすべて消滅した。そして、その時期の終末には、自治体への行政上の分権化が起こったものの、国家がより中心的な役割を担うようになった。これら二つの一般的な路線内で、いくつかの新しい原則が導入された。最初に、「普遍主義」原則がますます顕著となった[23]。より多くの国民が公的社会保障制度のなかに包摂された。しかし、他方では、一九六〇年代後半まで、それはしばしばより高所得な国民の排除に関係していた。一九七〇年まで、公的年金の大部分は資力調査によるものであった。また、より高所得な国民は公的医療制度からも排除されていた。この発展がその後の十数年間に一部復活したときでさえ、普遍主義はしばしばデンマークの福祉システムの主な特徴として語られた。第二に、中心となる原則として、「予防とリハビリ」の原則を指摘しなければならない。もちろん、実際の改革が社会問題を予防することに対して、どのように成功してきたのかを議論する余地はある（少しずつ予防することは常に可能である）。しかし、この二つの概念が一九六〇〜一九七〇年代の改革や社会政策的議論を理解するにあたっての中心となっていることは明らかである。また、北欧福祉国家を特徴づける、社会移転（現金）に向けた社会サービス（現物）の給付にかなり強烈に焦点を当てたことが、予防的な社会政策の一部としても理解されたにちがいない[24]。第三の原則もしくは特徴は、社会改革を支持する「合理的理念」である。この理念は、計画・知識および合理的な行政の可能性への信念に基づいた社会研究を基礎としている。これらの原則とともに、平等に関するより伝統的な理念が、社会的市民権の構築の基礎、すなわち非常に広範囲な意味での社会権としての社会保障の理念を形成するようになった。

## 6　緊縮と再編の狭間で――一九七三年以降

デンマーク福祉国家の黄金時代といわれる一九四五年〜一九七三年の後の数十年間は、控えめな改革と緊縮を混合させた経験を、そして一九九〇年代は、社会保障システムの再編を表している。この時期を表現する際によく聞かれる言葉は、福祉国家の危機である。こんにち的な視点に立てば、この危機の判断とは、ある意味では誇張されているように思われる。変化はもちろんしてきたが、変化が公的保育のような他の領域で停滞したようにみえたとしても、公的な関与は拡大されてきた。一般的に、緊縮は社会移転を不可視化し、拡大は社会サービス部門（保育、病院など）で生じてきた。福祉国家の理念と社会保障の供給は、国家による問題解決の上に成り立つはずはなく、社会問題、歴史的背景、国民の要望の変化に応じて変化しているに違いない。そして、危機から三〇年後も、デンマーク福祉国家はいまだに存続している。

一九七三年は多様な意味で、デンマーク史における重要年である。その年の選挙において、急進的右派政党（投票の一六％）である進歩党（Fremskridtspartiet）と革命的左派諸政党の代表（投票の五％）に議席を与えてきた政治制度が変化をした。伝統的政党の投票支持は九〇％から五八％に下落した。これは古い政党の間では、先述した福祉国家のコンセンサスを厳しく疑問視するものとしてとらえられた。長期的にはこのコンセンサスは多かれ少なかれ酷評された。一九七三〜一九七四年の石油危機によって見舞われた経済的後退による経緯も強調され、EU加盟の衝撃に関する議論が継続した。今や低成長・上昇する失業者数・インフレが、高成長と低失業の時代に続いた。即座に戦後福祉国家の政治的および経済的基盤の双方が揺り動かされた。進歩党の政治的成功は、福祉国家に関する世論のなかに表出している。そこでは、公的な支援は一九七一〜一九七三年には常に低調であったが、すぐに復活し、こんにちでは福祉国家への公的な支援は、かつてないほど強力である（Goul Andersen 1995: 34）。これらの変化する前提条件、公的福祉への強い世論支持、独自の理念目標との間で、政治的エージェントは、一九七〇年代、一九八〇年代、一九九〇年代において福祉政策の戦略を打ち立てなければならなかった(25)。

デンマーク福祉国家は、一九七〇年代に他の北欧諸国よりも財政的圧力と緊縮政策の煽りを激しく受けた。しかし、より長期的な歴史的視点でみると、これはタイミングの異なる出来事のように思われてきた。もちろん、特に若年で、社会保障を受けることが可能な、失業制度に包摂されている者たちにとっては、真の後退があった（一九七三年以降の社会政策の発展に関する詳細な分析については、Henrik Liebetrau 1984, を参照）。そして、一般的に福祉国家および公共部門の拡大は、一九八〇年代を通して停滞してきた。政権にあるブルジョア政党は、国境を越えた新自由主義的思想と実践（レーガンとサッチャー）によってかなり影響されたようにみえたが、一〇年間にわたるブルジョア政党の支配（一九八二〜一九九二年）は、根本的にデンマークの社会保障システムを変化させなかった。この安定の理由は恐らく、強力な公的支援と形成期における多くの改革が非常に幅広い政治的妥協に基づいていたという事実にある。

したがって、一九七三年とこんにちの間の時期は、一つの再編、もしくは変化した環境への適応とみなすのが最良かもしれない（Kvist 1997; Goul Andersen 1997: 1-37）。一九七〇年代と一九八〇年代には、それは主に、社会福祉を供給する「第三セクター」である非政府組織にとって、あらゆる主要政党の間での利害の高まりと結びついた既存の構造のなかでの微小な変化といった問題であった。一般的な理念とは、社会福祉供給をより柔軟にすることであり、公的機関への圧力を軽減することであった。この路線に続き、さらにそれを進めると、社会民主党政府は一九九二年以降、社会部門においていくつかの根本的な変更を導入した。これは、いわゆる第四次社会改革であり、社会政策における「アクティベーション」と「自己エンパワメント」の戦略につながっている。一方では、教育や訓練を通して国民をエンパワメントすること、他方では、受給基準を制限して受給期間を短縮し、国民を社会保障システムから締め出すことである。この議論および改革路線は、老齢年金以外のあらゆる社会保障プログラムに向けられている。ここでの議論は、財政的な圧力と人口の変化ゆえに、どの程度まで将来においてすべての人々に公的年金を支払うことができるだろうかという点に、より焦点を絞ってきたことである。こんにちでは、多くの国民（人口の約七〇％）が異なる種類の労働市場年金もしくは税控除による年金貯蓄を保持している。したがって、彼らには公的年金の必要性はないだろうといわれている。一九九四年の最初のステップとして、公的年金制度が賃金所得に関連させられた。全国民のための単一の公的年金という理念は、このモデルの結束のための根幹であると論じる者もいた。一九八〇年代から一九九〇年代にかけてのこれらの変革は、十分な政治的議論もないまま行われ、静かなる革命とみなされるかもしれない。

しかしながら、一九七九年に導入され、部分的に公的財源を使用した、早期退職年金制度（efterlønsordningen）をかなり控えめに改革実践する試みは、静かに通過しなかった。社会民主党はこの制度を継続するために（改革させないために）、選挙キャンペーンの間に公約を発した。しかし、選挙後まもなくの一九九八年に社会民主党は、特に労働組合における多くの人々によって、大幅な削減と一部の党員への約束不履行の表明として理解された、いくつかの変更を導入した（Goul Andersen & Larsen 2004: 241）。社会民主党への支持はその次の時期には急落した。右派は、福祉国家の維持はデンマーク人の大多数にとって重要課題であることを認めながらも、その状況に反対する判断を下した。この結果として、右派政党を率いるデンマーク自由党（Venstre）は、福祉国家への批判を伴った、以前の新自由主義的なレトリックを廃し、福祉的コンセンサスへの接近を描いた、理想的な新しい試みを導入した（Lundberg & Petersen 2006: 21-52）。このことは、アナセン・フォー・ラスムセン（Andersen Fogh Rasmussen）を新しい党首とする、デンマーク自由党におけるリーダーシップの変化と表裏をなしていた。戦略という点で、福祉国家の課題を我が物とした社会民主主義を打倒する方向に傾いたことは、右派による対抗のモダン化の成功と呼ぶことができよう。この成功は、「福祉および選択の自由」のようなスローガンという手段によって成し遂げられた。一九九〇年代後半までには、世論調査における有権者たちは、福祉国家を新しいミレニアムにおいて考察する準備を最も行っている政党として、次第に自由党を支持し始めていた。

福祉国家に関する政治的な光景におけるこの変化は、移民政策が政治的議論のなかでほぼ最優先の課題となるのと同時に発生した（Jønsson & Petersen 2009）。他のヨーロッパ諸国においてのように、移民やグローバル化は、普遍的な社会権、機会の平等、労働市場参加、に基づいたデンマーク福祉国家モデルへの新たな挑戦を意味した。しかし、デンマークの移民に関する議論は、デンマーク人民党（Dansk Folkeparti：一九九五年設立）と対立した。他の右派政党は、一方では、多数派移民（主にイスラム圏からの）であることを主張する勢力に対抗するキャンペーンを助長していた。それは、移民らが、長期にわたると、福祉国家およびデンマークの国家的価値を蝕むと想定されたからである。そして、他方では、外国人嫌悪を表明するあらゆる論争を観察していた。政府（特に社会民主党）はこの課題をめぐって深く分断されると同時に、十分に意思決定をすることができなかった。二〇〇一年の選挙では、社会民主党は、デンマーク人民党からの議会支持を得て、政府を形成した、自由党と保守人民党（Det konservative Folkeparti）の右派連合に多数派としての地位を明け渡した（Goul Andersen & Borre 2003）。

新しい多数派は、デンマークの政治文化の中心となる要素を新鮮にみせた。政府の政策は、有権者との接触に基礎をおいていた。そこにおいて、政府はかなり明確な改革を約束し、反対勢力に妥協を求めることなく、改革を実践するというものであった。約束された政策は二つの重要な領域で具現化される。それらはすなわち、税の凍結と移民政策の顕著な厳格化であった。税の凍結は、新政府の独断的考えになったにせよ、福祉国家が増税によって支出を増大させることは許されないであろうということを意味した。二〇〇一年から二〇〇八年までの経済成長は、税の凍結の結果が継続的な国家経済の拡大によって軽減されることを意味した。いくつかの減税を別として、前の右派の福祉国家内部の大幅な減税および改革についての考えは偏っていた。デンマーク人民党とともに政権の座にある政党は、デンマーク福祉国家モデルを変化させるつもりはないことを強調し、また、かなりの程度まで社会民主主義の影響を受けた福祉国家の基本的な側面を取り入れた。したがって右派政府は、社会民主党政府が労働市場と雇用に非常に焦点を当てて一九九〇年代に築いた道を踏襲していった。デンマークの労働市場は、民間セクターと公共セクターの両方において労使間の高水準の組織化によって特徴づけられてきた。このシステムの骨子は、賃金、労働時間、労働条件の取り決めを含み、雇用主に労働者を雇用する権利および突然解雇する権利を与える、団体協約である。その一方で被用者は、ある程度の社会保障を被用者に確保する失業保険を通じて、継続した職業訓練の機会を提供される。この社会保障とは、被用者が解雇されても生存の基盤を失わないという意味である。フレキシビリティとセキュリティの組み合わせは、「フレクシキュリティ」という専門用語で国際的に知られている。過去数十年にわたって、これはデンマークの労働市場を国際的なロール・モデルとしてきた。

二〇〇一年後の数年間には、デンマーク福祉国家をいつまでも変化させずに維持し続けることは困難であろうということが次第に明確になった（Petersen & Petersen 2004）。数々の挑戦は、政治・経済の国際化やグローバル化の結果、とりわけ、デンマーク人口の相当な高齢化が起こるであろうこと、および、年金や医療サービスのようなキーとなる福祉サービスへの圧力を高めるだろうこと、を予測する人口学的予見の結果をおぼろげに見せ始めた。投票者の支持を気にする政府は、劇的な改革を扇動することには躊躇した。しかしその一方で、多くの委員会が立ち上げられた。これには、これらの挑戦への可能な対応をまとめる業務を担ってきた福祉委員会も含まれていた。これらの委員会からの詳細な分析と提言にもかかわらず、権力の座にある多数派は、包括的な介入を実行することを躊躇していた。しかしながら、二〇〇八年に政府は、早期退職年金制度、年金制度、および福祉国家政策の他の副次的な領域の限定付き改革について、社会民主党およびデンマーク社会自由党（Det radikale Venstre）との合意に達した。

近年の政治経済的発展における他の主要な問題は、福祉財源である。デンマークの福祉は主に税で賄われており、地方自治体（市町村および区）によって管理運営されている。税の凍結と所得税の直接減税は、概して福祉財源と公共セクターに問題をもたらしてきた。その問題とは、一部の国民に寄せられる期待という、高まりつつあるプレッシャーによってさらに悪化してきた。二〇〇七年の選挙キャンペーンにおいて、減税と福祉は結びつけられるという政府の宣言は、減税は福祉国家の基盤を衰退させると主張する反対派によって抗議された。右派政党は権力を何とか掌握し続けた。しかし、時代遅れの病院や学校という形態のなかでの「公共部門の人員削減」に対する批判、および、失敗・削減とみなされる社会扶助部門は、政府をますますプレッシャーに追い込む世論のなかで重要課題を残したままである。二〇〇一年以降、数々の極度に包括的な公共部門の行政改革が実施された。それにもかかわらず市民は、問題が大きくなることによって特徴が明らかになる福祉部門を保持している。

多くのヨーロッパの福祉国家と同様に、デンマークの福祉システムは二〇〇〇年後の一〇年間には深刻な課題に直面した。グローバル競争は、何千もの仕事がアウトソーシングの結果として消滅するという帰結とともに、産業部門に深刻な緊張を与えた。EUにおける経済の自由化は、国境を越えた労働移動の流れをもたらしてきている。低賃金国・地域からの多くの会社や労働者が、際どい労働市場構造のもとで、デンマーク社会に根を下ろす機会を得ようとしている。多くの政治家の目には、非ヨーロッパ地域からの移民は、福祉国家や社会連帯を脅かす傾向があり、移民政策を厳格にすることは、政治的アジェンダの高位となった。しかし、多かれ少なかれ、多くの移民は次第にデンマーク社会に包摂されていった。

　人口問題、高齢化、福祉サービスの要求といったことに中心をおいてきた福祉国家の未来に関する進行中の議論は、数十年後には破綻するであろう。いくつかの福祉改革が、これらの問題、特に退職年齢を引き上げた二〇〇七年に、ほぼ全政党によって可決された主要な改革統合に対応する目標とともに導入された。二〇一一年には、数年にわたった政治的議論の後に、一九七九年から続いた早期退職法が廃止された。

　これらの改革は、デンマーク福祉国家を多面的な未来の問題に直面するなかで、より頑強にするために意図されたものであった。しかし、二〇〇八年以降の国際的な金融・経済危機が、福祉給付やサービスの財源を確保することを非常に困難にした。したがって、中央右派および中央左派の双方からなる政府は、財政の緊縮と、多くのヨーロッパ国家をこんにち支配している、供給サイドの経済体制に服従する必要性を感じている。もし福祉国家が拡大する余地があるとすれば、現在の経済状況では、ほんの少ししか残されていない。それどころか、緊縮と再編は、デンマークのような深く根を下ろした福祉国家においてさえも、支配的アジェンダとなるように思われるのである。

注

（1）南デンマーク大学の福祉国家研究者グループは、『デンマーク福祉国家史』（全六巻）を執筆中である。これまで三巻が出版されている。（Petersen, J. H., K. Petersen & N. F. Christiansen: *Dansk velfærdshistorie*, vol. 1-4, Odense 2010-2012).

（2）「福祉国家」という政治用語が一九五〇年代以降に表現されたに過ぎないため、ここで述べる「福祉国家」という用語は社会保障システムを意味する分析用語として使用されている。

（3）Søren Kolstrop（1996）は自治体社会主義についての詳細な報告を執筆している。

（4）Lützen（1998）を参照。

（5）たとえば、党のプログラムである、一九三四年からの「国民のためのデンマーク（Danmark for Folket）」や一九四五年からの「未来のデンマーク（Fremtidens Danmark）」を参照。

（6）スタインケによるデンマークの政治的・社会的発展への貢献の包括的な紹介についてはJacob Christensen（1998a）を参照。

（7）これらの主要政党は一九三三年社会改革の採用を保障する包括協定を締結した。締結同日の一月三〇日にはヒトラーがドイツで権力を掌握したことは象徴的である。

（8）この慣例の例外は、資本家代表と労働者階級がより堅固な対立を成した労働市場政策である。

(9) 研究者のなかには、デンマーク福祉国家の形成において社会民主党が果たしてきた重要な役割を論争してきた者もいる。特にBaldwin (1990), Christensen (1998b) を参照。両者とも議会制度過程を非常に狭く捉えている (note 10, 参照)。より広い観点とは社会民主党によって果たされてきた重要な役割を提示している。これについては、Søren Kolstrup (1996), Petersen (1998) を参照。これは、当然のことながら、社会民主党の問題のみを述べているのと同様ではない。

(10) たとえば、社会民主党が普遍的な年金改革に反対して議論した一九四五年のプログラムを参照されたい。一九五〇年代前半において、党は普遍的改革を選挙運動の主たるテーマとしていた (Kolstrup 1996)。

(11) この特定な思想の特徴は、後の文化省大臣となるJulius Bomholtによって編集された著書 (*Mennesket i centrum* [*Man in Centre*], København [1953]) を参照。

(12) より詳細な報告に関しては、この時期の社会保障システムの制度的発展についての記述がある。Klaus Petersen (1998), Christensen (1998b), Jonassen (1998), を参照。

(13) 一九五三年からのデンマークギャラップ調査研究所 (Danish Gallup Institute) の世論調査を参照 (1953 [no. 37], 1955 [no. 9] and 1956 [no. 19 & 23]; Christensen [1998b: 66, 100]) は、一九五四～一九五五年にはおよそ六〇％の者しか受給しなかった一方で、一九五六年以降、ほとんどすべての者がどのように公的年金受給権を得たかについて示している。

(14) (三歳～六歳児向けの) 保育施設の供給範囲は、一九六〇年の約一〇％から一九七三年の三〇％近くまでと三倍になった。今日では、三～六歳児の約七五％が公的に供給された保育施設を修了している。

(15) 農民党は一九六三年の党大会において立場を変えた。その党大会において代表者たちは象徴的に二つの社会政策プログラムの間を選択しなければならなかった。

(16) 最初の二つは一八九〇年もしくは一九〇〇年頃の改革と一九三三年の改革であった。

(17) 疾病保険制度はすべて公的財源で賄われていた。失業制度は公的および個人的財源による混合であった。そのバランスは時期によって異なっていたが、概して、国家による財源がおよそ支出の三分の二であった (部分的に税財源であるがゆえに)。

(18) Gøsta Esping-Andersen (1985: 159) はこれを「おそらく世界で最も進んだ、最も高額な、社会扶助制度」として特徴づけている。

(19) Plovsing (1985: 502-519) は、地方社会行政官の教育不足と個人のニーズ測定に関する問題を特に指摘している。後者の問題は、財政危機が継続するにつれて拡大し、一九八四年にはブルジョア政府が定額支払いを再導入した。

(20) 労働市場付加年金制度は、賃金稼得者のみを含み、普遍的な公的年金への非常に控えめな補助金を支払うのみであった。それは労働市場紛争を解決するための一部として法制化されていたし、労働運動の視点からみると、緩やかな最初の難関としてみられるにすぎなかった (改革やその背景についてのより詳細な説明に関してはGeorg R. Nelson [1984], を参照)。

(21)　一般的なデンマークの年金制度が、即座の解決のために圧力を与えるスウェーデンの制度よりもずっと寛大であったことは、特筆されなければならない（Klaus Petersen 2002）。

(22)　労働運動と社会民主党は一九七〇～一九八〇年代の間にこの理念を復活させようと、そのような計画のためのいくつかのモデルを策定していた。しかし、これらはすべて、議会からの支援に失敗し、労働運動内の賛成をえることができない犠牲となった。一九八〇年代半ばにこの理念はついに地方で協議された労働市場年金への賛同のなかで廃案となった。

(23)　注(10)で述べたように、普遍主義概念は拡散した。

(24)　また、ここでは、デンマーク福祉国家のより家父長主義的な要素もみられるかもしれない。

(25)　エージェントの視点から一九七三年以後の時代を分析した研究はあまりにも少ない。社会民主党の視点からの二つの分析事例については、Niels Finn Christiansen（1996b）, Lundberg & Petersen（1999）, を参照。

### 参考文献


Baldwin, P.（1990）*The Politics of Social Solidarity. Class Bases of the European Welfare State 1875–1975,* Cambridge University Press, Cambridge and New York.

Bomholt, J.（1953）*Mennesket i centrum,* Fremad, København.

Borchorst, A. & B. Siim（1984）*Kvinder i velfærdsstaten, Mellem moderskab og lønarbejde,* Aalborg.

Bryld, C.（1996）“Arbejderbevægelsen og de politisk-historiske forudsætninger for velfærdsstaten”, *Arbejderhistorie,* nr. 4, pp. 5–21.

Christensen, J.（1996）“De sociale udgifter 1890–1990”, *Arbejderhistorie,* nr. 4.

Christensen, J.（1998a）“K. K. Steincke. Mennesket og politikeren”, *En biografi,* København.

Christensen, J.（1998b）*Socialpolitiske strategier 1945–1972,* Odense.

Christiansen, N. F.（1978）“Reformism within the Danish Social Democracy until the Nineteen Thirties”, *Scandinavian Journal of History,* 3, pp. 297–322.

Christiansen, N. F.（1992）“Socialismen og fædrelandet. Arbejderbevægelsen mellem internationalisme og national stolthed 1871–1940”, in O. Feldbæk（ed.）*Dansk identitetshistorie,* bd. 3. København.

Christiansen, N. F.（1994）“Denmark: End of an Idyl”, in P. Anderson & P. Camiller（eds.）*Mapping the West European Left,* Verso, London. pp.77–101.

Christiansen, N. F.（1996a）“Velfærdsstaten-et socialdemokratisk projekt ?” *Social Kritik,* no. 44.

Christiansen, N. F. (1996b) "Velfærd. Vision og virkelighed", in G. Callesen (ed.) *Udfordring og omstilling. Bidrag til Socialdemokratiets historie 1971-1996,* København.

Christiansen, T. (1974) *Synspunkter på 1970'ernes socialreform,* Odense.

Danish Gallup Institutes poll (1953) (no. 37).

Danish Gallup Institutes poll (1955) (no. 9).

Danish Gallup Institutes poll (1956) (no. 19 & 23).

Danmark for Folket [Denmark for the People] (1934).

Daugaard, M. (1984) "Socialdemokratiet og boligpolitikken: en slags status over resultater af 25 års socialdemokratisk domineret boligpolitik", *Årbog for Arbejderbevægelsens historie,* pp. 171-204.

Esping-Andersen, G. (1985) *Politics against Markets: The Social Democratic Road to Power,* Princeton University Press.

Fonsmark, H. (1990) *Historien om den danske utopi,* Gyldendal, København.

Fremtidens Danmark [Denmark in the future] (1945).

Friis, H. & K. Petersen (1998) *Socialforskningsinstituttets forhistorie og første år,* SFI, København.

Frimand, C. (1999) "At bygge et bedre samfund. Den politiske debat om boligen 1945-1955", *Arbejderhistorie,* no. 1, pp. 1-22.

Goul Andersen, J. (1995) "Velfærdsstatens folkelige opbakning", *Socialforskning,* Temanummer August 1995.

Goul Andersen, J. (1997) "The Scandinavian Welfare Model in Crisis? Achievements and Problems in the Danish Welfare State in an Age of Unemployment and Low Growth", *Scandinavian Political Studies,* vol. 20, no. 1, pp. 1-37.

Goul Andersen, J. & O. Borre (eds.) (2003) *Politisk forandring. Værdipolitik og nye skillelinjer ved folketingsvalget 2001,* Århus.

Goul Andersen, J. & C. A. Larsen (2004) *Magten på borgen,* Århus University Press., Århus.

Grelle, H. (2008) *Thorvald Stauning: Demokrati eller kaos,* København.

Hansen, S. A. & I. Henriksen (1984) *Velfærdsstaten. Dansk Socialhistorie,* bd. 7, København.

Jonassen, V. (1998) *Dansk socialpolitik 1708-1998,* Århus.

Jønsson, H. V. & K. Petersen (2009) *Dansk integrationspolitik 1967-2008,* Unpublished manuscript.

Knudsen, R. (1996) "Halvtreds års statistik om social tryghed i de nordiske lande". *Nordisk Socialstatistik 1946-1996,* NOSOKO.

Koch-Nielsen, I. (1998) "The Roots of Equal Opportunities", in P. Ludvigsen & L. Palm (eds.) *The People's Century,* Arbejdermuseei, Glostrup.

Kolstrup, S.（1992）"Forskningen i velfærdsstatens rødder: Forskningsstrategier, resultater, huller", *Historisk Tidsskrift*, 2, pp. 315-336.

Kolstrup, S.（1996）*Velfærdsstatens rødder: Fra kommunesocialisme til folkepension*, SFAH, København.

Kvist, J.（1997）"Retrenchment or Restructuring? The Emergence of a Multi-tiered Welfare State in Denmark", in J. Clasen（ed.）*Social Insurance in Europe*, Bristol.

Levine, D.（1988）*Poverty and Society. The Growth of the American Welfare State in International Comparison*, Rutgers University Press, Brunswick.

Liebetrau, H.（1984）*Dansk socialpolitik 1974-1982*, København.

Lundberg, U. & K. Petersen（1999）"Social Democracy and the Welfare State in Denmark and Sweden since the 1960s", *Working Paper*, no. 3, Department of History, University of Copenhagen.

Lundberg, U. & K. Petersen（2006）"Välfärdsstatens seger — politikens död? Spelet om välfärdsstaten i Sverige og Danmark", in T. Lundqvist（ed.）*Den kreative staten. Institute for Future Studies*, Stockholm.

Lützen, K.（1998）*Byen tæmmes. Kernefamilie, sociale reformer og velgørenhed i 1800-tallets København*, København: Hans Reitzel.

Møller, I. H.（1986）*Arbejderflertallet og 70'ernes socialreform*, København.

Nelson, G. R.（1984）*ATP's historie 1964-1983 i hovedtræk*, Hillerød.

Petersen, J. H.（1985）*Den danske alderdomsforsørgelseslovgivnings udvikling*, Oprindelsen, Odense.

Petersen, J. H.（2006）*Den danske lovgivning om alderdomsforsørgelse II — fra skøn til ret*, Odense.

Petersen, K.（1997）"Fra Ekspansion til krise. Udforskning af velfærdsstatens udvikling efter 1945", *Historisk Tidsskrift*, 2, pp. 356-375.

Petersen, K.（1998）*Legitimität und Krise: Die politische Geschichte des dänischen Wohlfahrtsstaates 1945-1973*, Berlin.

Petersen, K.（2000）"Socialdemokratiet, velfærdsstaten og familiepolitikken 1930-2000", in K. Melby, A. Pylkkänen, B. Rosenbeck & C. C. Wetterberg（eds.）*The Nordic Model of Marriage and the Welfare State*, Nordisk Ministerråd, København.

Petersen, K.（2002）"Fordelingspolitik, samfundsøkonomi og, organisationsinteresser. Den danske arbejderbevægelse og spørgsmålet om tillægspension 1963-1990", *Historisk Tidsskrift*, vol. 1, pp. 126-169.

Petersen, J. H. & Petersen, K.（eds.）（2004）*13 udfordringer af den danske velfærdsstat*, Syddansk Universitetsforlag, Odense.

Petersen, J. H. & Petersen, K.（2009）*The Politics of Age: Basic Pensions in a comparative and historical perspective*, Frankfurt.

Plovsing, J.（1985）“Socialreformens idealer og praksis”, *Politica,* no. 4. pp. 502–519.
Protocol of 1957, *Congress of the Social Democratic Party,* p. 124.
Villaume, P.（1995）Allieret *med forbehold. Danmark, Nato og den kolde krig,* Gyldendal, København.

（ナイルズ・フィン・クリスティアンセン、クラウス・ペーターセン）

# 第3章　ノルウェー——社会民主主義者と福祉国家

強調の程度はさまざまであり、また常にいわれることではないが、公開された討論において行われる主張の一つに、ノルウェーの福祉国家はノルウェー社会民主主義政党による政策の産物であるというものがある。この主張には一定の妥当性はあるが、これが正しいかどうかは、福祉国家の設立・形成を論じようとする期間に照らして考察されるべきである。五〇年の期間で見ると、多くの人々が、社会民主主義者は実際に主要な影響を与えたと論じるであろう。しかし、この期間が一〇〇年に延長されると、社会民主主義者による影響は顕著に減少するであろう。さらに、五〇年の期間の視点に立っているときでも、一九三五年に社会民主主義党が政権についたときに既に確立していた伝統や組織との関連を見ながら、同党の影響を検討しなければならない。なぜならば、これらの伝統や組織が同党の政治的活動の範囲を規定したからである。加えて、社会民主主義党はこの範囲内で、単独行動したのではない。最も重要な福祉の改革のいくつかは、社会民主主義政権とブルジョア野党との間の妥協の産物であったし、他のいくつかはブルジョア政権のもとで実現した。それ以外にも、福祉国家とそのイデオロギー的基礎の形成に貢献した広範囲な非政治組織も考慮に入れなければならない。

本章の目的は、福祉国家の発展におけるノルウェー労働党による影響のすべてを評価することではない。しかし、社会保険、自治体の福祉および家族政策の問題を調査することによって、我々が抱えている問題に多少の光を投げかけることができると考える。ここでは二つの期間を別個に研究する。一八八〇年から一九三五年までの福祉国家の創成期と一九三五年から現在までの福祉国家の黄金期（一九七八年まで）と福祉国家がイデオロギー的にも経済的にも困難に直面した時代（一九八〇年代および一九九〇年代）を含む期間である。この二つの年代順の期間は一九三五年以降の労働党の政治の古い面と新しい面を議論し、比較することを可能にするであろう。

## 1　工業労働力と自由主義農民の政治的主導権

### （1）社会政策——いくつかの前提条件

最初の福祉改革は工業労働者のリスクが初めて問題とされ

たのと時を同じくして現れたが、まだ当時は、自由主義農民の政治力が最高潮であった。この政治状況が、どの法律が成立するかおよびその法律の内容に相当の影響を与えた。この時代に成立して実施された公的制度や法律は、その大部分が、工場および工業で働く労働者を対象としたものであった。これは、特に保険についていえることであり、社会保障給付は所得の損失をカバーするように意図され、たとえば、後に雇用と就労環境の保護として知られることとなる工場検査を通して、このような損失を回避するための手段も取られた。保健および教育は、特定の階級にだけの適用を意図することなく、国民全体を対象として社会政治的改善策が講じられた分野である。これらの政策は中央政府と同様に地方自治体によっても形成され、国家組織、地方自治体組織、民間組織、ボランタリー組織、そして家族という組織に影響を与え、これらの組織を活性化した。

ノルウェーの福祉システムにおいては、他の北欧諸国と比較すると地方自治体がより重要な役割を果たしているように見える。その理由は、ノルウェーにおいては、地方自治がより重視され、政治が初期より民主化されていたからかもしれない。早くも一八三七年には、中央政府はその権限の一部を地方自治体に委譲した。それ以降、地方自治体は単なる行政の一部ではなかった。彼らは、自由な選挙を通じて表明された住民の希望と需要を実現する機関でもあった。この二重の機能は、地方自治体が中央政府の福祉施策を実施するとともに、自身による任意の政策を実施することを可能とした(Hovland 1987: 31; Danielsen 1987, 309; Nagel 1991; Seip 1991a)。

この時期における支配的政治勢力は農民から成り立っていた。彼らは地方自治を支持し、それによってどのように地域社会を発展させるかを自ら決定する権利を支持した。彼らは特に、社会的配慮のコストが大きくなるような拡大する国家に懐疑的になりがちだった。国家の基金が使われるときには、常にすべての階級がその使用から利益を受けるべきであり、地方から都市への、または、農民階級から労働者階級への租税収入の移転は避けなければいけない。しかしながら、農民および一般の多くの人々にとって、支配的な原理は人々の自助を助けることであった。すべての個人は自分の仕事によって自身を支えなければならない。彼らは自分の債務を支払って自立しているか、あるいは、家族に扶養されなければならない。時間が経つにつれて、男性を稼ぎ手とする理念が、法的文脈とそれを裏づける社会の標準との双方において、ますます明瞭になってきた。女性は母であり、世話と養育の責任を持つ人間だと再定義された。

ノルウェーにおいて社会問題は、イギリスや他の諸国と違って、工業化の背景のもとに出現したのではなかったということを心に留めておく必要がある。工業化の過程は、社会問題の議論と時を同じくしており、社会主義労働運動は、一九〇〇年過ぎまで影響力を有するだけの政治力を成し得なかった。一九二〇年まで社会民主主義者は、その得票に比べると、国会において低い比率の代表者しかもっていなかった。そして一九二〇年代を通じて、同党は政治力を得るための手段としての議会制度を否認していた。この結果、議会という経路は一九三五年の政権交代まで、労働党にとって大きな力を与えることはなかった。二〇世紀になって以来、一九三五年の政権交代までの同党は、いくつかの地方自治体において強い地位にあり、同党が地方自治体レベルで社会主義を作り上げることができるという地方自治体社会主義の考えは、一九〇〇年代初期には党員の一部に広く受け入れられていた。地方自治体の課税権は一九一二年に国会によって制限されたが、多くの社会民主主義者は、地方における改革が社会主義的社会への道を開くという信念を失わなかった。一九一〇年頃より社会民主主義労働運動は、社会問題に関する影響力のある勢力として自らを確立した。

社会問題における国家と地方自治体の役割に関する議論は、議会改革と民主化改革の導入と時期を同じくしていた。議会制度は一八八四年に導入された。一八九八年には、二五歳以上のすべての男性に選挙権が与えられ、一九一三年に女性に同様の権利が与えられた。地方議会においては、二五歳以上の男性が一九〇一年に、女性が一九一〇年に選挙権を獲得した。普通選挙権の導入は、貧困層には適用されなかった。一九一九年まで、貧困手当の受給は自動的に選挙権の喪失につながった。さらなる制限が、論争を引き起こした一九三二年の一連の「資格剥奪法」によって加えられた。これらの法律によれば、貧困手当の受給者は支給終了後、一二カ月が過ぎるまでは公務員また議員となることができなかった（Hatland 1992: 45）。民主的過程に参加したいと思う者にとって、貧困手当の政治的側面が問題となった。彼らは、貧困手当とは違った種類の公的扶助を創設したいと願った。これは特に労働党にとってあてはまったが、自由党にとっても同じだった。この要因は特に、新しい種類の社会政策を生じさせた。

## （2）社会問題

社会福祉問題は一八八〇年代に難問として現れた。これは第一に、救貧制度に関する不満の結果だった。救貧制度が一九世紀を通じた唯一の公的給付制度であった。最初の法案は一八四五年に議決され、その後一八六三年に、次いで一九〇〇年に改正された。そして社会ケア法が成立した一九六四年まで、一九〇〇年改正法が適用され続けた。自助と自立が理想であり、この法律は夫婦・親子間の相互扶助責任の原則をとった。この第一の扶助制度が破綻したときのみ、責任は公的機関、つまり地方自治体に移転する。一八六三年法によると、孤児と精神疾患をもつ者のみが援助を受ける権利を有していた。自立の原則は他のすべての国民に適用され、彼らは自らを支えることができなければ、家族や親族に世話されることとなる。しかし「全くの窮乏が迫っている場合」には、公的機関が、高齢者・障害者・貧困者を援助することは受け入れられていた。これらの困窮者の大部分は、扶養してくれる家族のいない女性と子どもだった。扶助に値しないとされる者の中には、特に、さまざまな理由および期間によって、そのような「全くの窮迫」の縁にいる健常者が含まれていた(Seip 1984: 52-75)。

これらの規定は、働けるにもかかわらず、援助の必要がある者への基本的な懐疑に基づいていた。彼らは、怠惰と放蕩という非行によって自らを援助が必要な立場に追い込んだのである。さらに、貧困手当は有害ともいえる。それは無気力を助長し、自立へのモチベーションを奪いかねない(Seip 1984: 52)。貧困手当を受けることは、健康で元気な個人にとって堕落であり、その他のグループに属する人々にとっても屈辱であった。受給者はもはや自ら生活を築いていける完全に十分な人間とは認められなかった。貧困者に対するこのような態度は、たとえば、国政選挙・地方選挙に関する選挙権授与法制によく表されていた。この政治的側面が、社会民主党および他の民主派勢力にとって最大の問題点だった。このことは、中央政府および地方政府が、すべての階級に属する子どもたちに向けた単一の国立学校を創立するために公立学校を改良する意図をもったことから、現実となった。この目的を達成するためには、家族により大きな負担を強いる必要があった。この増加分の費用を払えない家族にとって、貧困手当は唯一の解決策であり、その結果彼らは、政治的権利を失うこととなった。国立学校だけでなく、他の福祉改革を行おうとする政府の意思は、多額の福祉の経費が政府によって担われるべきか、個人あるいは家族によって担われるべきかという問題を引き起こした。

貧困手当を維持する経費は、地方住民への課税によって主に調達され、これらの経費を低く抑えることは明確に望まれていた。貧困手当制度の経済的、政治的および道徳的側面は、自助と私的保障に基づく扶助制度を良しとしていた。一八八五年に自由党政府は、社会問題のあらゆる側面を調査するための委員会を任命した。この労働委員会、つまり最初の労働委員会によってなされた仕事の結果が、社会保障制度を新たな軌道に乗せることとなった。

ノルウェーにおいて、社会問題は工場／工業労働者との関係で通常は理解されてきた。これらのグループの労働者は、特に危険に満ちた労働条件のもとに置かれているといわれていた。彼らが業務能力を失う可能性は、季節労働者や農民・漁民よりも大きかった。したがって、彼らは事故や疾病に対して保険をかけられるべきであった。このことは、扶助に値しないというカテゴリーを不要にした。彼らが自立できないのは無能力や怠惰のせいではなく、労働条件によるのであると論じられた。さらにこのグループは、比較的高い賃金水準を得ており、保険料の掛け金を支払うことができた。そこでさまざまな理由によって当分の間は、季節労働者、職人、農民および漁民は、貧困手当の対象から除外された。彼らは異なったモデルの社会に属し、異なったリスクに晒され、異なったニーズを持っていた。

労働委員会は、ドイツとイギリスのモデルからその着想を得た。労災および疾病保険の提案は、ドイツの社会保障法制の影響を受けていた。一方、工場検査の議論の着想はイギリス、スイスやいくつかの他のヨーロッパ諸国から得ていた。

計画は野心的であったが、一八九二年の工場検査法、一八九四年の災害事故保険法、および一九〇九年の疾病保険法の三本の法案のみが承認・可決された。これらの法律は、互いの関連のなかで計画されていた。工場検査法は、事故を防ぎ、工場の衛生を改善することを目的としていた。換言すれば、労働者の職業生命を伸ばし、それによって自助と勤労を生活の糧とするとの考え方を補強した。災害事故保険法と疾病保険法は、事故または疾病の結果による所得の喪失に対する保障を請求する権利を労働者に与えた。

労働委員会は、老齢年金の問題に対して解決策を見出すことをあきらめ、また失業給付を議論する権限をもっていなかった。失業給付は労働と資本の間のバランスに関わると信じられていたので、いずれの資本主義国でも熱心な議論の対象であった。そうではあっても、ヨーロッパでは初めて一九〇六年に国家が労働組合の失業基金に拠出することが、ノルウェー国会によって認められた。

工場検査法は、いくつかの興味深い側面をもっている。同法が工場の類似操業をするすべての業務に適用されるべきこと、そして多くの他の国のように女性だけではなく、成人の男性の労働者にも適用されるべきことは広く合意されていた。そのため、この法律は個人の自由や契約の自由、言葉を替えると、政府からの干渉なしでお互いに契約を結ぶといった、当時の主要な自由経済的原則を破っていた。この法律は政府がより安全で、より衛生的な工場を要求することを可能にした。これは潜在的には、使用者の自治への激しい侵害だった。しかしながら、この潜在的可能性は国家検査委員会が効果的な検査を実施するに十分な職員をもたなかったために、一度も完全に実現されなかった。さらなる研究によれば、一九七〇年代に至るまで、検査委員会は工場所有者に対してごく限られた程度でしか労働環境の改善を命じなかった。同委員会は、拳を振り上げての政治的駆け引きではなく、両手を広げた交渉による駆け引きを行った。言い換えれば、両者は労働環境に関する話し合いをもったのだった。実際に、工場所有者たちは、おおむね自分たちのやり方を守ったようである。この意味では、工場検査制度を創設することにより、労働環境に干渉するという政府の意思は、その事実を保持しようという意思の欠如によって妨げられたのである。

工場検査法は、少なくとも一つの明白な理由によって、労働組合という言葉には言及しなかった。その当時、工場労働者の間には労働組合はなかったのである。しかし、当時に創設された労働保護のための体制は、その後は大きく変わらなかった。このことは、その後生まれた団体交渉制度が労働保護制度とは区別されるものだということを意味する。労働組合は、当然のことながら立法権に影響を与えようとし、労働環境の問題に検査委員会の注意を引こうとしたが、労働環境は、工場における組合と使用者との間の交渉の争点にはほとんどならなかった。

一八九〇年代の社会民主党の注意を引いた問題の一つは、男女双方の成人労働者に対する労働時間の規制の要求だったが、この要求は一八九二年まで成功しなかった。一九〇五年以降にスウェーデンとの連合が解消され、社会政策が新たな注目を得たとき、自由党（Venstre）が、他の政党、特に労働党の支持のもとでこの要求を再導入した。しかし、農民も多くの自由主義者も、また、保守党も一緒になって、この要求と女性へのより拡大された保護への要求に反対した。法的に拘束力のある一日一〇時間労働制は、多くの工場で一九一五年まで実現しなかった。社会主義急進派の第三の要求、つまり、この法制度の適用を工業労働者以外の業務分野にも拡大しようという試みもまた、阻止された。一九〇九年の法改正の後、一定の拡大はなされたものの、法制度拡大の主要な部分は、一九三六年の労働保護法の改正まで実現しなかった。

工場検査と労働保護法制は、ノルウェーのこの時期のソーシャル・ポリティックスの焦点となっていた利害の衝突の指標となる。ソーシャル・ポリティックスの新しい分野に政府関与を拡大したいとの強い意志は存在したが、これらの政策は常に経済的補助に裏づけられるわけではなく、最も熱心な支持者が法律改正に望んだほどの現実的なインパクトはこれらの政策にはなかった。特別な地位に置かれた工業労働者だけではなく、他の業種の企業の労働者も保護しようという闘争もあった。工業分野の企業でとられた措置は、他の業種の企業には何の効果も無いこととされていた。これは、ノルウェーの社会法制が社会主義急進派・自由党・社会民主主義者が望んだよりも数少ないグループにしか適用されなかった理由の一つである。加えて、最も議論された問題である労働日数の規制に対する解決策は見出されていなかった。

工場労働者は新しいリスクに対して特に脆弱であるとみなされた。同様の意見は、労災保険法に関する議論のなかに見出される。この法律は、一定規模以上の機械を使用する工場の労働者のみに適用された。ここでも法制度は、労働者がさらされている危険の量に基づいていた。同様の議論は、使用者に費用を負担することが期待される場合にも使われた。工業における人の健康・生命・身体の消費は、公共とは無関係な生産コストの一部だった。しかし政府は、制度運営にかかる費用を負担することを期待されていた。

社会民主主義者は、労災保険にはあまり注意を払っているようには見えなかった。これは一部には、その費用が労働者ではなく使用者と政府によって負担されるということ、また一部には、労働党はまだ非常に弱小でこの問題にほとんど影響をもちえなかったことが理由だったのかもしれない。しかしながら、社会民主主義者は、提案された多くの疾病保険の案に対して影響を与えることに熱心だった。この保険に関する争いは三〇年間続いた。最初から被保険者が自助の原則に従ってすべての費用を支払い、政府が制度運営費を負担することが考えられていた。同法の制度は一定の所得水準内のすべての工業労働者にとって義務的であることが想定されていた。しかし労働党は、保険料を労働者への追加的な税金と考え、政府が全経費負担することを望んだ。議論が継続されるうちに、労働党の影響のためではなく、他の社会勢力の影響により、費用がどのように分担されるべきかについての別の意見が現れた。

農民たちは、他のグループも工場労働者と同じように劣悪な環境で生活しているが、誰でも同じ社会ニーズをもち、一定水準以下の所得であればすべて保険でカバーされるべきであり、これによって彼らも本来は工場労働者のために意図された「国家によるケア」の対象の一部であるという意味で、法の下の平等を主張した。これは多くの議論を呼んだ。したがって、疾病保険法が成立したときまでには、一般的には工場労働者よりも貧しい生活水準を経験していた日雇い労働者と農場労働者を初めとする新しいグループが、メンバーとして認められていた。この経済的弱者グループへの被保険者資格の拡大は、他の組織が保険料の支払いを助けることを必要とした。最終的には、被保険者は自ら保険料の六割を支払い、政府が二割、使用者と地方自治体が一割ずつを支払うことになった。これは、人々が自らを助けることができるように設計された一種の支援であった。労災保険のように、保険料と保険額は所得と「リスク度合い」と呼ばれるものによって変動した。農村部居住者は、工場労働者に比べて疾病に罹患しにくいために保険料が低かった。保険料は、地方保健行政主体、すなわち地方自治体の収支を統括する地方自治体の機関によって決定された。このようにして、農村部住民は疾病保険の制度設計に影響を与え、地域共同体の原則は法制度化された。労災保険の場合と同じように、この新しい保険は義務的だった。これらの法律の適用範囲内の者はすべて、すでに保険に入っていようと、政府の指示に従わなければならなかった。これはドイツの伝統に倣ったものであり、スウェーデンやデンマークの任意の制度とは異なっていた。この違いに関しては恐らく、ノルウェーにおいては、二つの隣国のように強力な任意の疾病保険に向かう運動がなかったという事実から説明されるに違いない。またノルウェーでは、国家の活動範囲が他の北欧諸国よりも広く定義されているということを主張することもできる。

ノルウェーが早くも一九〇六年に労働組合の任意失業基金に補助金を交付した事実は、社会福祉への政府のコミットメントの一例である。この問題は労働と資本の間の闘争に関わるものなので、すべての工業化された国家において論争を引き起こす課題である。しかしこの法制度は、労働組合が賃金紛争において、失業基金を使う機会を強く制約するように作られていた。ノルウェー社会の権力構造の特質は、税が極めて低く、税の多く（三分の二）が地方自治体によって集められていることであった。税の結果、失業基金は、まず労働者自身によって負担され、次いで工業都市によって負担されることとなった。農村部住民や農民は負担する必要がなかった。農民は再度、農村部住民から労働者住民への税収移転を防ぐことができたのである。

失業法は、社会民主主義運動の影響なくしては成立しなかったであろう。同運動は立法府に大きな圧力を加えた。労働組合による新しい基金の管理が想定された。しかしながら、農村部の利害と都市部の利害との衝突が、さまざまな意味で、失業法に最終的な痕跡として残り、農民の実質的な権力を明白にした。

これらの法律はすべて、生活を支える主要な手段としての労働という考え方を共有していた。このことは、政府の関与が拡大しているにもかかわらず、給付金や与えられる権利は特に寛大なものではなかったということを意味していた。最初から立法者は、保険が労働者の労働意欲を減少させないようにと注視しており、これは議論のなかで繰り返されるテーマとなった。もし社会保障の世話になる怠惰な生活が提供されれば、多くの人々がそれを選ぶだろうということは、広く信じられていた（Midre 1992: 45）。制度が悪用され、給付が彼らの労働意志を挫くことにより、道徳観が弱まるだろうと懸念された。立法者は、たとえば給付を請求する前の待機期間（karenstid）を導入するなど、道徳観の弱体化を防ぐためのいくつかの手段をとった。さらに給付は、数的に通常の賃金より明らかに少なく、制限された期間のみ継続される。資本主義市場論理は制度設計のなかに維持され、労働党と労働組合は、これらの見方を受け入れたかのように思われた。

救貧制度はまた、労働者へのこの不信によって特徴づけられていたが、この二つの社会福祉制度の間には、顕著な違いがあった。最も重要なことは、新しい制度は労働者の諸権利を認めており、これらの権利はどんな形でのミーンズテストも許さなかった。

### (3) 扶助制度

本稿は、一八八〇〜一九二〇年のノルウェーの社会政策の多くの分野を公平に扱うものではなく、強調するに値する一定の主要点を提供するものである。主要点の一つは、政府が他の国では議論対象分野と考えられた分野を含む、いくつかの分野で活動的だったということである。雇用保護法制と失業問題は最も良例であろうが、他にも例として使えるものが多くあった。ノルウェーの特権付与法制がその一つであり、もう一つは、他の隣国よりも先進的な規定があった労使紛争の規制と政府の介入の可能性についての法制だった。第三の例は、保健当局が人々の個人的自由を侵害することを認める一九〇〇年結核法だった。これは、「健康な民族」を保存するために必要だと論じられた（Seip 1984: 237-238）[1]。一九一五年のカストベルグ（Castberg）の児童扶助法は第四の例であり、この時代には珍しく、一般的には私的領域に属すると考えられた領域に踏み込んでいる。同法は、父親が嫡出子に加えて非嫡出子を扶養する義務を制度化している。最も革命的な側面は、姓と遺産相続に関して、嫡出子と非嫡出子の同等な地位を確立したことである。それ以前において、非嫡出子は父親からくる権利を何も得ていなかった（たとえば、Seip〔1984: 193-211〕, Bjørnson & Haavet〔1994: 111-119〕参照）。

国家問題と社会問題が、これらの大きな法制度構築に関する議論に絡んでいた。国家とその将来への考慮は、新しい法制の支持者および反対者の双方によって提出された議論であった。前述したように、政治勢力の構図は、農民代表の大多数が賛成しない限り、どんな法案も国会を通過しないというものだった。これは農民に法案の審議を止め、あるいは修正する特別な機会を与えた。この結果の一つは、法律の多くで地方自治主義の原則が中心的位置を占めていたことだった。もう一つの結果は自助の強調であった。すべての個人が自らの面倒をみることを期待され、したがって法制度は、被保険者である労働者の勤労意欲を失わせないように、しかし逆に、仕事に戻ることを勧めるように作られなければならない。このルールに対する例外は、既婚女性だった。夫が妻を扶養すべきだという意見が着実に受け入れられていった。この性別分業は、一九二〇年に向けて、法制度と社会一般との双方でより顕著となった。これは、離婚した女性が子どもの養育権を得ることにつながった。一九〇九年の離婚法とカストベルグの児童扶養法は、母親が子どもの養育権を得ることが前提条件となっている二つの例である。主たる扶養者の妻子もまた、疾病保険に関する一定の権利をもったが、自分自身の疾病給付を請求する権利はもたなかった。これはまた、男性稼ぎ手家族を社会の基礎とする考え方に貢献した。労働党は、家族政策の面では、大きな指導力を発揮しなかったが、カストベルグと社会主義急進派の主張を支持した。同党も労働組合運動も男性が主たる稼ぎ手で女性が家族ケアの責任を負うべきとの見方を取っていた。労働組合は、男性が家族ニーズに応じて賃金を受け取ることに反対していたが、彼らは提案された賃金要求を通じて、男性に家族扶養義務があることを認めていた（Bjørnhaug 2000: 29）。

ソーシャル・ポリティックスにおいて、父親が家庭外で働き、母親が家庭内で働く核家族が規範とみなされ、労働党もこの規範を共有した。当時、結婚した母親が外で働くように勧める法律や条例はなかった。加えて、救貧法制によれば、成人した子どもと両親の間には相互扶養責任があった。この原則は、一九二三年の老齢年金の導入の提案（一九三七年にようやく小修正とともに成立した）によって弱められた。その法律の背後にあった重要な動機は、一家族当たりの子どもの数を増やすことであった。有職者は、収入を自分の年老いた両親に使うより、子どもに使うべきだとされた。こういった変化を促進するために、一九三七年以降には、七〇歳以上の者の年金受給資格要件に子どもの所得はもはや問われなくなった。これは、家族の結束は自然な紐帯とみられてきた家族観を払拭した（Bjørnson & Haavet 1994: 152）。これは救貧制度との顕著な違いであり、社会における核家族の重要性をより大きく強調した。他の分野においても、ミーンズテストは救貧制度のミーンズテストほど厳しくなく、ニーズの確認も恣意的ではなかった。

退職年金もまた、ノルウェーの保険制度の転換を示した。初めて、賃金労働経験が給付を受けるための要件でなくなった。このように、受給資格は労働実績や他の市場参加とはほぼ切り離された。資格付与は財政的責任が公収入へと転換したことから、個々人の保険料とは関係がなくなり、公正なミーンズテストの原則が採択された。誰もが一定の経済的条件を満たせば、給付を受ける権利を有した。高齢者は追加収入を得るかのように、いかなるミーンズテストもなしに一定額の年金を受けることが明らかな前提とされた。

他の北欧諸国の年金制度と比べて、ノルウェーの退職年金制度は、ミーンズテストよりも受給者の権利によって基礎づけられていた。原則として、すべての高齢者は標準的な最小限の額を、賃金労働経験や保険料の支払いといった条件なしに保障されていた。しかし、二つのグループが除外されていた。外国に居住していた者と浮浪・乞食・酩酊などで有罪とされた者である。

### （4）地方福祉制度

労働党は老齢年金設立の功績の多くをもたらした。その制度は、一九一八年のオスロ年金制度から始まっている。その二年前の地方選挙で労働党はオスロ市において多数票を得た。そして直ちに、地方改革プログラムに着手した。救貧制度によって形成された、子が老親を扶養する義務の問題が中心的であった。労働党は、貧しい親をもつ者は皆、自らを高め、自身の妻子のために幸せな家庭を築く代わりに、自身のわずかな所得を親のために使わなければならないのは不利益だと考えた。したがって、労働党はオスロ市での社会福祉公約を強調して、老親の扶養費用の再分配を提案した（Hatland 1992: 47）。

一九一八年の給付はこの要求に応え、一九二三年に保守党政権のもとで国家給付制度が成立した際に、また一九三六年に労働党が政権を奪取した際にさらに発展した。自由党は公式には、主に税金で負担される給付制度よりも保険制度（Hatland 1987: 53-57）が良いとしていたが、この時までに、本制度への反対はほぼ消え去っていた。税金による福祉制度への自由党の懐疑は、これが人々から倹約・自助といった美徳を奪ってしまうのではないかという一般的な疑念に基づくものであった。この疑念は長い間、高齢者を扶助する問題のあらゆる解決策を妨げた。

老齢年金は、労働党の改革政策の重要な一例である。それはまた、第一次世界大戦頃の同党の地方福祉制度を発展させようとする主張例でもある。それ以前から、地方自治体は社会政治的公約を競う場となっていた。一八六〇年の保健法は、地方自治体を政府の予防的保健政策の中心的実施主体としていた。一九〇〇年の結核法においてもボランタリー組織および家族自身の役割の重要性とともに、地方自治体の重要な役割が強調された。政府の教育制度においても、地方自治体の強い関与が要請された。教育制度は貧困層や労働者階級だけでなく、社会のあらゆる階層を対象としていた。その目的は、国民のすべてのグループに共通の国立学校を作ることであった。しかし、富裕な家庭の子どもがこのような学校に通うように水準を高く維持するためには、困難をもった児童は排除されなければならなかった。一八八九年の国民学校法および一八九六年の児童ケア法がこれを可能にした。これらのことに国家が関与した結果をもたらしたのは、人々の日常的な家庭生活に介入することへの承認を得た新しい地方社会政策的機関の登場であった。

この分野において地方自治体はまた独自に行動した。これは一部には、中央政府からの促進策によるものであり、他の一部には、住民からの要求と発案によるものであった。たとえば、一九〇〇年前後には衛生運動のピークが見られ、これが公共の場所の大規模な改修をもたらした。いくつかの地方自治体、特に大都市がボランタリー組織や個人との頻繁な協力のなかで、福祉の「最も優秀な供給者」となった。これらの制度は、シングルマザーやネグレクトされた子どもといった特定の問題グループに対する問題解決能力を目指していたが、より一般的な適用も可能だった。教育政策が一つの例であり、保健政策がもう一つの例である。保健政策と衛生への努力は、大部分は公共の場所に向けられ、多くの人々に影響を与えた。中央政府・地方自治体・ボランタリー組織からの発案が病院等の保健施設の発展を速めた。このようにして、いまだに貧困層が公的保健制度を利用する最大のグループとなってはいたが、保健当局と救貧当局の区別ができた。

大都市においては、一八九〇年代に自由党が地方自治体のより大きな関与を主張したが、自由党はしばしば労働者から、また後には労働党からの圧力を受けた。多くの場所で労働党が推進力となった（Seip 1984: 287）。国家負担による公的福祉のさらなる発展の要求は、社会民主主義者の公約の中心だった。ただ、給付は、負の烙印を押すことにつながる可能性があるため、最貧層または労働者階級に限定して提供されるべきではなかった。それゆえ、目標はミーンズテストの廃止とすべての者に受け入れられるものをすべての者に提供することだった。つまり貧困層であるというラベルを取り除くことが望まれたのである。このことは、学齢児童のために学校経費を負担しようという多くの提案や公的病院の設立要請において特に明瞭である。まとめると、一九二〇年に至るまでの期間においては、普遍的に適用される、つまりすべての住民にとって利用可能な、政府援助による地方福祉制度への要求が増加しつつあった。多くの分野で、労働党がこの政策の推進力であった。

公的保健サービスへの中央政府の関与が増加した。しかし、中央政府は決してこの分野での最高権力として君臨しなかったし、そうすることが意図されてもいなかった。その代わり、中央政府は新しい制度を作るための活動主体の一つであった。地方自治体は、法律によってこれに参加することが要請されていた。さらに地方自治体は、公的保健サービスを補完して他のサービスを発展させたさまざまなボランタリー組織と同様に、自身のイニシアチブを示した（Seip 1994: 97）。恐らくこれは、新しい国民国家を作り上げようとする強い意志に基づく協力精神といえよう。この共通の精神が、公的組織とボランタリー組織の間に論争が見たところ存在しない関係を説明できるかもしれない。労働党は強い公的関与を主張した。しかし、労働党が他の解決策に反対したという証拠もほとんどない。

## 2　過去と未来の間に――一九三五～二〇〇〇年

一九二〇年以前に地方自治体は、比較的広範囲の業務を行っていた。このことは、地方自治主義者の原則に合致しており、特に労働運動が強力な政治勢力であった都市において、いくつかの社会政策的イニシアチブを生じさせた。地方自治体の試みの多く、特に保健衛生制度や教育制度は、住民全体を対象としていた。地方福祉制度が成功した場所では、地域住民の間の格差は縮小する傾向が見られた。しかし、地域間の格差は拡大した。一九二〇年までこれは問題としてとらえられなかった。しかし経済的困難から、地方自治体の活動範囲が縮小された一九二〇年以降は、これらの格差は耐えがたいものとなった。地域間・階級間での社会的平等化の要求は増大した。一九三五年に労働党の政権奪取によって新しい熱狂が起きると、この動きは拡大された。

### （1）ニューディール

両大戦間期は、ソーシャル・ポリティックスの分野における新法案の成立阻止だけでなく、福祉制度の悪化によっても特徴づけられる沈滞した期間だった。一九三五年以降のこの状態は、工業労働者だけでなく農民・漁民も含む、より包括的な共同利益の概念に特徴づけられた、中央政府の新しい提案によって置き換えられた。直ちに行われた社会委員会の任命は、強い象徴的重要性をもっていた。この委員会は、給付制度と社会福祉組織の効率的発展と協力関係のために働くべきこととされていた。この着想の一部は他の北欧諸国から来ていた。デンマークはすでに改革を成し遂げ、スウェーデンは改革を計画する過程のなかにあった。これらの国と比較すると、ノルウェーは事実、ソーシャル・ポリティックスの分野で後れをとっていた。そして一九三五年においては、経済危機の最悪期は脱したかのように見えていた。両大戦間期に、それまでにも増して人々の日常生活に影響を及ぼし、嫌悪されていた救貧制度に何らかの変更をする時は来たのだった。

社会委員会が最初に取りかかったのは、いまだ所得の喪失に対して保障されていないグループに給付制度を拡大することだった。視覚障害者および身体障害者は一九三六年の新法により、高齢者と同じように保障された。これらの分野において、同委員会は以前の審議を利用することができた。失業給付の提案は二年後に成立し、その翌年に実施された。しかし、給付支払いの前提として賃金労働の実績が求められたので、この制度は一九四〇年以前には、実質的重要性をもたなかった。任意の制度だったが、政府によって援助されていた一九〇六年制定の失業給付は、一九二〇年代の失業危機の間にその重要性の多くを失っていた。一九三五年には、全国労働総合連盟の正規メンバーの二五％のみが失業基金のメンバーだった。新しい法律は、認可を受けた失業基金のメンバー数の一〇倍にも上る、ほぼ六〇万人を対象とした。失業基金のような任意団体が失敗したということと、社会における格差を均衡化することができる給付制度の成功の可能性が、デンマークやスウェーデンで導入された任意の制度と相当に異なり、これまでよりずっと幅広い構成員をもつ、政府が負担する制度への道を拓いたのである。しかし農業労働者や漁業労働者は、一九四九年までは包含されなかった。社会委員会は、健康保険はすべての国民に適用されるべきであると提案したが、この改革は第二次世界大戦の勃発によって中断した。また視覚障害者および身体障害者への給付を、六〇歳を超える者も対象とする一般障害者給付制度へと拡大しようという動きも完遂されなかった（概説として，たとえば，Bjørnson & Haavet 1994: 277-279; Seip 1994: 151-152）。しかし一九三六年の労働法（工場検査法）は，さらに大きな公共性に向けて適用されるようになった法律の重要な一例である。同法は，当初は工場労働者のみを対象としていたが，その後他のいくつかの職業グループ，主に職人と民間企業の事務職員にも適用されるようになった。この法律の影響を受ける人々の数は，約一七万人から約五〇万人へと増加した（Bull 1953; Bjørnson 1993: 57）。また労働組合は，その組合費表のなかに工業および手工業労働者のグループに加え，林業労働者や事務職員のグループを加えた。さらにこの新しい組合費表は，より多くの仕事を創出し，社会格差を縮小するという労働党の主要な目標を考慮に入れなければいけなかった。

一九三〇年代後半の労働党を特徴づけた共同利益や新しい国民社会といった考え方は，社会委員会の活動に影響を与えた。同時に，経済状況や継続する自助の強調は遂行された改革の数と制度形態のデザインを制限した。退職年金の支給開始年齢が，他の多くの国においてよりも高い七〇歳とされたときには，経済状況が重くのしかかっていた。支給開始年齢を六五歳にすることは，年金受給者の数を一六万人から二四万四〇〇〇人に増やすことになり，同委員会によると，これは改革の破綻を意味した（Seip 1994: 169）。視覚障害者に対する給付は六五歳未満の者のためにのみ確保されており，このことは，六五歳以上，七〇歳未満の視覚障害者は，給付受給権を有しないことを意味した。再び彼らを包含することはコスト高であるという経済的理由が決定的だった。視覚障害者および身体障害者の数を削減するために，「視覚障害」および「身体障害」の定義において厳しい規則が適用された。たとえば，完全に何もできないとみなされた者のみが障害者給付を受給した。ミーンズテストも行われた。もし障害者自身やその親類が生計を立てる手段を持っていれば，給付は支給されなかった。失業保険のデザインにおいても，将来の支出を抑制したいという希望と資本主義市場論理が維持された。したがって給付を受けるためには，「求職中で，労働意欲があり，働く準備ができて」いなければならなかった。給付は単に補助的なものとして意図されており，受給者は働くことを期待されていた。与えられる金額と受給者になるための条件は，給付が労働の必要性をなくすほど十分には与えられないことを示していた。それどころか，人々は労働市場に参加することで，自身を支えることが期待されていた（Aasen 2000: 28）。

## （2）戦後期のフリーハンド

一九四八年には社会省が国民保険制度（Folketrygdmelding-en）についての国会報告を行った（概説としては，たとえば

Seip〔1994: 152-158〕, Bergh〔1987: 386-397〕)。これはまだ、拡大的社会改革のための経済的基礎がない時代であった（一九五〇年一月アイナル・ゲルハルセン〔Einar Gerhardsen〕首相声明。またBergh〔1987: 386-397〕, 参照)。この報告は、具体的な行動計画を示すのではなく、議論の基礎であり、原則の一覧であるという特徴があった。経済政策は、社会政策より高い地位にある必要がある。国家の戦後復興を犠牲にして個人の消費を増加させるような政治的提案は、どれも延期されなければならない。さらに給付は、賃金労働の代替物となるのではなく、仕事を継続する誘因として働くべきである（Aasen 2000: 33)。

完全雇用と生産増加と生産実績の公正な分配は、戦後のノルウェーにおいて最も重要な目標だった。完全雇用という目標の強調は、一九五四年の「すべての健全な国民が自分の労働によって生活できるように保障することは、国家の義務である」という趣旨の憲法改正によって、明らかに示された（Esping-Andersen & Korpi 1987: 56)。優先順位は、まずは経済成長、次いで分配と決定された。この決定の目的は、労働市場を再建し、近代化することおよび国際的文脈において競争可能な産業の創成であった。輸出産業への考慮は、福祉に投資される資金を制限した。それは当時が復興政策の成果を出す時期ではなかったからである。しかし恒久的な成長への確信は高まり、政治家たちは後に、自分たちの課題と任務の選択に関する自由裁量をもつようになった[2]。

前述したように、戦後ノルウェー政治における最も重要な目標は、完全雇用であった。これは、各個人が仕事をもたなければならないという意味において重要であり、すべての国民を国家再建のために雇用することが重要であった。これは、古い自助の理想とよく合致した。その他にも、将来の福祉社会の考え方を実現することは、少なくとも経済的理由から、ほとんどの国民が働くことを要請する。国民保険制度に関する報告書はこれらの点を強調した。同報告書は、いくつかのタイプの軽労働は高齢者のために留保されるべきこと、いくつかの分野での会社は一定の割合の高齢者または障害者の雇用を要請されるべきことを述べている（Statistiske meldinger nr. 58 1948: 39)。もう一つの点は、扶養義務をもたない寡婦は、自助を可能とする援助を受けるべきだということであった。完全雇用の社会では、労働可能年齢の女性に対して、寡婦になったからという理由だけで、永続的援助を与えることは社会保障の範疇ではない。労働力に対する要求は非常に増大し、一定以上の年齢の女性も簡単に仕事を見つけられるようになるだろうと信じられていた（Statistiske meldinger nr. 58 1948: 57)。しかし、既婚女性は、需要が高かった戦後の時代においても、潜在的労働資源とは考えられていなかった（戦争前後の女性の地位の評価については、Melby〔1999〕を参照)。子どもは、公立あるいは私立の保育施設ではなく、家庭のなかで育てられるべきである。家庭が良いというこの考え方は、政府の限定的な資源と一体になって、保育所の拡大のような、女性労働についての考えを進展させるための着想を妨げた。労働力の欠如にもかかわらず、政治の担当者は、調和のとれた家庭には育児責任をもつ母親が必要という考えにとらわれていたように思われる（Korsvold 1997: 99）。しかしそれ以外のすべて、つまり、高齢者・障害者等は、可能な限り労働市場に再導入されるべきであるという考え方が、戦後期の多くの主張や報告で描写されていた。たとえば、一九四六年に設立された再訓練登録センターがある。この施設は、結核に感染した船員、戦時中に負傷した兵士、そして一九五〇年以降には、他の理由によって一部に障害をもった人々を援助した（Aasen 2000: 41）。

戦後のノルウェー社会においては、社会復帰の考え方が顕著だった。この考えにいくつかの原則が組み込まれた。第一には、社会による労働への要求である。第二には、労働は人に良い影響を与えるという信念である。第三には自助の理想、つまり社会復帰は個人が自身を支える能力を回復させるという信念である。第四には治療が効果をもつという考えが、一九五〇年代の社会政策論議や、その後成立した一九六〇～一九六一年の障害・リハビリテーション社会復帰法、健康保険失業給付法、一九六四年の寡婦・母親給付法等の法律に満ちていたことである。たとえば、障害に関して「全く望みのない者」のみが、障害者の役割に沈み、永続的に扶助されることを許されるべきであるとされた（Bjørnson & Haavet 1994: 252）。寡婦および母親給付の目的は、寡婦やシングルマザーが適切な所得源を得るための支援であった。生活扶助は補助的なものとして意図されていた（Hatland 1987: 77）。救貧法を置き換えた一九六四年の社会的ケア法においては、経済的扶助よりも社会的治療がより強調されていた。個々のソーシャルワークは、社会福祉のクライアントの職業的社会復帰の一種の手段となった（Halvorsen 1991: 177）。一九五八年の失業給付の改定は、失業者を労働市場に再導入する手段により多くの重点を置いていた。同法は、訓練・再訓練される権利を拡張し、自営業を促進した（Bjørnson & Haavet 1994: 101）。

一九四八年において国民保険制度は、大規模な改革にすぐにはつながらなかったことが報告されている。その主な理由は、再分配するだけの財源がなかったことである。政府は、復興と競争的輸出産業の創成にかかりきっていた。この状況ゆえに、政府は新しい制度を作ることよりも既存の制度を改良することを選んだ。その既存の制度の改良とは、第一には、既存の給付制度の保険料を引き上げて、いわゆる特殊な問題グループにその財源を振り向けることによる改良である。第二には、普遍的な社会的保護の包括的制度を創立することによる改良である。

一九五七年に老齢年金制度は、基礎的一定額給付制度として普遍化された。疾病保険はその翌年に、所得連動給付を維持したままで普遍化された。これらの新しい福祉サービス制度はその後開始された。例外は、一九四六年に成立した児童手当である。この制度は普遍的であり、二人以上の子どもがいる家族に一定額の給付を行った。子どもが一人いる家族にこの手当が支払われなかったという事実が、いかに財源が制限されていたかを説明している。一九六〇年代には、新しい社会保障プログラムの躍進がみられた。最も重要な法律については既に触れてきたように、社会保障という王冠の宝石である、国民保険制度が一九六六年に成立したことである。すべての新制度が普遍的に適用されるものであった。政府が貿易と産業を再建している間に、地方自治体が行動を約束していたので、新制度の多くが既に、地方自治体によって導入されていた。退職年金の場合と同じく、地方自治体は障害者や寡婦に対する給付の導入で先行していた。地方の給付制度が成長した時期が二つある。第一次世界大戦の前後と一九四五〜一九六〇年である。

第二次世界大戦以後のノルウェー福祉国家の驚くべきと思われる特徴は、政党間の広い合意である。多くの者（学者）がこの合意に留意し、その理由を部分的には、戦争中の経験と一九四五年以降の戦後復興の共通の目標ゆえに、また一九五〇年以降のより高い目標に向かっていた政治潮流ゆえにであると説明した。この時期は、どの政党も社会政策において後れを取っていると見られたくなかった。得票のための争いも政党間の相異を消し去るのに貢献した。異なるものの見方は、曖昧で無色な語句によって隠された場合もあったであろう（Kuhnle & Solheim 1991: 95-99; Esping-Andersen & Korpi 1987: 52; Hatland 1987: 103; Petersen 1987: 29）。いくつかの原則は一度も議論されていなかったと思われ、また、他の原則は妥協によって決定されなければならなかったが、やはり、福祉の解決策や価値についての見解の違いは生じた。

公的支出の削減願望は、一九八〇年代および一九九〇年代において議論のなかった課題である。市場での大きなうねりと激化した国際競争のなかにある厳しい経済状況が、その背景にあった。一九七三年の石油危機は、一つの警鐘であることが判明した。しかしノルウェーがその状況を深刻にとらえるまでには数年を要し、一九七〇年代後半に労働環境法などのいくつかの大きな改革が遂行された。もう一つの改革は、「世界最高」としばしば呼ばれる疾病給付制度であり、これは疾病保険への付加給付であった。それは病気の最初の日からの収入の全額補償を行うものであって、現在でもそれを行っている。ノルウェーにおいては、障害給付も失業給付も特に寛大ではないため、これは他の給付と比較すると極めて特別である。一九七〇年代には、たとえば障害給付が一九五〇年代および一九六〇年代において厳しい受給条件だったことと比較すると、受給条件が修正されたこともまた特徴的である。この自由主義的イデオロギーは、継続する経済成長への期待に基礎づけられており、ノルウェーをより住みやすい国とした。しかしこれはまた、障害給付の受給申込者の増加にもつながった（たとえばBjørnson & Haavet 1994: 259）。

労働党政府は、一九七三～一九七四年の経済の反転は一時的なものだと信じていた。このことは原油収入を使って景気後退を軽減し、景気循環が一巡するまで労働市場を維持することを目標とする景気循環抑制政策に結びついた。数年後、危機は長く続くことが理解され、政府は方針を変えた。景気循環抑制政策は放擲された。市場の力が、どの産業が生き残るかをより大きな程度に決定するであろう。広い視野に立てば、一九八〇年代はノルウェーの産業の転換期だった。一九八六年の春には石油価格が驚くほど低下した。数年後にノルウェーは「大量失業」と呼ばれる事態に直面し、失業者数は増加し続けた。一九九一年には一四万五〇〇〇人の失業者がおり、労働力人口の約六・八％を占めていた。ある委員会が国家を危機から救い出し、もっと競争力のある産業を創り出すための新しい政策を提言した。「共同利益の選択肢」と名づけられたこの提言は、厳しい賃金規制と収入政策に関する、使用者側組織・被用者側組織と政府の緊密な協力を要請した。同委員会はまた、公的支出の伸びをノルウェー本土のＧＮＰの伸び以下に抑えるという条件を付けた（Høgsnes 1999: 49）。一九九〇年代を通して、労働党および他の政党はこの助言に従おうとした。この結果、政府当局は石油収入を公的目的に使うことに非常に慎重だった。この措置のための議論は、もしそれ以上の支出をするとインフレーションを誘発し、競争力のない産業の市場シェアを失わせ、そのことによって雇用を失うだろうということだった。この結果、ノルウェーの石油資産は、限られた範囲でのみノルウェーの政治家の行動範囲を広げることとなった。

経済情勢のために、政治当局は、一九九〇年代の間に福祉支出が劇的に増加し、年齢別人口構成のゆえに、さらに増加することが見込まれるということを認めたがらなかった。しかし、たとえば障害給付と疾病給付の支出を削減するという目標は達成されなかった。したがって、一九九〇年代を通して労働党は新しい障害給付の受給請求者の列を減らすための新しい運動を始めた。一九三〇年代および一九五〇年代と同様に、主要な所得源としての労働の重要性が非常に強調された。個人は福祉制度への依存を避けて自立し、社会のＧＮＰの増大に貢献することに全力を尽くす義務があるといわれていた（Kildal 1998: 18-34）。

ノルウェーの給付制度は当然のことながら、仕事ができる国民に対して、自分で働いて稼ぐか家族に養ってもらうことを期待する唯一の制度ではない。しかしノルウェーでは、最大の力点が賃金稼得者の役割に置かれ、制度がいまだに古典的社会保険モデルによって特徴づけられていた（Langeland 1999: 176）。さまざまな数字は、こんにちの社会においてこういった期待が深刻な問題に直面していることを示している。障害給付請求者の数は増大し続けた。二〇〇〇年の秋には、工場労働者と同じ数の障害給付受給者がいた。病休者の数もまた増大していた。

　しかし、障害給付と疾病給付制度は、こんにちの福祉社会の唯一の争点ではない。一九六〇年代の福祉社会の他の支柱も、消費者に好意的でコストをかけない政府を要求する、増大する圧力を受けていた。その一つは退職年金だった。もう一つは、健康関連サービスの分野においては、市場に立脚した解決策がより適切になったということである。第三には家族政策がある。一九五〇年代の男女別の労働区分は、新しい福祉社会ではもはや規範ではなかった。一九六〇年代を起点として、この構図をもっと詳細に議論しよう。

### （3）崩壊しそうな国民保険？

　ノルウェーの国民保険は、既に創設され、北欧の福祉モデルの頂点に位置すると見られていたスウェーデンの国民保険に多くの分野で似通っている（Esping-Andersen & Korpi 1987; Seip 1991b: 49-72）。すべての者への平等な給付という栄誉ある考え方は、市民は所得の喪失に対して保障されるべきであり、給付は所得または収入と緊密に関係づけられるべきであるという考え方に道を譲った（Esping-Andersen & Korpi 1987: 53）。これは所得関連給付の新たな強調を意味した。年金は比例的ではなかったが、受給者が雇用されていた年数と受給者が受けていた賃金によって変動した。従前の賃金の年金額への影響は、それが平均賃金の二倍を超えると制限され、年金額はそれに従って減額された。ノルウェーとスウェーデンの国民保険制度はこれらの原則を共有していたが、すべての収入カテゴリーにおいて、スウェーデンの制度がノルウェーの制度よりも高い年金を支出した（Hippe & Pedersen 1988: 180-181）。年金を収入によって決めることは、ノルウェーの国民保険制度にとって新しいことではなかった。労災および疾病保険も、失業給付とともに収入に関連づけられていた。それは労働の誘因となり、保険制度における労働の重要性を説明するが、高齢者の一定額給付制度に関してはまったく新しいものだった。国民保険の前史については多くの研究がなされてきたが（Hatland 1987; Bergh 1987; Hippe & Pedersen 1988; Seip 1994）、もしさらに研究するならば、確かに労働運動とそれを代表する政党にとってなされた選択は当然ではなかったことが明白になる。妥協と状況に合わせた原則とイデオロギー的評価が恐らく影響したのであろう。これはまた、国民保険制度の将来に関する公の議論についてもこんにちいえることである。

　一九三六年の退職年金は、ミーンズテストに基づいていた。

支払いは少額であり、物価の上昇に合わせた調整もされていなかった（Seip 1994: 171-172）。しかし地方自治体は、住民のために年金を増額することができた。このように、国家退職年金は地方的な公約への入り口を与え、これが常にノルウェーの福祉制度の特徴となり続けた。実際に高齢者の幸福は、大いに地方自治体が付加年金を提供するかどうかにかかっていた（Seip 1994: 168）。一九四八年において六四の市のうち五五の市が、また六八〇の町村のうち一〇〇の町村がこのような援助を行っていた（Grønlie 1987: 49）。いくつかの地方自治体はまた、職員に対して企業年金を導入していた。一九三〇年代には、受給者は最初はわずかであったが、一九五〇年代初期から企業年金制度は拡大し始めた。地方自治体は一九一七年から企業年金を提供し、一九四〇年代末に向けてすべての職員が退職時にこの年金を受給していた中央政府の例に倣っていた（Hippe & Pedersen 1988: 63-64）。民間企業も被用者に企業年金を与えていた。一九五七年まではこれは主として事務職員に適用されており、主に一九四五年以降に導入された（Hippe & Pedersen 1988: 67）。戦後の最初の数年間には、労働者・公務員・企業事務職の間の賃金・勤務時間・休日といった分野での平等化が見られたが、年金の権利に関しては格差があった。労働者や不利に取り扱われているグループをより特権をもつグループと同じ条件に引き上げることが、労働運動の要求の背後にある重要な動機だった。特に、これはノルウェーにおいてはＬＯ（Landsorganisasjonen）と呼ばれた全国労働組合連盟の中心的目的だった。

このことは二通りに試みられた。全国労働組合連盟は政治当局に一般退職年金の最少額を引き上げるよう要求した（Bergh 1987: 392, 395）。もう一つの要求は、雇用者連盟に対して事務職と同レベルの付加年金を制度化することであった。使用者側は、一般退職年金がミーンズテストによって分配される限りそのような協約を結ぶ必要はないとの理由でこれを拒否した。

これ以上交渉しても埒が明きそうになかったため、全国労働組合連盟は政治的解決を求めて再び政権与党の方を向いた。全国労働組合連盟は労働運動のなかで、アイナル・ゲルハルセン首相や労働党内の他の「普遍主義者」とともに、普遍的退職年金の支持者となった。彼らは、社会サービスはそれがミーンズテストに基づいている限り負の烙印を押し続けるとみなし、よりよい代替案はすべての者に平等な権利と給付を与えることであると主張した。この変化は七〇歳以上のすべての者に平等な給付を提供する普遍的退職年金への道を拓いた。この年金は一九五九年一月一日に導入された。この時までに非社会主義政党は、ミーンズテストの概念を取り去ろうと何年か試みてきていた（Hatland 1987: 73）。

ミーンズテストのない新しい年金の登場は、労働者のための付加年金について合意を得ることも容易にした。その理由は、付加年金は基礎的国家年金に付加され、それから控除されることはないからであった。早くも一九六〇年には年金保険料の交渉のなかで、全国労働組合連盟と雇用者連盟は付加的勤労年金について合意し、これは二年後に実施された。このことは、交渉と合意による政策の突破口を作った点と、これまで公務員と民間企業事務職員だけに独占されてきた分野で労働者に権利を与えた点で重要である（Hippe & Pedersen 1988: 69）。この展開と並行して、個々の企業所有者は、自身の被用者のために任意の団体保険を掛け続けていた。このため国民保険制度が導入された際に、賃金労働者は、三つのほぼ同規模のグループに分割された。第一のグループは、民間企業または公務員の勤労年金の合意によって支えられ、第二のグループは、保険料によって決定する年金をもち、第三のグループは、基礎的公的退職年金以外の権利をもたなかった（Hippe & Pedersen 1988: 70）。これに加え、人口の半分近くが、地方自治体が住民のための付加年金を導入してきた地域に居住していた。しかしまだ、人口の三分の一がセーフティネットをすり抜けており、その理由は、収入の少ない地方自治体の存在と労働者の約半分が組織化されていないという事実であったに違いない。

全国労働組合連盟と労働党は、スウェーデンの経験の影響を受けて再度方針を転換した。今度は、政府によって保障される付加年金への要望があった。国民保険制度によって他のすべての形態の付加年金を不要とすることが望まれた。しかし、こういったことは起きなかった。一九七〇年と一九八六年の間に、職業による年金をもつ者の数は倍以上となった（Seip 1994: 172）。しかし一九九〇年代には、このような勤労年金制度の拡大は停止した。こんにち、公的部門で雇用されている者はすべて、何らかの形の、収入に基づく勤労年金を保有している。民間分野においては異なる制度があるが、労働者に適用されるものは殆どない。工業労働者のなかでは、主に組合に組織されている者たちが保険でカバーされている。しかし、組織された労働者であっても事務職員よりは状況が悪かった。したがって、民間企業に雇用された全国労働組合連盟傘下の労働者の多くは、国民保険に依存していた。再び、労働者・公務員・民間企業事務職員の間の歴然たる格差が定着していた。

全国労働組合連盟にとってのもう一つの問題は、一九七〇年代末以降に政治家が、国民保険の料率を最小限の年金受給者、つまり付加年金を持たない者に有利になるように調整し続けていたことである。その結果として、長い勤務実績の結果としての付加年金の重要性が減少した（Hippe & Pedersen 1988: 72）。給付はこれまでの所得または収入に関係づけられるべきであるという考え方は弱められ、それとともに、働くことへの誘因も弱められた。ノルウェーの老齢年金制度は、未だに彼方にあったが、すべての者に対して同一の最低額を給付する定額公的年金給付システムの方向に緩慢だが確実に向かっているといわれていた（Bowitz & Cappelen 1994: 57-59）。この追加的権利のある者を犠牲にした最低限の年金受給者への有利な取り扱いは、最低限の年金受給者の多くが女性であったために、ジェンダー・ポリティックスと関わっていた。しかし、こんにちにおいて、パートタイム労働の女性が付加年金を得ることは困難である。最近では、国民保険に替えて、勤労年金保険および個人的形態の保険に向かう傾向がある。

この状況は全国労働組合連盟にとっては困難なものである。国会はその前の年に、私的かつ集団的な職域年金制度を創立することをより容易にする新法を通過させたが、全国労働組合連盟は、年金闘争の戦略を練るための内部委員会を任命した。全国労働組合連盟の指導者はメディアに対して、自分たちの目標は職場にかかわらない、すべてのメンバーに対する付加年金を労使交渉によって決定する権利の要求を提示することだと語った[3]。この組織は、一九五〇年代と同様の状況にあるといえよう。再び付加年金を制度化するという問題が生じてきた。しかし全国労働組合連盟の中にも、これについては異なった見解があった。労使交渉において、年金の増加よりも賃金の増加を優先する者もいた。他の者は、原油からの収入を国民保険制度の枠内で付加年金を保障するために使うことを要求し、また別の者は、これらの年金を労使交渉のなかに組み込むことを望んだ。どのような結果となるにせよ、ノルウェーの福祉制度のこの部分は、すべての政党の共同による努力を現していた一九六〇年代の目標との関係において、劇的に変化することになる。一九六七年以降の発展は、労働党が普遍性の原則の確固たる旗振り役ではなく、具体的政治過程でのモデルづくりにおいて、いくつかの価値の選択が含まれていたことを示している。

## （4）民営化と地方自治体による福祉

ノルウェーの福祉制度においては、他の主要な変化も進行過程にあった。本論は、地方自治体による福祉が制度の中核になってしまったと信じる研究者たちのスタンスに立っている（Dagsavisen 20. October 2000）。この考え方は、一九二〇年までの福祉社会の歴史における最初の拡大期を通じて説得力があった。これはまた、福祉国家は不活発なままであったものの、地方自治体の救貧制度の古い亡霊が再び現れた戦間期にもあてはまる見方であった。そして最後に、戦後期において、地方自治体による福祉の考え方は拡大され、地方の自主性が拡大した（Seip 1991a; Grønlie 1987）。中央政府の行動領域が国家の再建に限定されていた間に、地方自治体はずっと自由で、いくつかの分野で大きな独創性を示した。

地方自治体の育成は、計画と効率の向上が発展と繁栄の前提だとする労働党のイデオロギーの一部であった。同党は、地方自治体を国家福祉目標達成の手段として使うことを望んだ（Seip 1991a: Grønlie 1987）。この育成には二つの段階があった。最初に、経済的に強力な地方自治体がその地域での活動を拡大した。第二に、地方自治体の先進事例が国家の福祉政策へと統合されていった。換言すると、地方自治体の革新が特に社会保障の分野で、いくつかの先導的行為へと繋がっていったのである。前述したように、いくつかの地方自治体は多くの場合、住宅および医療サービスへの特別な拠出とともに、付加年金を給付した。多くの地区で、シングルマザー給付や障害者給付といった特別の給付が提供された。拡大の構図は圧倒的であり続けた。都市部と中央東部がまずカバーされ、他の地域は取り残されたのである（Grønlie 1987: 203）。

中央政府は一九六〇年代までは、地方自治体の福祉問題についての先例には倣わず、その後中央政府が以前は地方自治体に任されていたいくつかの福祉業務を引き継ぐ新しい構図が浮かび上がってきた。福祉の王国は併呑され、地方自治体は国民保険制度への単なる拠出者に格下げされてしまったともいわれた（Seip 1991a: 35: Grønlie 1987: 203）。これらの業務から外された地方自治体は、自らの先導性と資産を文化・スポーツ活動といった福祉概念の新しい分野に移していった。

中央政府と地方自治体の活動が増加したことにより、地方自治体は地域における主要な労働市場となった。一九七〇年代中頃、地方自治体で働く労働党員は、中央政府行政部門で働く同党員数を六〇％上回っていた。この公的部門の成長は、中央政府と地方自治体とボランタリー組織との間の伝統的協力を変化させた。驚いたことに、戦争直後の一〇年から一五年の間にもこれらの組織の業務の増大が見られていた（Grønlie 1991: 50）。ボランタリー組織の業務は増大したが、財政は悪化した。彼らは大きな程度に、地域的な政治的善意に頼らなければならなかった（Kuhnle & Selle 1990: 170）。一九七〇年代と一九八〇年代においては、医療サービスの責任に関する中央政府から広域地方政府への、広域地方政府から市町村への下方移行が見られた。しかし、これらのサービスが公的財源によって賄われ、ボランタリー組織の活動の余地はあったとはいえ、おおむね政府によって運営される等のいくつかの基本的特徴は残った（Kuhnle & Selle 1990: 170）。

一九九〇年代の間、公的医療サービスの需要は、受容能力の伸びよりも早い速度で増大したので、医療サービスのための長い行列は避けられなかった。この状況は、民営化と市場原理に道を拓くためにこの分野の公的関与を削減すべきであるという議論を容易にした。わずか数十年の間に、公的部門の役割は大きく変わった。少なくとも、これらの環境に関する討論は変化した。初めて、福祉国家の中核的要素の民営化が語られた。

民営化の議論は二つの段階を経ている（Hatland et. al.

1994: 107-108)。一九八〇年代および一九九〇年代初期には、公的サービスの代替物を可視化しようという議論があり、ボランタリーセクターが再発見された。この時には、民営化がボランタリーセクターにより大きな責任を与えることを意味することが、言外に含まれていた。市場における需要という概念については、考慮されていなかった。しかしこんにちでは、医療サービスの分野においては、市場に基づく解決策が適切なものとなっている。いくつかの政党、特に保守政党は、公的関与を減らしたいと望んでいた。意図されたことは、医療サービスに対する民間による資金調達や支払が増加した完全に民営化された市場を育成することであった。また、租税制度を調整して、個人に民営化された市場での選択をするという経済的自由を与えたいという願望もあった。この形での民営化は消費者の利益を目指すものだった。誰もが、いくつかの事業者のいる市場で、自分の資産をどう使いたいかを自分で決定することができる。個々の事業者が生き延びられるかどうかは、それが何を提供するかにかかっている。この種の民営化は、ノルウェーにおいては大いに議論された問題であった。

しかし、もう一つの形態の民営化には、一九九〇年代の大半と二〇〇一年以降、政権にあった労働党内も含めて広い政治的支持があった。この形態による民営化の支持者は、民間企業、ボランタリー組織、中央政府の機関、地方自治体の機関といった、さまざまな事業者の間での競争の激化を予想した。誰が結局は政府のために仕事をするかは、彼らが提供するサービスの質と価格によって決まる。公的機関も生き残ろうとすれば、市場に合わせていかなければならない。このモデルにおいては公的拠出と公的責任が組み込まれているので、政府は国民にその権利を保障し続けている（Selle 2000: 188-194）。

このモデルは、ノルウェーで我々が知っているようなサービス生産との決別を現していた。市場に基づく福祉機関というものはほとんど存在せず、公的機関とボランタリー組織は、相互補完といえるほど、互いに競争したことはなかった。こんにちの労働党の主要な目標の一つは、公的部門を改革してサービスを改善し、経費を節減することだった。言葉を替えると、より消費者志向にすることだった。これを達成する一つの方法は、サービスを入札にかけ、公的機関を含むさまざまな事業者に競争させることである。この政策に対してはかなりの反対があり、これからもあるだろう。一九九九年の秋に種々の組織の連合体が形成され、その目的は福祉国家を守るための新しい運動を創り出すことだった。特に、公的部門が自らの仕事を遂行できるように十分な資産を勝ち取ろうとしている。もう一つの目標は、伝統的に公共福祉サービスであったものを競争に晒し、民営化することに反対することである（Selle 2000: 188-194）。この闘争がどのように終わるにせよ、ノルウェーの福祉における中央政府・地方自治体・ボランタリー組織のこの「三角形」は、今後変化するだろう。そして、市場の力を第四の角に置いた「四角形」という用語が使用されるかもしれない。

### (5) 共稼ぎと家族政策

公的部門の拡大は、女性の労働市場への参入にとって重要だった。就業女性の増加と共稼ぎ家族の増加は過去二五年間の福祉政策の変化の主要な源だったとされている。これは特に家族政策に影響を与えた。この分野においては、一九八〇〜一九九〇年代頃は、拡大的改革がまだ進められていた。その最も重要な例は、育児休暇の継続的拡大だった。拡大の結果、一九七〇年代以降、育児に働く二人の親を組み合わせる条件は顕著に改善された(Bjørnhaug 2000: 119)。

戦間期・一九五〇年代の、母親が家事をして、男性を主たる稼ぎ手とする経済は、早くも一九六〇年代から問題とされていたが、既婚有子女性も労働力のなかに組み入れられていった次の一〇年間には、より強く問題視された。一九七〇年代後半頃には、納税者である既婚夫婦の七〇%が二つの課税対象所得をもっていた。共稼ぎ家族が多数派になったのである(Langeland 1999: 160)。共稼ぎ体制がいまだ主流だったが、離婚率の上昇はひとり親家族の増大につながった。一九九七年には一二万七〇〇〇人のひとり親が登録されている。この数字は、二五年間に二倍になっていた(Blom & Sogner 1999: 313)。乳幼児のいる雇用女性の数は、一九八〇年代に増加した。実際にこのグループの女性が最も頻繁に家庭外で働いていたグループだった。一九八〇年代に、三歳未満の子どものいる女性のうち、被雇用者の割合は四七%から六九%へと増加し、三歳以上六歳以下の子どものいる女性のうち、被雇用者の割合は五七%から七四%へと増加した。第二に、労働力に加わったのは、多くは高等教育または中等教育を受けた女性であった。そして一九九〇年代初期には、男性と女性の教育水準は、実際上は同等であった。第三には、一九八〇年代に、女性がパートタイムではなくフルタイムの仕事に就く傾向が見られた。

この展開は性別分業、つまり父親は主たる稼ぎ手であり、母親は家事・育児をするという長い伝統からの決別を現していた。子どもは家庭的環境で育てられるべきであるというのは、共通の意見だった。その結果、保育所はおおむね、所得を必要とするひとり親の子どものために作られた。就学年齢以下の子どもの二%未満が保育所に通い、この割合は一九八〇年代を通じて緩やかに上昇した(Langeland 1999: 60)。

育児に関するこの姿勢は、母親と家庭だけが子どもを教育・社会化するにふさわしい唯一の手段ではなく、保育所が必要であると人々が一般に合意するようになった一九七〇年代および一九八〇年代までは変わらなかった。保育所の拡大は、教育的、社会的および社会政策的目標に貢献する一方で女性が家庭外で働く権利の原則を弱めることにもつながった。このソーシャル・ポリティックスの目的は、種々の家庭環境によって引き起こされる社会の格差を、保育所の促進と社会化を通じて平衡化することであった（Korsvold 1997: 89）。しかしながら、組織的拡大のためには、時期を待たなければならなかった。

女性の労働市場への参入は保育所の拡大以前に起きた。職業キャリアと家族への責任を併有する働く母親が、新しい社会現象となった。彼女らは頻繁にケア専門職でのパートタイムの仕事に就き、通常これを家事と併せてやらなければならなかった。よって、拡大しつつある福祉国家は労働の社会区分を変更したが、公的領域・私的領域における性別分業を支持した。どちらかというと暗黙裡に、女性がケア労働に携わり続けることが当然とされたといえよう（Leira 1992: 175）。男性がケアにより多くの役割を担うことへの女性による要求は、より多くの保育所への要求とともになされた。しかしこの二つの分野を包含した解決策は、一九九〇年代に至るまで登場しなかった。

一九八〇年代と一九九〇年代には、就労する親に関する政策が実施された。公共および民間の保育サービスの選択肢は、こんにちに至るまでこの分野では先進的なデンマーク・スウェーデンには及ばなかったものの、ノルウェーにおいて増加した。特に三歳未満児の保育サービスに違いが極立っていた（Seip 1994: 276）。民間でインフォーマルに組織化された保育は、ノルウェーにおいては、隣国においてよりもかなり重要であった。そして一九九〇年代に入っても、就労する母親の大多数は、保育代替人員を探さなければならなかった。

恐らく間違いなく、ノルウェーにおけるこの家族についての伝統的イデオロギーは、宗教政党と宗教運動、さらにブルジョア政党の指示によって存続している。一九九八年にキリスト教民主党の首相を伴ったブルジョア政党政権によって有子家族への現金給付（Kontantstøtten）が導入されたことは、このイデオロギーがノルウェー社会において、いまだに確固とした基盤をもっていることを証明している。この改革の支持者は、これによって親（特に母親）が最初の数年間は在宅育児が可能になると主張する。これは、子どもは母親と家庭にいる方が望ましいという子どもへの福祉についての判断であった。

この改革は、労働党および女性の権利を主張するいくつかの組織からの強い反対を押し切って実行された。このことは、労働党の家族をめぐる政治に関する見方についてのある点を語っている。一九二〇年代前半において、同党はまず核家族の重要性を他の親族と比較して強調した。これはとりわけ、一九三〇年代のオスロ市における給付と退職年金を生み出した。第二に、男性の主たる稼ぎ手としての重要性が強調され、これが労働党の賃金政策に影響した。恐らく、女性解放組織からの圧力の結果として、ようやくこのイデオロギーの変化が現れたのは一九六〇年代終盤から一九七〇年代初頭のことだったと思われる。この変化はいくつかの事象へとつながった。たとえば、保育部門が拡大したのは、主に労働党政権の時代においてだった。これは出産休暇についても同じである。出産のために休暇を取得する権利は、一八九二年の工場検査法の一部であったように古くからの要請であり、疾病給付が導入されたときに、女性は産前産後期間の賃金補償を得ることとなった（一九一四年）。一九四六年には、雇用されているすべての女性は、一二週間の有給の出産休暇を与えられることとなった。三〇年後に、これは一八週間に延長された。その翌年（一九七七年）には、女性は出産休暇期間の完全な収入補償を得る権利を与えられた。一九八七年には、出産休暇は二〇週間へと延長され、こんにちにおいて、両親は、四六週間の賃金全額が支払われる休暇か、あるいは五二週間で八〇％の賃金が支払われる休暇を取得する権利を有している。父親には四週間の休暇が確保されている。

ケア専門職に従事する女性の賃金もまた増加した。一九五〇年代まで、女性の介護労働者は賃金の低いグループだった。彼女らには通常扶養すべき者がおらず、また食事付きで住み込みということが賃金の条件だった。こういった条件が賃金レベルに影響していた。一九七〇年代と一九八〇年代には、福祉国家との関連における女性の状況は相当に変化した。福祉国家によるフォーマルケアの発達は女性に稼得機会をもたらし、女性の個別男性への依存を減少させ、女性と国家の間の相互依存を強化した。福祉国家はフォーマルな社会サービスの提供において、女性の労働力に依存するようになった。社会、また国家における賃金労働者もしくは公的被用者として、戦略的な女性の位置づけは改善された（Leira 1992: 173）。こんにち女性の大多数は首尾よく組織化され、男性よりもよく組織化されている。一部の女性、特にシングルマザーは、基本的ニーズを賄うだけの収入しか得ていないとはいえ、賃金面では平等化されつつある。しかしいまだに格差も存在している。多くの女性は、平等化は十分に行き届いていないと、またノルウェーの福祉国家は安価な女性労働という基礎に依存していると主張している（Blom & Sogner 1999）。公的福祉サービスの被用者がどのような支払いを受けるべきかが、来たるべき将来においても解決困難な問題であることはいうまでもない。

## 3　状況の産物としての福祉国家

社会保険、地方自治体の福祉および家族に関する政策は、それぞれ過去一世紀を通して、ノルウェー福祉国家の重要な側面であった。労働党はこれらの分野において問題を定義し、政治的・経済的・イデオロギー的条件によって異なってくる政治的解決策を提供する上で重要かつ時には決定的な役割を果たした。一九三五年の政権交代まで、議会という経路は労働党に大きな力を与えなかった。農民が支配的な政治勢力であり、自助と地方自治の思想が主流だった。すべての個人は働いて自身の生計を立てるべきであり、それぞれの地域はどのように発展していくかを自ら決定する権利を有していると考えられていた。農民は拡大的な政府について懐疑的になりがちであり、政府の資金が使われるときは、すべての社会階層がそれにより裨益すべきだとの立場だった。農民階級から労働者階級への税収の移転は避けなければならなかった。

この政治状況は、政府の提案にその痕跡を留めている。さまざまな経済的理由により、法制度は労働者階級のほんの一部だけをカバーしていた。これらの法はおおむね、工場・工業労働者だけに適用されると受け取られていた。これらの労働者は特に危険な労働環境にあることが示された。彼らの労働能力喪失の可能性は季節労働者や農民・漁民よりも高かった。したがって、工場労働は保護され、工場労働者は保険の対象とされるべきである。立法者たちはまた、もし社会保障に依存した怠惰な生活が提供されれば、多くの者がそれを選択するだろうと広くとらえた。このような制度が悪用され、給付が働く意欲を喪失させることによって人々の倫理意識を弱めることが懸念された。これを防ぐために立法者たちは、いくつかの措置をとり、その多くは一見したところ、労働党と労働組合によって受け入れられた。

一九三五年に政権についた労働党は、これらの面については何ら変更をしなかった。大量失業を伴う経済状況と継続された自助の強調が、これから実施される改革の件数と新しい改革プログラムの立案様式を限定した。さらに一九四五年以降は、経済政策が社会政策よりも上位の問題とされ、輸出産業への考慮が福祉に投資される資金を制限した。これに加えて、将来の福祉社会を実現するには、少なくとも他ならぬ経済的理由ゆえに、大半の国民が働くことを要請すると推測された。雇用を創出することが労働党にとって最初の任務となった。一九六〇年代に中央政府レベルで新しい社会保障プログラムの解決策が出現した。一九七〇年代は、たとえば障害給付を受けるための一九六〇年代における厳しい条件と比較すると、給付条件の修正によって特徴づけられた。この寛大なイデオロギーは、経済成長の継続の期待に基づいていた。一九八〇年代の経済後退と福祉支出の増大は、労働党に新しい障害給付の申請者の長い列を短縮するための新しい運動を開始させた。これまでと同じく、収入の主要源としての労働の重要性が強調された。個人は、福祉制度への依存を避けて自立し、社会の国民総生産を増大させることに貢献する義務があるといわれた。この労働と市場の強調は、ノルウェーの社会保障制度が一九七〇年代と疾病給付プログラムのような特別な法律を例外として、特に寛大なものではなかったことを意味している。労働党もこのような政策をおおむね是認してきたように思われる。

労働党は、普遍性の原則の旗手であったとしばしばいわれてきた。いくつかの場面で、これは真実であろう。しかし退職年金の事例が示すように、労働運動のなかでもイデオロギー的評価は異なっていた。どの解決策が選択されたかを理解するためには、歴史的状況およびその解決策が引き起こした政治的妥協も考慮に入れなければならない。この視点から見ると、多くの点でスウェーデンのものに類似し、北欧福祉モデルの頂点と考えられている一九六七年のノルウェー国民保険は、状況の産物であり、もしかするとその結果は不明確で、その将来は非常に疑問視される出来事であったとみなせるかもしれない。

本章は、地方の、あるいは地方自治体の福祉がノルウェーの福祉制度の中心的要素となってきたと信じる研究者たちのスタンスに立っている。地方自治体の改革の必要性についての明確な考え方をもちながら、福祉サービスの全国的標準化と財源措置・提供についての公的責任を強調する労働党もこの考えにある。しかしこんにち、特に医療サービスの分野において、市場に基礎を置いた解決策が当を得たものとなってきている。市場に基礎を置いた福祉機関は、これまで周辺的存在であり、公的機関とボランタリー組織は競争するよりも相互に補完していた。労働党政権による公的部門改革の願望は、その歴史的伝統からの決別を表現している。

父親が主たる稼ぎ手で母親が家事・育児を担うような男性を主たる稼ぎ手とする経済は、ノルウェーの福祉制度に大きな影響を与えたが、家族政策の分野では、労働党がいくつかの重要な提案を行っている。一九二〇年代の前半においては、同党は核家族の重要性を他の親族と比較して強調した。これは、なかでも一九三〇年代のオスロ市における給付と退職年金を生み出した。また、男性を主たる稼ぎ手とする重要性が強調され、これが労働組合の賃金政策に影響した。このイデオロギーの変化がようやく現れたのは、一九六〇年代から一九七〇年代初頭のことだった。これらの変化に続いて、保育部門と出産休業の権利の拡大が生じた。これらの変化は主に労働党政権の時代に生じた。円満な家庭とは、母親が育児責任をもつことを要求するものだという考えは、スウェーデンやデンマークにおいてよりも長く、ノルウェーの社会およびノルウェー政権のなかで支配的あるいは少なくとも優勢であったように思われる。恐らく、労働党が他の右派または中道政党と最も異なったのは、この家族政策の分野であっただろう。

注

（1）（訳注）制定時の社会大臣の名を冠した通称。非嫡出子の福祉に関する規定を含む。
（2）このことは、殊に、一九五三年の総選挙の間に真実となった。したがって一九五〇年代は、それ以前の一〇年間に比べてより大きな程度の公共福祉の拡大によって特徴づけられるが、大改革は一九六〇年代、普遍主義の黄金時代にやってきた。
（3）もしこの発展が継続すれば、これは来世紀中頃に実現するだろう（Langeland 1999: 169）。
（4）本章の著者であるオイヴィン・ビョルンソンは、一九五〇年生まれ、二〇〇七年没。ベルゲン大学において、歴史学の教授を務める。この章は、最初、Scandinavian Journal of History, Vol. 26（2001）に搭載された。本章は、ノルウェーにおける一九九〇年代までの展開をカバーする。より近年の展開については、各般の政策分野に関する章および Alestalo, Hort and Kuhnle 著の最終章を参照されたい。

参考文献


Aasen, R.（2000）“Arbeiderpartiet og arbeidslinja. Avgrensninger av trygderettiheter 1935-1960 og 1990-1995”, Unpublished MA-thesis, University of Bergen.
Bergh, T.（1987）Storhetstid. Arbeiderbevegelsens historie i Norge, bd.5, Oslo.
Bjørnhaug, I.（ed.）（2000）I rettferdighetens navn, LO 100 år-historiske blikk på fagbevegelsens meningsbrytninger og veivalg, Oslo.
Bjørnson, Ø.（1993）100 år forbedre arbeidsmiljø 1893-1993, Arbeidstilsynet 100 år, Oslo.
Bjørnson, Ø. & Haavet, E.（1994）Langsomt ble landet et velferdssamfunn, Trygdens historie 1894-1994, Oslo.
Blom, I.（1999）“Brud og kontinuitet. Fra 1950 til årtusinskiftet”. In Blom, I. & Sogner, S. *Med kjønnsperspektiv på norsk historie*, Oslo.
Blom, I. & S. Sogner（eds.）（1999）Med kjønnsperspektiv på norskhistorie, Cappelen Damm, Oslo.
Bowitz, E. & Å. Cappelen（1994）“Velferdsstatens økonomiske grunnlag”. In A. Hatland, S. Kuhnle & T. I. Romøre（eds.）*Den norske velferdsstaten*, Gyldendal Norsk Forlag, Oslo.
Bull, E.（1953）Arbeiderverngjennom 60 år, Oslo.
Dagsavisen 20.（October 2000）.
Danielsen, R.（1987）“Frihet og likhet. Det lokale selvstyres dilemma”, in H. E. Næss,（ed.）Folkestyre i bygd og by, Norske kommuner gjennom 150 år, Oslo.

Esping-Andersen, G. & W. Korpi (1987) "From Poor Relief to Institutional Welfare States: The Development of Scandinavian Social Policy", in Erikson, R. (ed.) *The Scandinavian Model: Welfare States and Welfare Research,* Armonk.

Grønlie, T. (1987) "Velferdskommune og utjevningsstat 1945-1970", in H. E. Næss, (ed.) *Folkestyre i bygd og by, Norske kommuner gjennom* 150 år. Oslo.

Grønlie, T. (1991) "Velferdskommunen", in Nagel, A. H. (ed.) *Velferdskommunen. Kommunens rolle i utviklingen av velferdsstaten,* Bergen.

Halvorsen. (1991) Innføring i sosialpolitikk, Oslo.

Hatland, A. (1987) Oslotrygden- fra nasjonal modeltillocalfortidslevning (INAS-rapport 87: 10, 1987).

Hatland, A. (1992) Til dem som trenger det mest ? Økonomisk behovsprøvning i norsk sosialpolitikk, Oslo.

Hatland, A., D. Bruusgaard & A. Syse (1994) *Et nødvendig gode. Folketrygdens plass i Velferds-Norge,* Ad Notam Gyldendal.

Hippe, M. & A. W. Pedersen (1988) For lang og tro tjeneste ? Pensjoner i arbeidsmarkedet (FAFO rapport nr. 084), Oslo.

Hovland, E. (1987) "Grotid og glanstid", in H. E. Næss, (ed.) *Folkestyre i bygd og by,* Norske kommuner gjennom 150 år, Oslo.

Høgsnes, G. (1999) Kroneforkrone. Lønnsforhandlinger-og fordelinger, Oslo.

Kildal, N. (1998) "Velferd og arbeidsplikt, Om arbeidslinjens begrunnelse", *Tidsskrift for velferdsforskning,* vol. 1, no. 1, pp. 18-34.

Korsvold, T. (1997) Profesjonalisert barndom. Statslige intensjoner og kvinnelig praksis på barnehagensarena 1945-1990, Trondheim.

Kuhnle, S. & P. Selle (1990) *Frivillig organisert velferd—alternativ til offentlig ?,* Bergen.

Kuhnle, S. & L. Solheim (1991) "Velferdsstaten—vekst og omstilling".

Langeland, O. (ed.) (1999) *Mellom frihet og fellesskap,* Det 21-aårhundrets velferdssamfund, Oslo.

Leira, A. (1992) *Welfare State and Working Mothers: The Scandinavian Experience,* Cambridge.

Melby, K. (1999) "Husmorens epoke 1900-1950", in I. Blom & S. M. Sogner (eds.) *Kjønnsperspektiv på norsk historie,* Oslo.

Midre, G. (1992) Bot, bedring eller brød, Om bedømming og behandling av sosial nød fra reformasjonen til velferdsstaten, Oslo.

Nagel, A. H. (1991) Velferdskommunen, Kommunens rolle i utviklingen av velferdsstaten. Bergen.

Norwegian Central Burean of Stutistic (1948) "Statiske meldinger nr. 58 1948: 57.

Pettersen, P. A. (1987) Pensjoner, penger, politikk, Oslo.

Selle, P. (2000) "Privatisering som samfunnsomformning ?" *Tidsskrift for velferdsforskning,* vol. 3, nr. 3, pp. 188-194.

Seip, A. L. (1984) Sosialhjelp staten bliver til. Norsk sosialpolitikk 1740-1920.

Seip, A. L.（1991a）"Velferdskommunenog velferdstrekantenet tilbageblikk", in A. H. Nagel（ed.）*Velferdskommunen, Kommunens rolle i utviklingen av velferdsstaten*, Bergen.
Seip, A. L.（1991b）Velferdsstaten-en nordisk modell? Årbog for Arbejderbevægelsens Historie, no. 21, pp. 49-72, Oslo.
Seip, A. L.（1994）Veiene til velferdsstaten. Norsk sosialpolitikk 1920-1975, Oslo, Statistiske meldinger, 1948, nr. 58.

（オイヴィン・ビョルンソン[4]）

# 第4章　フィンランド——北欧モデルが抱える社会・経済間の緊張

## 1　北欧福祉国家の例外？

グローバル化に関する一般的な議論ではしばしば、現在や将来の「ボーダレスな世界」と対比して、過去の閉鎖的な国家社会の風刺画が描かれている。この過去のイメージは、北欧諸国にとっては、殊に事実をゆがめるものである。一九世紀の終わりから、これらの小国は輸出に強く依存する比較的開かれた経済を持っていた。このことからわかるように、福祉国家と呼ばれる社会的規制に関する国家制度は、国家の閉鎖性ゆえに生まれたものではない。むしろ、それらの制度は、国際経済の動揺と危機にさらされた国々の対応によって形成されたものである。現在と将来のイメージとしての「ボーダレスな世界」もまた、同様に支持し難い。実際、グローバル化を国家の挑戦として定義することは、この変容過程を論じるために広く採用されているやり方である。北欧の諸国家は、国民福祉国家の諸制度が、国家の経済競争力のための機能を果たすために修正されたという、変化の証明を提供しているように思われる。

本章では、北欧の社会開発の一事例としてフィンランドを取り上げる。フィンランドの福祉国家の歴史を、「国際経済」と「国内社会」との間の緊迫した対立について、「政治」[1]がどのように対処したのかに注目することによって検討する。

フィンランドという国を、北欧諸国の中でも例外か、それ以上のものとして扱うのはよくあることである。その例をあげるならば、たとえば特異なフィン＝ウグリック語が、その人口のなかでの主流であること、ロシア帝政との特別なつながりおよびこれと対立したこと、一九一八年の内戦などである。ナポレオン戦争に関連して、一八〇九年にスウェーデンは領土の東半分をロシアに奪われた。一九世紀にフィンランドがロシア帝国の大公国として誕生したことは、国家構築のプロセスの有益な前提条件を、帝国主義が提供していたという一つの良い例である。しかしそれにもかかわらず、フィンランドは、第一次世界大戦中からその後にかけての、複数の帝国の崩壊や調整を通じて政治的に形成された、農業社会の一つとして分類することが可能であった。

フィンランドは、北欧諸国のなかでも工業化への出発が遅かったし、また社会構造としては農耕と農村が長い間支配的に保たれた。これはフィンランドの政治的な歴史の特徴的な姿によって説明することが可能である。デンマークやスウェーデン、そしてノルウェーでは、福祉国家の成立は、力強く宣言された政治的または理念的なプロジェクトであったが、フィンランドでは決してそのようにはならなかった。一九一八年の内戦は相対的に弱い社会民主主義に影響を及ぼし、政治的な圧力は度々、（北欧の）福祉国家プロジェクトに関連し、それを形づけたりもした。一九五〇年代の初頭まで、農村の小規模独立農民の拡大は、社会・政治統合のための主要プロジェクトとして残されていた。そして農民党（一九六五年からは中央党）は、それ自体が典型的な北欧の現象であるが、他の北欧諸国よりもずっと長く、政治システムの中で重大な役割を保持してきた。

フィンランドは一九一七年一二月、ロシアでのボルシェビキ革命の後に独立を宣言した。一九一八年一月には左派赤衛軍と右派白衛軍との間で内戦が勃発した。それは以前からの国際的危機と、国内での階級間の紛争によるものであった。内戦は一九一八年五月に白衛軍の勝利に終わった。内戦の反革命的な結果ではあるものの、しかしながら、フィンランドは一九一九年に制定された憲法によって、議会制共和国として成立した。また、この解決策も国際情勢の変化が再び影響していた。より重要なことであるが、議会制民主主義は政治制度の形式として、右翼勢力によってとりわけ一九三〇年代初頭に脅かされたものの、一九二〇年代から一九三〇年代にかけてフィンランド内で保持された。東・中央ヨーロッパの諸帝国が崩壊していくなかで新たな状態が生み出される間も、フィンランドは例外的に民主主義の形式を保持し続けた。

この例外性は、北欧の政治的伝統が、フィンランドの国家建設に重大な役割を果たしたことの証左と認識すべきだろう。一八〇九年からのロシア帝国の大公国時代には、古いスウェーデンの法律およびルター派の宗教が普及していた。一九世紀後半のフィンランド国家政策は、この憲法的連続性に基づいて形作られたものであった。フィンランド国家の建設者たちは、現実の歴史を参照することによって、北欧の国家主義的神話を活用することができたし、またその発展にも寄与した。最も注目すべきことには、これは、小農民がスウェーデンにおいては四つの階級のうちの一つを形成したように、地方自治ができている国家に統合された自由な北欧の小農民という遺産の理想化された姿に関係があった。「ノルデン（Norden）」（訳者注：北欧語で「北欧」を表す）は社会知識のさまざまな分野において、国際比較、コミュニケーションおよび協力のためのフレームワークとして、フィンランドに重要な役割を果たしてきた。また、「北欧（Nordic）」はフィンランドの国家アイデンティティの一つの要素となった。概していえば、それは「北欧モデル」の特殊な国家事例として、フィンランド福祉国家の歴史の検討を動機づけるものである。

## 2　中心と周辺

「成長と、絶対的貧困の欠如または根絶の間に、自動的な関連はない」と、ドイツの開発学者であるディーター・ゼングハース（Dieter Senghaas）は一九八〇年代初めに結論づけた。そこで要求されていたものは、世界市場の統合と内部的に整理された国家経済との接合による開発だと彼は主張した。「スカンジナビアの発展経路」は、彼の主張の主要例であった。ディーター・ゼングハースによれば、その構成要素の一つは、国家政治的・経済的・文化的なアイデンティティの形成と、同時に、「輸出の成長がより寡頭的な社会を形成し、一種の金融資本主義の創造を妨げるために、国内外の経済プロセスに相当な政治的介入をすること」だった。ゼングハースにとって、一九世紀後半から一九八〇年代にかけての「フィンランドの著しい発展」は、この開発経路の最も興味深い例であった（Senghaas 1985: 71-94）。

ゼングハースによって伝えられたような北欧諸国のサクセスストーリーでは、共通して、国民国家の積極的な役割と、その十分な理由が指摘される。確かに、カール・ポランニー（Karl Polanyi: Polanyi 2001［1944］: 116-135）が我々に教えたように、資本主義は一般的に、政治的に形成された経済活動様式である。しかしながら、北欧諸国にとっては、それは特別な方式で該当する。「政府によってつくられた資本主義」とは、ノルウェーの社会学者ルネ・スラグスタッド（Rune Slagstad）が、一九世紀のノルウェーの「国家的戦略家」たちの目的および達成過程を描写したものである（Slagstad 1998）。他の北欧諸国にも、同じような特徴づけができるかもしれない。国家は拡大する市場経済に向けて、とりわけ基本的な前提条件を提供した。また経済自由主義は、国家行政の代表者たち、および政府の利害を決定する人々に利益を与えるように見えた。それらはコインの両面であったし、近代化が進行するなかでの政府による積極的介入は、顕著な正当性を獲得した。

国民国家の役割づけにおいて、中心と周辺の間での区別を、政治的・経済的・文化的エリートが意識的に採用したことは、重要な要因であった。またそれは、空間・時間的な意味で、国家の一種の自己定義化を含んでいた。近代化に関連しての「期待の地平」（Koselleck 1979: 349-375）を志向する国際比較は、一九世紀の間に国内政治、国内経済、国内社会およびそれらの集合的なアクターの形成の重要な要因になった。後に、労働生活を規制するための福祉国家および機関が形成される段階でも再びそうであったように、これらの比較は知識の生産、および国家建設プロセスでのアイデンティティの形成に、中心的な役割を果たすこととなった（Kettunen 2006a: 35–40）。

フィンランドのように、北欧の基準で考えても、工業化が小さく、遅れたような国で、国際比較は極めて重要な役割を果たしてきた。一九世紀後半以降、そのような比較は、教養のあるエリートが社会を分析し、社会政治的な課題を定義する方法として不可欠なものとなった。外界は、外的な前提条件および制約、希望および脅威、推進力並びに憂慮すべき考え、モデルと注意すべき事例、参考となる点と可能性の限界、といったフレームワークを提供した。

それは、より発展した国々を模倣するという論点だけでなく、産業的近代化の中心的な国々からの諸経験を俎上にのせることにより、社会問題を先取りすることを慎重に試みようということでもあった。その比較はとりわけドイツと、そしてそれよりもやや少ない範囲だがイギリスとも、さらには労働効率性に関連した事項についてはアメリカについても行われた。アレクサンダー・ガーシェンクロン（Alexander Gerschenkron）が「後発性利益」（Gerschenkron 1962: 356–363）と呼んだものを有効活用できるように、それらの国々の解決策および失敗の両方から学習することが重要だと考えられた。

その好い例は、一八七四年に見られた、フィンランドの政策課題のなかに「労働の問題」を置くこととなった一連の文書である。それらを書いたのはユルヨ・コスキネン（Yrjö Koskinen）であった。彼は、フィンランド民族運動のフェンノマン（Fennoman）党の主要なリーダーの一人であった。コスキネンは、「ヨーロッパの観点から」フィンランドの状況を検討することにより、社会的安定のために脅威を未然に防ぐ努力がなされるべきであると主張した。言い換えれば、フィンランドよりも高度に発展した国々で起こっていた事柄からの学習を試みることであった。コスキネンの文書はまた、社会主義と、社会主義に繁殖地を提供した経済体制との両方の脅威が、どちらも国際的な現象であることを示した（Kettunen 2006b: 40–42）。

こうした方向で思考と行動が制度化されたのは、一つには、外国への研究旅行を通じてであった。専門知識あるいは専門家のステータスを渇望していたすべてのグループの代表たちは、フィンランドの政府と彼らの専門的組織の支援によって、一九世紀後半から二〇世紀前半にかけて外国へと赴いた。この点で、専門職化の進展と、フィンランド国民国家の強化の間の綿密な関係性は、極めて重要であった（Hietala 1987 & 1992）。これらの職業集団がもっぱら没頭した国家的な使命は、それらの「国際的な」関係を通じて、「越境する」知識（技術的、医学的、衛生学的、社会政治学的など）を得ることであった。それは、比較の視点を基礎とし、その知識を国内の文脈に適用する機会を判断できる立場に立つためであった。そのような行動や考え方の様式は、矛盾した二つの傾向に結びついた。政治的なレトリックは、時折、フィンランドの後進性を強調したが、同時に、予期される近代化の投影として現在の状況を記述し、それによって、国の近代化の現在の段階と速度を極度に誇張する強い傾向もあった。

労働運動は、明らかにこのロジックに影響を受けた。社会主義者である労働者代表たちの社会分析は、フィンランドで近代化の段階と速度を強調し過ぎる傾向があった。予期される将来が現在の支配的な状況に投影される一方、集中的で集権的な資本、広く均質的な工業労働者階級へと発展した労使関係を伴った現代社会のイメージは、人々の活きた経験からはやや離れたままであった。極めて興味深いことに、この緊張関係は、ヨーロッパにおける最大の農業・農村中心国家のうちの一つである国における、強力な労働運動の盛り上がりを遅らせなかった。フィンランドの労働運動は、一九〇五年から一九〇七年にかけてロシア帝国で行われた革命的出来事を通じて、その最終的な発展をした。

関連した現象として、一方では、社会問題とその問題解決方法を輸入された理念の助けを借りて定義づける時期と、他方では、これらの定義や問題解決方法を実際に適用する時期との間には、しばしば大きな隔たりがあった。この現象は、たとえば失業対策に関する研究で認識された（Kalela 1989: 205-227）。

しかしながら、国家発展の意識的な部分として社会政策を予期する考えは、一九世紀の終わりから二〇世紀の初めにかけて、漠然とではなく、制度的な意味合いをもっていた。実際に、労働者保護、労使関係および失業に関するいくつかの法律は、第一次世界大戦以前の一九〇六年の改革により、女性も含んだ普遍的参政権に基づくものとされ、国会（Eduskunta）で受け入れられた。しかしながら、国会の立法権が、フィンランド大公とロシア皇帝の権威によって制限されたために、わずかな社会的・政治的決定が実際に実行されたのみであった。それにもかかわらず、一八八〇年代初頭から一八九〇年代にかけての、まだ古い階級別代議制が活きており、正式な労働運動が存在していなかった時期に、最も重要な二つの法律が採択された。それは、工場の検査を制度化する工業労働者保護法（一八八九年）と、労働者補償法（一八九五年）である。工場労働の法的規制に関していえば、フィンランドは世界で最後進国の一つではなかった。実際、それは、北欧諸国のなかでさえ遅れてはいなかった。たとえば特別な女性工場労働検査の実施は、一九〇三年にフィンランドで、スウェーデンよりも一〇年も前に取り組まれた（Kettunen 1994: 32-91; 2001）。

## 3　好循環と国家的必要性

国内‐国際と、社会‐経済との次元の関係性は、一九世紀初頭以降、議論のテーマとなっている。前述したユルヨ・コスキネンが一八七四年に記した「労働の問題」に関する論文のような、社会改革にかかわる一九世紀の国際的な議論は、異なる四つの議論に区別することができる。最初の議論によれば、社会的・政治的改革は、国際経済によって引き起こされた国内社会での脅威（「労働の問題」や「社会の問題」と呼ばれた）を減少させるために必要であった。第二の議論は、国家的社会政策は国家の競争力を弱めることから、国際的な経済競争が国家的社会政策の障害となった、というものであった。あるいは三番目の議論は、国際的な経済競争がすべての競争する国家や企業を拘束する、国際的社会規範の出発点と見ることもできるかもしれないと、述べた。さらに同じように初期に現れた四番目の議論も、国家の社会政策は、労働力の質と生産性を改善し、購買力を向上させるので、国家経済の成功を支援するだろうと主張した。

二番目の議論に対する、三番目の議論の優先度の高さは、一九一九年のＩＬＯ（国際労働機関）の設立での、中心的なメッセージであった。国際経済競争は、国家の社会政策の制約としてだけではなく、国際的な社会政策の根拠として考えられた。一九三〇年代初めの世界恐慌以降、また、第二次世界大戦後にはより実践的に、ＩＬＯの主要な役割は、社会的平等と社会保障、あるいは経済的効率や競争力や成長といった目的が、お互いを累積的に支援していく国家社会のモデルを売り込むというものとなった（Kettunen 2009: 67–87）。

一九三〇年代のいわゆる「スカンジナビアの階級妥協」を通じ、独特の方法でこの思考の様式は明示され、強化された。これらの妥協には、労働者と農民、すなわち社民党と農民党との政治的協調と、産業労働市場についての労使交渉と労使協約の実践の統合を含んでいた。特定の異なった利害間の相互の認識あるいは両者の妥協は、単純に有害な対立を防ぎ、民主主義を広げることとは異なった方法で、共通利害に資すると考えられた。妥協は、国内社会のなかの異なる利害間の好循環を実現し強化しうる。一九三〇年代に、スウェーデン、デンマークおよびノルウェーで、――フィンランドにおいてはこれよりはるかに低い程度であるが――国家経済についての概念が、累積的な経済的成功についての新たな考えに基礎づけられはじめた。

階級構造を考慮し、世界恐慌の経験を引き合いに出して、好循環は、一方では労働者‐消費者および農民‐生産者間で、他方では労働者と雇用者との間で、利害を結合するものと考えられていた。この思考の様式を明示した階級間妥協は、「二元的経済」の形成に寄与した。すなわち、世界市場への大幅な開放は――それは世界市場への依存でもあるが――国家的に価値の高いいくつかの領域（とりわけ農業）の保護や、労使関係に関わる国内の平等主義的な合意形成として交渉された規制と結びついた。これらの合意は、外部的な経済リスクから国内社会を保護するだけでなく、国際的な経済競争力の源であったことを証明した。

しかしながら、これらの状況においての、フィンランドの特徴的な姿を示すことは簡単である。スウェーデン、デンマークおよびノルウェーの場合と違って、フィンランドでは、一九三〇年代の世界恐慌は、新しく反循環的な経済的・政治的見方の積極的な採用には結びつかなかった。一九三〇年代の新しい経験の実際的な意義、とりわけ「新しい雇用対策」の意義は、他の北欧三ヵ国では――スウェーデンでさえも――限定されていたという事実を考慮せずとも、フィンランドとの違いは明白だった。一九三七年以後のフィンランドにおける社会民主党・農民党の連立政権は、他の北欧諸国が行った初期解決対応と同程度ほどには、大恐慌から引き出されたさまざまな結果に対応する成果とならなかった。また、一九三〇年代後半の政治システムにおける社会民主党の位置づけは、少なくとも彼らの選挙における支持の面では、他のスカンジナビア諸国のそれと似かよって見えたにもかかわらず、この連立政権は、フィンランドの社会民主党が支配的な政治権力の位置づけを占めるようになるための第一歩ともならなかった。

スカンジナビア諸国の階級間妥協の一つの要素が、一九三〇年代のフィンランドにおいては、決定的に欠けていた。フィンランドの雇用者は、特に製造業のなかでは第二次世界大戦まで、労働組合と団体協約を結ぶことを拒絶する政策を維持することができていた。スウェーデン、デンマークおよびノルウェーは、早くも一九三〇年代には、労働組合の組織化で国際的にトップの地位にあったが、フィンランドはヨーロッパで最も労働組合の組織化が進んでいない国の一つであった。

階級間妥協およびポジティブ・サム・ゲームに対する新しい確信に加えて、「社会の合理化」あるいは「社会工学」と呼ばれる方向性がしばしば、一九三〇年代のスカンジナビア諸国でもう一つの斬新さであるとされた。フィンランドでこの方向性が見うけられる範囲は、社会民主主義によって形作られたスウェーデンよりもはるかに狭かった。右翼政治の波を伴った大恐慌は、貧困と貧困層のより体系的な社会カテゴリー化と、強化および集権化された社会統制を含む、予防刑法の精神の下での、合理的処理に寄与した。これらは、要保護児童や、ホームレス（浮浪者）、アルコール依存症患者に関する一九三〇年代中頃の社会的ケアの新法や、さらに、北欧の文脈において全く例外的ではなかった優生保護法（一九三五年）関連において、新法を特徴づける重要なものであった（Satka 1995: 101-104; Mattila 1999）。

それとは別に、経済的・技術的な合理化、社会的・政治的統合、および自制力のある個人を育成するといった複数の目的は、労働保護の発展のなかで絡み合っていた。ここでは、

「科学的管理法」と結びついた「安全第一」というアメリカのイデオロギーが、フィンランドに著しい影響を与えた。それはヨーロッパの他の地域と同じく一九二〇年代から一九三〇年代にかけて、企業による安全のための実践だけでなく、工場検査の制度化に対してもであった。他の地域と同様に、フィンランドの労働運動のリーダー達は、経済と社会の合理化の必要性と可能性に対しての、強い信頼を共有していた。しかしながら労働運動の役割は、合理化戦略の設定においていささか蚊帳の外であった。スウェーデンのアルバとグンナー・ミュルダールのような、社会工学に基づいた活発な社会民主主義のビジョンのための前提条件となる人物は存在しなかった（Hirdman 1997）。

社会が科学知識によって操縦および合理化されなくてはいけない、また、操縦および合理化することができる機能的統一体であるという考え方は、第二次世界大戦中に強化された。同時にこの考えは、すべての活動において、充足され、考慮されなければならない国家的必要性の概念と強く絡み合っていた。戦争の後、国家的必要性の重要性は、明らかに政治議論の主題となった。しかしながら、以前の不法な状態から大きな政治的勢力になった共産主義者でさえ、とりわけ、ソ連への戦時賠償の支払い——それは一九五〇年代の初めまでフィンランドの重大な経済的必要性だった——は、反ファシズム・民主主義国家の義務だという彼らの見解の結果として、この様式での考え方の多くを共有した。

経済学者および社会学者のなかには、フィンランドにおいては他の北欧諸国においてよりも、社会政策が、国家経済的必要性と考えられるもののために後回しにされていると結論を下す者もいた。木材加工業は、輸出産業として支配的な役割にあるために、また、（小農民が所有する森林や、伐採での労働力への季節的需要によって）農業と工業部門の重要な結節点であるために、それ自身の利益（国際競争力）を一般的な国益として示す、支配的な力を獲得した。同時に国家経済は、中心的な基準として国家経済の「健全性」を適用して評価されてきており、一方、国家経済が国家的経済運営の手段であるという考えは、フィンランドにおいては、特にスウェーデンよりも弱かった。経済学者のマッティ・ポヒョラ（Matti Pohjola）が論じたように、繁栄のための国家戦略は、一九五〇年代の初めに広く恒久的に採用された。それは、高い投資率と、より緩やかな消費の成長という形での犠牲が、将来の一般的繁栄に結びつくという希望と仮定を基礎としていた（Pohjola 1994）。したがって、社会政策を経済的資源を制約するものという視点から評価する考え方と行動が強化されることになった。

拡大する社会政策と経済成長の間の好循環を確信した、フィンランドの最も綱領的な表明は、ペッカ・クーシ（Pekka Kuusi）によって一九六一年に出版された『六〇年代の社会政策（*60-luvun sosiaalipolitiikka*）』であった。これは一九六四年に英語に翻訳され、簡略版でスウェーデン語（一九六六年）にも翻訳された。クーシの本は、フィンランドの福祉国家の設計書であった。その英語版の副題には、「フィンランドの計画」と記された。社会民主主義に共感する社会科学者であるクーシは、グンナー・ミュルダールや他の者の精神に従って、以下のように記述した。

「民主主義、社会平等化および経済成長は、近代社会のなかで、幸運にも相互関係があるように思われる。社会政策は、自由と成長を志向する人間の本質から生じているように思われる」（Kuusi 1964）。

社会政策が重大な役割を果たしたのは、この「成長志向の社会」の中の好循環社会であった。所得再分配、社会保障および労働力政策を通じて社会平等を促進することは、人々の生産能力を解き放つであろう。貧困と受動性の間の悪循環を食い止めることができるだろう。クーシの主な関心事は、社会政策の合理的立案のための前提条件であった。民主主義と平等、および成長の間の好循環は、二つの意味で、合理的立案の可能性と必要性を助けた。一つ目に、それは特定の利益の間の妥協に、ポジティブ・サム・ゲームの特徴を与えた。二つ目に、それは「社会」と「経済」との間の対照性を消失させた。そして、より広い「社会の政策」（フィンランド語の *yhteiskuntapolitiikka*, スウェーデン語の *samhällspolitik*）の一部として、社会政策の意識的な発展の基礎を形成した。社会政策の目的は、この「社会の政策」から導かれるべきものとされた。

しかしながら、クーシの議論においてでさえ、国家的な必要性に強い強調があった。必要性は、世界的な社会間の国際競争のなかでの、フィンランドの位置づけに由来した。フィンランドは、スウェーデンとソ連という、二つの非常にダイナミックで成長指向の社会の間に位置していた。クーシが次のように示した指針は、確かに死活問題だった。もし我々がこれらの二つの社会の間で生き残りたければ、「我々自身が成長せざるを得ない運命にある」（Kuusi 1964: 59）。

クーシは、スウェーデンとソ連という二つの社会のシステムの間での、第三の道を主張してはいなかった。彼の議論は、むしろ、社会政策を冷戦対立とどのようにも明示的に結びつけることを避けるための、フィンランドの傾向事例であった。

実際にこの対立は、社会的・政治的思惑の背後にある重要な要因であった。共産主義への比較的強い支援は、とりわけ、全国的な社会的結合の手段として社会政策を信じていたすべての人々にとって、一つの主要な関心事であった。さらには政治的右翼、特に全国連合党にとっても、積極的に社会政策に反対する姿勢は、実行可能な選択肢ではなかった（Smolander 2000）。しかしながら、スウェーデン人、とりわけ、スウェーデンの社民党員は、それらが資本主義と共産主義との間の「第三の道」を表わすと宣言したが、フィンランドでの支配的な方向性は、社会政策から政治的色彩を取り除くことであった。したがって、社会改良は機能的なニーズとして、または経済的資源の制限内の、一般的な進歩の道に沿った実用的なステップとして、あるいは、共通した国益の名の下での矛盾する利益の実際的な調整課題として、しばしば議論された。

クーシの著書では明らかに、論調が異なっていた。フィンランドの社会政策の計画は、少なくとも世界史的な文脈に位置していた。しかしながら、それは資本主義制度と社会主義制度との間の政治的対立の上位の、あるいは下位の領域に位置づけられることを意味した。そしてそのなかで、基本的なプロセスは工業社会の成長と発展であり、そのような社会を例証するのはスウェーデンとソ連だった。この暗黙的に収斂されたイデオロギーには、冷戦の時代に、社会政策の国家（主義）的正統性の付与に向けて、明白な優位性が存在していた。

## 4　北欧社会

クーシの考えだけではなく、より一般に、フィンランドの社会的・政治的な議論および意思決定では、明確なイデオロギー的要素が色濃く存在していた。それは「北欧社会」としてのフィンランドという概念である。一九世紀後半に北欧というフレームワークは、すでにフィンランドにおける社会知識のさまざまな分野で、重要な役割を果たしていた。しかしながら、それより遅く、一九三〇年代の終わりになって初めて、「北欧」という属性は、フィンランドの社会の将来の様式や、規範的基準のようなものを表す意味合いを呈してくる。このことは、スウェーデンがフィンランドにおいて、徐々に近代化の中心的代表の地位を与えられたのと同時に起きた。

冷戦中、フィンランドの政治的言説のなかの「北欧民主主義」あるいは「北欧社会」は、フィンランドが東のブロックに属さないという宣言を意味した（Majander 2004）。とりわけ社民党員の間で、これらの表現はさらに、スカンジナビア、特にスウェーデンを見ることにより、フィンランド社会で固有な進歩の様式を確認することができるかもしれないという考えを示した。「高度な政治問題」、特に安全保障政策における北欧協力の限界は、広い範囲の公共企業体とボランタリー組織との間での実際的なコミュニケーションが広がることを妨害はしなかった。社会知識の標準化は、たとえば一九四六年以降の北欧社会統計という形で、政治的・行政的な実践の継続的比較の実行を後押しした。これらの比較は、制度の調和化だけでなく、差異の明確化も可能にした（Kettunen

2006a: 51-55; Petersen 2006: 67-98)。

世界市場における北欧諸国間の競争激化は、北欧間の比較および交渉の重要な背景として役立ってきた。たとえば、フィンランド・スウェーデン間の木材加工工業の競争は、スウェーデンの労働運動にとって、フィンランドの労働組合がフィンランドの産業において、賃金水準を決定する際の影響力強化に進んで貢献させる要因となった。フィンランドの労働運動は、第二次世界大戦の前から実に一九六〇年代にかけて、スウェーデンに比べはるかに弱かった。またそれは、スウェーデンの運動に明確に見られた特徴だった、社会民主主義的な内部結合を欠いていた。

社会知識、規範および議論を生み出す北欧の協力を通じて、国民社会モデルについての概念は強化された。フィンランドでは、「北欧社会」の概念は一種の規範的基準、およびフィンランド社会に固有の将来の行動様式を表すものとなった。規範的基準および将来の行動様式は、スウェーデンで「既に」達成されていたすべてのものの点からしばしば解釈された。北欧の中では遅れて来た者として捉えられていたフィンランドの概念は、影響力ある別の保守的な選択肢もあったが、社会改良の要望の議論に役立った。その保守的な選択肢では、経済発展が低い段階にあるフィンランド人は待つべきであり、問題となっている改革がスウェーデンでどのように展開するかを見極めるべきとしていた。

「北欧」は、国家機関が形成される基本枠組みとして機能した。他方では、超国家的要素も、北欧のフレームワークの構築に組み込まれた。北欧でのパスポートの必要がない国境横断の自由は、一九五二年という冷戦の最中、かつ北欧会議（北欧諸国の議会の連携組織）が設立された年に認められた。二年後には、共通の北欧の労働市場についての合意が成立した。一九五四年の北欧共通の労働市場は、特典な合意であった。それは冷戦世界における、安全保障政策の解決法が異なる国々の間で達成された。フィンランドは一九五五年に北欧会議のメンバーになる前においても、このパスポートの要らない労働市場エリアの一部であった。一九五五年から一九五六年にかけて、ソ連が一九四四年に講和条件の一部として、五〇年間ソ連に賃貸されていたヘルシンキに近いポロッカラ（Porkkala）の軍事基地を突然に去る前であったにもかかわらずである。しかしそのため、しばらくの間は、北欧地域での自由移動の外縁の一つは、このソ連の軍事基地の周囲に位置していたのだった。北欧の共通労働市場は、さらに経済・社会協定としても例外的であった。完全雇用の協調的維持を含む、共通の政治的目標が協定のなかで形作られた。

共通労働市場は、完全雇用の維持の国家的失敗によって、きわめて劇的に日常的現実へと変えられた。北欧諸国間の非対称的な関係は、戦後の数十年間、特に一九六〇年代の終わりに、四〇万人のフィンランド人がスウェーデンへ移住するという人々の日常生活の国際比較によって、明らかになったのだった。一九五〇年代初頭以降の、北欧での警察協力の増大が示すように、共通労働市場は、管理政策での実質的な協力にも推進力を与えた。類似したプロセスは、ヨーロッパの単一市場の創造とシェンゲン協定の後にも起きた。しかしながら共通労働市場は、さらに国家的社会保障規範の相互認識、および社会保障制度の収斂も促進した。

## 5　社会政策の政治——社会保険制度の場合

フィンランドの社会政策の歴史的概観において、社会保険制度の遅れた採用は、フィンランドが遅参者であることの主な指標として示されてきた。それは確かに、ペッカ・コソネン（Pekka Kosonen）が述べるように、一九五〇年代にあてはまる。

「労働者災害保険（一八九五年から）は、ほとんど（北欧）モデルのフレームワークに入った唯一の法制度的な社会保険であった。（一九四八年には）児童手当も導入された。普遍的な失業手当は、経済的・道徳的な理由で拒絶された。そしてその代わりに、失業者は、給与の低い公共事業（いわゆるスペードライン）に割り当てられた。一九三七年に立法化された老齢年金は、長い間、施行を意図されていなかった。また、公的疾病保険の計画は、一九六〇年代まで導入されなかった。」（Kosonen 1993: 50-51）

しかしながら、フィンランドの社会保険制度の歴史は、単に遅参者である国の話ではない。それは、改革に先立つ、非常に長く不確かな政治過程を示すことにより、社会政策における内在的な政治を分析する手助けになる。疾病保険法を例として挙げると、それは一九六三年になって初めて通過した（Kangas 1991: 146）。しかしながら、それは一八八〇年代以降、公式の会議で議論されてきていた。最初の立法措置は、一八九七年の「任意疾病基金法」である。さらに、一九二〇年代後半の疾病保険法案の通過は確実と見られていた。一九二七年の社会民主主義の少数派政府の時期に、賃金労働者用疾病保険は、実際に国会に受理された。しかしながら、法案の反対者は、次の国会選挙以後に最終決定を延期させた。この時の少数派政府は、農民党および右翼代表を含んでいた。農民党は賃金労働者だけを対象とした社会給付を嫌い、疾病保険よりも老齢・障害保険を優先していたし、右翼代表は雇用主に共感をもっていた。最終の投票は一九二九年に行われた。法案の反対者にはさらに共産党員も加わり、どうにか法案をひっくり返したのだった。

一九三〇年代中頃に、社会保険は政治的な課題として戻ってきた。そして今度は、老齢・障害保険の優先的地位は明白だった。組織化された雇用主は、もし彼らが社会保険の新しい形式を承認しなければならないならば、それを老齢・障害保険にしなければならないという見解を採用した。「老齢・障害保険制度」は、実際にその法案は経済活動と密接な関係をもっていた前内閣によって起草されたのであるが、新連立政権を組んだ社民党と農民党との間の妥協の後に、一九三七年に立法化された。しかしながら実際上は、どちらかというと控えめな額に過ぎない老齢年金が初めて支払われたのは一九四九年だった。

包括的な社会保険制度のビジョンは、戦後プランと呼ばれたものの一部だったが、経済的可能性の範囲内で着実に進むという現実的な考えは、広く受け入れられた。社会保険委員会は、社民党・共産党および農民党による選挙における支持のほぼ均衡した三党の連立政権によって、一九四五年に任命された。一九五四年まで、委員会は社会保障の異なるセクターの枠組みの計画、優先順位の確立、国際比較（とりわけ北欧諸国間）、そしてＩＬＯの一九五二年の社会保障（最低基準）協定に含まれていたような国際基準を考慮に入れることを、活発に行った。疾病保険は再び、社民党の最優先事項となった。しかし農民党は、小規模農場主と農業労働者からの広い支援を得ていた共産党と一緒になって、老齢・障害年金制度の改革を主張した。今回もまた一九三〇年代と同じく、後者の路線が採られ、大きく改定された国民年金枠組みへと行き着いた。一九五六年の「国民年金法」は、所得制限のある扶助手当と結合された無条件の定額給付を導入した。収入に関連づけられた基礎年金付加分への社民党による要求は拒絶された。

しかしながら「民間部門付加年金法」は、ブルーカラーとホワイトカラーの双方の労働組合による要求と、労働市場における組織間の交渉に基づいて、一九六一年に可決された。それに影響した重要な要因は、一九五〇年代にブルーカラー労働者・ホワイトカラー労働者、および公務員のための共通の呼び名として、「賃金労働者」という用語が徐々に採用されたことであった。公務員の収入関連の年金の古い特権は、ますます承諾し難く見えた。これは、ホワイトカラー労働者のための、さまざまな会社レベルの企業年金制度についても同様であった。収入に基づく年金制度の創設に向けた重要な出発点は、一九五六年の国民年金制度に対する賃金労働者代表たちの不満であった。これは農業従事者に有利な所得移転と見られていた。しかしながら、一九六一年に法案を可決するためには、賛成票を呼び込むようなある程度の妥協が農民にも求められていた。

いずれにせよ、フィンランドの年金制度は、二つに分けられた枠組みで、それぞれが自己管理する形式で整えられた（Salminen 1993）。フィンランドでは一九六一年に共産党員だけが主張した民間部門付加年金の管理が、民間保険会社の役割となったことで、スウェーデンの統合された制度との違いはより鮮明になった。この制度は、企業がその拠出金の積み立て部分を好条件で借りることができるという原則を含むことから、フィンランドの雇用主による新しい枠組みへの積極的な貢献を伴い、また、この制度への雇用主の支持を保障するものであった。自分たちのシステムに不満をもつスウェーデンの雇用主からの情報および助言は、フィンランドの雇用者の方針を形作る際に、影響力ある役割を果たした。ついに、「疾病保険法」も一九六二年に可決された。しかしながら疾病保険は、もはや社民党のプロジェクトというラベルをもたなくなっていた。その給付、資金調達および組織は、農民党の規範に則して形作られたものだった。

その後一九七〇年代と一九八〇年代には、所得水準の維持を関心事とする、従来の労働者階級、拡大するサービス部門の労働者、およびいわゆる新中間層と呼ばれる層の共通認識を代表する賃金労働者の視点が、社会保障のさまざまな形の開発において強調された。疾病保険や二つの年金制度間の関係は新しく作り変えられ、包括的な失業手当のシステムが賃金労働者の視点に従って創設された。しかしながら同時に、定額かつミーンズテスト付の給付を含む、最低基礎保障の原則も設定された。各種の社会保険の補償範囲と水準の点から見ると、一九九〇年までにフィンランドのシステムは、他の北欧諸国のシステムと比べると、北欧諸国相互間の差異程度しか異ならなくなっていた。

## 6　社会的利害および仕事とジェンダーの概念

フィンランドの福祉国家の歴史は、福祉国家の解釈での「労働者主義者バイアス」(Baldwin 1990) といった批判に材料を提供している。歴史的な経験上からは、フィンランドの福祉国家の設立を、社民党や労働者階級のプロジェクトとして定義することは、十分に論証できるものではない。なぜならば、農民の利害と、それを代表する人々が重大な役割を果たしていたからである。農業政策は、緊密に社会政策と関連していた。これらの二つの政策領域は、社会秩序の問題に関して部分的に矛盾する見解を表していた。これらの政策は部分的に、しばしば政治的な妥協の要素として、より広い共通の文脈のなかで形成された。

労働運動は、一九〇五年から一九〇七年にかけてロシア帝国で起こった革命的な出来事と連動し、フィンランドでも大きな展開が見られた。一九〇六年の改革後には、国会（Eduskunta）は、女性を含む普遍的な参政権に基づいていた。また、一九〇七年の最初の選挙の後、フィンランドはヨーロッパの農業国のうちの一つでありながら、世界で最も高い有権者の支持を得た労働党が存在した。第二次世界大戦まで、フインランドの労働運動は、強固に農村の特徴をもっていた。労働運動における、政党組織の支配および労働組合の弱さは、この状態を反映したものだった。

一九一八年の内戦の後、フィンランドの労働運動は、社民党と共産党に分かれた。フィンランドの共産党は一九四四年まで非合法であった。また、そのリーダー（一九一八年の赤色政府の元リーダー）は、ソ連で暮らしていた。しかしながら、一九二〇年代に共産党は、最も顕著には一九二〇年代に指導的立場にあった労働組合運動において、また国会においてでさえ、公的に労働組織として活動する機会をもっていた。しかしそれも、一九三〇年には、公の政界から除外されてしまった。有権者の支持の点では、社民党は一九二〇年代から一九三〇年代にかけては、フィンランドで最大の政党であった。しかしながら別の意味で、労働運動の両翼は、内戦後のレジームによって規定されており、単一のソーシャル・ポリティックスの改革以上の、または社会主義に基づく社会以下の、具体的なユートピアを開発するための望ましい選択肢を提供しなかった。

社会主義者の綱領の古い二元論を解決するための、短期および長期的目標の間に橋を架ける試みの一つの例は、一九三〇年代に取り組まれた、スウェーデン、デンマークおよびノルウェーの社民党による新しい雇用・経済政策であった。それは、「計画経済」の政策としばしば呼ばれた。一九三〇年代の世界恐慌は、フィンランドでは、スウェーデン、デンマークおよびノルウェーで行われたような新たな反循環的経済政策の積極的な採用をもたらさなかった。このことは、北欧三ヵ国（スウェーデンでさえ）では、この新しい教訓の実践上の意義が、第二次世界大戦の前には限定的だったという事実にもかかわらず、明白な違いである。一九三七年以降のフィンランドの社民党・農民党の連立政権は、他の北欧諸国が以前の解決策を示したのと同じほどには、大恐慌から得た結論を再度もち出すことはしなかった。また、一九三〇年代の終わりの政治制度でのフィンランドの社民党の位置は、彼らへの有権者支持の点からも、ややスカンジナビア的に見えるかもしれないが、「労働者および農民」のフィンランドの連合は、社民党が支配的な政治権力の位置へ近づくためのステップと同様にはならなかった。

第二次世界大戦までほとんどの社民党投票者は地方に住んでいたが、戦後は一九七〇年代まで、共産党および農民党が、北部および東部フィンランドで小規模自営農家の支持を争う強力な競争相手であった。農民党（一九六五年以降は中央党）は、それ自体が典型的な北欧的現象であるが、他の北欧諸国の相応する党よりも、はるかに長い間、政治制度における重要なプレイヤーであり続けた。

歴史上、このような農民の台頭は、フィンランドだけの特色ではなかった。自由土地保有農民の政治的役割と、「ルター派の小農民啓発」(Sørensen & Stråth 1997: 24)の文化的伝統は、北欧福祉国家の歴史的説明のなかで強調されてきた。しかしながら、スウェーデンにおいてでさえ、「ルター派の小農民啓発」から「社会民主主義的な福祉国家」までが一本道であったという言説には、疑問を挟む余地がある。無論、フィンランドに関してはそれ以上である。この言説は、農村での平等な個人主義と福祉国家における社会民主主義に関して、過大視しすぎている。

ヘンリック・ステニウス(Henrik Stenius)が述べたように、「土地を持たない小農民は、北欧の政治文化に関する言説において、ほとんど見られることはない」(Stenius 1997: 168)。しかしながら、二〇世紀のフィンランドの政治的言説では、土地をもたない農民、すなわち農業労働者や小作農は、重要な役割を果たしてきている。それは特に、一九一八年の内戦の説明および結論について、そうである。自身の農地をもった独立農民は、都市労働者と土地をもたない農村居住者との間に害をもたらした赤色同盟のアンチテーゼとして、白軍の象徴となった。一九一八年の内戦後、勝利者側の支配的なイデオロギーにおいて、独立自営農民は、「社会的平和」が「再構築」され、賃金労働者の結集に関連した脅威から防御されなければならないという、イデオロギーの中心を形成した(Kettunen 1997: 103-104)。農村の独立小規模農民階級の拡大は、一九五〇年代まで、社会および政治的統合の主要なプロジェクトとして続いた。

独立農民の仕事に結びつけられたイデオロギー的責任は、仕事の役割および意義に関する、広く共有された見解のなかに見出すことができる。北欧福祉国家が一般に、世俗化されたルター主義の所産として解釈されうる限りでは、その主な目的のうちの一つは、誰もが勤労すべきという道徳的教義に従うことをすべての国民の正義にすることだった、と論じることができるかもしれない。完全雇用は、第二次世界大戦後にすべての北欧諸国で共有される、現実的な目標になった。しかしながら、この目標への政治的コミットメントは、フィンランドとデンマークよりも、スウェーデンとノルウェーにおいて、より強固であった。これは、フィンランドでは道徳的義務としての勤労が、スウェーデンとノルウェーに比べてそれほど重要視されていなかったということを意味する訳ではない。むしろ、自営農民の「自分自身の仕事」と「働こうという意思」の教義が、社会平和のための計画におけるイデオロギー的要素を形成するために用いられたときに、「義務」としての労働の原理は、特に強調されてきていた。しかしながら同時に、スウェーデンでは、この義務を果たす権利原則が、中心的なイデオロギーとしての地位を得る手助けをしたのとは違い、フィンランドにおけるこの農業的政治的遺産は、この原理が中心的なイデオロギーとしての地位を得ることを妨げたことは疑いようもない。一九六〇年代までの失業への対処における、いわゆる「ワークライン」あるいは「スペードライン」の支配的地位（たとえば低賃金の公共事業プロジェクト）は、この労働観を制度上示すものだった（Kaela 1989: 159-192; Kosonen 1998: 151-159）。

一般に北欧福祉国家の歴史は、北欧近代化プロセスを特徴づける三つの異なるイデオロギーの要素の絡み合いを含んでいる。それは、独立自営農民の理想化された遺産、資本主義精神、および社会主義的ユートピアである。恐らくこの政治的・文化的背景は、特に一九五〇年代から一九八〇年代にかけて、次の二つの原理の並行的な強化および相互調整に寄与した。それは市民権に基づいた社会権についての普遍的思想と、賃金労働の常態化である。これらの二つの原理の組み合わせは――両立することが自明であるということは全くないが――農業者の政治的存在感の衰退と新中間層の政治的存在感の増大と時を同じくして、勢いをもった。

デンマークの社会学者イエスタ・エスピン-アンデルセン（Gøsta Esping-Andersen）が、北欧福祉政策を「脱商品化」と特徴づけたのは有名である。この用語はとりわけ、商品としての労働の特質に結び付けられた不確実性から来る、市場への依存から人々を解放する政策を指す（Esping-Andersen 1985, 1990）。しかしながら、エスピン-アンデルセンが「脱商品化」と呼ぶ変容を、異なる方法で解釈することもできるだろう。恐らくこの変容は、むしろ賃金労働の常態化が、社会的市民権の普遍主義的原理と両立しうるものとされると同時に、強化されたプロセスと考えられるだろう。

賃金労働と社会的市民権の調整は、「社会保障」の分野で見出すことができる。労働市場指向であり、所得に関連づけられた給付をもった「作業能率モデル」は、市民権に本来的な社会的権利の原理と関連づけることができるかもしれない。安定的な収入の継続性への権利は、社会的市民権の一側面として理解されるようになった。

しかしながら北欧福祉国家の歴史において、給与労働の規範と社会的市民権が同時に強化された最も明白な局面は、広範囲に及ぶ公的社会サービスの構築であった。これらのサービスは、保健、ケアおよび教育の必要を定義し、満たすものであり、それらが規範としての賃金労働の一般化のための前提条件を形成したと同時に、普遍的な社会権の特徴を帯びていた。家族と社会の関係の再定義と結びついた、性別役割分業の変容はここで決定的となった。福祉国家、労働市場制度、および性別役割の特有の組み合わせが形成されたのだった。しばしば議論されたように、北欧のジェンダーシステムは、一九七〇年代以降、福祉国家には女性の二重依存を含んでいる。強く性別で分離された労働市場のなかで、家庭の外での、女性たちの賃金労働のために形成された前提条件（たとえば保育）での依存と、福祉国家内に生み出された仕事での依存とである。

この説明は、一九七〇年代から一九八〇年代にかけてフィンランドで構築された北欧福祉国家の形態に当てはまる（Julkunen 1990）。しかしながら、フィンランドの事例に照らし合わせたとき、働く女性という概念が、福祉国家が始まって初めて出現したと主張することには、大いに疑問が呈されるだろう。フィンランドでは、他の北欧諸国以上に、福祉国家によって組み立てられた「北欧のジェンダーシステム」以前の性別役割分業は、中流階級に属する教育者たちの家族観を満たさなかった。農村家庭の女性の重労働は、これらの理想によれば男性に属する仕事を含んでいた。また、一九世紀後半から二〇世紀前半にかけての女性の工場賃金労働も、周辺的な現象ではなかった。確かにそれは、多くの場合、女性の人生における、結婚および第一子出産前という限られた段階であった。しかしながら、工場と商店で働く既婚女性の数は、第二次世界大戦中にその数が増大する前からでさえ、著しかった（Markkola 1990; Suoranta 2008）。

福祉国家の構築を通じて、規範としての、並びに個人の自立の源としての賃金労働の意義は、あわせて強化された。しかしながら、自立の源としての労働は、それが必需品でないことを意味しなかった。また、二人稼ぎ手の実践は、平等の観点からだけでなく、経済的必要性からも常態化された。さらにフィンランドでは、労働は必要であると同時に、義務、さらには尊厳の源だったという農村コミュニティの伝統が、まだ重大な役割を果たしていたと主張する者がいるかもしれない。

## 7　合　意

フィンランド福祉国家の形成は、北欧福祉国家で一般的であったように、賃金労働および給与労働の常態化に基づき、それに寄与した社会政策および労働市場制度の形成を伴っていた。一九六八年の、いわゆる所得政策時代の始まりは、この変化にとって決定的な出来事だった。それは、労使交渉および労使協定の慣行、並びに労働市場協定の新しいタイプの関連づけと、経済・社会政策の目立った統合化を含んでいた。所得政策は、ブルーカラー労働者・ホワイトカラー労働者の中央利害団体、公共部門・民間部門の雇用者、農業生産者および政府を含んだ協定によって実行された。これらの協定の標準的な部分は、フィンランドの福祉国家の主要な部分を拡張した、いわゆる「社会パッケージ」であった。

労働市場規制の「北欧モデル」の多くの特徴が、一九七〇年代の初めにフィンランドで現実のものとなった。それは以下の通りである。

① 公共部門と民間部門、ブルーカラー労働者とホワイトカラー労働者、また男性従業員と女性従業員を含む、

労働者の高度な組織化。
② 雇用者の高度な組織化。
③ イデオロギーの対立に基づく、労働組合運動内の組織的分離が、存在しないか、あっても重要でないこと。
④ ホワイトカラー労働者の別個で強固な組織の存在。
⑤ 比較的中央集権化された全国的な組織構造。
⑥ 職場委員および労働保護代表による職場レベルでの労働組合組織の強い存在感。
⑦ 全国的に制度化された階層的な団体交渉システム。
⑧ 雇用関係の規制における直接的な法令による介入への団体協約の優先性。
⑨ 労働組合および政治制度での社会民主主義の強い立場によって推進された、労働組合と雇用者組織および政府の間の三者間の協力。

新協調組合主義の制度は、労使関係と福祉国家の成長の間の強い結びつきを形成してきたが、福祉国家は大きな公共セクターを形成し、家庭外での、しばしば公共セクター職での、女性の職業生活への参加可能性を高めることによって、労使関係に重大な影響を及ぼしてきた。しかし同時に、北欧の労働市場には明瞭なジェンダー間の分離がある。

一九六〇年代の終わりまでフィンランドは、組合組織率の低さ、労働運動での政治的な分裂、そして労使関係での悪名高い「低い信頼」により、北欧の例外であった。しかし、一九六八年の所得政策時代の始まりと、同時に行われた一〇年間続いてきた労働者組合の組織的分裂の結合以来、フィンランドの新協調組合主義の慣行は、スウェーデンまたはデンマークのそれよりも、労働市場交渉と政府による政策手段の強固な結合により、強い地位を占めてきた。同時に、ウルホ・ケッコネン大統領（Urho Kekkonen）の積極的な役割を含む、給与交渉妥結での政府の強い介入は、フィンランドの政府中心主義の継続性の現れでもあった。

スウェーデンでは一九七〇年代から一九八〇年代にかけて、「サルトショーバーデン（Saltsjöbaden）の精神」、すなわち、一九三八年の基本的な労働市場合意の遺産が無くなり、労使関係は「再度政治色を帯びた」。フィンランドでは、反対の傾向が出現した。社民党首相カレヴィ・ソルサ（Kalevi Sorsa）によって、一九七七年に召集された会議から来る「コルピランピ（Korpilampi）の精神」は、利益団体、政党、そして行政と専門家の代表による「経済再生」への幅広いコミットメントを体現している。国民的合意は、国家的競争力を新たな必要性として認識することに向けて、積極的な調整を方向づけるプラグマティズムを基礎として、一九八〇年代に強化された。一九八〇年代に労使対立の脱政治化を含む変化は明白だったが、ここで示された国家的思考モデルの長期的連続性は目立っている。

変化における一つの重要な点は、選挙と選挙の間の四年間を通して力を持ち続ける政権が、議会制度の安定化のための規範であり、慣行となったことであった。一九八七年には、新政権が社会民主党と保守連合党によって構成されたため、社民党と中央党との間で長年物議をかもしてきた伝統的な連立が破られた。次の一九九一年から一九九五年にかけての政権は、主たる政党が中央党と連合党の、ブルジョア連合であった。しかし、一九九五年から二〇〇三年にかけての二つの政権では、社民党と連合党とスウェーデン人民党（フィンランド政府のほとんど永久的な小規模のパートナー）のみならず、以前の共産主義運動をルーツにもった左翼連合、および緑の党も含まれていた。二〇〇三年の選挙の後、社民党と中央党の間の連立への復帰が生じた。二〇〇七年には再び、中央党および連合党のブルジョア連合が、緑の党およびスウェーデン人民党をより小さな連立相手として、形成された。永続的な連立が全く見られないなかでの国会の安定性は、現実的な合意を重視しているフィンランド政治の方向性を示している。

一九八〇年代後半の金融市場における国際的な規制緩和や、ソビエト連邦の崩壊とその崩壊を受けたいわゆる「東方貿易」の衰退のような「経済的に必要なもの」の調整は、全く成功しなかった。これは、一九九〇年代初めに、フィンランドでの大不況および劇的な失業率上昇によって証明された。しかしながら、危機に際しての一般的な議論についての研究では、国家的必要性を満たす政治概念が、実際にはこの経験によって強化されたことを示している。福祉給付とサービスのカットはこうして正当化されたかもしれない（Blomberg 1999）。しかし、福祉国家および労使関係機関の防御も、この種の論争に基づくことができた。これらの機関は、革新に基づいた競争力のための必須条件として解釈された。

合意の強化は、少なくとも三つの関連した変容に対する反応によって起こった。資本主義のグローバル化、ヨーロッパの統合の新たな段階、および、多くの国家によって違う様相を備えた経済危機である。外部的な必要に対応しながら生き残ることについての証明済みの意志と能力をもった国家の「我々」が、公的対話における鮮明な人格となった。政府は、経済から生じる必要を満たすものと考えられていたのと同時に、また、無限の経済的革新性のための制度的前提条件を創り出すことが期待されていた。この目標は、「革新の国家システム」（Kettunen 1999: 128-134; Miettinen 2002）概念と表現された。

人によっては、このようにして、「競争国家」（Cerny 1990; Streeck 1998: 180-186; Palan, Abbot, & Deans 1999: 36-39）としての国民国家の新しい機能が、フィンランドの社会の構造に埋め込まれるようになったというかもしれない。一九九〇年代の経済危機は、国家存続という大物語の一部となった。一九九〇年代の不況を克服するための犠牲の物語は、知識と変革という手段で、グローバル化と欧州統合による課題に対応する国家の成功を指摘する説明と不可分に結合している。

## 8　福祉国家および合意による競争力

情報（化）社会の理論家たち、とりわけスペイン語圏中南米の社会学者マニュエル・カステル（Manuel Castells）は、フィンランドの実践を、グローバル化の課題への、合意による対応のトップ・モデルとして賞賛した（Castells & Himanen 2002）。実際に、たとえばスウェーデンと比較すると、グローバル化およびヨーロッパ統合に関する政治的緊張は、フィンランドにおいては、これまでそれほど明白では無かった。グローバル競争の重要性は、国家共同体のレトリックにて不可欠な部分になってきているとともに、政治課題の決定要素として広く採用されている。政治思想の点では、北欧の遅参者としてのフィンランドから、合意による競争力の典型としてのフィンランドへの移り変わりは、比較的、容易であったように思われる（Kettunen 2004: 289–309）。

しかしながら、グローバル化と呼ばれた変化を通じて、北欧福祉国家と労働市場協定システムの理念の土台の重要な部分を提供した、国家経済、社会政策および民主主義の好循環の仮定に、疑問がもたれるようになってきたという事実を、避けて通るべきではない。労働市場の関係者の間の対称性という「北欧的」イメージのための前提は、さまざまな発展によって弱められた。それらは、世界経済のなかでの企業の多国籍で国際的な性格、ネットワーク原理に従うそれらのリストラクチャリング、いわゆる「変則的な」雇用関係の増加、さらに賃金労働者であることと経営者であることの境界の流動性の増大である。国家社会のなかの異なる「当事者」を発見し、組織化し、団結させ、そして中央集権化することは、さらに困難となった。

さまざまな経済的アクターが、彼らの環境に対処するための、多様な方法を選択することを享受できる機会は、ますます区別されてきている。これは、アメリカの開発経済学者アルバート・O・ハーシュマン（Albert O. Hirschman）が、「退出」「告発」「忠誠」と呼ぶ三つの選択肢の区別を適用することにより、説明できる（Hirschman 1970）。そこでは、退出は不満足な環境からの離脱を意味し、また告発は環境への影響を行使する試みとして説明され、そして忠誠は機能様式への参加であるとされる。退出の選択肢は、多国籍企業および新規の投資者に利用可能であり、さらにそれは、暗黙裡に影響を及ぼす手段を提供している。そこからの一つの余波は、共有された全国的なつながりによる団結が、より難しいものになったということである。全国的な合意に対する違反の徴候は、二〇〇五年、木材産業におけるフィンランド雇用者組織が、労働市場と労働組織で、より多くの柔軟性を持つことを要求し、これを通すために宣言したロックアウトによって明らかとなった。

しかしながら、福祉国家と労使関係の古い制度が、グローバル競争的なコミュニティの新たな機能に役立つように修正されることができ、また修正されてきたことは明白である（Saari 2000 & 2006; Julkunen 2000）。実際に、「北欧モデル」の概念の現代的用法は、そのような展望の変更を意味する。「モデル」に関する議論は、グローバル化した資本と国家制度との間で発生する衝突によって支配されている。また、それは、グローバル化の様相として、再帰性が増加することを示す。再帰性は、競争の必要性によって育てられる。そこには、普遍的な「ベスト・プラクティス」を学習するための、あるいは「違い」、すなわちエッジとなる自身の特別な競争上の優位を見つけるための、絶え間ない比較の必要性を含んでいる。ヨーロッパ統合は、モデルに関する議論のための重要な文脈を提供する。「北欧モデル」は北欧諸国特有の国家制度や伝統の擁護のためだけでなく、ヨーロッパ統合の方向性や、グローバル経済におけるヨーロッパの競争力向上のための最良の方法との関連でも提唱されている。

北欧の社会思想の伝統においては、広範囲の社会的・倫理的に高価値な業績や目的を競争上の優位に立つために提示する、立論の際の前提条件がある。労働組合にとって、低い賃金、低い税および最小の社会的規制を要求する、「コストに基づいた」戦略の代わりとして、革新、訓練および参加に基づいた「付加価値的」競争戦略は認めやすい。競争力という新しい必須事項が、議題リストから社会的・環境的・倫理的視点を除外したと主張することは正しくないだろう。むしろ、それらの必須事項の力は非常に多くの「良いもの」を、このようにして競争力の議論に含むことができ、その議論に従属させることができるという事実によって示される。

しかしながらそれは、フィンランドでは、さらにはもっと一般に北欧「競争国家」では、解決不可能な緊張が、競争力の制度上の必須条件と、競争力自体の内容の概念との間で現出してきていると結論づけられるかもしれない。平等主義の制度と参加の慣習は、知識基盤の競争力の前提条件として擁護できるが、競争的コミュニティにおける真の会員資格は、個々の競争力の問題となる。これはすなわち、コミュニケーション可能で革新的な技術と才能、および競争力の視点から見て自分自身をモニターできる再帰的な能力から構成される。この競争においては勝者も敗者も存在するが、さらには参加することができない人々さえいるのである。

「社会的」という用語は、新しいヤヌスの鏡のような二つの顔をもつように見える。一方で、社会政策は、「我々」が参加・知識・革新性に基づいた競争力を形成することを助ける社会資本、つまり「社会関係資本」および「人的資本」を提供することになっている。この課題は、競争的な経済アクター、企業および人々のために、魅力的な環境を提示することにおいて、全国・地方および地域コミュニティのなかで強められた競争に関係している。また、この競争では、とりわけ地方自治体間の競争において、勝者と敗者が存在している。したがって「北欧モデル」のかつての内部緊張は、開かれたジレンマへと変わったように見える。どのように地方自治体、つまり地方自治の機関は、国民国家の市民の、普遍的な社会権の特徴をもつ公共サービスに責任を負うという、逆説的な原理の下でやっていけばよいのだろうか。

他方で「社会的」なものは、社会的排除を防ぎ、これに対処する努力のなかにも存在している。これらの努力は主として、いわゆる「アクティベーション政策」の形式をとる。[2] すべてのEUおよびOECDの国で共有される、これらの国際的な考えについての各国のさまざまな適用において、それまでの古い国家の歴史的遺産は、とりわけ新しい移民政策との関連のなかで、殊に仕事の役割に関する遺産が活用されてきた。北欧福祉国家、および関連するジェンダーシステムの形成において規定される原理の一つは、誰でも自らの労働義務を満たす権利をもつべきということであった。この出発点からは、秩序の維持と怠惰の防止に関係づけられた、社会政策の前福祉国家的な目的へと戻るのが一つの明白な方向性である。いずれにしても、社会秩序および規律的な市民権の基礎としての仕事に対する古い強調は、個々人の革新的な能力の果てしない表明としての仕事という、新しい概念のマーケティングとともに存続しているのである。

注

（1）本章は著者の以前の論稿、とりわけ Kettunen（2006b）をベースとしている。

（2）フィンランドのアクティベーション政策については、以下を参照のこと。Keskitalo, E.（2008）*Balancing Social Citizenship and New Paternalism. Finnish activation policy and street-level practice in a comparative perspective.* Rsearch Report 177, National Research and Development Centre for Welfare and Health, Stakes, Helsinki.

参考文献

Baldwin, P.（1990）*The Politics of Social Solidarity. Class Bases of the European Welfare State 1875–1975,* Cambridge University Press, Cambridge.

Blomberg, H.（1999）"Do Cut Backs Pay Off? Perceived Changes in Municipal Services and Attitudes among Citizens and Municipal

Decision Makers in Finland", *International Journal of Social Welfare,* Vol. 8 No. 3, pp. 111-137.

Castells, M. & Himanen, P. (2002) *The information society and the welfare state. The Finnish model,* Oxford University Press, Oxford.

Cerny, P. G. (1990) *The changing architecture of politics. Structure, agency, and the future of the state,* Sage Publications, London.

Esping-Andersen, G. (1985) *Politics against Markets. The Social Democratic Road to Power,* Princeton University Press, Princeton.

Esping-Andersen, G. (1990) *The Three Worlds of Welfare Capitalism,* Polity, Cambridge.

Gerschenkron, A. (1962) *Economic Backwardness in Historical Perspective. A Book of Essays,* The Belknap Press of Harvard University Press, Cambridge, Mass.

Hietala, M. (1987) *Services and Urbanization at the Turn of the Century. The Diffusion of Innovations,* Finnish Historical Society, Helsinki.

Hietala, M. (1992) *Innovaatioiden ja kansainvälistymisen vuosikymmenet. Tietoa, taitoa, asiantuntemusta. Helsinki eurooppalaisessa kehityksessä 1875-1917 1. With an English Summary: Know-how and Professionalisation. Helsinki as Part of European Development 1875-1917.* Historiallinen Arkisto 99: 1, Suomen Historiallinen Seura, Helsinki.

Hirdman, Y. (1997) "Social Planning Under Rational Control. Social Engineering in Sweden in the 1930s and 1940s", in P. Kettunen & H. Eskola (eds.) *Models, Modernity and the Myrdals,* Renvall Institute Publications 8, The Renvall Institute for Area and Cultural Studies, University of Helsinki, Helsinki.

Hirschman, A. O. (1970). *Exit, Voice, and Loyalty. Responses to Decline in Firms, Organizations, and States,* Harvard University Press, Cambridge, Mass. and London.

Julkunen, R. (1990) "Women in the Welfare State", in M. Manninen & P. Setälä (eds.) *The Lady with the Bow: The Story of the Finnish Women,* Otava, Helsinki.

Julkunen, R. (2000) *Suunnanmuutos. 1990-luvun sosiaalipoliittinen reformi Suomessa,* Vastapaino, Tampere.

Kalela, J. (1989) *Työttömyys 1900-luvun suomalaisessa yhteiskuntapolitiikassa,* Valtion, painatuskeskus/Työvoimaministeriö, Helsinki.

Kangas, O. (1991) *The Politics of Social Rights. Studies on the Dimensions of Sickness Insurance in OECD Countries.* Swedish Institute for Social Research 19, Stockholms universitet, Stockholm.

Keskitalo, E. (2008) *Balancing Social Citizenship and New Paternalism. Finnish activation policy and street-level practice in a comparative perspective,* Rsearch Report 177, National Research and Development Centre for Welfare and Health, Stakes, Helsinki.

Kettunen, P.（1994）*Suojelu, suoritus, subjekti. Tutkimus työsuojelusta teollistuvan Suomen yhteiskunnallisissa ajattelu-ja toimintatavoissa. With an English Summary: Protection, performance, and subject. Labour protection and the social modes of thought and action in Finland, c. 1880–1950,* Historiallisia Tutkimuksia 189, Suomen Historiallinen Seura, Helsinki.

Kettunen, P.（1997）*Työjärjestys. Tutkielmia työn ja tiedon poliittisesta historiasta,* Tutkijaliitto, Helsinki.

Kettunen, P.（1999）"The Nordic Model and the Making of the Competitive us", in P. Edwards & T. Elger（eds.）*The Global Economy, Nation-States and the Regulation of Labour,* Mansel, London, pp. 111–137.

Kettunen, P.（2001）"The Nordic Welfare State in Finland", *Scandinavian Journal of History,* Vol. 26, No. 3.

Kettunen, P.（2004）"The Nordic Model and Consensual Competitiveness in Finland", in A.-M. Castrén, M. Lonkila & M. Peltonen（eds.）*Between Sociology and History. Essays on Microhistory, Collective Action, and Nation-Building,* SKS / Finnish Literature Society, Helsinki.

Kettunen, P.（2006a）"Power of International Comparison — A Perspective on the Making and Challenging of the Nordic Welfare State", in N. F. Christiansen, K. Petersen, N. Edling & P. Haave（eds.）*The Nordic Model of Welfare — a Historical Reappraisal,* Museum Tusculanum Press, Copenhagen.

Kettunen, P.（2006b）"The Tension between the Social and the Economic — A Historical perspective on a Welfare State", in J. Ojala, J. Eloranta & J. Jalava（eds.）*The Road to Prosperity. An Economic History of Finland,* Suomalaisen Kirjallisuuden Seura, Helsinki.

Kettunen, P.（2009）"The Nordic model and the International Labour Organization", in N. Götz & H. Haggrén（eds.）*Regional Cooperation and International organizations. The Nordic model in transnational alignment,* Routledge, London and New York.

Koselleck, R.（1979）*Vergangene Zukunft. Zur Semantik geschichtlicher Zeiten,* Suhrkamp, Frankfurt am Main.

Kosonen, P.（1993）"The Finnish model and the welfare state in crisis", in P. Kosonen（ed.）*The Nordic Welfare State as a Myth and as Reality,* Renvall Institute Publications 5, The Renvall Institute, University of Helsinki, Helsnki.

Kosonen, P.（1998）*Pohjoismaiset mallit murroksessa,* Vastapaino, Tampere.

Kuusi, P.（1964）*Social Policy for the Sixties. A Plan for Finland,* Finnish Social Policy Association, Helsinki.

Majander, M.（2004）*Pohjoismaa vai kansandemokratia? Sosiaalidemokraatit, kommunistit ja Suomen kansainvälinen asema 1944–51,* Bibliotheca Historica 88, SKS/Finnish Literature Society, Helsinki.

Markkola, P.（1990）"Women in Rural Society in the 19th and 20th Centuries", in M. Manninen & P. Setälä（eds.）*The Lady with the*

*Bow. The Story of the Finnish Women,* Otava, Helsinki.

Mattila, M.（1999）*Kansamme parhaaksi. Rotuhygienia Suomessa vuoden 1935 sterilointilakiin asti. With an English Summary: In Our Nation's Best — Eugenics in Finland until the promulgation of the Sterilization Law of 1935,* Bibliotheca Historica 44, Finnish Historical Society, Helsinki.

Miettinen, R.（2002）*National innovation system: scientific concept or political rhetoric,* Edita, Helsinki.

Palan, R. & J. Abbot & P. Deans（1999）*State Strategies in the Global Political Economy,* Pinter, London and New York.

Petersen, K.（2006）"Constructing Nordic Welfare ? Nordic Social Political Cooperation 1919-1955", in N. F. Christiansen, K. Petersen, N. Edling & P. Haave（eds.）*The Nordic Model of Welfare — a Historical Reappraisal,* Museum Tusculanum Press, Copenhagen.

Pohjola, M.（1994）"Nordic Corporatism and Economic Performance: Labour Market Equality at the Expense of Productive Efficiency ?", in T. Kauppinen & V. Köykkä（eds.）*Transformation of the Nordic Industrial Relations in the European Context,* IIRA 4th European Regional Congress, Helsinki, Finland 24-26 August, 1994, The Finnish Labour Relations Association, Helsinki.

Polanyi, K.（2001）[1944] *The Great Transformation. The Political and Economic Origins of Our Time,* Forword by J. E. Stiglitz, Beacon Press, Boston.

Saari, J.（2000）*Reforming Social Policy. A Study on Institutional Change in Finland During the 1990s. Publications of Social Policy Association 56,* University of Turku, Department of Social Policy, Turku.

Saari, J.（ed.）（2006）*Suomen malli — Murroksesta menestykseen ?,* Yliopistopaino, Helsinki.

Salminen, K.（1993）*Pension Schemes in the Making. A Comparative Study of the Scandinavian Countries.* Studies 1993: 2, The Central Pension Security Institute, Helsinki.

Satka, M.（1995）*Making Social Citizenship. Conceptual Practices from the Finnish Poor Law to professional social work,* SoPhi, Jyväskylä.

Senghaas, D.（1985）*The European Experience. A Historical Critique of Development Theory,* Berg Publishers, New Hampshire.

Slagstad, R.（1998）*De nasjonale strateger,* Pax Forlag A/S, Oslo.

Smolander, J.（2000）Suomalainen oikeisto ja "kansankoti". Kansallisen Kokoomuksen suhtautuminen pohjoismaiseen hyvinvointivaltiomalliin jälleenrakennuskaudelta konsensusajan alkuun. With an English Summary: The Finnish Right Wing and "Folkhemmet" — Attitudes of the National Coalition Party toward the Nordic Welfare Model from the Period of Reconstruction to the Beginning of Consensus, *Bibliotheca Historica* 63, SKS/Finnish Literature Society, Helsinki.

Sørensen, Ø. & B. Stråth (1997) "Introduction: The Cultural Construction of Norden", in Ø. Sørensen & B. Stråth (eds.) *The Cultural Construction of Norden,* Scandinavian University Press, Oslo.

Stenius, H. (1997) "The Good Life is a Life of Conformity: The Impact of Lutheran Tradition on Nordic Political Culture", in Ø. Sørensen & B. Stråth (eds.) *The Cultural Construction of Norden,* Scandinavian University Press, Oslo.

Streeck, W. (1998) "Industrielle Beziehungen in einer internationalisierten Wirtschaft", in U. Beck (ed.) *Politik der Globalisierung,* Suhrkamp, Frankfurt am Main.

Suoranta, A. (2008) *Halvennettu työ. Pätkätyö ja sukupuoli sopimusyhteiskuntaa edeltävissä työmarkkinakäytännöissä,* Vastapaino, Tampere.

（パウリ・ケットネン）

# 第5章　アイスランド——遅れてきた北欧福祉国家の先進性と異質性

## 1　条件型福祉

一九世紀後半以来、アイスランドの福祉国家の台頭と発展は、他の北欧諸国の発展と密接な関連がある。しかしながらアイスランドだけは福祉の「北欧モデル」に大筋でのみ従ってきた(1)。二〇世紀の大部分における近代社会の形成への国家の関与は、経済インフラの整備、農業、漁業を支援する産業政策の積極的推進、経済成長への信用供与という、経済的課題に集中していた。それは、言い換えれば、個人が自らの福祉を作り生計を立てられるような、ハイレベルな雇用を確保する政策であった。

社会政策は、二〇世紀のほとんどの期間において公共政策の中で、基本的に従属的な役割であった。それは、社会問題を個人主義や市場で解決することを、政治権力が志向したからだけではない。アイスランド人の幸福は、気まぐれながら、豊かな陸と海洋の資源という自然の力に依存するという、広く信じられた通念がある。天然資源への依存は他の全てではないにしてもほとんどの西欧諸国の経済よりも大きな経済変動、長期間にわたる高インフレーションとGDP、所得民間消費の変動の大きな原因となっている（OECD 1998; Jónsson 2009: 45-74）。このような不安定な生活条件は、アイスランド人に安定的な所得と雇用促進のための周辺国以上に強力な社会のセーフガードを作らせなかった。むしろ、アイスランド人は福祉政策を、国家の経済的豊かさの産物であり、従って経済の運命の変化に従う条件付きのものだという認識を持っている(2)。

## 2　近代社会政治の出現——一八九〇〜一九三六年

二〇世紀への変わり目に、顕著な社会改革が起こった。一八九〇年から一九三〇年代初頭には、伝統的な社会保障や社会統制が崩壊し、よりリベラルな社会法制が導入された。一九〇〇年頃、家父長的な福祉の古いつながりが個人主義な自助の思想、慎ましさ、勤勉を基にしたリベラルな社会法制に転換したことを背景として、経済、社会政策の根本的変化が起こった（Jónsson 2000: 61-89 & 2008: 371-393）。貧困層は従来に比べ生計の手段を選ぶ自由を持つようになった。また、海辺の村や町に定住し、以前よりも簡単に、田舎に残り家族を持つことを選択できた。しかし、都会の賃金労働者の生活は、年間の生活保障や地主と小作の間の義務関係における家父長的法制で、季節による変動要因から守られた農家よりも、少額の扶養家族手当や雇用保障しか得られないために、さらに予期できないものとなっていた。

より広い観点からアイスランドの福祉政策を見ると、第一次世界大戦以前の最も重要な変化は、教育と健康の分野ではなく、社会保障と社会扶助の分野でみられた。特に一九一〇年頃から公的社会支出の最大の部門となった教育に、国家は急速に責任を負うようになった。アイスランドの特異性の一つは、高い識字率にもかかわらず、初等レベルの学校教育が、一九世紀の最後の一〇年まで、公的にほとんど存在しなかったことである。両親が、教区牧師の監督のもとで、子どもを教育する責任があった。世紀末に、国家から財政支援を少し受けた地方自治体が初等教育の責任を持ち、中央政府が職業訓練や高等教育を提供することで、学校教育システムが急速に発展した。一九〇七年教育法は、一〇歳から一四歳のほとんどの子どもたちに、義務教育と最低限の就学機会を提供する初めての包括的法律であった。

医療に対する公的な介入は、地区の医師と助産師の業務に責任を持つ公衆衛生局を通じた、公衆衛生政策の調整と実行によって、厳しく制限されていた。しかし、国家は徐々に病院サービスの責任を負っていくことになった。一九〇九年にレイキャヴィク（Reykjavik）に精神病院を設立、一八九八年にダニッシュ・オドフェロウズ（Danish Oddfellows）の提供でハンセン病の病院を開業、一九一六年に結核病院の運営を始める一方で、一九二〇年代後半まで一般病院に限定的な財政支援を行ったのである（Jónsson 1942）。

社会政策の重要な役割である貧困との闘いは、一九〇〇年以前は大きな費用を負担する地方自治体によって提供される貧困救済策に限定されていた。長い確立された歴史を持ち、地方自治体によって、管理され、予算措置を与えられるこの援助は、次の二つの形態のいずれかをとった。貧乏人は世帯主によって「引き取ら」れ、衣食住を提供された。一方、「屋外救助（outdoor relief）」によって、緊急な困難に陥った家には資金や物資が提供された。このように、貧困救済は、「在宅での（domiciliary）」援助として一方的に提供されるもので、援助を受け取る側の制度化は行われなかった。実際、救貧院（poorhouses または workhouses）はアイスランドでは設立されることはなく、一九二〇年を過ぎてから、高齢者と子どものケア施設という形態で社会的に恵まれない人を支援する制度が整えられただけであった。

世紀の変わり目の数十年の間、国家の構造はまだ初歩的なものであり、公共の責任は、伝統的な貧困救済策に限定されており、個人や民間組織が慈善事業を行う余地が開かれていた。一八九五年から一九二〇年の最も活発化した初期の女性運動の波に乗る形で、ボランティア組織はほとんど女性によって運営されるようになった（Guðmundsdóttir 1992: 258-279 & 1993）。彼女たちは都市部で貧困と病気を救済する慈善事業を発足させ、良きキリスト教的道徳の名のもとに、禁欲を奨励した。女性の権利運動は、政治的領域においても積極的に展開され、女性の政治的権利と利益拡大のために運動する組織を設立した（Styrkársdóttir 1998）。一九〇八年から一九二〇年の間に、女性たちは地方選挙で独自の候補者名簿を作成し、一九二二年と一九二六年にアイスランド国会議員選挙でも同様に作成した。国際的に見れば、それは非常に成功したといえる。二〇世紀の最初の二〇年間の女性の行動は、アイスランドにおける福祉国家の発展に重要な意味を持った。それは、児童福祉や高齢者、健康管理の分野での先駆者的な成果だけでなく、社会政策の再定義と国家の積極的関与の提唱であった。女性の影響力はことに、健康管理の分野でいくつもの手段によって現れた。具体的には、病人のための在宅ケアの提供、健康管理サービス、結核のスクリーニングユニット、乳児ケアユニット、さらにレイキャヴィクの病院の設立などの健康管理サービスの設立などであった。

一八九〇年以後、労働組合が出現し、相互的な疾病基金と協同組合から野菜のガーデニング、育児、図書館クラブや住宅管理組合に至るまで、予測不可能な経済生活に対処するための、さまざまな戦略が構想された（Friðriksson 2007）。一九一六年に、アイスランド労働連合及びその政治団体としての社会民主主義政党（ＳＤＰ）が設立された。その時から、労働運動は国政へ強く関与し、社会主義の旗のもとに社会改革を強く求めるようになった。次の数十年間、救貧法と社会保障、労働者の住宅プログラムの修正は、ＳＤＰの政治的優先事項であった。

アイスランドの経済成長と構造改革の加速という背景に反して、労働政策の大胆な改正や社会問題に対する新しい考え方は、一八九〇年から発展していった。あまりにも重い地方自治体の貧困救済の費用の増加に苦しめられないように、政治家や官僚は新しい社会援助の形態について議論を開始した。高齢者のための住宅や、労働者階級の貧困層が、最貧困層に落ちることがないようにする予防戦略などであった。主にスカンジナビアから持ち込まれた新しい社会思想の急成長は、その多くが国際的な運動の支部であったボランティア組織と政治的議論によって、知られていくようになった。

一八九〇年、老齢年金基金を提供するために、最初の社会保障の法律が制定された。しかし、それは小さい前進でしかなかった。「老人と乳児」の使用人に制限された、使用人自身の出資による、使用人階級の間でほとんど違いを設けないとても低い基準のミーンズテストによる給付金であるために、一八九一年にデンマークで可決された老齢年金の方がはるかにましであった。

一九〇九年にアイスランド国会で可決された老齢年金の法律が、近代的な年金制度の始まりであるとするのは適切であろう。老齢支援資金が、二〇～六〇歳の国民の一定額の負担と、コストの四分の一を占める国庫負担によって、国内のすべてのコミューンで設立されることとなった。生活保証金が、ミーンズテストによって、主に貧しい人と病人、あるいは六〇歳以上の病弱な人を対象に一年に一度支払われるようになった。給付金額はとても低く、非熟練労働者の賃金の四％未満であった。これは、ドイツは一七％、イギリスは二二％、アメリカは三〇％という他の国々の同種の給付金と比べると見劣りがした(3)。一九一一年の時点では、六〇歳以上の高齢者の一八％のみと、適用範囲も限られていた。この老齢年金は一九三〇年代半ばまで変わらないまま残された。

医療ケアは原始的であった。二〇世紀初頭、一つの病院がレイキャヴィクに開かれただけであり、病人のケアはほとんどすべて家庭で行われた。病気や事故の年金制度は、北欧諸国と同じ道のりを経て、一九世紀末に導入された。労働災害保険は一九三〇年前に大きな影響があった唯一の社会保険であった。三分の二は労働者によって三分の一は雇用主が負担する、甲板船の漁師のための生命保険は、一九〇三年に導入された。それは、一九一七年にすべての漁師が対象となるよう拡大されたが、一九二五年に制定された国家が管理する事故保険の包括的法律で、すべての船員や労働者（農業労働者を除く）を対象とする保険が、完全に雇用者の負担でまかなわれることになった。

このように、一八九〇年から一九三〇年までは、徐々に社会保障の構築と貧困救済のシステムの向上がみられた期間であった。それでも福祉の提供は、他の北欧諸国よりはるかに劣っていた。貧困救済の伝統的システムがまだ残っており、社会医療サービスは始まったばかりであった。富裕層の多くは、海外の民間保険会社から生命保険を購入していたのだ(Jónsson 2000: 70)。

一九一六年から一九三〇年の間に、近代的なアイスランドの階級ベースの政党システムの出現とともに変化した社会政策は、三つの競合する政治的勢力を作り出した。一九一六年に設立された農業を支持基盤とする革新政党は、農業の利益を代表し、独立した小規模生産者の協調的・協同組合運動と小市民（petit-bourgeois）思想を推進した。一九一六年に設立された社民党（Social Democratic Party）もまた、成長する都市部の労働者階級からの支援を得て発展し、労働組合運動と密接で組織的関係を持った。ＳＤＰはデンマークの社会民主主義者の影響を受けて、組合の権利と都市部の労働者階級のよりよい生活環境を獲得するために活動する改革政党であった。一九二〇年代に、ＳＤＰは社会保障と福祉関連の法律制定を運動する、主要な政治勢力となった。共産主義者は、一九三〇年に共産党を創設した勢力と、一九三八年にＳＤＰの左派と合併して社会党を形成した勢力に分裂した。右翼陣営は、小グループが合併した五年後である一九二四年に、もう一つの政党である独立党という保守政党を設立して最後に組織化された。個人主義、市場主義の理念を掲げたにもかかわらず、独立党は農村社会や商工業者の大半、さらに都市の賃金労働者さえ含む社会的基盤を獲得した。

政党システムは、このように他の北欧諸国と著しく異なっていた。一九三〇年以後、左翼陣営は二つの政党に分裂し、他の北欧諸国よりもはるかに弱体な一五％程度の集票力しかないＳＤＰを作った。一方で右翼陣営は、第二次世界大戦前に大体四〇％を上回り、戦後は四〇％を少し下回る得票を獲得する一つの大政党となった。この政治構造は、福祉制度発展に大きな影響を与えた。

## 3　社会改革の時代――一九三六～一九四六年

一九三〇年代と一九四〇年代は、社会政策の全面的な変化がもたらされ、アイスランドの戦後の福祉制度の基礎が築かれた時代であった。その政策転換は主に、労働市場と国政において左翼の勢力が拡大した結果であった。ＳＤＰの立場は、同党の支援に頼らざるを得ない一九二七年の進歩党政権の成立によって劇的に強化された。正式な政策合意は結ばれていないにもかかわらず、ＳＤＰが優先する政策課題を全く無視することは難しかったのだ。一九二九年、彼らは議会で、かなりの国庫負担を伴う労働者の住宅プログラムを通すことに成功した。一方で、現在では主要な政策的優先事項の一つとなった社会保障改革のキャンペーンが、厳しい抵抗にあった。同党は、現行法の大胆な見直しや、包括的な税方式の社会保険への転換を要求した。一九三〇年、この問題を検討するために議会の委員会が設立されたが、不十分な政治的支援と、世界恐慌による財政難の深刻化で、機能停止に陥った。一九三一年から野党であったＳＤＰは、現行の社会保障法の改正と拡大を目的とした複雑なプログラムを立案し、一九三二年と一九三三年の二度、アイスランド国会に改革の法案を提出した。

一九三四年の選挙で、二二％の得票を獲得する大勝利を収めた後、ＳＤＰは進歩党と連立政権を形成した。一九三四年から一九三八年に政権の座に就いたアイスランドで最初の「緑赤」政権は、包括的な社会保険法と徹底的な救貧法の改正を含む社会、経済政策の幅広い変更に合意した。近年の社民党を中心とする北欧諸国の連携に匹敵する劇的な社会変革の時代における、労働階級、農民と自由主義的なブルジョアの間の妥協とみなすことができる。社民党は、大規模な国家の関与と財政支援を必要とする救貧法、包括的な社会保障法、公的医療の延長の改正の重要な部分を達成した。その代わりに、社民党は競争や価格上昇を効率的に排する農業製品市場の厳格な公的規制を受け入れた。また、農村部と農村の住宅制度で新しい居住者のための公的援助の増加に合意しなければならなかった。社会改革に最大の発言権をもったのが中道政党であって社民民主主義政党ではなかったことが、他にも妥協の結果に影響を与えた。ＳＤＰは社会保障制度の国庫負担と給付金の削減を受け入れなければならなかったのだ。改革で最も論争の的であった失業保険の分野は、独立党と進歩党の一部からの強い抵抗に直面し、まったく無意味になるほど骨抜きにされた。

他の北欧諸国の社会改革ほど大幅ではないが、アイスランドにおける一九三五年と一九三六年の社会法制定は、以前から存在する原始的な社会的保護から大きな進歩を示すものであった。この特徴は次の三点である。第一に、貧乏人をより人道的に扱う一九三五年社会支援法は、その二年前に改正された、社会扶助を受ける人も選挙権を完全に保障されるという選挙法を根拠としたものだった。第二に、国家が提供する医療は、一九三六年に法律によって拡大された。第三に、最初の包括的な社会保障の法律である一九三六年労働者損害保険法は、事故と職業病を補償する大幅に修正された傷害保険を定めた。疾病保険基金は、すべての町で強制的に創設され、その適用範囲が大幅に拡大された。国民の四分の一を適用範囲とし、一九四三年のさらなる法改正によって、ほぼ五〇％に適用範囲が拡大された（Ólafsson 1999a: 106）。最も重要なことは、六七歳以上の人のための老齢および傷病保険と一六歳から六七歳の人々の障害年金を導入したことであった。年金の適用範囲は二三％から七〇％に増加した（年金受給者は六七歳以上のグループで示された）。一方で、給付については、ミーンズテストが維持されて、とても低い水準のままであった。この制度は、被保険者（一九四六年までの平均で四三％）と地方自治体（四二％）、政府（一五％）によって資金的に賄われた（Jónsson 2000: 85）。

第二次世界大戦の間、社会政策は大幅に改革された。社会・経済の安定が公共政策の重要な目標とする社会計画のなかで、国家と社会の関係についての新しい考えが起こってきた。その変化は、当時のヨーロッパに流行した普遍課税ベースの社会保険と広範な社会的ケアサービスの思想に著しく影響されたものだが、国内でも新しく大胆な福祉政策が支持されていた。政治的均衡は、連立政権として中心的の立場となった二つの左翼陣営の政党に有利に変化した。アイスランドは戦時中ヨーロッパで急速な経済成長で発展した数少ない国の一つとして、経済的発展も良好であった（Jónsson 1999: 178）。一九四〇年の連合軍による占領後、高騰する輸出価格と経済活動の活発化で失業状態を一掃し、前例のない経済成長を作り出した。アイスランドは、大規模な社会・経済改革に着手するために、ほとんどの国と比べて経済状況が良好であった。

一九四〇年の社会問題省の設立は、社会政策への高い注目を集め、調査と政策立案へより多くのリソースを投入するという明確な姿勢を示した。一九四三年には、社会領域の向上のための他国の法律、経済状況や財務能力を詳細に調査することで、将来の社会保障法制を立案することを目的とする委員会が政府によって任命された(4)。

新しい社会政策の認識、理解は、まず一九四四年から一九四七年に政権の座を得た、異例な連立政権で始まった。非議会政治にとって代わるための長期的な努力の後で、独立党、SDP、社会党は連立与党を形成した。SDPは、独立党への反感と、古くからのライバルである社会党が参加するため、連立に加わることに消極的だった。従って、「当時、世界で認識されていたシステムと同程度」となる社会保障を導入する新しい法制を提唱し、連立交渉での要求水準を引き上げた（*Alþingistíðindi* 1945: 613）。驚くべきことに、独立党は、三党連立は多数派政権を形成する唯一可能性のある選択肢だとして、この要求を受け入れた。このため、SDPは政権入りを拒む理由がなくなり、この決定は政府の中央委員会で過半数の賛成を得た。

その年以降は「再建政府」と呼ばれた政府は、教育、医療保障、住宅の分野と同様に社会保障分野で抜本的な改革を行った。一九四六年にアイスランド国会を通過し、一九四七年一月一日に施行された社会保障法は、ほとんどすべての社会保障制度を一つのシステムに組み入れた、北欧で初の包括的な社会保障の法律であった。これは六七歳以上のすべての人々のための老齢年金を含んでいた。原案では、給付金は定額制であったが、収入に関連する給付金を規定する支出削減目的の暫定的な条項が挿入された。同額の給付金が傷病年金として支払われた。普遍的な労働災害保険が、すべての賃金労働者のために、それぞれ日当手当や障害給付、死亡給付という形で導入された。その法律は、ほとんどのヨーロッパ諸国より高い適用範囲を保障した（人口の約八〇％）が、給付金は低額であった。一般的な疾病手当は一六歳から六七歳の人々に、無料の病院医療を提供することによって導入された。一九五〇年まで五八％のアイスランド人は、ヨーロッパの平均をはるかに上回る額の疾病保険をかけていた。児童手当、家族手当（四人以上の子どもがいる家族）、未亡人のための手当を含む新しい給付金の種類もまた導入された。しかしながら、社会保障制度の中の年金財源に関していえば、被保険者の保険料負担（定額社会保障税）は重く、政府と地方自治体の負担は他の北欧諸国より少なかった。

一九四六年の社会保障法は、適用範囲と費用の観点から、他の北欧諸国と同様のレベルの普遍的制度を導入するものであった。それは、普遍主義とその中核として統一性のある給付という、北欧福祉の原則とイギリスのベヴァリッジ・プランを組み合わせてモデル化されたものであったが、北欧モデルからいくつかの重要な部分が乖離した（Ólafsson 1999a: 87）。その制度はあまり手厚いものではなく、他の北欧諸国よりも受給総額は限られ、給付金は低かった。老齢年金は所得と関連したもので、独立党の要求による法案の修正があったものの、この一時的な節約の方法は一九六〇年代まで続いた。第三に、政治的な支持を十分に得られなかったために、失業保険は一九四六年の法律では採用されなかった。一九五五年にレイキャビクで起こった、労働者の長く激しいストライキを経て、独立党と進歩党の右派政権は、賃金論争を解決する団体交渉の中で失業保険の法制化に同意した。

包括的な社会保障制度と国家医療サービスは、戦後社会改革の最も重要な二つの鎖であった。包括的な学校制度とより幅広い教育を受ける権利を導入した一九四六年教育法も重要な意義があり、三〇年近く施行されていた。社会改革は、戦後の大きな社会改革の一環であり、政府を社会の設計とともに経済に関与するものと定義した、戦後の幅広い社会再生策の一環であった(5)。その名の元となった最も野心的で高価な「再建政府」の行動は、漁船、工場と農業の新技術の大幅な更新を伴う「経済再建プログラム」であった。社会支援法案もまた一九四七年に改正された。だが、戦中、戦後の生活水準の改善によって過酷な貧困が消滅したため、その重要性は大幅に低くなった。社会的支援の組織と財政は、原則として各市町村の特別委員会の管理下で、家計調査に基づくものとして、かなり厳格な形で残っていた。

## 4　福祉制度の整備――一九四六～一九七〇年

第二次世界大戦以前、地域社会とボランティア団体、労働組合さえもが、多様な福祉機能の提供者であった。二〇世紀を通して、これらの団体は重要な役割を持ち続けたが、戦後に中央政府が福祉提供の中心となった。

戦後改革はアイスランド福祉国家を、他の北欧諸国と同程度の社会福祉、社会保障を提供できるものとし、受給と保障という観点から他の北欧諸国と同じ段階に押し上げた。一九五〇年代と一九六〇年代の「北欧福祉制度の黄金時代」に、他国の急速な社会分野の発展についていけなかったため、アイスランドは長い間、北欧諸国の中での確固たる地位を維持できなかった。一九五〇年、対GDP比での社会的支出は、五カ国の間では、六％から八％でほとんど同じ規模であった。だが、一九七〇年までに格差が劇的に拡大していった。社会的支出の割合は、デンマークで一九％、スウェーデンで一六％以上、フィンランドとノルウェーで一三％まで上がったが、アイスランドでは一〇％未満であった。

アイスランドの遅れの背景は、一九五六年から一九七一年の間、中断することなくＳＤＰが政権の座に就き、この一五年間のすべてを通じて、社会保障を含む社会問題を管理していたという事実に鑑みれば、なおさら印象的である。一九五〇年代、政府が深刻な経済構造問題、公的部門の財政難と増え続ける公的債務に苦しむ間、経済問題より社会問題が公共政策における一番の優先事項となった。一九六〇年、政府はより大胆な社会政策と社会的支出増の条件を作り出した国家財政の改善とともに、急進的な経済改革を実行した。しかしながら、一九五〇年代と一九六〇年代の社会保障の一番大きな変化は、労働市場の団体交渉または経済政策の変化を通じて生じた。家族手当は一九五三年の労使問題解決のための方策として、対象が第二子と第三子に拡大されたが、第三子のための給付金は一九五六年に削減された。一九五五年に、レイキャビクでの労働ストライキを解決するために失業手当が最終的に導入された。一九六〇年、アイスランドクローネの大規模な切り下げによる物価上昇分を賃金労働者に補償するために、経済安定化プログラムの一環として、最大級の給付金引き上げが行われた。

したがって、左派政権からの強力な政治的支持の欠如にもかかわらず、戦後のほとんどの時期、労働運動は団体交渉を通じて社会的権利を獲得することによって、福祉国家を形成する強い組織力を持っていた。労働運動の強化は、アイスランド・システムの特徴である労働組合の高組織率と集権化によって明らかである。一九四〇年に早くもブルーカラーの組合組織率が七〇％から八〇％に達し、次の数十年間には賃金労働者の九〇％以上が労働組合員となり、西欧諸国で高組織率の国の一つになった。他の要因は、雇用における組合員優先の規定、組合員と雇用者・政府の対等な交渉を法的に規定する一九三八年雇用法である。

戦後、労働運動は非常に高水準の経済活動によってさらに強化された。その結果、ＯＥＣＤ諸国の中で最も高い就労率と最も長い週間労働時間、最も低い失業率を達成した。完全雇用の公約が公共政策の主要な課題である一方で、政府が低い賃金レベルと市場の変動への応答性を維持するようになってから、高水準の雇用は、政府の補助金なしでは維持できなくなった。この種類の所得政策は、一九九〇年代までアイスランドのストライキがＯＥＣＤ諸国で最も活発であったという、他の北欧諸国のコーポラティズム的な労働市場とはかけ離れた結果をもたらすとともに、産業の競争を助長した（Friðriksson & Guðmundsson 1990: 327-435; Ólafsson 1993）。

独立した年金基金は、労働運動が福祉政策にどのように影響したかを示す良い例である。初期の年金基金は国民年金制度に準拠して運用され、政府と地方の公務員、小売業と会社員にほぼ限定されていた。一九六三年に老齢年金の重要な改革が行われ、すべての独立した年金基金が社会保障年金の補完制度と規定された。それ以降、基礎年金の内、企業ベース基金からの年金が削減できなくなり、誰もが国民年金制度に保険料を支払う義務が生じた。一九六九年に、雇用者と労働者連盟が労働者のための基金設立について交渉した時、企業年金基金はさらに強化された。一九七四年にすべての雇用者が、一九八〇年にはすべての自営業者が、この基金への加入が義務づけられた。現在、六〇～七〇の基金が存在し、雇用者と労働組合が合同で運営している。前者は労働者の賃金の六%、後者は四%を基金に組み入れる。一般的に、満額の場合、退職時に以前の給与の六〇%が支給される権利が与えられるが、基金によって差異がある。直近の四半世紀に、企業年金が主要な年金の源となった一方で、公的制度は企業年金がなかったり、一定の値を下回る受給額しか受け取れなくなっている者のためのみに働いている（Ólafsson 1999a: 91-92; OECD 1993: 77-78）。

第二次世界大戦以前は、社会保険や他の福祉プログラムは、男性を稼ぎ手とする核家族中心に組まれていた。公的措置は、女性、特に既婚女性の参加が、はるかに男性よりも制限されていた労働市場と賃金労働者に向けられていた。よって、女性には病気、事故、失業年金の面で、男性と同じニーズがないと考えられていた。他方、老齢年金は女性にとって非常に重要だった。女性は、労働市場における稼ぎが少額で、従って、引退後のための貯蓄も少なく、職業による年金も少ないが、長寿であった。一九四七年の社会保障法では、児童手当、孤児や寡婦、年金受給者と一六歳未満の子どもを持つ病人への給付、家族手当や四人以上の子どもを持つ家族への給付、出産援助や寡婦援助の強化によって、女性と子どもの地位が改善された。これらの援助は、機会の平等を促進し、最低限の生活水準の確保を目的としたが、政策立案者は、国家の生産力向上の社会的投資としての機能を強調した（*Almannatryggingar á Íslandi* 1945: 19-20）。これは、二〇世紀初頭の、教育や医療の公的供給、学校給食助成といったかつての女性運動の課題にも当てはまることである。

ノルウェーの法律をモデルにしたアイスランド初の子ども保護法は一九三二年に制定された。かつて教育委員会が農村部において委託されていた業務は、子どもの保護委員会によってすべての町で行われることになった。この法律は、貧困を理由に親から子どもを引き離すのを禁止していた一九二七年救貧法を変えることになった。それ以来アイスランドは、特に学校の夏季休暇中の児童労働の伝統的重要性を考慮して、法律の適用を限定的とする児童労働を例外として、子どもの権利に関する法律の採用は、他の北欧諸国を踏襲している（Garðarsdóttir 1997: 160-185）。

最初の保育施設は、戦間期に、慈善団体や女性の労働組合によって設立された。レイキャビクの独立組織であるスマーギョフィン（Sumargjöfin）は、レイキャビク市議会からの財政支援を受けてさまざまな数十の施設を運営し、育児システムを開発する主要な機関であり、一九七八年に初めて市理事会が管理を引き継いだ（Broddadóttir, Hrafnsdóttir & Sigurðardóttir 1997: 56）。初期の段階では、社会党（一九五六年以降人民連合に改称）が公的保育の提供に関する一般法の提唱者であった。一九七一年から一九七四年の左派政権は、すべての就学前の子どもが保育施設へ入る権利を持つという政策に基づく保育施設に関する一般法を、一九七三年に制定した。これらのサービスは、中央および地方の当局が共同で資金調達し、運営することになっていた。女性の労働参加の急激な進展と女性運動の圧力増を背景に、政府の財政支援を受けた市町村が主に提供する保育施設は、一九八〇年代と一九九〇年代に急速に拡大し、二〇世紀の終わり頃には他の北欧諸国と同様のレベルに達した。パートタイム保育と在宅保育は、特にアイスランドのサービスで顕著に取り組まれている。公的保育施設は、多額の費用負担が必要だが、ひとり親家庭やその学生には補助金が用意されていた（ibid: 59-62）。

高齢者の人口に対する割合はかなり低く（六五歳以上の割合は一九五〇年に人口の七・五％を占め、一九九五年には一一・二％）、アイスランドでは他国と同程度の高齢者のための直接的支援はなかった。高齢者のための施設は、一九二〇年にはイーサフィヨルズゥル（Ísafjörður）の町の救世軍に、二年後にはレイキャビクにあるサマリタン（Samaritan）という慈善団体によって開始された。貧民救済委員会は、顧客のために場所を割り当てられたが、需要はすぐにはるかに供給を超えた。次の数十年間の間に全国で高齢者施設が設立され、いくつかは慈善団体により運営されたが、多くは市町村により経営された。一九七〇年までには、他の北欧の国に比べて一人当たりの老人ホームの数は多く、高齢者の多くの割合がこの施設に住んでいた。高齢者施設の拡大は、レイキャビクで最も多く起こった。一九七一年には施設提供全体の七〇％を占め、農村部に住んでいた大勢の高齢者の移住を促した（ibid: 62-65）。サービスの制度化の成長の批判は、一九八〇年前後の政策転換期には訪問介護サービスや訪問看護への重点移行を生み出した。

社会政策の領域で、自助の精神、職業倫理と持ち家志向が他の北欧諸国に比べてより顕著な住宅の領域ほど、アイスランド社会の大きな特殊性が顕著なものはない(6)。大戦前には、公的支援は特定の階級、特に農民、労働者に与えられたものだったが、一九四五年以降に初めて、住宅が公共政策の重要な分野になった。農業基金（一九二五年）と住宅基金（一九二八年）は、農村部で住宅の改装や新築の融資を行うもので、一九二九年には労働者の住宅プログラムに関する法律が可決された。労働者の住宅プログラムでは、三〇〇から三五〇の住居が労働者のために建築され、これはかなりの改善であったが、これらは一九四六年までに新しく建設された住宅の五

%未満でしかなかった。この年に住宅一般法が制定され、大規模な国庫負担を伴う地方自治体による賃貸住宅を提供する枠組みが制定された。しかし、資金提供は一九五五年国家住宅庁設立までなかったので、その効果は小規模にとどまった。その後の数十年間、国家住宅庁は年金基金および、より小規模だが、商業・貯蓄銀行とともに、主要な資金提供源を作った。より重要なのは、一九八〇年代になっても、自己資金や自己建設が、住宅の持続的で伝統的な重要な特徴となっていたことだ。高インフレとマイナスの実質金利は、住宅金融機関の成長と、国家の住宅政策への積極的な関与を妨げたことは疑いない。一九七六年に住宅ローンの部分的な物価連動化の許可がおり、一九七九年にすべてのローンに拡張し、一九八〇年代に国営住宅金融のより強固なシステムへの道が開かれた。一九八〇年代の終わりには、国家住宅庁は、住宅融資の総額の八五%を提供した（Ólafsson, S. 1993: 129-130）。

自己所有権は、一九四五年以来公共住宅政策の基本的な信条であり、一九九一年までほぼ与党であり続け、レイキャビク市議会を支配した独立党が最も真剣に提唱、労働運動からも支持された。このようにして、自己所有権の割合は、一九四〇年から一九九〇年の間に五六%から八九%まで増加した（Hagskinna 1997: 374）。同様に、社会福祉住宅は相当に軽視され、賃借人の保護は公共政策において優先されてこなかった。一九一七年から一九二六年、そして一九三九年から一九五三年の二つの時期に、賃料の水準を規制する法律が施行されてきた。賃借人の権利は一九七九年に法律によって強化されたものの、一九九四年の段階においても、賃借人は他の北欧諸国と同じ程度の地位を獲得していない。ほとんどの国と対照的に、アイスランドは二〇世紀の大部分において賃借人の家賃手当を持っていなかった。長年の政策は、一九九七年の法律で低所得者のための限定的な家賃手当を導入することで打ち破られた。

第二次世界大戦の終わりごろの厳しい環境と貧しい住宅事情および戦後の急速な人口増加と都市化にもかかわらず、また、住宅ローン金融機関の発展は遅かったにしろ、アイスランドでは、一九六五年を過ぎると過密状態や低品質の住宅を根絶、他のヨーロッパ諸国と同様の問題のない住宅の基準を達成した。

## 5　拡大の年——一九七一〜一九九〇年

アイスランドにおける「戦後の経済成長の黄金時代」は、一九八三年まで、ほとんどのヨーロッパ諸国に比べて長く続いた。この事実は、少なくとも部分的には、なぜアイスランドが他の多くのヨーロッパ諸国と同程度の「福祉国家の危機」を経験することがなかったかを説明している。他の明白な理由としては、公共部門があったとしても社会支出はささやかで比較的小規模であるため、国家の権限縮小を要求する新自由主義からの批判があまり説得力を持たなかったからである。このような批判は、政府の社会的分野よりも経済分野への積極的関与に向かった。

一九七〇年代の歴代政権は、社会の繁栄から取り残されると考えられる人々の支援のために社会保障給付を増加させ、拡張する必要に迫られた。一九七一年に可決され、一九七二年に施行された新たな社会保障法は、給付金制度を拡張し、ほとんどの給付を二〇％以上増額した。新しい二層構造の老齢年金制度が、定額基礎年金と報酬比例の所得補てんとして導入され、夫婦の年金の四二％以上の増加につながった。

実質所得の増加が福利厚生を増加させるに伴って、アイスランドの社会支出は一九七〇年代と一九八〇年代初期の間に他の北欧諸国に比べて急速に伸び、特に住宅と健康保険で、社会政策は充実していった。この発展は、連立政権で野心的な社会政策目標の多くを達成することに成功した左翼政党の成長強化によってある程度説明できることは疑いないが、その理由は良好な経済環境でもあった。一九七〇年代から一九八〇年代の間の社会的支出の急速な増加にもかかわらず、アイスランドは一九九〇年までに他の北欧諸国に追いつけなかった。社会的支出の対ＧＤＰ比は、他の北欧の国で二六％から三五％の範囲であったが、アイスランドでは一七％しかなかった。

支出が同様のレベルに達していた唯一の領域は、一九七〇年代から一九八〇年代に最大の拡張をした公衆衛生ケア領域で、特に農村部での、より専門的人材、ハイテク医療サービスと一次医療の需要増加に対応したものであった。一九四六年の社会改革以来、公的医療保険は、社会保障支出の最大の構成要素であり、そのシェアは一九七〇年以降さらに増加した。一九七三年衛生法で全国に一次医療ケアを確立する政策がとられ、全国の保健所や医療従事者の増加につながった。その後、すぐに保健サービスにおいて、ほかの多くの国よりも多くの病床を持つようになった。医療費は、実質・ＧＤＰ比率共に急激に増加し、一九八七年に八％でピークに達し、ヨーロッパの平均レベルを超えた（OECD 1993: 58-68）。集権化の一般的な傾向は、医療サービスに影響を与えたが、一次医療がさらに集権化され、国家が完全に財政責任を引き継いだ一九九〇年まで、地方当局は資金調達および管理保健サービスのために重要な責任を保持していた。

## 6　グローバル化の時代における福祉制度
### ——一九九〇年以降

一九八八年から一九九五年の間に起こったアイスランド経済の停滞は、社会福祉発展の転換点となり、福祉制度の縮小、制限をもたらした。失業率は、〇・五％から戦後最悪のレベルである五％以上に増加し、国庫による援助が必要となった。政府が福祉サービスのコスト削減によって、公的債務と財政赤字の拡大阻止に取り組むことで、福祉国家への圧力が強まった。サービスの利用者負担割合が増加し、社会給付はより所得に結び付けられた。換言すれば、収入があるレベルに達すると、社会給付は減少した。一九九二年に老齢年金と障害年金についてさえ、所得調整をするという新しい法律を制定して、年金受給者の約半分の人の年金を減額した。基礎年金を肉体労働者の平均賃金と関連させる制度も廃止された。社会支出の規模は抑制され、一九九〇年代半ばまでは実質ベースでも縮小したが、GDP比では一七〜一九％で安定していた。

国民健康保健制度は、大部分が無料であったが、新しい風潮に対応して、当局は多くのサービスに制限や料金を課した。一九八〇年代と一九九〇年代に、大幅に入院患者のケアを犠牲にしなければならないほど増加した通院患者には料金が課せられ、さらに医薬品に対し患者が支払った比率は、一九九一年から一九九六年の間におよそ一八％から三二％へと増加した（*Social Protection in the Nordic Countries* 1997: 15）。しかし、政府の行動はすべてが削減だったわけではない。失業給付の最大期間失業者のための関心の高まりを受けて、一九八九年に給付期間が延長され、一九九三年には自営業者にまで給付が拡張された。

一九九〇年代後半には、高い経済成長と失業率の低下によって社会福祉制度は、ゆっくりながら改善した。改善された財政措置により、政府はアイスランドと他の北欧諸国間の社会的支出の差を縮めることができた。アイスランドはヨーロッパで最も医療費支出の多い国であり、世紀の変わり目に教育支出もヨーロッパで最も高い国の一つになるほど、一九九〇年代後半に大幅に増加し続けた。公的部門は健康保険制度と教育制度を独占することで、増大する公的福祉支出におけるシェアを拡大していった。社会給付は、あまり所得に関連するものではなくなり、給付は賃金労働者の所得ほどではないものの、実質的に増加した（*Staðtölur almannatrygginga* 1999）。給付水準の限定的改善と高い所得関連性への不満は、アイスランド身体障害者連盟が政府が障害者給付を違法に配偶者の収入に関連付けていると訴えることを促した。二〇〇〇年末の画期的な判決で、最高裁判所は、連盟のこの訴えを認め、社会保障機構が一九九四年から一九九八年の間に法律に基づかない規制を行っただけでなく、一九九八年の新法は、アイスランドの憲法の人権規定に違反していることも認める判決をした（*Morgunblaðið* 2000: 13-15）。政府は、社会保障の法律を改正し、傷病手当、後には老齢手当を高め、システム全体の所得との関連性を減少させることを余儀なくされた。

育児休暇などの領域では、アイスランドは少しずつ他の北欧諸国に歩み寄った。有給育児休暇は一九七五年、他の北欧諸国に比べてはるかに短い期間である三カ月以内に限定されていたが、一九九〇年代には、両親でそれを共有できるようになり六カ月まで増加していた。二〇〇〇年から二〇〇三年の間の法律の大きな変化は、両親（それぞれに三カ月および両者間で自由に分割できる三カ月）で共有される九カ月の育児休暇が定められたことである。育児休暇の間の毎月の手当は、二〇〇四年に導入された一定の上限はあるが、親の平均の八〇％にのぼる（Gíslason 1999: 137-138）。

自由市場資本主義とグローバル化が共に進展するにつれて、アイスランドの福祉国家の状況は急速に福祉制度の新たな課題を提起し、過去二〇年間で急速に変化した。金融部門の規制緩和は、一九八〇年代後半の間に既に進行中で、経済における公的部門の削減は一九九〇年代初めに経済政策の礎となった。同時に、アイスランド経済はより開放されつつあった。一九九三年の欧州経済地域条約への参加は、世界的な経済力に国を開放し、財・人や資本の自由な移動の新時代を告げる最も重要なステップであった。アイスランドのグローバル化の過程で最も顕著な特徴の一つは、ＥＥＡ協定と柔軟な移民政策の結果としての、人の移動の大幅な増加である。外国の市民権を持つ住民は一九九〇年には人口の二％だけだったが、二〇〇八年には比率が七％近くに上昇した。

実体経済では、競争が賃金や労働条件に圧力をかけ、国内の製品市場だけでなく労働市場に影響を及ぼし、組織労働者の交渉力がそがれていった。多くの国では租税政策が所得格差拡大の傾向を相殺するために使用されてきたが、アイスランドでは反対の政策が進められている。税負担は、一九九〇年代初頭以来、法人課税が大幅に低減されヨーロッパ最低の部類となっている一方、企業から個人に、高所得者から低所得者にシフトしている。基礎税額控除の額が時間の経過とともに低下しているため、年金受給者や若い家族を含む低所得者層の税負担は増加している（Ólafsson 2006 & 2007: 231-263; OECD 2005: 57）。

アイスランドのような小さな経済へのグローバル化の影響は、国内経済に対する政府の制御が減少したことに示されているように、特に大きく、マクロ経済の変動性を増大させた。二〇〇八年一〇月の金融セクターの非常に大きな崩壊は、銀行にとって、国家と中央銀行が提供できる保障をはるかに超えて成長することができた、国際市場での安易な貸し付けへの容易なアクセスの広がりの結果であった。その後の経済危機では、失業率が二〇〇九年に九％で経済は一〇％以上縮少し、社会に大きな影響を与えた。左翼政権（アイスランドの歴史の中で初めて）は二〇〇九年二月に権力を掌握し、「北欧の福祉行政」の原則に基づくことを約束した。これは再分配を強調し、歳出削減で増税によって予算削減と増加する公的債務に対処する戦略を使用した。最も脆弱な者を保護することを目的とした税制の変化（より累進的な税）と社会的支出の変化を通じて，税負担は高所得層に向けられ，所得格差は大幅に減少した（Ólafsson & Kristjánsson 2012）。

## 7　北欧的ではないアイスランド福祉制度の特殊性

アイスランドの歴史的発展は，他の北欧諸国との強い絆を特徴とし，その文化と社会構造は彼らに似ているとされている。アイスランドの政策立案者は他の北欧諸国の制度のアイスランドの政治や法律への影響から見てとれるように，経済的・社会的問題におけるモデルとしてデンマーク，ノルウェー，その他の北欧諸国に学んだのである。

アイスランド福祉国家の特徴の多くは，他の北欧諸国と共通している。国家間の緊密なつながりは，福祉制度の開発の多くの事象が同じタイミングで行われることにつながった。社会保障給付，税ベースの給付やサービス，公的医療制度と教育，さらには，異なった福祉プログラムの受給資格に至るまでの普遍主義の原則は，アイスランドが北欧諸国とすべて共通する特徴である。

しかし，ある点では相違があるとされている。他の北欧諸国と比較して，第二次世界大戦後の短い期間を除くアイスランドの福祉システムは遅れをとっていて，あまり広範囲に拡大しなかった。何らかの理由で，アイスランドの福祉制度は，他の北欧諸国に比べて社会的平等にあまり働きかけず，社会的権利に基づく生活，社会的に定義されている最小レベルではなく，（相当の家族支援で）市場での解決策と自立を強調した社会政策を基本としてきた。自己調達が住宅取得の原則であり，給付は，密接に市場での所得に結び付けられており，これは将来的には福祉国家の広い合意を弱体化させる可能性がある。

一言でいえば，我々が国際比較においてアイスランドの福祉制度の場を考えると，多くの例で超然としている。これは社会保障制度で特に当てはまり，社会学者のステファン・オラフゾーンが説得力をもって，アイスランドは，市民権利の観点からは北欧モデルに近づいているが，厳しく見るとアイスランドは，オーストラリア，アイルランド，イギリス，ニュージーランドのような，ベヴァリッジシステムの廉価版を持つ国のグループとの共通点の方を持っている，ということを実証した。

これは，収入が市場の変動に非常に敏感でなければならないという所得政策における長年の仮定とよく対応している。福祉制度そのものに反映される労働市場のこれらの構造特性は間違いなく，ヨーロッパの他のほとんどの国よりも大きな景気の変動によって形作られている。その原因は，二〇世紀において魚や水産物の輸出が全体の七〇％から九〇％占めるなど、狭い資源基盤といくつかの輸出品への依存である。

アイスランドにおける社会支出が低いのは、さまざまな社会サービスの必要性があまりないことによって説明されると主張できる。たとえば、高齢者は人口に占める割合が少なく、退職するのは他の北欧諸国に比べて遅い。同じことが失業者サービスにもいえる。失業率は戦後ほとんど無視できるもので、したがって、ほとんどのヨーロッパ諸国に比べて公的負担をかけなかった。しかし、我々は伝達率（受給者集団の大きさに関連する支出の量）を調べると、異ったニーズに合わせて制御したとしても、アイスランドは明らかに他の北欧諸国に遅れをとっている（Ólafsson 1999a: 153-167）。福祉プログラムの大部分で老齢および傷病年金、失業手当や家族給付を問わず資格はより限られており、給付額は少ない。北欧諸国で最も子どもの割合が高いにもかかわらず、アイスランドは、家族や子供手当にあまり支出していない（*Social tryghed i de nordiske lande* 1995: 56）。それでもアイスランドは、女性の労働参加率が少なくとも二〇年間北欧諸国で最も高い国の一つであった。

歯科、外来医療サービスや医薬品等への自己負担の広範な適用もアイスランドの福祉制度が、他と比べ逸脱している点である。再分配性格が少ない税制で特に法人税も少ない。結果的に人々の所得の小さい部分のみが再分配されている。

アイスランドの福祉制度のこれらの特別な機能は、アイスランド人の実際の生活環境に何をもたらすのだろうか？　福祉制度は、他の北欧諸国に比べて生活水準にあまり影響を与えておらず、再分配への影響がかなり少ないことは明らかである。その根拠には、相対的貧困が他の北欧諸国に比べて高く、貧富の格差は一九九〇年代初頭から二〇〇八年に拡大していることが挙げられる（Ólafsson & Sigurðsson 2000: 101-130; Harpa 2003; Ólafsson & Kristjánsson 2012）。

さらに、家族への公的支援は少ないと同時に、アイスランドの家族は、男性・女性共に比類なく高い仕事参加率と長時間労働により、大きな圧力を受けている。しかし、肯定的な側面として、アイスランドは失業を避けて、他の北欧と同程度の手取り賃金を保つことに成功してきた。また、健康状態、住宅の品質、職業年金はヨーロッパにおいて最高水準である。

なぜアイスランドの福祉制度の歴史的発展は、他の北欧諸国と異なっていたのか。それは、主に次の三点が要因とされる(7)。

第一に、一八九〇年から一九四六年の間、福祉国家形成期におけるアイスランドの遅れは、明らかに後発近代化や工業化と関連しており、さまざまな社会的ニーズの規定のみならず、福祉施策に着手する国家の組織と財政能力を制限する結果になった。形成期のほとんどで、アイスランドは北欧諸国の中で最貧で、最も発展途上であった。スカンジナビア（デンマーク、スウェーデン、ノルウェー）の平均は、一九三〇年に五〇％もアイスランドより高かったが、一人当たりGDPの面では、唯一フィンランドは、同様のレベルにあった。市場経済と漁業部門の機械化の拡大によって、アイスランドは、工業化が一九世紀末までに進められながら、経済近代化は後発となった。急速な都市化は、世紀の変わり目に始まっていたが、一九三〇年にはまだ農業と漁業が最大の産業で労働者の五五％を占めており、農業だけで三分の一の仕事を占めていた。熟練労働者の割合は、総従業員の五〇％未満であり、都市の賃金労働者を含めても五六％にしか上昇しない。社会保険への社会的な民主化運動や政治運動が一九二〇年代に活発化した時の労働者階級は、労働人口の五〇％未満であった。しかし、開発レベルの面で一人当たりの収入で見てアイスランドの経済が北欧諸国に収束していった戦後の間に、後発的な工業化の命題は、説明価値が少なくなった。

そこで、より関連性のある説明として、第二に、アイスランドの政治の特殊な構成について取り上げる。北欧諸国と比較して左派が弱いことを特徴として、強力な中道右派の独立党は、戦後政府の支配的な政党であった。アイスランドの左翼票が相対的に少なくなっている（戦後には約三五％）だけではなくその票は、二つの対立する政党の間で獲得票がきれいに割れており、伝統的な北欧福祉理念の主導者であるSDPを一五％以下の得票しかない比較的弱い位置に止めている。なぜ、どのように政治権力のバランスが形成されたのかは、本書の取り扱う範囲を超えているが、二〇世紀前半の政党システム形成期にアイスランド社会の支配的な特徴であった民族主義の政治主張が、左翼政党に不利に働き、中流階級の自由主義イデオロギー合意を求める独立闘争政治と絡み合うことに成功した独立党に対して有利に働いていたことを指摘すれば十分であろう。個人主義、市場主義の独立党に、戦後の社会政策を形成する上で重要な地位を与えて以来、この政治的な構成は、福祉国家の発展のための大きな結果をもたらした。しかしながら相当な強力な労働組合運動からの圧力を受けてしばしば政策的に妥協をしなければならなかったので、労働市場における団体交渉では、さまざまな社会的権利が確立されたのである。

第三に、それほど明白ではないものの、賞賛される高い勤労意欲や、自助、自立の強い精神はアイスランドの文化に存在する支配的な価値体系であり、北欧諸国一般に見られる態度というよりも、アメリカンスタイルの個性をより連想させる。この価値感は戦後すべての期間で、異常に高くかつ変動する経済活動等、特に低い失業率と労働参加・自己雇用の高い割合によって特徴づけられる社会的・経済的環境によって強化されてきた。このような状況は、アイスランド人を生活水準の変化に対し、柔軟にしただけでなく、高い経済活動は経済後退に対する社会的保護にあまり関心をもたないアイスランド人を作った。困窮時にはすぐに援助が来るものと信じられてきたのである。

注

（1）本概念についての議論は以下を参照（Christiansen & Markkola 2006: 9-29）。

（2）歴史的および国際比較的視座からのアイスランド福祉国家についての詳細な調査は以下を参照（Ólafsson, S. 1999a）。この調査結果には英語版がある（Ólafsson, S. 1999b）。同著者による以下の文献も参照（Ólasson, S. 1993: 61-88）。別の歴史的調査としては以下を参照（Jónsson's 2001: 249-267）。

（3）Ólafsson（1999a: 80）および雇用統計研究に基づいた筆者による算出，*Hagvöxtur og iðnvæðing*（1999; Chapter 3）を参照。

（4）この間に出版された最重要な公式報告書は以下の通りである。Blöndal, J.（ed.）（1943），Blöndal, J. & J. Sæmundsson（1945）; *Alþýðutryggingar á Íslandi og í nokkrum öðrum löndum*. Erlendar framtíðartillögur. Fylgirit skýrslu um almannatryggingar á Íslandi, Reykjavík, 1945.

（5）E. g. the programatic pamphlet *Félagslegt öryggi eftir stríð,* op. cit.

（6）住宅環境や住宅政策の歴史的調査については以下を参照（Sveinsson 2000; Jóhannsson & Sveinsson 1986）。*Íslenska húsnæðiskerfið,* Reykjavík.

（7）たとえば以下を参照（Stefán Ólafsson 1993: 61-88; 1999b）。

参考文献

*Alþingistíðindi* 1945 A.（アイスランド国会議事録）

*Alþýðutryggingar á Íslandi og í nokkrum öðrum löndum*. Erlendar framtíðartillögur. Fylgirit skýrslu um almannatryggingar á Íslandi Reykjavík, 1945.

Blöndal, J.（ed.）（1943）*Félagslegt öryggi eftir stríð,* Reykjavik.

Blöndal, J. & Sæmundsson, J.,（1945）*Almannatryggingar á Íslandi. Skýrslur og tillögur um almannatryggingar, heilsugæslu og atvinnuleysismál,* Ministry of Social Affairs, Reykjavík.

Broddadóttir, I., G. Eydal, S. Hrafnsdóttir & H. S. Sigurðardóttir（1997）"The Development of Local Authority Social Services in Iceland", in J. Sipilä（ed.）*Social Care Services: The Key to the Scandinavian Welfare Model,* Aldershot.

Christiansen, N. F. & P. Markkola (2006) "Introduction", in N. F. Christiansen, K. Petersen, N. Edling & P. Haave (ed.) *The Nordic Model of Welfare. A Historical Appraisal*, Copenhagen.

Eydal, G. B. (2005) *Family Policy in Iceland 1944–1984,* Göteborg.

Friðriksson, Þ. (2007) *Við brún nýs dags. Saga Verkamannafélagsins Dagsbrúnar 1906–1930,* Sagnfræðirannsóknir 19, Reykjavík.

*Hagvöxtur og iðnvæðing* (1999) *Þjóðarframleiðsla á Íslandi 1870–1945,* Þjóðhagsstofnun, Reykjavík.

Friðriksson, Þ. & G. Guðmundsson (1990) "Klassesamarbejde i Island: Underudvikling eller egne veje ?", in D. Flemming (ed.) *Industriell demokrati i Norden,* Lund.

Garðarsdóttir, Ó. (1997) "Working Children in Urban Iceland 1930–1990", in N. de Coninck-Smith, B. Sandin & E. Schrumpf (eds.) *Industrious Children, Work and Childhood in the Nordic Countries 1850–1990,* Odense.

Gíslason V. (1999a) *Parental Leave in Iceland. Bringing the Fathers in. Developments in the Wake of New Legislation in 2000.* Centre for Gender Equality, Ministry of Social Affairs. (http://www.jafnretti.is/D10/_Files/parentalleave.pdf)

Gudmundur, J. (1999) *Havöxtur og iðnvæðing: þróun and sframleiðslu á Islandi 1870–1945.* pjóðhagsstofnun, Reykjavik.

Guðmundsdóttir, M. (1992) "Verðir heilbrigðinnar. Hjúkrunarfélagið Líkn 1915–1935", in H. M. Sigurðsson (ed.) *Söguspegill. Afmælisrit Árbæjarsafns,* Reykjavík, pp. 258–279.

Guðmundsdóttir, M. (1995) *Aldarspor,* Reykjavík. Erlendsóttir, S. Th. (1993) *Veröld sem ég vil. Saga Kvenréttindafélags Íslands 1907–1992,* Reykjavík.

*Hagskinna. Historical Statistics of Iceland.* Statistics Iceland, (ed.) G. Jónsson og M. S. Magnússon (Reykjavík, 1997).

Jóhannsson, I. V. & J. R. Sveinsson (1986) *Íslenska húsnæðiskerfið,* Reykjavík.

Jónsson, G. (1999) "Hagvoxtur og iðnvæðing. pjóðarframleiðsla á Ísland i 1870–1945" (Economic Growth and Industrialization. Iceland's Gross Domestic Product 1870–1945) *þjóöhagsstofnun,* Reykjavik.

Jónsson, G. (2000) "Agents and institutions in the Creation of the Icelandic Welfare State, 1880–1946", *Frihed, lighed og velfærd. Velfærdspolitik i Norden,* Rapporter til Det 24, Nordiske Historikermøde 2, Århus.

Jónsson, G. (2001) "The Icelandic Welfare State in the Twentieth Century", *Scandinavian Journal of History,* 26: 3.

Jónsson, G. (2008) "Hjálp til sjálfshjálpar. Borgaralegar rætur velferðarríkisins á Íslandi", Menntaspor. *Rit til heiðurs Lofti Guttormssyni sjötugum 5, apríl 2008,* Reykjavík.

Jónsson, G. (2009) "Efnahagskreppur á Íslandi 1870–2000", *Saga* XLVII: 1.

Jónsson, V.（1942）*Skipun heilbrigðismála á Íslandi,* Reykjavík.

*Morgunblaðið* 20 desember 2000.（アイスランドの新聞）

Njáls, H.（2003）*Fátækt á Íslandi við upphaf nýrrar aldar. Hin dulda félagsgerð borgarsamfélagsins,* Reykjavík.

OECD（1993）*OECD Economic Surveys Iceland 1992-1993,* Paris.

OECD（1998）*OECD Economic Surveys. Iceland 1998,* Paris.

OECD（2005）*OECD Economic Surveys. Iceland 2005,* Paris.

Ólafsson, H.（1993）"Íbúðabyggingar og opinbera húsnæðiskerfið 1981-1993", *Fjármálatíðindi* XL.

Ólafsson, S.（1993）"Variations within the Scandinavian Model: Iceland in the Scandinavian Perspective", in E. J. Hansen, S. Ringen, H. Usitalo & R. Erikson（eds.）*Welfare Trends in the Scandinavian Countries,* New York.

Ólafsson, S.（1999a）*Íslenska leiðin. Almannatryggingar og velferð í fjölþjóðlegum samanburði,* Tryggingastofnun ríkisins, Reykjavík.

Ólafsson, S.（1999b）"The Icelandic Model. Social Security and Welfare in a Comparative Perspective", in B. Palier（ed.）*Comparing Social Welfare Systems in Nordic Europe and France,* Vol. 4, Nantes.

Ólafsson, S. & K. Sigurðsson（2000）"Poverty in Iceland", in B. Gustafsson & P. J. Pedersen, *Poverty and Low Income in Nordic Countries,* Aldershot.

Ólafsson, S.（2006）"Aukinn ójöfnuður á Íslandi. Áhrif stjórnmála og markaðar í fjölþjóðlegum samanburði", *Stjórnmál og stjórnsýsla, Veftímarit,* II: 2.

Ólafsson, S.（2007）"Skattastefna Íslendinga. Stjórnmál og stjórnsýsla", *Veftímarit,* III: 2.

Ólafsson, S. & A. S. Kristjánsson（2012）"Umfang kreppunnar og afkoma ólíkra tekjuhópa", *Áhrif fjármálahrunsins á lífskjör þjóðarinnar,* Skýrsla I. Þjóðmálastofnun Háskóla Íslands.

*Social Protection in the Nordic Countries* 1997.

*Social tryghed i de nordiske lande,* 1995.

*Staðtölur almannatrygginga,* 1999.（アイスランド国家統計）

Styrkársdóttir, A.（1999）From Feminism to Class Politics. The Rise and Decline of Women's Politics in Reykjavik, 1908-1922, Umeå University Press, Umeå.

Sveinsson, J. R.（2000）*Society, Urbanity and Housing in Iceland,* Tierp.

（ユームナー・ヨーンソン）

# 第6章　北欧諸国の社会政策における連携――一九一九～一九五五年

> 北欧のデンマーク、フィンランド、アイスランド、ノルウェー、スウェーデンは、五カ国それぞれが独立した国家である。この五カ国は、いかなる種類の政治的または経済的連合も形成していないが、多くの場合において、共同体と見なされている。…（中略）…特に、社会的な分野においては、その違いは、他領域に比べて本質的でない。市民生活における重要ないくつかの問題に対する五カ国のアプローチは、基本的な類似性を示すと同時にこれらの国の人々の特異性を示すいくつかの側面を提示している（Nelson 1953: I）。

この文章は、一九五三年に北欧諸国の社会大臣によって共同出版された、『自由と福祉（*Freedom and Welfare*）』という北欧諸国における社会形態に関する研究からの引用である。この北欧諸国の――五つの例外をもった単一のモデルという――統一性と多様性の共存の強調は、北欧域内における北欧モデルの議論の中でよく見られる[1]。外部からのマクロな視点からみると、このモデルは極めて画一的なようであるが、内部の視点に立てば明白な違いがある。本章では、北欧モデルに関する研究の新たなアプローチの展開を試みる。そのアプローチとは、『自由と福祉』で説明された実際上の類似点や相違点に焦点を当てるのではなく、『自由と福祉』自体で説明される、北欧の理念の社会実践を研究するものである。特に、社会政策に関しては、北欧域内で比較することは自然で望ましいとされた。

この数十年間、「北欧協力」を研究することへの関心が高まっている。そこでは、既存研究の大まかな三つの傾向が指摘できる。第一の傾向をもつグループは、北欧諸国間の公式な連携に焦点を当てている（Wendt 1979; Laursen 1994; Borring-Olesen 1994）。この研究の中には、北欧協力の一般理論の開発を試みてきたものも存在する（Karvonen, 1981; Sundelius & Wiklund 2000）。次に第二の傾向をもつグループは、労働運動の専門家グループや北欧統一を目指す全国団体などの非政府エージェントに焦点を当てて、国家レベルより下位のレベルで強い「北欧」のアイデンティティがあったことを示している（Svensson 1986; Sørensen 1996; Johansson

2005)。最後に第三の傾向をもつグループは、北欧のアイデンティティ研究で構成されている(Sørensen & Stråth (eds.) 1997)。第一および第二のグループは、国益と北欧の連携の相互作用を研究してきたが、北欧協力が国家政策に与えた影響については、限定的にしか検討されていない(Østergaard 1997: 44)。北欧のアイデンティティ研究は主に、非常に一般的かつ理論的なレベルで議論し、北欧福祉国家が発展するまでの期間に焦点を当てて、この問題にアプローチしようとしている。

本章の目的は、実証的研究による前述した既存研究の三つの研究傾向を総合的にとらえることである。一九二〇年代に設立され一九四五年以降の期間において発展した、密接な社会政策連携の考察も本章の目的の一つである。本章のみでは期間のすべての側面の詳細を網羅することはできない(Wendt 1979)。そのため本章は、一九一九年以降、国家レベルで定期的に行われた、いわゆる「北欧社会会議」のような、社会政策連携に焦点を当てる。そして、これらの対話の組織と機能、およびこれらの対話が社会政策連携の枠組みを確立した道筋を記述する。さらに本章では、北欧各国の政策が北欧協力の決定に及ぼした影響と、北欧協力はいかに北欧各国の福祉政策に影響を与えてきたかという、北欧地域と各国の政策との相互作用研究を試みる。つまり、修辞だけではなく現実に、北欧の社会政策協力が福祉の北欧モデルの構築に重要であったことを論じる。

本章では、一九一九年の北欧社会政策会議の開始から一九五五年の社会保障の北欧条約の成立に至るまでを検討する。この期間は一般的に、北欧の社会的市民権(北欧福祉の単一モデル)の確立に向けて大幅に前進した期間として位置づけられる。このような考えは一九四五年以降に強固なものとなり、国家官僚と社会民主党の間で主張されていた。より緊密な協力と相互関係は、より多くの地域間で築かれ、北欧共通の社会統計の整備が、各国間の正確な比較を可能にした。しかし、国家利害や昔からの制度のために、共通の社会政策法制を確立することは困難であった。何度か、北欧の社会政策家は北欧の市民のために完全な相互互換性を提供するという、実践的かつ身の丈に合った選択を行った。その意味する所は、北欧の市民であれば、どのような国籍を持つかにかかわらず、十分な社会的権利を受けられるということである。このように、北欧の福祉モデルは、我々が北欧モデルと呼ぶ限りにおいて、実践的なモデルとして理解されなければならないのである。

## 1　スカンジナビア・フレームから北欧フレームへ

固有の北欧的な価値と表現をもった、世界の中で区別された特別な地域としての「北欧」やスカンジナビアという概念

**表6-1**　1900-1955年の間に北欧公務員定例会議がそれぞれの政策分野で開始された年

| | |
|---|---|
| 1907年 | 労働災害保険 |
| 1919年 | 北欧社会政策会議 |
| 1919年 | 児童保護 |
| 1923年 | 疾病保険 |
| 1931年 | 障害・老齢年金保険 |
| 1935年 | 一般的社会保険 |
| 1946年 | 社会統計 |
| 1947年 | 失業保険 |
| 1951年 | 北欧社会政策委員会 |
| 1953年 | 北欧会議社会政策小委員会 |

は、少なくとも一九世紀にまで遡ることができる（Rosenbeck 1998）。初期の段階では、その概念は、知識階級内での、新興北欧民主主義における国家（および国家主義）闘争の際の参考として機能した。もちろんそれぞれ異なる国家背景による違いはあった。一九世紀後半から、この「北欧」の概念は、北欧間連携の方向に展開した。ほとんどのイニシアチブはスカンジナビア三カ国（デンマーク、ノルウェー、スウェーデン）でスタートしたが、戦間期にすべての北欧諸国が含まれ徐々に発展した。

福祉政策領域と呼ぶことができる領域は、協力体制を三つのタイプに区別することが可能である。第一は、科学的または行政的専門家の間でのネットワークの確立がある。第一次世界大戦に先立つ早い時期に、北欧／スカンジナビアの協力は国際ネットワークなどの一部として存在していた。たとえば北欧の専門家は、ドイツや他の先進的社会政策国家を訪問していた（Rodgers 1997）。しかし、徐々に北欧国家間の相互協力はより顕著になり、特別なものとして確立した。この種の協力の始まりは北欧諸国で初の包括的社会立法成立と同時に起こり、場合によっては先行した。一八七〇年以降、協力は社会政策のさまざまな分野で開始された（Järnbrink 1968; Wendt 1979: 8-10; Hilden 1994; Rosenbeck 1998: 345-349）。たとえば、一八七二年から、北欧の弁護士たちは会合を始め、一八八〇年からは教育者のための定期的な会合があった。同時期には、国家経済学者の間で、一八七二年の北欧の通貨同盟の関連で緊密な協力が存在していた。さらに一八八六年には、最初に北欧の労働者大会が行われた。これらの活動の背後には、北欧国家の政治の緊密な協力と緊密な調整への願望があった。代表的な成功例としては、北欧の弁護士たちの緊密な協力だけでなく、国家的女性運動との密接な関係の結果である一九二〇年代の北欧諸国で起こった家族法の改革が挙げられる（Rosenbeck 2001）。この時期の社会政策の専門知識のほとんどは公共部門で使用されていたので、協力は各国の行政の間に広く分岐したネットワークの形成につながった。この種の連携は、北欧共同の礎石の一つである。前述以外の主な成功例は、表6-1のとおりである。

また、政府の各省は、他国の対応する部門と専門的な交流を形成することを唯一の目的とする部門を設置した（Petersen 2006: 71）。さらに、幹部公務員たちは北欧の同業者たちとの良好な人間関係を持つことが一般的になった。これは、国家の政治・行政の報告書のなかで、他の北欧諸国の政策が普通に参照されたことで示されている。公式の報告書に他の国への参照が含まれている場合、それは、圧倒的に北欧の経験に関する参照だった。このようなタイプの相互参照を通じて、北欧諸国のなかでの順位を示すことが可能である。一九二〇〜一九三〇年代には、デンマークが北欧でも指導的な社会政策国家として見られたようである。その主な理由は、デンマークの早い時期からの経済近代化、およびカール・クリスチャン・スタインケ（Karl Kristian Steincke）による一九三〇年代の社会改革である（Christiansen & Petersen 2001）。一九四五年以降は、スウェーデンは社会政策で他の追随を許さない地位を確立し、他の国の参照基準を務めた。

第二に、専門家と公務員の間の緊密な連携と同様のものが、政治レベルにもあり、北欧の政治家や閣僚に協議の機会を与えた。早くも一九〇七年には、デンマーク、スウェーデン、ノルウェーの国民議会のメンバーは、北欧議員連盟を設立した。もっと影響力があったのは、二〇世紀の初頭に設立された、さまざまな部門の国務大臣の連携だった（Johansson 2005）。この種の首脳会議も、世紀を通じて続き、一九五三年からは主に北欧会議の後援のもとで行われた。

第一次世界大戦と、フィンランドとアイスランドの独立（一九一七年と一九一八年）と、一九二〇年代の国際協力への一般的関心の複合効果は、この種のイニシアチブを促した。北欧相互協力とは、社会的知識を移転し、社会政策立法を調整するだけでなく、ＩＬＯや国際連盟などのような国際機関で北欧の政策を調整することでもあった。国際舞台で連合した北欧諸国という形を取りたいという願望は、国際ブランドとしての北欧（またはスカンジナビア）モデルの概念を確立するために重要だった。海外の観察者が、北欧諸国を特に民主的でかつ社会的に進歩している国として記述しはじめたのは、この時期だった（Musial 1998; Rodgers 1997）。この国際的な関心は、一九四五年以来発展してきたもので、歴史家ピーター・ボールドウィン（Peter Baldwin）の言葉を借りれば、「以前のスカンジナビアは、たとえば、養豚や禁酒運動に興味のある人から主に注目を集めていたが、突然スカンジナビア自体が国際的な関心の的になった」（Baldwin 1990: 59）。これは、最終的に北欧内部での北欧モデルの概念を構築することも促した。

第三に、半国家的として特徴づけることができる協力のための取り組みが数多くあった。この一例は、第一次世界大戦後に設立された、いくつもの全国北欧協会だった（Hansen 1994）。これらの団体の主な目的は、北欧内部に、北欧諸国の知識を広め、北欧相互関係を強化することであった。リーダーシップをとった者のなかには、文化人、ビジネスマンやその他の影響力のある人物以外によく知られた政治家が含まれていた。スウェーデンやデンマークによる支配に対して非常に敏感であったノルウェー人に関しては、このような協力に問題がなかったわけではない。しかし、これらの団体は、一般的には北欧協力を強化しようとしている影響力のある圧力団体であり、一九四〇年代には社会政策の分野における協力の一層の発展の主要な支持者であった。このような半国家的協力は、早くも一八八六年には開始していた北欧の労働運動内での密接な関係構築でもみられた。いくつかの失敗した先例を受けて、これは、いわゆるＳＡＭＡＫ（Samarbejdsorganisationen for de nordiska socialdemokratiskapartierna och-fachforeningsrorelsen）会議の形で、一九三二年に公式化され、拡大された（Blidberg 1994）。この緊密な協力は、北欧社会民主党がスウェーデンとデンマークで政権についた時期と一致している。結果的に、北欧協力は社会民主的知見の思想的発展に関して、影響力のある要因となった。実際にＳＡＭＡＫ会議には、しばしば、幾人かの各国の指導者が出席し、この会議に国家機構と政治システム両方への非常に密接な関係を提供した。

いくつかの点で、「北欧」は北欧諸国内部の近代化の過程において重要な基準となっていた。実際の連携は、①社会政治的専門家や公務員、②政治家と政府のメンバー、③北欧協会と社民党ＳＡＭＡＫ会議などの半国家的団体、という政治的なエージェントの三群間で行われた。社会政策協力の分野では、社会・政治的専門家や公務員といった第一のグループが主要な役割を果たした。これについては、社会的な問題は、国防や外交政策と比較すると「低次元政治」であると考えられていたのが要因で、自分たちだけでやれることになった社会政策に興味をもつ公務員や専門家、政治家は、政治的アジェンダを設定する機会の窓を所有していた。このことは、社会政策の協力が、国家安全保障や経済政策の分野でのパートナーシップよりも成功していた理由を説明するのに役立つ(2)。二〇世紀には福祉国家改革が国家的に展開され、児童精神医学から老齢年金、社会統計などに渡る範囲で北欧の公務員や専門家が社会政策を議論できる制度や環境が確立された。これは北欧の社会政策の確立を目指すメンバーに、社会的知識を移転して比較・模倣する機会を与えている。このような協力は、北欧モデルの社会的構築において決定的な要素となっている。

## 2　一九一九～一九四五年の北欧社会政策会議

コペンハーゲンにおいて一九一八年六月に行われたスカンジナビア閣僚会議で、デンマーク・ノルウェー・スウェーデンの三カ国の政治家は、より緊密で継続的な社会政策協力の可能性を検討すべきであると決定した（Petersen 2006: 74）。会議の翌月には、特にデンマークの公務員がこのアイディアの実現に努めた。一九一九年四月にコペンハーゲンで開催された北欧会議には、三カ国以外にも、フィンランドとアイスランドが代表団を送り、初めての北欧社会政策会議となった（Ibid.）。主催者であるデンマークのトーヴァル・スタウニング（Thorvald Stauning）は会談に出席した唯一の社会省大臣だった。他の国からの代表団は、主に政治家や公務員で構成され、アイスランド以外は、他に労働組合と雇用者団体が出席した。最初の会議では、会談を継続させるための、共通の目標と課題を確立しようとした。第一の意図は、ＩＬＯ会議および同年に開催されることになっていたワシントン社会政策会議へ向けて全北欧の政策を調整することであった。第二には、各国の社会政策の発展に関する相互の方向性指示のための既存の伝統を強化することだった。第三に、コペンハーゲンでの会議では、「北欧各国の特別の状況に適応する限りにおいて、社会的発展と社会的権利および義務の相互性に関する統一されたガイドラインの作成」をする意志が表明された（Petersen 2006: 75）。しかし、このような野心には問題も多くあった。

## 3　国の利益か北欧の利益か

北欧諸国のそれぞれの歴史的な文脈が、政策協力に向けたアプローチに影響を与えた。近代化の程度、経済的・政治的な能力（改革能力）、過去の社会政策改革と国家建設過程は、一九二〇年代に国家間で少なからず異なっていた。この時代はまた、北欧諸国の政治フィールドとして社会政策の制度化を進めつつある時期だったのである。社会問題を扱う省庁がデンマークでは一九二一年に、スウェーデンでは一九二〇年に、フィンランドでは一九一七年に、ノルウェーでは一九一三年に、アイスランドでは一九三九年に独立した。当然のことながら、社会政策の連携へ向けた進め方については、大幅に異なる見解があった。つまり、さらなる社会政策連携への願望をめぐる野心や国内の政治的反応には、各国で大きな差があったのである。一般的にいって、この初期には、デンマークとスウェーデンはより緊密な関係を求め、ノルウェーは距離を置きたがった。

一九一九年秋、ノルウェーは緊密な協力関係については懐疑的だったが、一九二〇年四月に行われた北欧首脳会議では、特定の目標に向かって努力はせずに、社会政策連携を継続することを決定した（Petersen 2006: 75）。ノルウェーが躊躇する主な理由は、国内の多数で声高な反対意見だった。ノルウェーは、ほんの数年前（一九〇五年）にスウェーデンとの連合関係を解消したところで、多くのノルウェー人が、緊密すぎる北欧協力によってスウェーデン（またはデンマーク）の支配が再び始まることを恐れていた。たとえば一九二一年には、国際連盟の会議で統一行動をとるという北欧の政治家の間での合意が、ノルウェーの新聞上で大規模な抗議行動を引き起こし、また全国北欧協会の行動が批判の的となった(3)。他の事例においても、社会政策協力が新興ノルウェー国家を脅かすと批判されたのである(4)。

また、一九一三年にノルウェーの初代社会大臣となったノルウェーの指導的政治家ヨーラン・カストベルグ（Johan Castberg）は、特に北欧の社会政策協力に反対していたように思われる（Seip 1984: 290）。そのことが、一九二〇年ワシントンで開催された国際社会政策会議でのエピソードを引き起こした。他の北欧諸国は会議で共同戦線を形成したいと考えていた。その意図はとりわけ、ＩＬＯ理事会に北欧からの代議員を選出する可能性を高めることであった。会議では、カストベルグがそれに立候補したが、北欧の社会政策協力に消極的なために、他の国々は彼を支持することを拒否したのである。ある出席者の言葉によれば、彼らは北欧諸国共通の社会政治文化を代表する人物としてカストベルグが適切だとは考えなかったのである（Petersen 2006: 76）。この行動はもちろん、さらなる連携に向けた取り組みを抑制した。フィンランドの、後に社会省大臣になるニイロ・マンニオ（Niilo Mannio）が一九二〇年五月にスウェーデンの指導的な立場にある同僚に宛てた手紙のなか「私たちの最愛の子である『協力』は、立ち上がることはないだろう」と総括するほどであった（Ibid.）。

一九二二年の夏に初めて、今後のＩＬＯ会議について議論するための新たな会議が、ヘルシンキで開催された。会議の議事録を見ると、ＩＬＯ事項についての議論を別にして、参加者は非常に慎重に社会政策イニシアチブの実際の調整のために、元はもっと野心的であった計画の議論を回避していることが読み取れる（Ibid.）。その方針に沿った唯一の決定は、出版物をより正式な形で交換することを確立する取り決めであった。このような協議はその後数年続いたが、社会政策会議は、一九二六年になって再び開催された。これには前述したノルウェーの躊躇以外にも理由があった。デンマークとスウェーデンは一九一九年と一九二〇年に交渉を開始したが、両国ともに、如何なる形での社会政策活動も躊躇していた非社会主義政権（スウェーデン一九二三〜一九二四年、デンマーク一九二〇〜一九二四年）をもつことになった。さらにはデンマークとスウェーデンでさえも、社会政策の分野における北欧協力は完全にポジティブにはとらえられていなかった。たとえば一九二六年の会議においてデンマークは、「著名なスウェーデンの国家経済学者」が「悪い社会的政治思想の輸入」および「単に社会政策の定量的な最大化を目指すこと」につながるとして、この会合を批判していたことに言及していた（RL 1928）。

国家内でのトラウマとともに、この協力の初期の段階では、北欧諸国の社会システムは多かれ少なかれ、萌芽期であったことも重要であった。加えて、各国の社会保障制度の間に大きな差があった。たとえばスウェーデンは一九三四年まで、国民失業保険を持っていなかった。ノルウェーは、スウェーデンとデンマーク両国で任意であった疾病保険を義務づけていた。給付水準を見ると、デンマークのシステムは一九二〇年代では最も寛大なように思える。これらの違いが、同レベルでの協力を働きかけるすべての国に難題を突き付けることになった。いくつかの場面では、この困難への現実的な解決策として、たとえば、一九一一年の疾病保険に関するデンマークとスウェーデンの間の取り決めのように、北欧における広範な契約よりも二国間の合意が選択された。

会議が最終的に一九二六年に再開されたときには、この会議の決定が参加国を拘束するものではないという姿勢を明確に示す必要があった。会議で受け入れられた宣言は、推奨としてのみ理解されるべきものであった。しかし、この慎重な取り組みにもかかわらず、オスロにあるスウェーデン大使館は再発したノルウェー人の抗議活動についてストックホルムに報告することとなった。一九二〇年代後半に初めて、社会政策協力が定期的な協議や具体的な成果をもって形を取り始める。一九三九年になって初めて北欧社会政策会議の出席者は、北欧諸国の社会政策システム間の、より緊密な調整と相互互換性強化の要求を再びもちだした（Petersen 2006: 77）。

## 4　北欧社会政策会議の組織化

一九二六年に、新たな会議がデンマークの公務員や社会省の社会民主党所属大臣、フレデリク・ボーウベア（Frederik Borgbjerg）の主導で組織された。デンマークは社会保障制度の全般的な改革に着手する過程にあったし、その結果、この過程において近隣諸国の知識を使用したかった。デンマーク人は、北欧の社会政策協力の将来を議論するために、デンマークの調停委員会（Forligskommissionen）の建物に他国からの代表者を招待した。会議の結果、翌夏に次の公式会議がストックホルムで開催された。それ以降、交渉はより儀礼的で、定期的な形を取るようになった（表6-2参照）。（一九一九年の会議からの）当初の目的である「国家社会立法に向けて、五つのすべての国の市民のための平等」の確立を含め維持された（Petersen 2006: 77）。

会議は北欧の各国の首都において、一九四五年からは隔年で定期的に開催された。会議発足の当初から招待状と関連の通信は、正式な外交ルートを通過しなければならなかった。

**表6-2　1919～1953年の北欧社会政策会議**

| | |
|---|---|
| 1919年 | コペンハーゲン |
| 1922年 | ヘルシンキ |
| 1926年 | ストックホルム |
| 1927年 | オスロ |
| 1928年 | ヘルシンキ |
| 1929年 | コペンハーゲン |
| 1931年 | ストックホルム |
| 1934年 | オスロ |
| 1937年 | ヘルシンキ |
| 1939年 | コペンハーゲン |
| 1945年 | コペンハーゲン |
| 1947年 | ストックホルム |
| 1949年 | オスロ |
| 1951年 | ヘルシンキ |
| 1953年 | レイキャビク |

そのため、初期の会議をアレンジする際に、通信がかなり複雑になった。徐々に各国の社会省は、独自の通信ラインを確立したが、それでも、オスロで開催された一九二七年秋の会議ではまだ、ノルウェーの社会省が、デンマーク、フィンランド、スウェーデンとアイスランド政府からの代表者を招待するためには、各国の外交部門に依頼しなければならなかった。[5] 外務省を通して送られた後にのみ、招待が他の関係閣僚や主要な公務員の手に渡る。この方法により、会議は北欧社会政策サミットとして形容され、また、公式レセプションや宴会の存在も象徴的であった。会議の参加者の数は限られていた。一九二九年のコペンハーゲン開催会議では、実際に会議テーブルに座っていたのは一七人以下である（Petersen 2006: 80）。会議への参加者は、大臣や上級公務員だった。ほとんどの場合、より順位の低い公務員は、異なるワーキンググループに参加した。そして、総会では原則的な議論を行い、その内容の確定と技術論をワーキンググループに任せた。

これらの会合や、さらに社会政策連携の一般的な特徴は、それが高度に男性支配の世界だったことである。一九一九年から一九五五年の間には、限られた数の女性のみが会議に参加した。性差については一九六八年に、社会保険分野での協力の発展を振り返った、スウェーデンからの参加者ハンス・ヨーンブリンク（Hans Jarnbrink）の発言が説明している。彼は、「参加者のご夫人方が、伝統的に会議の一部として設けられている懇親会や他の交流会に参加することは、真剣な議論にも資するパーティーに匹敵するほどの何かを与えた」ことに留意していた（Järnbrink 1968: 337）。

最終的には、各国家当局間でやり取りされた文書は、もっと非公式な接触も確立されていたという印象を残す。まず、強い個人的な関係を発展させた主要な公務員間で、その後、一九三〇年代・一九四〇年代以降には、社会民主主義政治家間で強い個人的関係が発展していったのである。

## 5　北欧社会政策会議の合意事項

会議の議題は、現在の関心と定期的なものの両方等を含めたさまざまな項目で構成されていた。[6] 定期的に議題にのぼる項目の一つは、前回の会議以降に成立した最近の社会政策立法についての説明であった。会議を重ねるにつれ、この議題の比重が大きくなる傾向があり、多くの場合、会議に先立って文書化されて回覧されていた。文書の量の多さによって、この期間中の福祉政策の発展に具体的な印象が与えられた。国家間国別報告書は一九四五年以降になって特に厚くなり、国家間の違いが拡大した。一九四五年からは、スウェーデンの他国への社会政策上の指導力を測定することが可能になった。もう一つの定期的な議題項目はＩＬＯ会議についてであり、国際会議の分野で北欧諸国の活動の調整に特化した公務員からの情報が主になった。また、以前の委員会の決定について取られた行動についても、定期的に議論された。

これらの議題（報告書の交換や法律、さまざまなレベルの会議の議事録のようなものからなる）は、北欧諸国間の行政の方向性のすり合わせを制度化したようなものだった。他方、その時点での興味に応じて変更される項目は、北欧の福祉政治史において重要かつ決定的ないくつかの問題を示している。たとえば、一九三〇年代初頭からのデンマークの社会改革や一九四七年のノルウェーの国民健康保険（Folketrygdmelding）、スウェーデンの家族政策的指向などのように、各国は主要な改革を提示することができた。通常は、たとえば、一九二九年のデンマークでの社会改革活動報告書（改革は最終的に一九三三年に立法化された）の場合のように、改革が行われる前に、北欧の仲間はその概要を知っていた。北欧モデルの福祉という概念が形をとり始めたのは、これらの議論の場を通してであった。

しかし、会議の計画過程を詳しく見ると、合意は必ずしも容易ではなかったことが明らかになる。意見の相違は、「雇用者・被雇用者の関係」（一九二九年）、「共通労働市場としての北欧」（一九四六年）などの主要な問題を議論する時に現れた。多くの場合、何が議論できるか、何を議論すべきか、について意見の相違が存在していた。第一に、各国は、個々の国家改革プロジェクトのためのショーウィンドウとして会議を利用したがっていた。一九二九年に、デンマークは誇らしげに今後の社会改革計画を発表し、一九四七年にはノルウェーが大規模な社会改革を網羅する計画を発表した。第二に、この北欧の協力の否定的側面として、参加者は国の社会政策上の弱点や欠点が露呈することを恐れて、議論を避けた可能性がある。

## 6　北欧社会政策協力の具体的成果

北欧の社会政策協力の最も具体的な成果は、いくつかの分野での、国境を越えた数々の協定だった。このような一連の協定は、たとえば一九一九年のデンマーク、ノルウェー、スウェーデンの間の労働保険に関する相互条約のように、労働市場の問題に関連して締結された。表６-３には、社会政策

表6－3　1945年までの公式な合意

| | |
|---|---|
| 1888年 | 12年間以上の居住後の本国送還禁止（デンマーク・スウェーデン間） |
| 1911年 | 互換可能な疾病保険基金（デンマーク・スウェーデン間） |
| 1915年 | 北欧貧困条約―相互償還（デンマーク・スウェーデン） |
| 1919年 | 相互労働災害保険（デンマーク・スウェーデン・ノルウェー間）1923年 フィンランドが3ヵ国に参加，1927年 アイスランドが4ヵ国に参加 |
| 1923年 | フィンランドが北欧貧困条約に参加 |
| 1926年 | 互換可能な疾病保険基金（デンマーク・ノルウェー間） |
| 1937年 | 相互労働災害保険に関する北欧条約 |
| 1939年 | 互換可能な疾病保険基金（デンマーク・アイスランド間） |

のさまざまな分野での、このような公式の協定の一覧を記載した。

前述のように、一九一九年にコペンハーゲンで開催された最初の北欧会議は、早くも北欧における社会的権利の互換性の問題を提起した。ノルウェーからの反対を理由に、これはしばらく棚上げにされてきた。交渉が一九二六年からより定期的になるにつれ、問題が再び取り上げられ、一九二八年のヘルシンキでの会議で、北欧の社会政策上の互換性を拡大する可能性が、公式の議題に設定された。一九二九年のそれに続く初めての会議で、参加者は労働保険に関する既存の互換性を延長することにのみ合意した。しかし、その後、同じ年の一〇月に、デンマーク、ノルウェー、スウェーデン、フィンランドが正式に北欧貧困条約を締結した。

北欧貧困条約は既存の合意の延長であり、すべての北欧の市民を社会法制の面で平等に取り扱うという既存の慣行の成文化だった（表6-3参照）。条約は主に国家間の歳出の償還のためのルールを制定したが、実際の相互社会的権利を確立はしなかった。ルールでは、国籍国が滞在国の費用の八〇％を返済することが定められた。相互社会扶助に代わる方法は本国送還であるが、この解決策を選択できる可能性は一九二八年条約によって制限されていた。他の北欧の国で一〇年以上滞在していた場合、その人は過去一〇年の間に、救貧法のもとで援助を受けておらず、投獄されてもいなかったと推定され、本国に送還することができなかった。これは、北欧社会市民権資格とはほとんどいえないものである。

北欧社会政策会議で、この種類の条約には、限定された議論のみがなされた。一般的な原則はもちろん議論されたが、技術的な問題や法的な面での設定は、専門家や公務員の小委員会に引き渡された。これは、社会政策の一般的な発展を反映している。一般的なレベルでの社会政策法制や改革のみが公の場で議論された。多くの、しばしば決定的に重要な詳細は、公開された民主的な議論の対象ではなく、上級公務員の閉鎖的な交渉の中で決定された。このような非政治化は、国家のために働く専門家に対して、北欧社会政策協力過程で、非常に高度な影響力を与えた。多くの場合、実際的な結果を確保したのは、実際的な解決策に焦点を当てて、緊密に連携していた専門家であるようだった。

北欧の社会政策連携の伝統は、ここで議論されてきた会議の前から存在していた。早くも一九一一年には、デンマークとスウェーデンの疾病保険基金の連携ができた。一九一九年からは、労働保険ではデンマーク・スウェーデン・ノルウェー間の互換性が存在していた。これらは北欧の社会政策会議外の協力の結果であった。しかし、一九二九年のコペンハーゲン会議では、既存の連携体制を強化し、社会政策会議を北欧協力の上級レベルとすることにした（Järnbrink 1968: 322-324）。この上部組織および異なる小委員会の設置という考えは、疾病保険と労働災害保険の会合のための北欧会議を統合することを意図していた。どちらの会議も何度か、たとえば北欧貧困条約の場合においてなど、北欧社会政策会議のための事務局のようなものを務めていた。

デンマークの疾病保険基金の関係者は、この組織変更に反対した（Petersen 2006: 86）。前述の北欧協力で、国家組織的利害を北欧協力より重視して、彼らは、疾病保険と労働者傷害保険の二つの分野は専門的見地からみて、類似性を持っていないと主張した。何かが変更されるべきならば、それは、せいぜい、時間と交通費を節約することを目的として、制度を調整するという問題であろう。デンマークの抵抗は、北欧レベルでは考慮されなかった。一九三〇年二月の労働災害保険の専門家北欧会議で、参加者は、いわゆる北欧社会保険会議として、一九三五年からこの統合を受け入れた（Järnbrink, 1968）。

## 7　新しいスタート——一九四五年以降

第二次世界大戦は、北欧社会政策会議を停止させた。デンマークとノルウェーの両国はドイツに占領され、後者はロンドンに亡命政府をおくことになった。フィンランドはソ連と戦争した。軍事戦略的重要性を持つアイスランドは、イギリス・アメリカと密接に連携する一方で、スウェーデンは中立国であった。このような状況下では、公式の会議を持つことは不可能であった。さらに、戦時中にはスウェーデン以外は、社会政策改革についてのすべての思考は放置された状態であった。

しかし、これは北欧内部ですべての社会的知識の移転が停止されたことを意味するものではない。前述したように、表面上の公式協力の下に、公務員や社会政策専門家間の個人的な関係の密なネットワークがあった。このようにして、デンマークとスウェーデンの社会政策家が、密接な接触を維持することも可能であった。たとえばデンマーク人たちは、一九四〇年代のスウェーデンの家族政策の議論（人口政策）についてよく知っており、興味を持ってこれに続いた。

戦争が一九四五年五月にヨーロッパで終わった後、正式な交渉がすぐに再開された。最初の北欧社会政策会議は同年にコペンハーゲンで開催された。会議は展望と留保の両方の時間にあてられた。北欧諸国に対する戦争の影響は国によって大きく異なっていた。ノルウェー、デンマーク、フィンランドは、占領と戦争行為を逃れ、まだ機能しうるインフラ構造を保有していたスウェーデンの後を「足を引きずって追いかける」状態であった（Nissen 1983）。同時にすべての国が、古い種類から新しい種類の社会への移行の時代としての戦後の概念に基づいた、将来についての刷新された確信を目のあたりにした。この確信は、北欧の社会民主主義政党の野心的な戦後プログラムのなかに照らし出されている（Wium-Olesen 1998）。

一九三〇年代に、社会民主党の関係者はいわゆるＳＡＭＡＫ協力を開始した（Blidberg 1994）。これは、もともとは国際的な労働運動内の共通の北欧戦線の形成に向けて方向づけされていたが、この協力は、戦時中には、より公式化された北欧協力の考えを発展させた。歴史研究では、共に不成功であった北欧防衛条約や北欧経済協力（NORDEK）の試みに焦点を当てている（Laursen 1994; Borring-Olesen 1994）。しかし、労働市場、社会政策、文化の分野でもより緊密な北欧協力の構想があった（Blidberg 1984; Hansen 1994: 133; Wendt 1987: 453）。このような発展は、特に著名な北欧社会民主主義者によって提唱された。

一九四五年以降、ＳＡＭＡＫ会議は、より公式な北欧サミットと並行して開催された。一九四五年および一九四六年の最初期のＳＡＭＡＫ会議の際に、より緊密な社会政策協力の可能性が議論され、今後の社会的立法上の調整に関する考えも提唱された。スウェーデン人（たとえばグスタフ・メーレル（Gustav Möller））は北欧協力の拡大を力説したが、一方、ノルウェー人は再び躊躇した。一九四六年一月のコペンハーゲン会議では、参加している社会民主党の政治家は、共通の労働市場の創出に努力することに合意したのみで、社会政策の分野での野心は、幅広い関心の宣言として表現されるに留まった（Petersen 2006: 86）。

政治家は一九四五年の後すぐに具体的な行動を取ることを一般的に躊躇していた一方、公務員ははるかに熱心だった（Sørensen, L. H. 1999; Wendt 1987: 456）。国家官僚の間での交換書簡は、社会政策専門家グループが北欧という概念について非常に前向きであったことを示すと同時に、この概念を社会改革のための国家的事業の仕事上のツールとして用いようとしていたことを明らかにしている。北欧協力は、北欧諸国の国内での社会政策論議に影響を及ぼすような北欧基準を設定していたのである。これは北欧社会統計のケースでも明らかだった。他のどのグループよりも具体的な行動を求めたのは、国家官僚機構内の専門家だった。

## 8　北欧の社会政策協力――一九四五〜一九五五年

北欧の社会政策会議は一九四五年秋に再開し、その後定期的に続いた。北欧会議は一九五三年に設立され、それ以降、社会政策に関する対話は正式に北欧理事会の下位に置かれた。しかし、同じ公務員が具体的な提案のための仕事を続けた。会議の組織体と内容は戦前のようだったが、社会政策に関する法制度が拡大するとともに、もっと議論すべき社会政策課題が登場したので、会談する内容もまた拡大した。

一九四五年から数年の間は、北欧協力が深化した時期だった。政治家や政治化した公務員の中で野心は成長し、これまで以上に北欧における社会政策上の相互互換関係の確立と制度の統一に向かって変化した時期でもあった。ストックホルムで一九四七年に行われた北欧社会政策会議で、スウェーデンの社会大臣グスタフ・メーレル（Gustav Möller）は開会にあたり次のように述べた。

「私たちにとって最も重要なのは、北欧で可能な限り統一した共通の社会保険と社会サービス部門を作るために、精力的に仕事を始めることだ。前提条件は個々の国で大きく異なるものであるし、これが長期的な仕事になることを私は知らないわけではない」(Petersen 2006: 87)。

メーレルは、北欧諸国の間での異なる社会や経済状態の相異が各国間での「社会政策上の歩調」の相異を意味するであろうことを認識していたが、彼の意見は、徐々に北欧の社会政策システムは均一化の方向に向かうだろうということだった（Ibid.）。

北欧共通の社会政策法制の構想は、北欧市民のために社会的権利の相互互換関係を提供し、これを拡大していくという実用的な解決策に道を譲って、すぐに断念された。デンマークに住むスウェーデン人は、社会扶助に関してデンマーク市民と同じ権利を獲得できるだろうし、逆もまた然りである。即時に導かれた結果は、一九五五年の社会保障条約へとつながった、数多くの相互互換協定だった。

最初のステップは、参加国が老齢年金の相互互換性に関する協定を締結した、オスロにおける一九四九年北欧社会政策会合で実行された（Nelson 1953: 489-490)。（年金受給の）唯一の要件は、過去五年間その国に住んでいたということだけになった。会議はさらに、相互互換関係を他の種類の社会扶助に拡大することで合意した。レイキャビクでのさらなる協議で、この互換性の対象となる社会扶助は、障害年金、疾病保険と家族政策の分野に拡張された（Ibid.: 486)。

表6-4　1945年から1955年に見られた公式の合意

| | |
|---|---|
| 1946年 | 失業保険基金間の移転の可能性（デンマーク・スウェーデン間） |
| 1949年 | 相互老齢年金に関する北欧条約 |
| 1951年 | 北欧貧困条約の改訂――償還廃止，送還制限 |
| 1951年 | 相互児童手当に関する条約（デンマークを除くすべての国） |
| 1953年 | 疾病保険基金間の移転に関する北欧条約 |
| 1953年 | 相互障害年金に関する条約 |
| 1953年 | 相互母親扶助条約 |
| 1955年 | 北欧社会安全条約 |

北欧の相互性を分野ごとに拡大する手続きに問題がなかったわけではない。多くの類似点はあったが、各国の社会保障制度は、完全に類似してはいなかった。デンマークは、たとえば児童手当（一九六〇年までは、これは減税として与えられた）制度をもっていなかったため、この分野で他国との相互性をもつことができなかった。場合によっては、この制度の違いが、善人と悪人を作り出し、個々の国で北欧の規格に合わなかった政策分野が非難されることとなった。これのもう一つの事例は、共通の北欧労働市場に関する議論であった。

## 9　共通の北欧労働市場

一九四五年九月にコペンハーゲンで開催された北欧社会政策会議で、各国の社会大臣やその部下の公務員が議論し、最終的には共通の北欧労働市場を設置することで合意した（Anderson 1994: 74-75; Johansson & Bergström 1999: 17-18）。

これは、法制化されたならば、他の社会政策分野での波及効果につながる可能性がある北欧協力の重要なステップだった。国家再建が労働不足によって脅かされることを恐れて、ノルウェーとフィンランドが参加しないことを選択し、最終的に、この条約はスウェーデンとデンマークのみが批准した（Wendt 1979: 149）。共通労働市場の考えを支持するために、デンマークとスウェーデンは国民失業保険基金の組合員のための共同合意をした。この合意は、他の国に移動し再び戻った場合でも、組合員が保険制度によって取得した権利を保つことができることを意味し、この基金のすべての組合員の九〇%以上を対象とした。ノルウェーとフィンランドは、労働市場当局間の実際的な協力に参加したが、この合意には加わらなかった（Johansson & Bergström 1999）が、一九五四年に、新しい条約がすべての北欧諸国を含んで作られた（Wendt 1979: 149）。

## 10　内部競争

一九四四年、デンマークの社会政治家ヘニング・フリース（Henning Friis）は、「社会競争における北欧諸国」と題する特集記事を公表した（Friis 1944）。この題名は、北欧の社会政策協力は知識の相互交流のみならず、競争的要素が含まれていることを示唆している。国際ランキングのようなものを見る時、こんにちでもほとんどの北欧市民は、「自国スコアは北欧内の隣国に比べてどうだろうか」と即座に考えるだろう。ヘニング・フリースの記事では、このような考え方は、いくつかの理由から国家官僚にも馴染みがない訳ではないということを描いている。第一に、国家の威信の問題である。一九三〇年代の社会的進歩性は、国際的な北欧のトレードマークであった。第二に、北欧内比較は、国内の政治的な議論と改革作業の際に使用することができた。自国が他の北欧諸国に遅れをとっていることを指摘することそれ自体が、新しい福祉改革の提案のための正当な理由となりえた。第三に、社会的知識と社会政策的な模倣の移転過程では、誰が主導しているのかなどの傾向を評価することが重要である。

競争と比較の要素は、北欧諸国間の議論において繰り返し登場した。たとえば、北欧社会政策会議でどの議題を議論すべきかの議論が、それである。これは、国家のプライドに関する感情と、国家の後進性を晒すのを避けたいという気持ちに関係している。競争のなかで最も明白な例は、やはり一九四六年の共通北欧社会統計の設置であろう。統計が完全に比較可能であることを確保するために、これだけ多くの資源を投入した重要な理由の一つは、実際に競争に勝った者を決めることであった。

競争的な要素は、ストックホルムで開かれた一九四七年北欧社会政策会議でも目立っていた。議論では、北欧諸国内での順位が明確に意識されていた。たとえば、アイスランドの社会大臣であるステファンソン（Stefanson）は、ためらうことなくこう述べた。

「我々は、スウェーデンから多くの刺激を受けているし、現時点で北欧諸国のなかでナンバーワンであるこの国から学べることをうれしく思う」（Petersen 2006: 90）。

この発言は、通常の儀礼的な意味合いだけではなかった。この内部比較とランキングづけは、北欧の政治家や公務員にとって、社会政策分野での自然な比較とは、北欧諸国間の比較であったことを示している。この考え方は、北欧とその外側の国々との比較においても強化されることとなった。北欧の政治家や公務員は、何度か北欧モデルとその他を対比した。一九四七年にアイスランドの社会大臣であるステファンソンは、アイスランドが一般的な北欧の社会政策の発展のなかで遅れをとっていると認識していたにもかかわらず、彼は引き続き、「北欧諸国の社会政策の発展のためには、比較可能で、そこから他の国々も恩恵を受けられる、北欧諸国の社会政策の発展の包括的評価を作成するべきである。私としては、社会政策法制では、北欧諸国は最高ランクに到達していると考える」と提案した。六年後に、ステファンソンの提案は、『社会と福祉（*Social and Welfare*）』（本章の冒頭の引用を参照）が出版されたことによって、実現された。

しかし、これらの競争への欲求を最も明確にしたのは、一九四六年の共通の北欧社会統計を構築することの決定であろう。社会政策の分野での緊密な協力が、比較可能な社会統計への願いを発展させた。一九三九年の北欧社会政策会議で、参加国は以下のことに合意した。

「異なる国における法制度の効果について相互に情報を提供する目的のためには、各国が、異なる社会政策領域における支出の分類や国家と被保険者と雇用者の財政負担の分担方法などに関して、可能な限り同じ形にした、各国の社会支出の年度報告を提供することができると望ましい。この領域での統一性の構築に関する大きな問題を考慮して、会議では、次の社会政策会議でこれを解決するために、各国が個別に、または国家間で問題を議論することを決定した。」（Friis 1996: 9）

第二次世界大戦が起こったために、この北欧統計の実施には時間がかかった。しかし一九四五年に会議が再開すると、デンマーク人は、このような北欧統計のためのガイドラインを設定する議題のために、専門委員会を設置したいと考えた。ヘニング・フリースの説明では、デンマークと自分が創始者だとしている。デンマークの強い願望は、当時、デンマーク国内の政治的目的のためにこの比較をうまく使えたという事実に起因していた可能性がある。スウェーデンの社会政策上のリーダーシップは疑いのないものだったし、ノルウェーとフィンランドは国家再建に集中していた。前述のように、アイスランドは北欧のランキングの最下位の位置を受け入れているように見えた。

ほとんど公務員で構成されていた専門家委員会は、オスロ開催の一九四九年北欧社会政策会議で草案を発表した（Petersen 2006: 92）。草案には共通で比較可能な社会統計を開発するためのガイドラインが含まれていた。それは好評で、正式にヘルシンキ開催一九五一年の会議で、すべての参加者に受け入れられた（Friis 1996: 12）。

比較福祉国家の研究者たちが熟知しているように、社会法制に関するデータを比較することは決して容易ではない。また、北欧の専門家にとってもそれは同じであった。第一の問題は、社会支出のための比較可能なデータを設定することであった。北欧の社会統計のための野心は、個々の国が同じ問題に対して、異なる解決策を決めていた場合において、明確な分類を確立することであった（NOSOSKO 1951）。需要が分類の組み立てのための原理として選ばれ、社会手当とサービスが、病気、労働災害、失業、老齢、障害、家族や子ども、社会扶助や戦争による被害などの「需要による分類」に分けられた。次なる問題は、国の社会保障制度の財政構造の違いをどのように扱うかであり、解決策は、国税および地方税、雇用者の負担や保険料を区別することだった。そして最も主な問題は、提供される社会的な支援とサービスの質を、どのように評価するかであった。高い社会的支出は、高い志の結果なのか大規模な社会問題のせいなのか、また、給付の実際の現金価値は、物価水準の違いに連動させるべきなのか否かということが問題になった。

一九五〇年代初頭、社会統計学者は、統計値を当該国の生計費に連関させて調整することを計画していたが、これはすぐに国民総生産に連関させる、より管理しやすい解決策が生まれたことで放棄された（NOSOSKO 1957）。この種の比較は、一九四七年から行われている。さらに、社会支出の統計的説明は、たとえば、特定の分野での社会手当を受ける者の数や給付水準をカバーする大規模な調査によって、補完された。しかし、各国は、類似性を示しているにもかかわらず、いくつかの技術的差異点を示していたので、これらの説明は完全に比較可能ではなかった。しかし、高い支出の原因が、高い志によるものか、または社会的な問題によるものかを説明するような、支出に関する重要な注釈として機能した。

専門家委員会ＮＯＳＯＫＯ（Nordisk socialsatistikkomite）は、北欧社会政策会議の恒久的付属機関へと発展した。ＮＯＳＯＫＯは定期的に、北欧の社会的支出比較をより定性的なデータで補完する、いわゆるハンドブックを発行した（Friis 1996：59-62）。これは国家の社会政策的な発展を相互に方向づけるこれまでの伝統の制度化と見られ、福祉の北欧モデルの想像力の創出のために重要であった。

## 11　貧困に関する法制から社会保障へ

たとえば、老齢年金の分野での相互互換関係に関する合意の事例を含む一般的なパターンに続いて、一九二八年に作られた北欧の貧困条約も一九五一年に改訂された。新条約は、さらに本国送還の可能性を制限し、償還制度を廃止した。新しく設立された北欧会議と、一九五三年にコペンハーゲンで開催された最初の首脳会議では、いわゆる北欧社会保障条約という、すべての社会政策分野をカバーする、全く新しい条約を発議することが決定された。その成果物は、一九五五年九月にコペンハーゲンで開催された北欧の社会政策会議で、五人の社会大臣によって署名された。これは、包括的な条約だった。

この条約は、老齢、労働能力の減少、疾病、事故や職業病、失業、妊娠や出産などの場合に、本人および子ども、遺族、ニーズのある者に、現在の社会法制によって各国が供与する給付に関するものである。

この提案は、北欧の社会民主政党および労働運動と方向性が合致していた（Sørensen, L. H: 1999）。デンマークの社会民主党の党内報（*Socialdemokratiske Noter*）は、この新しい条約を「北欧の大きな進歩であり、北欧の市民は、他の北欧の国に移動しても、同国の市民とまったく同じ社会的権利を享受できることを意味する」（*Socialdemokratiske Noter* 1954-55, No. 3-4: 212）と評価した。ただ同時に、これにより、「コップが一杯になった」ことも強調されるべきである。数人の社会政策の専門家、公務員や社会民主主義政治家は、一九四五年直後に、さらに前に進み、実際に共通の社会法制と制度の一致を作り出そうという野心を表明していた。しかし、このような発展は十分な政治的支持を得られず、制度的慣性のなかに埋没した。

## 12　国内と北欧の利害

どのようにして、社会政策における北欧路線は作成されたのだろうか。はじめに、北欧社会政策会議での議論を見ていると、政策は、過去を参照して作成されているかのようにみえる。類似点が確立されると、それは北欧と名のつく何ものかに変わった。第二に、これは常に合意の過程ではなかった。北欧の相互互換協定および協力につながる政治過程を詳しくみると、多くの場合、実際的な問題、国の利害、および政治的意見の相違が示されている。前述したように、一九二〇年から一九二一年に社会政策協力を、一九四五年から一九四六年に共通労働市場を議論する際がそうであった。しかし、また他の事例が存在する。

普遍主義と非常に限定された最小限度のニーズ調査は、多くの場合、北欧福祉国家モデルの特徴として強調されている。しかし、最近の歴史研究はこれを疑問視し、普遍主義の概念は非常に争われてきたものであると同時に、議論の余地があるとされていたことを指摘している。グスタフ・メーレルが主導して、すべてのニーズおよび所得調査の廃止を主張したストックホルムでの一九四七年北欧社会政策会議の事例でもそうであった（Petersen 2006: 94）。彼はそれが非常に限定的な社会支出の増大にしかつながらず、その他の費用の大部分は、累進課税制度に飲み込まれて税となって還元され、また、相当な行政の事務負担の軽減につながると強調した。メーレルは「心理的な過ち」を所得調査の特徴とする。ノルウェーとアイスランドは、スウェーデンのような給付に関わる所得調査の廃止までは行っていなかったが、社会大臣、ステファンソンとオフテダル（Oftedal）は、メーレルの考えに同意した。フィンランドの大臣マンニオもまた、メーレルの考えには同意したが、彼は、「私たちフィンランドは通常、時にはあまりにも機械的に、スカンジナビアの方向に従っているが…（中略）…ここではこれに従い、フィンランドの社会政策におけるニーズテストを廃止する訳にはいかない」理由を説明する義務を感じた（Ibid.: 95）。フィンランドは、今ここで所得調査を放棄することができなかったとしても、その長期的な目標は明確だった。それは他の国（スウェーデン）に従うことである（Kettunen 2001）。この場合、デンマークは異なる方向を守った。指導的な立場にいた公務員H・H・コッホ（H. H. Koch）は、テストを廃止した場合には限られた財政への影響しかないとするメーレルの議論については非常に疑問視しており、それがどうあれ、それがやるべきことであると世論を納得させることは非常に困難であろうと思っていた。コッホにとっては、全員に同じ老齢年金を支給するということは、より低い年金しか支給しないということと同じだった。デンマークの経験に基づいて、彼は「所得調査を廃止するべきとは思わないし、老齢年金の分野でこれを維持するのが完全に間違っているとも思わない」（Petersen 2006: 95）と締めくくった。普遍主義と定額給付に関しては、三つの意見があった。それはすなわち、グスタフ・メーレルの躊躇ない所得調査廃止論、オフテダル、ステファンソン、マンニオの長期的には受け入れる姿勢（そうする余裕ができたとき）と、コッホの廃止を棄却する考え方であった。

同じような国家間の意見の相違は、失業保険の分野でも存在した。一九四〇年代と一九五〇年代にデンマーク、フィンランド、スウェーデンが任意のゲントシステムが良いと強く主張したのに対し、ノルウェーは、自らの強制保険のシステムを擁護した（Johansson & Bergström 1999: 26-35）。

国益保護の最後の事例は、社会的な研究のための共通北欧研究所の不成功である。デンマークでは、一九五三年秋に社会民主党政府が、社会調査研究所を創設するという社会政策専門家からの要求に応じることにした（Friis & Petersen 1998: 15-17）。デンマークの社会省は、彼らがいかにそのような課題に対処したのかを聞くために、スウェーデンとノルウェーの社会省に連絡を取った。スウェーデンは、いくつかの機関で、社会的な研究を行っており、新たな取り組みを計画していなかったことを、ためらいがちに答えた。ノルウェーは、このような研究の必要性を強調し、社会研究のための共通の北欧の研究所を設立することを提案した（Petersen 2006: 96）。唯一の問題は、デンマークの社会政策の専門家は、この北欧的な解決志向に興味がなかったということだった。彼らは研究について、非常に特別なデンマークの背景を強調し、デンマーク自身の機関を望んでいた。「たとえば、デンマークとノルウェーの農村部の違いは、ノルウェーの農村自治体の研究から得られた結果であり、デンマークでの実用利用はほとんど不可能であることを意味する」(Ibid.)。デンマークの非社会主義の政治家は北欧の研究所に対してより同情的だったが、これは北欧協力への熱意からだけでなく、主に、より影響力があり、コストのかかるデンマークの研究所が不要になると考えていたからだった（Friis & Petersen 1998: 15-21）。このような理由から、この案は、二年ばかりデンマークで議論の対象として生き残ったが、徐々に何十年も存在してきた非公式な協力の志向に転換した。最終的には、デンマーク国立社会研究所は一九五八年に設立され、北欧機関設立の思惑のすべてに終止符を打った。

これは、このような緊密な協力が問題や制限がなかったわけではないことを明確に示している。北欧の福祉を構築することは容易ではなかったのである。

## 13　北欧協力と政策の相互互換性

北欧の社会政策上の協力の結果は、北欧の統一性を進めるというより、北欧の社会的権利の分野で相互互換関係を作ったということであった。二〇世紀前半には、北欧諸国は協力と社会的権利の互換性に関する合意に達した。協力のもう一つの成果は、北欧諸国の社会政策に関する国家行政の、大臣から公務員までの、公式・非公式での、非常に強い連携であった。これは北欧社会政策連携を推進する上で決定的な要因となった。さらに、緊密な関係と高度に制度化された協力は、福祉の北欧モデルの構築のために重要であった。社会についての継続的な知識交流、相互互換性と北欧内部の比較を通じて北欧的な何かを参考にすることが自然となった。国家の社会政策の発展は、永続的に北欧モデルと比較された。一九四五年からは、特に社会民主主義者のなかで、これは、すべての国で明らかであった将来の福祉国家への想像につながった。この文脈において、「北欧モデル」はますます政策を生み出すことになった。国家間の社会政策上の競争が存在し、他の北欧諸国への言及は、国内の社会政策上の議論において正当な根拠であった。これらすべてが北欧外で北欧モデルを推進することを通じて、強調されるようになった。

北欧における協力を相互互換性から共通の北欧社会法制へと発展させようとする、いくつかの試みがあった。一九四五年の直後の段階で、いくつかの政治的アクター、特に社会民主主義者は、北欧でのより緊密な社会政策上の協力の願望を表明した。そして、一九五三年にも、このような考えは存在した。

長い間ユートピアと考えられた、共通の北欧社会的市民権という、より野心的な概念は、実際的な政策の範囲内に急速に近づいている。もし実現したら――まだ克服しなければならない困難があるが――、それは確かに北欧の歴史のなかでマイルストーンを提示するだろう（Nelson 1953: 493）。しかし長期的な歴史的観点からは、北欧市民に自国民と同等の権利を与えた社会保障に関する一九五五年条約が最大のものを与えたと思われる。より野心的なアイデアは各国の優先度、イデオロギー的抵抗や実際上の、制度的な困難を原因として行き詰まった。

本章では、福祉の共通の北欧モデルを構築しようとする試みに焦点を当てている。その根本にあった議論は、それが、北欧各国の国家的福祉政策の発展のために重要であり、そしてそれは、特にこれほど似通った方向性をもつ北欧各国の国家的福祉政策の発展のために重要であったということである。言い換えれば、前述に引用した北欧のレトリックは、実際の結果と一致していないのではないだろうか。本章は、北欧レベルが各国の政策過程に如何に影響を与えたかについての詳細な議論を避けてきた傾向がある。このような北欧の影響の事例はいくつか挙げられているが、一般的な評価は、北欧各国についてのより詳細な研究に依存している[7]。このような研究は、たとえば、自国がさまざまな分野で北欧の規格に到達できていないことを主張するときのように、国民の福祉政策上の議題を設定する際に、北欧の規格をどのように参照し、使用してきたのかに関する研究を含むことになろう。もしくは、北欧協力が、どのように、実際の福祉改革の準備委員会の仕事の一部となっていたかについての研究を含めるべきである[8]。しかし、このような体系的な調査は、本章の範囲内で可能ではなかった。

しかし、それでもまだ、本章で紹介した分析は、北欧というものの各国への影響についての詳細な研究が価値ある仕事であることを、強く示している。まず本章は、北欧協力が、各北欧福祉国家が強い類似性を発展させるより以前に始まったことを示した。北欧の社会政策協力成立前にはかなり異なっていた北欧各国の社会保障制度は、北欧政策協力後には、どちらかというとかなり類似するようになった。第二に、伝統的に一国の福祉国家の発展に影響力のあるエージェントとして描かれた指導的公務員と一部の政治家が、北欧レベルでは例外的かつ公式化された協力関係を、いかに発展させたかを示している。第三に、本章では、どのように共通した北欧の社会政策の考え方が、幾度かにわたって提唱されたかと、どのように各国の政策が北欧の相互互換性の考え方に適合させられたかを示している。影響力のあるデンマークの社会政策理論家フレデリク・ツォイテン（Frederk Zeuthen）の言葉で要約すれば、「私たちがお互いから学べば、恐らく同じように成長するようになり、これは結果的に将来の実際上の協力を容易にする」（Zeuthen 1926: 353）。本章では、これが福祉の北欧モデルを理解する上で重要であると、主張しようとしてきた。福祉政策の形成に関していえば、北欧諸国を個々のケースとして扱うことはできないのである。

**注**

（1）Stråth（1993）は、「北欧モデル」の概念が使われるようになったのは一九八〇年代からだと言及した。これは事実であろう。しかし、時代錯誤に陥ることなく、北欧社会政策協力に参加した人々は、実際、彼らが創造したものを「一つのモデル」とみなしていたと主張することは可能である。このように、一九四九年に、北欧諸国代表団は国連の会合において「西欧諸国に対するモデルとしての北欧社会政策法制」を発表した（the Norwegian newspaper *Vårt Land*, 一九四九年八月三〇日を引用。筆者による翻訳）。

（2）北欧安全保障条約の発想は一九四九年に破棄された。北欧経済貿易市場（NORDEK）の発想も一九七〇年に破棄された（Borring-Olesen 1994; Laursen 1994, 参照）。

（3）ノルウェーの新聞であるDagbladet（一九二一年三月一六日、七月七日、一一月一一日）、参照。

（4）Dagbladet（一九二一年二月一九日）、参照。

（5）アイスランドに関しては、アイスランドとデンマークが同盟を形成していたという事実によって、この手続きは複雑になっていた。

（6）本節は、スウェーデン、ノルウェー、デンマークの資料から受けた一般的印象を基にしている。

（7）Melby et. al.（2000）は、北欧協力が一九二〇年代の北欧諸国の「婚姻法」改革をどのように決定していったかを示した。Kettunen（2001）はフィンランドの社会政策をめぐる議論におけるノルデンの強い影響を指摘した。デンマークの事例については、Petersen（2002), Christensen（1998), 参照。また、本書のÅmark & Lundbergによる第一章、Christiansen & Petersenによる第二章も参照。

（8）Lægreid & Petersen（1994: 272）は、これが一九七〇年以降の時期には部分的にしか当てはまらないこと、を示している。しかし、北欧的方向性は、一九二六年から一九七〇年の時期の方がより強かったと思われる。

**参考文献**


Anderson, J. A.（1994）*Nordiskt samarbete. Aktörer, idéer och organisering 1919-1953*, Lund: Statsvetenskapliga institutionen, Lunds universitet.

Baldwin, P.（1990）*The Politics of Social Solidarity. Class Bases of The European Welfare State 1875-1975*, Cambridge University Press, Cambridge.

Blidberg, K.（1984）*Splittrad gemenskap: Kontakter och samarbete inom nordisk socialdemokratisk arbetarörelse 1931-1945*,

Almqvist & Wiksell, Stockholm.

Blidberg, Kersti (1994) "Ideologi och pragmatism. Samarbetet inom nordisk socialdemokratisk arbetarrörelse 1930–1955", *Den Jyske Historiker,* 69–70.

Borring-Olesen, T. (1994) "Brødrefolk, men ikke våbenbrødre. Diskussionerne om et skandinavisk forsvarsforbund 1948–1949", *Den Jyske Historiker,* 69–70.

Childs, M. W. (1936) *Sweden. The Middle Way,* Faber, London.

Christensen, H. R. (1998) "Socialist Feminist and Feminist Socialists in Denmark 1920–1940", in H. Gruber & P. Graves (eds.) *Women and Socialism — Socialism and Women. Europe between the Two World Wars,* Berghahn, New York & London.

Christensen, J. (1998) *Socialpolitiske strategier 1945–1972: En undersøgelse af udviklingen i de politiske aktørers socialpolitiske målsætninger og dens betydning for de sociale udgifter,* Odense University Press, Odense.

Christiansen, N. F. & K. Petersen (2001) "The Nordic Welfare States. A Historical Reappraisal", *Scandinavian Journal of History,* 26.

*Dagbladet, various articles from spring 1921.*

Friis, H. (1944) "De nordiske lande i social kappestrid" *Samfundets Krav* 44.

Friis, H. (1996) "Hvordan det begyndte", in NOSOSKO, Nordisk socialstatstik 1946–1996, Copenhagen: NOSOSKO.

Friis, H. & K. Petersen (1998) *Socialforskningsinstituttets forhistorie og første år,* Copenhagen: Socialforskningsinstituttet.

Hansen, S. O. (1994) "Foreningerne Norden 1919–94 — ambisjoner og virkelighet", *Den Jyske Historiker,* 69–70.

Howe, F. (1928) *Denmark: A cooperative commenwealth,* Harcourt Brace, New York.

Hilden, A. (1994) "Nordisk lærerindesamarbejde omkring 1900", *Den Jyske Historiker,* 69–70.

Järnbrink, H. (1968) "Nordiska Socialförsäkringsmöten 1907–1964. Ett försök till historik", *Tidskrift för allmän försäkring,* 61.

Johansson, A. L. & J. Bergström (1999) *Samarbeta och nordisk nytta. 50 år av nordiska arbetslöshetsförsäkringsmöten,* Nordiska ministerrådet, Stockholm.

Johansson, P. (2005) "Norden ett Atlantis? Nationellt och nordisk i det svensk-norska socialpolitiska samarbetet fram till mellenkrigstiden", in Ø. Sørensen & T. Nilsson (eds.), *Sverige och Norge under 200 år,* Carlssons, Stockholm.

Karvonen, L. (1981) "Med vårt västra grannland som förebild", *En undersökning av policydiffusion från Sverige till Finland,* Åbo Akademi, Turku.

Kettunen, P. (2001) "The Nordic Welfare State in Finland", *Scandinavian Journal of History,* 26.

Korpi, W. (2001) "Contentious Institutions. An Augmented rational Actor Approach to the Stability and Change of Welfare State Institutions", *Rationality and Society*, 13.

Laursen, J. (1994) "Fra nordisk fællesmarked til Helsingfors Konvention - nordisk økonomisk samarbejde, 1945-1962", *Den Jyske Historiker*, 69-70.

Lægreid, P. & O. K. Pedersen (eds.) (1994) *Forvaltningspolitik i Norden*, Jurist- og Økonomforbundets Forlag, Copenhagen.

Melby, K., A. Pylkkänen, B. Rosenbeck & C. C. Wetterberg (eds.) (2000) *The Nordic Model of Marriage and the Welfare State*, Nordisk Råd/Nordic Counsil, Copenhagen.

Musial, K. (1998) *Tracing the Roots of the Scandinavian Model. Images of Progress in the Era of Modernisation*, European University Institute & Humboldt-universität, Florence & Berlin.

Nelson, G. R. (ed.) (1953) *Freedom and Welfare. Social Patterns in the Northern Countries of Europe*, The Ministries of Social Affairs of Denmark, Finland, Iceland, Norway and Sweden, Copenhagen.

Nissen, H. (ed.) (1983) *Scandinavia during the Second World War*, Universitetsforlaget & University of Minnesota Press, Oslo & Minneapolis.

NOSOSKO (1951) *Samordning af de nordiske landes statistik vedr. den sociale lovgivning. Betænkning afgivet af den af de nordiske socialministre nedsatte ekspertkomité*, 1. del, NOSOSKO, Copenhagen.

NOSOSKO (1957) *Coordinated Statistics of Social Welfare in the Nordic Countries*, NOSOSKO, Copenhagen.

Petersen, K. (2002) "Fordelingspolitik, samfundsøkonomi og organisationsinteresser — den danske arbejderbevægelæse og spørgsmålet om tillægspension 1963-1990", *Historisk Tidsskrift*, Vol. 102, No. 1, pp. 126-168.

Petersen, K. (2006) *Construction Nordic Welfare ? Nordic Social Political Cooperation 1919-1955*, Museum Tusculanum, Copenhagen.

Rodgers, D. T. (1997) *The Atlantic Crossings. Social Politics in a Progressive age*, Belknap Press, Harvard.

Rosenbeck, B. (1998) "Nordic women's studies and gender research", in D. van der Fehr, B. Rosenbeck & A. G. Jónasdóttir (eds.) *Is there a Nordic Feminism ? Nordic Feminist Thought on Culture and Society*, UCL Press, London.

Rosenbeck, B. (2001) "Modernization of Marriage in Scandinavia", in S. Sogner & G. Hagemann (eds.) *Women's Politics and Women in Politics. In Honour of Ida Blom*, Cappelen, Oslo.

"RL" (1928) "Nordisk Socialpolitisk Samarbejde", *Socialt Tidskrift*, vol. 2, part A, No. 11.

*Scandinavian Journal of History* (2000) No. 3 (special issue on The Nordic Welfare State 1900–2000).

Seip, A.-L. (1984) *Sosialhjelpstaten blir til. Norsk sosialpolitikk 1740–1920,* Gyldendal, Oslo.

*Socialdemokratiske Noter,* 1954–55.

Steincke, K. K. (1953) "Lidt om dansk sociallovgivning", in N. Jørgensen (ed.), *Hvad er det at være dansk ? 30 Indlæg og en Række Citater samt en efterskrift,* Gyldendal, Copenhagen.

*Stockholms Dagbladet,* November 21, 1929.

Strang, J. (eds.) (2015) *Nordic cooperation. A European region in transition,* Routledge, London.

Stråth, B. (1993) "Den Nordiske Modellen. Historisk bakgrund och hur talet om en nordisk modell uppstod", *Nordisk Tidsskrift* 69.

Sundelius, B. & C. Wiklund (eds.) (2000) *Norden i sicksack. Tre spårbyten inom nordiskt samarbete,* Santérus, Stockholm.

Svensson, T. (ed.) (1986) *De nordiska arbetarkongresserna under 100 år,* SAMAK, Stockholm.

Sørensen, L. H. (1996) "Norden som idé og praksis. Den danske Foreningen Nordens rolle som politisk-ideologisk pressionsgruppe 1940–1960", *Historie,* 23.

Sørensen, L. H. (1999) "Mange slags Norden. Den politiske debat om nordisk samarbejde 1956–1958", *Historie,* 26.

Sørensen, Ø. & B. Stråth (eds.) (1997) *The Cultural Construction of Norden,* Scandinavian University Press, Oslo.

*Vårt Land,* August 30, 1949.

Wendt, F. (1979) *Nordisk Råd 1952–1978. Struktur-arbejde-resultater,* Nordisk Råd/Nordic Council, Copenhagen.

Wendt, F. (1987) "Hans Hedtoft og det nordiske samarbejde", *Nordisk Tidskrift,* 63.

Wium-Olesen, N. (1998) "Planer for velfærd. Sammenlignende studie af de nordvesteuropæiske socialdemokratiers efterkrigsprogrammer", *Den Jyske Historiker,* 82.

Zeuthen, F. (1926) "Socialforsikringen i de nordiske lande", *Social Tidsskrift* (Denmark) 2 (pt. A).

Østergaard, U. (1997) "The Geopolitics of Nordic Identity—From Composite State to Nation State", in Ø. Sørensen & B. Stråth (eds.) *The Cultural Construction of Norden,* Scandinavian University Press, Oslo.

（クラウス・ペーターセン）

# 第Ⅱ部　多様な福祉政策的側面からみた北欧モデル

# 第7章　北欧モデルにおける普遍主義[1]

## 1　普遍主義の概念

一般的に普遍主義の原則の採用に特徴づけられたスカンジナビア、または北欧福祉モデルやタイプ（あるいは体制）が存在するという意見に、我々は基本的に賛同する。我々が議論する問題は以下の通りである。普遍主義という言葉によって意味されるものは何か。いつから普遍主義の（明確に定義された）原則が北欧福祉国家に埋め込まれるようになったのか。なぜ、アイスランドを多少の例外として、普遍主義がスカンジナビアと北欧で重要となったのか。この原則を誰がどのような主張で推進したのか。普遍主義は、いまだに北欧国家における近年の社会福祉政策改革の、大きな構成要素となっているのかどうか、である。

### （1）普遍主義とは

普遍主義とは、ある種のことすべてに関わる一般性や全体性を意味する。この概念はヨーロッパにおけるさまざまな伝統的考え方において中心的であった。神学のなかでは、普遍主義は、（特に、カルバン主義の予定説に反対する）すべての魂が最終的に救済されると主張する宗教的観点を包含している。道徳哲学においては、この概念は、特定の伝統、文化あるいは関係性から独立した、普遍的妥当性をもつ諸原則を肯定する種々の道徳理論を意味している。社会学では、普遍主義は、第一義的に、タルコット・パーソンズ（Talcott Parsons）が指摘した、一九世紀に特定の集団の構成員資格に取って代わった市民関係の普遍化に関係づけられる。政治学の領域では、普遍主義の原則は、一八世紀に規定された人権の概念のなかに初めて現れた。福祉政策における分配の原則としての普遍主義は、一九世紀より議論されてきた。それは、平等と再分配に関連づけられたが、福祉政策における普遍的概念は、やや曖昧なまま残された。普遍的福祉政策は、補充的な個別のミーンズテストを伴うような貧しい人を対象とした選別的政策としばしば対比される。しかしながら、選別的政策のなかにも、保険ベースの自己負担の伴う政策が含まれることを念頭に置くことが重要である。それは、自立できない個人を対象としたプログラムとともに、働いている人々だけに限定されたプログラムを含んでいる。一般的にいえば、福祉政策と福祉理論の領域での概念的な混乱は顕著である。普遍主義に関しては、その概念の多義性は、部分的にはその原則の（少なくとも）二つの次元の合成によるものである。この二つの次元とは、「構成員」と「配分」である。

### (2) 構成員

少なくとも今までのところ、民主的なガバナンスは国民国家と密接に連関させられている。立憲民主主義国家がすべての市民に、法の下の平等と平等な政治的地位を保障するように、普遍的福祉国家の主要な特質はサービス対象となる国民の割合の高さである。人々は特定のコミュニティのメンバーとなることで社会権を与えられる。社会の構成員は、すべて権利として福祉政策の恩恵を受けることができる。しかしながら、これは条件付きでなければならない。政治的に定義された、多かれ少なかれ厳しい参加基準のある、福祉政策を必要とする状況を表す、国民内の特定のカテゴリーの構成員（たとえば、幼年者、高齢者、病者、子どものいる家族など）は、すべてカバーされている。文字通りに解釈すると、北欧諸国では、普遍的な給付はほとんど存在しない。一定の年齢に達するまでの子ども（ノルウェーでは一八歳）のいるすべての家族に与えられる家族手当または児童手当や、老齢年金などが最も普遍的な給付とされる。

「すべての構成員」や「全員」といった言葉もまた別の意味で曖昧である。それはある時には「すべての市民」（Kuhnle 1990: 15; Hatland 1992: 23 & 2001: 35）を、また、別のある時には「すべての住人」を指す。「北欧諸国は、居住を基本とした給付金とサービスを、所得に関連づけた社会保険プログラムと組み合わせて、社会的保護の普遍的モデルを構築してきた」（Palme 1999: 9）。居住者を対象とすることは、明らかに最も包括的な原則であり、移民や外国人労働者に寛大である[2]。普遍的福祉国家内の構成員の複雑な定義が生み出したこの規範的混乱のために、福祉国家間では社会的保護のシステムのなかに重大な隙間を生み出しかねない[3]。移住の増大する世界で、これらの隙間はすべての民主政府、特に普遍性を唱える福祉国家の正義の原則に対する深刻な規範的挑戦である。

### (3) 配　分

しばしば、給付金配分では「普遍性」と「裁量性」との間の区別が行われる。後者は、選別的政策と屈辱的で誠実さを疑う調査をもとに申請者の資格の可否を決める管理者に関連づけられる（Rothstein 1998: 21）。しかしながら裁量的な配分なしでは、包括的な普遍的福祉国家は成り立っていかない。当然のことながら、所得移転や所得支援よりもサービスの供給においてより裁量的となっている。確かに、所得保障の観点から見れば、理想的で典型的な普遍的配分は、無条件で全員に支給される均一な「ベーシックインカム」のような無条件のものである。それはどの国でも実施されていない。すべての社会給付金はカテゴリーベースだけでなく、さまざまな専門的な裁量によって決められる。たとえば、疾病手当または障害者年金といった給付金制度において疾患者や障害者のカテゴリーに入るためには、多かれ少なかれ、「強い」か「弱い」の程度の差こそあれ、裁量的な査定を受けなければならない（Dworkin 1977）。このような査定は健康保険と社会的ケアサービスの供給において、より広範囲に適用されている。管理人が標準化されていたりいなかったりする基準を使い、クライアントや患者の間に多くの優先順位をつけるという事実は、明らかに福祉国家の社会権を弱め、したがって、利益配分の普遍性を弱める。しかしながら、すべての人の基本的な保障を確保するだけでなく、残酷な不運による社会的かつ自然発生的な不平等に対して補償することも目的とする福祉国家は、非経済的なニーズに関する裁量的な評価をもとに給付を配分せざるを得ない。三〇年前にティトマス（Titmuss）が指摘したように、普遍主義は、それ自体だけでは、医療、賃金が関連する社会保障、教育において十分ではない。このことを、我々はこの二〇年間で、所得と富の配分の不平等についての事実から学んだ（Titmuss 1968: 134-35）。

ティトマスは、これに従って、所得の維持、住宅、医療、教育などにおいて、「積極的選別的差別」、つまり、ニーズの複雑で専門的・裁量的な評価を組み入れた普遍的政策の特定基盤づくりを提唱した[4]。

さらに、標準化されたサービスさえも、法的あるいは公的な権利が示す理想的な「即時の」普遍的な基準には足りないものに従って、配分されるかもしれない。法的義務の充足あるいは履行は、資源の不足、不十分な組織、多かれ少なかれ意図的でバイアスのある配分によって遅延するかもしれない。ほとんどのサービスは、実際上、配給制となっており、サービスを求める者は（たとえば高額な、または特別な治療法を受けるために）何日何年と待つ行列に入れられてしまう。一部には、医療のために列をなす問題への答えとして、治療費に市場価格を導入する民間の医療センターの育成という流行があった。その上、スカンジナビアで広く普及しており、取るに足らない程度から市場価格にとどく範囲までの幅がある利用費の導入は、北欧福祉制度における配分の原理としての普遍性原理を弱めることに貢献している（Øverbye & Bleksaune 2002）。ニーズの評価が「客観的」か「裁量的」かの違いは、普遍主義と選別主義の政策の区別にとっては本質的な問題ではないということが、前述の議論に続くこととなる。しかしながら、ニーズの種類の区別は重要である。福祉国家の基本的な機能は、社会的リスクから構成員を保護することである。北欧福祉国家発展の特徴は、失業や病気などの増加するリスク数を公的責任の問題として、また、個人の社会権の問題として認識することであった。したがって、保護のための「議論の余地のない」合法的なニーズがある市民のカテゴリーは、徐々に拡大している。このように認識されてこなかったリスクは、社会支援法のような残余の社会的支援メカニズムに組み込まれている。結果として、専門的な規範に基づき、人々の当面の経済や社会的状況を考慮しない「正統的なニーズのテスト」と、自由になる「資産」や裁量的に定義されたニーズをカバーする「資産」、あるいは単純な支払い能力のテストなどの「経済的ニーズのテスト」の間に、境界線は引かれている。後者のニーズ調査だけが、「個人の経済的地位に関係して選択が行われるために」、選別的として分類されるべきである（Rothstein 1998: 20）。たとえ専門家と地方行政官が、たとえば医療サービスのようなものを、何を、いつ、どのように、どのくらい、誰が普遍的福祉国家から受け取るべきかに関して、かなりの裁量権を付与されているとしても、選別的福祉のなかで受けられる支援の重要な基準は経済的能力である。個人の経済的能力は、事前または事後に定義され得るものであり、したがって、選別的政策は二つの質的に異なる形式をとる。選別的政策は、経済的に活動的な者のための保険に基づく（および「権利に基づく」）形式をとるか、経済的最弱者を対象として、一般的な政府（多くの場合、地方）の歳出から支払われるという形式をとる。後者の選別的政策のみが、専門家または行政官による事後のミーンズテストを示唆する。前者においては、給付金の配分は、現在の所得レベル、および以前の所得、就業期間に関連する正確な権利ベースの規則を基にするため、事実上、ミーンズテストは実施されていない。ほとんどの給付金はこれら二つのタイプに含まれる。重要な違いは、このような事後の裁量的ミーンズテストと事前の一種の権利ベースの収入テストの間に存在する。

我々は、普遍主義の概念と原則は、構成員と配分という少なくとも二つの次元に関連するものであることを立証した。人口のどの範囲をカバーするかという観点からみて普遍的な制度は、通常、適格性（年齢、勤続年数、給与所得など）や給付の方式（たとえば、平等な給付か、一定の基準による現物・現金給付か）に関して、適用範囲にある種のフィルターをもっているものである。一つの例によって、この二つのフィルターが時間の経過とともに重要になってきたことを示すことができる。一九五九年から一九六七年の間、ノルウェーの老齢年金制度は、普遍主義の概念のさまざまな側面から検討され、歴史上比較しても、最も普遍的であった。経済力調査の基準は廃止され、「働くことによる特典」の基準は導入されていなかった。そのため、ある一定の年齢を越えたすべての人々が年金を受け取っており、重要なことに、年金の給付額はすべての受給者にとって平等であった。一九六七年以降、すべての年金給付金は働くことによる特典というフィルターの導入で不平等となった。また、一九九〇年代初頭から、最低限の額を越えた年金の補足分獲得のための大義名分として、無償のケア労働が付け加えられた。もし普遍性が平等な給付を意味するならば、北欧の福祉国家は必ずしも普遍的ではない。定額、または一律の給付はある時期に特に、市場の不平等を永続させることに対する国家の拒絶と見なされたことから、平等主義的だと考えられた（Baldwin 1990: 52）。問題を複雑にするが、普遍主義と選別主義の概念は、有用な分析のための道具としてよりも、福祉政策についての異なるイデオロギー視点の導入点として、しばしば用いられていることを指摘すべきである（Hatland 1992: 22）。

## 2　普遍的福祉――いつ？

もし我々が教育を福祉国家の一環として考えると、北欧の国々は、普遍的教育の比較的初期の提案者として顕著な存在である。教育の民主化と普遍化に向けた初期の段階の一つは、男性と同様に女性も含めた、すべての人間に対する一般的な識字能力獲得に対する要請であった。この「必要」あるいは「要請」は原則として、宗教改革の到来とともに、当時のデンマーク・ノルウェー・アイスランドとスウェーデン・フィンランドの二つの北欧王国が「福音ルーテル」となるとともに、一六世紀に作られた。教会は人々を読み書きができるようにする責任を負った(5)。一般的で義務的な初等教育制度の導入は、一九世紀であった。小学校は地方自治体の義務であり、すべての子どもが一定期間、かつて教会学校で提供されていたよりも広範で世俗的内容の、初等教育の権利を得た（Sysiharju 1981: 420-21）。デンマークは、一八一四年の公共教育法で、七年間の義務教育を導入し、すべての市町村に小学校を設立することを初めて義務づけた（Flora 1983: 567）。また、（期間の指定がない）義務初等教育は一八四二年にスウェーデンの法律で導入された（ibid.: 613）。七歳から堅信礼（約一四歳）を受けるまでのすべての子どもへの義務教育は、一八四八年、ノルウェーで法制化された（ibid.: 608）。そして、一般的な小学校の制度は、原則として、フィンランドで一八六六年に法制化された。すべての市民への初等教育の導入は、部分的には、アメリカとフランス革命の背後にある思想の影響をも受けていた。

一八八〇年代にドイツで比較的、包括的な社会保険法制が導入され、ヨーロッパ諸国で社会保険の理念と制度が確固とした議題となる前には、国家と政府の福祉への責任と役割は、一六世紀以降、国家が支援する福祉プログラムまたは貧困層救済のプログラムを開発し維持することであった。一七世紀までには、ほぼすべてのヨーロッパ諸国は、一元的に設立された公共福祉プログラムを持つようになった（Leichter 1979: 22）。その中でも一六〇一年のエリザベス救貧法はおそらく最も知られたものである。その動機は、常に単純に、父権的温情主義もしくは道徳／宗教的なものではなく、法と秩序を維持するためのものでもあった。早期の福祉政策、とりわけ衛生政策は、健康な人々こそが国家の富と力の創出に資すると考えられていたことから、重商主義の教義に関連していた。公衆衛生は、少なくともコレラ、チフス、天然痘などの伝染病が富裕層と貧困層に同様に広がり、社会的な差別と無関係だという事実によって動機づけられて、国家が初めて積極的役割を果たした最初の領域の一つとなった。国家権力の初めての積極的行使のいくつかは、公衆衛生の分野で行われた。初期の公衆衛生法制は一八三二年にフランスで、一八四八年にイングランドで導入された（Leichter 1979: 31）。

貧困者への国家が支援して管轄する無料の医療扶助が、一九世紀の工業化と都市化に関連する健康問題への対応として導入された。イングランドでは、このような支援が救貧法制の下で提供されていたが、それは社会的・政治的対価を伴っていた。一八八五年までは、無料の医療扶助を要請することは、極貧認定（つまり、政治的権利の喪失、救貧院への収容）を伴った。フランスは、貧困者のために無料医療診療と入院を提供した最初の国の一つであった。フランスでは一八九三年に「無料の医療扶助のための国内法」によってこれは実現された（Leichter 1979: 32）。スウェーデンとノルウェーは、一九世紀後半に、貧困者、つまり資産のない者に無料、または安価な医療サービスを提供するために、また、公衆衛生プログラムを監督するために医師を採用した最初の国の一つであった（Leichter 1979: 32）。貧困者のための初期の選別的な法制は、少なくとも事後的には、普遍的公衆衛生対策の第一歩とみなされうる。[6] 北欧諸国は保健医療サービスに長い伝統をもっている。デンマークは一八五八年、続くノルウェーは一八六〇年、スウェーデンは一八七四年、フィンランドは一八七九年に保健法を制定した。これらの法律はすべて、地方自治体による保健衛生の規制と管理を導入していた（Kuhnle 1981b）。

一八五〇年以後、デンマーク・ノルウェー・スウェーデンで「労働問題」（*die Arbeiterfrage*）または「社会問題」が、国会での議論や審議にしばしば登場するようになった。工業化の出現と発展に続く、労働保険の穏健な試みがいくつかの国でみられていたが、一八八三年に、すべての工業労働者は強制的なプログラムで疾病に対して保険契約をするという、国家法制社会保険の新しい概念が、ドイツのビスマルク政権によって導入された。[7] この法律は、ドイツの一連の社会保険制度のなかで、一八八〇年代に実施された唯一のものであった。救貧法による扶助の概念から社会保険の着想へのシフトは、特定の種類のリスクや個別の災難のための公的責任に関する態度の面で、劇的かつ大幅な変化であった。スカンジナビアにおける議論と一定程度までの社会政策の発展は、ドイツ法制の影響を受けていた（Kuhnle 1981a & 1996）。しかし保険の必要性の優先順位、組織形態、国民または労働者への適用範囲の広がり、保険が任意的か強制的かどうかに関して、多くの決定がなされた。特に興味深いのは制度の適用範囲や構成員である。そして、すべての初期の法律は、適用範囲の点で限定的であった。スウェーデンにおける一九一三年の老齢・障害年金法は例外であり、多少の例外を除けば普遍的適用範囲を持っているが、付加的給付（たとえば、保険料を払っていないものに対する、ミーンズテストを伴う付加給付）に関しては、受給資格についてのさまざまなルールがあった。その意図するところは、老後の経済的な保障を都市部と農村部の双方に提供することであった（Palme 1999）。北欧諸国の初期のすべての年金法は、収入およびミーンズテストに基づく年金としての要素のいくつかを定めており[8]、第二次世界大戦後まで、その法制度を真に普遍的な制度とする、ミーンズテスト制度から独立した国民年金を受ける権利が制度化されることはなかった（これは一九四六年にスウェーデン、一九五七年にノルウェーとフィンランド、一九六四年にデンマーク、一九六五年にアイスランドで制定された）（Kuhnle 1981b）。一八九一年のデンマークの年金制度は普遍的であったと描写されている（Knudsen 2000: 9, 21）。しかし、これは普遍性の概念を拡張しすぎている。過去一〇年間、救貧給付を受けていない六〇歳以上の貧困に値する者のみが、年金を受ける権利をもつとされていたからである（Kuhnle 1981a）[9]。一八九四年から一九〇三年に多様な形で初めて導入された産業事故に対する保険は、産業労働者（アイスランドでは漁師）のみを対象としていたが、次第にすべての被用者へと広がりをみせた（一九一六年にデンマーク、一九二七年にスウェーデン、一九四八年にフィンランド、一九五八年にノルウェー、一九六五年にアイスランド）（Kuhnle 1981b）。疾病保険は、デンマークでは一八九二年の、スウェーデンでは一八九一年の最初の法制では、任意的なものとされたが、一方で、ノルウェーでは原則として一定の、比較的高い所得制限以下のすべての賃金労働者をカバーする義務的保険として始まった。それはノルウェーが他の北欧諸国よりも、普遍性の原則を支持することを証明している。世界で最初にノルウェーが、一九〇九年に被用者・労働者の配偶者（すなわち実質的には、妻）と子どもが、追加の保険料を支払わずに自動的に保険に加入するという、家族に好意的な原則を導入したことで、普遍性の原則はさらに強調された（Kuhnle 1983）。これによって、事実上、統計上の被保険者数が示す以上の範囲の国民が保険でカバーされた。他のヨーロッパ諸国は一九三〇年代以後に初めて、家族に好意的な類似の制度を導入した。しかしながら、第二次世界大戦後になって初めて、すべての北欧の制度がすべての市民（住民）を含んだ真の普遍的なものとなった（一九五五年にスウェーデン、一九五六年にノルウェー、一九五六年にアイスランド、一九六〇年にデンマーク、一九六三年にフィンランド）。ノルウェーを除いて、北欧諸国では失業保険は任意的なもので、したがって、他の制度よりも普遍性の少ないものであった。ノルウェーの失業保険は一九三八年から義務的となり、ほぼすべての賃金労働者に採用され、国家によって組織された。しかしながら、他の北欧諸国の失業者も、何らかの種類のミーンズテストに基づいた経済的支援を申請することができた。

「現代の福祉国家の基礎が築かれたのは戦後であった。以前には、スカンジナビアは国際的な動向とほとんど同じであったが、新しい時代は独自のスカンジナビアモデルを生み出した。このモデルは、北欧諸国間での収斂により特徴づけられている。」(Esping-Andersen & Korpi 1987: 47)

戦後の福祉国家形成には、二つの段階があった。第一段階は、定額給付をもち、国民全体（または国民のうちの適切なカテゴリー）へ適用される制度の一般的な承認と設立を特徴とした。一九六〇年代からの第二段階では、収入に関連した十分な給付の導入、そして、有給雇用によって得られる地位（そして、より大きな程度に収入）の維持が特徴として挙げられる。

## 3　なぜ普遍的福祉か？

一九世紀末のヨーロッパで始まった公衆衛生と社会保障の発展は世界的に広がった。福祉国家の発展は、地域差はあるが全世界的な現象となっている。しかし、普遍的社会プログラムはそれほど一般的ではない。普遍的社会プログラムは、長い間、イギリスや北欧諸国の福祉国家の特徴であった。一八九八年、ニュージーランドはミーンズテストに基づく年金を提供し、非拠出老齢年金を導入した（アイスランドとデンマークの後に続く）三番目の国となった。そして、さらに重要なことは、一九三〇年に義務的な所得比例の保険料の制度に基づく失業給付を導入したことである（Kaim-Caudle 1973）。[10]しかし、注目すべきは、一九四五年の終戦から数年間は、イギリスの普遍的社会保障プログラムは、非常に給付水準が低かったことである。このため、実際には、その制度の「建築家」であったベヴァリッジ（Beveridge 1942）が意図したように、イギリスは北欧諸国よりもはるかに市場に対して関与の余地を多く与えていた。我々は、普遍主義という言葉によって、さまざまな事柄のなかで、特にプログラムの適用範囲に言及すること、および北欧諸国とイギリスの間にこの点で類似点があることを強調してきた。それにもかかわらず、慎重な比較を行えば、社会保障と福祉プログラムの他の側面が、しばしばイギリスを「その他」「周辺的」あるいは「自由主義」福祉国家に分類し、制度的に大きく異なる福祉国家の発展を生じさせうることが想起される。北欧とイギリスの比較はここで追求されるべきトピックではない。むしろ、我々は以下のことに焦点を当てるべきである。普遍的福祉の考え方と、給付水準の観点から見て、常に「適切」（さまざまに定義づけられる）とまではいえないにもかかわらず、比較的寛大な社会保障プログラムが、なぜ他の国家よりも北欧諸国で早期により力強く発展したのだろうか。住民（または市民）の地位は、北欧において、雇用状況とほぼ同じ程度に重要となってきたが、なぜ他の地域ではさほど重要でないのか。どのような主張と構造的要因が、国家福祉プログラムの構成員に関する原則の一方または他方の強調につながるのだろうか。

## （1）普遍主義を支持する主張

グール・アナセン（Goul Andersen 1999）は（一般的で、適切な）普遍的福祉制度の議論で使われてきた主張の一覧を作成した。普遍的制度の反対論者は、税金が高い、高い税金は市場に悪影響を与える、より低い程度の社会的平等を招く、非効率な優先順位につながる、依存の文化を形成する、取引コストを増加させる、そして市民の間に高すぎる期待を形成するなど、コストが高すぎることを挙げている。普遍的プログラムに賛成する論者は、そういったプログラムが市場適合的であること（すなわち、それらプログラムが貯蓄や雇用にほとんど消極的な動機を与えないこと）、管理上簡単なこと、悪用する動機を与えないこと、より大きな社会的平等を作ること、汚名を与えないこと、コミュニティ意識と社会的結束が形成され支援されること、市民の資源と自治が支持され、増加されることを挙げている。

このような賛成と反対の主張の多くが、北欧諸国において政治的討論や政府文書に何度も記されている。この段階で、我々は賛成の主張を幅広い、明確な分類にまとめようと試みるとともに、普遍的プログラムを支持して展開されたいくつかの議論をごく簡潔に論じることとする。そして、我々は、普遍主義に貢献する可能性がある構造的要因と文脈的要因に分類する。

普遍的な北欧福祉国家の基盤、すなわち実証的には第二次世界大戦後に起きた現象は、二〇世紀初頭前後に、多くの社会保険法制の初期の事例のなかで奨励され、部分的に実施された理想主義、実用主義の双方の思想に遡ることができる。賛成の主張は暫定的に主に四つのカテゴリーに分類することができる。

### ①　共同体形成

初期の社会保障制度は、国家形成と国民形成がヨーロッパ諸国の国家指導者の最優先議題であり、国家アイデンティティおよび社会形成が重要であった時代に、政治経済の「近代化」とともに始まった。新しい社会集団は、政治的参加を強く要求し、その闘争の成否にかかわらず、社会的包括は独裁国家の指導者（たとえばドイツ、オーストリア）とより民主的志向の指導者（たとえば北欧諸国）の両方から重要視されたが、初期のプログラムは、すべてのグループを含んではいなかった（一九一三年スウェーデンの年金法は近いものではあったが）。さまざまな階層の人々が異なる理由（無職者、経済的に裕福な者、道徳的に「価値がない」者）で排除されていた。だが、普遍主義の考え方は、おそらく少なくとも潜在的には国家建設プロジェクトの構成要素だったといえるだろう。ノルウェーでは、「国民の保険」の概念が一九〇〇年頃に出現し、一八九四年に国会の労働委員会は、その提案のなかで「その大義の重大さと、それによって引き起こされる利害の深刻さのために、年金制度はすべての国民を含むものとすべきである」（Hatland 1992: 55）とする見解を、初めてまとめた。第一次世界大戦前の遙か昔には、福祉と国家の効率化は相互に補完されるものと考えられていた。福祉は、非常に分離して、不平等な、かつ「階級が根づいた」社会における人的資源の浪費を防ぐものと考えられていた[11]。

②　リスクの発現

混乱・戦争・変化の世紀に引き起こされた社会的リスクからの保護と予防という斬新なアイデアは、社会権と普遍主義の認知に貢献した（Titmuss 1968）。「我々は同じ船に乗っている」というのは、この危険な状況の規範的に浸透した記述である。すべての市民は潜在的に一定のリスクに曝されており、能力のあるすべての市民は、リスクの発現から生じる福祉ニーズを満たすための責任を分かち合うべきであると考えられたのである。たとえば一九一八年、富裕層と貧困層のすべての労働者を適用範囲とする老齢・障害年金についての、非社会主義政府の提案は、社会のリスク・パターンによって正当化された。ほとんどの市民は、長期的な収入の喪失に耐えることができず、したがって、ほぼすべての国民は、リスクの平等化による自己利益を有していた。この点では、スウェーデン以外の北欧の非社会主義政党は、あまり裕福でない者のための「階級の保険」の実施という国際的なトレンドに反対した（Hatland 1992: 56）。その上、保険対象となる国民の割合の高い普遍主義は、ノルウェー社会民主党の考えに反した。ノルウェー社会民主党は、一九四六年に至っても、一定の所得制限以下の労働者に限定した老齢年金を提案していた。しかしながら、すぐに同年、「国民の保険」の概念は、普遍的なアイデアに変形させられ、普遍的児童手当として実施された（ibid.: 70）。一八八〇年代の社会主義政党と社会民主主義政党は、普遍的社会プログラムの連帯構想をもっていたと主張することができる。たとえば、一八八五年には「国家は一般的な老齢年金を国家の補助金で、すべての社会の階級に保障すべきである」と主張していた（*Det Norske Arbeiderparti* 1918: 11）。しかし当時、この主張は、労働者と貧困者の人生における機会を（選別的に）向上させることを意味し、すべての階級や市民が、すべての人々に対して給付金を提供する公共プログラムの一部であるという考えを意味しなかった。この考えは、後に、戦後社会民主主義のプログラムの一部となった。

有名なベヴァリッジの『社会保険および関連事業に関する報告書』（一九四二年）は「欲求だけに対処するのではなく病気・無知・不潔・怠慢という四つの大敵に対処するように方向づけられた社会改革の包括的プログラム」を確立しようとした（Beveridge 1943: 10）。リスクの負担を特定の階級からすべての市民へ拡大させる目標をもつこの報告書の普遍主義的な野望は、すぐに成功を収めた。これはたとえば、一九四八年に発表された国民保険制度に関するノルウェーの白書の設計に影響を与えた（Seip 1994: 152-53）(12)。

③　人間の尊厳

初期の社会プログラムは選別的であった。それらは貧困層を対象とした税を財源とする、ミーンズテストに基づく最少額の給付（一八九一年からのデンマークの老齢年金と比較されたい）、または拠出ベースの所得保障の仕組みのどちらかとして提供された。どちらのプログラムも、実は、適用するに「値しない」人々（物乞い、泥酔者、怠惰で役に立たない者）を適用対象から除外していた（一九二三年と一九三六年のノルウェーの老齢年金制度も比較されたい。スウェーデンの第二次世界大戦前の疾病および失業保険プログラムは非常に貧しい弱者を排除していた〔Olsson 1990: 149〕）。第二次世界大戦以降になって「価値のない」人々という概念は、すべての市民は平等または平等の価値があるとする人権の概念（市民権・政治的権利・社会権──一九四八年の国連宣言を参照）の発展とともに、初めてその基盤を失った。ティトマスによると、福祉政策において社会権と普遍主義の二つの概念を採用した本質的な歴史的理由は、プログラムや受給資格から排除されることによる地位・尊厳・自尊心の屈辱的な喪失を取り除くためであった。

「公的に提供されるサービスの利用において、劣等意識、貧困状態、尊厳や汚名の感覚は必要ではない。また、『公的なお荷物』である、または、そうなりつつあるという属性も与えられるべきではない」（Titmuss 1968: 129）。

ベヴァリッジの伝記作家であるホセ・ハリス（Jose Harris）によると、ベヴァリッジの提案は主に、救貧法、選別性、およびあらゆる形態でのミーンズテストに基づく給付への彼の長期的な嫌悪の結果であった。彼は、究極的に社会全体を堕落させると推測される「後援者とクライエントの関係・隠ぺい・計算された不注意」の倫理に対抗した（Harris 1994: 26）。

また北欧のソーシャル・ポリティックスの議論で、尊厳についての主張は顕著であった。何よりもまず、多様な問題を抱える全く異質な集団に対して、極めて家父長的で負の烙印を押すような方法で、乏しい支援のみを提供する現行の救貧システムに対して強い不満が表明された。保守党とその他の非社会主義政党が、経済的および行政的効率化の主張を基に、ミーンズテストに基づく老齢年金制度を廃止し、普遍的な年金制度の構築を進める推進力となっていたが、北欧社会民主党所属のアイナール・ゲルハルセン（Einar Gerhardsen）首相は、高齢者の自尊心と社会的地位は経済的平等よりも重要とする尊厳に関する議論によって、ミーンズテストによる年金から普遍的老齢年金へ移行するという、彼の提案を正当化した（Hatland 1992: 74）。このような方向性をもった議論は、貧困層と富裕層の子どもの間で差をつけないことが良い影響をもたらすとする、一九四六年に施行された普遍的児童手当の正当化においても顕著であった。

④　経済的・官僚的効率性

たとえば、道徳的または経済的な根拠による選別性がないという普遍的社会プログラムの原則は、実用性の観点からも議論されてきた。たとえば、保守党およびその他の非社会主義政党が、すべての高齢者の七五％から八〇％にも上る部分が、ミーンズテストに基づく老齢年金を受け取っているとして、普遍的（定額）年金を推奨し、ミーンズテストに基づく老齢年金制度の改革を強く求めていた、一九五〇年代のノルウェーの事例がそうである。市民の権利の問題として、年金制度を普遍的なものとすることは、多額の行政費用の節約になると議論された。ノルウェーの保守党（*Høire*）は、一九四九年、普遍的な年金制度を目標とすることをその綱領に入れた最初の政党であった（Sejersted 1984: 528）。他の議論（しばしば討論で聞かれるもの）は、ミーンズテストは労働と貯蓄の意思を挫くという主張や、支給されるかどうかの境界と関係した問題、つまり、自治体ごとに異なる執行は、ミーンズテストの正統性を損なっているという主張であった。

## （2）社会民主主義の神話

政治の世界でのアクターが時間を超えて一貫性をもつことはほとんどなく、思想の傾向が似た政党も、国が違えばいつも同じ主張をしてきたわけではない。普遍主義は社会民主化運動のなかで、とりわけ強いアイデアであると、さまざまな論者が主張している（たとえばSeip 1981; Bull 1982; Esping-Andersen 1985; Bergh 1987; Marklund 1988）。しかし、これは常にそうだというわけではなかった（Hatland 1992）。

社会民主政党は政権獲得の前も後も、一部は階級の団結のための理由から、一部は経済的理由から（高負担）、一部は原則の問題として（裕福な者は公的給付を必要としていない）、長い間、富裕層のミーンズテストに賛成してきた（ibid.: 62）。ハトランド（Hatland）によれば、ノルウェーにおける普遍的社会保障制度への社会民主主義者による主な貢献は、元来特定の職業集団のために設立された保険制度よりも、普遍的社会保障制度への発展のためにより強力な特性をもつようにみえるミーンズテスト付きの保険制度の導入を求めて必死に努力してきたことであった。しかし一九六〇年代からこんにちまで、政権運営の十分な経験を積んだ社会民主主義政党は、普遍的な福祉国家を、普遍的・連帯的福祉国家の偉大な擁護者というイメージ・トレードマークの一部とする傾向がある。そこでは、平等主義を促進して社会の差別と戦うため、また福祉国家のための幅広い社会的・政治的支援を確証するための手段として、富裕層や中産階級が意図的に統一的公的制度の構成員および受益者として包摂されるのである（Sosialdemokrati 2000）。この主張は、普遍的なプログラムが、選別的でミーンズテストに基づいて部分的には負の烙印を押してしまうプログラムよりも、さらに「良く」、さらに寛大な福祉国家建設に役立つとするものである。後者のプログラムでは、おそらく、中産階級や富裕層はプログラムを維持するために税金を払うことに、ほとんど、あるいは、全く興味を持たない（たとえば、Rothstein〔1998〕参照）。逆説的であるが、原則としては、弱者の集団のために経済的資源をさらにつぎ込むべきときでさえ、「選別的連帯」よりも「強制的連帯」の方が経済的・社会的・政治的弱者のための良き福祉国家にとって役立つと主張できるかもしれない。

### （3）普遍主義
#### ——ビジョンか、妥協か、重複するコンセンサスか

この予備的な分析において示してきたように、さまざまな異なる主張が、直接的・間接的に普遍主義を支持するものとして使われてきた。たとえ、この分析が暫定的なもので、歴史文献の詳細な分析を通して実証する必要があるとしても、我々は普遍主義に向けた政治的イニシアチブの背後にある明確な政治的ビジョンを見つけてはいない。一方で、普遍主義は純粋に利害に基づく妥協、あるいは、交渉プロセスの結果として構想されたものとは考えにくい。我々が提案する解釈は、普遍主義は、「重なり合うコンセンサス」に向けて発展する、長くダイナミックな論争の過程の結果であったということである（Rawls 1993: lecture Ⅳ）。政治的アクターは、伝統的な社会保障制度のさまざまな部分に対して批判的であったが、普遍主義は彼らが次第にそれに合意していった代替策だった。言い換えれば、その推進力はベヴァリッジの普遍主義の提案を導いたのと同じもの、つまり、既存の選別的制

度に対する深い不満だったのだ。

## (4) 北欧普遍主義につながる構造的・文脈的要因

いくつかの社会構造的な条件が，普遍主義支持の議論を促進してきたということがありうるだろうか。単独で，または，複合的に，北欧の普遍主義のために有利に働いたかもしれない四つのありうる「因果関係」要因を示してみよう。

### ① 歴史的・制度的な前提条件

一五〇〇年代の宗教改革から始まった教会と国家官僚の初期の融合は，福祉問題一般に対する，より統合されて強固にされた公共の利益と責任をもたらした。そして市民が政府(中央・地方)に向けて福祉政策の要求をぶつけるようになった。地域コミュニティは貧民救済と支援に責任をもつという宗教改革以前からの長い歴史がある。カトリック系ヨーロッパ国家の多くのように，近代国家および国民国家建設期において，国家と教会の間で教育や医療サービス提供をめぐる「競争」はなかった。そして，市場や他の非政府による解決策の余地は限られていた(Kuhnle 1981a)。後から考えると，普遍的プログラムの発展は，政策やその欠点からの経験の断片的かつ実際的な学習の結果と解釈できる。しかし，次のことは重要であったかもしれない。社会保障プログラムの初期の制度的解決策のいくつかは，他の初期の解決策よりも普遍的プログラムへの変容につながるものであったかもしれない。たとえば，労働実績や雇用記録に基づく年金制度よりも，ミーンズテストに基づく年金プログラムが，普遍的な市民権に基づくプログラムへ転換が容易であったようにである(Palme 1999; Hatland 1992と比較されたい)。それゆえに，初期の制度的解決策と制度構造は，後のいくつかの改革・調整・拡大を，他の改革よりも容易にし，「北欧の例外主義」の系譜を説明するのに役立つといえる。

### ② 産業革命前の平等主義社会

北欧諸国は，相対的に平等な産業社会前の社会構造によって特徴づけられる。それは，初期の独立した(または比較的独立した)農民による支配，農民に対する歴史的にみて早期の公民権付与，他のヨーロッパ諸国と全く異なる政党制を創造した独立した農民政党の形成である。そして，このような政党は，福祉や社会政策を含めた一般的な公共政策をめぐる政治闘争や駆け引きにおいて重要な役割を与えられた。農民は，比較的強い政治的役割を得るとともに，納税者，そして公共政策の潜在的な受益者として，さらに重要な役割を得た。農民は公共支出全般，特に彼らが受益者から排除される支出やプログラムに対して批判的であった。ゆえに，工業労働者だけをカバーする社会保障政策を構想することは，より困難であった。産業革命期に，社会主義者または社会民主主義勢力は脆弱であり，政治的状況は階級的な連帯による解決策よりも，普遍的で連帯のある福祉による解決策の模索に有利であった。

③　文化的同一性

相対的に平等な社会構造・民族・宗教・言語に関して小規模で同質性の高い国民集団、福祉問題に対する公共／共同責任の長い歴史的伝統は、不平等で、文化的に異質的で、分裂した社会よりもふさわしく、普遍的な社会プログラムを形成した。しかし時間の経過とともに、普遍主義の概念は北欧諸国も超越して勢力を広げていき、状況は変わって、歴史や外国の事例から教訓を学べるようになった。

④　異常な危機

ある程度の普遍的社会保障プログラムの概念は、一八〇〇年代後半に打ち出され、ＩＬＯ（国際労働機関）の文書と一九三〇年代のノルウェーの国会の委員会改革案によって促進されたものの、積極的かつ包括的に普遍的プログラムがスカンジナビアに導入されたのは、第二次世界大戦後になってからであった。多くの識者（たとえば Titmuss 1968; Seip 1986; Goodin & Dryzek 1987）が、戦争体験自体は連帯的かつ普遍的な社会政策による解決策の重要な推進力になったと言及している。それは、破壊的な戦争が、ナチズムや占領に抵抗する戦いのなかで、争っていた主要な政治的勢力を結集させ、来たるべき平和な時代の基盤となる、より包括的な共通の価値観の形成へ向かわせたからである。

## 4　一九九〇年代の福祉改革
### ——普遍主義はどこへ行くのか？

一九四五年において、ノルウェーのどの社会給付も普遍的に適用されるものではなかった（Hatland 1992: 78）。一九七〇年代初期に、すべての北欧諸国は、老齢年金制度、疾病保険、労働災害保険、児童手当や育児休暇制度の普遍的適用を確立していた。失業保険は、ノルウェーでのみ原則として普遍的かつ強制的であったが、他の国々では労働組合員のみに選別的に適用された。同様の全体的な制度パターンは、一九九〇年前後の世界的不況時と一九九〇年代の終わりに、いくつかの修正を加えながらも存在した。一九九四年のデンマークでの基礎老齢年金の一部分としての「付加年金」についてのミーンズテストの導入は、年金給付額に関するミーンズテストのいくつかの要素の導入に向けての潜在的に重要な変化であると考えることができる。しかし、このケースでは、高所得者層にミーンズテストが行われ、国民のなかの低所得者層や無所得者層には行われなかった。同様の高所得者層に対するミーンズテストは、新しい年金改革の一環としてスウェーデンで一九九八年に可決・導入され、また、一九九六年から一九九七年に行われたフィンランドの改革でも導入された。従来の普遍的で最低限の国民年金は、雇用されていたことによる年金（所得に依存）が、ある一定の収入限度（限度は高く設定されている）を下回る、あるいは雇用されたことがなく、年金加入可能な年齢を超えている年金受給者だけに提供されている（Kuhnle 2000: 388）[13]。これらは北欧の福祉国家における普遍的な構成員をもつ制度において、給付の配分に選別主義を導入しようとする興味深い新しい事例である。そこでは、所得ピラミッドの頂点のごく少数の者がいくつかの給付から除外されていることが正に興味深い。同時に、保険あるいは相互性に基づく原則は、給付と拠出の間を厳密に関連づけたスウェーデン、フィンランドの年金改革で強化された。ノルウェーの場合、この関連は国民年金制度において、一九九〇年代に弱められた。しかしこの傾向は、ノルウェーにおける年金給付の他の重要な階層により多くの余地をつくりだしている。たとえば、職域年金や個人年金制度、老後における他の形態の貯蓄や収入源などである。これらをふまえた年金給付に関する改革は、職域年金制度内での社会的再分配要素を減らす機会を与え、民間年金制度内での純粋な市場の論理とリスクへの露出を増加させた。修辞学的かつ経験的に年金支給システム全体を考慮するとき、ノルウェーの年金政策において、保険の原則が強化されてきていると主張できる。年金のためのミーンズテストと類似の方法に従った、給付配分における普遍主義原則の撤回の提案は、児童手当の領域で議論されているが実行はされていない。しかし、医療部門の規範的発展は、多少異なる様相を示している。一九九〇年代に、患者の権利は徐々に注目され、結果として一九九九年に患者の権利に関する法律が制定された（二〇〇一年に施行）。しかし、ほとんどの福祉サービスの供給は事実上、まだ配給状態である。つまり、行列での順番待ちによっている。

西欧と北欧の福祉国家の思考の変化と改革の重要な舞台は、雇用政策である。失業もしくは「無就労」の問題は、ノルウェーのような高失業率の経験がない国でも、高い政治的関心を集めてきた。この分野におけるヨーロッパ福祉政策改革の一般的な傾向は、受動的施策よりも積極的施策、積極的動機づけよりも消極的（否定的）制裁、権利よりも義務、普遍的な社会権よりも選別性に向かっている。主要なテーマは、市民と国家の間の「新しい福祉の契約」という考え方である（Ferrera & Rhodes 2000; White 2000）。この分野では少なくとも、国家制度の前提条件と政府の政治的色彩にかかわらず、政治的挑戦の解釈と政治的回答の観点において、ある種の収斂が進んできた。

労働の優位性は、常にスカンジナビア各国の福祉法制の中心であり、これらの福祉国家の特徴は、福祉制度と仕事との密接な関連性にある。スカンジナビア諸国は、「強力な労働社会」と「強力な福祉国家」として傑出している。このように「積極的労働市場政策」とその「労働アプローチ」は、第二次世界大戦以来、特にノルウェーとスウェーデンでは福祉政策の基盤となってきた。しかし一九九〇年代には、資格基準を厳格化して、支援の期間と水準を減少させた、新しい「労働」と「積極的アプローチ」が出現した（Kildal 2001）。しかし新旧の労働アプローチの最も顕著な違いは、「あなたの福祉のための労働」要件の導入である。社会権の観点から、従来の「所得保障」政策とは異なる「新しい軌跡」として表現されてきた所得維持システムの最下層における、給付の見返りとしての「労働の義務」である（Goul Andersen 2000: 80）[14]。

過去一〇年間の福祉政策の発展の評価において、ノルウェーも他の北欧諸国も、社会的保護の「新自由主義」モデルへの収斂に向かっていないことが強調される（たとえばSwank 2002: 152）。一九九〇年代半ばから、少なくともノルウェーでは他の北欧諸国よりも、福祉国家プログラムの継続性を享受してきた。たとえば、市場に拠らないいくつかの給付が、一九九〇年代に導入されている。一九九八年からノルウェーで導入された、小さな子どものいる親のための現金支援策などである。

しかし、北欧福祉政策の発展のいくつかの潮流は、その基本的な原則に、少なくとも、いくつかの修正があることを示している。特に、積立と給付の連関を強化して労働市場への参加を増加させるためのさまざまな取り組みによる新しい「労働アプローチ」である。これは、普遍主義の原則を犠牲にして相互主義の規範を強化することである。結果として、より多くの人々が、選別主義に向けたもう一つの動きであるミーンズテストをもつ社会支援制度の方向に向かわされている[15]。福祉改革における対象者選別の問題が、ノルウェーと国際的な議論における主要な概念となったということは、公共システムでの利用者負担の導入および民間の社会・医療サービス供給主体の増加に向けた潮流とともに、この解釈を確認するものである。

## 5　普遍主義の原則と正統性

本章は主に、ノルウェーを主要な事例として、北欧の福祉政策の規範的基盤に関心を注いできた。より正確には、その特徴の一つである、普遍主義の原則の定義と正統性に関心を注いできた。この原則の意義は何か、その起源は何か、なぜ、この原則が我々の福祉国家に足掛かりを得たのか、どの価値観や考え方が普遍的な制度配置を通して表現されたか、現在のスカンジナビア諸国の福祉政策に普遍主義の存在理由はどのような意義があるのか、ということである。現在の収斂の議論に関連して、焦点が当てられている疑問は、近年の西欧におけるさまざまな福祉国家改革に内在する規範が、何らかの理由によって次第に類似してきつつあるのかどうか。もしそうであるならば、この共通の規範が、将来の国家の福祉改革の展開にどのような結果をもたらすかということである。

しかしながら、我々にとっての基本的な問題は、普遍的福祉政策の基盤を整備するための議論の類型を再構築し、現在の福祉議論におけるこれらの議論の地位を再評価することである。

我々の概念的・歴史的分析において、第一の予備的結論は、普遍主義原則の導入を支持した主張が、現在の伝統的な政治的・学問的英知が我々に教える以上に間接的で実用的であったということである。その主張はむしろ、そのようなビジョンも無かった訳ではないが、リスクを分担する集団を特定の階級からすべての市民に拡大するというビジョンや目標よりも、規範的には不当で経済的には非効率となった社会政策から離れていくという問題であった。したがって、普遍主義の原則は（一つ、または多くの政党の）統一されたビジョンや目標の結果というよりも、一種の「重なりあう合意」の結果のように見える。第二に、社会民主主義運動が普遍主義原則採用の推進力であったという、よく聞く主張は、裏づけが得られていない。多くの社会政策は社会民主主義政党が権力を掌握する以前から発展し、他の政党がさまざまな理由から、多様な普遍主義の概念と実践をしばしば発展させてきた。最後に、対象をより絞り、ミーンズテストを行う政策を支持するために使われるこんにちの主張は、五〇～七〇年前に普遍主義政策の導入と適用を支持した主張（たとえば、人間の尊厳・効率性・動機づけという点で）と類似であるという、奇妙な一致が見られるように思われる。

注

（1）本章は、当初、Kildal, N. & S. Kuhnle（eds.）(2005). *Normative Foundations of the Welfare State: The Nordic Experience*, Routledge, London. に掲載された。

（2）奇妙に見えるかもしれないが、ほとんどの政治的権利は市民権によって与えられるが、一方で、しばしば公共支出の大きな部分を占める社会権は、たいてい、居住に付随するものである。

（3）ノルウェーの国民保険制度（*Folketrygden*）の主要原則は、居住である。住民とは、ノルウェーに一二カ月以上住んでいる人のことである。市民権・労働参加・支払能力は権利と義務の付与において重要ではない（§1-3）。しかし、一九九四年に発効したＥＥＡの合意によれば、雇用された市民のみが他のＥＥＡ加盟国に移動した際に、年金の権利を移動させることができる。これは、ＥＥＡ加盟国の失業中の市民と同様に、（ＥＥＡ加盟国ではない）第三国から移動してきた市民がＥＥＡ加盟国間を移動したときに年金対象者であると認められないことを意味する。北欧年金システムでメンバーシップを否定される他のグループは、亡命希望者である。なぜなら、年金受給のためには、政治亡命許可または滞在許可が要求されるからである。

（4）明らかに、規範的な観点からは、客観的・標準的な基準をもとにする利益配分と、個人のニーズに基づく専門的な裁量をもとにする福祉の配分には重要な違いがある。公正な利益配分が、すべての人を公平に扱うことを要請する一方で、恣意性・予測不可能性・不確実性の要素が、福祉国家の門番としての専門家による配分のプロセスにもたらされる。それゆえに、個人の不運を補償する目的で公正に計画された福祉制度は、福祉政策の公平な実施と対立することもありうる。

（5）ティム・クヌーセン（Tim Knudsen 2000）は、スカンジナビアの普遍的福祉国家の起源を調査してきた。彼は、一般的な社会民主主義的な説明も、他の政治グループによる説明も否定する。そして、スカンジナビア福祉国家の発展に関する国家の重要性に集中する。主な焦点は、福祉政策を実施する国家の能力である。これは、宗教改革後に貧困層と疾病者に対する新しい援助義務を果たす王国の機構となったプロテスタントの教会によって構築されたものであった。

（6）パルメ（Palme 1990）、グーディンとレ・グランド（Goodin & Le Grand 1987）の業績をもとに、ハトランド（Hatland）は「必要性」、「労働による特典」または「市民権」といった配分原則による年金制度の発展を議論し、欧州諸国ではいずれも、その最初の社会保障法制においては、普遍的給付は行っていないことを報告した（Hatland 1992: 104-108）。さらにハトランドは、普遍主義は、まずミーンズテストに基づく給付とサービスを当初に法制化した国家で発展し、労働による特典に基づく年金を当初に法制化した国家ではめったに発展しなかったと述べている。

（7）ビスマルクは労働者のための義務的な社会保険を非常に志向しており、また、その制度は、労働者からの保険料ではなく、国家財源によるべきであるとしていた。そしてこれは、一八八三年に国会で成立した法制の一要素となった。彼は、実際的なキリスト教義と保守的な父権的温情主義から、労働者階級の保護のために国家に対してより大きな責任を与える社会改革を行うべきだと議論した。彼は、労働者に疾病・障害・老齢による労働能力の低下によって引き起こされるニーズに対して、自ら保険を掛けるように要求することは、非現実的で、現実離れしていると考えたので、義務的保険を志向したのだった（Svenstrup 2000: 115）。

（8）フィンランドは、完全積立方式のための法案を一九三七年に可決したが、第二次世界大戦以前に給付金が支払われることはなかった。戦後、その制度は、他の北欧諸国が結局そうなったものに類似した、ミーンズテストのある制度に変更された（Palme 1999: 32）。

（9）広く知られてはいないが、アイスランドは北欧諸国のなかで初めて老齢（と障害）救済法や年金法を導入した。一八九〇年には既に国会で貧民救済制度の対象とならない高齢者と弱者のために、ミーンズテストのある制度を法制化していた。この法律は、一八九一年のデンマークの法律のモデルとして知られている（Berner 1894）。これについては第一二章を参照のこと。

（10）ニュージーランドはまた、一九二六年に家族手当制度を導入した最初の国だった（Kaim-Caudle 1973）。

（11）近年の国家形成議論の成熟は、とりわけ「ヨーロッパ・アイデンティティ」が欧州共同体（ＥＵ）の本部によって意識的に育まれている西ヨーロッパでは、国家というコミュニティの国境を越えて拡大した。既に一九五〇年代半ばには、とりわけ北欧アイデンティティを促進するために北欧社会同盟が設立され、また、実用的な理由で共通の北欧労働市場が推進されるようになった。

(12) ロウェ（Lowe 1994）は、従来の歴史的な説明とは対照的に、ヨーロッパとイギリスにおいて、その報告書の成功は、実際にはつかの間のものだったと主張している。一般の人々が、ミーンズテストなしに十分な資源を受ける権利として保障された、貧困からの自由を体験することができるとするこの報告書が理想とする福祉制度と実際の実施との間に、顕著な格差が存在するとしている。新しい社会保障制度の六つの原則（Beveridge 1942: para. 17）は、全く実施されなかったか（「給付金の妥当性」と「行政責任の統一」）、すぐに使われなくなったか（定額の負担と給付）、または厳しい条件が付けられた（包括性と分類）（Lowe 1994: 120-23）。なぜこの報告が戦後のイギリス福祉国家のための青写真とならなかったのかは、複雑で最も興味深い問題であるが、この章の課題から外れている。報告書の提言実行の失敗や拒否の理由の多くは、報告書自体の矛盾に求めることができるが、重要でなくはない理由は、イギリス社会の規範的基盤に関する構造上のものであったかも知れない。つまり、ベヴァリッジの思想がそれなりに公然と参照され、実践では、より強い支持を得た北欧には存在したであろう文化的「共鳴板」がイギリスでは、欠落していたということである。

(13) アイナー・オービュ（Einar Øverbye）は、著者に対するコメントのなかで次のように記している。新しいスウェーデンの基礎年金の付加年金は、物価にのみスライドする方式であったが、新しい報酬連動の部分は賃金スライド方式である。これは、一九六〇年代にあったと同じように、中道政党（農民党を含む）が高い基礎年金を維持するために、新しい付加年金の導入のために陳情を行うといったことが起きない限り、スウェーデンの年金システムを徐々に労働者に対する拠出ベースの年金と、極貧労働者のためのミーンズテストに基づく付加給付の保障へと動かしてゆくだろう（二〇〇三年のØverbyeへの個人的インタビュー）。

(14) 「勤労福祉労働者」は、他の労働者よりも低賃金であり、彼らは交渉力も疾病手当・失業手当・休暇などの労働者の権利も保持していない。

(15) この発展は、権利の概念から「社会契約」と相互主義の概念への変化として、現在の西洋福祉政策についてのローレンス・ミード（Lawrence Mead）の記述と一致している。「…貧しい人は援助を受け取るべきであるが、社会への何らかの貢献と引き換えにする必要がある」（Mead 1997: 221, 傍線は著者）。

## 参考文献


Baldwin, P.（1990）*The Politics of Social Solidarity; Class Bases of the European Welfare States 1875-1975*, Cambridge University Press, Cambridge.

Bergh, T.（1987）*Storhetstid. 1945-65. Arbeiderbevegelsens historie i Norge*, vol.5, Tiden, Oslo.

Berner, H. E.（1894）"Arbeiderforsørgelsen i de nordiske lande", *Statsøkonomisk tidsskrift*, 115-139.

Beveridge, Sir W. H. (1942) *Social Insurance and Allied Services,* Cmd 6404, HMSO, London.
Beveridge, Sir W. H. (1943) *The Pillars of Security.* George Allen & Unwin, London.
Bull, E. (1982) 'Velferdsstaten i historisk perspektiv', in S. Stjernö (ed.) *Velferd eller nöd ?,* Pax, Oslo.
Det Norske Arbeiderparti (1918) *Folkeforsikring eller Folkepension,* Det Norske Arbeiderpartis Forlag, Kristiania.
Dworkin, R. (1977) *Taking rights seriously,* Duckworth, London.
Erikson, R., E. J. Hansen, S. Ringen & H. Uusitalo (eds.) (1987) *The Scandinavian Model: Welfare States and Welfare Research,* M. E. Sharpe, New York.
Esping-Andersen, G. (1985) *Politics against Markets: The Social Democratic Road to Power,* Princeton University Press, Princeton, N. J..
Esping-Andersen, G. (1990) *The Three Worlds of Welfare Capitalism,* The Polity Press, Cambridge.
Esping-Andersen, G. & W. Korpi (1987) "From Poor Relief to Institutional Welfare States: The Development of Scandinavian Social Policy", in R. Erikson et al. (eds.) *The Scandinavian Model: Welfare States and Welfare Research.*
Ferrera, M. & M. Rhodes (2000) "Recasting European Welfare States: An Introduction", in M. Ferrera & M. Rhodes (eds.) *Recasting European Welfare States,* Frank Cass, London.
Flora, P. et al. (1983) *State, Economy, and Society in Western Europe 1815–1975. A Data Handbook,* Volume I: The Growth of Mass Democracies and Welfare States, Campus Verlag, Frankfurt.
Goodin, R. E. & J. S. Dryzek (1987) "Risk-sharing and social justice: the motivational foundations of the post-war welfare state", in R. Goodin & J. Le Grand (eds.) *Not Only the Poor,* Allen and Unwin, London.
Goodin, R. E. & J. Le Grand (eds.) (1987) *Not Only the Poor. The Middle Classes and the Welfare State,* Allen & Unwin, London.
Goul Andersen, J. (1999) "Den universelle velferdsstat", *Grus* nr 56/57, pp. 40–62.
Goul Andersen, J. (2000) "Welfare crisis and beyond: Danish welfare policies in the 1980s and 1990s", in S. Kuhnle (ed.) *Survival of the European Welfare State,* Routledge, London/New York.
Harris, J. (1994) "Beveridge's Social and Political Thought", in J. Hills, J. Ditch & H. Glennester (eds.) *Beveridge and Social Security,* Clarendon Press, Oxford.
Hatland, A. (1992) *Til dem som trenger det mest ? Økonomisk behovsprøving i norsk sosialpolitikk,* Universitetsforlaget, Oslo.
Hatland, A. (2001) 'Mer målrettet velferdspolitikk ?' NHO, *Horisont* nr. 4.

Kaim-Caudle, P. R.（1973）*Comparative Social Policy and Social Security,* Dunellen Company, New York.

Kildal, N.（2001）*Workfare tendencies in Scandinavian welfare policies,* ILO InFocus Programme on Socio-Economic Security paper series, Genéve.

Knudsen, T.（ed.）（2000）*Den nordiske protestantisme og velfærdsstaten,* Aarhus Universitetsforlag, Århus.

Kuhnle, S.（1981a）"The Growth of Social Insurance Programmees in Scandinavia: Outside Influences and Internal Forces", in P. Flora & A. J. Heidenheimer（eds.）*The Development of Welfare States in Europe and America,* Transaction Books, New Brunswick and London.

Kuhnle, S.（1981b）"Welfare and the Quality of Life", in E. Allardt, N. Andrén, E. J. Friis, G. Gislason, S. S. Nilson, H. Valen, F. Wendt & F. Wisti（eds.）*Nordic Democracy,* Det Danske Selskab, Copenhagen.

Kuhnle, S.（1983）*Velferdsstatens utvikling: Norge komparativt perspektiv,* Universitets forlaget, Bergen.

Kuhnle, S.（1990）"Den skandinaviske velferdsmodellen — skandinavisk ? velferd ? modell ?", in A. R. Hovdum, S. Kuhnle, & L. Stokke（eds.）*Visjoner om velferdssamfunnet,* Alma Mater, Bergen.

Kuhnle, S.（1996）"International Modeling, States and Statistics: Scandinavian Social Security Solutions in the 1890s", in D. Rueschemeyer & T. Skocpol（eds.）*States, Social Knowledge, and the Origins of Modern Social Policies,* Princeton University Press, Princeton.

Kuhnle, S.（2000）"The Nordic welfare state in a European context: dealing with new economic and ideological challenges in the 1990s", *European Review,* 8（3）July, pp. 379-398.

Leichter, H. M.（1979）*A Comparative Approach to Policy Analysis. Health Care Policy in Four Nations,* Cambridge University Press, Cambridge.

Lowe, R.（1994）"A Prophet Dishonoured in his Own Country ? The Rejection of Beveridge in Britain（1945-1970）", in J. Hills, J. Ditch & H. Glennester et al.（eds.）*Beveridge and Social Security,* Clarendon Press, Oxford.

Lødemel, I. & H. Trickey（2000）*An Offer You Can't Refuse. Workfare in International Perspective,* The Polity Press, Cambridge.

Marklund, S.（1988）*Paradise Lost ? The Nordic Welfare States and the Recession 1975-85.* Arkiv, Lund.

Mead, L.（1997）"Citizenship and Social Policy: T. H. Marshall and Poverty", *Social Philosophy and Policy,* 14（2）, pp. 197-230.

Olsson, S. E.（1990）*Social Policy and Welfare State in Sweden,* Arkiv, Lund.

Øverbye, E. & M. Blekesaune（2002）*Early retirement and social citizenship. Marginalisation and integration in the Nordic countries,*

NOVA, Oslo.
Palme, J. (1990) Pension Rights in Welfare Capitalism. The Development of Old-age Pensions in 18 OECD Countries 1930 to 1985, Swedish Institute for Social Research, Dissertation Series: 14, Stockholm.
Palme, J. (1999) *The Nordic model and the modernization of social protection in Europe,* Nordic Council of Ministers, Copenhagen.
Rawls, J. (1993) *Political Liberalism,* Columbia University Press, New York.
Rothstein, B. (1998) *Just Institutions Matter. The Moral and Political Logic of the Universal Welfare State,* Cambridge University Press, Cambridge.
Sejersted, F. (1984) *Høyres historie 3: Opposisjon og posisjon 1940–1984,* Cappelen, Oslo.
Seip, A.-L. (1981) *Om velferdsstatens fremvekst,* Universitetsforlaget, Oslo.
Seip, A.-L. (1986) "Velferdsstaten Norge", in L. Alldén, N. Ramsöy, & M. Vaa (eds.) *Det norske samfunn,* Gyldendal, Oslo.
Seip, A.-L. (1994) *Veiene til velferdsstaten,* Gyldendal, Oslo.
Sosialdemokrati (2000): "Arbeiderpartiets programdebatt. Tema Velferdspolitikk", Arbeiderbevegelsens Utredningssekretariat, Oslo.
Svenstrup, T. (2000) "Den etiske socialisme. Biskop Martensens samfundssyn i 1870'erne", in T. Knudsen (ed.) *Den nordiske protestantisme og velfærdsstaten,* Aarhus Universitetsforlag, Århus.
Swank, D. (2002) *Global Capital, Political Institutions, and Policy Change in Developed Welfare States,* Cambridge University Press, Cambridge.
Sysiharju, A.-L. (1981) "Primary Education and Secondary Schools", in E. Allardt et al. (eds.) *Nordic Democracy,* Det Danske Selskab, Copenhagen.
Titmuss, R. M. (1968) *Commitment to Welfare,* Allen & Unwin, London.
White, S. (2003) *The Civic Minimum: On the Rights and Obligations of Economic Citizenship,* Oxford University Press, Oxford.

（リナ・キルデル、スタイン・クーンレ）

# 第8章　貧困と所得分配

## 1　北欧諸国の政策戦略

本章の目的は、二一世紀初頭における北欧諸国――デンマーク、フィンランド、ノルウェーおよびスウェーデン――の所得分配、所得再分配および貧困を論ずることである。北欧諸国の経験は、いくつかの理由で興味深いものである。北欧福祉国家の主要な成果の一つは、持続可能な貧困削減であった。もう一つの教訓は、民主化はしばしば、社会政策の拡大へのより大きな圧力へとつながるが、逆に社会政策は、民主化に貢献できるということである。実際、各種の民主主義指標に従えば、スウェーデン、ノルウェー、デンマークおよびフィンランドは、民主化指標において、最上位の位置を占めている（http://www.economist.com/media/pdf/DEMOCRACY_TABLE_2007_v3.pdf）。北欧諸国はさらに、社会保護を競争的で成長指向的な経済と統合することが可能であるということを証明した。北欧諸国は、経済成長と社会政策の目標達成を同時に促進することに成功してきた。一九〇〇年の北欧諸国は、アメリカはいうに及ばず、多くの他のヨーロッパ諸国と比べて貧しかったが、二〇〇〇年代中盤には、世界で最も豊かな国の一角に位置し、国民は高い水準の経済的繁栄を謳歌するのみならず、人間開発の成果においても世界の最上位に入っている。この背景から、北欧の経験は多くの開発途上国にとって興味あるものかもしれない。

貧困と不平等が完全に解消されてしまったという意味においても、政策形成において何か理解しがたいものがあるという意味においても、北欧の「奇跡」などというものは存在しないということを正確に指摘しておくことは重要である。それどころか、政策の原則は極めて単純明快であり、社会政策と経済成長は手を携えて進み、お互いを強化してきた。本章の目的は、北欧諸国をより広いヨーロッパの構図のなかに置き、北欧諸国が他の先進国との比較において、いかに近似しているかを研究し、各国間比較からの分析結果を説明しようとすることである。

本章の構成は次の通りである。第一に、所得再分配の「北欧的」戦略を概観する。第二に、北欧諸国における貧困と所得の不平等を、社会政策の役割とともに比較の視点から眺める。第三に、平均所得、貧困および不平等の趨勢を概観する。第四に、所得不平等の構造を検討する。最後に、所得分配に関連する公共政策の変化を概観し、これらの変化をその背後にある所得再分配戦略との関連で議論する。

## 2　所得再分配の戦略としての北欧モデル

国際比較の結果によれば、北欧諸国は最も平等な社会の一つである。この高度の平等については、いくつかの説明がある。第一に、我々は歴史をはるかに遡る重要な社会構造上の前提条件を参照することができる。北欧において、貴族や土地を所有する上流階級は、封建制度にあった中欧におけるほどの重要な役割を果たすことはなかった。中欧では、耕作地は主に上流階級によって所有され、農奴制がより普遍的で、小農は、最善でも耕作の区画を賃貸するだけだった。しかし北欧地方では、小農自身が自分の農地を所有していた。第二に、独立した小農は、地域・市町村の意思決定においてかなり強い公式の権限を持ち、また中央政府レベルの身分会議では、集団としての代表を確保していた。自由な小農階級は、貴族階級や都市ブルジョアジーに対する効果的な対抗勢力だった。このように、北欧における産業革命以前の社会構造は、既に平等主義的であった（Kildal & Kuhnle 2005: 26）。独立した小農が、政治的な代表を持ち、明瞭に区別された社会階級を形成していたので、北欧の階級構造は、他のほとんどの国におけるような二極型ではなく、三極型となった。この階級構造は、それなりに政治の領域にも直接に反映された。右翼政党と左翼政党に加えて、比較的強力な農民（後には中道）政党は重要な政治勢力であり、これが初期の北欧の社会政策形成を条件づけた。まず第一に、彼ら自身の政治的代表の存在は、最初の社会政策の手段が計画されたときに地方居住人口の利害を無視することはできなかったということを意味していた。したがって、北欧は多くの中欧諸国のように工業労働者だけを対象とする労働者保険ではなく、すべての人口を対象とする国民保険を法制化しはじめた（Kangas & Palme 2006）。

第二の説明は、我々が特に意識しようとしている点であるが、最近になって出現した説明であり、社会（政策）制度の役割を強調している。北欧諸国は、社会保護の普遍的モデルを打ち建てた。そこでは、居住要件による給付とサービスが収入と関連づけられた社会保険プログラムと組み合わされている（Palme 2000）。これに加え、社会的弱者グループを対象としたプログラムがあった。普遍主義は、地方と都会の居住者の異なったニーズへの対応と、これらの利害の政治的利用に対する答えのために登場した。同様に、戦後期には、所得に関連づけられた社会保険が、労働者と給与被用者の双方を、そしてまた公的部門と民間部門の双方を、同じ保護制度の中に包含するための戦略であった。サービスの拡張は、部分的には高齢化する人口に対する答えだったが、それはまた、本来的には女性労働の成長と女性による政治参加の成長に関連づけられている。したがって所得移転制度には、次の三つの基本的な構成要素がある。老齢年金制度と家族支援を含めた市民への給付、社会の異なる分野に同じ条件で適用される所得に関連づけられた社会保険、そして、子どもや高齢者を抱える家族のための住宅手当や社会扶助のような所得テストによる給付である。（より詳細な議論については、Kangas & Palme〔2006〕、参照）。

これは、他の国々が社会政策制度を設計してきたやり方とどのように違うのだろうか。国を分類するための広い類型の使用が、相違と類似の複雑な構図を単純化するための便利な道具であることは証明されている。我々はここで、社会保険がどのように体系化されているかについての五つの理念型モデルを利益の形成に有効な方法に従って区別する（Korpi & Palme 1998）。それぞれの社会政策モデルは、異なる所得再分配戦略に従っている。「選別」モデルは、ミーンズテストの原理に従うことにより、ロビン・フッドが適用したのと同じ原理、つまり給付の支払いを一般的税収で手当てすることによって、富める者のみから奪い、貧しい者に与える。オーストラリアがその典型国である。「基礎保障」モデルは、一定額給付を支払うこと、つまり、富める者にも貧しい者にも同じ給付水準を与えることによって、単純な平等主義戦略をとる。イギリスがこのモデルの好例である。「国家コーポラティスト」モデルは、その古典的形態では、資源を基本的に各組合の内部で再分配する。ここでは、ドイツとフランスが最も明白な歴史上の例である。「任意団体に対する国家補助」モデルも類似のグループ内部での団結を適用するが、このモデルは、こんにちではほとんど「絶滅」しており、このモデルを主流としている国はもはや存在しない。「包括保障」モデルは、普遍的な、収入に関連づけられた社会保険給付に頼ること、つまり実際にはロビン・フッドの主張ではなく、マタイの説教に従うことによって、「すでに持てる者」により多くを与える。北欧諸国のみがこのカテゴリーに該当する。しかし実際には、ほとんどの国は異なった種類のプログラムの組み合わせを適用し、異なった原理の妥当性は分野ごとに異なる。もし所得に関連づけるという原理が社会保険にとって中心的であるとしても、その原理は、たとえば社会サービスの供給には同様には適用されない。

問題の中核は、異なった種類の給付の提供の間にトレードオフがあるか否かということである。実際に、これは、多くの人の予想と違うのだが、中流階級が福祉国家に関与すればするほど、弱者グループにとって状況がより改善し、社会的不平等が税と所得移転の制度により縮小されるというのが事

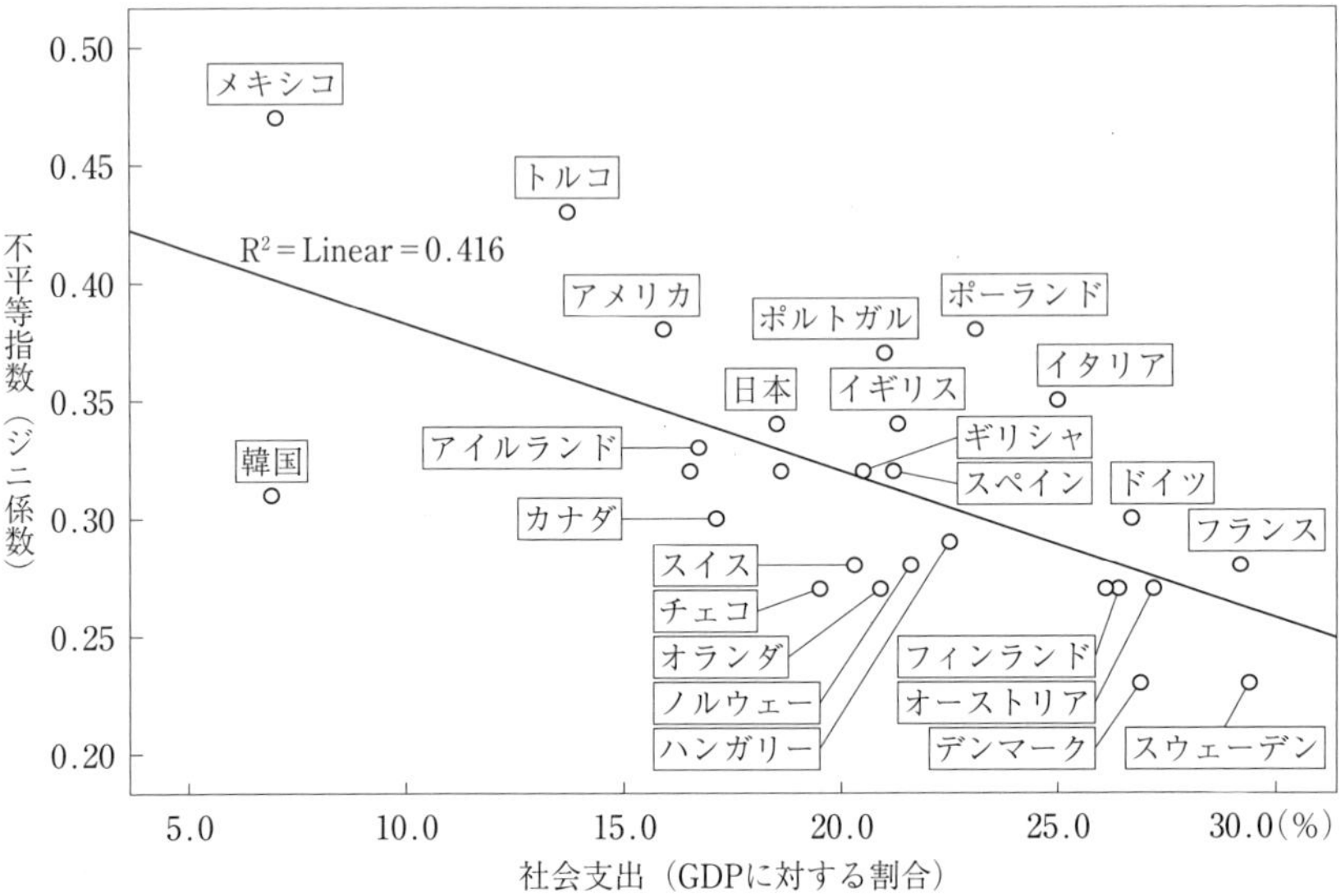


**図8－1　2000年代中盤のOECD諸国における社会支出と不平等指数**

出所：http://stats.oecd.org/index.aspx.

実のように見える。その理由は、異なった社会政策モデルで利害が体系化される方法のなかに見出すことができるかもしれない。ここでは、給付（および税）の分配内容と再分配されることになる額の大きさ、つまり量的効果、との間を区別することが極めて重要である。さらに、分配内容と再分配予算の規模の間には、給付の対象が限定されていればいるほど、再分配の予算は小さくなるという関連があるようである。これは、金額の規模と不平等の減少との間の強い正の相関を生じさせる。したがって、逆説的ではあるが、給付が国内の貧困層に対象を絞れば絞るほど、福祉国家によって達成される不平等の減少規模は小さくなる（Korpi & Palme 1998）。再分配の量的効果は、再分配の分配内容より重要であるように思える。

　図8-1からわかる通り、社会政策予算の規模と社会全体での不平等[1]の間には、強い相関（r〔相関係数〕＝－.65もし傾向から外れている韓国を除外すると－.75まで上昇する）が存在する。福祉国家が強力であるほど、再分配も強力になる。

　福祉国家の目標は、しばしば貧困の削減であると定義されるが、北欧諸国はさらに進んで、全体としての不平等を削減することもその目標に含めた（Erikson 1993）。図8-1が示すように、実際のところ国際標準によれば、北欧諸国の所得不平等の度合いは低い。

　加えて、現代福祉国家は社会保険や多種のサービスを供給するといった目標を持っている。すべての社会政策は，突き詰めれば再分配となる。その再分配のいくらかは，税や給付の制度を通した富裕層から貧困層への再分配で，垂直的である。また，その再分配の多くは，ライフサイクル内の再分配で，水平的である。年金児童手当両親手当といったものがその例である。もう一つの種類の再分配は，疾病・労災保険や失業保険による「リスク」の分配に伴うものである。これらのリスクは，人口中に不平等に分配されている。疾病・労災・失業のリスクは最低所得階層の人々が最大に背負っているので，その再分配は，一定程度の垂直的再分配を意味している。したがって，社会保険制度の大部分は，貧困との戦いに重要な関連を持っている。我々はまた，福祉国家が実際には貧者から奪い富者に与えるという「意図しない再分配」が起きることもあるという考えを精査することを受け入れるべきである。たとえば，公共交通機関の普及不足のために，貧しい者が豊かな者と同じようにサービスを受けられない，あるいは，応益負担のために貧しい者が利用したがらない医療システムは，すべての所得階層が支払う税を財源としながらも，圧倒的に，豊かな者へサービスを供給することになってしまいかねない（Le Grand 1982, を参照）。簡単にいえば，次のような種類の再配分がすべての社会政策制度で起こり得るのである。

① 水平的再分配――所得をライフサイクル内で平衡化。
② 垂直的再分配――豊かな者から奪い，貧しい者へ与える。
③ リスク再分配――これは，社会保険に関連している。
④ 意図しない再分配――貧者から富者への意図されない再分配。

社会保護の制度が単に貧困と戦うという目標以外の目標をもったとしても，依然として社会で最も劣悪な生活にある者の状況というのは，社会保護の制度全体がどれだけ成功しているかを示す強力な指標である。これは，哲学者ジョン・ロールズ（John Rawls 1971）の「我々は，最悪の状況にあるものをどのように扱っているかでその社会に対する評価をすべきである」という原則に，真に従ったものである。

## 3　所得分配と再分配

世帯間の可処分所得の分配は，複雑な所得形成過程の産物である。概念的に，その過程は，賃金や財産からの所得といった各種の「市場からの所得」に始まる。賃金部分は，時給や世帯内の稼得者数，彼らの労働時間によって決まる。各種の社会保険給付とその他の形態での移転支払を加えたとき，我々は「総所得」を得る。次いで，税と社会保険料を差し引

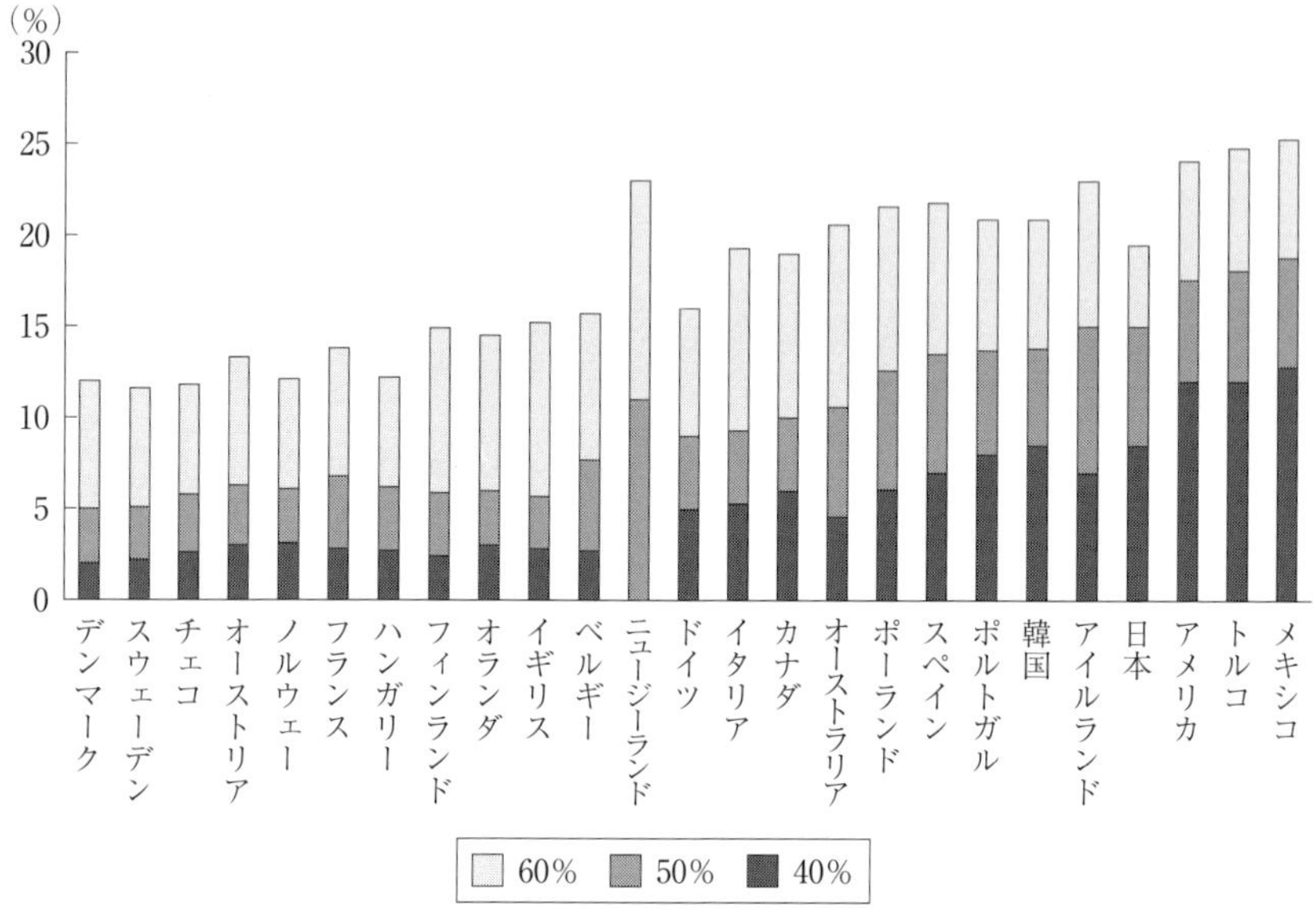


**図8-2**　2000年代中盤のOECD諸国における40%，50%，60%貧困線による貧困率

出所：OECD（2008: 127）.

くと、我々は可処分世帯所得に達する。さらに、この世帯所得には、規模の利益が働くと認識されることから、世帯規模によって調整される。最終的な完成形が、調整可処分所得である。

北欧諸国における貧困と所得の全体的な不平等を他の工業化された先進国と比較するとき、北欧諸国は、可処分所得に基づく尺度で見た不平等（図8-1に示されるように）と貧困（図8-2に描かれるように）に関しては、非常に良好な結果を得ていたことは明白である。

図8-2において、貧困は三つの貧困線によって計測されている。貧困線の最低値は、調整可処分所得の中央値の四〇%に固定されている。つまり、国の所得中央値の四〇%以下の者が、貧困層と分類されている。中央値の五〇%と六〇%という貧困の閾値の解釈は類推的である。言うまでもなく、閾値を高くすればするほど、貧困問題は大きく見える。しかし、この構図が発する主要なメッセージは明白である。北欧諸国、殊にデンマークとスウェーデンは、すべての貧困の尺度において良好な順位にあり、このことは、所得の不平等についても同じである。

北欧諸国間で、不平等の度合いの低さの背後にある一つの要因は、比較的均等な賃金配分である。もう一つの要因は、女性、特にシングルマザーの高い労働力参加である。しかし本章の焦点は、税の再分配および所得移転における福祉国家

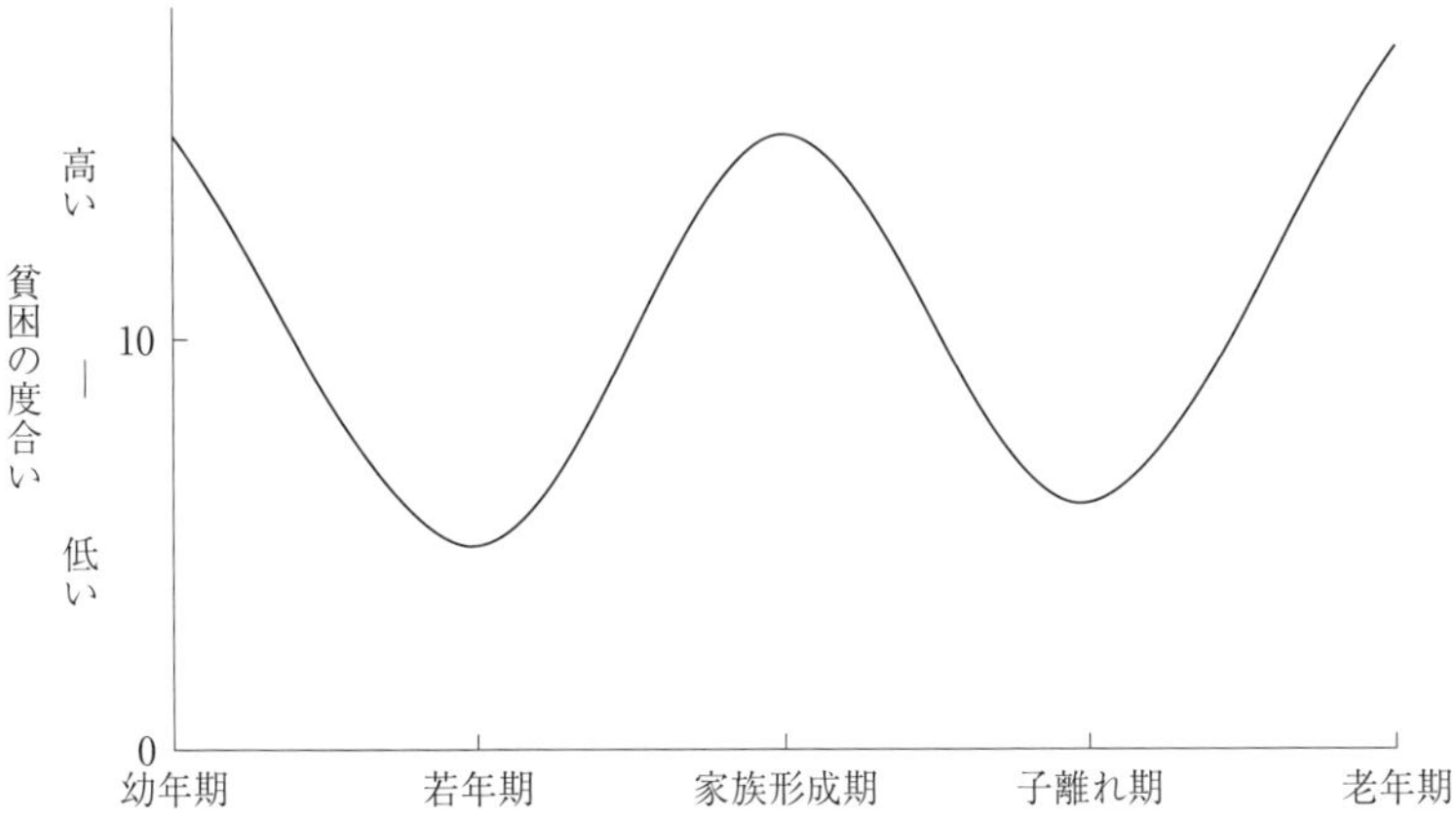


図8‐3　ラウントリー（1901）による1899年のヨークにおける貧困の循環

制度の役割である。我々は、ライフサイクル的貧困の古典的概念を論じることから始め、その後、さまざまな所得移転制度の異なる役割を概観することにする（cf. Palme 2006）。

　ライフサイクルの視点から福祉制度を見ると、社会保護制度は、ライフサイクルにおけるいくつかの重要な局面において個人を支援するものと見ることもできる。シーボーム・ラウントリー（Seebohm Rowntree 1901）は、一九世紀末から二〇世紀初頭のヨークにおける貧困に関する彼の古典的研究において、ヨークの住民が特に貧困に見舞われやすい局面を特定した。世帯における消費の必要と労働の可能性のバランスが取れないときに問題局面が現れる。したがって、小さな子どものいる家族は高い貧困リスクに直面する。子どもが成長し、世帯所得に貢献し始めると、また、子どもたちが世帯から独立すると、貧困リスクが低減する。しかし、貧困は主に高い生活費のせいではなく、むしろ労働能力の減退の結果として、高齢者の間でも高頻度で生じやすい。それでは、社会保護の拡大は、この種のライフサイクル的貧困を削減するのに有効だったのだろうか。

　ここで、子どもは貧しい両親のもとに生まれ、そこで育てられることを選んだのではない点が、国家介入を肯定する論理の根拠となる。そこで政府は、自国の子どもに教育・医療等を受ける平等な権利、および栄養や居住に関する権利を完全に享受できるだけの資源を保障する責任を有すると論じることができる。子どもは、完全な市民となる機会を奪われるべきではないのだ！

フィンランドとスウェーデンにおいては、寛大な児童手当と政府補助を広範に得た保育――これが、家族で二人目の稼得者による世帯収入への貢献を可能にしたのだが――の組み合わせが、有子家族の低い貧困率という点で良い結果を生んだように見える（Ferrarini & Forssén 2005）。ここで強調しておくべきことは、こんにち、配偶者の所得は、分離して個別に課税されるということである。このことは、配偶者双方の所得を合算して課税するという制度によって生じる、二人目の稼得者に対する高い限界税率が避けられるということを意味する。いくつかのその他の比較研究（たとえば Kangas & Ritakallio 2000）は、北欧諸国において子どもが貧困に陥っているという現象は、比較的稀だということを示している。ひとり親家族においても、ふたり親家族においても、子どものごく小さな割合のみが貧困層と分類される。子どもたちの間での全体的な貧困率（六〇％貧困率による）は、フィンランドでは九・七％、ノルウェーでは一〇・〇％、デンマークでは一〇・五％、スウェーデンでは一〇・九％であったが、一方、同様の数字は、ドイツでは一四・二％、フランスでは一五・九％であり、オーストラリアでは二二・一％、イギリスでは二四・二％、アメリカでは二九・一％にも達する。

北欧における女性の地位は他の国々に比べるとかなり恵まれている。この地位の高さは女性の多くが独身であるにもかかわらず達成された。これは、このグループへの所得移転が殊に大きかったことによるのではなく、独身女性に限らず女性全般が、北欧諸国においては他の諸国に比べると高い労働力参加率を示していたことが主たる要因となっている。これは政府補助のある保育と、対象を絞っていない普遍的給付の存在の結果である。これらの種々の要因が、北欧におけるひとり親が、平均的には、ふたり親家族より悪い状況にはあったが、経済的に周辺的なグループになることを防いだのである。さらには、有子女性と無子女性の間の雇用の格差は、北欧地域において最小であったことも強調するに足るであろう。

高齢労働者の間での失業保険と貧困の問題も注目すべきであろう。ここでは貧困率の国別差異の原因を、構造的要因および社会政策の異同の観点からだけでなく、失業と失業者保護に関連して探究することも正当化できるように思われる。失業保険は、おそらく市場プロセスに直接に干渉するものであることから、社会政策プログラムのなかで最も議論のあるものであろうし、それゆえ、このような制度の効果を精査することは極めて重要である。三つの要因が、社会保険制度の貧困軽減への有効性を決めるにあたり、決定的な重要性を持っている。それは対象範囲、補塡率および期間である。

福祉国家制度に関する焦点は失業保険に当てられるが、他の給付制度の意義も認識することは重要である。ベックマン

（Bäckman 2005）によって適用されたアプローチは、コルピとパルメ（Korpi & Palme 1998）の社会政策モデルの類型化に基づく指標を包含するものだった。ベックマン（2005）の経時的傾向の分析は、貧困率はまだ収束していない、あるいは収束の過程にあるとしても、平均してそれらは二〇年の期間の間に少しずつ、二％上昇したということを示唆している。これはコルピとパルメ（1998）による福祉国家モデルの指標とともに、主要な興味を引く要因をクラスターとして包含するモデルの結果だった。これらの構造的要因は、貧困率の時系列的な変動にとってより重要であるかのように思われるが、一方、失業保険は国別の差異を説明するためにより重要であるように思われる。補塡率は三つの制度的要因のうち、最も重要であり、それは時系列的および国別の変動の双方に影響を与える。これは単独で、全体的変動について、他のすべての構造的要因を合わせたよりも大きな部分を説明する。失業保険の給付期間の長さもまた、全体的変動に対する説明的価値をもつ。この研究が対象としている期間、殊にその後半は、福祉国家縮小の時期の一つとして描かれてきた（Korpi & Palme 2003）。この研究の結果は、この失業現金給付の削減という縮小は、現在の福祉国家における貧困リスクに対してマイナスの影響を与えていることを示している。失業保険における補塡率の削減もまた、時間の経過による変動の一部を説明している。この要因だけで、他のすべての構造的要因を合わせたよりも全体的変動の大きな部分を説明する。引き出しうる一般的結論は、政策が貧困率の各国間の差異だけでなく、経時的変動にとっても重要であるということである。

この場合にも、家族政策について述べたものと同様のいくつかの結論が当てはまる。本節で焦点を当ててきた、働く高齢者の貧困については、社会保険制度だけではなく、「最後のとりで」、つまり、最低所得供与についても焦点を当てることが適当である。ネルソン（Nelson 2003）に従えば、二つの興味深い結論を引き出すことができる。第一のものは、社会保険プログラムと選別プログラムの寛大さとの関連に関わるものである。ここでは、最低所得供与の寛大さを説明する最も重要な要因は、中核となる社会保険プログラムへの中流階級の包摂の程度のなかに見出されるということがわかる。これは、「再分配の二律背反」の論文を支持する。第二には、これらの異なった種類のプログラムの貧困削減効果についてである。ここで我々は、所得に関連づけて設計された社会保険プログラムは、貧困の削減のために重要な役割を果たしていると結論づけることができる。一定額給付のプログラムは、そのままでは効率が悪く、ミーンズテストを経た上での給付によって補完された場合にのみ、貧困を削減する。

老齢年金と所得の不平等との関係もまた、二種類のパラドックスを含んでいる（Korpi & Palme 1998; Palme 2006）。まず、我々がデータを持っている国々のなかで、公的年金額に最も大きな不平等が見られるのは、フィンランド、スウェーデン、ドイツ、およびノルウェーである。最も平等な年金が見られるのは、オーストラリアであり、カナダ、イギリス、オランダ、アメリカがすぐ後に続いている。しかし、我々が、総所得（すべての所得源を加え、一方、税は引かないもの）の分配を調べると、国家のこの順位は、概ね、逆転する。これは、オーストラリアや、その他の公的年金給付が基礎保障のためだけにある国々では、私的年金や資産収入の方がより重要であるという事実のためである。私的年金は、より一層不平等に分配されており、このことは、私的年金が所得に関連づけられた公的制度によって「押し出される」に従い、不平等が減少するということを示唆している。所得関連年金制度に所得上限を持たない国であるフィンランドは、その好例である。

第二には、富裕層をも対象とする基礎年金をもった国々は、基礎年金の対象を貧困層のみに絞った国々に比べ、高齢者の貧困との戦いで成功している。たとえば、オーストラリアにおける高齢者の貧困率は四四・九％であるが、同様の数値は、スウェーデンでは二〇・五％である。二つの異なる要因が、たぶんこの事に貢献している。第一に、普遍的な給付制度は、よりよい参加率を有していることであり、第二に、普遍的な給付制度設計は、高い給付水準を維持するための広い（政治的）連立を創り出すことに成功してきたことである。社会保護制度のなかに明確に中流階級を取り込んでいる国々は、高齢者以外の人口に対しても、寛大な最低所得保障のセーフティネットを保障していることが判明している（Nelson 2003）。予想に反して、これら「対象グループ」の間での貧困率は、広範な福祉国家制度をもつ国々において最も低い。社会の最貧層は、政府の援助がこれらのグループのみに向けられている訳ではない福祉国家において、たとえそれが多額の金銭を再分配した結果であったとしても、最良な形で救済されているように見える（Mitchell, Harding & Gruen 1994; Korpi & Palme 1998）。したがって、給付の再分配的形態や税制の累進性を見るだけでは十分ではなく、量的効果の面も考慮しなければならないのである。

普遍的給付および社会保険の代替物はすべて、利益の結集に関わる意味を持っている。社会統合のなりゆきは、この文脈で検討することが重要である。もし、義務的保険が基礎保障の供給に限られていたならば、多くのグループが職業集団あるいは会社に基礎を置く保険制度に頼るようになるだろう。これは、私的保険を通しての間接的階層化へとつながるだろう。対象を限定したモデルは、貧困者と非貧困者に間に楔を打ち込むのみならず、負の烙印（スティグマ）を押す行為となる問題や貧困の罠の問題と関連している。こういった文脈を認識することが、北欧モデルの成果の理解を助けうるであろう。

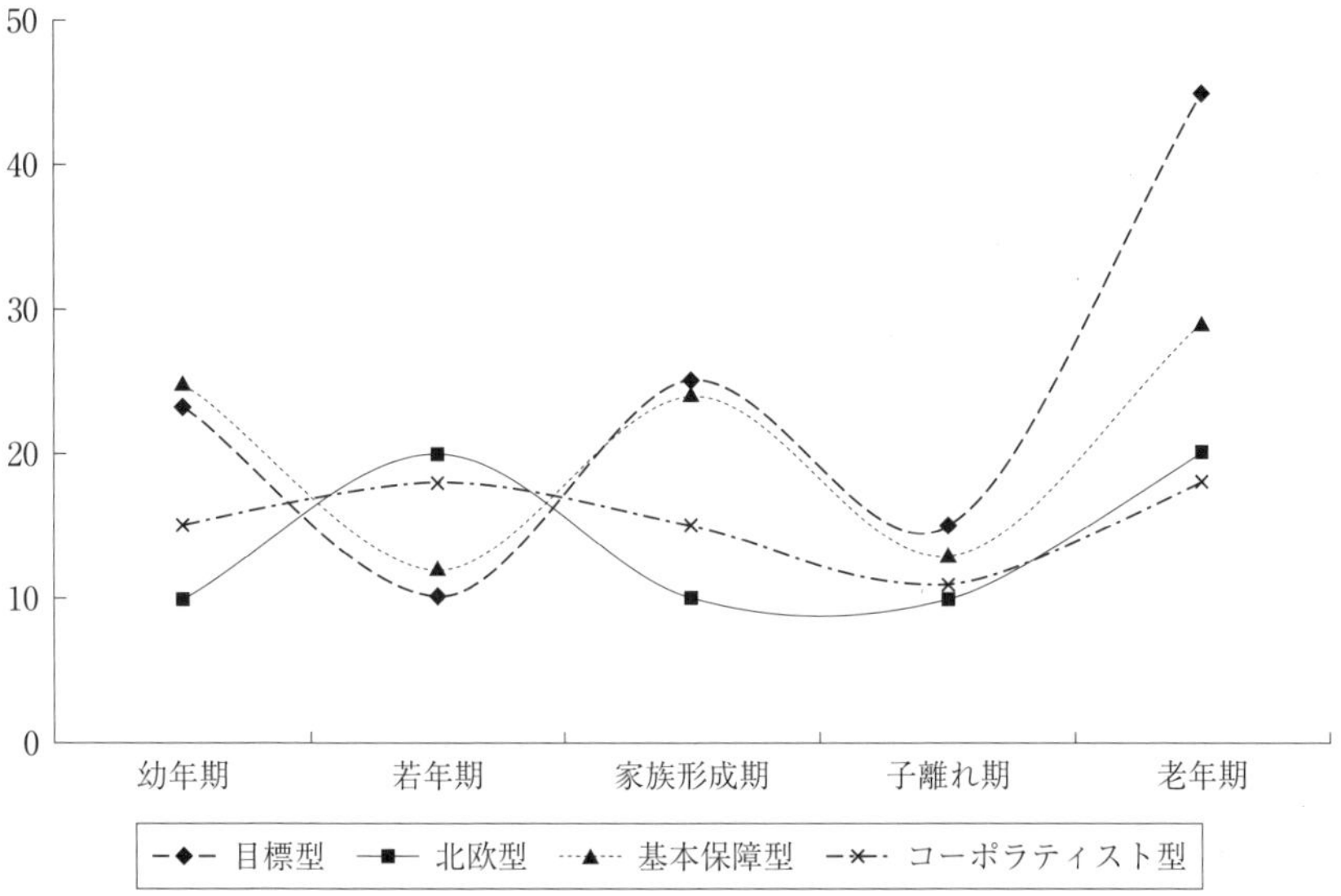


図8-4　2000年代中盤における福祉モデルによる貧困の循環

図8-4に描かれた分析結果は、ほぼ一世紀前に、ラウントリーによって認識されたような種類の貧困のライフサイクルが、いまだに最も進んだ工業国家のいくつかにおいて観察されうるということを示している。それでも、昔から見られるこのサイクルは、すべての国において、最近の一〇年間に変わってきているが、その程度は明らかに大いに異なっている。世界的に高齢者の貧困は減少している。しかしながらいまだに、その格差は相当のものである。いくつかの国、殊に北欧では、有子家族の貧困も減少して、いまや無子家族と同レベルである。部分的に新しい現象としては、若者の間で記録されるべき高い貧困率がある。これは、一部には、高等教育の拡大と関係しているかもしれない。たとえば学生生活支援金による若者の生活は貧困線を下回っているが、これは福祉の視点からあまり問題とされていない。しかし、高い失業率は、若者が労働市場に参入することをより困難にしている。いずれにせよ、我々はより強力な結論を引き出すことは困難であるというこれまでの文脈から、検証に関わる課題に取り組んでいる。

先に我々は、ジョン・ロールズ（1971）の「正義論」を引用し、社会が劣悪な状況にある者をどのように取り扱うかに基づいてその社会を評価すべきだといった。ロールズにとって、不平等や貧困はそれ自体では、必ずしも不正義や不公平ではない。多くが、不平等を生み出すメカニズムによっている。より勤勉に働き、学歴をつけ、自らの資源等をより有効に使う者もいる。したがって、他の人より多くのものを受けるに値する人々が存在するということは、正当化できるものである。ロールズによれば、一定の条件下で、不平等は受容可能である。第一に、不平等は人々を差別化しない要因によっていれば、受容可能である。大きな所得格差もこのような格差を生み出している制度がすべての者にとって平等にアクセス可能なものであれば、受容可能である。もし所得格差が、たとえば学歴に基づくものであり、教育がすべての者に利用可能であれば、賃金格差を正当化できると見ることができるであろう。平等な機会が正義を保障する（Marshall 1997: 178-197）。

平等な機会によって保障される正義は、先に論じた幼少期の家庭の貧困の問題と密接に関連している。このことは、次の事例によって説明される。A社会において、有子家族の二〇%は貧しく、B社会では、同様の数値はわずか五%であったとする。しかし、A社会は開かれた社会であり、子ども時代に貧しかった者のうち、ごく僅かな者のみが、貧しいままに留まり、他はそうではなく社会の中で上昇する。B社会は閉ざされた社会であり、そこでは貧しい家庭に生まれた者のほとんどすべてが、一生、貧しいままに留まる。このことは、A社会をより高い貧困率にもかかわらず、より公正な社会にする。したがって、貧困についての明瞭な認識を得るためには、分野別のデータを見るだけでは十分でなく、貧困家族についての経年的データを調査することも必要である。不利な位置からよりよい位置へと昇るためのどのような機会が存在するか。この質問は、静態的な分野別の比較分析とは相対的に貧困の力学および個人のライフコースあるいは世代間の長期的所得の変動に注意を払う、より動態的な経年分析の妥当性に関するものである（Airio 2008; OECD 2008: 296）。

経年分析は、貧困者の大多数にとって貧困は仮の地位に過ぎないことを示している。しかしながら、長期的な金銭不足に苦しむ人々の割合は、さまざまな福祉モデルの間で異なった様相を見せる社会問題であり、分野別の貧困率と長期的貧困の間には強い相関がある（OECD 2008, 158-160）。分野別の貧困が高いほど、長期的貧困はより厳しい。たとえば長期的貧困率（三年連続しての貧困）は、北欧諸国に比べると、オーストラリアとアメリカで三倍、イギリスで二倍となっている（OECD 2008: 159）。結局、所得の変動可能性は、広い所得格差を持つ国において大きい訳ではなく、貧困者の状況は、大きな所得格差のある国では、他の国での貧困者の状況より良い訳ではない。実際に国家間比較は、所得格差が大きいほど、貧困率が高いほど、不利な位置にある者の運命が良くないことを示している。さらに、貧困の出現頻度が多いほど、貧困者はその貧困な位置に閉じ込められているように見える。

この調査分析を世代間変動可能性、あるいは不平等の世代間継承もまた網羅するように発展させることもできよう。親と子の所得についての長期継続的データが乏しいことが問題である。この問題についてはごく僅かな研究しかないのである（たとえば、Jäntti et al. 2006）。端的にいえば、これらの研究結果の本質は、研究対象としたすべての国において、子の所得は親の所得と相関することである。すべての国で、幼少期の家庭環境は決定的な影響をもち、その意味で、研究対象国のどれもが完全に開放された社会ではない。ただしいくつかの国は、他の国より開放的であった。北欧諸国は、アメリカより多少開放的であるように見える。たとえば、スウェーデンとフィンランドにおいて、家庭環境は所得分配に関連しており、アメリカにおいてよりも顕著に小さな説明要因でしかない（OECD 2008: 205–211）。

さまざまな社会が（所得）格差の原因となる地位の開放度の基準をどの程度満たすかを見るもう一つの方法は、階級間移動を見ることである。基本的には、工業化社会における階級間移動に関する比較研究によって語られた筋書きは、収入の変動可能性の筋書きと同じである（Erikson & Goldthorpe 1992; Marshall 1997）すべての社会において、多かれ少なかれ、不平等な階級間移動の継続的構図があり、この構図は、二〇世紀を通じて大きくは変わらなかった。流動率は、他のヨーロッパ諸国に比べると北欧諸国においてはいくらか高いように思われる。アメリカにおける流動率は、北欧諸国の流動率はいうに及ばず、ヨーロッパの流動率に比べると高くはない。北欧諸国における所得分配全体は、どのような国際基準によってもかなり平等主義的である。しかしこの状況は、（ジニ係数によって測った）所得の不平等性の増加・減少を概観した図８-５が示すように、一九八〇年代中盤から二〇〇〇年代にかけて徐々に変わりつつある。

デンマークを除くすべての北欧諸国において、所得の不平等（および貧困、OECD 2008: 129, を参照）は増加しつつある。研究対象とした国々の大多数でも同じ傾向が存在する。所得格差の増加は、ベルギー、フィンランド、イギリスおよびアメリカで急速に進んでいる。ノルウェーとスウェーデンでは、増加速度は緩慢であるが、スイス、オランダおよびデンマークにおいては、所得格差が最も減少してきている。不平等の増加傾向にもかかわらず、結論としては、国際基準から見ると北欧諸国の所得格差はいまだ小さいということである。この変化は、フィンランドが最大であるかもしれない。フィンランドは一九八〇年代中頃にはＯＥＣＤ諸国のなかで最も所得格差が少ない国であったが、今や所得格差においては上位第九位となっている。

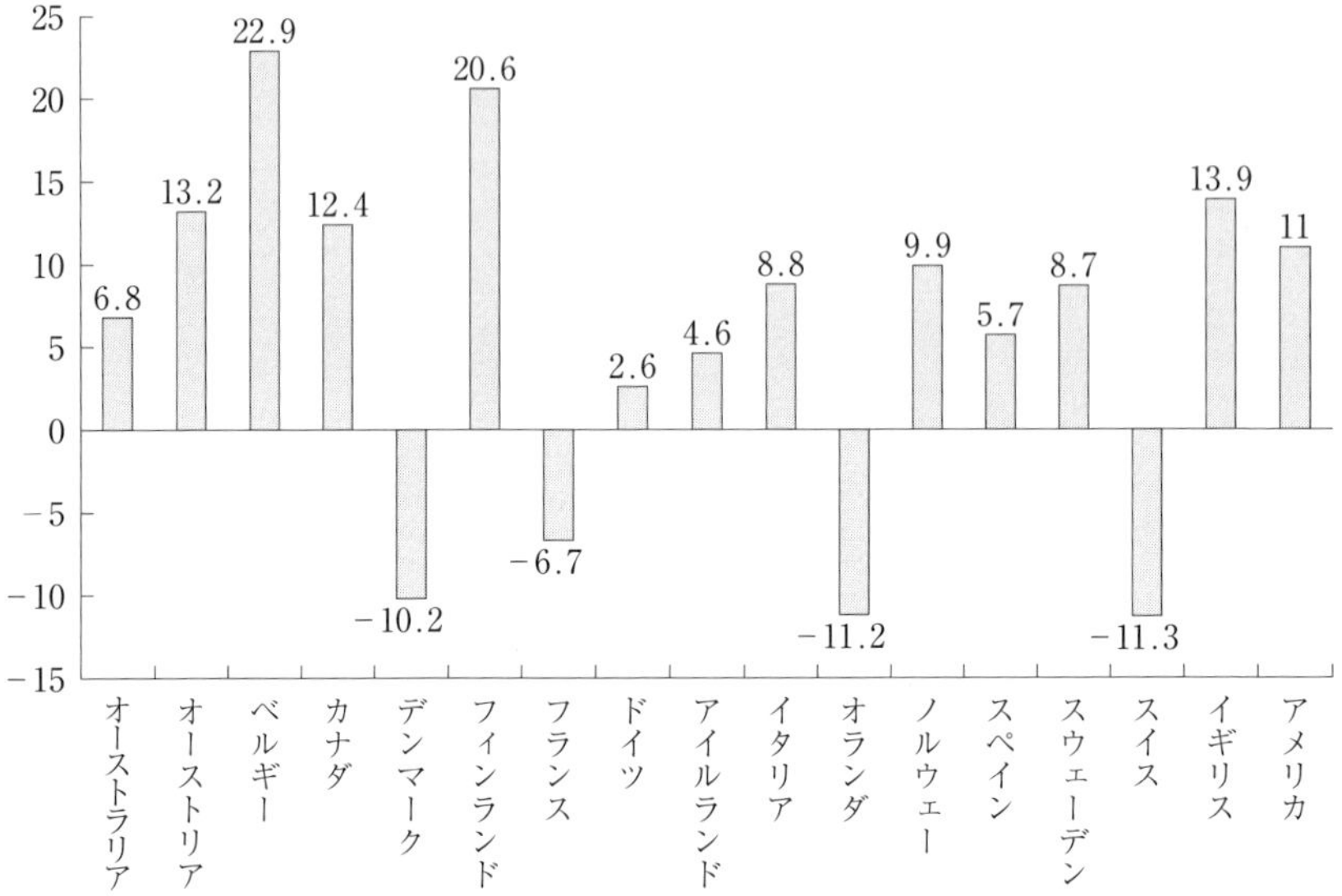


図８－５　1980年代中盤から2000年代中盤の間での不平等の変化（2005年のジニ係数-1985年のジニ係数）/1985年のジニ係数×100

## 4　北欧諸国の所得再分配戦略の変化

我々は本章において、所得再分配の「北欧的」戦略とOECD諸国における所得分配と所得再分配の基本的特徴のいくつかの概要を示した。北欧的再分配戦略は、対象を限定した給付によって補完される社会保険と普遍的給付の組み合わせに基づいている。このことは、中流階級が社会保護制度に強く統合されていること、そしてまた、人口の大多数が社会保護制度への貢献者であると同時に受益者であることを意味している。この制度は、高率の課税も意味している。この理由、またその他の理由により、この制度の持続可能性を政治・経済の両面から明らかにするためには、この制度の変化を精査することが結局のところ正当化されるように思われる。

「包括保障モデル」のために作られた基準を満たすかどうかを見る際に我々は、北欧諸国にとってのいくつかの問題を観察することができる。一つの側面は、給付と給付を目的とした所得制限を取り扱うことである。フィンランドを除く他のすべての北欧諸国は、給付の最大限度を適用している。つまり、年金、疾病手当、失業手当等には上限がある。一般的な構図は、これらの上限の拡大が、時期を失することである。殊にスウェーデンでは、給付のための所得上限を実質賃金の増加に合わせて調整する（スウェーデンの社会保険制度の価格指標化原則のために）問題を経験していた。これは転じれば、長期的には、福祉国家への中流階級の支持に関する問題を生むかもしれない。それほど重要ではないかもしれないが、このことは長期的にみれば、これらの国が基礎保障モデルに属する分類をされる恐れにつながりかねない。これらの問題は、ノルウェーとデンマークにとっても同様であり、一方、フィンランドは、給付に関する所得上限を設けないか、あってでも極めて高い上限を設けている。しかしフィンランドもスウェーデンも、一九九〇年代前半の経済不況期に応じて、すべてではないものの、多くの社会保険給付における保障率の明確な削減を導入した（Kautto 2001）。フィンランドの場合には、この削減は貧困および不平等への対策を強化しつつあったので、非常に目立つものであった（図8-5参照）。

デンマークは、ここ数十年にわたり、より包括的な保障制度から遠ざかる道を歩み続けてきた。年金制度においては、基礎年金の一部における所得調査の重要性が増加したことによって普遍性が弱体化している。加えて、いくつもの政権が、労働市場全体に対して、労働集団に応じて所得に関連づけられた制度の拡大を促進し、ある程度成功した。中流階級の包摂は社会保険制度の他の部分における変更によっても、給付を目的とした所得上限の縮小によって損なわれた。これは、優先順位づけの結果であるとともに、意思決定の不在の結果でもある。補塡水準は、高所得者にとって低下しただけではなく、平均的な賃金の生産労働者にとっても低下した。公式には九〇％とされていた補塡率は、実際には、生産労働者の平均的賃金水準では六〇％以下となっていた。それでもデンマークの社会サービス制度は、他の北欧諸国に比べると、殊に高齢者への支援を考慮するとより包括的であり続けた。また、デンマークにおける基礎的給付水準は極めて高かった。この給付上限の縮小は高所得者層を対象にしたものだった。このことは、図8-5における所得格差の縮小に表されている。

したがって、一九九〇年以降に生じたさまざまな政策の変更は、北欧諸国の所得再分配戦略を根本から変えはしなかったと結論づけることができよう。この戦略を補強することを狙った変更のいくつかの例を見出すことですら可能である。このことは、危機後の展開についても真実であるだろうし、有子家族に対する普遍的給付の増加や社会保険と社会サービスの双方に中流階級を包摂しようと狙ったさまざまな手段も含むものである。それでも、我々は、全体的課税水準が高い限界税率の問題に直面していることに関連して、所得再分配の目的のために税制を使うことに関連した困難を見ることができる（Sjöberg 2005）。再分配的効果に関しては、これまでに税から所得移転への移行があった。しかしながら、税もしくは移転システムの再分配に対する全般的効果は、ほぼそのままであった。しかし将来においては、人口の高齢化から生じる所得再分配を増大させようという圧力が強まることは間違いない。さらに、移民、子どものいない若者、単身世帯のなかでは、貧困率が高いという事実から生じる新しく厳しい課題がある。これらの「新しい貧困ポケット」と戦うための勝利の戦略を練り上げることは、北欧諸国にとっての課題である。

### 注

（1）ジニ係数は、すべての所得が完全に平等に分配されていることを示す0と最富裕者がすべての所得を独占することを示す1の間で変動する。

### 参考文献


Airio, I.（2008）*Change of Norm ? In-Work Poverty in a Comparative Perspective*, Kela Studiers in Social Security and Health/92, Helsinki.

Bäckman, O.（2005.）"Welfare States, Social Structure and the Dynamics of Poverty rates: A Comparative Study of 16 Countries, 1980-2003", *Institute for Futures Studies Working Paper Series*, No. 7.

Erikson, R.（1993）"Descriptions of Inequality: The Swedish Approach to Welfare research", in M. Nussbaum & A. Sen（eds.）*The Quality of Life*, Clarendon Press, Oxford, pp. 67-83.

Erikson, R. & J. Goldthorpe（1992）*The constant flux: A study of class mobility in industrial societies*, Clarendon Press, Oxford.

Esping-Andersen, G.（1990）*The Three Worlds of Welfare Capitalism*, Polity Press, Cambridge.

Ferrarini, T.（2006）*Families, States & Labour Markets — Institutions, causes and consequences of family policy in post war welfare states*, Edward Elgar Publishing, Cheltenham.

Ferrarini, T. & K. Forssén.（2005）"Family Policy and cross-national patterns of poverty", in J. Palme & O. Kangas（eds.）*Social Policy & Economic Development in the Nordic Countries*, Palgrave, Basingstoke, pp. 118-146.

Fritzell, J.（2001）"Inkomstfördelningens trender under 1990-talet"（Income distributions trends in the 1990s）, in J. Fritzell & J. Palme（eds.）*Välfärdens finansiering och fördelning*（*The Financing and Distribution of Welfare.*）, Swedish Government Official Report（SOU）2000: 57. Anthology from the Committee on a Balance Sheet for Welfare in the 1990s. Stockholm: Fritzes. http://hdr.undp.org/en/reports/global/hdr2007-2008/（retrieved 15. June 2009）http://www.economist.com/media/pdf/DEMOCRACY_

TABLE_2007_v3.pdf（retrieved 15 June 2009）http://www.lisproject.org/key-figures/kf-workbook.xls（retrieved 8 June 2009）http://stats.oecd.org/index.aspx（retrieved 15 June 2009）

Institute for Future Studies.（2006）*Sustainable Policies for an Ageing Europe,* Institute for Futures Studies, Stockholm.

Jäntti, M., B. Bratsberg, K. Roed, O. Raaum, E. Österbacka, A. Björklund & T. Eriksson.（2006）*American exceptionalism in a new light: A Comparison of Intergenerational Mobility in the Nordic Countries, the United Kingdom and the United States,* IZA-working papers, No. 1938, Bonn.

Kangas, O. & J. Palme（eds.）（2006）*Social Policy and Economic Development in the Nordic Countries,* Palgrave/Macmillan, Basingstoke.

Kangas, O. & V. M. Ritakallio.（2000）"Social Policy or Structure? Income transfers, sociodemographic factors in the Nordic Countries & France", in B. Palier & D. Bouget（eds.）*Comparing Welfare Systems in the Nordic Countries and France,* Vol. 4, MIRE, Paris, pp. 513-540.

Kautto, M.（2001）"Moving Closer? Diversity and Convergence in Financing of Welfare States", in Kautto M. e. a.（eds）*Nordic Welfare States in the European Context,* Routledge, London & New York.

Kidal, N. & S. Kuhnle（2005）*Normative Foundation of the Welfare State: The Nordic Experience,* Routledge, London & New York.

Korpi, W. & J. Palme.（1998）"The Paradox of Redistribution and Strategies of Equality: Welfare State Institutions, Inequality and Poverty in the Western Countries", *American Sociological Review,* 63, pp. 661-687.

Korpi, W. & J. Palme.（2003）"New Politics and Class Politics in the Context of Austerity and Globalization: Welfare State Regress in 18 Countries 1975-1995", *American Political Science Review,* 97, pp. 426-446.

Le Grand, J.（1982）*The Strategy of Equality: Redistribution and the Social Services,* George Allen & Unwin, London.

Marshall, G.（1997）*Repositioning class: Social inequality in industrial societies,* Sage, London.

Mitchell, D., A. Harding & F. Gruen.（1994）"Targeting Welfare", *The Economic Record,* 70, pp. 315-340.

Nelson, K.（2003）*Fighting Poverty: Comparative Studies on Social Insurance, Means-tested Benefits and Income Redistribution.* Doctoral Dissertation Series, No. 60, Swedish Institute for Social Research, Stockholm University, Stockholm.

OECD（2008）*Growing Unequal. Income Distribution and Poverty in OECD Countries,* OECD, Paris.

Palme, J.（2000）*The Nordic model and the modernisation of social protection in Europe,* Nordic Council of Ministers, Copenhagen.

Palme, J., Å. Bergmark, O. Bäckman, F. Estrada, J. Fritzell, O. Lundberg, O. Sjöberg, L. Sommestad & M. Szebehely.（2003）"A Welfare balance Sheet for the 1990s", *Scandinavian Journal of Public Health,* Supplement, 60, August.

Palme, J.（2005）"Modernization of European Model of Social Protection", in B. Vivekanandan & N. Kurian（eds.）*Welfare States and the Future,* Palgrave, London, pp. 199–222.

Palme, J.（2006）"Welfare states and Inequality: Institutional designs and distributive outcomes", *Research in Social Stratification and Mobility,* 25, pp. 387–403.

Rawls, J.（1971）*A Theory of Justice,* Harvard University Press, Cambridge Mass.

Rowntree, S.（1901）*Poverty. The Study of Town Life,* Macmillan, London.

Sjöberg, O.（2005）"Financing Big Welfare States: Sweden During Crisis and Recovery", J. Palme & O. Kangas（eds.）*Social Policy and Economic Development in the Nordic Countries,* Palgrave, Basingstoke, Sid. 241–264.

（ヨアキム・パルメ、オリ・カンガス）

# 第9章　ジェンダー

## 1　ジェンダー平等という戦略

さまざまな状況において、北欧（フィンランド、スウェーデン、ノルウェー、デンマーク）[1]は社会平等やジェンダー平等の最先端に位置づけられることはよく知られており、このことはジェンダー平等がこの地域の特徴であるという国家の自己描写において回帰的なテーマとなってきた。これらの国々の自己イメージは、北欧が「平等に対して熱意があること」（Graubard 1986）を維持してきた。また、北欧が労働市場を通じた不平等を減らし、福祉国家政策において成功し続けてきたことは実際に真実である。これは社会的パートナーや政党間の歴史的な歩み寄りの所産である。北欧諸国は他のOECD諸国と比べてジニ係数[2]がかなり低い（OECD 2006）。また、ジェンダー平等度の最も高い国々としてランクされており（World Economic Forum 2008）、国家レベルにおける女性の政治的進出の度合いが極めて高い（http://www.ipu.org/wmn-e/world.htm）。この発展は北欧諸国が男女共にペイドワークに従事する、普遍的な稼ぎ手モデルによって特色づけられていることと関係がある。この発展が一九七〇～一九八〇年代に始まった際、それは出生率の低下を引き起こした。今やこの出生率の低下は、既婚女性が主婦として家庭内で働く、男性稼ぎ手モデルによって特徴づけられてきた多くの西洋諸国でみられる。しかしながら、北欧諸国において、少子化は他の西洋諸国と比べると早期に起こっており、北欧の社会はかなりの程度で新しい家族形態に適応してきた。こんにち、北欧諸国は比較的高い出生率を示している（OECD 2009）[3]。

北欧福祉国家は女性に好意的であると位置づけられてきた（Hernes 1987）。このことは北欧福祉国家が女性の要求に応じており、女性は公共および政治領域において声を上げてきたことを示している。さらに、北欧諸国は女性の選択の幅を広げる一連の政策を採用してきた。一九六〇年代後半から一九七〇～一九八〇年代にかけての広範囲な女性政治運動は政治システムに圧力を加え、フェミニスト運動は、人間の再生産に関わる一連の新しい課題がみられるような公的および政治的な政策課題に影響を与えてきた。ＯＥＣＤ（2002）のような国際機関は、グローバル化や高齢化のような課題に立ち向かうために国を整備し、労働市場に「フレクシキュリティ」を形成するこれらの政策を賞賛している。

しかしながら、北欧のジェンダー平等は、明瞭な成功には程遠い。よりジェンダー均衡な社会に向かいつつあるという理論が、ジェンダー平等の途上にあるという考えが支配的であるにもかかわらず、正しくないこともまた明らかである(Skjeie & Teigen 2005)。この支配的なジェンダー平等理論としての普遍的な稼ぎ手モデルに関する新たなパラドックスが出現しつつある。ジェンダー平等は論争の的であることを表した対抗的な言説がいくつかある。さらに、以前はかなり単一化されていた国々をより多様化させてきたマルチカルチュラリズムが拡大する過程において、北欧諸国は、階級やジェンダーに関する不平等ほどには、民族的少数派と多数派に関する不平等を減じることにあまり成功してこなかった。ジェンダー平等の基本的な考え方は、女性という集団間にある差異や男性という集団間にある差異の認識に困難を抱えていたのである。

本章ではジェンダー平等の標準化を進めてきた北欧の経験に焦点を当てる。その際、言説および実践としての女性への友好性について批判的に言及する。北欧福祉国家の歴史的過程およびジェンダー平等の重要性を簡単に紹介することによって北欧の経験を詳説していく。その後、ジェンダー平等という点での北欧の到達状況に関わるフェミニスト研究内での二つの論争となっている言説を紹介する。うち一方は他方よりもかなりポジティブで国家に対して楽観主義的である。その次節では、高齢化する人口とグローバル化する経済という点で福祉国家が直面する課題に取り組むために、女性に対して好意的な政策の重要性についての最近の言説を比較する。この課題はヨーロッパレベルでは二〇〇〇年からのリスボン協定を実践するための政策提言として位置づけられている。もう一つの言説は二〇〇四年のデンマーク福祉協定に関連して明らかになった。その後、北欧四カ国および政策ロジックとして支配的とされてきたジェンダー平等ビジョンの違いに着目する。最後に、北欧福祉モデルにとってのマルチカルチュラリズムの役割に言及し、他の国々のモデルとして北欧の経験が映し出してきたことで締めくくる。

## 2　歴史過程

比較福祉国家の文献は北欧福祉国家の歴史過程を際立たせてきた。大雑把にいえば、社会平等は社会の政治的価値として一九世紀の後半から二〇世紀の初頭にかけて導入された。福祉国家は農民運動・労働運動・女性運動ゆえに進展した(Christiansen et al. 2006)。社会民主党は階級格差を是正することを目的とする再分配政策の採用に向けての道筋を切り開いた。右翼政党もまた普遍的な税方式による福祉的な手当を支持してきた。福祉政策は、全般的に拡張期の間では幅広い政治的協調に基づいていた。社会的パートナーは歩み寄りには不可欠な部分であり、社会的パートナーの幅広い政策に与える影響を制度化する形で、コーポラティズムは、ある時期において福祉建設の重要な現象になっていた。しかしながら、これは非常に異なるレベルで形成されており、国によっても異なる形で形成されていた。

　福祉国家の初期において、女性は市民的（言論の自由など）・政治的（投票など）・社会的（社会手当およびサービス）シチズンシップから除外されていた。フェミニスト組織は女性のための改革を推進し、多くの重要な権利が二〇世紀初頭に獲得された（Bergvist et al. 1999: 296）。とりわけ、政治システムが市民社会における女性組織の要求に応えるようになったからである。これは、法律の専門家、フェミニスト組織および政治家の間での協調によって成し遂げられ（Melby et al. 2007）、政策の学びに関わるものであった。

## 3　北　欧
### ――女性に好意的な社会か？ 新たなジェンダーシステムか？

スカンジナビアもしくは北欧福祉国家が女性に好意的である可能性を示す非常に有力な言説がある。この概念は一九八七年にノルウェーの政治学者であるヘルガ・ヘルネス（Helga Hernes）によって打ち立てられた。これには二つの重要な側面がある。一つは、北欧福祉国家が市民社会における政治権力を変革し、女性の主体性に応えてきたとする考え方である。フェミニスト組織は、自主組織・自主運動として、また、政党内において、政治的課題に女性の権利やリプロダクティブ・ライツのような中心的問題を据えることに影響力を持っていた。他方で、女性に好意的であるということは女性の日常生活についての政治的決定力を指す。

> 「女性に好意的な国家とは、男性よりも女性に対して難しい選択をさせず、性別に応じた不適切な扱いを許さない国家といえる。女性に好意的な国家において、女性は子どもを持ち続けるが、自己実現への道が開かれてもいる。このような国家において、女性は男性と比べて女性の方により多くの犠牲を要求する将来を選択する必要がない。要約すれば、それはジェンダーに基づいた不公正さが大幅に回避された国家であろう。そこでは女性という集団間の不平等といった他の形態での不平等も増加させない」（Helga Hernes 1987: 15）。

変化する公私の境界は、ヘルネスの文脈では中心的な課題である。フェミニスト研究者は公私の二項対立、とりわけ、家父長制を強固にしてきた家族と国家の対立をめぐって長年議論してきた。ヘルネスは、再生産を公的に進める方向への発展こそが、女性に好意的であること、すなわち、女性の選択肢を男性よりも増やすことへのキー要素であると論じた。この論議は、母性や女性の再生産・ケア責任に関する選択肢の役割もまた強調している。

ヘルネスの書籍は出版後にフェミニスト国家論者を開眼させた。それまでのフェミニスト研究者の間で根強かった、女性の周辺化や家父長的な国家への依存を強調する、国家に対して悲観的な見方に風穴を空けた。これらの解釈はしばしば、自由主義パラダイムに根づいた福祉国家分析から一般化されてきた（例としてPateman 1987. を参照）。女性のエンパワメントや包摂に注目するこの変化は、とりわけ、ノルウェーやスウェーデンの政治における女性の存在が高まってきたことによって引き起こされてきた。

ヘルネスによる北欧を例外視する議論は、一九八〇年代後半から一九九〇年代初頭において比較の方向に転じた福祉国家研究の発展全体に共鳴するものであった。この研究発展は、福祉国家と、特殊な福祉・ジェンダーのモデルを制度化するための政治役割との違いに学術的な関心が高まったことを暗示していた（例としてEsping-Andersen 1990. を参照）。

「女性に好意的である」という用語は目を引くが、この概念の分析上の長所や実際的な有効性は疑問視されてきた。ヘルネスの概念的なフレームワークは、北欧諸国の政治文化・制度・ジェンダーのモデルに規範的に偏ったものであった。それは、稼ぐということをジェンダー平等への最初の道筋としてとらえる、普遍的な稼ぎ手モデルという視点を前提としていた（Borchorst & Siim 2008）。

ヘルネスが本を執筆したのと同時期に、スウェーデンの歴史家であるイヴォンヌ・ヒルドマン（Yvonne Hirdman）はスウェーデン福祉国家の発展についていくつかの結論を引き出している（Hirdman 1990）。それらの結論はヘルネスの分析とは全く対照的であった。このスウェーデンにおける権力研究からの最終報告において、ヒルドマンは、ジェンダーシステムが男性規範に基づくジェンダー間分離とジェンダー階層制という二つの論理が作用するがゆえに、変わらず存在し続けていると論じた。北欧のフェミニスト研究者はしばしば、ヒルドマンとヘルネスを悲観主義者カサンドラ対楽観主義者ポリアンナとして描写する。しかし、ヒルドマンはこの見方に疑問を投げかけている（Hirdman 1996）。両者の北欧の発展についての結論の違いは、ヒルドマンは労働市場に強調点をおき、ヘルネスは福祉国家を前提にしている点だと、ヒルドマンは説明している。

ヘルネスは実際に、国家に対して非常に楽観主義的であり、市場におけるジェンダー平等達成の重要性に対して悲観主義的であった。しかし、別の解釈をすれば、ヒルドマンとヘルネスの正反対の結論は、ヒルドマンがアクターの重要性を控えめに扱い、ジェンダーシステム構造の役割を注視する一方で、ヘルネスが女性の行為主体性役割に光を当てたことによる。

ヘルネスの解釈における北欧の発展についての主要な要素は、行為主体性・女性の政治的存在感・福祉給付およびサービスに関わる女性の政治決定と女性政策機構の相乗作用である。ヘルネスは、政治活動および文化活動における女性運動を通した「下からの女性化」と制度化という点での「上から」の応答との組み合わせを強調する。彼女はこれを官制フェミニズム、すなわち、女性政策機構に特に言及する概念とは区別したかたちで、明らかにした（Outshoom & Kantola 2007: 2-3）。

## 4　専門的な言説
### ——女性に好意的な政策とは問題解決なのか？　課題なのか？

女性に好意的なという概念は、強い影響力をもち、こんにちにおいても役割を果たしている。しかしながら、それは対抗する言説に左右されやすく、西洋の福祉国家が直面すると推測される課題の解決策およびその問題の一部として形成されている。このことを描き出すために次の二つの事例を取り上げたい。一つはEUによって誘発された言説である。EUは福祉国家の専門家に、二〇〇〇年から中心的となるリスボン協定に向けて、政策勧告をするように依頼した。これと対照的な言説は、デンマーク福祉委員会[4]によって進言された。

一つ目の言説は、リスボン戦略を実施するための試みによって促進された。この戦略は、グローバル化や人口の高齢化に共通課題として対応することを目的とし、その目標はEUを世界で最も競争力のある知識基盤の経済にすることであった。この文書は、女性の雇用といった多くの指標となる基準（二〇一〇年におけるその基準は六〇％である）を含んでいた。EU理事会議長国であったベルギーは、不平等撲滅を中心的な課題とみなし、四人の福祉国家の専門家にリスボン戦略を始動させ、「横たわる社会正義問題を明らかにする」ための勧告を依頼した（Esping-Andersen et al. 2002: foreword: ix）。専門家たちは、主に社会学を専門としていたが、社会平等の促進を課題の中核にすべきであると提言した。彼らは、福祉国家研究における権力資源学派に影響を受けていたが、社会平等やジェンダー平等の達成はリスボン目標を順守するための中心であると結論づけた（Esping-Andersen et al. 2002: Ch. 2, 3）。そこで、少数民族集団と多数民族集団間の不平等は分析されていなかったことは明白である。移民問題は、労働需要を見据えながら挑むべき問題として、考察されていなかったのである。しかしながら、以前には福祉国家研究の主流から大幅に無視されてきたジェンダー不平等が、特筆すべき章として紙面を割かれたこともまた指摘するに値する。この章では、イェスタ・エスピン-アンデルセンが、公共政策を通してジェンダー平等を標準化する意義について強調している。

> 「女性にとってのよりよい機会を促進することは議論の対象とするまでもない。なぜならば、それは女性の要求に応えるだけでなく、女性の雇用は社会的な利益を多くもたらすからである。多くの国では、女性は、将来の非生産年齢人口の比率を低下させ、その人口に関わる財政負担を減らす、膨大なまだ活用されていない労働予備軍となっている。さらに、女性の学業成績は男性よりも優れ、明らかに、多大な活用されていない生産の宝庫が存在するのである。また、女性の雇用は社会的排除や貧困を撲滅する最も有効な手段の一つであることを、我々は知っている。このことはすべて、『女性に好意的な』政策が家族や社会に好意的なことと同様であることを示している。もしこの政策が女性個人に私的な報酬をもたらすならば、それは全体として、社会にも重要な共同報酬をもたらす。したがって、この政策は社会投資と定義されるべきである。」（Esping-Andersen et al. 2002: 94）。

この引用は、女性に好意的なことが、ヨーロッパレベルでは公共的かつ政治的な言説の一部となってきたことを描き出している。女性に好意的なこととは、利用可能な保育、育児休暇、病児休暇と定義づけられた。これらの政策は、社会的包摂とジェンダー平等を醸成し、それと同時に経済的競争力を高める、相乗利益をもたらす解決方法と認識された。

女性に好意的な政策が相乗効果をもたらすという解釈は、福祉政策それ自体を問題とする二番目の言説と全く対照的である。この解釈は、二〇〇四年のデンマーク福祉改革に関する議論のなかでデンマーク福祉委員会によって申し送られた。委員会は、主に新古典経済学者らから成り立ち、二〇〇三年に右派政権によって創設された。委員会にはEUの専門家に割り当てられたのと極めて同じような業務が与えられ、デンマークの福祉制度の将来の課題を分析し、デンマーク政府に政策提言を与えなければならなかった。デンマーク福祉国家の拡大と女性の労働力への大規模な参入を結びつける説明は公開されていた。それは主要かつ最重要な分析の部分のためであった。この説明は、デンマーク福祉国家の発展を理解するなかで、福祉への狭い功利主義的アプローチを採用した。

委員会は、生涯におけるデンマーク国民の純負担（税）および純受益（サービスや給付の受給）を計算し、デンマーク国民の純受益は平均で八〇万デンマーククローネ（Velfaerds-kommissionen 2004）であると結論づけた。この数値をジェンダー別にみると、生涯にわたって、新生男児が八〇万デンマーククローネを貢献する一方で、新生女児は福祉国家から二四〇万デンマーククローネを得ると推測できると述べられている。これは、女性が育児休暇を男性よりも長く取得し、長寿だからであると説明されている。

最終的な提言として、委員会は福祉サービスや保育サービスの削減を勧めなかったが、女性の妊娠、出産、子どもに対する責任を社会に対する費用として表現した。この議論は、女性を政策の受け手かつ浪費家としてみなすように新聞をあおり立て、「大の男に支払わせる女」「請求書を払う男」のような新聞の見出しのきっかけとなった。

興味深いことに、専門家の二つのグループは、経済的競争力を上げ、高齢化社会の課題に取り組むという同じ目標を共有していたものの、女性に好意的な政策については対照的な見方に行き着いていた。デンマーク福祉委員会は、この福祉構造を経済的観点から問題視していたが、他方で、専門家たちはそれをよいモデルだと強調していた。

ＥＵの専門家もデンマーク福祉委員会も成功したといえるような影響を政策方針に与えなかった。欧州理事会は、右派的な見方をする複数の政府によって占められており、新自由主義的な言説に影響されていた。その言説とは、社会平等を経済競争にとっての中心的な要素とはみなさないものであった。デンマーク福祉委員会は、女性に好意的な政策を削減することを提案はしなかったし、右派政権の政治方針に多大な影響力ももたなかった。政治実践のレベルでは、言説が示すものほどの違いは主張されなかったのかもしれない。

## 5　北欧のジェンダー平等矛盾

北欧諸国は女性に公共領域における発言を与えてきた。まず最初に、北欧女性は比較的初期に政治的権利を獲得した（表9-1参照）。しかし、国会において女性が最小必要人数に達することは一九七〇年代までなかった。過去三〇年間、五つの北欧諸国は女性の政治参加という点では世界上位五位に入ってきた。しかしこんにちでは、もはや先陣を切る立場にはいない（http://www.ipu.org/wmn-e/world.htm）。その他の国々がジェンダー割り当て制度を急ピッチで採用してきたからである（Dahlerup 2006）。

他の重要な要素としては、政治システムが、二〇世紀を通して女性のための改革を生み出す過程で影響力を及ぼしてきた女性組織のような、市民社会における影響力にかなり応じてきたということがある（表9-1参照）。

雇用に関していえば、スウェーデンとデンマークは、女性雇用に関するＥＵリスボン目標数値を一九七〇年代後半、つまりＥＵの時限から三〇年も前に達成していたことは指摘に値する。北欧はこんにちでは、女性雇用という点でＯＥＣＤ

**表9－1　北欧女性の歴史的歩み**

| | デンマーク | フィンランド | アイスランド | ノルウェー | スウェーデン |
|---|---|---|---|---|---|
| 〈一　般〉 | | | | | |
| 男女平等な相続権 | 1857 | 1878 | 1850 | 1854 | 1845 |
| 未婚女性の成人としての権利の獲得 | 1857 | 1864 | 1861 | 1863 | 1863 |
| 既婚女性の成人としての権利の獲得 | 1899 | 1930 | 1900 | 1888 | 1921 |
| 女性の王位継承[a] | 1953 | | | 1990 | 1980 |
| 〈政　治〉 | | | | | |
| 女性の投票権獲得と立候補資格 | | | | | |
| 　地方自治体選挙において | 1908 | 1917 | 1910 | 1910 | 1918 |
| 　普通選挙において | 1915 | 1906 | 1920 | 1913 | 1919 |
| 初の女性国会議員 | 1918 | 1907 | 1922 | 1922 | 1922 |
| 初の女性大臣 | 1924 | 1926 | 1970 | 1945 | 1947 |
| 初の女性首相 | — | — | — | 1981 | — |
| 初の女性大統領[b] | | — | 1980 | | |
| 初の女性国会議長 | — | 1994 | 1988 | 1993 | 1991 |
| 〈教育・仕事生活〉 | | | | | |
| 女性の大学入学許可 | 1875 | 1901 | 1911 | 1884 | 1873 |
| 公務員任命における平等権の獲得 | 1921 | 1926 | 1911 | 1938 | 1925 |
| 初の女性司祭任命 | 1947 | 1988 | 1911 | 1952 | 1958 |
| 初の女性主教 | — | — | — | 1993 | 1997 |
| 初の女性最高裁判所裁判官 | 1953 | 1970 | 1982 | 1982 | 1968 |
| 公共部門における同一労働・同一賃金 | 1919 | 1962 | 1945 | 1959 | 1947 |
| 民間部門における同一労働・同一賃金 | 1973 | 1962 | 1961 | 1961 | 1960 |

注：a　デンマーク・ノルウェー・スウェーデンの君主制のみ適用
　　b　フィンランド・アイスランドの共和制のみ適用
出所：Christina Bergqvist et al.（eds.）（1999）p. 296.

諸国の上位一〇位にある（OECD 2009：表9-2参照）。しかしながら、女性雇用が進んでいることも、女性がこんにち男性よりも高等教育を修了していることも、ジェンダー平等を生み出しているとは明らかにはいえないのである。労働市場は、女性の大規模な参入後、よりジェンダー分業となってきており、ジェンダー賃金格差はこの二〇年間固定化されている（European Commission 2008）。さらに、女性管理職の割合は特にデンマークでは低い（World Economic Forum 2008）。EU内においては、マルタとキプロスの割合のみがデンマークより小さい（European Commission 2008: 20）。

　ヘルネスが女性に好意的であることの中核をなすものとして強調している女性による選択が進んでいるかどうかという点も、また議論の余地がある。なぜならば、有償雇用における統合への圧力が非常に強いから

表9-2　北欧諸国における女性の雇用率（15～64歳）

（%）

| | 1985年 | 1990年 | 1995年 | 2000年 | 2005年 | 2007年 |
|---|---|---|---|---|---|---|
| デンマーク | 67.4 | 70.6 | 67.0 | 72.1 | 70.8 | 73.3 |
| フィンランド | 69.8 | 71.5 | 59.0 | 64.5 | 66.5 | 68.5 |
| アイスランド | | | 76.8 | 81.0 | 81.2 | 81.7 |
| ノルウェー | 63.3 | 67.2 | 68.8 | 74.0 | 72.0 | 74.6 |
| スウェーデン | 74.8 | 81.0 | 70.9 | 72.2 | 71.8 | 73.2 |
| OECD全体 | 49.3 | 53.9 | 53.2 | 54.9 | 56.1 | 57.5 |

注：雇用における労働年齢（15-64歳）女性の占める割合
出所：OECD（2009）*OECD Factbook 2009.*

である。さらに、女性は、妊娠・出産・育児をする際に、将来の選択条件まで調整できないことがよくある。新生児をケアする権利は、育児休暇を通して延長されてきた。しかし、より年長の子どもにとって、ケアを受ける権利はケアをする権利よりもっと強い（Knijn & Kremer 1997）。同時に、女性は子どもがいることによって不利益を被る対象となっており、賃金上昇・キャリア機会・年金を子どもをもつたびに喪失する（Nielsen, Simonsen & Verner 2003）。

## 6　女性に好意的であることとマルチカルチュラリズム

近年、北欧福祉国家の女性に好意的であることに関する新しい議論が、文化多元社会に向けた発展と関わって生じている。ヘルネスが著書を出版した際、北欧諸国はまだ民族的にはかなり単一であった。しかし、ここ何十年かの間にいっそう多様化し、北欧のジェンダー平等についての美談は女性間の相違を体裁よくごまかしているのではないかと問題視されている（de los Reyes et al. 2003; Siim 2007; Borchorst & Siim 2008）。

実際に、ヘルネスもヒルドマンも、ジェンダー不平等が排除や周辺化の原動力および性質の異なる階級や民族といった別のタイプの差異と交差している事実を無視していた。女性に好意的であることとジェンダーシステムは、女性が集団的な利益を共有していることを前提としている。しかし、先の引用で明示したように、ヘルネスは、女性間の差異の問題を強調している。それと同時に、北欧において、移民はまだ政治的な問題にも公共の議論の主要議題にもなっていなかった。こんにちでは、この問題は、すべての女性という集団が特殊なケア政策やケア計画において同じ利益をもつかどうかということである。これはヘルネスの女性に好意的であるという概念の中心となる「選択」の課題を，浮き彫りにするものでもある。

ヘルネスの「再生産」を公共が進めることについての結論も議論に値する。公私の分裂は，歩み寄りの状況に左右され，たとえば，デンマークのような国では最明瞭化されている。デンマークでは，父親に割り当てられた休暇は強制として，また家族の自律に無理に介入するものとしてとらえられている。一方で，外国人の結婚に関する年齢制限は同様には考えられていない（Borchorst 2006; Siim 2008）。

さらに，少数民族女性の政治発言は限られている。女性のために政治議論で声を上げてきた移民もしくは少数民族の団体は，ほとんど存在しない。少数民族女性は受身の被害者としてステレオタイプ化されやすい。少数民族はステレオタイプ化され，頭に被るスカーフ（ブルカ）は，我々と彼女たちの間の違いを表す手段として使われている（デンマークのメディアより。Andreassen 2005，参照）。デンマークでの論争は，たとえばノルウェーでの論争よりも対立しているようにみえる（Siim & Skjeie 2008）。

## 7　一つのモデルか四つのモデルか

本章では，北欧諸国を一つのまとまったモデルとして取り扱ってきた。北欧諸国は，大規模な比較においては非常によく似通ってみえるし，各国とも下からのフェミニズムと上からのフェミニズムの組み合わせと相乗作用に臨んできた。しかし，より接近した分析によれば，この四カ国にはジェンダー政治のモデルや言説にかなりの違いが表れている（Bergqvist et al. 1999; Borchorst, Christensen & Siim 2002; Ellingsæter & Leira 2006）。

スウェーデンは，ジェンダー平等政策に対する女性の政治的影響力および国家の影響力や水準に関して最も制度化されたモデルであり，デンマークは最もボトムアップが指向されているモデルである。フィンランドはスウェーデンに近く，ノルウェーはデンマークに近い。

スウェーデンでは，フェニミストの影響が政党内で最も強くあり続けている。こんにちでは，スウェーデンの政党の大多数がフェミニストと自称している。ジェンダーは高度に政治化されており，なかでも女性の構造的抑圧についての強い言説がある。それは，ヒルドマンのジェンダーシステムの分析からきているのかもしれない（Hirdman 1990）。

デンマークは，最もボトムアップ指向のジェンダーモデルであるが，現在では下からの関与が脆弱となっている。一九七〇～一九八〇年代には議会でのフェミニスト運動が非常に強くなった時期もあった。しかし，フェミニスト的イシューは，一度も政党内の基盤となったことはなかった。今日では，ジェンダー問題は，政治アジェンダとして下位に置かれており、ジェンダーの政治的重要性も限られている。ジェンダー平等は、少数民族女性を除けば、すでに達成されたという強い信念がある。しかし、支配的な政治言説によれば、少数民族女性は、自身の文化によって抑圧されているのだとみなされている。(5)

ノルウェーにおけるジェンダー平等は、デンマークと比較すると強固に制度化されており、ジェンダーの政治的重要性は中程度である。キリスト教政党が、他の二カ国の類似政党の役割と比べると中心的な政治役割を担ってきた。ノルウェーで宗教の影響力が強いことは、ジェンダー平等政策をより曖昧にさせてきた。一九七〇～一九八〇年代のノルウェー政治はジェンダー間の差異について巧みに論じてきたことに特徴がある（Skjeie 1992）。ノルウェー女性は、大規模に労働市場に参入する以前に政治的に統合されていた。しかし、スウェーデンやデンマークの経緯は同時である。

北欧四カ国の家族・ジェンダー政策は、ジェンダー平等に対する政治論理や展望の違いが明確になっている（Elingsæter & Leira 2006; Borchorst 2008）。まず第一に、公的保育施設や親休暇の拡大により促進される普遍的な稼ぎ手モデルがある。それとは別に、第二に、女性のケア労働の再評価を追求する視点もある。これはたとえば、ケアの体系に現金支給を採用することによって進められる。そして最後に、第三の視点は、ケアのなかに男性を統合する可能性である（Fraser 1997: Ch. 2）。

ノルウェーの政策は、この三つの視点を基礎としてきた最も曖昧なモデルである。ノルウェーではケアへの現金給付が採用され、保育施設が拡大されてきた。さらに、父親に割り当てられた休暇を取り入れた最初の国となっている。この休暇は、第三の視点　つまり、男性のケア役割を強めることを追求することに向けての地道な前進として考えられている。

フィンランド女性は他の三カ国よりも以前から労働市場に統合されていたが、他の北欧三ヵ国ほど普遍的な稼ぎ手モデルは強くない。さらに、フィンランドは在宅育児手当を導入した最初の国であり（Melby, et al. 2007: CP 4）、こんにちでも公的保育施設の普及率は最も低い（表9-3参照）。

スウェーデンでは、普遍的な稼ぎ手モデルは支配的な政治論理となっている。しかし、他方では、父親に割り当てられた休暇を取り入れて、延長してきた。デンマークでは支配的な視点のすべてが普遍的な稼ぎ手役割に向いている。デンマークでは父親に割り当てられた休暇が存在した時期もあった。しかし、二〇〇一年には廃止されている（Borchorst 2006）。デンマークは北欧のなかで保育施設の普及率が最も高い（表9-3参照）。

この四カ国の相違は、少数民族の統合政策を考慮すると、さらに拡大しているように思われる。この分野に関する体系的な研究はまだ不足しているが、この分野における北欧モデ

表9－3　北欧諸国における公的保育機関への子どもの入所率（年齢別）

（％）

| 年齢集団 | デンマーク | フィンランド | アイスランド | ノルウェー | スウェーデン |
|---|---|---|---|---|---|
| | 2007年 | 2007年 | 2006年 | 2007年 | 2007年 |
| 1歳未満 | 17 | 1 | 7 | 4 | — |
| 1－2歳 | 90 | 40 | 80 | 69 | 70 |
| 3－5歳 | 96 | 72 | 95 | 94 | 97 |
| 6歳 | 90 | 69 | — | — | 86 |
| 0－6歳全体 | 82 | 52 | 64 | — | 75 |

出所：NOSOSKO（2008）*Social tryghed i de nordiske lande 2006/07,* Tabel 3.12,（København）.

ルは存在せず、多様性やマルチカルチュラリズムについての言説はさらに多様化しているといった方がよいように思われる。また、この四カ国は外国人市民やイスラム教徒の受け入れ比率においても異なっている。二〇〇〇年において、フィンランドにおいて外国人移民やイスラム教徒の数は最も少ないが、スウェーデンでは最も多い（http://www.migrationsverket.se/pdffiler/statistik/norden.pdf）。

## 8　北欧のジェンダー平等モデルの行き詰まり

一九六〇年代から一九八〇年代まで、北欧諸国は女性の政治的発言機会や雇用率という点で先頭を走っていた。また、ヘルネスの女性に好意的であることへの認識は、公共の議論において、そしてヨーロッパレベルや国際レベルでもかなり影響的であったことは明白である。問題は、北欧モデルが輸出可能かどうかということである。ある時期において、北欧諸国は恐らく、経験を生み出す実験の場としての役割は果たしたであろう。この経験は、他の国々において政治アクターや市民社会組織という視点を与えた。こんにち、北欧のジェンダー平等モデルには数々の欠点があることは明らかである。北欧はすべての領域の先頭には立ってはいない。ドメスティック・バイオレンスや人身売買といった領域では、スウェーデンのみが対策を講じている。依然として、北欧の経験は、何がうまくいって、何がうまくいかないのかを反映することに貢献しているのかもしれない。しかし、その社会背景、時代、政治的機会構造といった問題が、政策をある国から別の国にコピーすることを困難にしていることを心に留めておく必要がある。

最初は、理念が先行し、北欧の経験は政策が国を超えて作用することを証明する。法改正は専門家・組織・政党間の密接な協調の後に採択されてきた。二〇世紀において、北欧諸国はEU内のオープンメソッドな協調（雇用・年金・ジェンダー平等を実践してきた）と似通ったことを行ってきた。これは共通の到達目標を北欧諸国にもたらし、その目標に達するためにはさまざまな手段が選択されたかもしれない。北欧諸国において、この方法は長年実践されてきたが、ジェンダー平等に貢献するアクターによって着実に前進したり、北欧閣僚協議会によって後押ししたりするといった、些か定式化されていないやり方であった。

北欧はまた、国際機関の影響も受けてきた。国連は女性のための政策調整機関を設置することを勧めている。CEDAW協定やさらなるジェンダー主流化を実践する努力は、その中心となっている。EU内でのジェンダー平等をめぐる密接な協調は、こんにちでは多くのさまざまな領域を包括しているが、これもまた非常に重要な事項である。(6)

最後に、北欧の経験は、普遍的な稼ぎ手の視点が明らかな欠点をもっていることを証明している。この視点はしばしば、女性の選択を制限し、雇用の獲得を必須とする、狭い功利主義的な政策ロジックによって利用されている。北欧の経験は、女性が雇用に統合されても、男性がケア労働に平等なレベルで参加しなければ、ジェンダー平等は一般化されないことを証明している。また、これは北欧において比較的新しい現象ではあるものの、マルチカルチュラリズムの出現とともに、多様性こそが、北欧のジェンダー平等の基盤形成へと向かう一つの挑戦となっている。

注

(1) アイスランドも北欧諸国であるが、本章においては体系的に含まれていない。
(2) ジニ係数では所得格差が計測される。デンマーク・スウェーデンはOECD諸国内で格差が最も低く、ノルウェーは五番目、フィンランドは六番目に低い。
(3) 出生率の高さは福祉国家の持続性を確保するための重点目標としてとらえられている。出生率の低下が西洋の人口の高齢化を意味するからである。このことは福祉国家に負の経済的な影響を与えるであろう。
(4) スウェーデンも二〇〇〇年に福祉委員会を設置したが、福祉とジェンダーへのアプローチはデンマークとはかなり異なる。ノルウェー・フィンランドには最近設置された福祉委員会はない。
(5) このことは、たとえば、デンマークの前首相アナス・フォー・ラスムセン（Anders Fogh Rasmussen）によって、二〇〇七年一〇月の議会での開会演説時および二〇〇九年四月当時のジェンダー平等大臣任命時において述べられている。

（6）ノルウェーはメンバーではないが，限定的なやり方で参加している。

## 参考文献


Andreassen, R.（2005）*The mass media's construction of gender, race, sexuality and nationality. An analysis of the Danish news media's communication about visible minorities 1971–2004. PhD dissertation,* Department of History, University of Toronto.

Bergqvist C. et al.（eds.）（1999）*Equal Democracies ? Gender and Politics in the Nordic Countries,* Scandinavian University Press, Oslo.

Borchorst, A.（2006）"The public-private split rearticulated: abolishment of the Danish daddy leave", in A. L. Ellingsæter & A. Leira（eds.）*Politicising parenthood in Scandinavia. Gender relations in welfare states,* The Policy Press, Bristol, pp. 101–120.

Borchorst, A.（2008）"Woman-friendly policy paradoxes ? Childcare policies and gender equality visions in Scandinavia", in K. Melby, A.-B. Ravn, C. C. Wetterberg（eds.）*The Limits of Political Ambition ? Gender Equality and Welfare Politics in Scandinavia,* Policy Press, pp. 27–42.

Borchorst, A., A.-D. Christensen & B. Siim（2002）"Diskurser om køn, magt og politik i Skandinavien", in A. Borchorst（red.）*Kønsmagt under forandring,* Hans Reitzels Forlag, København, pp. 246–266.

Borchorst, A. & B. Siim（2008）"Woman-friendly Policies and State Feminism: Theorizing Nordic Gender Equality", *Feminist Theory,* Vol. 9, No. 2, pp. 207–224.

Christiansen, N. F., K. Petersen, N. Edling & P. Haave（eds.）（2006）*The Nordic Model of Welfare. A Historical Reappraisal,* Museum Tusculanum Press.

Dahlerup, D.（ed.）（2006）*Women, Quotas and Politics,* Routledge, London and New York.

De los Reyes, P., I. Molina & D. Mulinari（2003）*Maktens olika förklädnadar. Kønn, klasse og etnicitet i det post-koloniale Sverige,* Atlas, Stockholm.

Ellingsæter, A. L. & A. Leira（eds.）（2006）*Politicising parenthood in Scandinavia. Gender relations in welfare states,* The Policy Press, Bristol.

Esping-Andersen, G.（1990）*The Three Worlds of Welfare Capitalism,* Polity Press, Oxford.

Esping-Andersen, G. et al.（2002）*Why we need a New Welfare State,* Oxford University Press, Oxford.

European Commission（2008）*Report on equality between women and men 2008,* Brussels.

Fraser, N.（1997）*Justice Interruptions. Critical Reflections on the "Postsocialist" Condition,* Routledge, New York/London.

Graubard, S. R.（ed.）（1986）*Norden: The Passion for Equality,* Universitetsforlaget, Oslo.

Hernes, H. M.（1987）*Welfare State and Women Power. Essays in State Feminism.* Norwegian University Press, Oslo.

Hirdman, Y.（1990）"Genussystemet", in *Demokrati och Makt i Sverige.* Maktutredningens huvudrapport, SOU 1990: 44, pp. 73-114.

Hirdman, Y.（1996）"Key concepts in feminist theory. Analyzing gender and welfare", Freia Working Paper Series 34, Aalborg University.

Knijn, T. & M. Kremer（1997）"Gender and the caring Dimension of Welfare States: Towards Inclusive Citizenship", *Social Politics,* 4（3）, pp. 328-361.

Lisbon European Council（2000）*Presidency Conclusions,* 23-24 March.

Melby, K. et al.（eds.）（2007）*Inte ett ord om kärlek. Äktenskap och politik i Norden ca. 1850-1930,* Makadam förlag, Stockholm.

Nielsen, H. S., M. Simonsen & M. Verner（2003）*Does the Gap in Family-Friendly Policies Drive the Family Gap ?,* Working Paper No. 2000-01, Økonomisk Institut, Aarhus Universitet, Århus.

OECD（2002）*Babies and Bosses. Reconciling work and family life. Vol. 1. Australia, Denmark and the Netherlands,* Paris.

OECD（2006）*OECD factbook,* Paris.

OECD（2009）*OECD factbook,* Paris.

Outshoorn, J. & J. Kantola（eds.）（2007）*Changing state feminism,* Palgrave/Macmillan, Basingstoke.

Pateman, C.（1987）"The patriarchal welfare state," in A. Gutman（ed.）*Democracy and the Welfare State,* Princeton University Press, Princeton.

Rawls, John（1971）*A Theory of Justice,* Oxford University Press, Oxford.

Siim, B. & H. Skjeie（2008）"Tracks, intersections and dead ends. State feminism and multicultural retreats in Denmark and Norway", *Etnicities,* 8（3）, pp. 322-344.

Siim, B.（2007）"The challenge of Recognizing Diversity from the Perspective of Gender Equality — dilemmas in Danish citizenship", *CRISPP — Critical Review of International Social and Political Philosophy,* 10（4）, pp. 491-511.

Siim, B.（2008）"Dilemmas of citizenship — tensions between gender equality and respect for diversity in the Danish welfare state", in K. Melby, A.-B. Ravn & C. C. Wetterberg（eds.）*Gender Equality as a Perspective on Welfare: The Limits of Political Ambition,* Policy Press, pp. 149-165.

Skjeie, H.（1992）*Den politiske betydningen av kjønn. En studie av norsk topp-politik,* Institut for Samfunnsforskning, Olso.

Skjeie, H. & M. Teigen（2005）"Political Constructions of Gender Equality: Travelling Towards ... a Gender Balanced Society ?", *NORA, Nordic Journal of Feminist and Gender Research,* 13（3）, pp. 187-197.

Velfærdskommissionen（2004）*Fremtidens velfærd kommer ikke af sig selv,* København.

World Economic Forum（2008）*The Global Gender Gap Report,* Geneva.（http://www.weforum.org/pdf/gendergap/report2008.pdf）

（アネッテ・ボーコスト）

# 第10章　家族政策

## 1　北欧の家族

　近代ヨーロッパ史の長い期間において、家族生活は公共の利益にほとんど結びついてこなかった。家族は私的かつ非政治的とみなされており、男性と女性がどのように家族生活を形成するかについては、政治家も踏み込めない、踏み込むべきでないものとしてとらえられていた。しかし、この見方は、家族生活が社会に大きな課題を突き付けるようなやり方で変化してきていることがより明確になってきたため、近年変化している。この背景において最も重要な課題は、恐らくヨーロッパにおける出生率の低下であろう。大陸においては人口増加が止まるか、国によっては、近い将来において人口が減少する傾向すらある。このことは、ヨーロッパが労働者不足を経験することを意味する。それは生産性にもネガティブな影響を与えるであろう。人口増加と生産性が結びついた事柄には、多くの意味が含まれる。まず第一に、出産を奨励もしくは妨げる政策を含む出生率の決定要因への興味を増加させてきたことである。第二に、実際に利用可能な人的資源の活用方法への関心を生じさせてきたことである。女性の労働市場参加の強調・保育の拡大・子どもの貧困撲滅政策は、ＥＵ内で、少なくとも金融危機までは優先されてきたが、次のような文脈のもとで理解をされていたに違いない。すなわち、女性を労働市場において固定的に周辺化すること、および子どもを貧困のなかで成長させることによって子どもの健やかな成長を妨げることは、人的資源の無駄であるということである。教育や積極的労働市場政策とともに、家族政策に支出していくことが、将来の労働力への投資とみなされる（Esping-Andersen 2002）。金融危機に対する緊急の必要性が、このような長期的な考察を押しやってきているかもしれないものの、この「社会投資的視野」と呼ばれるロジックは、ヨーロッパにおいてはまだ妥当とされている。

　社会投資の論議が示すヨーロッパ政策の新たな方向転換に先駆けて、家族や子どもを対象とした福祉政策は、元来フェミニスト福祉推進者の領域であった。女性組織は、何十年もの間、そのような政策がなければ女性が私的に負担を担わせられるとする議論、つまり、現在では「ワークライフバランス」といわれる共通認識を高めるための積極的政策に向けた活動を行ってきた。伝統的な福祉国家は、「男性稼ぎ手国家」と表現されている（Lewis 1992）。これは、女性と子どもが男性稼ぎ手によって経済的に扶養され、女性はインフォーマルにケア労働を無償で担うという明確な認識に基づくものである。この制度に代わって促進されているのが、「二人稼ぎ手・二人ケアの担い手の社会」である。これは、「男性と女性が雇用とケアの両方に対称的に携わり、ジェンダー平等、有償労働、ケアのすべてに価値が置かれている社会」のことである（Gornick & Meyers 2006: 3）。ゆえに、男性稼ぎ手システムの変革への取り組みは、女性の間での有償労働の促進に留まらず、男性がケアの担い手となることを奨励するものである。

北欧諸国は社会投資戦略に基づいた国際比較でみると、うまく事を進めている傾向にある。ＥＵやＯＥＣＤの他の国々と比較すると、北欧諸国は高い出生率、高い女性雇用率、低い子どもの貧困率を維持している。さらに、政策を比較すると、ゴーニックとメイヤー（Gornick & Meyers 2006）は、北欧諸国を二人稼ぎ手・二人ケアの担い手システムの実現に向けて方策を行ってきた国の典型として取り扱っている（Lister〔2009〕参照）。北欧諸国は、程度の差こそあれ、いまだに続く経済危機の影響を受けてきているが、北欧の家族・ジェンダー政策の基本方針は、新しい経済環境においても左右されていない。本章では、北欧諸国におけるこれらのキーとなる領域の位置づけを概観していく。包括的な議論のなかでほとんど注視されてこなかった北欧の家族生活の一側面とは、家族の形成もしくは解体の過程であり、いまだに、北欧の家族の現状を理解したいのであれば、極めて重要な側面である。したがって、ここでは、同棲、婚外子、離婚、離婚後のコンタクトといった問題を検討する。北欧の家族の実態に関するこれらのキーとなる要素を概観してから、北欧諸国における家族政策の主な特徴に言及していくこととする。

## （1）北欧諸国の家族実態

「家族」「家族政策」についての議論の多くが、暗黙に家族という概念を、扶養される子どものいる家族に限定している。本章でも、このアプローチに準ずることとする。しかしながら、家族概念がこのように狭くとらえられ、本来の拡大家族が排除されたことに対し、時間をかけて考察することには価値がある。家族は生産の場であり、世代間同居を当然とする国民的かつ歴史的な文脈において、この家族概念を用いることはほとんど意味をなさない。福祉国家が高度にかつ豊かに発展したこんにちの北欧諸国では、家族の主な役割は子どもを産み育てることにつながっている。これは家族法に反映されている。配偶者は互いに支え合う法的義務をもち、親は、子ども（実子であれ養子であれ）に責任をもつ。しかし、成人した子どもが老親を養う義務は、経済的にもケア的にもない。また、親の子どもに対する法的義務は、公式には子どもが法的な成人年齢（現在では一八歳）に達した日をもって終了する（Hantrais 2004: 129, Saraceno & Keck 2010）。

しかし、これは、子どもが老親をケアしない、もしくは親は子どもが一八歳になったら子どもに関心を払わなくなるということではない。世代間のインフォーマルなサポートは、親から（主に若年の）成人した子どもへ、また、成人した子どもから親へ等、多数存在する（Gautun 2003, Hellevik 2005, Daatland & Herlofson 2006）。しかし、このサポートは、世代間同居が一般的ではないため、ある程度の距離をもって提供される。子どもは成人すると親元からから離れるのが通常である。ノルウェー・デンマーク・フィンランドでは、親と同居する二五～二九歳の若者はわずか一〇％である（Hellevik 2005, Aassve et al. 2006）。一方、ライフコースの対極では、子どもと同居する高齢者の割合は、北欧諸国においてはかなり低い。スウェーデン・デンマークにおいては、五〇歳以上の親の一四～一六％が子どものうちの一人と同居しており（Fokkema et al. 2008: 12）、ノルウェーでは七五歳以上の親の七％となっている（Daatland & Herlofson 2004: 52）。したがって、北欧諸国の典型的な家族世帯は、両親と扶養される子どもから成り立っている。祖父母とは別居である。その結果、平均的世帯規模は縮小している。EU圏では、平均世帯人員は一九八〇～二〇〇〇年の時期においてすべての国で減少した。世帯当たりの平均人数は二・八から二・四となった（Hantrais 2004: 60）。二〇〇〇年以降、この数値は安定したように思われる。しかし、EU圏内では非常に多様である。最小規模世帯は北欧のEU加盟国でみられる。スウェーデンでは二・二人、デンマークでは二・五人、フィンランドでは二・六人となっている。これを南欧の平均世帯人員と比較すると、スペイン三・八人、イタリア三・四人、フランス二・九人である（Berthoud & Iacovou 2005: 13）。

## （2）出産・女性雇用・子どもの貧困

北欧諸国における世帯規模の縮小の背景には、世代間同居の急激な減少が一つの影響力となっているが、出生率の低下とパートナー関係の不安定さの増加もまた、平均的な家族規模の縮小を説明している。出生率の低下についてヨーロッパ中で懸念が高まっている。人口を再び増加させるためには、平均的に女性は二・一人の子どもを出産しなければならない。EU圏内における現在の合計特殊出生率は、一女性あたり子ども一・五九人であり、人口回復レベルよりも低い。図10-1はEU二七カ国平均、人口の多いEU六大国、および北欧五カ国の合計特殊出生率を示している。

図10-1は、北欧諸国が他の多くのヨーロッパ諸国に比べ

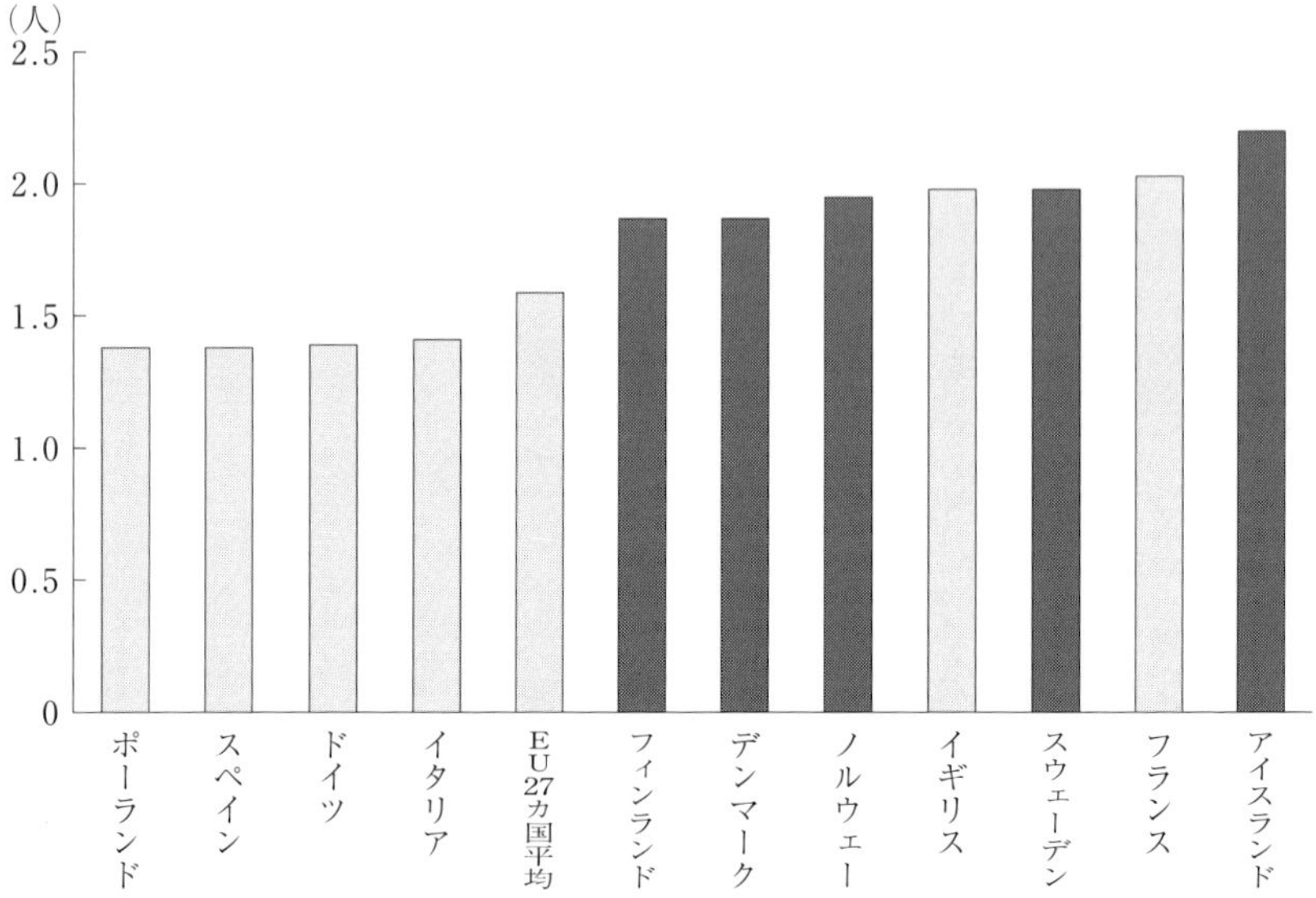

図10－1　EU27カ国・EU 6 大国・北欧諸国の合計特殊出生率，2010年

ると成功していることを明確に示している。北欧五カ国の合計特殊出生率は、一・八七人、もしくはそれより高い。EU／EEA圏の北欧に含まれない国のうちでは、フランス、イギリス、アイルランドだけが、出生率において同じように高いレベルである。二〇一〇年現在、アイスランドは、出生率が人口維持に十分なヨーロッパ唯一の国である。北欧諸国の出生率は、ヨーロッパの他の国々よりは高いが、人口再生産にはまだ十分ではない。しかし、その年次の合計特殊出生率は、各コーホートの出生のタイミングに影響される。ノルウェーでは、出産を終えた全コーホートの平均出生率は二・一人もしくはそれ以上である（Statistics Norway 2011a）。したがって、北欧では、完結出生率が年間合計特殊出生率よりも安定していることがわかる。

二〇〇〇年三月に、EUリスボン委員会は完全雇用を明確なEUの目標とし、挑戦的な数値目標を掲げた。それは、二〇一〇年までに総雇用率を就労人口（一五歳～六四歳）の七〇％まで、女性雇用率を同年齢集団の六〇％まで、増加させるというものであった（議論については O'Connor 2005 参照）。図10-2が示すように、この数値目標にはEU全体として二〇一一年に到達した。女性雇用率は六二％であった。しかし、女性雇用率は各国によって非常に開きがある。北欧諸国の女性雇用率はランキング配列の最上端にみられるが、大多数はパートタイム労働である。ただし、フィンランドは、パート

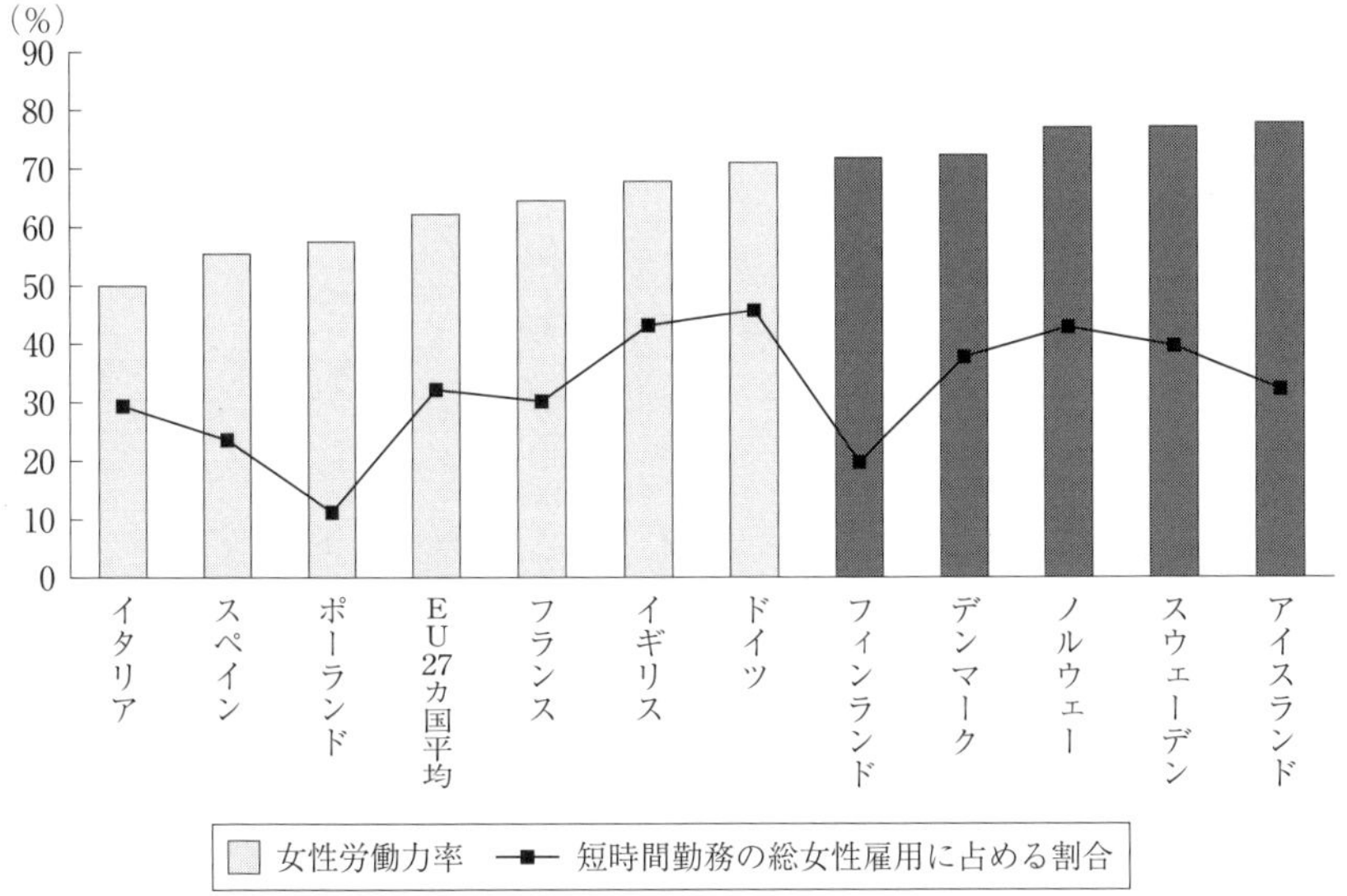


図10－2　女性の労働市場参入率および短時間勤務の総女性雇用に占める割合（EU27カ国，EU 6 大国，北欧諸国）2011年

タイム労働率がいつも低く、例外である（Mayhew 2006）。パートタイムで働く雇用女性の割合は北欧諸国ではおよそ四〇％である。これはヨーロッパの平均値と同じである。よって、北欧諸国はEU／EEAにおける女性雇用の最高レベルにあり、雇用の多くはフルタイムであるといえる。しかし、北欧諸国の労働市場は非常に分業化されており、管理職につく女性は比較的少ない。これについては本章末で言及する。

ヨーロッパにおける貧困は、もっぱら相対的貧困の点から議論されている。EU内で各国の貧困ラインは、消費単位当たりの国民中位所得の六〇％に設定されている（Eurostat 2012）。これは重要な格差測定の基準であるが、六〇％という区分は、設定された貧困ライン以下の所得が適度かつ社会的に容認できる生活を維持するには低すぎると考えられている。これが格差は貧困と解釈される点である。この方法による計測では、子どもの貧困率は北欧諸国においては比較的低い。EU統計局の直近のデータによると、二〇一〇年ではヨーロッパにおける子どもの二七％が貧困家庭にあったと示されている（Eurostat 2012）。北欧五カ国の数値は一四～一八％の間であった。他のヨーロッパではスロベニアとオランダの二カ国のみが子どもの貧困率が同様に低い（Eurostat 2012）。

この簡単な統計概要は、最初に述べた主張、つまり今後の人口および経済成長に関するヨーロッパでの現在の議論にお

表10－1　家族類型別有子（0～17歳）家族比率

（％）

| | デンマーク | フィンランド | アイスランド | ノルウェー | スウェーデン |
|---|---|---|---|---|---|
| 法律婚夫婦 | 62 | 61 | 57 | 54 | 77 |
| 事実婚夫婦 | 16 | 18 | 23 | 24 | |
| ひとり親 | 22 | 20 | 20 | 22 | 23 |
| 合　計 | 100 | 100 | 100 | 100 | 100 |

出所：NOSOSCO（2010: Table 3.5).

いて際立った指標——出産、女性雇用、子どもの貧困——について、北欧諸国はＥＵ／ＥＥＡ圏のどの国よりも優れた結果を出していることを説明している。次に、これらの好ましい結果を支持したと思われる政策を見ていく。しかし、そうする前に、ＥＵでの議論においてあまり関心を払われていない、北欧諸国における家族生活という重要な側面に接近して考察することは価値がある。特に、北欧の親子にとって重要である家族形成やパートナーシップ解消の形態に関する側面である。

### （3）家族の不安定さ
——離婚・同棲・婚外子

ここ五〇年の間に、結婚は社会的および法的に承認された家族形態として唯一のものではなくなった。法的もしくは社会的承認のない独自の家族形態を選択する人は増加している。北欧の人々は自分自身の生活を形成し、固定化された社会パターンに収まりたくないという意味において、より個人主義的になってきた。表10－1はこの事実を描写したもので、北欧諸国において法律婚の親、事実婚の親、ひとり親と同居する子どもの比率を示している。表10－1は、実の両親と同居する子どもと、法律婚または事実婚によって実親のひとりおよび継親と同居する子どもとを分けてはいない。いまだに、一八歳未満の子どものおよそ七五％が実の両親と同居していると推測されている(Statistics Norway 2009c; Statistics Sweden 2007: table 4.2b; Statistics Denmark 2009)。離婚率やひとり親率の高さは、北欧諸国において伝統的な父母と子どもから成る家族が通常でなくなりつつあることを示すと思われるかもしれないが、それは事実ではない。

婚外子率は北欧諸国ではかなり高い。二〇〇九年にノルウェー、スウェーデン、アイスランドで出生した子どもの多くが婚外子であった。デンマークでは四七％である。この数値は同年のＥＵ平均の三七％を超えている（Eurostat yearbook 2011）。しかしながら、これらの婚外子の多くは事実婚の夫婦から出生し、純粋にシングルマザーから出生してきている割合はかなり低く、割合は安定している（ノルウェーでは一〇％程度である。図10－3参照）。ゆえに、婚外子率の高さは、

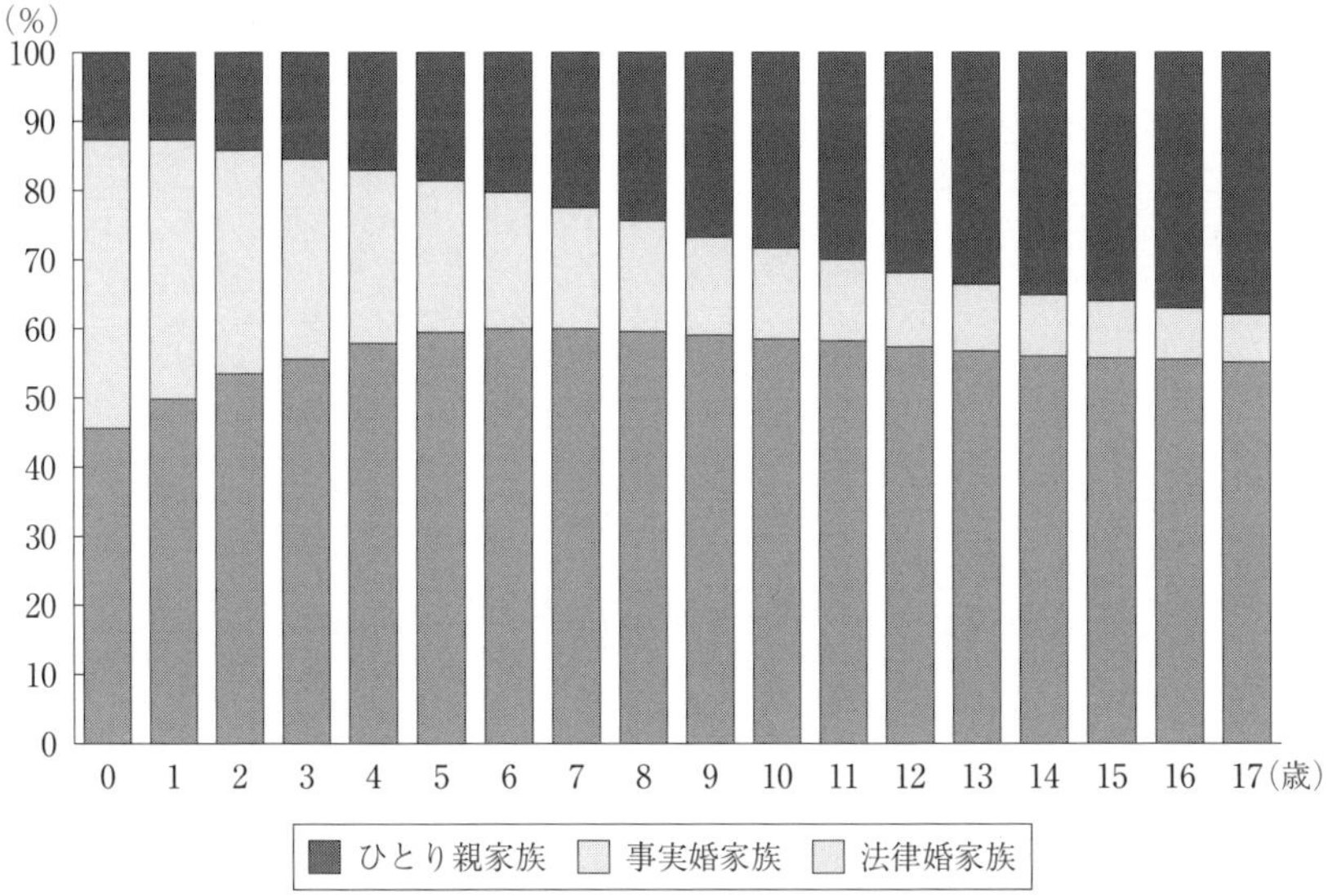


図10‐3　ノルウェーにおける子ども（年齢別）の生活環境（2011年）

多くの子どもが確立された夫婦関係外で出生することを意味しない。婚外子の多くは、常に同居しているものの結婚による関係を形成していない夫婦のもとで出生している。しかしながら、事実婚の親と成人になるまで生活する子どもは、ほとんどいない。図10‐3は、ノルウェーにおいて法律婚の両親・事実婚の両親・実親の一人と暮らす〇～一七歳の子どもの割合を年齢別に示している（実親の一人と暮らす子どもの割合は、実親の一人および継親と暮らす子どもも含む）。図10‐3の最も顕著な現象は、子どもが成長するにつれ、事実婚の両親と同居する割合が減少していることである。全体としてみれば、いずれ事実婚の夫婦は法律婚をするか離別する傾向がある。連れ子を含む事実婚夫婦は、法律婚夫婦よりも破綻率が高い（Liefbroer & Dourleijn 2006, Lyngstad & Jalovaara 2010）。しかし、多くの事実婚夫婦が法律婚に進む。実際、北欧諸国では子どもが両親の結婚式に出席したり、結婚写真に夫婦の子どもが含まれたりすることはよくある。

　法律婚をすることは、夫婦が生涯を共にすることを保障しない。ひとり親家庭の子どもの割合の増加は、離婚率の高さにも顕著に反映している。北欧諸国における離婚率は一〇〇〇人あたり一・七人（アイスランド）、二・七人（デンマーク）と多様である（2009）。この数値は一〇〇〇人あたり二・一人というEU二七カ国の平均値を超えているが、依然としてヨーロッパ全体における趨勢とはかけ離れていない

（Eurostat yearbook 2011）。ノルウェーでは一九九〇年代初頭に出生した子どもの四〇％が、一六歳の誕生日以前に両親の離婚を経験するだろうと推測されている（Jensen & Clausen 1997）。スウェーデンにおいても同様に、一九九九年時に一七歳だった子どもの少なくとも四分の一が、両親の離婚を経験していると推定されてきた（Statistics Sweden 2008）。両親の離婚を経験した子どもの割合の増加と、この二つの推論の時期の差を考えれば、傾向はこの二カ国において極めて類似しているように思われる。恐らく他の北欧諸国においても傾向は同じであろう。しかしながら、非公式な事実婚の高い割合から、両親の離婚を経験する子どもの割合を推定することは困難である。なぜなら、事実婚の夫婦の成立・解消は登録されないからである。これは家族統計の課題である。

高い離婚率と婚外子の多さは、実親のいずれかのみと生活する子どもの割合を高める。すべての年齢集団を含めると、北欧諸国では子どものおよそ二〇％がひとり親と暮らしている。その後、父母が連れ子婚する（ステップファミリーとなる）場合もある。ノルウェーでは二〇〇九年一月において、子どもの二五・三％が実親の一人と暮らしている。内訳は、一四・五％が実母と、六・六％が実母・継父と、二・九％が実父と、そして一・三％が実父・継母とである（Statistics Norway 2011b）(1)。したがって、両親の離婚を経験しているかなり多くの子どもが、世帯中に継親を含まずに、母親のみと暮らしている。再婚・連れ子婚に関する詳細な比較データは入手が困難である。しかし、他の北欧諸国がこの点でノルウェーとは完全に異なっていると信じるだけの理由はない。離婚後に父親と同居する子どもの割合は、子ども全体の二～三％と、すべての北欧諸国で類似している。この数値は親の離婚を経験した子どものおよそ一〇～二〇％にあたる。

事実婚、離婚、再婚、ひとり親になることは、ここ何十年の間に非常に普及してきているものの、決して新しい現象ではない。これらのあらゆる実態は一般的に北欧諸国においては受け入れられており、それは家族の形態に対する自由な態度を表している。ここで指摘すべき、この自由な態度を明示する一事例は、ノルウェーとスウェーデンで最近改革されたジェンダーに中立な婚姻法である。この法律はヘテロセクシャルと同様にホモセクシャルの男性同士・女性同士の結婚も含むものである。この改革に先駆け、この両国には「パートナーシップ法」として知られるホモセクシャルカップルのための別の制度があった。フィンランド・デンマーク・アイスランドでは、まだパートナーシップ法が施行されている。パートナーシップ法は、法的な夫婦関係に入ったホモセクシャルカップルに対して、結婚したヘテロセクシャルカップルと同様の権利と義務を通常与える。しかし、人工授精や養子縁組に関わる権利は例外である。ノルウェーとスウェーデンでは、ジェンダーに中立な婚姻法案の可決は、ホモセクシャルカップルにこの分野においても同等の権利を与えた。レズビアンカップルは、現在この二カ国においては人工授精の権利を有している。妊娠した女性の妻は自動的に子どもの誕生時に「共同母親」の地位を与えられる。同様に、ゲイとレズビアンのカップルは養子縁組の権利をもつ。パートナーシップもしくはジェンダーに中立な婚姻法は、人口のうちの小規模な割合に直接影響しているだけにすぎない。ある調査では、ノルウェーのパートナーシップ法は一五年の間（一九九三〜二〇〇八年）施行され、三〇〇〇組に満たないパートナーシップが結ばれた（Statistics Norway 2009c）。いまだに、このことはホモセクシャルなマイノリティにとって非常に象徴的な価値をもつものであり、性的マイノリティに対する平等な権利と反差別についての重要課題としてみられている。

### （4）別居親と子どもの接触

婚外子率と離婚率の高さは、両親の離婚を経験した子どもの八〇〜九〇％が母親と暮らし続けるという状況に結びつき、このことから、北欧諸国の子どもたちはしばしば父親と引き離されていると考えられているかもしれない。しかし実情は通常異なっている。結局、頻繁かつ価値の高い接触にとって日常の同居は必要ではないのである。別居親は、多くは父親であるが、実子とは集中的な接触を維持している。このような接触の形態や頻度はノルウェーでは二〇〇〇年代初頭に利益をもたらした。児童扶養制度が別居親との接触を考慮するように改正されたからである。ノルウェーではこの問題に関する独立した実証研究が三つも行われている（Kitterød 2004; Lyngstad & Kitterød 2008; Thuen 2004; Skevik 2006aを含む）。ノルウェーからの研究結果は恐らく他の北欧諸国にも当てはまるであろう。よって詳説することには価値がある。

すべての研究がノルウェーでは別居親——通常父親——と子どもとのさらなる接触があることを示している。子どもと接触したことが「一度もない」別居親の割合は二〜五％の間となっているが、一方で、調査の「前年中に接触をとらなかった」別居親の割合は八〜一一％であった。「月に少なくとも1回」は子どもと面会する別居親の割合は八〇〜九〇％と一様でない。月ごとの定期的な接触が行われない場合には、しばしば休暇で埋め合わされる。すなわち、月ごとに子どもと会わなかった親の多くは休暇に子どもと接触している。年次推移のデータはほとんどないものの、これらの数値は定期的な接触が微増したことを示している。一方、全くもしくはほとんど接触のない割合は、一九九〇年代初頭以降減少してきている（Kitterød 2004; Lyngstad & Kitterød 2008）。さらに、この領域における国際比較はされていないものの、異なる国々の類似研究を「概観し」比較する限りでは、接触の度合いはノルウェーにおいては他のどの国よりも少々高いことが示されている（Skevik 2006a）。

最後に指摘したいのが、離婚した後になって子どもは両親それぞれと平等に時間を過ごすべきであると決める親たちもいるということである。このことは、もし両親が互いに近距離に住むならば、また、両親間の葛藤の度合いが低ければ、実行可能な選択のように思われる。ノルウェーではこのような接触の取り決めを公式に記録するための確立された手続きはない。ゆえに、調査から情報を得ることしかできない。直近の調査（二〇〇四年より行われ、Lyngstad & Kitterød 2008: 12によって報告された）では、子どもの一〇％が別れた父母それぞれの世帯において同等の時間数を過ごしているものの、残りの八二％は母親と、八％は父親と、ほとんどの時間を暮らしていると報告されていた。

比較的高い北欧の出生率、女性雇用の高さ、子どもの貧困の低さ、非伝統的な家族形態の発現の高さは、それぞれ関連するようにみえるに違いない。子どもの貧困の低さは女性雇用の高さなしでは不可能であろう（たとえば、Esping-Andersen［2002］参照）。高い出生率は家族生活を組織する方法にいかに柔軟であるかという見地において理解されるに違いない。さらに、一九八〇年代初期にみられたパターンとは正反対であるが、ヨーロッパの最近の傾向として、女性の雇用の高さが高出生率と密接な関係にあることが現在指摘されている（Castles 2003）。また公共政策もこれらの結果に影響を及ぼしていると推測されているに違いない。北欧諸国は、ヨーロッパの他の多くの国々とは異なり、積極的な家族政策を行ってきた長い伝統がある。これについては次節の主題としたい。

## 2　北欧諸国の家族政策

ここ何十年もの間、家族政策は北欧諸国の福祉政策という広範な領域において、より重要性の高まりつつある部門となっている。財政問題や費用抑制は年金や医療のような政策領域における主要な課題となっているものの、新しく費用のかかるさまざまな改革は、家族政策の領域で採用されている。多くのヨーロッパ諸国において、この領域における歳出は、より高い給付率もしくは家族に好意的な改革により二〇〇〇年代の最初の一〇年で上昇した。これは家族政策を消費というより、むしろ投資として認めたＥＵ勧告の普及と一致している。

ＥＵ二七カ国と比較すると、北欧は家族政策にＧＤＰと総社会費用の大半を費やしている。二〇〇八年においてＥＵ諸国は有子家庭にＧＤＰの平均二・一％を費やした。一方、北欧における費用負担はさまざまで、二・八％（ノルウェー）から三・八％（デンマーク）の間であった（Eurostat 2011）。北欧のＧＤＰがＥＵ平均よりも高いことを考慮すれば、実際の差はさらに大きいだろう。これらの比較において、家族政策とは、一八歳未満の子どものいる家族向けの給付やサービスといった公的支援のことを意味し、教育や医療サービス、障害児のいる家族へのサービスは除いている。この比較的狭義ではあるが、一般的とされている限定も後の議論で扱う。

子どもや家族への費用の高さは、それ自体特に論争にはならないものの、費用の配分に関する議論は行われている。この二〇年間、性別分業は主な関心事となってきた。家族内のジェンダー平等の促進において国家は、どの程度踏み込めばよいのであろうか。ここでは冒頭で述べた二人稼ぎ手・二人ケアの担い手社会に再言及することが有効であるかもしれない。このモデルは、ふたり親の就労を支援し、かつケアに従事するふたり親を奨励するはずである。このような考え方は北欧においてほぼ間違いなく影響力があるものの、議論はされないままである。伝統的な性別分業の支持に関する異議はほとんどでないが、親の選択の自由に関する異議はかなり出る。もし親が二人稼ぎ手・二人ケアの担い手になりたいのであれば、そのようにする権利はある。しかし、伝統的な制度を好む親も同等に支援される権利がある。家族政策におけるジェンダー平等の支持者たちは、旧態依然とした構造や行為がなくならないから公的な制度は非伝統的な実践のもとで構築されるべきだと議論する（議論についてはHiilamo & Kangas〔2009〕Ellingsæter〔2003〕などを参照）。

このような議論の典型的な火付け役となった家族政策とは、親休暇制度、在宅育児手当制度、公的保育制度である。北欧五カ国におけるこれらの制度の詳細については後述の通りである。さらに普遍的な児童手当とひとり親手当についても論じる。本節では、北欧五カ国の概要を（Leira〔2006〕を引用しつつ）各国が女性雇用と母親もしくは父親による在宅育児を促進している度合いに力点を置きながら以下のようにまとめる。

### (1)　児童手当

すべての北欧諸国が有子家族に児童手当を給付しており、七歳以上の子どものいる場合には所得制限を課すアイスランド以外は一律、普遍的かつ非課税である（NOSOSCO 2010: 39）。デンマークとノルウェーでは児童手当は子どもが一八歳になるまで、フィンランドでは一七歳になるまで、アイスランドとスウェーデンでは一六歳になるまで（子どもが教育を受けている場合には二〇歳になるまで）支払われる。ノルウェー、デンマーク、フィンランド、アイスランドにおいて、児童手当はひとり親に対してより高い水準で支払われる（op. cit.）。

給付額は比較的低く、家族が生活していけるはずの所得として意図されてはいない。むしろこれは、十分な所得が得られないなどの環境にある、扶養される子どものいる家族へ所得移転するというやり方で、子どもにかかる費用を共有しようとする試みとして意図されている。しかし、この児童手当の普遍性は批判されてきた。一律な手当を、その世帯に子どもがいるというだけで、誰にでも与えるために公共の予算を使うなど効果的でないと論じられたからである。児童手当の擁護者たちは、この普遍性が児童手当を容易に費用のかからないものとしまた、家族間の資源は、この比較的少額な手当を資力調査を通じてよりも、他の方法によって支給する方がよりよく平等化されると論じる。ヨーロッパにおける低出生率を懸念するならば、政治家が子どもにかかる費用の一般的な埋め合わせとして実際にはみられているわずかな手当の一つを取り去るとは考えにくい。

### (2) ひとり親——手当と養育費

前述のとおり、北欧ではひとり親の割合は比較的高い。一般的に、ひとり親は、ジェンダーに関係なく、有償雇用への参加を通して自身と子ども（子どもたち）のために生計を立てている。ゆえに、ひとり親を支援する公的手当は十分でない。スウェーデンを除くすべての北欧諸国における、ひとり親に対して支払われる追加児童手当と比較すると、ノルウェーだけがひとり親に対する、より包括的な支援制度を設けている（Skevik 2006b; Skevik & Hatland 2008）。歴史的には、ノルウェーの制度の目的は、子どもが小さい間はシングルマザーを在宅労働者として保護することであった。しかし、この制度は一九九八年にシングルマザーの雇用を支援するように再設計された。最低生活水準給付は短期のみで、通常三歳以下の子どものいるひとり親に対して適用される。さらに、雇用もしくは学業に従事しているひとり親は、子育て費用を埋め合わせる育児手当を受給する権利が与えられる。ときには、学業を奨励するために教育手当が支給されることもある（詳細は Skevik 2006b, 参照）。

親が別れて暮らすとき、子ども（たち）と日常的に同居しない別居親は、養育費の支払いを要求される。このような養育費の支払いの原則は各国間でかなり異なる（たとえばSkinner et al. 2007）。ノルウェーでは一九九〇年代後半に養育費の原則に関わる集中的な議論があった。この議論はジレンマが含まれることを顕わにした。一九九〇年代初頭まで、ノルウェーの公的ガイドラインには、別居親が総所得の決められた割合を子どものために支払うべきであると述べている（一子につき一一％から四子以上につき二八％まで）。この取り決めは、扶養する親の収入や別居親と子どもとの接触を考慮していないと激しく批判された。この批判は二〇〇三年の新しい一連のガイドラインを結果としてもたらした（Skevik & Hatland 2008: 93）。二〇〇三年の制度は両親の稼得責任とケア責任を考慮しており、「子どもを中心に」おくことを要求している。二〇〇三年の規則のもとでは、「子どもにかかる実費」が査定の出発点となっている[2]。見積もられた費用は収入に応じて両親間で分担される。それから、養育費の査定結果は別居親の子どもとの接触に応じて調整される。要約すれば、二〇〇三年のガイドラインは、両親が同一世帯で生活していなくても、二人とも稼ぎ手・ケアの担い手であることを想定している。

すべての北欧諸国では養育費立替の制度がある。これは国家が仲介者、すなわち、国家が子どものために決められた養育費用を前もって援助し、後にその費用を法的義務のある（別居）親に請求する役割を果たしていることを意味する。デンマーク・フィンランドにおいて、この制度は別居親が支払いを滞納した場合にのみ適用される。一方、ノルウェー・スウェーデンでは、請求に応じて適用される。養育費立替は、父親が不明な場合もしくは別居親に支払い能力がない場合にも支払われる。この制度の目的は、別居親の置かれた立場に関わりなく、子どもを貧困から守ることである。しかし存在が確認され、支払い能力があって責任を負うべき親がいる場合、養育費立替は「緩衝材」にしかすぎない。国家は支払いを強化し再請求するために、給与天引き命令（ノルウェーとデンマークでは）から投獄までと、かなり厳格な手段を用いることもありうる（Skinner et. al. 2007）。

### （3）親休暇と所得代替的な現金給付

前述したように、北欧は積極的な家族政策について国際的に高い評価を受けており、比較的高い出生率はこれらの政策をみて理解すべきだとされている。親休暇政策は、この点において特に重要である。北欧各国において、女性は産後一カ月間職場を離れる権利が与えられている。この期間、雇用主が、女性の解雇は出産による一時的な不在とは別の要因に基づくと納得いくような議論をできない限り、女性は職場から解雇されることはない。休暇の間、女性は賃金の（全額もしくは一部）を代替する水準に相当する手当の受給資格がある。父親もまた一定の休暇期間を取得する権利があり、デンマークを除くすべての北欧諸国において、親休暇期間の一部は父親のために確保されている。

母親／父親／親休暇制度は、期間の長さ、利用の柔軟性、給与補償水準、どのように、またどの程度、両親が休暇期間をシェアするのかに関して各国によってかなり異なる。しかしながら、ヨーロッパにおける休暇制度の比較において、ウォール（Wall 2007）は北欧五カ国を（スロベニア、フランス、ベルギーとともに）最も寛容な国としている。スウェーデン・デンマーク・アイスランド・スロベニアは、ウォールの「『一年間の休暇』というジェンダー平等を志向したモデル」を形成している。これらの国々では、出産直後の短い母親休暇の後に、両親のいずれかが子どもが一歳になるまで在宅育児を行える長い親休暇が続いている。スウェーデン・アイスランドは、特に父親に割り当てる休暇の確保によって、ジェンダー平等を積極的に促進している（スウェーデンでは二カ月、アイスランドでは三カ月）。この休暇の一部は父親によって取得されなくてはならず、さもなければ家族には与えられない。デンマークでは一九九七～二〇〇二年に類似の制度があった（Leira 2006）。

ウォール（2007）によって確認された第二のモデルは、「親の選択を志向した政策モデル」であり、ノルウェー、フィンランド、ベルギーを含んでいる。このモデルと「『一年間の休暇』というジェンダー平等を志向したモデル」との主な違いは、これらの国々では非常に長い休暇が取得可能であるいう点である。たとえば、ノルウェーでは、両親は一年間の親休暇を、その後さらにそれぞれ一年間の休暇を取得する権利がある。しかし、休暇中の給与補償は最初の一年間のみで、育児手当は子どもが三歳になるまでである。フィンランドにも類似の制度がある。しかしウォール（2007: 30）は、ノルウェーとフィンランドではスウェーデン・デンマーク・アイスランドと同様に、子どもが一歳になるまで給与補償の厚い休暇があることを強調している。フランス・ベルギーでは異なり、最初の休暇は四カ月の母親休暇に限定されている。「このような文脈において、長い親休暇制度は、乳児をケアする主要なもしくは好ましい形態というより、むしろ家族にとっての追加的選択として施行されている」（Wall 2007: 30）。また、これらの国々では、乳幼児の育児保障割合は高いことから、親は最初の母親／親休暇後に在宅するか職場復帰するかに関する選択の自由がある。最後に、ノルウェーとフィンランドでは、父親休暇が設計されてきている。最もフィンランドの父親休暇は条件つきではある（Lammi-Taskula 2006）。

次に、その他のヨーロッパと比較すると、北欧の親休暇制度は手厚いものである。表10-2は北欧諸国における休暇制度の詳細を概観したものである（より詳細については、NOSOSCO 2010: Ellingsæter & Leira 2006: 19-23, を参照されたい）。

表10-2が示すように、スウェーデンは北欧のなかで、実際には世界の中でも、母親手当を親手当に置き換えた最初の国である。休暇の長さとそれに応じた給付は両方の親に適用され、子どもが八歳になるまで親のいずれか一方が取得することができた。このように、この給付は、本来の疾病給付特例、つまり母親が出産による身体ストレスから回復するための短期休暇から、実際は子育てニーズと新しい家族の情緒的・実践的ニーズを含む制度へと移行した。スウェーデンが新米父親に休暇（最初は四週間）を与えた世界初の国である一方で、ノルウェーは一九九三年に父親のために「確保」した分割した休暇期間を導入した最初の国である。その他の北欧諸国は二～三年のうちに先例に倣った。

表10－2　北欧諸国の親休暇（2009年）

| | デンマーク | フィンランド | アイスランド | ノルウェー | スウェーデン |
|---|---|---|---|---|---|
| 母親のみに与えられる休暇 | 18週間 | 18週間 | 13週間 | 9週間 | 8週間 |
| 父親のみに与えられる休暇 | — | （4）週間 | 13週間 | 12週間 | 8週間 |
| 父母どちらか一方が取得できる休暇 | 32週間 | 26週間 | 13週間 | 26週間（給与補償100％）もしくは36週間（給与補償80％） | 約52週間 |
| 父母両方が取得できる休暇 | 2週間 | 3週間 | — | 2週間 | 約2週間 |
| 親に休暇取得権が与えられた年 | 1984年 | 1978年 | 1981年 | 1978年 | 1974年 |
| 父親に休暇の一部が割り当てられた年 | 1997年（2002年に廃止） | 2003年 | 2000年 | 1993年 | 1994年 |

出所：NOSOSCO（2010）p. 40; Leira（2006）p. 32.

アイスランドは現在、休暇期間の三分の一を父母それぞれに、残りの三分の一を彼らが好きなようにシェアする最も輪郭の明確な制度で際立っている。ノルウェーでは、父母は八〇％の給与補償で五四週間の休暇期間か、一〇〇％の給与補償で四四週間の休暇期間かを選択しなければならない。どちらのケースにおいても、九週間は母親に確保され、六週間は父親に確保されている。残りの二九／三九週間は父母がシェアできるが、同時取得はできない。フィンランドでは一八週間を母親に確保している。また、「ボーナス週間」（Lammi-Taskula 2006: 81）として知られる四週間の親休暇があるが、他の国々とは異なる性格をもつ。それは条件付きだからである。父親が移譲可能な親休暇のうちの最初の二週間を取得した場合にのみ与えられる。スウェーデンでは、父母はそれぞれ二カ月間（六〇日間）の休暇を与えられる。休暇期間全体は四八〇日間であり、六〇日間＋六〇日間の父母それぞれに与えられた休暇期間を除くと、残りの期間は彼らにとって最も好ましい取得方法を決めることができる。父母はこの残りの期間すべてを同時に、もしくはどちらか一方が三六〇日間すべてを取得することができる。親給付は子どもが八歳になるまで、もしくは子どもの就学一年目が終了するまで支給される。

デンマークは現在、父親に確保される法制化された父親休暇期間をもたない北欧唯一の国である。デンマークにおいてこのように割り当てられた休暇は一九九七～二〇〇二年の間、導入されていたが、集中的なメディアによる議論の後、二〇〇二年に廃止された（Leira 2006）。同時に、親休暇期間全体は二六週間から五二週間に延長された。この法律は、父母が休暇の分割を自由に決めることができるオープンでフレキシブルな休暇制度を目的としている。女性には四週間の産前休暇が与えられる。母親は法律によって産後二週間の休暇を取得し、さらに一二週間取得する権利が与えられる。合計すると一八週間の休暇は母親に確保されることになる。父親には二週間が与えられるが、子どもが生後一四週間になるまでに取得しなければならない。これらの割り当てられた休暇以外に、父母は三二週間まで職を離れる権利が与えられる。

以上のような簡単な概要が示すように、親休暇制度は北欧五カ国においてかなり異なっているものの、二つの重要な側面が共通している。まず、休暇期間が比較的長いこと、そして、父母が休暇期間をシェアすることを認め、さらには奨励もする。デンマーク以外の北欧諸国は父親に割り当てられた休暇期間も設けている。

ノルウェーが一九九三年にパパ・クオータ（訳者注：休暇の父親割当）を導入した際に、子ども家族省はこの政策手段を「緩やかな強制」（Leira 2006）であると述べた。父親が在宅育児をすることはあくまでも選択であるが、もし父親が取得しないのであれば、家族は休暇期間を短くした分の代償を払うことになっただろう。パパ・クオータは母親に移譲することができなかった。この法律は父親が母親と同様に新生児をケアできるようにする方針に基づいていた。特にノルウェーとスウェーデンでは、パパ・クオータに好意的な立場の主たる論点は、父子間の初期のつながりの機会、つまり父性を情緒的に豊かにしながら子どもに最大の利益をもたらすという点であった（Leira 2006: 39）。また、父親への割当は、母親・雇用主の両方に対して、子どもと時間を過ごす権利を交渉する父親の能力を高める。父親に乳幼児をケアする経験を与えることは、転じて、家族および一般的な社会のなかというより、幅広い意味でジェンダー平等を促進する希望につながる（Leira 2006）。

割り当てられたパパ・クオータの効果は注目されており、「父親革命」（Lammi-Taskula 2006: 83）といわれているのは的確である。ノルウェーで子どもが一歳になるまでに休暇を取得したことのある父親の割合は、パパ・クオータの導入後の五年間（一九九三～一九九八年）に四％から九〇％に上昇した。アイスランドでは、父親の休暇取得率は一カ月間のパパ・クオータの導入初年度で一％以下から八〇％に増加した。その他の国々では効果はもっと小さい。休暇取得可能な期間の長さと（特にスウェーデン）、父親休暇が「新規設置の」休暇ではなく、それどころか、既存の移譲可能な休暇から捻出されていることから、その理由を少なくとも説明できる

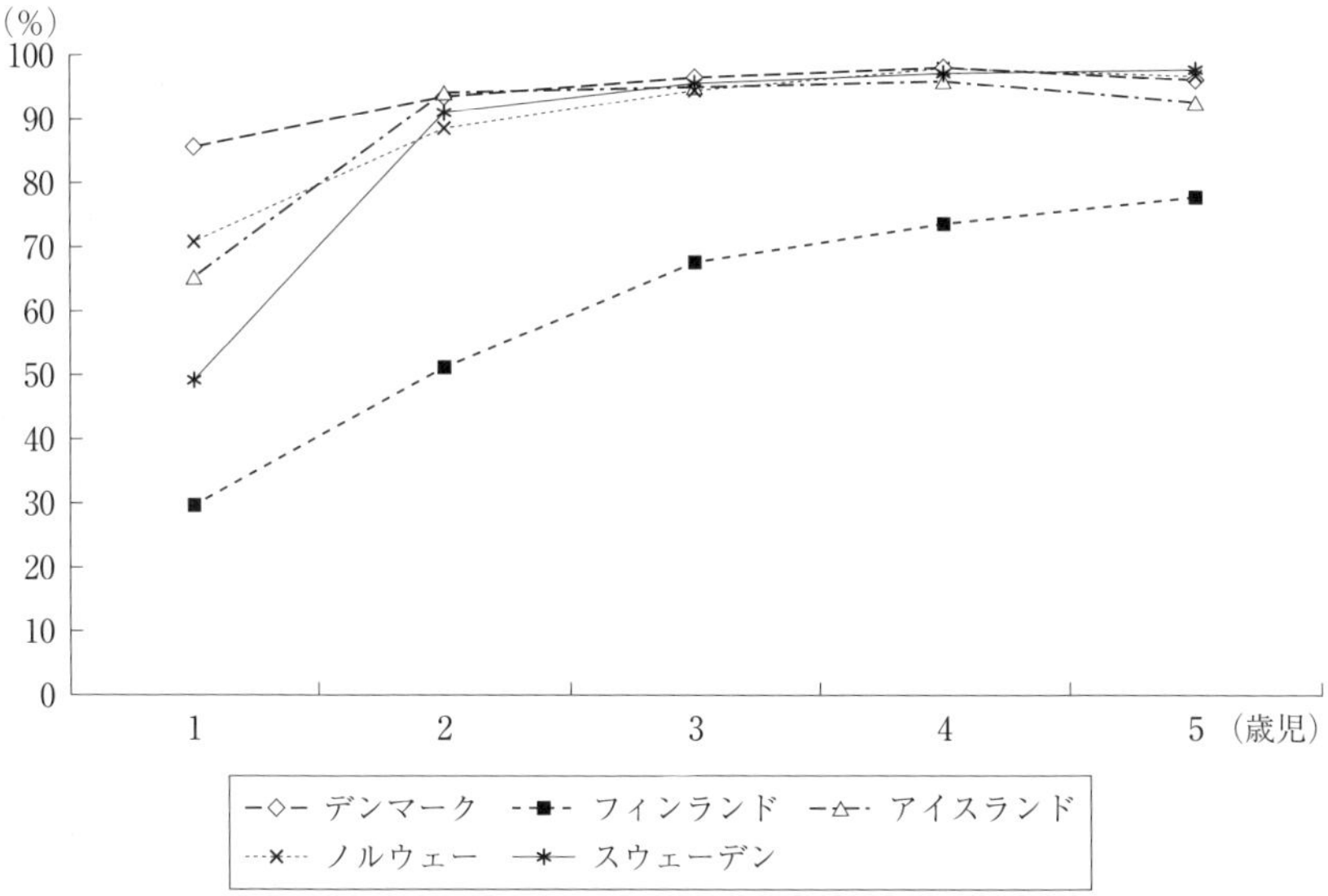


図10－4　北欧諸国における公的保育施設に入所している子ども（年齢別，2010年）の割合

(Lammi-Taskula 2006)。

**（4）公的保育**

すべての北欧諸国は保育保障の割合が高い。しかし、各国間および年齢集団間に違いはある（図10-4～5および Meagher & Szebehely 2012，参照）。デンマークは保育保障の割合が最も高い。これはデンマークでは乳児に対する保障割合が高いからである。図10-4が示すように、三～五歳児の保障については、デンマーク・スウェーデン・ノルウェー・アイスランドの間に実質的な違いはない。唯一際立って異なる国は、すべての年齢集団において他の北欧諸国よりも保障割合がしばらくの間低かったフィンランドである。図10-5からわかるように、ノルウェーの二〇〇〇年初期における一～二歳児のための保育保障は、フィンランドと同じくらい低かった。しかし、それ以降は保障割合をかなり上げている。二〇一〇年までには、ノルウェーの一～二歳児の保育保障割合は八〇％となった。この数値はアイスランドと類似しており、デンマークに次ぐ高さである。

**（5）在宅育児支援**

前述の議論で示してきたように、北欧の家族政策は男女平等を促進する重要な要素を含んでいる。女性雇用の公約は、寛大な親休暇制度、公的保育の供給、ひとり親を非労働力と

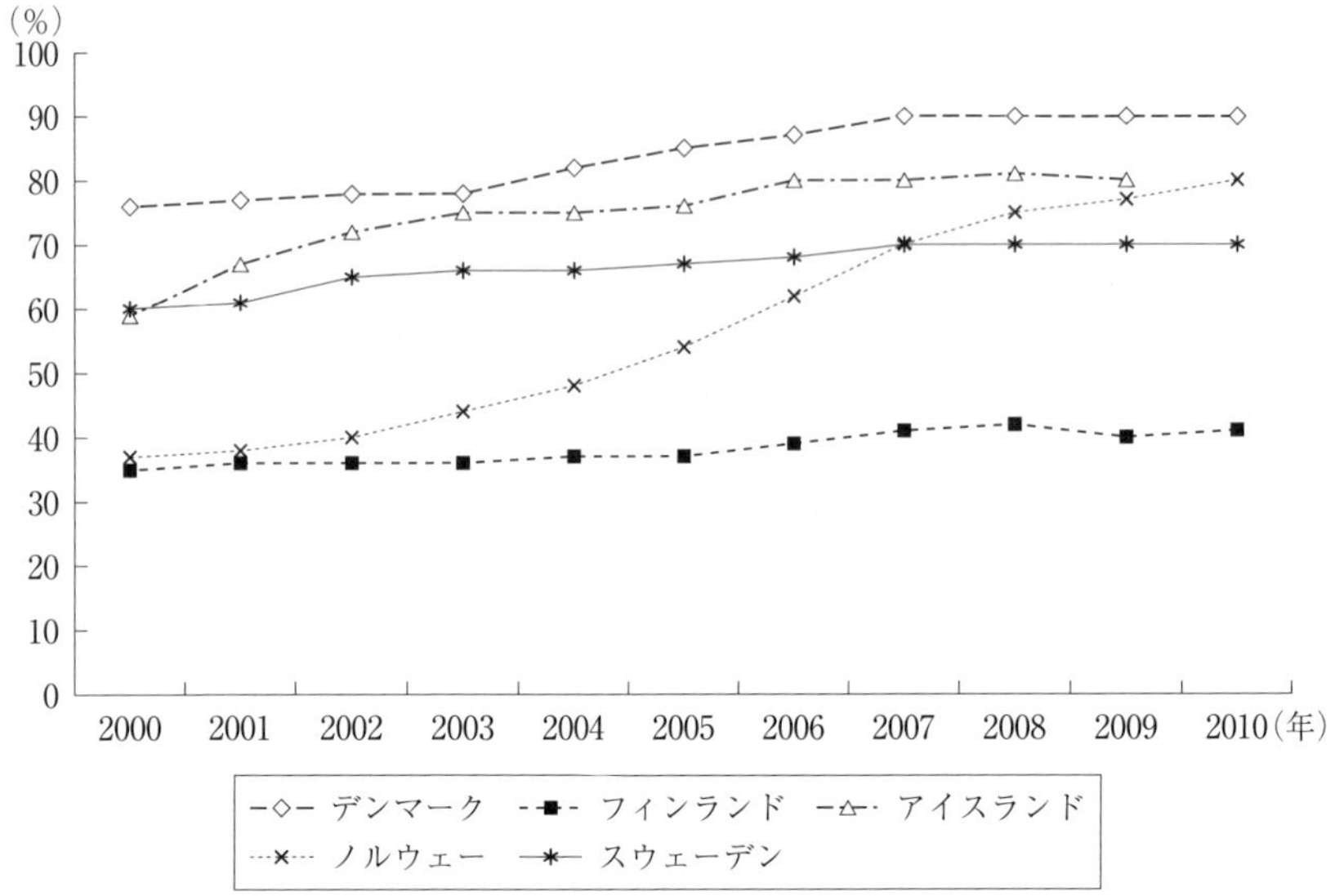


図10-5　1～2歳児の公的保育施設入所率の推移

しない長期間の支援において明瞭である。男性をケアの担い手として奨励する公約は、ノルウェー・スウェーデン・フィンランド・アイスランドでは親休暇のなかのパパ・クオータに、また、ノルウェーの現在の児童支援制度にもみることができる。この政策はまだ他国に追従されていない。デンマークでは、このような政府主導によるジェンダー平等の重視に対する反対が、二〇〇二年のパパ・クオータの廃止をもたらした。ノルウェーでは在宅育児手当という結果になった。フィンランドは親の「二重の路線」、すなわち、乳幼児の親が現金給付か育児サービスかを選択できるように制度化するなかで、一九七〇年代の伝統に戻りつつある（Leira 2006）。

ノルウェーとフィンランドには乳幼児の親に支払われる現金給付がある（フィンランドは三歳未満、ノルウェーは一二～三六カ月の子どもの親対象）。フィンランドはこの手当を一九九〇年に、ノルウェーは一九九八年に導入した。両国において、手当の受け取りは公的保育を利用していない子どもを前提としている。この給付の背後にある意義は、親がどのように子どもを育てるのか選択する権利をもつことであった。しかし、フィンランドでは、育児手当の権利は公式な保育の権利と結びついている。フィンランドにおいて、もし親が国家の提供する保育施設に子どもを入所させたいと考えるのであれば、地方自治体はそれを提供する義務がある。同じような義務はノルウェーには存在しない。二〇一二年八月一日から、ノルウェーでは一歳児への手当の割合は増加したものの、二歳児への手当が廃止された。今後、この手当は最も幼い乳児をさらに明確な対象とするだろう。そしてこのことは手当に反対する批判への回答となっている。

フィンランドにおける育児手当は、親が既に無条件で権利を得ていた公的保育サービスへの需要緩和の方法として、厳しい経済不況中に導入された（Hiilamo & Kangas 2009）。ノルウェーでは、手当導入の背景はもっと政治色が強い。社会民主党の家族政策によって促進されたジェンダー平等モデルに対する保守党の抵抗である。よってノルウェーの手当は、フィンランドの手当よりも激しい論争にさらされてきた（Meagher & Szebehely 2012）。この制度の反対論者たちは、この制度が母親だけの労働市場参加を減少させることを期待しているため、労働市場や家族におけるジェンダー平等にとって深刻な後退をもたらすだろうと論じた。この制度は女性にとって罠を形成する恐れがある。長期不在の後に労働市場に再参入することは困難なためである。就労経験のほとんどない低熟練の女性は、この点において特に弱い立場におかれるだろう。しかし実際には、この改革は、ほぼ間違いなく母親の労働市場参加率に影響を与えてこなかった（たとえばEllingsæter 2003）。図10-5が示すように、この改革は公的保育の需要にも影響を与えてこなかった。

### （6）北欧の家族政策のまとめ

アーンロウグ・レイラ（Arnlaug Leira 2006: 43）は、一九七〇～二〇〇〇年代の北欧主要四カ国における家族政策改革を論じ、各国の概要について有益なまとめを提供している。

①　デンマークは、働く母親に対する最強の支援を当該期間中に行っている。この国はスカンジナビアにおける公的保育の先駆的な供給者であり、特に三歳児未満の子どもに対する保育保障の割合が際立って高い。しかし、親休暇制度のなかのパパ・クオータは撤回されたために、父親による育児のための支援供給において、北欧におけるデンマークのスコアは最弱となっている。

②　フィンランドは「二重の子育て路線」、すなわち就学前児童の親に公的な提供による保育もしくは家族主義的なケア期間の延長のうちのどちらかを選択させる公約で際立っている。政策の目的は母親をフルタイムの育児者および働き手として支援することである。しかし、父親による育児のための支援は控えめである。スウェーデンやノルウェーと比較すると、家族による育児とはたいてい母親による育児と同義である。

③　ノルウェーでは、公費で賄われる保育サービス不足は継続している。すべての保育保障が約束されてきた長い歴史があるにもかかわらずである。公的保育を望

まない親に対する、育児手当に続く長期の親休暇は在宅育児を支援し、フィンランドのように、在宅育児は主に母親によって担われる。しかし、親休暇制度のなかのパパ・クオータは乳児に対するケア労働をシェアするように父親を奨励する。

④　スウェーデンは親休暇制度に関して歴史的に最先端であり続けてきた。スウェーデンは父親による育児を奨励するようになってから、二カ月間のパパ・クオータを維持することにより、北欧主要四カ国のうちで最強の政策をもつ国となった。同時に、働く母親は公費保育の高い供給割合により支援されている。在宅育児手当や母親育児手当は存在しない。したがって、レイラ（2006）は、スウェーデンの政策は父母が経済的供給者かつ育児者であるジェンダー平等家族を促進することに最も近接していると論じている。

五番目の国も忘れてはならない。アイスランドはレイラの分析には含まれていない。しかし、この国は現在、画期的な親休暇を与えて父母に育児を奨励することにおいて最先端を走っている。それは休暇の三分の一を父母それぞれが、残りの三分の一を父母がシェアするというものである。また、アイスランドでは三歳未満の子どものための公的保育が高水準である。アイスランドの親休暇モデルは他の北欧諸国のなかで議論を巻き起こしている。それはアイスランドがスウェーデンと同様に、ジェンダー平等と子どもにやさしい家族政策を促進するといった内容である。

## 3　北欧の家族政策の限界

本章の目的は、北欧における家族政策とその実践を描き出すことであった。北欧五カ国には相違点がみられるものの、家族問題、特に家族政策における北欧独自の領域について語ることは公平である。

北欧の家族政策・福祉政策モデルは現在、ヨーロッパ、そして世界の他の国々においてもある程度は高い地位にある。イギリスの著名な社会学者であるルース・リスター（Ruth Lister 2009）は、この「北欧という涅槃の境地」のイメージを疑問視しており、北欧のジェンダー平等モデルについての賛否両論を提示している。リスターの記述は均衡がとれている。基本的に、北欧諸国は、数々の重要な指標について、いまだに寛大なジェンダー平等は達成していないものの、他のどの工業化社会よりも優れていると論じる。彼女の分析の主要素は労働市場における分業である。北欧の女性は労働市場参入率が高いが、公共部門で働く傾向があり、管理職に就くことは稀である。女性管理職の割合はＥＵの平均より低い（Lister 2009：257）。北欧モデルのこの側面は他の研究者たちによっても論じられている。そのうち、アルブレヒトら（Albrecht et al. 2003: 172）は、この傾向は包括的な家族政策制度の予想外の産物かもしれないと提起した。

「保育や親休暇のプログラムは、スウェーデン女性に労働力参加に対する強いインセンティブを与える。同時に手当は、育児に多く関わる側の親のキャリア意識の強さを弱めてしまうかもしれない。これは、女性が労働力参加への強いインセンティブをもっているが、実際にはそう強く行動しないかもしれない、ということである。」（Albrecht et al. 2003: 172）

さらに、父親に割り当てられた休暇や男性の育児参加を奨励する他の政策形態がおよそ二〇年にわたって導入されているにもかかわらず、休暇日数の圧倒的多くはいまだに母親によって取得されている。有子家族を支援する積極的な政策が導入されているにもかかわらず、二〇〇〇年以降のどの年の出生率も人口を十分に再生産するほど高くない。

北欧の積極的な家族政策は、なぜ北欧諸国が数々の重要な指標における国際比較において成功しているのかを説明する重要な役割を果たしているのかもしれない。いまだに政策と行動との関係は複雑である。政策は思わぬ結果をもたらす可能性があるし、ある状況において成されたことは他の状況ではうまくいかないかもしれない。北欧はどのように事をうまく運べたかという事例を提供する一方で、北欧の家族政策は諸外国に適用するために用意された青写真ではない。さらに、問題視されている政策の要素は北欧諸国においてでさえも論争の的となっている。それはすなわち、家族生活の二人稼ぎ手・二人ケアの担い手モデルが支持されているが、反対意見がないわけではない。北欧モデルには多くの長所があるが、北欧が家族／ジェンダー平等政策における涅槃の境地に到達しているとは誰も本気で論じないであろう。家族政策と家族の実際の両方は近年急速に変化をしてきており、恐らく新たな世代の要求に見合うように変化し続けるであろう。

注

（1）この数値は表10-1で示された数値から若干かけ離れている。それは、特に再婚という点に関して、非公式な事実婚の登録が不十分なせいだからかと思われる。

（2）費用の見積額は、国立消費者研究所によって開発された標準的な家族予算のなかで確認されている（http://www.sifo.no）。

## 参考文献


Aassve, A., M. Iacovou & L. Mencarini（2006）“Youth poverty and transition to adulthood in Europe”, *Demographic Research,* 15, pp. 21-50.

Albrecht, J., A. Björklund & S. Vroman（2003）“Is There a Glass Ceiling in Sweden ?”, *Journal of Labor Economics,* 21（1）, pp. 145-177.

Berthoud, R. & M. Iacovou（2005）*Diverse Europe: mapping patterns of social change across the EU,* University of Essex, Institute for Social and Economic Research, Colchester.

Castles, F. G.（2003）“The world turned upside down: below replacement fertility, changing preferences and family-friendly public policy in 21 OECD countries”, *Journal of European Social Policy,* 13, pp. 209-227.

Daatland, S. O. & K. Herlofson（2004）*Familie, velferdsstat og aldring. Familiesolidaritet i et europeisk perspektiv,* NOVA, Oslo.

Daatland, S. O. & K. Herlofson,（2006）“Familien i andre halvdel av livet”, in B. Slagsvold & S. O. Daatland（eds.）*Eldre år, lokale variasjoner. Resultater fra Den norske studien av livsløp, aldring og generasjon（NorLAG）-runde 1,* NOVA, Oslo.

Ellingsæter, A. L.（2003）“The Complexity of Family Policy Reform: the case of Norway”, *European Societies,* 4, pp. 419-443.

Ellingsæter, A. L. & A. Leira（2006）“Introduction: politicising parenthood in Scandinavia”, in A. L. Ellingsæter & A. Leira（eds.）*Politicising parenthood in Scandinavia: Gender relations in welfare states,* the Policy Press, Bristol.

Esping-Andersen, G.（2002）“A Child-Centred Social Investment Strategy”, in G. Espings-Andersen D. Gallie, A. Hemerijck & J. Myles（eds.）*Why We Need a New Welfare State,* Oxford University Press, Oxford.

Eurostat yearbook（2011）*Europe in figures,* Office for Official Publications of the European Communities, Luxembourg.

Eurostat（2011）*Social protection — social benefits by function,* Available at（http://epp.eurostat.ec.europa.eu/statistics_explained/index.php/Social_protection_-_social_benefits_by_function, accessed 23rd July 2012）.

Eurostat（2012）“23% of EU citizens were at risk of poverty or social exclusion in 2010”, *Statistics in focus,* 9/2012.

Fokkema, T., S. Ter Berke & P. A. Dykstra（2008）*Solidarity between parents and their adult children in Europe,* Report no. 76, KNAW Press, Amsterdam. NIDI

Gautun, H.（2003）*Økt individualisering og omsorgsrelasjoner i familien. Omsorgsmønstre mellom middelaldrende kvinner og menn og deres gamle foreldre,* Fafo, Oslo.

Gornick, J. C. & M. K. Meyers（2006）*Institutions That Support Gender Egalitarianism in Parenthood and Employmen,* A core essay for the Real Utopias Project, available at (http://www.havenscenter.org/realutopias/2006. Accessed 22nd June 2009).

Hantrais, L. (2004) *Family Policy Matters. Responding to family change in Europe,* the Policy Press, Bristol.

Hellevik, T. (2005) *På egne ben. Unges etableringsfase i Norge,* Institutt for sosiologi og samfunnsgeografi, Universitetet i Oslo, Oslo.

Hiilamo H. & O. Kangas (2009) "Trap for Women or Freedom to Choose? The Struggle over Cash for Child Care Schemes in Finland and Sweden", *Journal of Social Policy,* 38, pp. 457–475.

Jensen, A.-M. & S.-E. Clausen (1997) *Barns familier. Samboerskap og foreldrebrudd etter 1970,* NIBR, Oslo.

Kitterød, R. H. (2004) *Foreldreskap på tvers av hushold. Ansvar og omsorg for foreldre som ikke bor sammen. Resultater fra undersøkelsen om samvær og bidrag 2002,* Statistics Norway, Oslo.

Kitterød, R. H. (2006) "Stor avstand-lite samvær? Samværsfedres tid med barn per måned og i ferier", *Tidsskrift for velferdsforskning,* 9, pp. 100–115.

Lammii-Taskula, J. (2006) "Nordic men on parental leave: Can the welfare state change gender relations?", in A. L. Ellingsæter & A. Leira (eds.) *Politicising parenthood in Scandinavia,* Policy Press, Bristol.

Leira, A. (2006) "Parenthood change and policy reform in Scandinavia, 1970s–2000s", in A. L. Ellingsæter & A. Leira (eds.) *Politicising Parenthood in Scandinavia: Gender relations in welfare states,* the Policy Press, Bristol.

Lewis, J. (1992) "Gender and the development of welfare regimes", *Journal of European Social Policy,* 2, pp. 159–173.

Liefbroer, A. C. & E. Dourleijn (2006) "Unmarried cohabitation and union stability: Testing the role of diffusion using data from 16 European Countries", *Demography,* 43(2), pp. 203–221.

Lister, R. (2009) "A Nordic Nirvana? Gender, Citizenship, and Social Justice in the Nordic Welfare States", *Social Politics. International Studies in Gender, State and Society,* 16, pp. 242–278.

Lyngstad, J. & R. H. Kitterød (2008) *Samvær og bidrag 2002–2004: Sluttrapport,* Statistics Norway, Oslo.

Lyngstad, T. H. & M. Jalovaara (2010) "A Review of the Antecedents of Union Dissolution", *Demographic Research,* 23, pp. 257–292.

Mayhew, E. (2006) "The Parental Employment Context", in J. Bradshaw & A. Hatland (eds.) *Social Policy, Employment and Family Change in Comparative Perspective,* Edward Elgar, Cheltenham.

Meagher, G. & M. Szebehely (2012) "Equality in the social service state: Nordic childcare models in comparative perspective", in J. Kvist, J. Fritzell, B. Hvinden & O. Kangas (eds.) *Changing Social Equality: The Nordic welfare model in the 21$^{st}$ century,* the Policy Press, Bristol.

NOSOSCO (2010) *Social Protection in the Nordic Countries. Scope, expenditure and financing 2008/2009,* Nordic Social-Statistical Committee, Copenhagen.

Nordic Council of Ministers (2011) *Nordic Statistical Yearbook 2010,* Nordic Council of Ministers, Copenhagen. (online version available at http://www.norden.org)

O'Connor, J. S. (2005) "Employment-anchored social policy, gender equality and the open method of coordination in the European union", *European Societies,* 7, pp. 27–52.

Saraceno, C. & W. Keck (2010) "Can we identify intergenerational policy regimes in Europe?", *European Societies,* 12 (5), pp. 675–696.

Skevik, A. (2006a) "Absent fathers 'or' reorganized families? Variations in father-child contact after parental break-up in Norway", *Sociological Review,* 54, pp. 114–132.

Skevik, A. (2006b) "Lone motherhood in the Nordic countries: sole providers in dual breadwinner regimes" in A. L. Ellingsæter & A. Leira (eds.) *Politicising parenthood in Scandinavia: Gender relations in welfare states,* the Policy Press, Bristol.

Skevik, A. & A. Hatland (2008) "Family Policies in Norway" in I. Ostner & C. Schmitt (eds.) *Family Policies in the Context of Family Change: The Nordic Countries in Comparative Perspective,* VS Verlag für Sozialwissenschaften, Wiesbaden.

Skinner, C., J. Bradshaw & J. Davidson (2007) *Child Support Policies: A Comparative perspective,* Department for Work and Pension research report, vol. 405, Corporate Document Services, Leeds.

Statistics Denmark (2009) 3 ud af 4 børn bor hos begge foreldre, Nyt fra Danmarks statistic nr. 152, released 2nd April 2009.

Statistics Norway (2011a) "Færre fødsler og høyre fødealder", Befolkningsstatistikk, fødte, 1st january 2011. (http://www.ssb.no/emner/02/02/10/fodte/, accessed 23rd July 2011)

Statistics Norway (2011b) "Ett av fire barn bor med bare en forelder", Befolkningsstatistikk, barn, 1st January 2011. (http://www.ssb.no/emner/02/01/20/barn/ accessed 6th July 2012)

Statistics Norway (2009c) "Auke i talet på vigslar", Befolkningsstatistikk, Ekteskap og skilsmisser 2008. (http://www.ssb.no/ekteskap/, accessed 22nd June 2009)

Statistics Sweden (2007) "Children and their Families 2006", *Demographic reports 2007*: 4, Statistics Sweden, Stockholm.

Statistics Sweden (2008) "Nedgången i antalet separationer avtar", *Barn-och familjestatistik,* 2008. (http://www.scb.se/Pages/TableAndChart____27475.aspx, accessed 22nd June 2009)

Thuen, F.（2004）*Livet som deltidsforeldre,* Fagbokforlaget, Bergen.

Wall, K.（2007）"Leave policy models and the Articulation of Work and Family in Europe: a Comparative Perspective", in P. Moss and K. Wall（eds.）*International Review of Leave Policies and Related Research 2007,* Department for Business Enterprise and Related Research, London.

（アネ・スケビック・グルデ、アクセル・ハトランド）

# 第11章　地方政府の役割

## 1　分権型単一国家

北欧福祉国家モデルの構図は、福祉政策の実施における地方自治政府の中心的地位の描写なくしては完結しない。分権型単一国家と分類される北欧諸国は、地方政府が相当な政治的および財政的自治権をもち、また同時に、国の法制度と共通する政策を実施する国家の一部であるという共通の特徴をもっている。北欧福祉国家の日常を創り出す人々である看護師、教師、ソーシャルワーカーの多くは、地方自治体から給与をもらっている。北欧の市民と地方自治体との関係は誕生から死に至るまで密接である。

助産師は、あなたが生まれる前から待機しており、あなたの出生の後には、訪問看護師が訪ねてくる。父母が労働市場に復帰するとすぐに、専門の社会教育士が後を継ぎ、あなたが三歳になると、学校歯科医が一二年間から一五年間にわたる努力を始める。教師があなたを小学校・中学校・高等学校を通じて導いてくれる。一生を通じて、民間の診療所や公共の病院の看護師や医師が無料で診てくれる。あなたが自分の面倒を見られなくなるとヘルパーが清掃や買い物や個人的ケアのために家に来てくれる。そして、必要になれば、（最近は供給が足りないが）あなたは老人ホームに入所できる（Mouritzen 2007からの引用）。

北欧の全労働力の約二〇％が地方政府セクターに雇用されている。世界で最も分権化された国の一つであるデンマークにおいては、二〇〇五年には、地方自治体は国内総生産の三三％を占め、総政府支出の六〇％以上を占めた。デンマークと比べると、フィンランド、ノルウェー、スウェーデンの公共経済は分権化が進んでいないが、それでももっと広く比較すると、地方政府の重要性は北欧諸国を通して相当なものである（OECD Accounts Database 2005; Page 1991; Lidström 2003）。

北欧諸国の地方自治行政は、二つのレベルで実施されてい

表11－1　北欧諸国における地方自治体（2012年）

| | デンマーク（2007.1.1の改革後） | フィンランド | ノルウェー | スウェーデン |
|---|---|---|---|---|
| 基礎自治体 | 98市町村<br>人口中央値<br>45,000 | 320市町村<br>人口中央値<br>5,800 | 429市町村<br>人口中央値<br>4,500 | 290市町村<br>人口中央値<br>15,500 |
| 広域自治体 | 5州（*regioner*），制限的自治体（課税権，一般的権能を欠く） | 広域自治体なし<br>地域的権能は間接的に組織化されている。 | 18県（*fylkeskommuner*） | 20県（*landsting/regioner*） |

る（表11-1）。地方政府のいくつかの階層のなかでは市町村レベルが、地位・能力・住民自治の正当性といった点からは最も重要なレベルであり、このレベルが通常、地方自治政府と呼ばれる[1]。

デンマーク、ノルウェー、およびスウェーデンにおいては、広域レベルの第二層の地方政府、つまり県または州が存在する。フィンランドはこのような第二層を欠くが、たとえば、専門医療に責任をもつ義務的医療区のような、各種の市町村共同機関があることによって、実質的な第二層が存在している。しかしながら、これらの共同機関は自治を許されているのではなく、財政的および政治的に構成メンバーである地方自治体に依存している。北欧の市町村レベル自治体と広域レベル自治体は、お互いに従属的でも優越的でもなく、別々の任務を果たしている。

かつては、公共の病院によるサービスが広域レベル自治体の仕事のなかで重要なものであったが、この一〇年間に行われたいくつもの改革のなかで、彼らの姿も変わってきている。二〇〇二年の医療ケア改革の後、ノルウェーの病院は、従来県が所有していた病院を引き継ぐために設立された五つの国有の地域医療会社によって経営されている。ノルウェーの県はいまだに存在するが、中学校、高等学校等、従来の任務のわずか二〇％が残されているに過ぎない（St. Meld. nr. 12: 2006-2007）。デンマークにおいては、二〇〇七年一月一日までに実施された大規模な構造改革により、公的部門の任務が再編された。従来の県は廃止され、病院に関する第一義的な責任を負う五つの州によって代替された。デンマークのこれらの新しい州は、北欧圏における全く新しい種類の機関である。なぜなら、彼らは、直接選挙で選ばれた政治家によって管理されていることから、民主制の基準に合致しているにもかかわらず、課税権や、財政自主権といった地方自治体としての特徴を欠いているからである（LOV nr 510 af 06/06/2007, Christensen & Klitgaard 2008; Mouritzen 2006）。

表11－2　北欧諸国における主たる福祉役割の組織体系的な相違（主要な特色）

| | デンマーク | フィンランド | ノルウェー | スウェーデン |
|---|---|---|---|---|
| 初等教育 | 市町村 | 市町村 | 市町村 | 市町村 |
| 中等教育 | 国立学校 | 市町村 | 県 | 市町村 |
| 一次医療 | 市町村 | 市町村 | 市町村 | 県 |
| 病　院 | 州 | 市町村（義務的医療区を通して） | 国有の医療会社 | 県 |
| 個人および家族に対する社会サービス | 市町村 | 市町村 | 市町村 | 市町村 |
| 社会保険（年金，社会保障等） | 市町村（委任事務，市町村は中央政府のガイドラインに拠って実施） | 国家保険事業者 | 国家保険事業者 | 国家保険事業者 |

現在の北欧の地方自治制度は、人口二〇〇〇の村であれ、人口一〇〇万人を超えるストックホルム市であれ、同じ法的地位を持ち、したがって、同じ権利と義務を有するという意味で、単一的である。一九七〇年代まで、市と地方部自治体との間には、数多くの法的格差があった。デンマークにおける人口の中央値が四万三〇〇〇人の市町村とスウェーデンにおける人口中央値一万五〇〇〇人の市町村は、ヨーロッパで最も大きな部類に属していた。一方、人口中央値四五〇〇人のノルウェーの市町村や人口中央値五八〇〇人のフィンランドの市町村は、その業務が比較的小さかった（Lidström 2003）。地位の上での平等にもかかわらず、小規模市町村と大規模市町村との間で、都市部と地方部の間で、また、人口密度の高い地域と低い地域の間で、機能的・政治的・財政的な条件は相当に異なっていた。

市町村は、その区域に対する全般的責任を有する。責任のなかには、道路維持、水道供給、環境保護といった地方的公共物の提供と医療・教育・社会給付などの一般的および個別的福祉サービスの提供が含まれる。さらに、地方政府は政治参加への道を拓き、地方での意思決定の場を提供する民主政治の闘争の場である。地方政府はまた、中央政府、近隣の地方政府や他の社会的アクターに対して、自らの住民を代表する利益団体とみることもできる。

表11－2は、中央政府の福祉施策に関する地方政府の責任

についての北欧諸国の間での差異を表現している。六歳から一六歳までの児童に対する初等教育は、四カ国すべてにおいて市町村の責任とされている。一六歳から一九歳の生徒に対する中等教育は、フィンランドとスウェーデンでは市町村の責任であり、ノルウェーにおいては県の責任である。デンマークにおいて、中等教育は基礎的自治体の役割から外され、独立した国立の教育センターに移された。デンマーク、フィンランドおよびノルウェーでは一次医療は、市町村の責任であり、スウェーデンでは県の責任である。一方、病院は、デンマークでは州が組織し、フィンランドでは市町村の共同機関が、ノルウェーでは国有の医療会社が、スウェーデンでは県が組織することとされている。社会サービスの分野では、子ども・家族・老人に対するサービスは、一般的に市町村の一部によって組織されている。

デンマークと他の北欧諸国との間の大きな差異は、社会保険制度がどのように組織化されているかというところにあり、これは、地方政府部門の大きさの統計に表れる差異の背後にある重要な説明要因である。デンマークにおいては、出産・育児手当や老齢年金のような個別の社会給付の管理部門は、市町村の一部として組織化されている。他の北欧諸国では、個人への現金給付の部分が国家保険事業者（フィンランドでは Kansaneläkelaitos, ノルウェーでは、Folketrygden, スウェーデンでは Försäkringskassan）によって管理されている。以下では、「地方政府」とは、特に断らない限り、第一層と第二層の双方の地方自治体を含むものとする。

## 2　自治と統合

### (1)　部分的に矛盾する概念の上に打ち立てられている北欧モデル

分権化には、特に、平等および統一された福祉の概念に強く影響された社会においては、両義性をもつ欠点がある。分権化とは、権力の分散であり、平等思想と矛盾することもある多様性の源である。他方、分権はまた、平等を確保するための手段でもある。委任された権限を行使する地方の意思決定者は、より地域住民の利益とニーズに尽くし、これを守ろうとするだろう。

二つの、部分的に矛盾する自治と統合という概念が、現在の北欧の福祉国家を形成している（Dente & Kjellberg 1988; Davidsson 2004; Lidström 2003; Strandberg 1998）。

地方自治の提唱者は、権力の分割と国民国家のなかでのいくつかの政治権力中枢の存在の重要性を強調する。市町村は国家からの大きな程度の自由を持つべきである。自由、多様性、民主主義が中心的な価値となる。伝統的には、自由主義および中立的政党は、地方自治の主要な提唱者であった（Strandberg 1998）。

中央―地方関係における統合のイデオロギーは、効率とか平等といった価値を主張する。市町村は、主に中央政府の最下層としてとらえられ、市町村の間での多様性は、平等の観点から有害であるとみなされる。中央―地方関係における統合の提唱者は、政治的色合いの右側にも左側にも見出されるが、その提唱の理由は異なっている。保守的な右派政党は、中央―地方関係における統合を小さな政府という名のもとに好むが、社会民主主義者や左派政党は、統合を彼らの平等問題の解決のために提唱する。しかし、政党は現存する地方行政のモデルに合わせがちである。ほとんどの政党は、中央―地方関係における統合の思想とともに、自治の思想を党の政治綱領に入れている（Strandberg 1998）。

長年の間、統合と国家的標準を強調する改革の後に、失われた地方自治を取り戻す改革が、何度か続いていた。一九五〇年代から一九七〇年代の間の地方レベルでの福祉国家の拡大期は、中央集権化の時代であった。国中の市町村のサービスと組織は、全国的に統一された構図に従って成長した。市町村の能力を確保し、市町村の拡大する業務範囲に対処するために、中央政府は市町村をより大きな行政単位にまで合併させることにより、区域の改革を開始した。すべての北欧諸国は地方自治法制と財政を自治の原則に従って改め、地方政府に対して特に組織と財政に関する大きな裁量権を与えた（Baldersheim ＆ Ståhlberg 1994）。最近の一〇年の間に、北欧諸国は構造改革の思想を再導入した。そして全体として、再中央集権化の傾向が見出される。本章の最終節では、この最近の展開の傾向をより詳細に分析している。

## （2）自治と統合の主要メカニズム

自治のメカニズムと統合のメカニズムは、現在の北欧の地方行政において交錯している。地方行政の自治のメカニズムは、次のようなものである（たとえば、Lidström 2003; SKL（2007）参照）。

①　地方政府を民主制の柱の一つと認める地方自治の「憲法上の保護」。

②　地方業務は、その地域の選挙民が選出した政治家によって行われるべきだという「地方民主制」。

③　地方政府に自らの財源を調達する権能を与える「地方課税権」。

④　現在、法によって規制されていない分野についても、その地域の意思決定者に、地域内の問題を解決して地域内で新しいプロジェクトを開始する権能を与える「一般的権能」。

⑤　地方政府がその区域内において、用途地区政策を実施した際の建築確認を行う、「地域計画に関する地方政府の特権」。

表11－3　自治と統合のメカニズム

| 自　治 | 統　合 |
|---|---|
| 地方自治の憲法上の保護 | 国家法制度 |
| 地方民主主義 | 義務的業務 |
| 地方課税権 | 国庫補助制度 |
| 一般的権能 | 交　渉 |
| 空間計画における地方の特権 | 監　督 |
| 国家法制度の実施における地方の裁量 | 審査請求権 |

⑥　地方政府に、資源の細かい配分および機能別組織化における権限を与える、国家法制の実施における地方政府の裁量。

異なるレベルの政府間の統合は、さまざまなメカニズムによって促進されているが、特に次のようなものがある（表11－3参照）。

①　「国家法制度」。地方政府による一般・個別の活動の条件はいくつもの国法により規制されている。地方自治法制は、地方政府の権能の基礎的形成、地方政治および行政の制度的基礎を含む。たとえば、教育や医療の分野における特別の法制度は、地方政府の活動内容を特定する。

②　「法律上定められた義務」は、国内すべての地方政府の活動を標準化する。法律上義務づけられた業務は、地方政府財源の八〇％を占める。

③　「国庫補助」。国庫補助制度は、統合的分権型福祉国家における最も重要な手段の一つである。すべての地方政府が同じ法律上の義務を負っているが、規模や能力はさまざまである。したがって、規模、地理的条件、財政力が違う市町村の間の格差を平衡化するメカニズムが必要とされる。国庫補助は二つの機能をもつ。それは課税力の違いを平衡化すること、および法律上義務づけられている権能に財源を与えることである。

④　「交渉、監督および審査請求権」。中央政府と地方政府の相互交流のための公式のメカニズムがいくつも存在する。中央政府と地方政府の間の公式の交渉は毎年の予算案の編成の一部であり、また地方政府に関係する法案が成立した後にも通常行われる。地方政府の活動における法の支配と市民の法的権利を確保するために、すべての北欧諸国は監督的制度をもっている。この一般原則は、地方自治を尊重し、このため、監督は主に一定の分野またはサービスの定期的監査を含む一般的なものに留まる。もし住民が不満足な業務の是正を求めるならば、中央政府は特定の地方政府に業務改

善を求めることができる。

公式な統合のメカニズムに加え、地方政府を公的部門全般と統合する、いくつかの重要な非公式の制度がある。中央の政党は地方でも活動しており、政府の異なった階層を統合している。すべての地方政府は、立法過程や中央政府との交渉における重要なアクターである地方政府の全国組織のメンバーである。同じく、教育制度や、たとえば看護師などの職業資格認定制度は、地方政府間の潜在的格差を水平化している。

## 3　地方行政の要素と自治・統合のメカニズム

以下の各項において、自治のメカニズムと統合のメカニズムが北欧の地方自治の要素、つまり、憲法上の地位、民主主義、および権能にどのように存在するかを示す。

### (1) 地方自治の憲法上の保護

デンマーク、フィンランド、およびスウェーデンの憲法は、地方自治を民主主義国家の柱の一つと認めている。この認識が地方政府に関する法律、つまり、地方政府法や地方政府に関する規定を含む特別法の基礎を形成している。北欧方式の例外はノルウェーである。ノルウェーの一八一四年憲法は、地方自治を全く認めていない（Davidsson 2004）。しかし、地方自治が憲法上保護されていないことが実際にもたらす結果を特定することは困難である。後に示すように、ノルウェーの地方政府の財政自主権は他の北欧諸国よりも小さい。しかし、それ以外は他の北欧諸国と差があるというより、類似している点の方が多い。

しかし、北欧諸国の地方自治についての憲法上の保護は、比較的漠然としている。国家レベルとその下位の政府との間の権限が明確に分割されている連邦制の国とは違って、地方自治の範囲は、中央政府の政治的意思決定者のその時の政治的優先順位に依存している。中央政府の政治的意思決定は、地方自治の範囲を相当に広げたり、狭めたりできる。中央政府は、形式上は、憲法上の原理である地方自治を傷つけることなく、合併の促進をすることも、地方の課税権に干渉することも、中央政府と地方政府の間の事務の再配分をすることもできる（Council of Europe 2005）。

しかし歴史的には、地方政府は、北欧福祉国家と呼ばれる巨大な政治プロジェクトの一部であったため、地方政府の活動範囲を拡大する中央政府の決定例の方が数多い。この結果、現在の福祉サービスについて地方政府と中央政府が共同で責任を負う状況が作り出された。北欧福祉国家の創設者たちは、現存する複合作用型政府を福祉国家の空間的・社会的拡大に利用することを選択した。他の選択肢があったとすれば、たとえば、地方機関をもった中央政府の医療サービス機構を設立することであったであろう（たとえばJohansson, Nilsson & Strömberg 2001, 参照）。複合作用型地方政府は，異なった分野間での協働の可能性を提供し，地域で選出された政治リーダーは，中央政府の官僚よりも地域のニーズと利害をよりよく判断できると考えられた。

### (2) 地方民主主義

地方自治の核心は，地域住民が自分たちの代表を選ぶ権利と，これらの代表が地域の問題について決定を行う権利である。一八歳以上の地域住民は地方選挙で投票し，また地方選挙に立候補する権利を有する。地方選挙民の投票が地方議会の構成を決定する。議会は，税率，年度予算，地方自治体の予算，市町村の条例規則についての意思決定を含む公式の最高意思決定権能を行使する。議会は複数制の機関である。

地方議会の議員数はそれぞれの国の地方行政法制による。たとえば，フィンランドの人口一八万人の市は六七人の議員をもつ（http://www.turku.fi）が，同規模のデンマークの市は二九人の議員しかもたない（http://www.odense.dk）。地方議会は，その権限を他の複数制の機関である委員会に委任することもある。委員会は，実際の地域による意思決定権能の多くを行使する。通常，議会の決定を準備・実施する執行機関（執行部），たとえば教育委員会や社会サービス委員会のような機能的責任をもったいくつかの委員会が存在する。地方議会以外の組織は，各国間もしくは各国内でも多くの相異がある。一九九〇年代初期に北欧諸国の地方行政法制が改革されたとき，組織の自由は改革のキーワードの一つだった（Baldersheim & Ståhlberg 1994）。委員会の構成は比例的であり，これは，各政党が議会での議席数に比例して委員数を割り当てられることを意味する。政治組織に加えて，地方政府の日常業務の責任をもつ専門的地方行政機構がある。

代表制民主主義以外に，地方レベルではいくつかの直接民主主義の経路が設けられている（たとえば，市町村の合併や主要な土地利用計画の場合など）。非常に重要な決定の前には，参考とするための住民投票を行うことができる。しかし，住民投票の実施も，住民投票の効果も，議会の決定によって決められることとなっている。

地方政治と中央政治の統合は，少なくとも三つの源から生じている。第一に，地方選挙は，中央政府が決定した日程によって実施され，中央政府と同じ選挙制度が適用されている点である。スウェーデンでは，中央選挙と地方選挙は同一日に行われ，デンマーク・フィンランド・ノルウェーでは，地方選挙と中央選挙は別々に行われている。第二に，地方と中央の政党制度は，かなりの程度まで同じである。北欧の地方議会の議席の九〇％以上が中央政党によって占められている。したがって，すべての北欧諸国の法制が無所属の立候補者を認め，地方選挙で候補者を推薦することの敷居は比較的低いにもかかわらず、地方議席の少数のみが、地域の候補者や地域政党によって占められている。地域政治における中央政党の地位は、一九七〇年代初頭以降は安定している（Sund-berg 1991: 122-129）。第三に、地方の政治課題は、中央政府の政治課題に依存している。なぜならば、義務的事務が市町村の予算の大部分を占め、また、義務的事務は、一部は地方政府の、一部は中央政府の問題であるためである。国会議員選挙前の選挙戦では、たとえば、保育とか高齢者介護といったいずれも地方政府の責任に属する問題に関する公約や議論が頻繁に含まれている。同様に、地方選挙のキャンペーンは、地方問題のみについて行われるのではない。時には、たとえば、国家補助制度といった、地方政府ではなく中央政府の責任に属する事柄について言及することがある。

### （3）地方財政——税と国庫補助

地方の課税権は、もう一つの地方自治の中心的要素である。北欧諸国においては、個人所得に対する地方政府の課税は地方政府歳入の所要な源泉となっている。デンマーク、フィンランド、およびスウェーデンにおいて、地方政府は税率決定についての裁量を有しており、このことは、地方所得税の税率が地方議会で決定されることを意味する。ノルウェーにおいては、国会が最大税率を決定する。地方政府は、国の最高税率よりも低い税率を適用することが認められているものの、実際には、税率はノルウェー全土で低いものとなっている。他の地方税、たとえば地方資産税の重要性は低く、北欧諸国のなかでも制度は大きく異なっている。地方政府は、独自の税を作り出すことを認められておらず、したがって、課税の自治は課税対象についてではなく、課税水準のみについて存在する（Blöchliger & King 2006）。

北欧諸国地方政府の課税基盤の多様性は相当なものである。すべての地方政府が同様の法的義務を負う一方で、規模・能力に大きな差異があるために、規模・位置・財政的能力の異なる市町村間の格差の水平化を行う制度が必要となる。したがって、国庫補助金が、単一福祉国家において最も重要な制度の一つとなる。国庫補助金は、課税力の差異を平衡化することと、法上の義務を財源的に裏づけることの二つの作用をもつ。国庫補助金制度は複雑であり、国によってかなり異なる。国庫補助金を地方政府に交付するに当たっての二つの主要な原則がある。使途特定補助金は、たとえば、児童保護といった特定の行政作用と結び付けられている。一般補助金、つまり定額または包括補助金は、たとえば、人口密度、母子世帯の数、老齢人口といった市町村の区域内での財政状況やサービスへの需要を反映するいくつもの指標を使って計算される。地方政府は、その財源を地方優先順位に従って配分することについての相当な裁量を有する（Blöchliger & King 2006）。デンマーク、フィンランドおよびスウェーデンは、

表11－4　2002年の北欧諸国の地方政府の歳入構造

（%）

| | デンマーク(1) | フィンランド | ノルウェー | スウェーデン |
|---|---|---|---|---|
| 地方税 | 67.9 | 60.4 | 46.9 | 74.0 |
| 国地方共有税（例：フィンランドの法人税）等 | 6.0 | 6.8 | — | — |
| 使途特定国庫補助金 | 12.5 | 3.4 | 24.2 | 7.5 |
| 一般国庫補助金 | 12.6 | 29.4 | 29.0 | 18.5 |
| 合　計 | 100 | 100 | 100 | 100 |

注：(1)デンマークの地方税制度は2007年に改革され，第2層の地方政府の課税権は廃止され，中央政府の医療サービス税に置き換えられた。したがって，この数字は現在の状況を完全に示すものではない。

出所：*OECD Economic Studies*, No. 43, 2006/2.

一九八〇年代および一九九〇年代においては、使途特定補助金のある制度から包括補助金の制度へと移行した。同時に、地方税の役割が増大した。表11－4は、二〇〇二年における地方税と国庫補助金の相対的重要性を表している。ノルウェーは北欧諸国での例外であって、一般的に国庫補助金の重要性が極めて高く、また、使途特定補助金の割合がかなり高い。一方、スウェーデンの地方政府にとっては、地方税が極めて重要である。地方税および国庫補助金に加え、受益者からの使用料が地方政府の主要な財源の一つとなっている。公立図書館や小学校といったいくつかのサービスは無料であるが、保育・公共交通機関といったサービスについては、利用者がサービスのコストの一定額を支払う。

中央政府による地方財政の統制制度は、国によって異なる。デンマークにおいては、それぞれの地方政府が毎年、中央政府と税とサービスの組み合わせについて交渉する。この合意は、地方政府を拘束するものであり、公的支出、地方債、予算上の歳入不足の水準を規制する。実際上これは、原則的には極めて高度である地方の財政上の自治を減少させるものである。フィンランドでは、中央政府と個別の地方政府ではなく、フィンランド地方政府連盟の代表者と中央政府の代表者の間で交渉が行われる。地方政府の予算は三年を超えて連続での赤字は認められず、重度の財政的困難に陥った地方政府のための制度はあるが、支出についての規制と制限は比較的緩やかである。スウェーデンの制度は、フィンランドのものと概ね同様である。ノルウェーでは、中央政府の地域機関が地方政府の予算について厳しい規制を行うことが認められている。これもまた、他の北欧諸国と比べて、ノルウェーの地方財政制度がいくらか異なった位置にあることを反映したもう一つの特徴である（Blöchliger & King 2006）。

### （4）機能——一般的権能および義務的事務

原則として、中央政府と地方政府の間の事務の分割は、当該個別事務の地方的裁量および地方的多様性の余地の分析に基づいて行われる。たとえば、防衛・裁判所・警察といった夜警国家思想と関係づけられる機能、つまり国内および国外の安全保障は、中央政府を基礎として組織化される。道路維持・上下水道・空間計画等の、もう一つのグループの機能は、その性質において純粋に地方的である。北欧福祉国家の中核を成す教育・医療・社会サービスは、一部は中央政府、一部は地方政府という形で組織化される。児童手当・両親手当・失業手当・老齢年金といった個人に個別の給付を与えるサービスは、通常、中央政府ベースで組織化されるが、一方、権利や義務がより公式に形成される福祉サービスは、地方政府に分権化され、したがって、地方的裁量の対象となる（SOU 2007: 10）。

機能を中央政府にもたせる場合と地方政府に任せる場合の利点の分析結果は、時には変化する。たとえば、警察は、一八六九年までは一部は中央政府の活動であり、一部は地方政府の活動であった。四〇年にわたる完全に中央政府に属する警察組織の時代のなかで、少なくともフィンランドとスウェーデンにおいては、市町村警察を再導入しようという議論がある。一方、長く基礎的自治体や広域自治体の責任であった病院や特殊医療は、この一〇年の間に、デンマークとノルウェーでは国有化の対象となった。

地方政府の機能に関する限り、自治と統合の間の相互関与の分析には、二つの次元、つまり、「何を」と「いかにして」が含まれなければならない。地方政府の一般的権能の枠組みのなかで、地方政府は、地方的プロジェクトを開始し、地方の問題を解決する権利をもっている。また、現在の法制によってそれほど厳しく規制されていない分野においても、同様の権利をもっている。地方政府の一般的権能の境界は、実際上は、市民の訴える権利に基づき、判例法によって検証されている。長年の間に、北欧諸国の裁判所の市町村間協力および国際的協力に対する態度は、より好意的なものとなっている。一方で、たとえば個別の地域企業支援等に対する態度は、より厳しいものとなっている。地方政府の一般的権能は、価値ある革新例を収める図書館のようなものとなっている。放課後の学童保育から第三期教育といった、多くの、元来は地方で生まれたアイデアが、国家法制のなかに取り入れられ、国家的に実践されている。この継続的な地方政府による革新と中央政府の法制との相互作用が北欧分権型福祉国家の重要な特徴である（Rynänen 1986: SKL 2007）。

しかし，法律によって規制された義務的機能は，地方政府の支出と人員の大部分の理由となっている。国の法律は（教育や社会給付といった）特定の権利に対する市民の権利を規制するか，または，地方政府の（たとえば，最低基準以上のソーシャルワーカーを雇用する，建築許可制度を運営する等の）特定の機能を組織化する義務を規定し，多くの場合，その双方を行う。義務的機能のなかには，非常に厳しく規制された機能が含まれる。この場合，地方政府は詳細なガイドラインに従って，法制度を実施する任務が与えられる。これは，地方政府によって管理される社会給付のいくつかのケースによく当てはまるものであり，デンマークでよく見られる特徴である。

特に，文化と余暇の分野において，また部分的には，社会サービスの分野において，市町村は，国の枠組みのなかで活動するが，この二つの分野については，その義務的機能に関する目標や制限はほとんど与えられていない。たとえば，フィンランドのすべての市町村は，公立図書館を維持する義務をもつが，蔵書の水準や開館時間や人員について拘束する規範はほとんどない。

関係する市民の数量からみて，最も重要な地方政府の活動，つまり，初等中等教育・保育・高齢者介護は，規制の細かさに関する目盛の中程に位置している。対象とするグループに関しては，厳しい規制と権利のスキームがある。一定年齢の児童は就学義務があり，親は自分の子どものために，公的保育を受ける権利を有する。中央政府による内容規定・品質推奨・職業基準は，巨大な福祉部門のなかでの地方政府の活動の流れを決定するが，地方の意思決定者や個別の専門家（教師やソーシャルワーカー）に選択の余地をかなり残している。

地方政府の「何を」という側面は厳しく規制されているが，現在の北欧地方政府法制は，「いかに」機能を組織化するかという側面について，地方政府に多大なる行動の自由を与えている。

組織に関する裁量は，市町村の内部的政治行政的制度についても認められており，これはたとえば，管理システム・学校数・権限の委任の程度などが，市町村によって異なることを意味している。一方で，市町村は，業務を自ら実施するのではなく，業務を民間委託したり，近隣の市町村と協力協定を結んだりすることもできる。民間業者に委託することは，市町村間協力とともに，一九九〇年代以降増加している。市場類似メカニズムの利用の増大のなかには，学童の親としての，医療受診者としての，介護を必要とする高齢者としての個々の市民の選択の自由を増大させるシステムが含まれる。過去一〇年間，中央政府は，個々の市民の選択の自由を増大させる傾向を支持してきた。

## 4　北欧型地方行政の成功と失敗

北欧型地方行政の成功と失敗は、かなりの程度まで、それをどう見るかによって分かれる。いくつもの潜在的なジレンマが存在する。まず第一に、中央政府と地方政府の間の共同の政治責任、あるいは、作業分担は、地方行政の領域を常に政治権力の誇示の場とする。特に、観衆民主主義（Manin〔1997〕参照）の時代には、中央の政治家は、市民の日常生活に関連する新たな提案を行うことにより、彼らの大衆からの正統性を得ようとし、これはしばしば地方行政に影響する。同様に、地方の意思決定者は、プロジェクトや財政が破たんすると常に中央の政治家を非難する。第二に、より多くの義務的事務が地方政府に負荷されればされるほど、新しい義務は必ずしも新しい補助金を伴わないので、特に、地方政府の能力の多様性から、より多くの問題が生じてくる。第三に、財政と組織に関する裁量が原則として増大されても、個人の権利と選択の自由により強く焦点が当てられるほど、地方の裁量権は拘束される。

これらの潜在的なジレンマが真の問題かどうかは、評価者の主観的な立場によって違う。欧州評議会のような、民主制と地方自治を視野におく機関は、北欧地方自治の衰退の傾向について語る。

「我々がいくつかの事例研究を精査した結果は、スウェーデンでは過去数年間に、権利に関する法制、住宅供給、移民政策、行政裁判所の役割、重度介護病院のようなサービスの民間委託といった分野において、地方自治の原則の衰退がみられる。」（欧州評議会：Local and regional democracy in Sweden - CG（12）7 Part II REV）

ノルウェーの権力と民主制についての調査もまた、権利法制による地方民主主義の衰退をノルウェーの民主制一般に対する脅威として描写している（NOU 2003: 19）。

一方、地方政府のサービス水準や利用可能性についての中央政府の評価は、地方政府間の差異に注意を払い、この差異をしばしば平等の観点から害のあるものだとみなす（たとえば，SOU 2007: 62; SOU 2009: 19; STM 2006: 1，参照）。「医療サービスの利用可能性は居住地によって異なる」「就学前教育の水準に大きな差」といった見出しは、地方行政分野での、北欧のメディアレポートでは普通である。たとえば、二〇〇六年のフィンランドの社会保障制度に関する政府報告は、学校でのサービスの利用可能性と水準の違いを非常に問題視した（STM 2006: 1）。この報告をもとに、地方政府により厳しい標準を適用する、さらに詳細な法制が受け入れられることなった。

北欧諸国における市民意識調査によれば、地方政府のサービスは、地方政府の存在を正当化する最も重要な理由である。市民は地方の政治的裁量や低い税金よりも、等しいサービスの利用可能性を高く評価する。一方、ほとんどの市民は、現存の地方政府モデルを合併やサービスの民営化もしくは中央政府への移管によって変更することを望んではいない。この意味で、市民は地方自治を守ろうとしている。このことは、外部の評価者が、この統合と自治の混合を問題視しても、市民には、この混合に対するいくらかの支持があることを示している（Pettersen & Rose 1997; Johansson, Nilsson & Strömberg 2001; Kjær & Mouritzen 2003; Pekola-Sjöblom, Helander & Sjöblom 2006）。

## 5　北欧型地方自治の発展

北欧諸国では地方政府事務に対する高水準の政治的認知ゆえに、地方政府の前提条件を変更したり、発展させようという改革が継続的に行われている。現在、北欧諸国は、一九八〇年代以来続いてきた改革の波の頂点を経験しつつある（Baldersheim & Ståhlberg 1994; Mouritzen 2006; Christensen & Klitgaard 2008; Regeringens proposition 55/2006; SOU 2007: 10; Ot. prp. nr 10 2008-2009）。要するに、これらの改革は、地方福祉国家の時代からの原則の一部を新しいものと置き換えることによって、分権型北欧福祉国家を作り直してきた。北欧地方政府モデルのプロトタイプは、一九四〇年代から一九七〇年代の福祉国家の成長の時代に作り上げられた。公的部門と地方政府の成長は当時の変化の前提であり、誘因でもあった。一九九〇年代以降の新しい改革は、異なった環境のもとで行われた。公的部門の成長は、もしあったとしても緩やかであり、統合的国家のなかでの地方政府の地位は現状維持か低下した。北欧諸国はグローバル市場のなかでは、小さなプレーヤーであり、彼らのもつ資源を集中しなければならなかったので、グローバリゼーションと欧州統合による外部的圧力は、地方政府の活動範囲をさらに狭めかねなかった。

福祉国家が成長する時代のもとでの政治目標は、サービス生産システムを統合することだった。たとえば、第二次世界大戦後の学校改革は、いくつかの私立・国立・公立の学校システムを地方政府が管理する一つの包括的・一元的な学校システムに置き換えた。最近二〇年間の改革は、サービス供給の構造と原理の多様化をもたらした。必ずしもサービス生産者とは限らないが、サービス供給者としての地方政府の役割が強調された。民間委託、官民協働（ＰＰＰ）、市町村間協力、および民間所有の学校といったものがすべての北欧諸国で、より普遍的なものとなった。これに加え、デンマークとノルウェーは、これら二ヵ国における病院についての第一義的責任とデンマークにおける中等教育についての第一義的責任が国有のあるいは国が財源に責任をもつ団体に移された後、国家のサービス生産者としての復帰を経験した。

これらの二つの改革の波の共通の特徴は、地方政府・地域政府に関し、より大きな行政単位が追い求められたことである。総合的合併改革は、デンマークでは一九七〇年までに、スウェーデンでは一九七四年までに実施された。一方、ノルウェーおよびフィンランドにおける地方自治体数の減少は、より緩やかであった。地方自治体ネットワークの発展および地方政府構造のボトムアップを図った時代の後、総合的構造改革が再び政治日程にのぼってきた。今回は生き残り可能な最低人口は、一九六〇年代にいわれたような一万人ではなく、三万人と定義された。デンマークにおける構造改革は二〇〇四年から二〇〇七年にかけて実施され、市町村の数は二七一から九八へと減少し、一三あった県は五つの新しいレギオンと呼ばれる州によって置き換えられた。フィンランドにおいては、二つの相次ぐ合併改革が本土の市町村数を二〇〇五年の四〇〇から二〇一二年には三二〇にまで減少させた。二〇一一年の総選挙の後、政権についた六党連立内閣は、市町村数をより急激に削減するための計画を打ち出している。地方自治体の合併は、今のところ、ノルウェーやスウェーデンでは政治日程にのぼってはいないが、これら二ヵ国のいずれにおいても、第二層の地方政府の改革の提案が提出されている。

合併改革の第一波は、主に福祉機能の数の増大に対応できるように地方政府の能力を確保したいという動機から行われていた。第二波の改革の動機は、財政的能力、人口構成、新技術や、より高度な要求をするようになった市民が提示する新しい課題といった政治的および機能的動機の混合物を含んでいる。

現在の改革のリストは、市民がより高度な教育を受けるようになり、したがって、より要求的で有能になったという事実に対応している。一方で、人権についての法制化は、部分的には欧州統合および（たとえばEU市民がEU内の他国で医療を受ける権利といった）欧州の人権問題に影響された、拡大基調にある潮流である。患者は一定の期間内に医療を受ける法的保障を与えられ、障害者は法に基づく人的支援の権利を有し、親は子どもが公的保育を受ける権利をもつ。他方、増大しつつある数の改革が、市民の学校、保育所、保健所といった公的機関のサービスの受け手としての選択の幅を広げた。市民第一という潮流は、革新と多様性を強調する地方自治の背後にある自由主義的思想とよく照応する。しかしそれは、市民の要求に応えることと、サービスの受け手に選択の自由を与えることの双方で困難に直面しそうな、小規模な周辺部の地方自治体に問題を突き付ける。

概して、北欧地方自治体の伝統的モデルにおいて中心的であ

表11－5　北欧型地方自治の発展

| | 福祉をめぐる北欧の市町村改革 1940年-1979年 | 福祉をめぐる北欧の市町村改革 1990年-2012年 |
|---|---|---|
| 北欧福祉国家モデルにおける地方自治の重要性 | 増　大 | 現状維持／減少 |
| 福祉サービスの組織化に関する主要な改革原理 | 単一化 | 多様化／分散化 |
| 地方政府構造に関する主要な改革原理 | 統　合（より大きな地方政府単位） | 統　合（より大きな地方政府単位） |
| 福祉サービスに関する地方政府の役割 | サービスの生産者 | サービス供給者 |
| 組織化・再組織化のための指導理念 | 地方・国家の政治的優先順位 | 市民／消費者の権利・選択 |
| 空間的照準 | 国全体，周辺部への特別な照準および給付 | 都市部へのより大きな照準 |
| 北欧型地方自治の発展 | 収　斂 | 分　散 |

った福祉国家の空間的分散という思想は、一定程度、浸食されてしまっている。特にノルウェーとフィンランドにおいては、周辺部の声が強く、地方自治の拡大は、中央と周辺の関係を調整するための道具として使われていた。スウェーデンとデンマークにおいては、「小規模都市イデオロギー」が一九七〇年代の地方政府改革を指導してきた。現在、焦点は、ますます人口密度の高い都市部に移りつつある。フィンランドも一九九〇年代にこの傾向に加わり、「全土に住民を」といったイデオロギーは、もはや中央―地方関係に適用されていない。小規模地方自治体と中央と周辺部の機会均等に強い政治的焦点が当たっているノルウェーは例外かもしれない。

では、地方自治の北欧モデルはどうなっているのだろうか。北欧型地方自治の主要な要素は今も支配的である。福祉サービスの提供は地方政府活動の正統性の中核であり、主要な源泉である。真の地方自治は理論書のなかにのみ存在するとしても、地方政府は相当な政治的・財政的裁量を与えられている。しかしながら、北欧諸国の地方自治の構造、組織、およびメカニズムは、確かに異なったものとなりつつある。より正確にいえば、現在までに、北欧各国の地方自治は、既に過去何十年にもわたり別々の方角に道を辿ってきたのである。北欧諸国間における革新の広がりは歴史的に強い傾向であったので、いくつかのサービスの国有化、公的財政の新制度といったデンマークの二〇〇七年の構造的改革の中核的部分が将来他の北欧諸国で繰り返されるかどうかは、今後見ていく　　しかないのである。

## 注

（1）特に断らない限り、ノルウェーの制度に関する基礎的説明は、Lidström 2003; Page 1991; Davidsson 2004; Christensen & Klitgaard 2008，に基づく。さらにa)法制度に関する情報源として https://www.retsinformation.dk（Denmark），http://www.finlex.fi（Finland），http://www.lovdata.no（Norway）及び http://www.lagrummet.se（Sverige）、b)地方自治に関し、担当大臣作成の文書として http://www.im.dk 及び http://www.danmark.dk（Denmark），http://www.vm.fi（Finland），http://www.krd.dep.no（Norway）及び http://www.regeringen.se（Sverige）並びにc)地方政府の連合組織の文書として http://www.kl.dk（Denmark），http://www.kunnat.net（Finland），http://www.ks.no（Norway）及び http://www.skl.se（Sweden）を参照した。

## 参考文献


Baldersheim, H. & K. Ståhlberg（1994）*Towards the Self-Regulating Municipality: Free Communes and Administrative Modernization in Scandinavia,* Dartmouth, Aldershot.

Blöchliger, H. & D. King（2006）"Less than you thought: The fiscal autonomy of sub-central governments", *OECD Economic Studies,* No. 43, 2006/2.

Christiansen, P. M. & M. B. Klitgaard（2008）*Den utænkelige reform. Strukturreformens tilblivelse 2002-2005,* Syddansk Universitetsforlag, Odense.

Council of Europe, Congress of Local & Regional Authorities（2005）*Local and regional democracy in Sweden-CG.,*（12）7, Part II REV.

Davidsson, L.（2004）"Modeller för lokal självstyrelse ― normativa och empiriska lösningar på den vertikala maktdelningens problem", in L. Davidsson, *Kammare, kommuner och kabinett,* SNS förlag, Stockholm.

Dente, B. & F. Kjellberg（1988）*The Dynamics of Institutional Change: Local Government Reorganisation in Western Democracies,* Sage, London.

Johansson, F., L. Nilsson & L. Strömberg（2001）*Kommunal demokrati under fyra decennier,* Liber, Lund.

Lidström, A.（2003）*Kommunsystem i Europa,* Liber, Stockholm.

Kjær U. & P. E. Mouritzen (2003) *KommunestØrrelse og lokal demokrati,* Syddansk Universitetsforlag, Odense.
LOV nr 510 af 06/06/2007: Lov om ændring af lov om kommunernes styrelse, lov om regioner og om nedlæggelse af amtskommunerne, Hovedstadens Udviklingsråd og Hovedstadens Sygehusfællesskab og lov om statsautoriserede og registrerede revisorer
Manin, B. (1997) *The Principles of Representative Government,* Cambridge University Press, Cambridge.
Mouritzen, P. E. (2006) *Stort er godt. Otte fortællinger om tilblivelsen af de nye kommuner,* Syddansk Universitetsforlag, Odense.
Mouritzen, P. E. (2007) *Reforming Local Government in Denmark: How and Why ?,* University of Southern Denmark.
NOU 2003: 19 Makt og demokrati. Sluttrapport fra Makt- og demokratiutredningen, Oslo.
OECD Accounts Database 2005.
Ot. prp. nr 10 (2008-2009): Om lov om endringer forvaltningslovgivningen mv. (gjennomføring av forvaltningsreformen), Det kongelige kommunal- og regionaldepartementet, Oslo.
Page E. C. (1991) *Localism and centralism in Europe: The Political and Legal Bases of Local Self-Government,* Oxford University Press, Oxford.
Pekola-Sjöblom, M., V. Helander & S. Sjöblom (2006) *Kuntalainen — kansalainen: tutkimus kuntalaisten asenteista ja osallistumisesta 1994-2004,* Suomen Kuntaliitto, Helsinki.
Pettersen, P. A. & L. E. Rose (1997) "Den norske kommunen: Hva har politikene ønsket, og hva ønsker folket ?", in H. Baldersheim et al. (eds.) *Kommunalt selvstyre i velfærdsstaten,* Tano Aschehoug, Oslo.
Regeringens proposition 155/2006: Regeringens proposition till Riksdagen med förslag till lagar om en kommun- och servicestrukturreform samt om ändring av kommunindelningslagen och lagen om överlåtelseskatt.
Ryynänen, A. (1986) *Kunnan tehtävien lakisääteistäminen,* Tampere University Press, Tampere.
SKL 2007: Kommunerna och friheten — Självstyrelsen i teori och praktik, Sveriges Kommuner och Landsting, Stockholm.
SOU 2007: 10 Hållbar samhällorganisation med utvecklingskraft, Fritzes, Stockholm.
SOU 2007: 62 Utjämning av kommunernas LSS-kostnader, Statens offentliga utredningar, Stockholm.
SOU 2009: 19 Aktiv väntan — asylsökande i Sverige, Statens offentliga utredningar, Stockholm.
St. Meld. nr. 12 (2006-2007): Regionale fortrinn — regional framtid, Kommunal- og regionaldepartementet, Oslo.
STM 2006: 1: Sosiaaliturvan suunta 2005-2006, Sosiaali- ja terveysministeriö, Helsinki.
Strandberg, U. (1998) *Debatten om den kommunala självstyrelsen 1962-1994,* Gidlunds förlag, Hedemora.

Sundberg. J.（1991）"Participation in Local Government: A Source of Social Democratic Deradicalization in Scandinavia," in L. Karvonen & J. Sundberg; *Social Democracy in Transition*, Dartmouth, Aldershot.

（シーヴ・サンベルグ）

# 第12章　ボランティア

## 1　北欧諸国におけるボランタリーセクター

北欧諸国は基本的に多くの類似性をもっている。ゆえに、北欧諸国を比較するのは興味深いことである。それらはすべて、ヨーロッパの外れの地域であり、開放経済をもった小国である。それらは、比較的遅くに産業化されたが、今や集中的な知識およびサービスに基づいた産業に大いに依存している。労働者運動および社会民主党は、社会の発展方向に多大な影響を与えた。それはとりわけスウェーデンにおいて、そうであった（Sejersted 2005）。しかしながら多くの領域の政策は、社会運動と関連しつつ、他の政党との共同作業および対立との中で形成されてきた。さらに、農民、漁師および小自作農のための大衆運動は、協同多元主義（Rokkan 1966）が特徴であった政治制度のなかで、相談と交渉のための経路として、大いに重要となっている。最近では、スポーツ、福祉、女性および環境のための団体は、それぞれの社会分野において変化をもたらしつつある（Klausen & Selle 1996）。

福祉分野では、ボランタリー組織が開拓者として問題の可視化を始めたところで、後々になって政府が追いつき制度的な準備を始めることがしばしばあった（Hestetun & Onarheim 1990）。広く一般的な福祉組織は、ほとんどの場合、イデオロギーのレベルで、幅広い公的責任を支持していた（Kuhnle & Selle 1990）。この視点からは、北欧諸国は強制的な階層的命令によるのではなく、共有される目標による広範囲な調整を備えた「国家に好意的な社会」（Kuhnle & Selle 1992a）を代表するか、あるいは政府が、利己的・強力・組織的なアクター間の政治紛争に関与する、協同多元主義タイプの調整を代表する。他者のために働くこれらの一般的な福祉組織は、変革志向の制度構築者であり、イノベーターおよび教育者であった。しかしそれらは単に重要で特別な価値観を表現し、政府と対立するというより、むしろ、公的責任の増大に向けてイデオロギー的な、または組織的な変化のなかで、力を示してきた。

これは、北欧の福祉政策の基礎の一つに起因するプロセスによって説明することができる。それは、社会保険枠組み

(folketrygden, 北欧型の老齢退職年金）の普遍的な適用範囲についてである。スウェーデンとノルウェーで最初に導入されたとき、普遍性は社会民主主義の優先事項ではなかった。もっと正確にいえば、それは、いくつかの政党、勢力およびモデルに関する、政治紛争の結果でしかなかった。ノルウェーでは、労働党は当初、雇用を基盤とし、雇用者と労働組合によって組織化された社会保険のモデルを志向した。賃金労働者でなかった人々は、彼らがそのモデルから除外されるのではないかと恐れた。またそのために、女性、漁師および小作農の大衆運動は、普遍的なモデルを主張したのだった。中流階級の投票者を引きつけるために保守党員たちは、私的年金の追加を可能にする、普遍的な適用範囲を備えた定額モデルを主張した。これは、ジレンマを社会民主主義者に与えることとなった。なぜなら彼らは、より狭い適用範囲を備えたモデルを主張していたためである。議会での交渉の結果、普遍的な最低水準、および収入に基づいた累進的増加を備えた税に基づいた年金が、ほとんどの政党からの支持によって承認されたのだった。このモデルは、福祉分野の大衆運動によって提案されたものに最も近かった（Furre 1991: 315-16; Stjernø 1995: 67）。

さらには大衆運動は、社会保険の多くの形式への普遍的なアクセス、適度な収入累進による支援の手配、資金調達のための市民の責任、さらに大規模な福祉サービスの提供といったことにも、その達成プロセスに共通して関係していた。これらの特徴は、それらの間にいくつかの小さな相違があるにせよ、比較的な視点からいって、北欧諸国特有のものといえるだろう（Hagen & Hippe 1993; Kautto et al. 2001）。

北欧諸国の間の基礎的な共通性からは、ボランタリーセクターの役割と構造とを比較の視点で分析することが、特に重要となる。いわゆる「社会民主主義」福祉モデルは、以前考えられていたものよりも、より多くの変化に直面している（Esping-Andersen 1990）。これは、北欧諸国がまさに他の西洋の高度な福祉国家のように、市場とボランタリー組織、および公共部門の間の共同作業の別の形を模索するとともに、その重要性が増しているからだといえよう。

比較研究では、北欧諸国のボランタリーセクターは、「社会民主主義のモデル」あるいは「社会民主主義レジーム」に属するものとしてしばしば分類される。その類似性は、諸国の間の相異性よりも顕著であるとみなされている。いくつかの国際的な比較研究は、北欧諸国の大きな公共支出がボランタリー組織を「クラウド・アウトする（訳者注：締め出す）」と主張した。この大きな公共支出は、「社会的起源理論」（Anheier & Salamon 2006; Salamon & Anheier 1998; Salamon & Sokolowski 2001）と呼ばれるなかでの、「社会民主主義レジーム」類型を定義する際に、核となる特性である。また、ボランタリーセクターが公的支援に大きく依存し、実質的な自治を失っていると主張する者もいる（Boli 1991）。この章では、福祉分野とそれ以外の分野の組織を区別することにより、これらの仮定に疑問を投げかける。その焦点は、ボランタリーセクターの規模と有給雇用の構成、ボランティアと資金調達および社会的役割にある。我々は、トップダウンの過程として理解された「クラウディング・アウト」概念は、公共部門とボランタリーセクターとの関係について、極度に単純化した説明しか与えていないと考える。歴史的な観点からいえば、いくつかの大衆運動は、市民と政策決定過程とを結びつける重要な存在であったし、そしてそこにボトムアップの過程を含むことは、福祉国家の構造とボランタリーセクターの社会的役割を理解するために不可欠である。北欧諸国を特徴づける大衆運動の階層構造は、スカンジナビア社会の強い垂直的統合において、重大な役割を果たした。

次節ではまず、北欧諸国のボランタリーセクターの歴史について概観する。その上で、メンバーシップとボランティア活動についての、いくつかの基本的特性について記述する。そしてボランティア活動、有給雇用、資金源の比較により、比較的な視点からの北欧諸国のデータをもって、社会民主主義タイプのボランタリーセクターに関する仮説と照らし合わせる。クラウディング・アウト効果があるかどうか確かめるために、公的福祉コストに関してのこれらの側面を見る。またさまざまな側面から、ボランタリーセクター全体と、福祉分野におけるボランタリー組織、および他のボランタリー組織を見る。これは、国家間だけでなく、ボランタリー組織のサブセクター間にも著しい違いがあるからである。したがって福祉分野のボランタリー組織が、他のフィールドのそれとどのように異なるかを理解することが肝要である。

## 2　歴史的視点から見るボランタリーセクター

一九世紀初期から市民社会は、ボランタリー団体と大衆運動によって、北欧諸国の民主主義、国家、市民権および福祉国家の建設に、重要かつ独自な役割を果たした。特にスタイン・ロッカン（Stein Rokkan）は、大衆運動の出現について「アソシエーションの時代」（Rokkan 1967）という概念を用いた。スカンジナビアにおけるアソシエーションの初期段階での活動は、農民階級の経済的・政治的独立を阻止するには弱すぎる貴族階級のいる伝統的な均質的社会構造のなかでの生活を、ある程度直接的に継続させることだった。

市民社会の構造がどのように発展したかを理解するために、北欧タイプのルター派の文化の存在に注目することは重要である。さらにそれは、国家、他の主な機関、および関係者との対立を生むよりも、包摂する方向で成り立っていた（Stenius 2010）。支援を必要とする者のための福祉、文化、または教育機関を維持できるほど強力な中・上流階級が存在しなかったために、フィランソロピーは限定的で労働を通じた自助の方向に働いた。その代わりに、全員にとっての一つの規範を大いに強調する政治文化が発展した。一般大衆は価値のある貧者の救済、教会の建築、相互の隣人扶助のような共通の責任と考えられたものに、最低限、できるならばより多く貢献することを期待された。「コミュニティへのボランタリーな尽力」、すなわちデュグナッド（dugnad）という慣習は、中世以来ずっと存在しており、公共財の生産の調整において重要となっていた。同様の規範はもちろん他地域でも見られたかもしれない。しかしながらスカンジナビアでは、ボランタリー組織が出現したとき、それらはこの共通の責任の重要な部分を担うものと見なされた。したがって、「デュグナッド」という規範の近代化されたバージョンを、それらに当てはめることができよう。これは、スカンジナビアの社会における、大衆運動の役割が発展していること、そして高度な社会関係資本の発展と、市民社会に向けて開放された政治制度の前提条件を理解する上で重要である。市民社会組織は、徐々に多くの分野において、中央政府の意思決定過程に高度な影響を与えるようになった。

大衆運動の黄金時代は、一八八〇年から一九六〇年まで続いた。労働運動に加えてきわめて重要だったのは、農民、漁師、小自作農、禁酒主義者、在家のクリスチャン、および社会・人道主義協会であった。また、ノルウェーでは、新しいノルウェー言語のためのカウンターカルチャーな取り組みも含まれた。地域のアソシエーションは、全国的に統合された組織構造のなかで、高度な自治を兼ね備えた中核機関であった。ほとんど例外なく、組織は政治制度（地方・広域・全国）のレベルを模倣し、政党と同じ構造を選び、多くはそれに加入もした。結果として、北欧諸国の組織的なコミュニティは地方と全国レベルとには分割できない特徴をもつこととなった。この階層的構造は、個人―社会の間での、地方―中央レベルでのコミュニケーションの安定した経路を意味した。メンバーは比較的広い範囲から集められた。彼らは組織を通じて、民主主義、国家、および福祉国家の開発において、極めて重要な役割を担った。階層的構造は忠誠と、個人会員が全国的な環境に意味をもって属するという感覚を促進した。中央レベルへの強い結束は、地方の問題を全国的な関心事にし、かつ地方レベルに政治的および社会的問題に関する情報をもたらす機会を提供した。したがってこれらの大衆運動組織は、北欧諸国の社会の強い垂直的統合へ向けた重大な役割を果たすことになった（Tranvik & Selle 2007）。

大衆運動は、政治的動員における中核的な機関であった。それぞれの運動は、「彼らのもつ」政党（いくつかの団体はさらに複数の政党へコネクションをもっていた）につながっていて、さらにその意味で、彼らは政治権力闘争において重要な存在となった。これは、大衆運動と利益団体に広く開放された「協同多元主義」（Rokkan 1966）への道を開いた、政治・行政システムへと帰着した。スタイン・クーンレとペア・セレ（Stein Kuhnle & Per Selle）は、関係的な視点から「国家に好意的な社会」の用語を用いて、一般的な福祉アソシエーションと国家が戦後、高齢者と認知症患者のためのケアのような増大する社会問題に対して最良で共通の解決策を見出すために、どのように協力したかを記述した。多くの場合、ボランタリー組織は、彼らが開拓者、政策決定者および強力な機関設立者（病院および貧困者のためのさまざまな機関）などであった福祉分野でさえ、公による解決策を促進した（Kuhnle & Selle 1992b; Selle 1993）。

一九八〇年頃までは、組織の数および種類は著しく増えていった。一九九〇年代に入ると、数は増えなくなったが、組織の種類や構造は引き続き変化していた（Wijkström 2004; Wollebæk & Selle 2002）。一九六〇年頃まで福祉国家が拡大したのと時期を合わせて、公衆衛生および他の会員外に利益を与える組織が成長していった。一九六〇年代からは、豊富なレジャー社会が徐々に出現していったことから、レクリエーションと文化の分野として音楽グループ、趣味のアソシエーション、スポーツクラブや青少年のためのアソシエーションが最も急成長した。

一九八〇年代後半から一九九〇年代前半にかけて、新たに出現してきたタイプの組織は、参加者を民主的な統治権を備えたメンバーとしてよりも、顧客として見る傾向が強くなった。それらのうちのいくつかは、企業経営に影響を受けた新しい経営戦略を採用した。さらにニュー・パブリック・マネジメントの概念は、公的セクターとボランタリーセクターとの関係性に、契約文化、競争の焦点化、期限付き契約、法的支配およびアカウンタビリティを注入してきた（Sivesind 2008a）。これは、クーンレとセレ（Kuhle & Selle 1990 & 1992b）が、国家とボランタリー組織との関係性は、財政的・管理的な意味での依存がそれほど顕著ではないものの、コミュニケーションと接触に関して高い近接性をもつ特徴がある、と記述したのとは、まったく対照的である。いくつかの組織が公的資金に極度に依存したとしても、彼らはその資金の使用に大きな裁量をもっていた。

一九八〇年代以降、元来の大衆運動は、もはやボランタリーセクターの支配的な部分ではなくなった。拡大する組織は、メンバーや参加者との間に、より非公式で、より非参加的な関係をもっている。またその活動は、地域コミュニティ、文化、スポーツおよびレクリエーション分野の方向でより拡がりを見せている。組織コミュニティはそれほど政治的に対立指向的ではなく、また、広い社会の問題にもあまり注目せず、そしてよりコンセンサス指向であり、メンバーの関心に焦点を当てている。組織のタイプとして広がっているのは、文化とレクリエーションの組織が圧倒的なサービス組織であると理解できる。それでもなお、利害組織は幅広い社会問題ではなく、メンバーの地元の問題により関心を寄せているように見えるものの、強い地位を保ち続けている。さらに地域コミュニティ協会および地域史協会のような、（地域の）合意と社会とに関心をもつことに成功したコミュニタリアンの組織の例もある。しかしながら、最も目立った特徴は、その形態の組織が「アソシエーション革命」の始まり以来、中央・地方レベルを接続する民主主義のインフラストラクチャーとしての決定的な役割を果たしてきたために、新たな大衆運動の成功を見ることがなかったということである。そのような民主的に組織化された組織、メンバーに基づいた組織、および階層的に組み立てられた組織は、人口の幅広い層に決定的な政治的見解および意思決定の過程に接する機会をもたらした（Wollebæk & Selle 2002; 2008）。

フェミニスト団体や環境団体は、すでに一九七〇年代と一九八〇年代には全盛を極めていた。これらの団体は、その分野での政策や取り組み姿勢の転換には寄与したが、古い大衆運動にははるかに及ばなかった。その一つの理由は、これらの分野内の「政治的妥当性」において、政治家たちがお互いにうまくやった、ということかもしれない。また、政府はこれらの政策分野で責任を引き受けたし、それは市民参加が不要に見えることにもつながった。たとえば政府は、環境団体を模倣した財団を設立してキャンペーンを展開した。他の形態の組織もまた、これらの問題に取り組んだ（Grendstad et al. 2006）。

一九九〇年代から、新しい組織は、より曖昧な組織的環境のなかで、全国ネットワークをあまり結成していない。地方―中央レベルは、同じ組織内でさえ、より個別的になっていった。新しい組織は、主としてメンバーが参加できる活動の場を提供し、特化した目的をもつが、イデオロギー的な基礎はあまり明確ではない傾向がある。人々は、長期的な社会変動のために会議で時間を費やすことにはあまり関心がないように思われる。これらのある種の民主主義のプロセスは、時間を消費しすぎると徐々に考えられるようになった。それに代わる新しい組織は、企業経営的思考にしばしば刺激を受けて、市場での生産者と消費者との関係性によく似たメンバーとの関係性を形成する。参加者はそれほど組織に対して忠誠的でなくなり、そして組織もより短命になる。メンバーは満たされない場合に、声を多くあげるよりも、黙って組織を去る傾向にある。地域コミュニティ協会、地域史協会、あるいは古い船、建物、その他の遺構の保存のための団体のような、地域アイデンティティを構築している種類の組織もまた成長してきている。これらの組織の多くでは、イデオロギー的な基礎や、変革志向が欠けている（Wollebæk & Selle 2002: 2008）。最近の多くの傾向として、「今・ここ」型組織（Tranvik & Selle 2007）への集中が挙げられる。しかしそれが、市民社会の支配的な部分へと発展するかどうかは疑問が残る。

社会運動の衰退の大きな理由は、かけ離れた社会構造と文化的状況の下で構築された、集合的な同一性の弱体化にある。第一次産業の経済基盤に基づいた利害代表は、ますます分化した知識基盤経済によって、徐々に衰退している。専門的なサービスや公共サービスが増加しているなかで、工場労働者のための組織は衰えている。利害団体の新たな形態は、行政や公的・私的なサービス提供者との関係で患者、障害者、および福祉の顧客を代表している。緊急な対応を要する社会問題の縮小や、ボランタリー組織によって以前はターゲットとされていた政策分野における公的セクターへの高い野心は、女性、環境および公衆衛生・福祉のための社会運動の衰退に寄与した。要するに、社会運動組織は、人々が力を発揮することが難しいと考える領域で衰退する。

世俗化、文化的グローバル化および社会的・地理的流動性といった近代化の広い傾向は、大衆運動のいくつかの核心的な、カウンターカルチャー・アイデンティティの伝統的な形式を弱めた。他方では部分的に商業化された、新しい国境のない若者文化が、スケートボード、スノーボードおよびクリケットのような、多かれ少なかれ組織された余暇活動を生じさせる。同時に、地方・全国・世界のレベルで関与する、多くのボランタリー組織およびＮＧＯがいるすべての領域で、持続性と気候、インフラストラクチャーおよびセキュリティ政治のような新たな政策分野は重要性を得てきた。しかしながら、それらのうちの多数は会員基盤が弱い。また、いくつかの団体はメンバーを全くもっていない。それらのうちの多数は、大衆運動とはまったくの無縁で、民主主義的なガバナンスのメカニズムを欠いている。

全体としてみれば、スカンジナビアでは、サービスおよび知識に基づいた経済、および豊かなレジャー社会が徐々に出現したのと歩調を合わせて、大衆運動の役割が変化してきたことが見てとれる。次節では、メンバーシップとボランティア活動に関する近年の比較研究を分析することで、スカンジナビア諸国がどの程度、未だに固有性を有しているかを確かめたい。

## 3　メンバーシップとボランティア活動

大衆運動の多くの特徴は衰退しているが、北欧諸国の組織的なコミュニティはまだ、ヨーロッパの他の国やアングロサクソン諸国と比較して、目立っている方である。ボランタリー団体は、いまだ広い国民の支持を享受している。いくつかの国際的な調査は、メンバーシップと活発な参加について、北欧諸国がオランダと並んで最上位にランクされることを示している。ヨーロッパの北および西の国々は、南および東の国々よりも、一般的に高い参加率である（Wollebæk & Selle

**表12-1　先進国におけるボランティアをした人口の割合**

（%）

| 国 | 割　合 |
|---|---|
| ノルウェー | 58 |
| スウェーデン | 49 |
| アイスランド | 40 |
| デンマーク | 35 |
| イギリス | 30 |
| アメリカ | 22 |
| オランダ | 16 |
| フランス | 14 |
| オーストラリア | 13 |
| フィンランド | 12 |

出所：スウェーデンとアイスランドは2005年，ノルウェーとデンマークは2004年，フィンランドは2002年（European Social Survey），他の国々は1995年のデータ（Hrafnsdóttir 2006; Koch-Nielsen et al. 2005; Olsson et al. 2006; Salamon et al. 2004; Sivesind 2007）。

2008)。デンマークでは一五年間、人口の九二%以上が一つかそれ以上のボランタリー組織のメンバーである。スウェーデンではそれが九〇%であり、ノルウェーでは八四%、フィンランドでは七六%となっている。所属している異なる種類の組織数の平均は、スウェーデンとデンマークで二・五、ノルウェーとフィンランドで二・四である(1)。

さらに北欧諸国の、人口におけるボランティア活動参加率は過去最高となっている。これは過去一二カ月間にボランタリー組織でボランティア活動をした人口調査の比較によって、実証することができる。二〇〇五年と二〇〇四年のスカンジナビアの調査を、ジョンズ・ホプキンズ大学・非営利セクター比較プロジェクト（CNP）によって最近公表された結果と比較したい（Salamon et al. 2004）。

ノルウェーでは成人のボランティア参加比率(2)は五八%であった。スウェーデンでは四九%であり、デンマークでは三五%であった。しかしながら、これは、CNP研究による他の先進国のデータと比べると、はるかに高いものである。イギリスは三〇%、アメリカ二二%、オランダ一六%、フランス一四%およびオーストラリアは一三%となっている（表12-1）。

これは、ボランタリーなアソシエーションがスカンジナビアで広範な支持を得ていることを意味している。またその傾向として、一〇年もしくは一五年前よりも、さらに多くの人々がボランティア活動を行っていることが見てとれる（Fridberg et al. 2006: 68; Olsson et al. 2006: 13; Sivesind 2007: 12）。

経済人口規模との関連で、フルタイム労働者等価換算(3)によるボランティア活動量を見ると(4)、スウェーデンが六・七%と最も高い割合であり、続いてノルウェーの四・五%、デンマークの三・一%およびフィンランドの二・八%となっている(5)。これは、CNP研究（Salamon et al. 2004）におけるヨーロッパ・スタイルの福祉パートナーシップ諸国と呼ばれるもののなかで見られる、平均二・三%よりさらに高い(6)。これらの国々はすべて意欲的な福祉の体制を整えているが、スカンジナビアではボランティアのレベルを下げていない。非常に高

表12-2　組織の種類別，正規就労者のボランティア活動

（%）

| | スウェーデン | ノルウェー | デンマーク | フィンランド | 福祉パートナーシップ諸国[1] |
|---|---|---|---|---|---|
| 活動 | 50 | 54 | 49 | 47 | 32 |
| 福祉 | 22 | 13 | 15 | 20 | 32 |
| 社会 | 10 | 10 | 10 | 23 | 10 |
| 住宅・経済 | 8 | 17 | 13 | 6 | 8 |
| 宗教 | 8 | 6 | 6 | 3 | 15 |

注：(1)スウェーデン2005年，ノルウェーとデンマークは2004年，他の国は1995年。
フランス，ドイツ，アイルランド，オランダは重み付けしていない平均。イギリスのパーセンテージは「他の組織」が省略されているので，100に達しない。
出所：Koch-Nielsen et al.（2005），Olsson et al.（2006），Salamon et al.（2004），Sivesind（2007）.

い参加率に加え、ボランティア一人当たりの平均活動時間も比較的長い。デンマークでは一カ月当たりの平均活動時間は一七時間（Fridberg et al. 2006: 69）であり、ノルウェーとスウェーデンは一四時間である（Olsson et al. 2006: 15）。

ボランティア活動をする主たる組織の種類（表12-2）における、各国の間の主な違いは何であろうか。第一に北欧諸国では、文化やレクリエーションといった活動ベースの組織にボランティアが集中していることである。福祉パートナーシップ諸国が三二%に過ぎないのに比べて、北欧諸国は四七～五四%にも及んでいる。対照的に、北欧諸国では福祉分野（教育研究・健康・社会サービス）は一三～二二%、宗教は三～八%と小さな割合であるが、福祉パートナーシップ諸国ではそれぞれ三二%と一五%となっている。住宅・経済組織のボランティアには、住宅協同組合や地域の住民組織を含んでいるが、スウェーデン、フィンランド、および福祉パートナーシップ諸国の平均（六～八%）と比べて、ノルウェー（一七%）やデンマーク（一三%）は非常に高いレベルである。社会分野の組織は、環境、市民運動、アドボカシー、国際援助団体から構成されるが、すべての国々でボランティア活動は一〇%程度と同レベルである。ただし例外はフィンランドで、社会分野の組織は、サービス組織として活動しながら公共企業体との関係でアドボカシーや利害調整も行うような、若者、女性および年金受領者らのための多くの強力で多機能

な「政治的な」組織による結果として、すべてのボランティア活動の二三%となっている（Helander & Sivesind 2001）。宗教でのボランティア活動は、福祉パートナーシップ諸国で一五%であるのに対して、北欧諸国では、フィンランドがわずか三%、デンマークとノルウェーが六%、およびスウェーデンが八%と、小さな領域である。

スカンジナビアにおける福祉分野のボランタリー組織でのボランティアが、比較的小さな割合であるのは、福祉サービスが公共セクターによって、より大きな程度に賄われ、提供されていることの一つの結果である。特にスウェーデンとノルウェーの有償ボランティア福祉サービスは、福祉パートナーシップ諸国よりもはるかに小さな領域であることを示している。しかしながら、福祉分野の比較的小さな有償ボランティア雇用に関して、EU諸国と比較したときには、この分野で活動するボランティアの割合は、スウェーデンにおいて高く、ノルウェーにおいては平均的で、デンマークにおいて低い。なお、福祉分野には福祉サービスの提供だけでなく、メンバーベースの活動（すなわち、がん協会、国立保健機関、赤十字、ピープルズエイド）も含んでおり、スカンジナビアではこれが福祉分野のボランティア活動の大部分を占めている。

北欧での、規模と影響の両方の意味での、宗教団体と社会志向の組織の衰退は、従来の運動の弱体化の結果である。特に宗教関係は、小規模な組織が多く、ボランティアの年齢層も高く、衰退しつつあるように見える。対照的に、社会志向の組織は、病気や障害者のための多くのアドボカシーおよび支援の団体の数を伸ばしており、そのために、幅広い政治志向組織の衰退を補っている（Sivesind 2008b）。

しかしながら、若者の間で衰退が見られるとはいえ（Wollebæk & Selle 2008）、ほとんどの人々はまだ、特に文化およびレクリエーション分野においては、ある程度の時間と労力をボランタリー組織に費やすべきだという最低限の責任感を持っている。とりわけ、子どもが活動する組織でボランティアする親が増加している（Fridberg et al. 2006: 69; Sivesind 2008b）。ある程度のボランティアは有給雇用に取って代わる業務を遂行するために用いられる。しかしながら大部分それらは利益のためのカフェ販売やフリーマーケット、地方自治体のための業務、ビジネスを通じて、組織のための収入確保に関係している。その結果、会費は低くしておくことが可能になる。またこれは、それほど裕福でない人々のための、参加のための経済障壁を低下させる。

近年、音楽と文化のイベントは、多くのボランティアを引き付けてきている。加えて、多くの福祉分野の組織は、コーディネートをして、患者や高齢者の訪問・難民の案内・家事援助などの限定的な業務についてのボランティアを監督し、訓練している。しかしながら、理事や会計のような組織の通常の管理が必要であり、タイム・リミットを設定するのが難

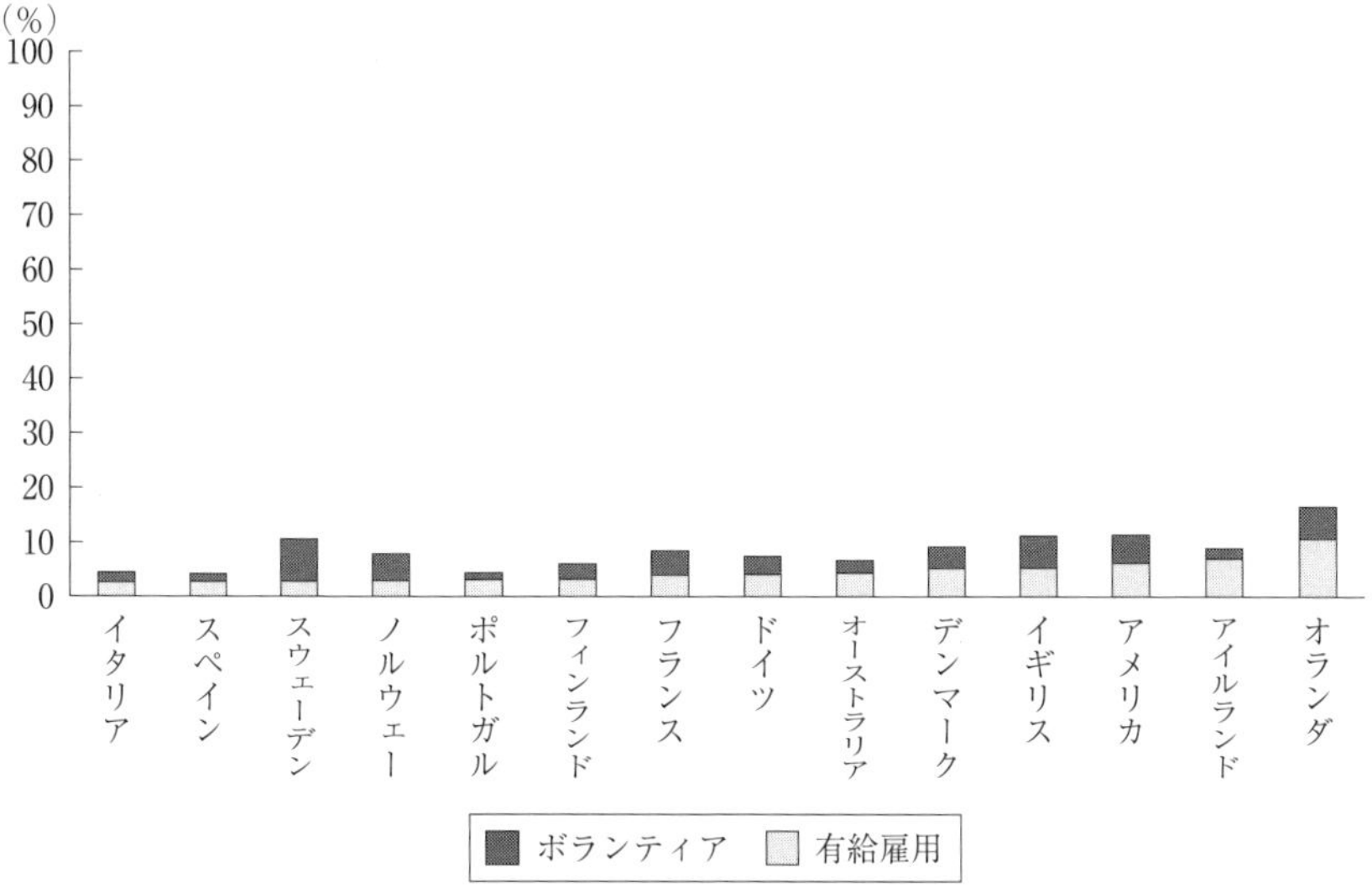


図12-1　有給労働者全体に占めるボランタリーセクターにおける労働力の割合

注：(1)スウェーデンの有給雇用：ボランタリーセクターの雇用者数（Wijkström and Einarsson〔2006〕），常勤雇用／有給従業員の割合（Lundström and Wijkström〔1997〕）。

出所：Salamon et al.（1999），CNP（2008），（ILO, 2008）。デンマークデータは Boje et al.（2006），ノルウェーデータは Sivesind（2007），オランダデータは Dekker and Kuhry data。

しい業務は、それほど人気ではない。概してこれは、ボランティアがますます非会員となって、一定の補足的福祉活動に加えて文化・スポーツ活動に貢献することを意味する。これは、ボランティアが主として組織内で募集され、大衆運動組織の会議への定期的な参加は斬新な社会変革への重要な貢献と考えられた状況からの、急激な変化を表している。

## 4　労働力

総雇用に関して見ると、ボランタリーセクターは、西洋先進諸国の有給雇用にあまり影響を与えていない（図12-1）[7]。このセクターの貢献度は、三%のイタリアから一一%のオランダまで幅がある。北欧諸国では、デンマークの五%を除き、非営利セクターにおける有給雇用は約三%という、全く小さなシェアに過ぎない。しかしながら、労働力をその有給労働者とボランティアの労働時間の合計で見たとき、スカンジナビアの国々のボランタリーセクターでは、ノルウェー、デンマークおよびスウェーデンで雇用全体の八～一〇%という、平均かそれ以上の規模となっている。ただしフィンランドでは非営利セクターは六%とより小さい程度である。オランダは一七%とトップであり、それに次いで自由主義諸国のアメ

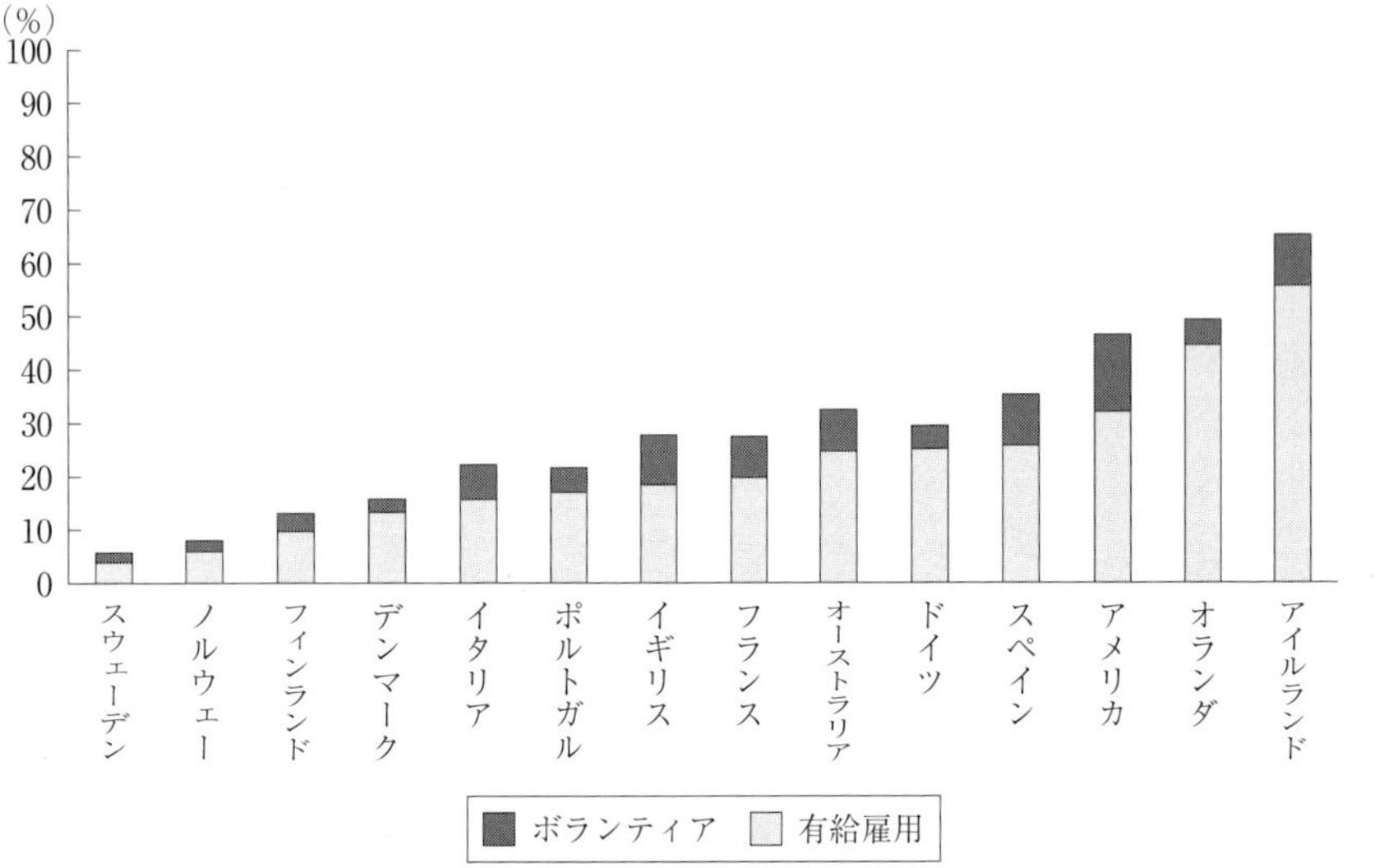


**図 12－2　有給雇用者全体に占める福祉分野のボランタリー組織の労働力の割合**

出所：図12-1と同じ。

リカ、イギリスが一一%となっている。これに対して、イタリア・ポルトガル・スペインといった南欧諸国は四%強と最低程度になっている。

福祉分野の雇用を見たとき、ボランタリーセクターのインパクトはほとんどの場合、より注目に値する（図12-2）[8]。しかしながら北欧諸国では、それは有給雇用、ボランティアともに非常に小さい。スウェーデンは四%の有給雇用と二%未満のボランティアという、北欧諸国で最も小さなボランタリーセクターを有している。その次に、約一〇%の有給雇用と三・五%のボランティアのノルウェー、そして六%の有給雇用と二%のボランティアのフィンランドと続く。デンマークは国の有給雇用統計で、一三・四%の有給雇用と二・五%のボランティアを有しており、他の西洋諸国に最も近づいている。福祉分野の雇用のこの大規模なシェアは、図12-1で見たように、なぜデンマークが他の北欧諸国よりも雇用合計でより大きなシェアをもっているかを説明する。デンマークのボランタリーセクターは、特に私立学校、大学および自己所有の社会機関において、福祉サービスの提供により大きな程度、関与している（Boje et al. 2006: 133-134）。

福祉分野のボランタリーセクターの最大シェアをもつ国々のなかで、アメリカは、病院や大学のような巨大な非営利機関が極めて長年にわたって構築されてきた結果として、福祉分野での有給雇用の割合が三二%にも達している。家計はこの拡大に対して、利用料や手数料、健康保険料支払い、税控除に刺激された寄付によって寄与してきた。第二位は有給雇用の割合が四五％のオランダである。人口内の宗教・イデオロギー的分断（プロテスタント、カトリックおよび社会民主主義）のために、全員が納得する福祉サービスの提供を国が行うことが難しかった。その代わりに、多様なグループが、公的資金に大いに支援された福祉機関を設立し、福祉システムの柱状化へと至った。福祉雇用の非営利シェアの最高水準は五六％のアイルランドである。これは、主要な福祉供給者としての役割をカトリック教会が担った結果である。

北欧諸国では、均質集団としての歴史的前提条件、および北欧型の包括的なルター派文化が、巨大な公共福祉セクターと、小さな割合の有給雇用のボランタリーセクターへつながったように思われる。にもかかわらず、有給雇用が一三％以上のデンマークから四％に過ぎないスウェーデンまで、北欧諸国の中でも著しい差異がある。

さらに、福祉分野でのボランタリー組織においては、有給雇用の構成にさらに目立った差異がある。デンマークでは総福祉雇用において、保健は〇・四％と、六％・七％の社会サービス・教育よりもはるかに小さな割合を示している。スウェーデンでも保健は〇・三％と、最も小さな分野である。その一方で社会サービスと教育・研究は各々二％で、デンマークよりもはるかに小さなシェアである。ノルウェーも酷似したパターンになっている。保健が一％と最も小さな分野であり、社会サービスと教育・研究が二・五％となっている。しかしながらフィンランドでは、保健は三％と、社会サービスや教育・研究の三％・四％とほぼ同水準の、より大きな割合であった（Sivesind 2008a）。

さらに北欧諸国の福祉分野においては、ボランティア活動は有給雇用の合計と比べて、比較的小さな割合でしかないものの、ボランタリー組織の労働者総数におけるボランティアの割合が必ずしも小さくないことには、注意が必要である。その一端はデンマークで見出せる。福祉分野のサービス組織が高度に専門化された結果として、福祉分野のボランタリー組織の労働者総数におけるボランティアの割合はちょうど一五％である。オランダだけが、ボランティアの割合が小さい。他方でスウェーデンは、アメリカ・イギリス・オーストラリアといった自由主義諸国とともに、三二％というボランティアに関して最も高い割合をもつ国々の一つである。ノルウェーとフィンランドはそれぞれ二六％および二七％で、中ほどの範囲にある（Sivesind 2008a）。

北欧諸国における福祉分野のボランティア活動は、有給雇用のサイズに左右されないように思われる。その理由は、がん協会、公衆衛生組織、赤十字、ピープルズ・エイドなどといった組織のなかでは、それが主として地方レベルでのメンバーの活動の一部なためである。福祉サービスに従事する機関でのボランティア活動はやや制限されており、そして補助的な性質をもっている（受付、図書館、売店、カフェ・サービスなど）。福祉サービスのシェアを公共セクターが占めたとしても、それはボランティアが、ボランタリーセクター内の有給雇用によって押しのけられることを意味しない。しかしながら、ボランティアの大部分は、基礎的な福祉サービスの遂行には関わっていない。北欧諸国の間での主な相違点は、ボランタリー団体における福祉の有給雇用の割合である。これは、福祉分野のボランタリーセクターでの有給雇用の構成およびサイズの差異が、社会民主主義型の福祉国家として理解されるもののなかでは、想定内に留まる程度であることを示している。

## 5　財　政

社会民主主義モデルは、公共セクターとボランタリー組織との間の高度な接触が特徴である。これは、ボランタリーセクターが公共セクターに大いに依存するという多くの推測を導いた（Boli 1991）。他方でサラモンとアンハイアー（Salamon & Anheier）（1998: 243-244）。彼らは、寄付からの高度の収入を予測している。彼らは、公共セクターが福祉サービスにおいて大規模なシェアを占め、さらにこれらのサービスに対価を支払うので、ボランタリーセクターが他の調達先から収入を確保しなければならず、したがって、フランスやドイツのようなコーポラティストの国々において、より大きな程度まで、個人の寄付金に頼ると仮定する。図12-3は、これらの予測がどれも正しくないことを示している。平均四〇％のデンマークを例外として、北欧諸国は、公的資金収入の割合は二九～三六％と比較的小さい。寄付収入の割合は一般的に小さく、また北欧諸国は六～九％と平均的な位置にある。しかしながら北欧諸国は、五三～六二％程度の高い割合の料金・手数料収入を確保している。これは、他の国々と比較した際に、公的資金の不足のためであるとは信じ難い。またボランタリーセクターが、極めて市場重視であるとも思えない。これはむしろボランタリー組織が、ほとんどの国々で公共部門によって多額の資金提供される福祉サービスを行うことに、非常に小さい程度しか関わっていないことの結果である。さらに、これまで見たように、多くのボランティアがカフェ販売、フリーマーケット、地方自治体のための業務実施、および組織が稼ぐためのビジネスのような、現金収入を確保する活動に多くの時間を費やしている。多くの地方のアソシエーションにとって、この活動は主要な資金源である。また、我々が見てきた幅広い参加割合で、ボランティアは重要な経済力を示している。

すべての非営利組織での個人寄付による収入割合は、三一～一九％である。北欧諸国は平均的な範囲にある。フィンラン

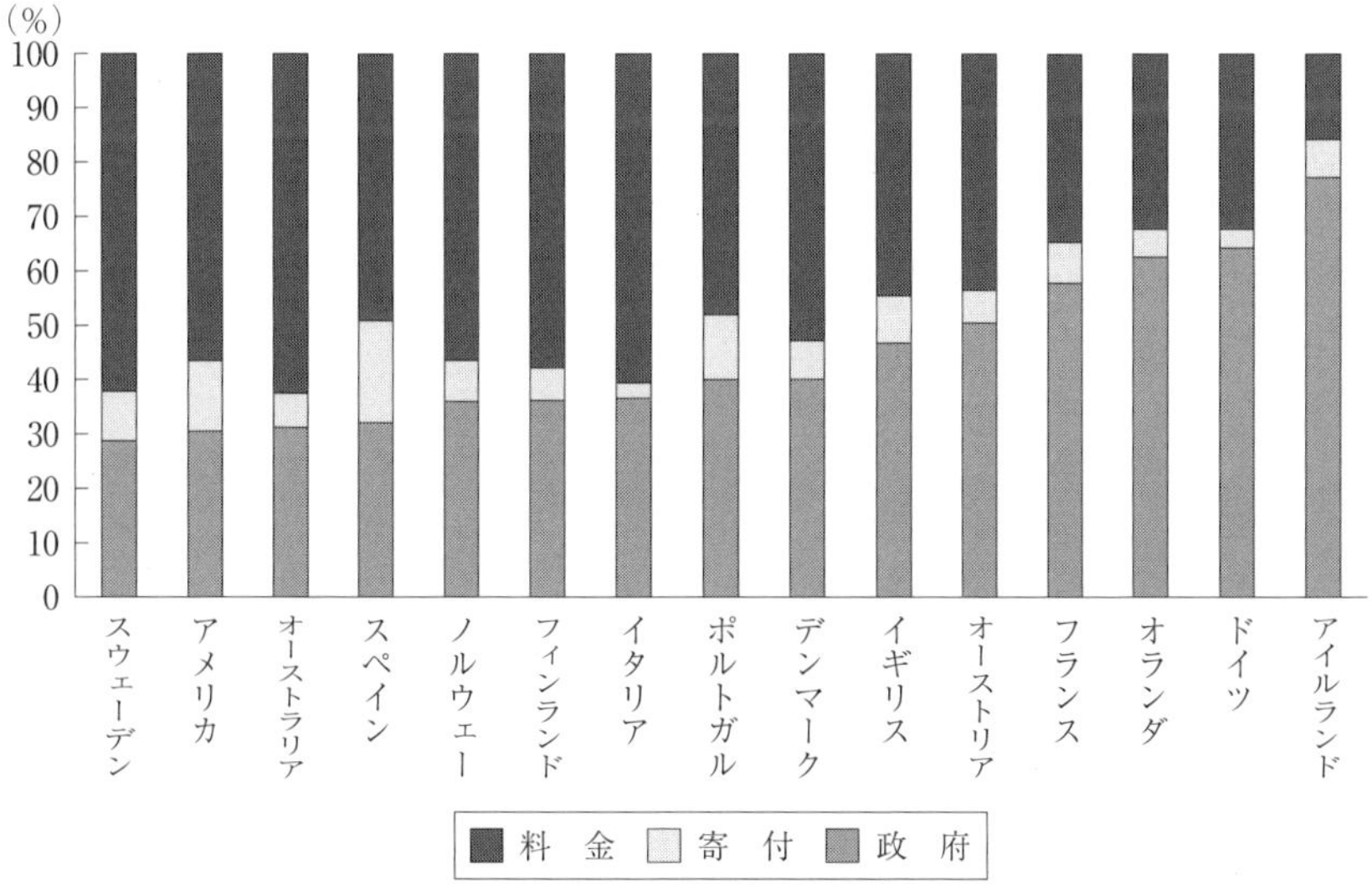


**図12-3　すべてのボランタリー組織における収入源の構成**

出所：Boje et al.（2006），CNP（2008），Salamon et al.（2004），Sivesind（2007）．オランダについては，Paul Dekker & Bob Kuhry のデータから。

ドは六％であり、デンマークが七％と平均値にあり、ノルウェーは七・五％である。その一方でスウェーデンは九％である。これは、北欧諸国では寄付収入の割合は高くないことを示している。一般に、ボランタリー組織に金銭を寄贈する強い伝統はない。人々はその代わりに時間を与える傾向にある。しかしながら、いくつかの分野の組織においては、寄付収入は高い割合を示している。それは宗教団体、海外援助や緊急支援の団体、およびホームレス・極貧者・薬物およびアルコール中毒者を支援するような団体である。

図12-4は、福祉分野のボランタリー組織の多様な収入源を示している。一般に、公共セクターからの収入は、福祉分野において極めて高い割合を占めている。三五％のアメリカ以外は、福祉分野のボランタリー組織は公共セクターから収入の四七～八四％を得ている。北欧諸国は五一～七四％で、平均的な範囲にとどまっている。イギリス、スペインおよびアメリカは九～一二％の寄付収入を得ている。しかしその他の国々にとっては、寄付収入は二～七％と非常に低い。再びここでも、北欧諸国は平均値かそれ以下の、三～六％にあることを見出せる。

サラモンとアンハイアーは、社会民主主義国家が、個人の寄付金から収入の大規模な割合を得ることを予想している。また、福祉分野では、公共セクターがサービスの費用を負担し、自ら提供を行うために、ボランタリーセクターの供給者

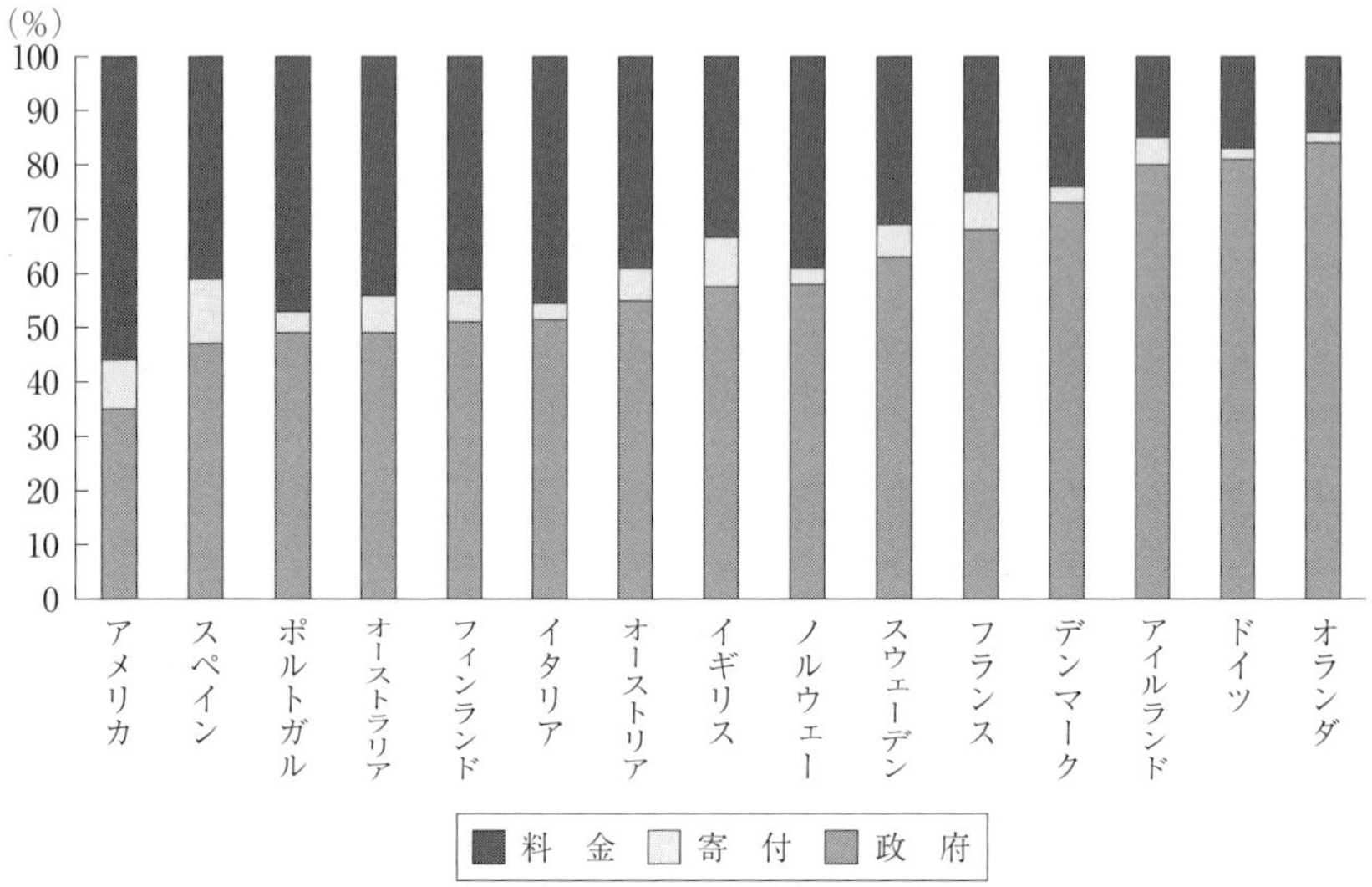


図12－4　福祉分野におけるボランタリー組織の収入源の構成

出所：図12-3と同じ。

には残りはほとんどなく、したがってこれは特に重要であるに違いないとしている（Salamon & Anheier 1998: 231）。彼らは、社会民主主義レジームにおいては、非営利セクターが公共財を満たすための代替メカニズムとして働かないために、寄付収入の大規模な割合が、福祉分野の小さな非営利セクターに関係していると仮定している。ＮＰＯが公的契約から資金の多くを得られない場合、それらは他の収入源に依存しなければならないであろう。しかしながら、寄付収入が低い割合であることが予想されるフランスやオーストリアといった、しばしばコーポレート主義と呼ばれる国々よりも、北欧諸国は高い割合を寄付から得ている。北欧諸国の会費、手数料および販売といった自己財源収入についても、同じく平均に位置している。しかしながら、これはほとんどの場合、商業化の結果ではない。それは、公共セクターからの収入が高い割合を占めるサービス提供組織は小さな割合であり、収入の大部分を自分たちの活動を通じて得ている、会員を基盤とする組織が大きな割合を占めていることとやや関係する。フィンランドでは料金からの収入の割合は、教育分野におけるボランタリー組織向けに資金を配分する財団の影響で、四三％と特に高くなっている（Helander & Sivesind 2001: 62）。逆にデンマークでは公共セクターからの収入は七三％となっている。これは、公共委託により行われるサービスが生む高い有給雇用の割合によるものである（Boje 2006）。

見てわかるように、北欧諸国での福祉分野における所得分布に関しては、寄付収入がやや低い以外は、他の西洋工業先進国で見られる傾向とあまり差異はない。フィンランドが他と大きく異なる点は、料金・手数料・売上収入の割合の高さであり、デンマークの独自性は公共事業収入の割合の高さにあり、それらは北欧諸国の福祉分野において、ボランタリー組織が果たす役割には驚くほど大規模な違いがあることを示している。

## 6　公共支出はボランタリー組織を締め出すのか?

国際比較研究からの、北欧諸国に関する最も重要な仮定は、大規模な公共支出がボランタリー組織を「クラウド・アウト」(締め出す) するということである (Anheier & Salamon 2006; Salamon & Anheier 1998; Salamon & Sokolowski 2001)。本節ではボランティア活動および有給雇用、資金源を比較することで、公的福祉コストに関してのこれらの諸側面を見る。ボランタリーセクター全体、福祉分野のボランタリー組織、および他のボランタリー組織のそれぞれについて検討する。

表12-3は、米ドルで時価および現在の購買力平価 (PPP) での、一人当たりの公的福祉支出を示している。(9) 社会的起源理論の指摘通り、ノルウェー、デンマークおよびスウェーデンは公共福祉支出が最も高く、続いてフランスとオーストリアといった、コーポラティスト型のヨーロッパ諸国となっている。次に、別の北欧諸国であるフィンランドが来て、その後にドイツ、オランダおよびイタリアといった大陸ヨーロッパ諸国が続く。その他の国々は、福祉支出は驚くほど低く、社会的起源理論からの期待通り、自由主義諸国としてのアメリカ、イギリスおよびオーストラリアが公的福祉支出は小さいことが理解できる。最低レベルの国々は、アイルランド、スペインおよびポルトガルであり、それらは、EUのなかでもより貧しい国々であったが、近年ではそれらの公私の福祉サービスは急速に発展してきている。社会的起源理論からは、アイルランドは多くの事柄がミックスした事例であるが、スペインとポルトガルは歴史的には強力な地主エリートとカトリック教会が中心的な福祉供給者であり、どちらかというと自由主義モデルよりもコーポラティズムのそれに近いと予測される。

図12-5は、ボランタリーセクターに対する公的福祉支出の影響を検討したものである。対象国が一五カ国に制限されているためこれは洗練された統計分析のような多くの可能性を持たない。その代わりに、公的福祉支出の「クラウディング・アウト」あるいは「クラウディング・イン」効果がどれくらい当てはまりそうかを解説するために、この資料を使用する。各国の一人当たりの公的福祉支出を示す、単純なラン

**表12-3　2001年における1人当たりの公的福祉支出。米ドルと分析値**

（ドル）

| 国 | 公的福祉支出[1] |
|---|---|
| ノルウェー | 11,306 |
| デンマーク | 11,021 |
| スウェーデン | 9,746 |
| フランス | 9,064 |
| オーストリア | 9,003 |
| フィンランド | 8,181 |
| ドイツ | 8,139 |
| オランダ | 7,675 |
| イタリア | 7,467 |
| アメリカ | 7,135 |
| イギリス | 7,120 |
| オーストラリア | 6,261 |
| アイルランド | 5,396 |
| スペイン | 5,120 |
| ポルトガル | 4,836 |

注：(1)総公的福祉支出（OECD 2006a），および米ドルで，時価および現在の購買力平価（PPP）での公的教育支出（OECD 2006b）.

キング表によってこの検討を行う。また、ボランタリーセクター変数（すなわち、有給雇用、ボランティア活動および公的資金）について、それぞれの国ごとの値を示す行をそこに加える。さらに、公的福祉支出によるボランティアセクターへのクラウディング・イン、またはクラウディング・アウト効果がありそうかどうか確かめることをより簡単にするために、これらの国々の、このボランタリーセクター変数から計算された、線形トレンド・ライン（訳注：傾向を示す補助線）を加える。

図12-5は、各国の一人当たりの公的福祉支出（表12-3と同じ）を棒グラフで並べて示している。点線は、有給雇用全体に占めるボランタリーセクターの割合（図12-1ですでに表した）を示す。直線は、これらの国々での雇用シェア変数の線形トレンドを示す。トレンド・ラインはやや水平であり、それは一般的なクラウディング・インの傾向も、クラウディング・アウトの傾向もないことを示している。点線は、このパターンには含まれない、いくつかの国々があることを示している。オランダ、アイルランドおよびアメリカは、雇用について、トレンド・ラインよりも高い割合にある。さらに、この一般的なパターンの理由を探索するために、我々はボランタリー組織を福祉分野と他の分野とに分けてみる。

図12-6は、福祉分野のすべての有給雇用（図12-2）におけるボランタリー組織での有給雇用の割合を示している。トレンド・ラインは明確な増加傾向を示している。それは、高い公的福祉支出が、有給のボランタリーセクターの雇用を締め出すことを示しており、前に言及した社会民主主義国家に関する仮定に沿ったものである。北欧諸国は、公的福祉支出が最も高い割合であり、さらに、ボランタリーセクターの有給雇用は最低の割合となっている。公的セクター予算の高い割合と、サービスの実行は、巨大で専門化された公的福祉セクターに行き着くように見える。デンマークは一般的傾向に沿っているが、その一方でノルウェー、スウェーデンおよびフィンランドは、有給の福祉雇用が低い割合しかない。

図12-7では、福祉以外の分野での、ボランタリー組織に

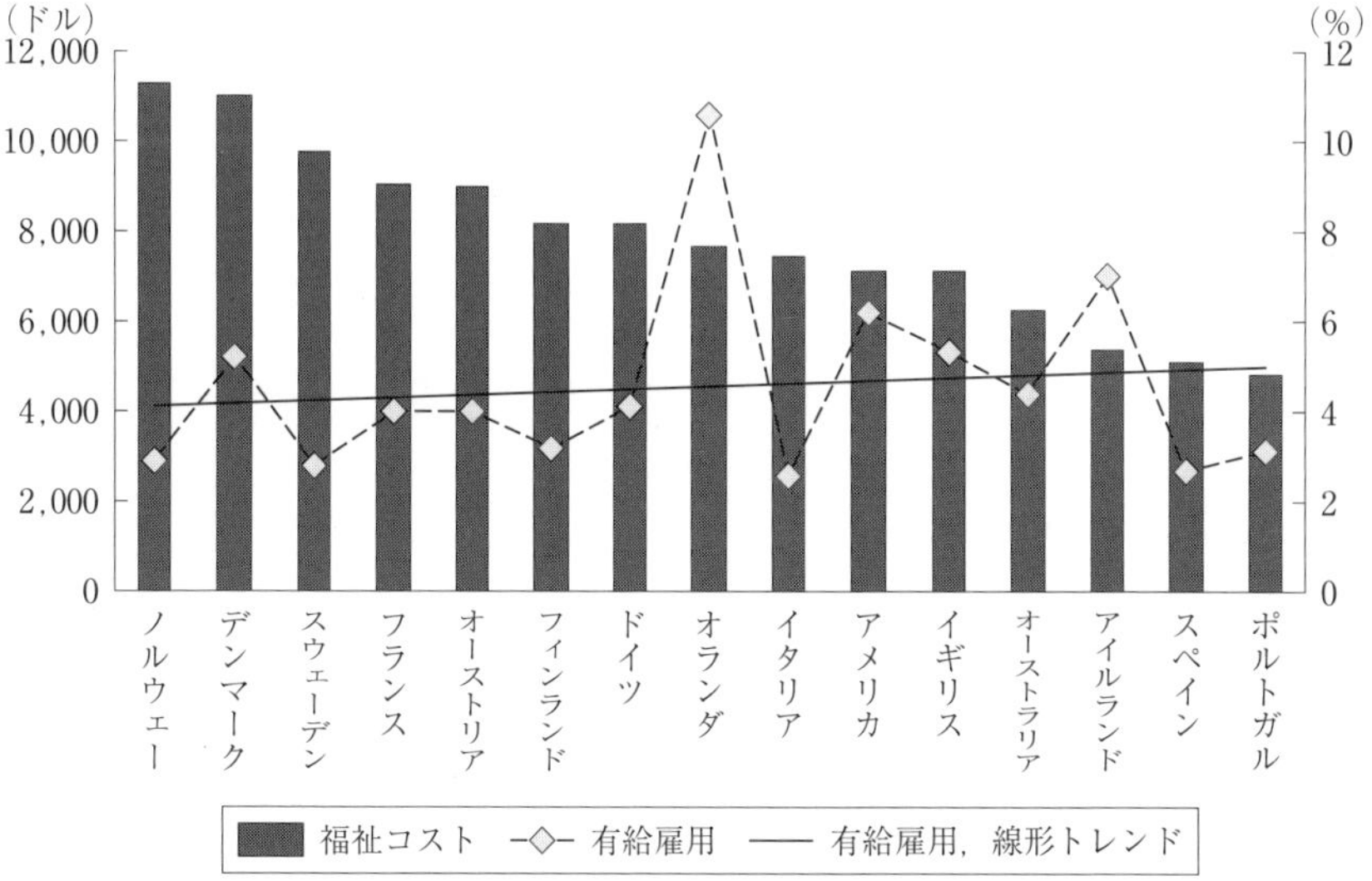


図12-5　1,000人当たりの福祉コスト，および雇用全体に占めるボランタリー組織の割合

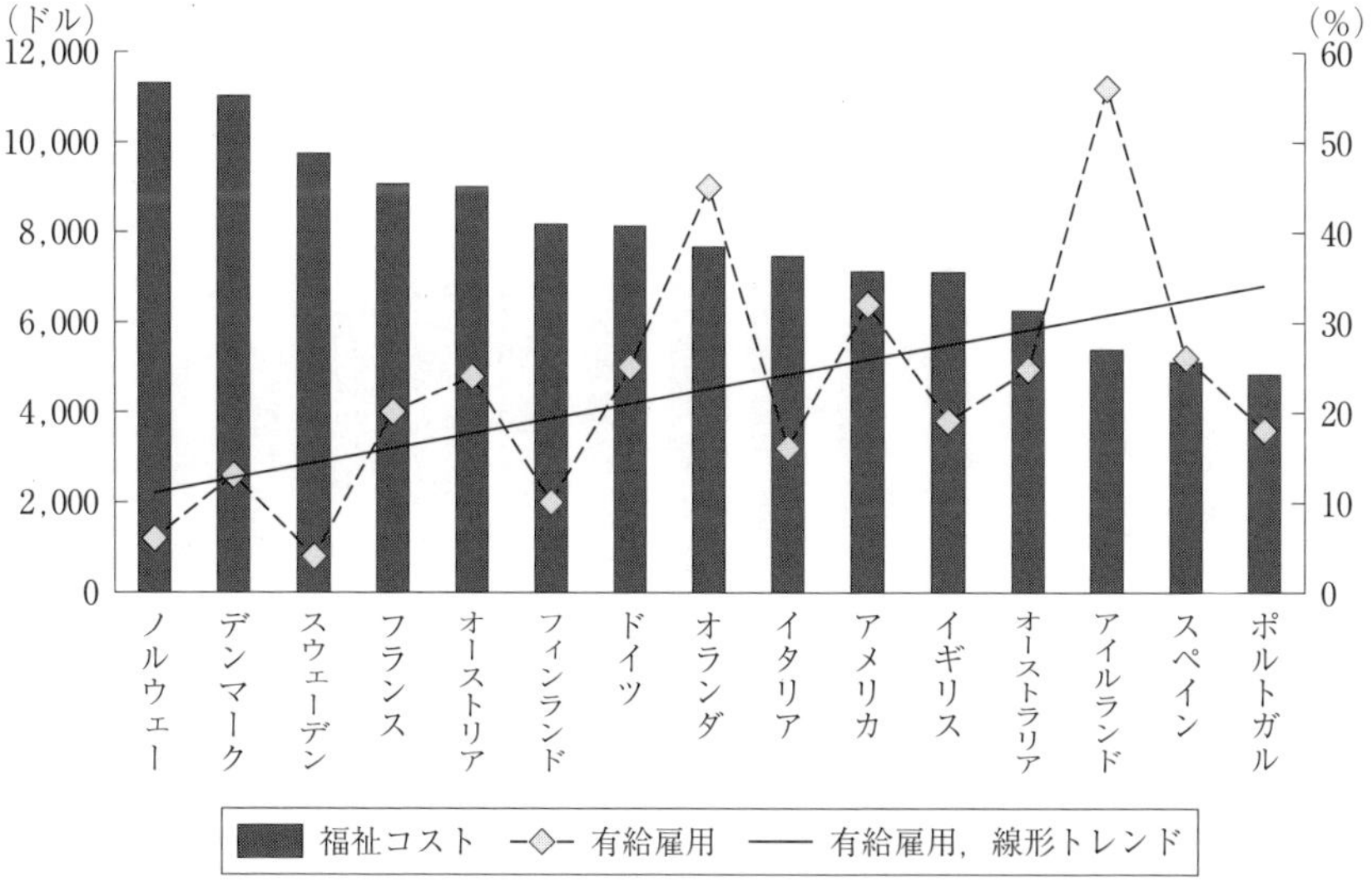


図12-6　1,000人当たりの福祉コスト，および福祉雇用全体に占めるボランタリー組織の割合

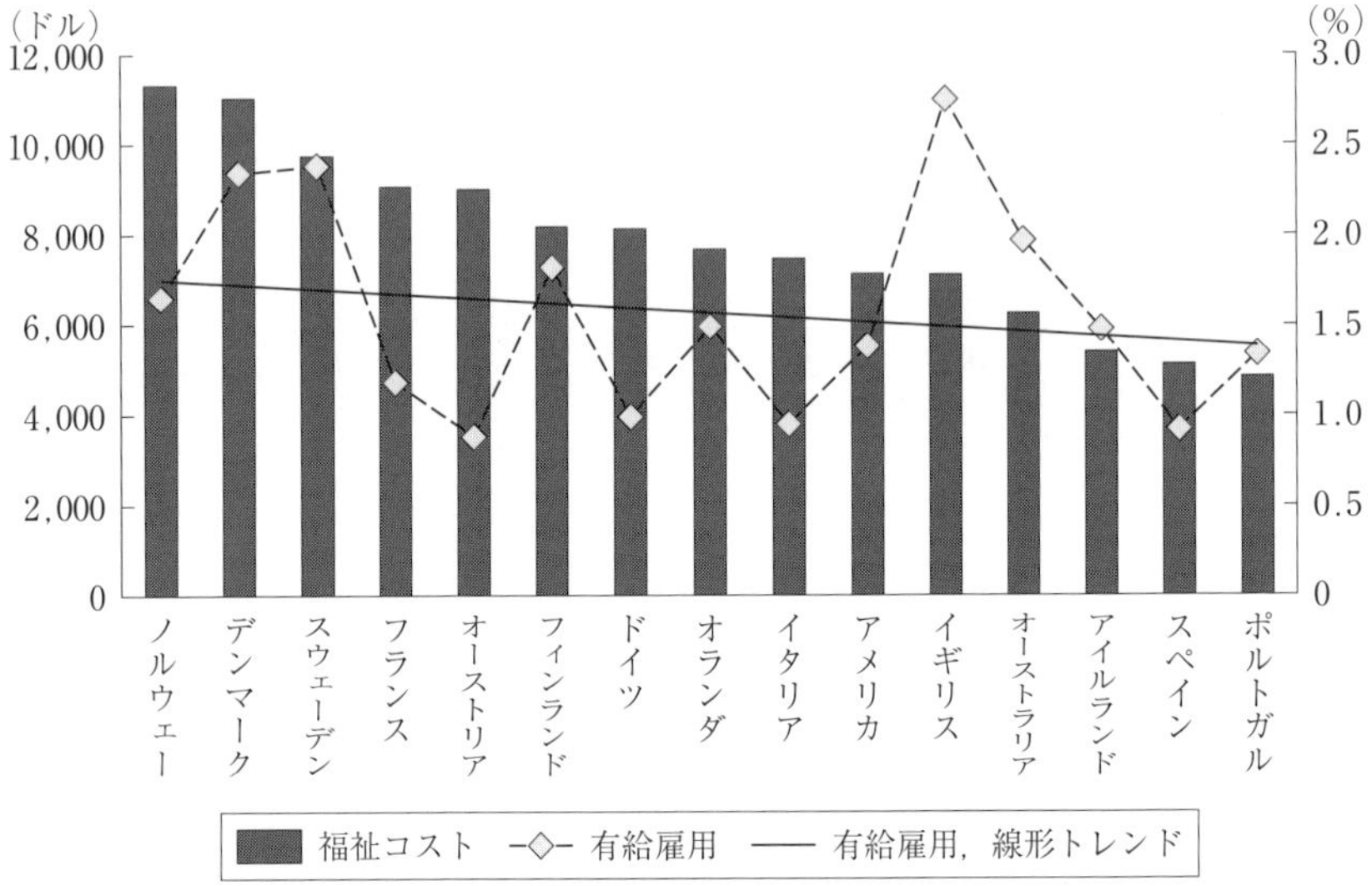


図12－7　1,000人当たりの福祉コスト，および福祉以外の雇用に占めるボランタリー組織の割合

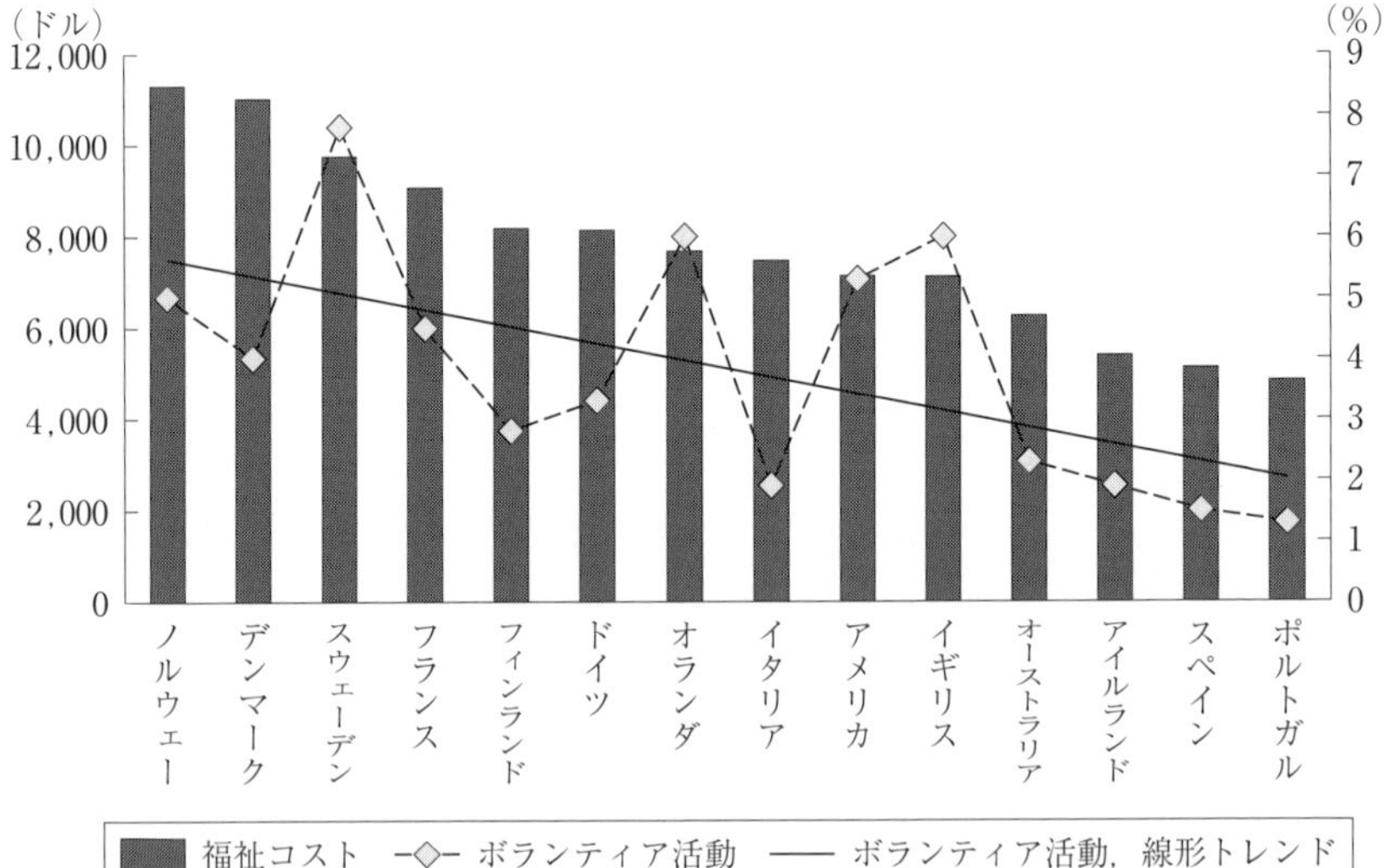


図12－8　1,000人当たりの福祉コスト，およびボランタリー組織におけるボランティア活動

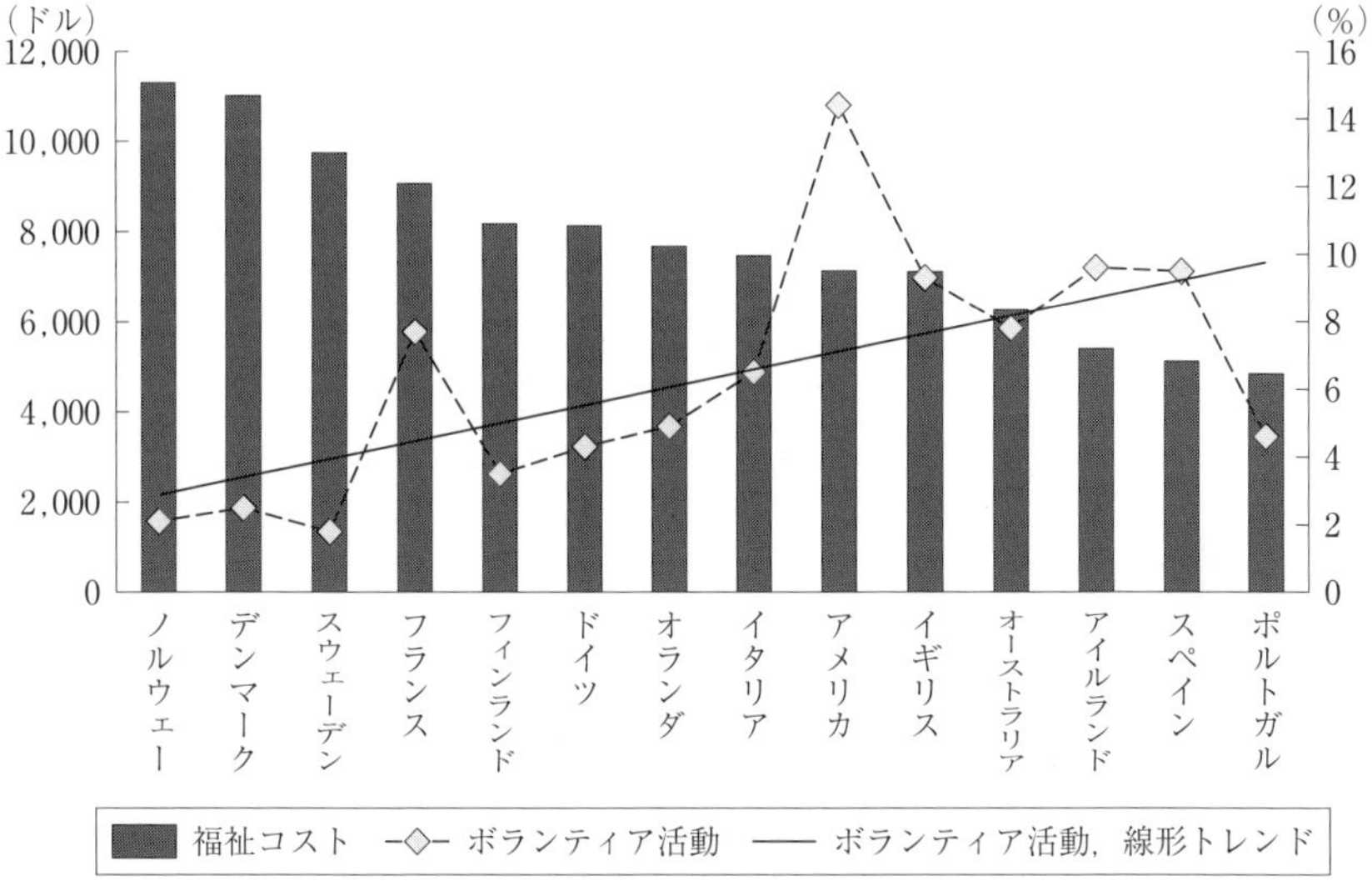


図12-9　1,000人当たりの福祉コスト，および福祉分野におけるボランタリー組織のボランティア活動

おける有給雇用を検討している。そこでは一般的に、極めて小さな割合であることが見てとれる。しかしながら、クラウディング・アウトの傾向はない。一般的に雇用水準は、公的支出に従って変化するように見える。さらに北欧諸国は、ボランタリーセクターの有給雇用については一般的な傾向か、あるいはそれよりも上の水準にある。これは、公的福祉支出が多い国々は、福祉分野以外のボランタリー組織に、より多くの支援を与えるか、あるいは学校または公共施設、スポーツ施設、輸送などの使用に補助金を交付することにより、それらの活動を間接的に刺激する傾向があることを示している。

ここで、有給雇用からボランティア活動へと焦点を変えてみる。そこでは、有給雇用と同様に、一般的なパターンが見られる。しかし、その傾向ははるかに強い。そのセクターを全体的に観察すると、傾向として明確にクラウディング・インが見られる（図12-8）。福祉支出が高いレベルにある国々で、明確にボランティア活動の水準がより高い。これは、公的福祉支出が多い国々ではボランタリーセクターの有給雇用を刺激するだけでなく、そこではボランティアを巻き込んだ活動も刺激されるという仮説に沿っている。これは、ボランタリー組織への支援がボランティアを有給雇用と増大する専門化によって置き換えられるという仮定とは反しているだろう。

しかしながら福祉分野に範囲を絞り込むと、確かにそこに

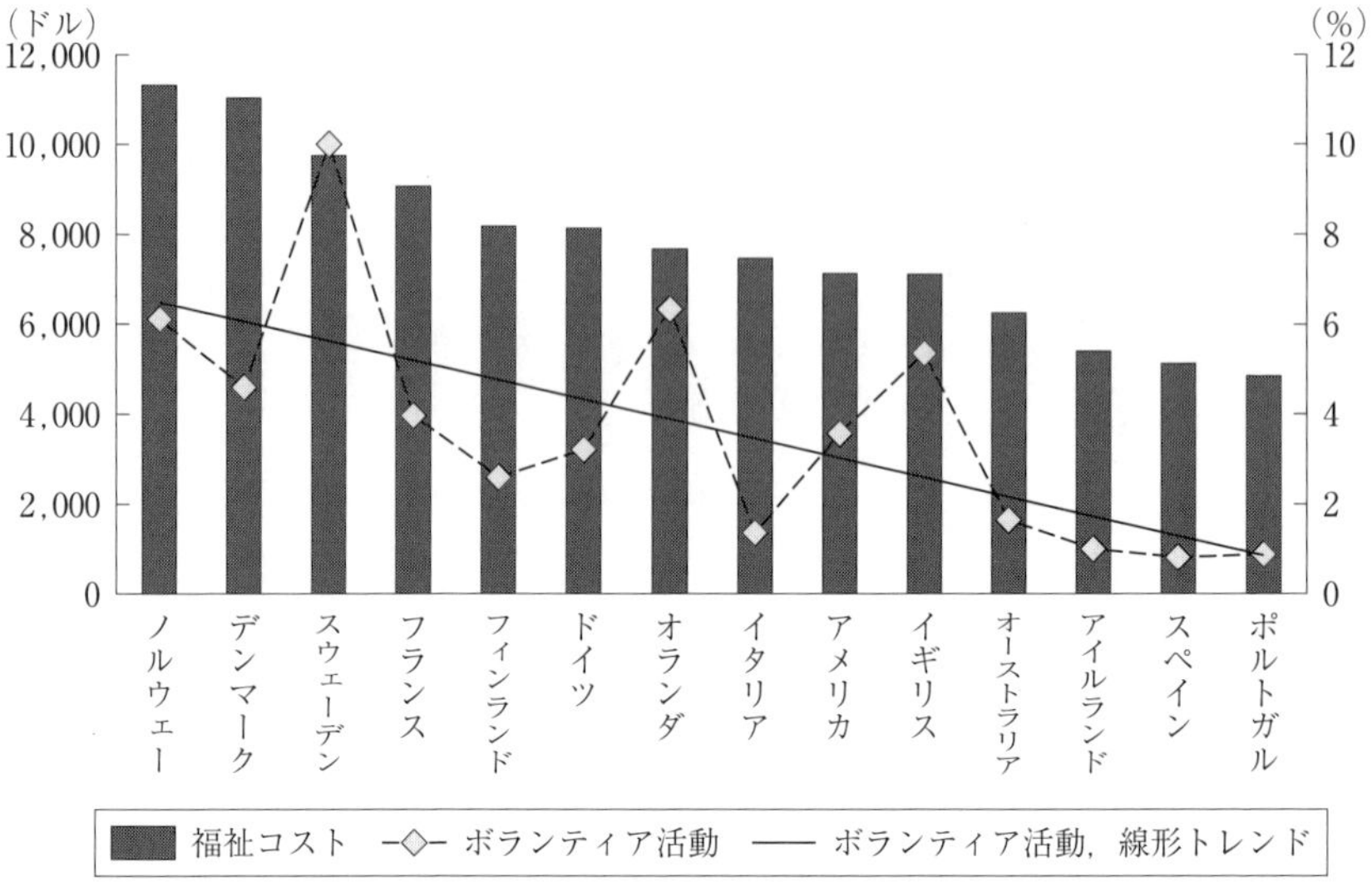


図12-10　1,000人当たりの福祉コスト，および福祉以外の分野におけるボランタリー組織のボランティア活動

は公的福祉支出のクラウディング・アウト効果があるように見える（図12-9）。しかしながら図12-6で見たように、有給雇用も福祉分野での公的福祉支出によって締め出されているので、これはボランタリーセクターでの、有給雇用によるボランティアの置換の影響ではない。それは間接的効果である可能性があるようにうかがわれる。福祉分野において、高水準の公的支出がボランタリーセクターの有給雇用の割合を小さくする際には、それはボランタリー組織の、ボランティアを動員する能力を小さくすることも意味する。

こうした傾向は福祉分野以外でのボランタリー組織に注目した際にもあてはまる。我々が既に図12-7で見たように、有給雇用では弱いクラウディング・インの傾向があったが、ボランティア活動を観察したときには、極めて強力なクラウディング・アウト傾向があることを図12-10は示している。スウェーデンは、ここでは一般的傾向かつその他のすべての国々よりもはるかに高い。これは、ボランタリーセクターに資源や有給雇用がある国々ではボランティアを引きつけるという考え方を、支援しているように見える。その理由は、そのようなボランタリー組織が、文化的・物理的・社会的・宗教的な表現の機会を作ることができるためかもしれない。また、ボランティアはそのプロセスに寄与することを望んでいる可能性もある。

これは、有給雇用の水準、また間接的にはボランティア活

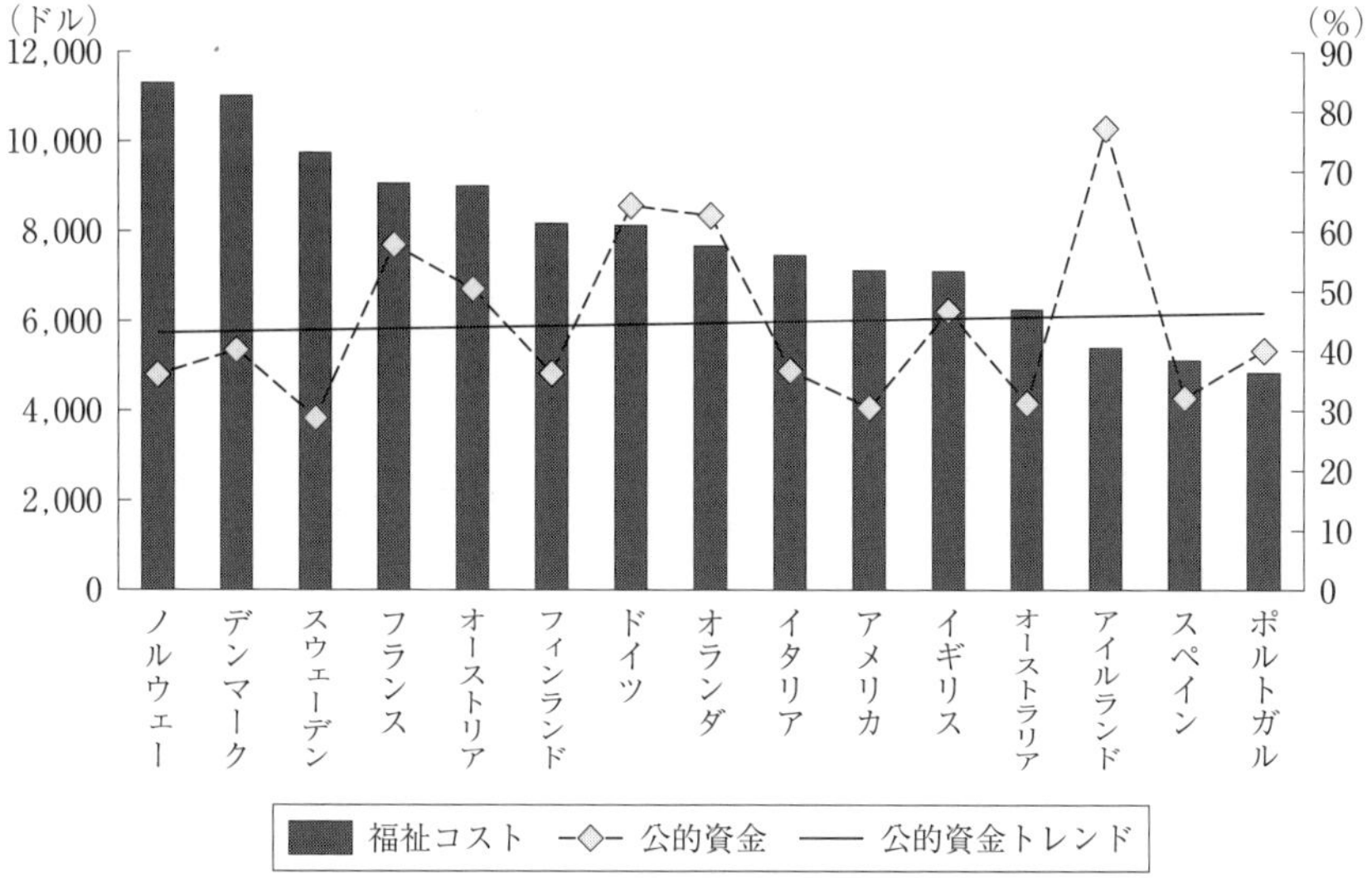


図12-11　1,000人当たりの福祉コスト，およびすべてのボランタリー組織における公的資金の割合

動の水準が、公的資金の水準に大きく依存するという仮説を導くかもしれない。しかしながらこれは、事実であるようには見えない。北欧諸国でのすべてのボランタリー組織における、公共セクターからの資金提供の割合は図12-11の通りである。そのトレンド・ラインは、やや水平である。これは、クラウディング・インも、クラウディング・アウトもないことを示している。北欧諸国は一般的傾向よりもわずかに下に位置している。これは、公的福祉支出による有給雇用のクラウディング・アウトがないことを示している（図12-5）。しかしながらボランタリーセクター全体を見た場合、ボランティア活動には強いクラウディング・アウトがあることが見てとれる（図12-8）。これは、高い水準のボランティア活動が高い水準の公的資金に依存しているという、よくある仮説と全く整合しない。

　ここで起きていることをさらに理解するために、福祉分野のボランタリー組織と、それ以外の組織との違いを理解する必要がある。福祉分野においては、低水準の有給雇用と低水準のボランティア活動が北欧諸国で見られる。図12-12は、福祉分野における、ボランタリー組織に向けての公的資金が高水準であることを示している。これは、研究者が社会民主主義レジームで予期しているものにすべて沿っている。サラモンとアンハイアーらは、社会民主主義レジームでは、公共セクターが福祉サービスに対して主要な責任を担っており、

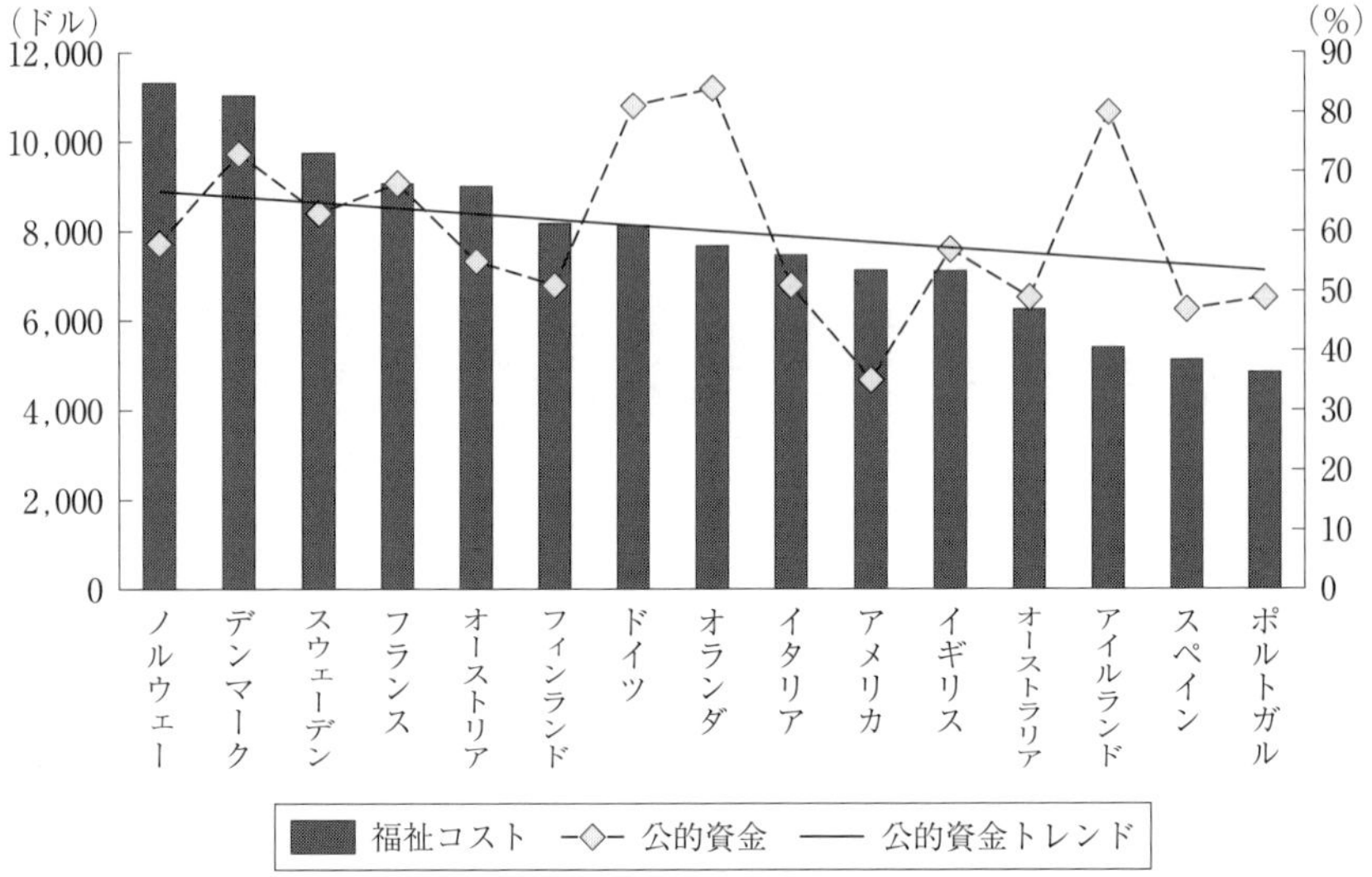


図12-12　1,000人当たりの福祉コスト，および福祉分野のボランタリー組織における公的資金の割合

そしてそれは、このフィールドに非営利組織が入り込む余地をほとんど残さないと仮定する（Salamon & Anheier 1998: 229-230）。また彼らは、ボランティア活動の構造は、非営利セクターの主要な役割に従うものであり、社会民主主義レジームにおいて福祉分野は公的な責任であると見られるために、ボランティア活動は低調であると想定している（Salamon & Sokolowski 2001: 16）。北欧諸国では、高水準な公的福祉支出が、福祉分野でのボランタリー組織における有給雇用を締め出す。そしてこれは間接的に、低水準のボランティア活動をもたらす。福祉分野のボランタリー組織が公的資金の多くを得ているという事実にもかかわらず、有給雇用とボランティア活動のこのクラウディング・アウトが起こっている。

図12-13は、福祉分野以外の組織の公的資金の割合を示している。ここでは一般に、公的資金についての低い割合が見てとれる。また、一般的なトレンド・ラインは比較的水平で、二〇%周辺を推移している。北欧諸国はこのトレンド並みか、あるいはそれ以下となっている。これは、福祉分野とは非常に異なる傾向にあることを意味している。北欧諸国では、福祉以外の分野でのボランタリー組織において、高水準な公的福祉支出が、有給雇用とボランティア活動の両方をクラウド・インしている。公的セクターからの、この種の組織への直接的な資金提供は特に多くないので、これは政府支出の影響ではない。既に議論したように（図12-3に関してのコメン

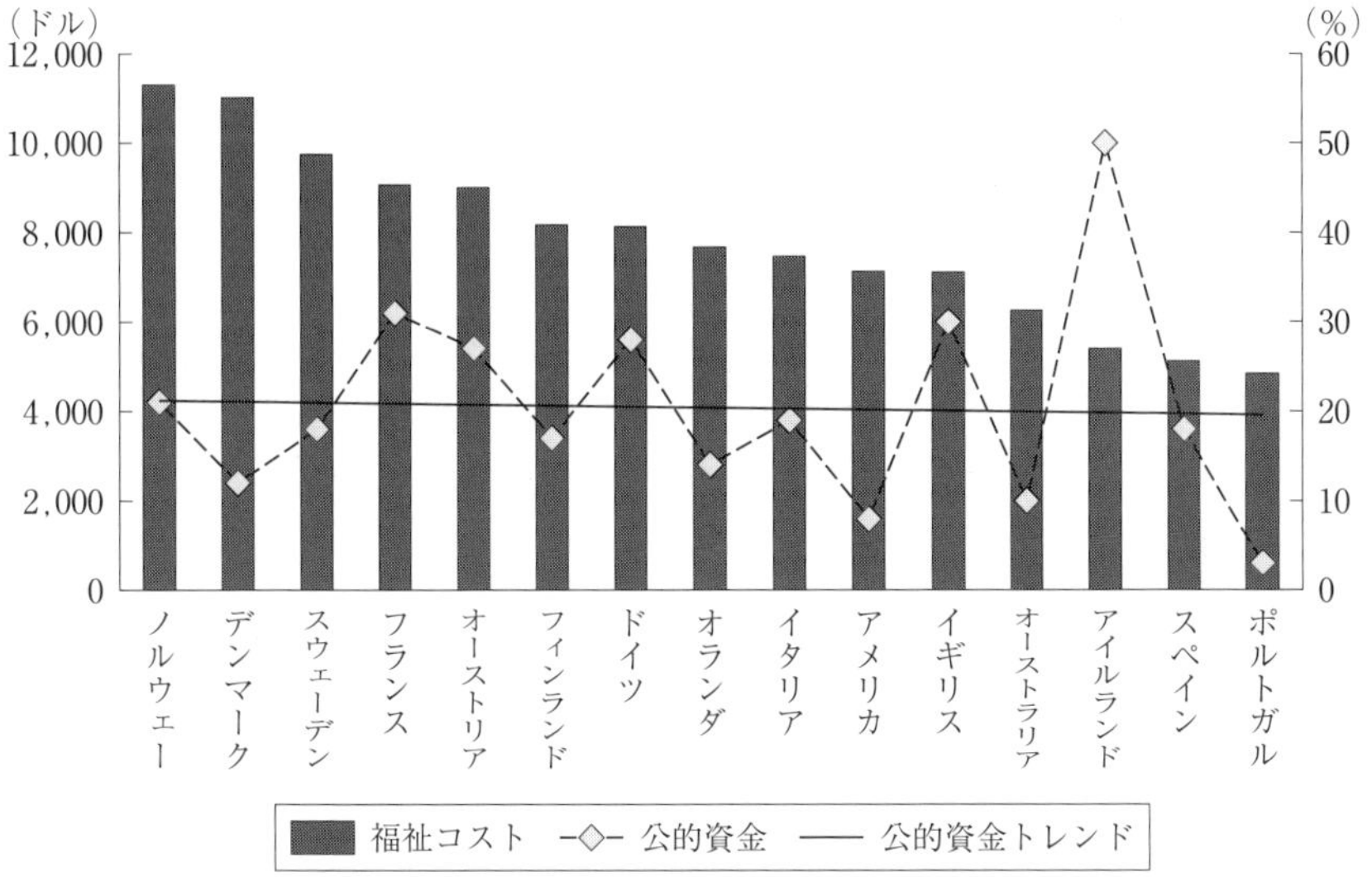


図12－13　1,000人当たりの福祉コスト，および福祉以外の分野のボランタリー組織における公的資金の割合

トを参照）、これは主として、ボランタリーセクターに関与しない公的セクターの結果ではなく、むしろボランタリー組織が自らの活動を通じて生み出した収入の割合が高い結果である。高水準なボランティア活動と、地域での活動への幅広い国民の参加が、この重要な理由である。

## 7　北欧ボランタリーセクターの現在と将来

我々は、明確なクラウディング・アウト傾向が、福祉分野において存在していることを見てきた。福祉分野においては、高い公的福祉支出が、ボランタリーセクターの有給雇用とボランティア活動の小さな割合に帰結している。これは、社会民主主義型の福祉国家に関する予測に沿っている。

しかしながら図12－4で見たように、北欧諸国における福祉分野でのボランタリー組織は、その公的セクターからの収入割合において、五一％から七四％までの平均的な範囲にある。これは、福祉分野において有給雇用が小さな割合であることが、公的資金の低水準による結果ではないことを意味する。それは、福祉分野がどのように規制されているのかと、やや関係している。ボランタリー組織は一般的に、第一義的には公の責任である福祉サービスの実施において限られた程度に携わっている。しかしながら北欧諸国の間には、福祉分野での有給雇用の割合に関して、四％のスウェーデンから一三％のデンマークまで、大きな隔たりがある。これは異なる制度的対応と関係している。デンマークでは、学校、大学および自己所有の社会機関といった福祉サービスのボランタリー組織が伝統的に強力に存在している。

近年、ボランタリーセクターと政府とは、それらの独自性の保持に焦点を当てて、福祉分野のボランタリー組織の関与を規則化する「コンパクト（協約）」について同意した。地方自治体も、社会サービス分野でボランタリー組織との関係性構築が求められている（Henriksen & Bundesen 2004）。他の北欧諸国では、ほとんどの地域で、より厳密な公的福祉システムの構築に焦点が当てられてきた。これらの政府と緊密な関係にある社会では、ボランタリーセクターは大衆運動に大いに支援されなければならなかった。しかしながら近年、サービスがより委託に出されるようになっており、それはしばしば、市場ベースでのボランタリー組織の間での競争を引き起こしている。ただし、福祉分野以外のボランタリー組織に目を向けると、有給雇用とボランティア活動両方において、クラウディング・イン傾向を見ることができる。より多くの「公」が、より多くの「ボランタリー」を生んでいる。しかしながらそれは、寛大な公的資金提供の結果ではない。なぜなら、公的セクターからの収入の割合はやや低い傾向にあるためである。それは、やや高水準のボランティア活動および地域レベルでの参加の結果である。

さらに、より一般的には、北欧諸国のボランタリーセクターの特性を理解するためには、ボトムアップの視点を含むことがいかに重要かがわかる。福祉分野においては、大衆運動とボランタリー組織とが、特別なニーズをもった人々へ幅広い領域のサービスを提供するために、高水準の公的責任に行き着いた政策決定プロセスの中に巻き込まれていった。福祉分野以外では、幅広い活動への参加とボランティア活動とが、それほど寛大な公的資金スキームのないところで、極めて高い水準の活動へと帰結した。さらに一般には、これは、包括的でダイナミックな市民社会の発展において重要となった。さらにこれらの国々においては、信頼とソーシャル・キャピタルも、比較的高水準にある（Wollebæk & Selle 2008）。

政治的役割に焦点を当てると、福祉分野と幅広い分野いずれのボランタリー組織でも、地方レベルと全国レベルの組織は互いに独立してきたことが理解できる。これは個人と社会の間の結びつき、および地方—中央レベルの間の結びつきに関しての、大衆運動の役割を弱める。結果としてそれらの組織は、大衆運動がボランタリーセクターの中核部分だった時代（一九八〇年辺りまで）に彼らが行ったことよりも、民主主義のインフラストラクチャーとしてあまり重要ではなくなっている。しかしながら、より透明で活発なメディアと、利用者関与への強い焦点は、必ずしも人々が以前と比べて社会から分離していないことを意味する。だが、広い参加に支持された民主的に構造化した組織は、それほど重要ではなくなっている。福祉分野以外では、文化とレクリエーション活動への参加のレベルがまだ高水準にある。これは、多くの人々がまだ、民主的に構築される組織のメンバーとしてよりよく活動に参加していることを意味する。しかしながら一般には、それらの組織を持続させるために必要な民主主義的参加は人気を失い、即座に結果をもたらすボランティア活動に強い焦点が当たる方向で発展した。これは、多くの組織において、メンバーに対して管理者側がより強力になったことを意味する。

これらの近代化の行為と結果により、北欧のボランタリーセクターと福祉国家の特徴を形成するのに非常に重要だったボトムアップのプロセスは、弱まっていった。これらの変化の想定しうる結果は多くあり、重要かもしれない。そのような結果の一つの可能性は、時間と共にボランタリーセクターが、ヨーロッパのどこか他のところで見られるものと、それほど変わらないものになるかもしれないということである。

注

（1）ヨーロッパ社会調査二〇〇二年版に基づく。
（2）ノルウェーでは、成人人口は一六～七九歳を意味している。しかしこれは多少、国家間で異なるかもしれない。
（3）フルタイム等価換算（FTE）労働力（訳者注：ボランティアの活動量をフルタイム労働者の活動量として換算したもの）。Salamon, Sokolowski & Associates (2004) を参照。
（4）Salamon, Sokolowski & Associates (2004) を参照。
（5）他の国々が過去四週間のボランティア経験をカウントしている一方、スウェーデンの調査は、過去一二カ月の間の報告されたボランティア時間をカウントしている。これによって恐らく、スウェーデンがより高い数値になる可能性が高い。計算は、Olsson, Svedberg & Grassman (2006) に基づく。
（6）オーストリア、ベルギー、フランス、ドイツ、オランダ、アイルランド、イスラエル、イタリア、およびスペイン。
（7）ボランティアに関するデータは、直近のCNP研究 (2008) からのもの。その一方で総雇用は、ILO労働者統計データベース (ILO 2008) からである。ILOのデータは各国からのCNPデータと同じ年のもの。例外はオーストリアであり、ここでのCNPデータは一九九五年のものである。しかし、ILOのデータは二〇〇一年より古いものをたどれない。
（8）データは図12-1と同じ出所からである。しかし、「教育」「健康とソーシャルワーク」の雇用は、ILO労働者統計データベース

（2008）からであり、「教育および研究」「健康」「社会サービス」はＣＮＰ（2008）からのものを含んでいる。

（9）“Total public social expenditures”（OECD 2006a）および“Government expenditures on education”（OECD 2006b）.

## 参考文献


Anheier, H. K. & L. M. Salamon（2006）“The nonprofit sector in comparative perspective”, in W. W. Powell & R. Steinberg（eds.）*The nonprofit sector. A research handbook,* 2nd ed, New Haven, Yale University Press, Conn, pp. 90–114.

Boje, T. P.（2006）“Den danske nonprofitsektor sammenlignet med andre europæiske lande”, in T. P. Boje & B. Ibsen（eds.）*Frivillighed og nonprofit i Danmark. Omfang, organisation, økonomi og beskæftigelse,* Vol. SFI-rapport 06: 18, Socialforskningsinstiuttet, København, pp. 217–224.

Boje, T. P., T. Fridberg & B. Ibsen（2006）*Den frivillige sektor i Danmark. Omfang og betydning,* no. Rapport 06: 19, Socialforskningsinstitutet, København.

Boli, J.（1991）“Sweden: Is there a viable third sector ?”, in R. Wuthnow（ed.）*Between States and Markets: The Voluntary Sector in Comparative Perspective,* Princeton University Press, Princeton, pp. 95–124.

CNP（2008）Workforce, expenditures, and revenue data. Date retrieved.（http://www.jhu.edu/~cnp/research/country.html, 2008.2.14）

Esping-Andersen, G.（1990）*Three worlds of welfare capitalism,* Princeton University Press, Princeton, NJ.

Fridberg, T., I. Koch-Nielsen & L. S. Henriksen（2006）“Frivilligt arbejde”, in T. P. Boje, T. Fridberg & B. Ibsen（eds.）*Frivillighed og nonprofit i Danmark. Omfang, organisation, økonomi og beskæftigelse,* Vol. SFI-rapport 06: 19, pp. 41–70.

København: Socialforskningsinstiuttet. Furre, B.（1991）*Vårt hundreår. Norsk historie 1905–1990,* Det Norske Samlaget, Oslo.

Grendstad, G., P. Selle, K. Strømsnes & Ø. Bortne（2006）*Unique environmentalism. A comparative perspective,* Springer, New York, pp. vii, 190.

Hagen, K. & I. Hippe（1993）“The Norwegian welfare state: From post-war consensus to future conflicts ?”, in A. C. Kiel（ed.）*Continuity and change. Aspects of contemporary Norway,* Scandinavian University Press, Oslo, pp. 85–105.

Helander, V. & K. H. Sivesind（2001）“Frivilligsektorns betydelse i Norden（The Impact of the Voluntary Sector in the Nordic Countries）”, in L. Skov Henriksen & B. Ibsen（eds.）*Frivillighedens udfordringer,* Odense Universitetsforlag, Odense, pp. 49–66.

Henriksen, L. S. & P. Bundesen（2004）“The moving frontier in Denmark: Voluntary-state relationships since 1850”, *Journal of Social*

*Policy*, 33, pp. 601–621.

Hestetun, P. A. & G. Onarheim（1990）"Velferdsekspansjon og organisasjonsendring, Organisasjoner og staten i kamp mot tuberkulosen", in P. Selle & S. Kuhnle（eds.）*Frivillig organisert velferd. Alternativ til offentlig ?*, Alma Mater, Bergen, pp. 29–59.

Hrafnsdóttir, S.（2006）"The Icelandic Voluntary Sector. Development of Research", in A.-L. Matthies（ed.）*Nordic civic society organisasations and the future of welfare services — a model for Europe ?*, Vol. TemaNord 2006: 517, The Nordic Council of Ministers, Copenhagen, pp. 194–210.

ILO（2008）Table 2B-Total employment, by economic activity.（http://laborsta.ilo.org/, 2008.2.14）

Kautto, M., J. Fritzell, B. Hvinden, J. Kvist & H. Uusitalo（eds.）（2001）. *Nordic welfare states in the European context*, Routledge, London.

Klausen, K. K. & P. Selle（1996）"The third Sector in Scandinavia", *Voluntas*, 7, pp. 99–122.

Koch-Nielsen, I., L. S. Henriksen, T. Fridberg & D. Rosendahl（2005）*Frivilligt arbejde — Den frivillige indsats i Danmark*, no, Rapport 05: 20, Socialforskningsinstitutet, København.

Koch-Nielsen, I. et al.（2005）*Frivilligt arbejde. Den frivillige indsatsi Danmark*, Socialfurskingsinstituttet, Copenhagen.

Kuhnle, S. & P. Selle（1990）"Meting Needs in a Welfare State: Relations between Government and Voluntary Organizations in Norway", in A. Ware & R. E. Goodin（eds.）*Needs and Welfare*, Sage, London, pp. 165–184.

Kuhnle, S. & P. Selle（eds.）（1992a）*Government and Voluntary Organizations. A Relational Perspective*, Avebury, London.

Kuhnle, S. & P. Selle（1992b）"Government and Voluntary Organizations: A relational perspective", in S. Kuhnle & P. Selle（eds.）*Government and Voluntary Organizations. A relational perspective*, Avebury, London, pp. 1–33.

Lundström, T. & F. Wijkström（1997）*The Non-profit Sector in Sweden*, Manchester University Press, Manchester & New York.

OECD（2006a）Social Expenditure Database（SOCX）, Total public social expenditures.（www.oecd.org/els/social/expenditure, 2006.10.10）

OECD（2006b）Stat Extracts, Expenditure by funding source and transaction type, Government expenditures, All levels of education.（http://stats.oecd.org/wbos, 2006.10.10）.

Olsson, L.-E., L. Svedberg & E. J. Grassman（2006）*Medborgarnas insatser och engagemang i civilsamhället — några grundläggande uppgifter från en ny befolkningsstudie*, no, Arbetsrapportserie nr 39, Sköndalsinstitutet, Sköndal.

Rokkan, S.（1966）"Norway: Numerical democracy and corporate pluralism", in R. A. Dahl（ed.）*Political oppositions in Western de-*

*mocracies,* Yale University Press, New Haven, pp. 1-401.

Rokkan, S.（1967）“Geography, Religion, and Social Class: Crosscutting Cleavages in Norwegian Politics”, in S. M. Lipset & S. Rokkan（eds.）*Party Systems and Voter Alignments,* The Free Press, New York, pp. 367-444.

Salamon, L. M. & H. K. Anheier（1998）“Social Origins of Civil Society: Explaining the Nonprofit Sector Cross-Nationally”, *Voluntas,* 9, pp. 213-248.

Salamon, L. M. et al.（1999）*Global Civil Society: Dimensions of the Nonprofit Sector,* Johns Hopkins Comparitive Nonprofit Sector Project, Baltimore.

Salamon, L. M., S. W. Sokolowski & Associates（eds.）（2004）*Global civil society: Dimensions of the nonprofit sector, Volume II,* Kumarian Press, Bloomfield, CT.

Salamon, L. M. & W. Sokolowski（2001）*Volunteering in cross-national perspective: Evidence from 24 countries.* Working Papers of the Johns Hopkins Comparative Nonprofit Sector Project no. 40, The Johns Hopkins Center for Civil Society Studies, Baltimore, MD.

Sejersted, F.（2005）*Sosialdemokratiets tidsalder. Norge og Sverige i det 20. århundre,* Pax, Oslo.

Selle, P.（1993）“Voluntary organisations and the welfare state: the case of Norway”, *Voluntas,* 4, pp. 1-15.

Sivesind, K. H.（2007）*Frivillig sektor i Norge 1997-2004. Frivillig arbeid, medlemskap, sysselsetting og økonomi,* Rapport no. 2007: 10, Institutt for samfunnsforskning, Oslo.

Sivesind, K. H.（2008a）*Halvveis til Soria Moria. Ikke-kommersielle velferdstjenester, politikkens blinde flekk ?,* Rapport no. 2008: 03, Institutt for samfunnsforskning, Oslo.

Sivesind, K. H.（2008b）“Nonprofit organisasjoner på velferdsfeltet i Norden”, in B. Ibsen, T. P. Boje & T. Fridberg（eds.）*Det frivillige Danmark,* Syddansk Universitetsforlag, Odense, pp. 161-178.

Stenius, H.（Forthcoming 2010）“Nordic Associational Life in European and Inter-Nordic Perspectives”, in R. Alapuro & H. Stenius（eds.）*Nordic Associations and Civil Society in a Comparative Perspective,* Nomos, Baden-Baden.

Stjernø, S.（1995）*Mellom kirke og kapital. Tysk velferdspolitikk — med sideblikk til britisk, svensk og norsk*（*Between Church and Capital. German Welfare-politics — with a Sidelong Glance at British, Swedish, and Norwegian*）, Universitetsforlaget, Oslo.

Tranvik, T. & P. Selle（2007）“The rise and fall of popular mass movements: organizational change and globalization — the Norwegian case”, *Acta Sociologica,* 50, pp. 57-70.

Trägårdh, L. (2007) *State and civil society in Northern Europe. The Swedish model reconsidered*, Berghahn Books, New York.

Wijkström, F. (2004) "Changing focus or changing role ? The Swedish nonprofit sector in the new millennium", in A. Zimmer & C. Stecker (eds.) *Strategy mix for nonprofit organisations: vehicles for social and labour market integrations*, Kluwer Academic/Plenum, New York, pp. 15-40.

Wijkström, F. & T. Einarsson (2006) *Från nationalstat till näringsliv ?: Det civila samhällets organisationsliv i förändring*, Ekonomiska Forskningsinstitutet vid Handelshögskolan i Stockholm, Stockholm.

Wollebæk, D. & P. Selle (2002) *Det nye organisasjonssamfunnet — Demokrati i omforming* (*The New Organization Community — Democracy in Change*), Fagbokforlaget, Bergen.

Wollebæk, D. & P. Selle, (2008) "A social democratic model of civil society ?", in B. Jobert & B. Kohler-Koch (eds.) *Changing Images of Civil Soceity. From protest to governance*, Routledge, New York, pp. 47-70.

（カール・ヘンリク・シーヴシン、ペア・セレ）

# 第13章　北欧の労働市場モデル

## 1　社会民主主義的な福祉国家における労使関係

　イエスタ・エスピン－アンデルセン（Esping-Andersen 1989; 1990）が三つの主要な福祉レジームについての彼の理論を展開して以来、この類型化がどれくらい有用なのか、また、すべての必要な側面をカバーしているのかについて、意見の相違がこれまであった。しかしながら、明確になったことが一点あるように思われる。それはすなわち、エスピン－アンデルセン自身は、自国であるデンマークへの複雑な心境をいささか交えているだろうが、たとえどのような指標や定義の追加が求められようとも、北欧諸国は、社会民主主義もしくは普遍主義レジームタイプの最も典型的な例として一括りにされているということである。社会権についての普遍主義と脱商品化の双方は、北欧諸国において順調に発展した。社会権は、出現しつつある新中産階級にも早期より拡大された。その目的は、工業化世界の他のどの地域においても追及されている、最小限ニーズの平等よりもむしろ、「最高水準の平等」を促進するものであった（Esping-Andersen 1989; 1990）[1]。社会民主主義的な福祉国家の中核が労使関係システムであると述べることは不公平ではない。これは労働市場の規制や実践を導く規範だからである。エスピン－アンデルセンは、普遍的な保険制度を重要な特徴と指摘したが、この保険制度自体は、労使関係と労働市場政策に依存しており、福祉と労働の結合は恐らく社会民主主義レジームの最も顕著な特徴であった（Esping-Andersen 1989: 26）。

　労使関係レジームが社会民主主義モデルには非常に重要であることは、さらに家族政策、特に、労働市場のなかへの女性の「解放」および統合の強調にみられる。社会民主主義福祉レジームの背後にある理念的な志向は、補助金の移転が子ども自身に直接行われるべきであり、福祉国家は直に子ども・高齢者・「身寄りのない者」のケア責任をもつことであるといわれている。このような普遍主義的かつ脱商品化の進んだ福祉システムを維持するための重い財政的ニーズは、できるだけ多くの国民が有給で雇用され、社会移転によって生活する者たちができるだけ少なくなることを要求した（Esping-Andersen 1990: 26–29, 74–80）。

労使関係システムもしくは労働市場レジーム、および社会民主主義的な福祉国家は、かろうじて相互に切り離すことが可能であるが、この結びつきはアカデミックな研究ではいつも明確というわけではない。福祉レジームをカバーする研究もあれば、労使関係システムをカバーする研究もあり、これらの研究は常に交差しているわけではない。その結果、北欧福祉モデルは、幅広く知られた概念であるか、もしくは、徹底的に議論された概念であるといった方が的確かもしれない。一方、北欧労働市場モデルについては、この両モデルの一方を見ることなしに、他の一方を想像することが極めて困難であるにもかかわらず、あまりよく知られていない。したがって、本章は北欧の労働市場モデルの特徴を概観および議論する。ここでは、何が「モデル」をまず構築するのかという繊細な議論に立ち入るのではなく、どこにでもみられるような、単なる国の類似点・相違点とは差別化されるモデルを語る際にどのような構造的特徴が必要とされるのかを論じることとする。グッドモンソン（Guðmundsson 1995b: 5）は、一九三六年までの「スウェーデンモデル」の概念の起源およびマーキス・チャイルド（Marquis Child）について追跡している。しかし、チャイルドは、この知見を確固たる科学的な概念としてではなく、アメリカにおける一般的な流行語であるニューディールに関する議論として用いた。続く半世紀にわたって導入された定義の多くについても同様だった。したがって、「モデル」に関する学術的な議論は、かなり最近の、グローバル化による思いがけない産物であるという正当な理由で論ずるに値する。国境を越えた金融取引の急速な拡大と多国籍企業の重要性は、この一〇年の間に、国家アクターと労働市場機関との間の柔軟性を増大させる結果をもたらした。（Kettunen, 2004）。これは、新しいミレニアムの最初の一〇年で、「北欧」（Nordic）モデルに限らず、共通の「ヨーロッパ社会モデル」（ＥＳＭ）を追求するなかで、さらにもっと強調されている（Kleinman 2002; Giddens 2007）。しかしそれは、政治的定義と科学的定義の間で同じような混同を生み出す追求でもあった[2]。

グットモンソン（Guðmundsson 1995a: 36 & 1995b: 5–6）に従い、筆者は北欧「モデル」に二つの主要な判断基準を用いたい。一つ目には、北欧モデルの形態は歴史的観点においてとらえることが可能に違いないということである。二つ目には、北欧モデルの形態は「客観的」であるばかりでなく、北欧諸国の多くの市民団体によって広範囲に受け入れられた主観的な考えでもあるということである。加えて筆者は、北欧の特徴を、第二次世界大戦以降、合理的に比較可能な発展を遂げてきた西欧および中欧との比較のなかで主に考察することとする。異なるモデルを区別することは、いつもどれくらい接近して見るかということである。一方で、我々は北欧諸国間の、またそれぞれの国内においては地域モデルともいうべき重要な相違を見出すことができる。他方で、我々はすでに詳細にこだわらない見方において、北欧諸国はすべて「コーポラティスト的な」もしくは「自由主義的な」国家とは異なり、典型的な同様の福祉国家レジームであることを知っている。もし我々がさらに距離を置いた見方をするならば、北欧は中欧とともに、ミケル・アルベルト（Michel Albert 1991）の「ラインランドモデル」と、「アングロサクソン」もしくは「北大西洋」モデルという有名な二分法の前者に相当する。後者はアメリカやイギリスにおいて最も顕著にみられる。アルベルトの見方のなかで、重要な区別のための特徴は中欧と北欧にある「ステークホルダー経済」である。これは、民間企業の短期的利益を、社会における諸利益の包括的な調和よりもさらに重要なものとしてみなすアングロサクソンの「シェアホルダー経済」と比較すると、包括的な社会保障システム、社会における労働組合の影響の承認、経済調整を導く政府とともに存在している（Albert 1991: 117–146; Goderham & Nordhaug 2003: 182–85）。

結論としては、より少なく特徴をみるほど、より多くの国が同じ「モデル」に属するように思われる。次節では、①北欧福祉モデルは存在するか否か、②より際立った労働市場モデルを定義できる媒介変数を見出すことができるか否か、を手短に概観する。後者の問題に回答するためにはすべて重要な四つの変数を用いて、続く四つの節ではこれらそれぞれの媒介変数を個々に議論し、北欧労働市場の統一化の誕生を歴史的およびこんにちの状況からみていく。そして、最終節では分析をまとめる。本章の限られた紙面のなかでこれらの課題にわたるすべての議論を正しく評価できそうにない。しかし、できる限りこの議論では、先行研究における異なった観点のための、最も適切かつ代表的な事例を用いることとする。

## 2　北欧モデルは存在するのか？

たった今述べたように、北欧の労働市場関係モデルよりも北欧福祉モデルに関わる研究の方が多い。ただし、このような区別が可能なのであれば、である。研究者と労働市場アクター、特に北欧雇用主連盟というアクターの双方は、以下でみていくような北欧労働市場モデルは果たして存在するのか疑問視してきた。しかし、共通の北欧福祉レジームという概念は明白な訳でもない。既にエスピン‐アンデルセンが最初に示した類型に引き続き、ノルウェーの研究者であるラース・ミュセト（Lars Mjøset 1992）は、ある意味では謎めいた（いささか滑稽ではあるが）タイトルである『北欧モデルは決して存在しなかったが、このことに未来はあるか？』という論文のなかで疑問を呈している。たとえ北欧諸国が疑いなく共通点が多いとしても——誰も否定できないだろうが——社会歴史研究は歴史的相違点が類似点よりも重要であることを示している。ミュセトは、比較研究はいくつかの「北欧の特性」を表してきただけで、それは、しばしば、フィンランドにはやや当てはまらないし、包括的、収斂的な北欧モデルを十分に構築していない。北欧モデルは単に「汎国家主義的理念」として存在しているだけで、具体的な現実としてではない。

ミュセトの論文は、北欧三カ国がEU加入に向けた国民投票を準備した時期に執筆されている。そして、北欧モデルは——存在するにせよ、しないにせよ——少なくとも彼の言葉によれば、「政治的文脈において活動する政治家や知識人によって促進されるか、もしくは攻撃されていた」。汎北欧対汎ヨーロッパが、もはやこんにちでは政治的アジェンダにおける議題とはならないため、これをさらに扱う意味はない。議論とするには時間が経過してしまった。もし北欧諸国が際立ったモデルを構成するための共通の特性をもつとしたら——あるいはもち続けてきたとしたら——という根本的な質問の方が、よほど適切である。もしミュセトが北欧モデルという考えを主観的な政治的闘争の場であるとみただけなのであれば、なぜその上に非常に多くの客観的な類似点も存在するのだろうか？　またそれらの類似点は、本当にミュセトが論じるように、相違点よりも重要でないのであろうか？　北欧の類似点と相違点はどのように扱われるべきなのかについての一つのヒントは、学際的プロジェクトである「北欧モデルの未来（*The Future of the Nordic Model*）」の結論のなかに見出せるかもしれない。このプロジェクトは北欧閣僚評議会（Nordic Council of Ministers）によって設立・資金提供されており、一九九〇年代初期に北欧五カ国の研究者たちによって始められた。北欧モデルの理論的理解に関して、アイスランド人の研究グループメンバーであるゲスタ・グットモンソン（Gestur Guðmundsson 1995a & 1995b）は、モデルについての異なる見解の間を仲介するための有用な試みを行った。一方では、グットモンソンによれば、北欧モデルというより広い概念はかなり曖昧に違いない。それは一般的・概説的な方法において定義できるのみである。これはミュセトが容認できないとみた類の定義であることを認識すべきである。他方で、労使関係については、共通の北欧モデルがデンマーク・ノルウェー・スウェーデンにおいて長い間確立された構成要素となっていた。これは、グットモンソンが論じているように、戦後期にフィンランド・アイスランドも含んで拡大された。北欧の外では、「スカンジナビアモデル」という考えは、徐々に（自由市場の資本主義と計画経済の間の）「第三の道」という用語に置き換えられ、スウェーデン民主主義政策を分類するために多大に使用される用語となった。一九七〇年代後期と一九八〇年代初期の経済不況期に、この概念は

「北欧モデル」にまで拡大した。それは政策的実践・将来像と社会理論に関わる二重概念であった。この二重性は疑いなく定義を明確にして共通の認識とする追求を複雑にした。そのような定義を見出すことをさらに困難にしたのは、スウェーデンモデルもしくは第三の道モデル、スカンジナビアモデル、北欧モデルという三つのすべての概念が、北欧地域外の人々によって定式化され、発信されてきたという事実による。社会モデルを分類したのは、北欧の政治家もしくは研究者ではなかった。そのモデルは、実際の財政および社会の問題への対応として現実的な方法で発展してきたし、アメリカや旧ソビエト連邦の政治家とは異なり、北欧の政治家は、そのモデルを世界の他の地域に輸出する目的をもたなかった（Guðmundsson 1995a: 35-48 & 1995b: 11-12）。

誰が前述の定義を明確にしたのか、政治的、現実的な実践を進めたのかは問わないが、このモデルの基礎は労働市場における相互関係、特に三者間の特性にあった。次節ではいくつかの共通する北欧の労働市場の特徴を概観したい。

## 3　共通の北欧労働市場モデルは存在するのか？

疑いなく、北欧福祉モデルの定義よりも北欧労働市場モデルの定義のための共通の「確固たる」媒介変数を見出す方が容易である。しかし同時に、このモデルの限界は、我々に世論的かつ学術的な議論を放置するように強要することである。その理由は、一九八〇年代後半および一九九〇年代以前の北欧モデルへのこのより狭い見方への真摯な弁明者を見出すことは困難だからである。この概念の科学的な起源を見出すために、我々は前節で述べた「北欧モデルの未来」プロジェクトに議論を転じた方がよさそうである。しかし、これらの定義に深く立ち入る前に、この北欧モデルについてのより狭い見方は、悪名高い反対の声も含んでいたことを知っておくべきである。前述で暗示したように、この用語に最も激しく反発したのは北欧の経営者連盟であった。一事例を述べると、この論争はスウェーデン経営者連盟（ＳＡＦ、こんにちのスウェーデン企業連盟であるＳＮ）代表のハンス・ヨーラン・ミュルダール（Hans-Göran Myrdal）によって一九九五年に提起された。ミュルダールの主な議論を手短に述べるならば、北欧諸国における労使関係は、北欧にとって特段に重要ではないというものであった。同じような特殊性は、他のヨーロッパ諸国にもみることができる。また、北欧の労使関係は世界の他の国々よりもとりたてて「優れている」というわけでもない。統一的な労働組合運動および高い組合組織率は、通常、北欧諸国の労使関係の最も顕著な特徴としてみなされているが、これは、大まかにいって西欧・中欧と格別に異なってはいない、とミュルダールは述べた（Myrdal 1995）。ミュルダールはさらにグットモンソンに対し、想像上の北欧モデルを、北欧モデルの擁護者が理想の輸出市場のために試みてきたものであり、また、他国に広く普及するものとしてみなす点で不賛成であった。

ミュルダールの批判は政治的発信としてみられるに違いない。彼の視点およびSAFの視点からいえば、北欧の労使関係モデルは、政治的な概念であり、科学的な概念ではなかった。たとえ共通の「存在する」モデルがなくても、このようなモデルの理念的な「認識」の強化は、意思決定の柔軟化および分権化への強いニーズとともに、北欧の企業の、グローバル化する市場への適応を危うくする可能性があった（Myrdal 1995: 15）。しかし、もし我々が政治的含意をしばらく放置するならば、どちらが可能性のある共通の特徴なのだろうか？　ミュルダールは労働組合の一致および組織率の高さのどちらに対しても反論しているが、他に何かあるのだろうか？　「北欧」モデルを「スウェーデン」モデル、そして恐らく「デンマーク」モデルとでさえも区別することは、疑いなく重要である。労使関係に関するスウェーデンモデルという認識は、多くの労使関係を学ぶ者たちにとってあまりにも身近であり、主要課題は、それをどのように歴史的に定義するかではなく、むしろ、それがいまだに存在しているのかということである（Durand［ed.］1994: Tegle［ed.］2000）。特異なデンマークモデルの概念は未熟であるが、理論的に発展していないわけではない（Due et al. 1994; Due & Madsen 2000）。したがって、もし我々がすべてのあるいはほとんどの北欧労働市場にとって有効だと主張可能なこれらの特徴のうちのどちらかに固執すれば、ミュルダールによる批判はあるものの、最良の出発点はいまだに「北欧モデルの未来」プロジェクトであるかもしれない。結果をまとめると、このプロジェクトの筆頭者であるベント・シラー（Bernt Schiller）は、北欧モデルの、他の特徴よりももっと中心的となる四つの特徴を正確に指摘した。それらの特徴とは以下の通りであった。

① 多くの産業化した国々と比較すると、かなり高い組織率をもつ、統一化された労働組合運動。
② 団体交渉の長い伝統と団体協約の承認。
③ 労働市場関係者にとっての強固な自治を承認した行政との長い三者間の伝統。
④ 国家と労働市場関係者の、経済・産業政策にわたる密接な協力と異なるレベルでの、共同政策決定（Schiller 1995: 13）。

このリストはより長く、より緻密になるであろう。しかし、一般的に「モデル」についてすでに述べたことの延長線上で、構成変数をより詳細に細分化することは、必ずしもよくなるとは限らない。なぜならば、我々が後にみるように、これらの媒介変数は最小の共通分母として、共にうまく機能する。それらは双方とも「客観的な」歴史的観点においてとらえることが可能であり、北欧諸国の市民の大多数によって受け入れられている、広く普及した主観的な認識でもある。しかし実際に、前述の四つの特徴の②と③は後で同じ項において扱われている。それはすなわち、団体交渉システムはあまりにも三者構成主義と大きく密接に結びついているために、それらを切り離すことが難しいのである。他方では、もう一つの変数が必ず加えられる必要がある。北欧の労働市場を、その一部である、国際的にも非常に高い女性の労働市場参入および二人稼ぎ手モデルを説明することなく議論することはできない（cf. Crompton et al. 2007）。残念ながら、この側面はしばしば北欧モデルについての先行研究においては無視されているので、この議論における一つの変数としてこの側面を含むことはさらにもっと重要になる。したがって、次節以降では、たった今概説したこれらの変数を一つずつ取り扱うこととする。

## 4　労働組合

北欧における労働組合の特徴は、学術的な文献のなかで何十年にもわたって議論されてきた。労働組合の強さは、非常にしばしば「典型的な北欧らしさ」と呼ばれている。多くの他の国々との相違において、組合の組織率は、いくつかの産業においてだけでなく、公共部門および民間部門、ホワイトカラー労働者およびブルーカラー労働者、女性雇用労働者および男性雇用労働者を含む経済のあらゆる部門において高い。ホワイトカラー労働者にはさらに、ブルーカラー労働者の組合とは分離した、彼ら自身の強固な連合があり、それが高い組織率の理由の一つとなっている。組合の構造は、高度に中央集権化されているが、職場レベルでの労働保護代表者を含む、地方活動家の極めて強い存在がまだ残っている（Kettunen 2004; Kjellberg 2006）。主な労働組合連合内には、一九五〇年代後半のフィンランドの社会民主主義労働組合 (SAK) の中央組織におけるフィンランドの社会民主主義者と共産主義者の分裂は例外として、真摯な理念的対立もなかった。この分裂は、一九六九年まで再統合されなかった二つの全国レベルの連合の設立を導いた。しかし、この紛争の引き金となったものは、外交政策をめぐる社会民主党内の強い紛争であり、組織の問題もしくは労働組合の戦略とは関係なかった（Bruun 1992: 45）。

北欧の労働組合の高い組織率は、いわゆるゲント・システム（Ghent system）を語ることなくして論じることはできない。デンマーク・フィンランド・スウェーデンの、そして時折、アイスランドの高い組合組織率は、しばしばゲント・システムによって説明される。手短にいえば、これは、税によって支払われる、組合ベースの失業保険制度を意味する。こんにち、このシステムはスウェーデン、デンマーク、フィンランド、ベルギーのみにおいて存在する。これは、この四カ国が自由な三者間交渉システムとともに世界中で最も高い総組合組織率をもつということである。組合がこのシステムを採用することは、求職もしくは失業手当を申請する被用者との接触をもたらすゆえに、高い組織率レベルなのである。組合組織率の低下が過去何十年かにわたるグローバルなトレンドとなりつつあるなかで、ゲント・システムを採用するこの四カ国は強固な組合メンバーシップを維持してきた。このことは、擁護者たちが議論するように、なぜ組合組織率が、たとえばベルギーよりもオランダにおいて、また、これは我々にとってより重要な事例であるが、デンマークやスウェーデンよりもノルウェーにおいて低下するのか、を説明することにもなるはずである（Western 1997; Frege 2006; Leonardi 2006）。

しかし、ゲント・システムの重要性はこの理由のみではない。むしろ、この重要性は恐らく誇張されている。キルベルク（Kjellberg 2006）によれば、少なくとも同等の関連する変数がもう一つあり、それは恐らく、さらに強力な重要性、すなわち、中央と地方の組織を強く包括する結びつきである。中央集権化は、組合の包括範囲が断片化することを防ぎ、交渉力を促進し、「連帯的な」賃金政策を容易にする。一方、分権化は、全国レベルの組合のなかに上手く統合された地方の組合支部のネットワークを拡張し、組合に平社員メンバーへの接近をもたらした。

時折、ゲント・システムは、スカンジナビアの、殊にスウェーデンの労働組合がどのように一九三〇年代に非常に強力となって高い組織率を得たのかについての理由の一つとして強調されている。そのため、ゲント失業保険制度は、一九三四～一九三九年に導入された大規模な雇用創出プログラムとともに、一九三〇年代の危機を解決するための社会民主党少数派政府による試みの重要部分としてみなされている。それは、組合への敵対としてとらえられた失業対策事業を規制するいくつかの古いルールを、単に組合を受け入れるだけではなく、組合をシステムのキーとなるアクターにする新しいシステムにおきかえたからである（Rothstein 1992: 46-51）。しかしながら、ピーター・スヴェンソン（Peter A. Swenson 2002: 297-299 & 2009: 78）によって指摘されたように、この分析は厳重な精査に耐えうるものではない。とりわけ、（Rothstein 1992: 46, 50. の記述にもあるように）、一九三四年以前にゲント・システムは存在しなかった。しかし、スウェーデンの労働組合は、一九二〇年代にはすでに国際的にみても比類なきほど成長しており、一九三〇年には（ドイツに続いて）ヨーロッパ第二位の組合組織率を示していた。さらに、製造業における重要な組合は、一九四二～一九四七年まで任意のゲント・システムに署名しなかったが、彼らはすでに八〇%程度の組合組織率にあった。一九五〇年に失業保険給付は一般歳入からの補助金によって多大に改善されたが、その年の前にはすでにスウェーデンの組合は、他の国々がその前後にも、たとえゲント・システムもしくは他の失業給付制度を保持していたとしても決して到達したことのない、驚異的なレベルの高さに達していた。一九五四年に、このシステムはまだスウェーデンの労働力のおよそ半分を除外していた。しかし、それでもなお、スウェーデンの組合は、世界中で最もよく組織化された組合の一つであった（Swenson 2002: 297-299）。

その代わりに、スヴェンソン（Swenson 2009: 45-46）は、一九二〇年代において、ロックアウト（訳者注：使用者が労働者の労務提供を拒否すること）という武器を頻繁に用いる攻撃的な雇用主から組合が保護することを求めるスウェーデンの労働者のニーズを強調している。なぜならば、ロックアウトされた労働者は、政府の救済事業からは不適格であるとみなされていたからである。労働者は、組合メンバーであるか否かにかかわらず、組合メンバーであることによって多くを得ても失うものはほとんどなかったからである。スウェーデン経営者連盟（ＳＡＦ）は攻撃的な態度を示していたにもかかわらず、組合の成長には反対しなかった。一九〇九年のゼネラル・ストライキにおけるスウェーデン労働組合連合（ＬＯ）の惨敗の後に、ＳＡＦは、疑いなくＬＯをほぼ永久に打倒することができたはずだった。しかし、恐らく弱体化するであろうものの制御するのが難しいサンディカリスト（訳者注：無政府主義者）と左派の反応に恐れを抱いていたために、ＳＡＦは改革派であるＬＯを代わりに歓迎した。それはＬＯが組合を中央交渉システムに呼び戻すことがＬＯを回復させる手助けになるだろうことをＳＡＦは十分にわかっていたからである。

筆者の見解では、我々は今、間違いなく最も重要な歴史的な特徴の一つに接近している。その特徴とは、北欧の労働組合を共に束ね、しかしまた、他の国々とは一線を画す、すなわち、雇用主アソシエーションのことである。これは労働組合を労働者団体の代表交渉組織として承認する。そして、後にこの承認は、紛争解決などのルールも含む、いわゆる基本協約を制定することによって公式化される。たとえばこれは、他のヨーロッパ諸国では、ほとんどの職場に関連するボーナス、単価労働といった課題が労使協議会によって担われている一方で、なぜ北欧の労働組合が職場レベルで賃金や労働条件に関して直接交渉するのかという一つの理由となっている。北欧の先駆者は、疑いなくデンマークである。

スウェーデンのゼネラル・ストライキが起こる一〇年前には既に、デンマークの組合は、デンマーク雇用者連合（Ｄ

A）との小規模な紛争を経験していた。その結果、一八九九年の有名な九月妥協／九月合意（*Septemberforliget*）が生じた。一八七〇年代におけるデンマークの労働組合運動の初期以降、このアジェンダに関するキーとなる項目は、ストライキの資金がないまま、どのようにストライキを成功させるのかということであった。主な戦術方法は「波状ストライキ」、デンマーク語でオムガンスクーン（*omgangsskruen*）となった。実際にこれは、ある一つの工場で組合に属する労働者だけが、その周辺領域の労働者はまだ働いているのに、ストライキを実施する。そのため、まだ働く労働者らがストライキ基金を支援する組合費を支払い、それと同時に組合はストライキの支払い費用を節約することができた。もしストライキをされた雇用主が賃金上昇の要求に応えて――もっともそれが最重要なのであるが――組合との労使協約を締結すれば、そのストライキは別の企業に「転進した」。ＤＡから波状ストライキへのかなり明確な回答とは、ストライキの基金を使い果たさせ、労使協約を避けるために、完全無防備な領域にいる、組合に属さない労働者をロックアウトすることであった。この逆戦略は、一八九七年と一八九九年の二つの大きな全国レベルでのロックアウトにおいて全盛を極めた。そのうち後者は九月合意の際に終結した（Knudsen 1999; Due 2000）。この一八九九年春の「大規模ロックアウト」は、デンマーク史上最大規模の労使紛争であった（「ここまでの経緯」については、Due et al. 1994: 80, 参照）。一九〇九年のスウェーデンのLOとほぼ同様に、デンマークのＬＯとすべての労働組合運動は、ほとんど制圧された。しかし、この一〇年後のスウェーデンのゼネラル・ストライキとの類似点は、そこで終結していない。なぜならば、ＤＡの内部でより穏健な路線が勝利したからである。ＤＡの「真の」目標として強調されてきたものに向けられた一文とは、すなわち、以下の通りである。

「団体交渉の中央集権化されたシステムの構築は、つまり、雇用主によって有利とみなされる前提に従った交渉であるが、それでもなお、これは交渉もしくは協議なのである。この段階において、労働組合組織は絶対要件となった。ＤＡの活動が労働組合組織のリーダーシップを高める試みを担ったとさえいえる」（Due et al. 1994: 80, 傍線は原文ママ）。

既にスウェーデンの雇用主連合の一〇年前に、デンマークの雇用主連合は、中央集権化されてはいるものの、できれば「それほど」強くない労働組合運動と協力する方が、労働闘争というより制御できない形態を扱うよりも、容易であるという結論に達していた。組合の観点からは、これは北欧の労働市場モデルと多大に関連してきた、有名な運動の中央集権化の開始であった。九月妥協の後には、一九〇二年のノルウェーのLOとノルウェーの雇用主連合（N. A. F.）間の合意、および一九〇六年のスウェーデンにおける一二月妥協が続いた（Bruun 1992: 12-15）。三つのすべてのケースのなかで、労働組合は、雇用主の特権を受け入れなくてはならなかったが、全労働者団体の代表として認識されていた。組合の成長との結びつきは、すでにほのめかしたように、一九二〇年代において最も顕著となった。デンマークのケースでは、第一次世界大戦後の新しいストライキの波とロックアウトが、一九二五年の全国に普及したゼネラル・コンフリクトとともに終結した。このことは、労働市場の静止期および組織の成長期の起点であった。クヌート・クヌーセン（Knud Knudsen 1999: 143）によれば、一九一九～一九二五年の六年間は、デンマークの労働争議の歴史にとって決定的な時期であった。

デンマークの経験がスカンジナビアの視点において突出していることは、時々議論される。なぜならば、「好意的な」合意を基礎とした労使関係のフレームワークがすでに一八九九年以降には存在したからである（九月合意は、基本合意の立場であった、ノルウェーやスウェーデンのそれとは異なる）。他方で、スウェーデンやノルウェーの、合意や法制を通じた、同様のシステムを達成する試みは、両大戦間の経済不況期まで何の効果も現さなかった（Guðmundsson 1995a: 43）。したがって、クヌーセン（Knudsen 1999: 143）の記述は我々のケースでは重要性が高い。この三カ国すべてが、前世紀末の変わり目に根源的なフレームワークを獲得したからである。しかし、これらのうちどの国も、有名なコーポラティスト的な労働市場に一九二〇年代後半～一九三〇年代まで到達しなかった。

ノルウェーは一九三五年に基本合意を、スウェーデンは一九三八年に、サルトショーバーデン（Saltsjöbaden, 訳者注：スウェーデン地名）合意として多く知られている基本合意を導入した。また、両大戦間には残りの北欧二カ国であるフィンランドとアイスランドが、その時代の初期よりもむしろ末期ではあったものの、スカンジナビアの中心に集まり始めた。両国とも隣国から影響を受けていた。アイスランドが最も強く影響を受けていたのは、一九四四年までいまだデンマークの支配下にあったという明らかな理由からである。アイスランドはさらに、労働運動のなかで他の北欧諸国よりもかなり強い共産主義の影響を受けていた。共産主義の影響は、政治的に、そして労働組合においてであったが、第二次世界大戦中の農業危機ゆえにさらに強く進展した。共産主義者は、一九一八年の市民戦争後に設立された共産党の非合法性にもかかわらず、フィンランドの労働組合においても一九二〇年代に指導的な地位を保持していた。しかし、すべての共産主義活動の禁止ゆえに、その影響は一九三〇年代初頭にはなくなり、共産党が一九四四年に合法と宣言されるまで再び成長することはなかった。アイスランドのデンマークからの正式な独立直後に、共産党は新政府に参加するように勧誘され、同党は一九四四〜一九四六年にその地位を維持した。このことは、北欧の慣習のなかにアイスランド的な「社会契約」を確保するものであった。フィンランドでは、社会契約は、いわゆる一九四〇年の一月契約によって先導され、一九四四年の基本合意もしくは一般合意の結果を通して保障された。このことは、戦後の団体交渉システムと新しい労働法制の発展をもたらした。これはまた、政府内に議席を獲得しており、労働組合においては、強いがまだ少数派の地位にあったフィンランドの共産主義者によって受け入れられた。そのため、北欧モデルへの移行はフィンランドにおいても順調に進んだ（Guðmundsson 1995a: 42-44; Bruun 1992: 12-15）。

両大戦間の労働組合組織率に関する真の国際比較に着手することは非常に困難である。大多数の大陸ヨーロッパの国々は、しばらくの間、自由な労働組合もしくは労働運動を一切許さない、右翼による独裁体制期間にあった。しかし、我々が知っていることは、すべての北欧諸国の労働組合が、ほとんどの西および地中海ヨーロッパ諸国において自由な組合が再び許可された第二次世界大戦終結の前後に、着実に成長したということである。北欧は、ヨーロッパの片隅で最もよく組織化された国としての地位を確立した。デンマーク、アイスランド、ノルウェー、スウェーデンでは五〇％以上の組織率であり、オーストリアの数字のみがこれに匹敵した。フィンランドはすぐにベルギーとともにこれに並び、北欧はそれ以降、世界で最も高い組織率となった（Ebbinghaus & Visser 2000: Checchi & Visser 2002）。

北欧四大諸国のもう一つの特徴は、前述したように、特段に強い職場の代表権であった（Checchi & Visser 2002: Figure A6）。これも前述したように、しばしばゲント・システムについての賛否両論の議論のなかでは忘れられた変数である。本節をまとめると、労働組合の強さと組合構造は国際比較において、北欧を統合すると結論づけることはかなりもっともらしく思われる。この結論は次節に続くが、もし組合が強ければ、組合は、均等によく組織化された相手方と同様に、内部での活動の場をもっているに違いない。我々はすでに、よく組織化された相手方である雇用主連合が、前世紀の変わり目に既に存在したことをみてきた。この活動の場とは、以降、デンマーク、ノルウェー、スウェーデンにおいてはほぼ同時期に、フィンランドとアイスランドでは少し遅れてやってきた、団体交渉システムである。

## 5　三者構成原則と団体交渉

団体交渉の中心は賃金形態であるし、いつもそうであってきた。もし、団体交渉を和解させる特殊な北欧式の方法があ

**表13-1　北欧諸国における賃金形態**

| 産業別交渉 | 企業別交渉 |
|---|---|
| （A）最低賃金率の固定化 | （B）企業レベルでの最低賃金率の交渉 |
| （C）最低賃金上昇の合意<br>（D）一般賃金上昇の一元的合意 | （E）個人あるいは団体の賃金上昇（協定外賃金） |

出所：Stokke & Thörnqvist（2001: 261）.

るのであれば、それはたいてい、ほとんど、もしくは、まったく政府介入を伴わない、強く、しかし「自主規制的」な、二者間もしくは三者間の交渉システムであると主張される。手短にいえば、この多段階的プロセスの主な特徴は表13-1のように表すことが可能である。

この表は民間部門、特に製造業を最もよく描写している。さらに、これは戦後期において最も当てはまる。もっとも、多少図式的過ぎて、五カ国すべてに完全に当てはまるとはいえないところはある。すべての北欧諸国では、最低賃金率は国レベルで決められている。しかし、さらなる賃金交渉は企業そして／もしくは工場レベルで行う。フィンランド、ノルウェー、スウェーデンでは、最低報酬率は部門別労使協約のなかで決定される（A）。そして、この最低報酬率の上昇はその時々で取り決められる（C）。ほとんどの雇用主は既に最低報酬よりも高い賃金を確保している。なぜならば、より高い最低報酬率は個別の企業に当てはまるからである（B）。したがって、彼らにとって、最低賃金の上昇はほとんど意味を成さない。加えて、部門レベルの関係者たちは、すべての労働者に現在の賃金とは無関係に与えられる一般賃金の上昇をめぐって交渉を行う（D）。この上昇はしばしば契約上の賃金上昇と呼ばれる。そのような合意が締結された後、会社レベルの関係者たちは、追加的な個人あるいは団体賃金の上昇、言い換えると、賃金ドリフト（訳者注：協定外賃金）をめぐって交渉を行う（Stokke & Thörnqvist 2001: 260-261）。

これらの国レベルで制度化された、二者間もしくは三者間の団体交渉システムについてしばしば強調される特殊性は、それらのシステムが労働市場の規制における法制に先立って優位性をもつことである。北欧の労働市場法制は、合意によって変更できる条項を伴った、解決の手掛かりを半分もたらす枠組みの法律を基礎としている。こんにち、このシステムについてよく議論されている一つの側面は、法律が最低賃金を制定していないことである。その代わりに団体交渉が最低歩合を設定している（Lismoen 2006）。既にみたように、団体交渉や団体協約の普遍的な承認は、デンマーク、ノルウェー、スウェーデンにおいては少なくとも一世紀の経過がある。また、その承認は、フィンランド、アイスランドにおいても、特に製造業における組合との団体交渉に対するフィンランドの雇用主からの強固な先の反対運動があったにもかかわらず、第二次世界大戦後に支配的となった。基本合意のおかげで、このシステムにおける政府の役割は、労働市場関係者間の等位性の保障であった。この場合における「等位性」の概念は、労働組合の正統な役割が承認されていること、およびさらにもっと根本的には、民間所有および公共所有のビジネス活動の雇用主が、統合された労働市場関係者となっていることを意味した。彼らは、単に緩やかに結びついた別々の会社・事業の集団ではなく、共通利益を伴った「組織化された資本」であった（Kettunen 1998: 46-49）。これは、北欧では労働市場規制が、公式な法制により強い信頼をおく国々よりも、それほど要求的でなかったという意味ではない。北欧の労使関係は、世界中で最も「法化されて」いる。これは、世界の多くの他の国々で利益をめぐる紛争として考えられていることは、北欧諸国では権利をめぐる紛争に変換されること、すなわち、法律上の問題として考えられていることを意味する。高い法化の根源もまた、およそ一世紀前に遡ることができる（Bruun 1992: 22-37）。

さらに、多くの研究者は、大戦間の有名な政治階級同盟が北欧社会における団体交渉や団体協約を通した産業労働市場規制に対する全体的な確信を強化した、と強調してきた（Guðmundsson 1995a: 40-43; Kettunen 1998: 51-54 & 2004）。ケットネン（Kettunen 2004）の言葉のなかで、北欧における労働者（社会民主主義政党）と農民／小作農（農民政党）の政治的妥協は、国の社会内部における経済成長・社会平等・民主主義の拡大を取り入れながら、労働市場における関係者の対称性、および好循環への確信、という共通して受け入れられた見解を形成した。労働組合、雇用主連合、および政府のこの三者間協力は、さらに、議会および労働組合における北欧の社会民主党の強固な位置づけによって促進された。これについて、我々は次節において取り扱うこととする。

ニコラス・ボーン（Niklas Bruun 1992）は、デンマーク、フィンランド、ノルウェー、スウェーデンが労働市場規制のために非常に同質な司法モデルを具現化していると述べてきた。体系的な長期の北欧間の協力ゆえに、国家レベルと労働市場組織間の双方において、これら四カ国には多くの共通の特徴がある。共通の特徴のうちの多くは、たとえば、高い組合組織率、強い中央集権化、労働組合連合と労働者政党の間の密接な結びつきなどであり、すでに本章のなかで述べられている。戦後期において、これらの共通の特徴から生じた一つの長期にわたる影響は、一九五二年に設立された北欧評議会（訳者注：または北欧理事会／北欧会議）であり、また、一九五〇年代半ば以降の、共通の北欧労働市場へと続く統合であるが（Mjøset 1992）、このことは、我々を、次節で扱われる、北欧の三者間原則と産業政策との関係により近づける。

もし「北欧間の例外」があるのであれば、それは再びフィンランドの経験である。フィンランドの、特に製造業における雇用主が、第二次世界大戦以前には、団体協約を認めず、結果的には組合を相手方として認識すらしなかったにもかかわらず、組合は三者間の影響から締め出されなかったことは強調されるべきことである。彼らは、公式な委員会に政府の政策計画に向けた労働者の正統な代表として出席することができた。このことは、雇用主の視点においても受け入れ可能なものであった。第二次世界大戦中および直後の、そのようなコーポラティスト（訳者注：協同組合主義）代表制は、拡大して当たり前のこととなり、したがって、政府が仲介する連合組織間の会合を部門別・地方レベルまで下方拡大することを通して、機能的な団体交渉システムの基礎を築いたのである（Kettunen 2004）。

ノルウェーのシステムもまた特異である。スウェーデンにおいて最も顕著な、国家の介入なしで、労働市場関係者間の交渉を通じて、中程度の賃金水準上昇を確保している「自己規制」システムとは異なり、ノルウェーでは国家は、少なくとも一九五〇年代初期まで三者間システムにおける主要アクターであった。さらに、スウェーデンとデンマークの両国と対照的に、ノルウェーの地方の組合支部は組織的な自律だけでなく、地方による支持をもたない国レベルでの合意を弱めることのできる、一定の組織力も維持していた。しかしこのシステム、特にノルウェーの労働市場関係者による政府に対する確信は、部分的にはアメリカによるマーシャル・プランによるヨーロッパ復興援助を受けるための制限による影響の下で、一九五〇年代に弱められた（Heiret 2003）。

さらに、団体交渉の場合には、実際に戦後期において北欧諸国の間の相違を増加させたといういくつかの特徴がある。たとえば、一九七〇年から一九九八年までのOECDデータを引用しつつ、トラクスラーら（Traxler et al. 2001）は、北欧諸国の雇用主連合の特異性を十分な根拠に基づいて疑問視してきた。実際に、雇用主の組織率は北欧諸国において特に際立っているわけではないし、北欧の雇用主連合の特別な力強さという広く普及した想定は、中央集権化に関してのみ真実なのである。雇用主と労働組合の組織率が一九七〇年後に相互に影響を及ぼしてきたという証拠はない。雇用主にとって「生産市場は労働市場よりもより連携を行う理由として重要である」（Traxler et al. 2001: 96）。しかし公平にいえば、北欧の研究者は、自分たちが、中央集権化システムを超えた形で、雇用主の異なる政策あるいは力強さそのものを重視してきたことはほとんどなかったと強調しなければならない。組織化された雇用主の役割は、労働組合（および国家）との関係によって大きく定義づけられてきた。デンマーク人社会学者のデュア（Due）、マッドセン（Madsen）、ストロビュー－ヤンセン（Strøby-Jensen）の言葉において、北欧であれ、他国であれ、雇用主は「元来」反集団主義者である。彼らは、組織化された労働者もしくは政府の措置と向き合わなければならない際にのみ団結する。もし雇用主が自分の会社に影響を及ぼす経営の支配や決定上の特権を維持できるとしたら、彼らは常に非組織的なままであることをより好む（Due et al. 1993: 328-331）。

団体交渉の分権化のグローバルな流行は、さらに北欧諸国に異なった打撃を与えた。まず、第二次世界大戦後の団体交渉の中央集権化が、北欧の特殊性ではないことは、特筆されるべきである。およそ一九五〇年から一九七〇年まで、中央集権化は、西ヨーロッパの大多数の国々におけるすべての労働市場アクターに利益をもたらした。これは、政府がインフレを制限したり、雇用主が職場レベルでの交渉で経営者としての特権に介入されることを避けたり、組合が中央集権化された国家の組織に影響を及ぼしたりすることの助けとなった（Peterson 1997: 23, 38-39）。強力な新自由主義の影響と組織をより柔軟化させようとする方向性の下で、国際的な脱中央集権化の動きが一九八〇年代に生じたとき、北欧諸国の間でさえも、その結果はいまだ異なっていた。トラクスラー（Traxler 1995）によれば、デンマークとスウェーデンの交渉システムは、いまだ多くの中央集権化システムが残存していたものの、深刻な脱中央集権化を経験した。中央集権化は一九八〇～一九九〇年代においてさらに一層進んだために、ノルウェーの交渉システムは産業化世界では特異にみられたもののの、フィンランドでは大規模な変化を全く経験しなかった。残念ながら、アイスランドについては、トラクスラーの議論からは除外されている。

結果的に、ノルウェーの歩みは、ここでいくつかの特別な注意を向けるに値する。労働市場が地方分権化というよりもむしろ中央集権化してきているだけではない。話が、国家システムの力強さと、それに対抗してＨＲＭ（人的資源管理）戦略を異なる国々において、統一する方向に急ぐ多国籍企業との間での関係に及ぶ際に、労使関係システムと国際経営戦略の多様な形態の双方は、この数十年の間に地位を高めてきたように思われる。労働市場関係者間の組織化された関係は維持され、また大手産業の企業グループにおいては拡大さえしている。三者間協力は、賃金決定のための主要な役割を果たし続けている。保健・教育部門内の専門家組織は、協同組合主義的な母体にますます組み入れられつつある。また、それと並行して、「組織化された交渉相手」という知られていない用語である国際経営とＨＲＭ戦略は全盛を極めてきた。経営戦略と組織化された労働市場関係の間のこの遭遇の歴史的根源をたどれば、職場における新しい実践を確立するなかで具現化された、第二次世界大戦直後の、ノルウェーの経営と労働の関係システムの発展に遡ることができる。したがって、それはノルウェーの、ある特殊性であり、北欧のものではない（Heiret 2003）。それでもなお、他の北欧諸国とのこの相違点は、類似点よりもわずかに際立つ程度である。もしくは、ジャン・エリエット（Jan Heiret）の言葉によれば、

「しかし我々が、他の北欧やヨーロッパの経験と比較する際に、異なるノルウェーの労使関係システムをもし区別するとしても、特異性にのみ注目することには限界がある。ノルウェーの団体交渉システムおよびその代表民主主義の形態は、我々が、他の北欧の労使関係システムにおける人的資源管理の異なる形態においても見出す、協力と競争の間の強い結びつきという同じ考えに、いつも関連づけられてきた。」（Heiret 2003: 126）

北欧諸国における労働市場をしばしば分け隔てるもう一つの特徴は、ストライキの形態である。最も著しいのは、フィンランドの労使紛争の絶対水準が他の国々よりも常に、もしくは少なくともデンマークの数値が同等となった一九九〇年代まで高いことである。しかし、ストライキ活動における変化は、たぶんノルウェーに関してはいくらかの躊躇があるものの、北欧五カ国すべてにおいて第二次世界大戦後に極めて類似してきている（Stokke & Thörnqvist 2001: 252-256）。紛争の割合は、「階級闘争の復活」（Crouch & Pizzorno 1978）期である一九六〇年代後半～一九七〇年代に北欧すべての国々において増大した。もっともノルウェーに関しては再度いくらかの留保付きではある（Stokke & Thörnqvist 2001: 252-256）。最も例外的な展開をしたのは、疑いなくアイスランドである。たとえば、一九七九年のピーク時には、総労働力の五〇％以上がストライキ活動に参加していた（Thörnqvist 1994: 52-53）。ストライキの波がヨーロッパにおいて次第に消えていったときですら、北欧諸国は別の道を辿ったのである。なぜなのであろうか。

表13-1が示すように、すべての北欧諸国において工場レベルでの交渉は、産業もしくは部門間交渉の補足として、一般的に広く普及している。賃金ドリフトをめぐる交渉が可能なのは職場レベルである。しかし、多くのストライキは、このような職場レベルでの交渉との関係において発生するであろうと予想できよう。アイスランドの労働闘争は一九八〇年代後半以降は位置づけることが難しい。なぜならば、一つの産業、すなわち漁業にあまりにも依存しているからである。また、ノルウェーにおいて地方での交渉は、重要な数のストライキを生み出してきたことがなかった。しかし他の北欧三カ国では、（非公式な）ストライキは職場交渉と明確に関連してきた。デンマークでは、いまだにこのケースである。一方で、スウェーデン・フィンランドにおいては、失業やいく

つかの他の要因が、正式なストライキであってもなくても、ストライキを緩和する強い影響を与えてきたように思われる。これらの相違に関して追加的に説明するならば、それは「階級闘争の復活」の強さと経路の違いであるかもしれない。特に組合と雇用主が物事の展開にどれだけの支配力をもち、また、いかに政治的かつ法的な文脈における変化に影響を与えてきたかということにおける違いである。産業レベルでの交渉は、四大北欧諸国すべてにおいて、ある程度は公式の大ストライキを防ぐが、デンマークでは、フィンランド・スウェーデンほどではない。ノルウェーにおける公共部門と職場レベルでの労使関係の安定を説明する問題は別として、デンマークのケースは、北欧諸国の間のより広い多様性を理解するために重要であるように思われる。産業もしくはトップレベルでの交渉は、デンマークにおいてはあまりに儀式化されているため、闘争の勃発は比較的少ない。さらにデンマークでは、民間部門における地方レベルでの交渉は、他の北欧諸国においてよりも、賃金決定のためにかなり重要な役割を果たしてきており、いまだに果たしている。結論として、デンマークの民間部門における非公式なストライキは、交渉システムのさらにもっと統合的な部分となってきた。それゆえに、ビジネスサイクルの動向にそれほど影響を受けてこなかったのである。

これまでみてきたように、三者間システム内の団体交渉という事例における北欧諸国の間の相違点は確かに存在する。しかし、国際比較においてそれらの相違点はどれくらい顕著なのだろうか。北欧はいまだにヨーロッパ的な見地において統一のグループとして区別されうるのだろうか。結局、団体交渉は雇用主連合や労働組合だけにとっての事柄ではない。もし我々が第三の関係者である国家を含めるのであれば、何がいえるのであろうか。

## 6　三者構成原則と産業政策

前述したように、一九三〇年代の階級結束は、スカンジナビアの労働市場のための主な規制ツールとして、団体協約の受け入れを強化した。これらの結束は政治的であり、この三者構成原則の強化は、結果として一般的にいえば、産業政策に多大なる影響も与えた。効率性・連帯性・平等性の結びつきは、ケットネン（Kettunen 1998: 53）から借りた表現である「資本主義精神のイデオロギー的な貢献、社会主義のユートピア、独立農民の理想化された伝統」を反映する、広く受け入れられた社会的価値となった。この混合は、三者間の関係に基づいた包括的な産業政策に大いに関係した。そしてその関係は恐らくどの比較可能な国よりも強固であった。

しかしこの点においても、フィンランドは「北欧における例外」として長く位置づけられている（Lilja 1992）。一九六〇年代後半まで、フィンランドはいまだに低い組合組織率で、他の北欧諸国よりも、より政治的に分断された労働運動およびより組合を敵視した雇用主連合を保持していた。矛盾したことに、抵抗の年である一九六八年は、「新しい所得政策の時代」のランドマーク的な年として、また、およそ一〇年もの間、組合を弱めてきた、二つの労働組合連合の間の政治的分裂の終わりによって、フィンランドにおけるより強力的な三者間関係の始まりを明示した。いまだにフィンランドの三者間システムは、主に、ウーホ・ケッコネン（Urho Kekkonen）大統領の積極的な役割を含む、所得政策的妥協への非常に頻繁な政府介入によって、近隣のスカンジナビア諸国よりもそれほど強力ではなかった。しかし、それは確実に、スカンジナビア諸国の三者構成原則に加速的に移行する始まりであった（Kettunen 2004）。

三者間システムと政府による介入・政策との関係については、ニルス・エルバンダー（Nils Elvander）が北欧内の類似点よりも相違点をかなり強調した。彼は数十年間、北欧の労使関係システムもしくは、彼自身がより好む分類によれば、「レジーム」における先導的な専門家であった。北欧諸国のレジーム概念の適切な比較は、エルバンダー（Elvander 2002: 118-119）によれば、二組の変数に大幅に焦点を絞るべきである。それらはすなわち、紛争解決における国家介入の程度、および、賃金決定における国家参加の程度である。そうするなかで、エルバンダーは類似点よりもさらに際立った相違点を見出した。このことは、強い経路依存性によって説明されうる。それは、およそ一〇〇年間の歴史的ルーツによって、とりわけ、「産業化過程のタイミングと構造の相違を映し出す、特に労働組合における、民主化過程および組織構造の相違点」（Elvander 2002: 119）によって説明されうる。

アイスランドがこの分析に含まれていないことは、留意しておくべきである。しかし、筆者はエルバンダーの歴史的証拠をあまり確かでないとみる。彼は、時の経過とともに収斂も分岐もしてこなかったようにみえる相違点を疑いなく指摘している。しかし、それらは本当に区別されうるものなのだろうか。もしくは、エルバンダーは視野が狭過ぎはしないだろうか。北欧の経験はまだ、一定のグループとして区別されうるような、類似の形態および類似の政治の一部となっていないのではないか。エルバンダーがこの考えにおける唯一の存在ではないことは強調されるべきである。たとえば、デンマーク人研究者のデュアとマッドセン（Due & Madsen 2000）は、たとえ彼らが、「自己統制」に基づく北欧の労働市場モデルの理念全体を問題視しなかったとしても、デンマークとスウェーデンの団体交渉システムの比較における、より長期の歴史的な見方や、政府の権力への異なる依存度も、同じく重要であることを強調している。デンマークの社会民主党は、スウェーデンにおける同党ほどの議会における支配力に到達することはなかった。デンマークの労働組合は、団体交渉における政府介入をより恐れてきた。その結果、雇用主連合、特にデンマーク経営者連盟（ＤＡＦ）との接触により注意深くなった。その見返りとして、デンマーク経営者連盟は民間部門においてスウェーデンの連盟ほど紛争傾向がなかったのである。社会民主政党が政策について多大な影響力があったとしても、北欧諸国における政府が、どのように賃金決定問題を異なるかたちで扱ってきたかに関しては、正に、何年間にもわたるいくつかの事例がある。エルバンダーは以下のように締めくくっている。

「一九六〇年代以降に、所得政策はスウェーデンを除くすべての北欧諸国における労働市場レジームの中核となってきた。デンマークとノルウェーにおいて、それは、古い伝統に即して、団体交渉と紛争解決に国家が頻繁に介入することと結びついた。この所得政策の形態は一九七〇年代の終わりに最高潮に達し、比較的不成功に終わった。」（Elvander 2002: 133）

しかし、エルバンダーが分析から除外したものは、すべての主な労働組合が北欧の労働組合間の頻繁な会合を通して、そして多くの場合、北欧諸国のための共通の連合を通して、非常に密接な、国境を越えた協力を行ったことである。一九七二年以降、すべての北欧の連合は、北欧労働組合理事会（ＮＦＳ）において統一されている。しかし、歴史的に最も言及すべき事例は、北欧五カ国における金属労働者組合の間での協力、すなわち、こんにちの北欧金属労働者連合であろう。この協力は、一九七〇年にストックホルムにおける北欧金属労働者事務局の創設によって公式化された。それは、北欧労働組合理事会の二年前に既に存在し、そのインフォーマルなネットワークとしては、少なくとも、デンマーク、ノルウェー、スウェーデンに関する限り、組合そのものと同じ古さであった[3]（Thörnqvist 2008: 930-31）。しかし、この金属産業の重要性が、一方では造船業と自動車産業に強く依存するスウェーデンから、他方では純粋な漁業国家であるアイスランドへと非常に幅広く異なってきた際に、金属産業における密接な協力を、「北欧」モデルの一つの兆候であると問いかける者がいるかもしれない。

筆者の考えでは、それはやはり明らかな兆候であり、共通の兆候であるが、産業政策の兆候でもある。ヨーロッパにおける戦後の経済ブームは、金属産業とその関連産業分野、特に土木産業が引き金となってかなりの程度もたらされることとなり、それらの産業は、多くの国の賃金決定システムにおいて賃金上昇を促進するものであった。したがって、ヨーロッパ各国の政府にとって、近隣諸国の製造業部門で起こっていることについて最新の情報に接することは最重要課題の一つであった。とりわけ、それは北欧諸国のように輸出に依存する小国にとって当てはまった。「黄金期」である戦後から一九八〇年代まで、北欧五カ国における社会民主政党との極めて密接な関係ゆえに、北欧金属労働者事務局は、産業政策にとって、また、政策形成に政府が必要とする情報収集にとって、高度に重要なルートであった。たとえそれが、しばしばスウェーデンにおけるケースのように、国会内に多数派を伴う社会民主主義政府であるか、もしくは、他の国々においてより共通であるように、有力な社会民主主義代表を伴った連立政府であるとしても、である。全国金属労働者組合の代表は、この時代において、社会民主政党のなかで高い信頼をもつ地位に常にあった。そして北欧間の協力とのこの密接な結びつきは、フィンランドのコミュニストたちが労働組合政策についてそれほど発言しなかった、さらなる一つの理由であった。金属労働者事務局の政治的な影響は決して目立たないものではなかった。それどころか、事務局は、それが北欧に共通の産業政策にとってのツールであるとオープンに述べた。北欧の各金属労働者組合は、最もよく知られたところではＩＭＦやＥＭＦのような、国際労働組合組織との公式会合の前に事前会合を常に開催し、一体化して活動していた。一九七〇年代にわたって、北欧金属労働者事務局はまた、いくつかの特別委員会を設立した。五つの最重要な委員会は船舶、鉄鋼業、労働環境、団体協約、教育関連に対して運営されていた。さらに、一九七〇年代にはすでに、北欧の金属労働者は、労働組合間協力のための組織体を形成して、多国籍企業集団への影響力をもっていた。その対象は、エレクトラクス（Electrolux）やＬ・Ｍ・エリクソン（L. M. Ericsson）のような、スカンジナビアを発祥とする企業だけでなく、たとえば、フィリップス（Philips）のような企業も含んでいた。ケースによっては、これらの国家間の組織体は企業に会合の経費を支払わせることにさえ成功した(4)。フィンランドの組合を通して、他の北欧の組合は、そして結果的には政府もまた、ソビエト連邦が支配していた国際的な労働組合連合において何が起こっているのかに関する情報を得ていたのである（Thörnqvist 2008: 929-933, 939-945）。

紛争解決に政府介入が生じるようになる際に、北欧諸国間には紛れもない相違点が生じるが、少なくとも類似点は同程度に強力である。この点において中心を離れた国は、スウェーデンである。その理由は、この国の異なる調停規制だけでなく、異なる伝統や労働市場関係者からの対応にもある。スウェーデンのこれらの特殊性は、スカンジナビアにおける調停制度および規制がある限りにおいて存在してきた。しかし、最近の発展はスウェーデンを北欧近隣諸国からさらに遠ざけているのではなく、近づけているようにみえることは興味深い。特に、二〇〇〇年の新しいスウェーデン調停機構の導入はこの方向性における動きであった。一つの主な相違点は、スウェーデンが、交渉手続きについての合意を通して、労働市場関係者自身によって非常に多くの紛争解決を行うことのできる唯一の国だということである。この合意は実際に、労働市場関係者にデンマーク、フィンランド、ノルウェーにおいては義務となっている公的な調停を避けさせる可能性がある。ストライキの事前通告をどのように与えるかという規制も、スウェーデンにおいては、デンマークやノルウェーよりも、柔軟である。フィンランドもある程度柔軟ではある。しかし、これらの相違点は主に形式的なものであるのか、もしくは、これらは何か実質的な意味があるのか、を述べるのは難しい（Stokke 2006）。紛争形態における真の相違点はすでに論じた通りであり、調停システムよりも交渉システムとより関係が深い。

三者間システムと政策システム間の関係についてまとめると、他国の基幹産業に関する情報を基礎とした産業政策に関して、特有かつ機能良好な北欧モデルが存在することは疑問の余地がない。たとえ、この協力がこんにちではグローバル化の急速な進行ゆえにそれほど重要ではなくなったとしても、それはいまだに存在し、一九七〇年代における多国籍企業からの増大する影響の結果として、協力と情報共有の道筋を見出した。

## 7　女性と労働市場

新コーポラティスト制度が、北欧諸国における労使関係と福祉国家発展の間に強い結びつきを形成してきた一方で、福祉国家は巨大な公共部門を形成し、女性の、家庭の外での労働生活への高い参加――それはしばしば公共部門の仕事であった――を可能にすることによって労使関係に大きな影響を与えてきた。それと同時に、これは明確なジェンダー分離を生み出してきた。しかしいまだに、北欧福祉国家モデル全体についてのより曖昧な認識に直接結びつけられる北欧の労働市場モデルの恐らく最も卓越した特徴は、女性の労働力への統合である。これは「ヨーロッパ」もしくは「ＥＵ」に共通する社会モデル（ＥＳＭ）を形成しようとする最近の試みを観察する際に特に明確になる。このようなモデルの完全な実現化は、とりわけ、女性を労働市場に統合する国民福祉国家の規範的願望の多様性、および、それを促進する制度構造によって、政治的に遅らせられてきた。北欧諸国は二つの側面で突出していることはよく知られている。その二つの側面とは、エスピン‐アンデルセンの社会民主主義的な福祉モデルの発展の重要な部分としての制度構造に関してと、こういった言い方が正しいにせよ正しくないにせよ、「家族に好意的な」ワークライフバランス政策のおかげで、多くの他の国々においてはジェンダー平等の「ロールモデル」とされている規範的願望に関してである。

ジェンダー、社会的包摂、雇用に関する欧州委員会の専門家グループ（EGGSIE）による最近の報告は、加盟国を対象とするワークライフバランス政策の総合評価を行うことは極めて着手が難しいとの結論に達していた。しかし、この専門家グループが述べたように、これらの政策のなかにはジェンダー平等や家族に好意的な環境の達成を他の国々よりも上手く行っているものもあり、北欧諸国の政策は、この点において、特に仕事を選択する女性にとって著しく適合しているために、突出していることは明白である（Plantenga & Remery 2005）(5)。北欧の特異性の別の兆候は、世界経済フォーラムの年次ジェンダーギャップ指数において見出される（cf. Hausmann et al. 2008: 15）。この指標は時折、方法論的根拠について疑問視されるものの、伝統的な工業化国間の比較にはかなり信用できる。「経済的参加と機会」は、全指標を労働市場モデル間よりも社会福祉モデル間の相違点について、よりよく測定する四つの媒介変数(6)のうちの一つにすぎない。したがって、もし我々がさらに包括的な福祉モデルに一瞬立ち戻るのであれば、我々は世界の他のどの地域よりも北欧諸国においてジェンダー差異が少ないことを見出すであろう（Hausmann et al. 2008: table 3a）。いうまでもなく、男性も北欧においてはより恵まれている。しかし、この差異は目立たない。北欧五カ国はすべて、世界中で七～八位以内のジェンダー平等国にランクされるのが通常である。このユニークな、かつポジティブな北欧の特徴は、我々がもし労働市場の変数だけをみるのであれば、完全に明瞭ではないが、かといってかけ離れてもいない。「経済的参加と機会」に関して、「最良の」北欧国であるスウェーデンは五位にランクされている。その一方で、「最悪の」北欧国であるデンマークは二八位にランクされている。しかし、順序尺度はこのケースにおいては誤解を生じさせやすい。数値尺度、すなわち、絶対指数の変化は、北欧内部では非常に小さい。そして前述したように、この指数は「福祉」の絶対レベルを測定しない。単に男女間の相違のみである。ランクをより間近でみるならば、我々は、三つの高位にランクされている国々がモザンビーク、モルドヴァ、タンザニアといった強大な福祉国家として知られていない国ばかりであることに気が付く。ヨーロッパの観点からみると、北欧五カ国は一位のスウェーデンから一〇位のデンマークまでランクされている。ラトヴィア、ロシア、リトアニア、ベラルーシ、ウクライナといった、すべて旧ソビエト連邦の国々が、その中間にランクされている（Hausmann et al. 2008: table 3b & table 4）。

たとえ、誰かが一般的にもしくは労使関係に関して北欧モデルを信じられないとしても、これを見て見ぬふりをすることは困難に違いない。エスピン－アンデルセンは、社会民主主義レジームが社会平等とジェンダー平等の双方を促進させようと努力している点、とりわけ、賃金稼得者だけでなく、個々の家族成員に重点を置く包括的、普遍的な福祉国家を通じて、あらゆる社会階層に見合ったサービス供給や給付によって努力している点を強調した。たとえば、保育は家族世帯の領域を越えて拡張され、こんにちではますます「高齢化社会に必要な労働」を提供する手段とみなされている（Fagnani 2007: 61）。

この制度において、福祉国家は「補助金を子どもに直接移転し、子どものケアに直接の責任を負う…（中略）…したがって、国家は重い社会サービス負担を受け入れ、家族ニーズへの奉仕のみならず、女性に家庭よりも仕事を選択することを促す」（Esping-Andersen 1990: 28）。さらに、北欧諸国の税システムは女性を個人として課税をする。これは女性に配偶者からの経済的自立を促すキー要素である。労働市場統合ということになった際に、この税システムはすでに北欧の女性を多くの他の国々の女性から区別していた。エスピン－アンデルセンの論述と我々が今まさに北欧の形態についてみてきたこととの接点は、このケースにおいて北欧諸国が特殊な何かをもつという強力な証拠である。これらの女性の労働市場参加を容易にする「家族に好意的な」政策のいくつかのルーツは、さらに両大戦間期に遡ることができる。北欧諸国の現在のユニークな状況の一部は、北欧諸国がスウェーデンをはじめとして、すでに当時から仕事と家庭の調和に取り組まねばならなかったことによる。したがって、このシステムにおける多くの欠陥は、一九三〇年代初頭に政治改革が出生率の低下から生じた後に解決された（Thörnqvist 2006: 317-319）。

たとえ北欧が他の国々よりも労働市場における女性に対してそれほど差別的でないとしても、女性の機会と労働市場での地位はいまだに男性とは平等でない。実際に、既存の差別でさえ際立った「北欧」の特徴をもっている。ビベカ・コル（Vibeke Kold 1999）によって指摘されたように、従来の水平的差別は垂直的差別に取って代わられてきた。もはや、女性の労働市場参加には何の深刻な司法上のもしくは制度的な障害はないが、代わりに、構造的なジェンダー差異が女性の低報酬や低待遇を正当化している。スカンジナビアのフェミニストの間での影響力ある思想の潮流は、スウェーデンの歴史家であるイヴォンヌ・ヒルドマン（Yvonne Hirdman）から発しているが、この潮流は一九八〇年代中期以降、ジェンダー別職務分離が基本的に常に「男性」を社会の「規範」として全面的に受け入れていること、その結果、女性がいつも男性に服従していると議論してきた。ヒルドマンがあまりにも浅薄であるとみなしたこの非常に構造主義者的な見方に反対して、コル（Kold 1999）は、もし女性がいつも男性に従属しているのであれば、水平的な差別は、垂直的な、構造的な差別に取って代わられなかったはずである、と主張した。

北欧諸国[7]の女性は、同産業もしくは同職業の男性よりも低賃金もしくは低待遇ではない。「新しい」差別とは、男性がより高い地位の産業において働いていること、すなわち、男性が産業における代表となり、女性がサービスにおける代表となっていることである。これは部分的に、女性が労働力のなかにリクルートされる方法に原因がある。政府は特に女性を「積極的労働市場政策」の一環としてリクルートするために、これらのサービス部門の仕事を創造する責任を負っている。

最後に、北欧の発展の顕著な特徴は、非伝統的な家族を維持する能力、もしくは時折「脱家族化」といわれるものである。これはつまり、一定の福祉レジームが核家族への出入りをより可能にすることである。そこではシングルマザーが十分な生活賃金を維持できるとともに、同時に「ケアの担い手」と「稼ぎ手」としての役割を担うように受け入れられている（Crompton et al. 2007）。しかし、これでは我々を再び一般的な北欧福祉国家モデルのより包括的な概念に立ち返らせてしまう。そのため、それよりも考察をまとめてみよう。

## 8　社会発展に近接する北欧の労働組合主義

本章は完全から程遠い形で、「労使関係にとっての北欧モデル」についての議論のこれまでの概要をまとめてきた。そして、このようなモデルの最も重要な特徴やそれに対する反論にも言及してきた。本章が依拠してきた先行研究は異なる時代、そして時折、異なる国々を取り扱ってきたが、筆者の考えでは、北欧モデルを真に存在すると結論づけるための十分な資料はある。このモデルはおよそ一世紀前にやや未熟な「スカンジナビア」モデルとして形を成し始めた。しかし、第二次世界大戦後、それは国際的な観点においては区別され、よりまとまって見られるべきものをもつ五カ国を包括する、北欧モデルに発展した。北欧五カ国はまた、間違いなく相違点があっても、分岐するたびごとに収斂してきたことは――もっとも、他のヨーロッパ諸国に向かって収斂する必要はなかったのではあるが――特筆されるべきである。

しばしば軽視される特徴である、労働市場に女性を組み込む方法に加え、労働組合がこのモデルの形成における中心的存在となってきたことは明らかである。これは先に幾度となく強調されてきたことではあるが、あまり強調されてこなかったことは、製造業における北欧の労働組合と社会民主政党の間の結びつきの重要性、および、これらの接触の各国、「北欧」、国際の間の産業政策との関係である。まさに一九五〇～一九六〇年代におけるスウェーデン労働総同盟と社会民主党政府との結びつきは、世界的に有名な「レーン－マイドナー・モデル（Rehn-Meidner model）」と「連帯賃金政策」であるが、既にみてきたように、特に仕組み内部における接触はさらに先に進み、北欧諸国を一つのユニットとして包括した。これはレーン＝マイドナー・モデルが成しえなかったことであった。

二〇〇〇年代に注目されてきた、労働組合とその影響を分析する方法は、リチャード・ハイマン（Richard Hyman）の市場・階級・社会間の「不変的な三角形」であるが、それは「労働組合主義の幾何学」ともいわれている（Hyman 2001: 3-4）。手短にいえば、ハイマンは、労働組合の強みと重要性は図13-1のような三角形内部に置かれた地位によって決まると論じる。

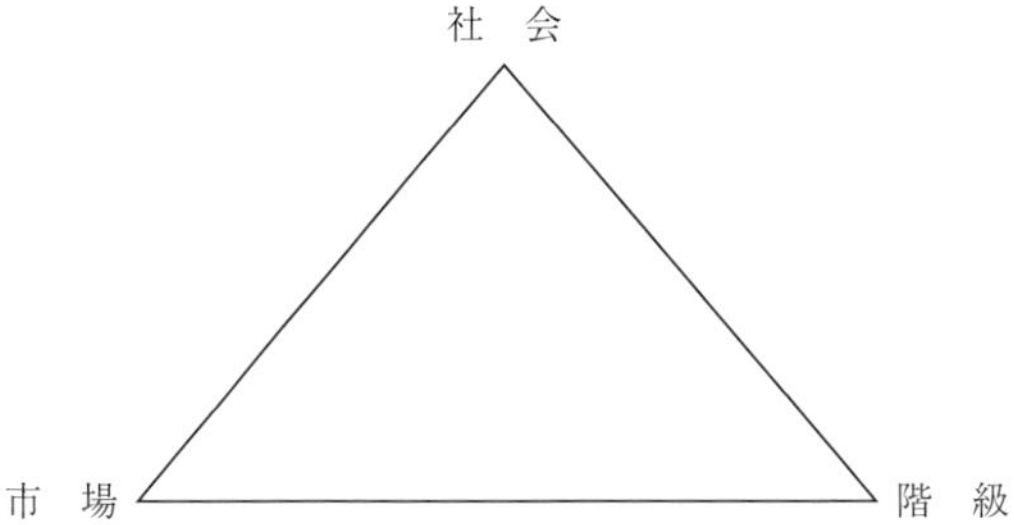

図13－1　労働組合主義の幾何学
出所：Hyman（2001: 4).

ハイマンの「不変的な三角形」における各地点は、労働組合主義の歴史的な個別の形態に結びついている。市場は、他の側面にそれほど気遣うことなく賃金上昇を目指す、伝統的ビジネスの組合主義に結びつく。社会は、自己メンバーだけのためでなく社会発展に加わる統合的な組合に結びつく。階級は、急進的な対抗勢力の組合と結びつく。しかし、「一点を支柱とする立体は不安定である」とハイマンは述べた。そのような組合は実際には存在しない。たとえば、より長期的視点において、どの組合もメンバーの物質的な日々のニーズを考慮することなしに、長期の革命的な階級政治に活動の焦点を絞れるわけではない。またその逆で、地元での交渉による目先の利益のみに関心を向ける組合は、長期的にみれば信用するに値しない。したがって、組合は理念的には三角形の内部に位置し、通常は三角形の一辺に寄っている。このことは、理念的な伝統と具体的な状況の双方を反映している（Hyman 2001: 4）。しかし、我々がみてきたことは、たとえさらなる研究が必要だとしても、北欧の組合は「社会」の地点に極めて近接であり続けてきたということである。その近接さゆえに、彼らは国家政府に深刻な影響を与えてきたのである。少なくとも筆者にとって、これは労働関係にとっての特殊な北欧モデルを際立たせるには十分である。

## 注

(1) エスピン－アンデルセン前後の、福祉国家モデルについての学術研究の発展の概要に関しては、Myles & Quadagno（2002）を参照。

(2) たとえば、Grigor Gradev（2005）は、東欧・中東欧における労働組合および社会的対話についての議論のなかで、たとえ多くの政治家や学者がこれらの国々はヨーロッパ社会モデル（ＥＳＭ）を採用するべきであると賛成したとしても、少なくとも四つのそのような「モデル」は、どれも最も「正しい」ものであるとはいえない。ＥＳＭの定義は、収斂させる必要のない、曖昧な規範的認識に基づいているだけだからと指摘している。

(3) アイスランドの鉄鋼労働者は、一九七六年まで北欧鉄鋼労働者事務局の正式メンバーではなかった。なぜならば、他の四カ国の組合は、アイスランドの鉄鋼労働者が経済的に弱すぎて長期的な労使闘争に持ちこたえられないとみなしたからである。

(4) これら北欧の企業、および多国籍企業のなかの労働組合間の協力システムは、ＩＭＦが異なるＭＮＣにおいて組織化した委員会よりも、かなり統一化されて影響力のあるものであった。北欧の組合は国家の法制構造や団体交渉の統一化された枠組みの内部で動かされる強みをもっていた（cf. Venneslan & Ågotnes 1994）。

(5) アイスランドとノルウェーは、ＥＧＧＳＩＥによる分析にも含まれている。北欧諸国は、あらゆる研究された側面のなかでは同じような差異は目立たないが、共通の形態について話そうとするとさまざまな差異が目立つことを、さらに心に留めておくべきである。

(6) 他の三つの媒介変数もしくは三本の「柱」とは、教育達成、政治的エンパワメント、健康、および生存である。

(7) Kold は北欧諸国を一般的に論じたが、実証的な証拠の多くはデンマーク・スウェーデンのものである。

## 参考文献

Albert, M.（1991）*Capitalisme contre capitalisme*, Seuil, Paris.

Bruun, N.（1992）"The Nordic Model for Trade Union Activity", in N. Bruun, B. Flodgren, M. Halvorsen, H. Hydén & R. Nielsen, *The Nordic Labour Relations Model: Labour Law and Trade Unions in the Nordic Countires — Today and Tomorrou*, Dartmouth, Aldershot, pp. 1-45.

Checchi, D. & J. Visser（2002）"Pattern Persistence in European Trade Union Density", *Departmental Working Papers 2002-01*, Department of Economics, University of Milan, Italy.（http://checchi.economia.unimi.it/pdf/un3.pdf）

Crompton, R., S. Lewis & C. Lyonette（2007）"Introduction: The Unravelling of the "Male Breadwinner" Model — and Some of its Consequences", in R. Crompton, S. Lewis & C. Lyonette（eds）*Women, Men, Work and Family in Europe*, Palgrave Macmillan, Basingstoke & New York, pp. 1-16.

Crouch, C. & A. Pizzorno (eds.) (1978) *The Resurgence of Class Conflict in Western Europe Since 1968,* Macmillan, London.

Due, J. (2000) "Septemberforliget 1899–1999: Jubilæumstale", *Tidsskrift for arbejdsliv,* 2(1), pp. 83–95.

Due, J. & J. S. Madsen (2000) "Varför är den danska avtalsmodellen annorlunda än den svenska ?", in S. Tegle (ed.) *Har den svenska modellen överlevt krisen ? Utvecklingstendenser i arbetslivet inför 2000-talet,* Arbetslivsinstitutet, Stockholm, pp. 13–32.

Due, J., J. S. Madsen & C. S. Jensen (1993) *Den danske model: En historisk sociologisk analyse af det kollektive aftalesystem,* Jurist- og Økonomforbundets Forlag, København.

Due, J., J. S. Madsen, C. S. Jensen & L. K. Petersen (1994) *The Survival of the Danish Model: A Historical Sociological Analysis of the Danish System of Collective Bargaining,* Jurist- og Økonomforbundets Forlag, Copenhagen.

Durand, J.-P. (ed.) (1994) *La Fin du modèle suédois,* Syros, Paris.

Ebbinghaus, B. & J. Visser (2000) *The Societies of Europe: Trade Unions in Western Europe since 1945,* Macmillan, London.

Elvander, N. (2002) "The Labour Market Regimes in the Nordic Countries: A Comparative Analysis", *Scandinavian Political Studies,* 25(2), pp. 117–137.

Esping-Andersen, G. (1989) "The Three Political Economies of the Welfare State", *Canadian Review of Sociology and Anthropology,* 26, pp. 10–36.

Esping-Andersen, G. (1990) *The Three Worlds of Welfare Capitalism,* Polity Press, Cambridge.

Fagnani, J. (2007) "Fertility Rates and Mothers' Employment Behavior in Comparative Perspective: Similarities and Differences in Six European Countries", in R. Crompton, S. Lewis & C. Lyonette (eds.) *Women, Men, Work and Family in Europe,* Palgrave Macmillan, Basingstoke & New York, pp. 58–75.

Frege, C. (2006) "International Trends in Unionization", in M. J. Morley, P. Gunnigle & D. G. Collings (eds.) *Global Industrial Relations,* Routledge, London & New York, pp. 221–238.

Giddens, A. (2007) *Europe in the Global Age,* Polity Press, Cambridge.

Gooderham, P. N. & O. Nordhaug (2003) *International Management: Cross-Boundary Challenges,* Blackwell, Oxford.

Gradev, G. (2005) "Social Dialogue and Trade Unions in Enlarging Europe", in D. Dimitrova & J. Vilrokx (eds.) *Trade Union Strategies in Central and Eastern Europe: Towards Decent Work,* International Labour Office, Geneva & Budapest, pp. 229–263.

Guðmundsson, G. (1995a) "Er der noget nordisk ved den nordiske model ? En afklaring af begreper", in P. Kettunen & T. Rissanen, *Arbete och nordisk samhällsmodell,* Tammerfors: Sällskapet för forskning i arbetarrörelsens historia och arbetarkultur i Finland,

& Tammerfors universitet, Papers on Labour History IV, pp. 25-54.

Guðmundsson, G. (1995b) "Le modèle nordique: définitions et dimensions", *P+European Participation Monitor,* #10, pp. 5-12.

Hausmann, R., L. D. Tyson & S. Zahidi (2008) *The Global Gender Gap Report 2008,* World Economic Forum, Geneva.

Heiret, J. (2003) "International Management Strategies and Models of Industrial Relations — A Norwegian Experience", in D. Fleming & C. Thörnqvist (eds.) *Nordic Management — Labour Relations and Internationalization: Converging and Diverging Tendencies,* Nordic Council of Ministers, Copenhagen, Nord 2003: 15, pp. 103-129.

Hyman, R. (2001) *Understanding European Trade Unionism: Between Market, Class and Society,* Sage, London.

Kettunen, P. (1998) "Globalisation and the Criteria of "Us" — A Historical Perspective on the Discussion of the Nordic Model and New Challenges", in D. Fleming, P. Kettunen, H. Søborg & C. Thörnqvist (eds.) *Global Redefining of Working Life — A New Nordic Agenda for Competence and Participation ?,* Nordic Council of Ministers, Copenhagen, Nord 1998: 12, pp. 33-80.

Kettunen, P. (2004) "The Nordic Model and Consensual Competitiveness in Finland", in A.-M. Castrén, M. Lonkila & M. Peltonen (eds.) *Between Sociology and History: Essays on Microhistory, Collective Action, and Nation-Building,* SKS, Helsinki, pp. 289-309.

Kjellberg, A. (2006) "The Swedish Unemployment Insurance — Will the Ghent System Survive ?", *Transfer,* 12(1), pp. 87-98.

Kleinman, M. (2002) *A European Welfare State ? European Union Social Policy in Context,* Palgrave, New York.

Knudsen, K. (1999) "Arbejdskonflikternes historie i Danmark: Arbejdskampe og arbejderbevægelse 1870-1940", *SFAH skriftserie nr. 41,* København.

Kold, V. (1999) "Fra kønsarbejdsdeling til ligestilling tur-retur", *Tidsskrift for arbejdsliv,* 1(1), pp. 43-60.

Leonardi, S. (2006) "Gewerkschaften und Wohlfahrtsstaat: Das Gent-system", *WSI Mitteilungen,* #2006: 2, pp. 79-85.

Lilja, K. (1992) "Finland: No Longer in the Nordic Exception", in A. Ferner & R. Hyman (eds.) *Industrial Relations in the New Europe,* Blackwell, Oxford & Cambridge, Mass, pp. 198-217.

Lismoen, H. (2006) "Low-wage Regulation in Scandinavia", in T. Schulten, R. Bispinck & C. Schäfer (eds.) *Minimum Wages in Europe,* ETUI-REHS, Brussels, pp. 253-276.

Mjøset, L. (1992) "The Nordic Model Never Existed, but Does It Have a Future ?", *Scandinavian Studies,* 64(4), pp. 652-672.

Myles, J. & J. Quadagno (2002) "Political Theories of the Welfare State", *Social Service Review,* 76(1), pp. 34-57.

Myrdal, H.-G. (1995) "Le modèle nordique existe-t-il ?", *P+European Participation Monitor,* #10, pp. 13-15.

Plantenga, J. & C. Remery (2005) *Reconciliation of Work and Private Life: A Comparative Review of Thirty European Countries,*

European Commission, Brussels.

Peterson, M. (1997) *Prospects and Constraints of Democracy in Contemporary Society and Industry,* University of Göteborg, Faculty of Arts, Inter-European Research, Göteborg.

Rothstein, B. (1992) "Labor Market Institutions and Working Class Strength", in S. Steinmo, K. Thelen & F. Longstreth I (eds.) *Structuring Politics: Historical Institutionalism in Comparative Analysis,* Cambridge University Press, Cambridge, pp. 33–56.

Schiller, B. (1995) "Framtiden för de nordiska arbetslivsrelationerna", in P. Kettunen & T. Rissanen, Arbete och nordisk samhällsmodell, Tammerfors: Sällskapet för forskning i arbetarrörelsens historia och arbetarkultur i Finland, & Tammerfors universitet, *Papers on Labour History IV,* pp. 11–23.

Stokke, T. A. (2006) "Medling i ett nordiskt perspektiv", in A.-M. Egerö & B. Nyström (eds.) *Hundra år av medling i Sverige: Jubileumsskrift: Historik, analys och framtidsvisioner,* Medlingsinstitutet, Stockholm, pp. 216–235.

Stokke, T. A. & C. Thörnqvist (2001) "Strikes and Collective Bargaining in the Nordic Countries", *European Journal of Industrial Relations,* 7(3), pp. 245–267.

Swenson, P. A. (2002) *Capitalists against Markets: The Making of Labor Markets and Welfare States in the United States and Sweden,* Oxford University Press, New York.

Swenson, P. A. (2009) "Solidaritet mellan klasserna: Storlockouten och Saltsjöbadsandan", in C. Lundh (ed.) *Nya perspektiv på Saltsjöbadsavtalet,* SNS, Stockholm, pp. 42–90.

Tegle, S. (ed.) (2000) *Har den svenska modellen överlevt krisen? Utvecklingstendenser i arbetslivet inför 2000-talet,* Arbetslivsinstitutet, Stockholm.

Thörnqvist, C. (1994) *Arbetarna lämnar fabriken: Strejkrörelser i Sverige under efterkrigstiden, deras bakgrund, förlopp och följder,* Avhandlingar från Historiska institutionen i Göteborg 9, Göteborg.

Thörnqvist, C. (2006) "Family-friendly Labour Market Policies and Careers in Sweden — and the Lack of them", *British Journal of Guidance and Counselling,* 34(3), pp. 309–326.

Thörnqvist, C. (2008) "Metall och världen", in L. Berggren, L. Ekdahl, C. Gråbacke, M. Isacson, R. Jansson, J. Jörnmark, B. Sund & C. Thörnqvist, *Det lyser en framtid: Svenska metallindustriarbetareförbundet 1957–1981,* IF Metall, Stockholm, pp. 909–1009.

Traxler, F. (1995) "Farewell to Labour Market Associaltions? Organized versus Disorganized Decentralization as a Map for Industrial Relations", in C. Crouch & F. Traxler (eds.) *Organized Industrial Relations in Europe: What Future?,* Avebury, Aldershot.

Traxler, F., S. Blaschke & B. Kittel (2001) *National Labour Relations in Internationalized Markets: A Comparative Study of Institutions, Change and Performance,* Oxford University Press, Oxford.

Venneslan, K. & H.-J. Ågotnes (1994) "Transnationalization and Participation", in B. Schiller, K. Venneslan, H.-J. Ågotnes, N. Bruun, R. Nielsen & D. Töllborg, *The Future of the Nordic Model of Labour Relations — Three Reports on Internationalization and Industrial Relations,* Nordic Council of Ministers, Copenhagen, Nord 1993: 36, pp. 93-163.

Western, B. (1997) *Between Class and Market: Postwar Unionization in the Capitalist Democracies,* Princeton University Press, Princeton, N. J..

（クリスター・ターンクビスト）

# 第Ⅲ部　福祉国家としての連帯に関する諸問題

# 第14章　移民問題——緊張した関係性

## 1　北欧型福祉国家の新たな挑戦としての移民問題

「北欧型福祉国家[(1)]」あるいは「北欧モデル」としばしば呼ばれるものは、国際的に特殊な形態として発展してきた。スカンジナビアは、制度化された社会権、普遍的なアクセス、寛大な福祉手当、高度の公的関与および比較的高いレベルの再分配で特徴づけられる、特定のタイプの福祉国家を形成している。所得保障は、この文脈のなかで、社会援助の一形態および社会保険として、双方の基礎的な柱となっている。このシステムは、基礎的なセーフティネットを揺りかごから墓場までの範囲をカバーする形で構成することを目指したもので、極めて寛大なものである。そして、それゆえに高コストでもある。さらに、スウェーデン、デンマーク、ノルウェーのスカンジナビア諸国は、世界で最も公平な所得分布を長期間にわたって維持してきた（Barth, Moene & Wallerstein 2003）。政府と労働組合は、ヨーロッパの他のほとんどの国々よりも大幅に、労使関係の制度化されたシステムを通じ、社会変革、そして社会発展の前提を整え、これに影響を与えてきている。政府による管理と計画はシステムでの主要成分を構成してきた。それは、基本的に税に基づくものである。「公平な取り扱い」はシステムの重要な要素である（Esping-Andersen 1990; Kautto et al. 1999; Kangas & Palme 2005）。また、基礎的な所得保障システムにアクセスできるただ一つの基準は、「合法的な滞在」である（Vike 2004）。

これは、ニューカマー（訳者注：長期滞在外国人、あるいは移民のことを指す）でも法的地位がありさえすれば、福祉国家の普遍的な財から便益を得る資格があることを意味している。これには、重要な構造的、人道主義的およびイデオロギー的理由がある。福祉国家はそれ自体、社会経済的な周辺化を妨げるための手段の構成要素となっていた。戦時中の荒廃からの復帰とその後の一九六〇年代と一九七〇年代にかけての政治的過激化のなかで、国際的な連帯の点から説明される人道主義の理想もまた、この政策を理念的に支援した。

ニューカマーへのこの権利に基づいた寛容性は、しかしながらスカンジナビア諸国にとって、潜在的な経済・文化・政治問題を引き起こす。またそれはこんにち、社会に対する最も顕著な挑戦のうちの一つととらえられる。

本章では、社会的市民権と、文化的適応に関してのいわゆる「自由選択の政策」との間での緊張を取り上げ、これらの挑戦のうちのいくつかについて議論したい。

## 2　スカンジナビア——類似点と相違点

「北欧モデル」という概念は、内部の整合性と永続性を持った閉鎖的な存在という印象を持たれる。その上、実際の政策という意味と同様に、規範的にも制度的にも、第二次世界大戦後に、北欧諸国によって選択された福祉へのアプローチには顕著な類似性があった。戦後の新たな移住は、全般に、三カ国で似たパターンをたどった。やって来た移民のタイプは、時の経過とともに、同じパターンをたどった。また、三カ国が用いた政治機構と制度は、多くの点でさらに類似していた。三カ国はいずれも、永住する移住目的地となることを意図してはいなかった。また、供給が需要を超過した時、地域全体でブレーキがかけられた。いわゆる「移住停止」である(2)。しかしながら、「停止」してからの期間に、三カ国すべてでは、かつて見たこともない流入に直面することになった。そしてまた、やって来た人々の大部分は、少なくとも二〇〇四年までは、マジョリティ（訳者注：多数派。ここでは元からの国民の意）の人々よりも労働市場との関係が希薄であり、福祉国家との間に大きな関係を持つこととなった。「停止」の目的は、「南」の国々からの未熟練工の移住を制限することであった。その代わりに人道的な根拠での移住は、スカンジナビアへの主たる合法的な入口となった。

この経験に直面して、三カ国はすべて、「統合政策」と呼ばれるようになってきたものを採用した。それは、当初は脆弱であると考えられた新住民の社会的・経済的周辺化を妨ぐために、福祉国家によって用いられた手段の長期化とさらなる発展のことである。同時に、国々は部分的には選択して、部分的には国際慣行によって義務づけられて、マイノリティの文化の保存を促進するようになった。当初から「選択の自由」は、ニューカマーへのアプローチのなかで重要な要素を構成した。移民は、彼らが移住とともにもたらした文化を保持するか、それともマジョリティの生活様式に適応するかを決めることを許された（St. meld. Nr. 39, 1973-1974; Borevi 2002; Hvenegård-Lassen 2002）。言い換えれば、三カ国では共通して二重の政策をとっていた。積極的な社会政策の諸手段の使用が一方では特徴となっており、また他方では文化的多様性に対する寛容が特徴となっていた。スカンジナビアでは、福祉国家政策はおそらく、他の比較可能な国々よりも積極的である。その一方で文化政策は、国際的に「多文化主義」と名づけられた他の国々のものに似ている(3)。

一九七〇年代以来、三カ国の移民政策は異なる方向へ展開するようになった。その違いはここ一〇年の間に、より顕著になってきた。しかし、間違いなく、スカンジナビアにおいて可能で、望ましい移民政策のための大前提は、制度としての福祉国家がもたらしてきた。さらにこの事実が、選択の自由の保障を結局弱めたことも疑う余地がない。実際に、移民は、社会のなかで役割を果たすことができるように、いくつかの分野でのマジョリティの基準に適応することを強いられた。このため、既存の移民政策に長く反対してきた人々は、この選択の自由が実質的ではなく、単なる見せかけであることを主張している。政府は本心では他の利害を持っており、その不誠実な自由主義的プロジェクトは明らかにされるべきであろうと主張している。そして徐々に他の批判も加わっていった。統合政策は出だしから誤って構想されており、また、「ある文化の保存」の保障には基本的な曖昧さがあり、さらに（あるいは）、これはニューカマーに適用するには誤った提案である。政府が（正式に）「文化保存」を推奨することは移民に迷惑なのではないか、そして政府によるこの推奨は実際に、イギリスの社会学者エイドリアン・ファヴェル（Adrian Favel）（Favell 1999）がつくった造語である「自己周辺化（self-marginalizing）」する道具となって、低所得層へ追いやることになりはしないか、と徐々に疑問をもつようになった研究者もいる。しかしながら今は歴史を二歩ほど戻し、一九七〇年代に出現したマイノリティ統合の新たなイデオロギーにある社会的および政治的背景に目を向けてみたい。

## 3　歴史的記述

「国民の家（Folkhemmet）」は、スウェーデンで重要な概念として第二次世界大戦以前の時期に、社民党によって造られた。壮大な階級間協調は、社会主義の目標へ向けて社会を操作する方法として、以前の階級間闘争に取って代わるべきである（Stråth 2005）。「家を比喩として使って、社会は家族のように組織化されたものであるとした『国民の家』というこの統合的な考え方は、階級闘争よりも国民福祉を優先させた」（ibid.: 35）。この抵抗しがたい概念は、実際、保守主義者から借りたものであるが、基本的な構成要素として個人よりも社会を使うことで、近代化のための装置として有効に利用された。

デンマークとノルウェーでも、同様の傾向が同時期に優勢であった。「国民」（Folk）とは、これらの国々において政治的に魅力的な概念であることが明らかになった。それはデンマークでは「国民のコミュニティ（Folkefællesskabet）」と呼ばれ、ノルウェーでは「働くすべての国民（Hele folket i arbeid）」と呼ばれた。とりわけノルウェーとスウェーデンでは、「国民」という概念は、緊密に国家と関わり合っていた。スウェーデンの歴史家ボー・ストロース（Bo Stråth）によれば、大衆動員のためのこの大がかりな口実の正当性は、国家的な課題と、大衆運動の中で普及している特定の「プロテスタントの倫理」との結びつきに基づいていた。この倫理は、個人の自由と急進的な平等への要求の両方を強調する、敬虔主義的な価値志向によって特徴づけられていた（ibid.）。

敬虔と義務とは、しばしば密接な関係がある。したがって、家と人々とが一対となった隠喩は、それらの集合的な含意を通じて、社会保障の見返りとして、犠牲が個人に期待されているということを示唆していた。

歴史的な二つの主体である権利と義務は緊密に絡み合った。二〇世紀の労働運動のスローガンのなかで、「義務を果たしてから、権利を要求せよ！」（gjør din plikt, krev din rett）(Hagelund & Brochmann 2009) とされたのが典型である。本質的には、この二つの規定は、個人と共同体との関係性の物語である。共同体はグループにとって最良となる義務を個人に授ける。次に個人は、共同体によって再確認され、彼または彼女のグループへのつながりを強化され、見返りとして財産、あるいは権利を付与される。この変動過程は、市民社会や国家の領域に基本的に当てはまる（Lorentzen 2004）。スカンジナビアの文脈で権利と義務の間の弁証は、福祉国家の中核的な哲学としてとらえることができる。また、国家と市民社会の間の境界線が不鮮明になってきているため、権利と義務との交錯は、「そういうもの」として社会のイデオロギー的な柱石を構成している。

この交錯は、ほとんどの社会の中で何らかの形で見られるものの、社会・文化的均質との関連によって、スカンジナビアではその特有の性質を得たと考えられる。均質化のプロセスは、スカンジナビア国民の間で二〇世紀の前半に起こった。このプロセスはかなり強制的な意図でもって少数派であるマイノリティの存在の合理化を含むものであって、スウェーデンとノルウェーで顕著に見られた(4)。新たな福祉国家は、古い共同体および紐帯からは解放され、近代的個人主義と社会的責任という新たな感覚との、新しくもやや矛盾した融合を導入する準備ができている個人によって構築されるべきである。この一般的な均質化あるいは統合は、通常、北欧特有の福祉国家ブランドの開発と、その継続的な支援と正当化のための必須条件と見なされている（Löefgren 1999: 54）。三カ国すべてが人口面で小国であるという事実が、おそらくこのプロセスを促進した。

この権利・義務の交錯と顕著な均質性との結合は、デンマーク・ノルウェーの小説家アクセル・サンデムーセ（Axel Sandemose）が『ヤンテの掟』で、「汝、自分が何者かであると思う無かれ。汝、我々と同じく善良と思う無かれ、汝、我々よりも優れていると思う無かれ」などと明確に表現したような、順応させる圧力が際立った社会を作り出した。グローバル化、個別化および商業化は、スカンジナビアにおける最近の数十年間を特徴づける性質であるが、人々に対する社会の支配力を縮小させてきた。しかしながら、一九六〇年代から一九七〇年代の初めに「新しい移民」[5]が到着し始めたとき、またその結果としての文化的多元性を許容するために新しい政策が入念に作られたときでも、順応させるこの圧力は明確にまだそこに存在していた。「インシュレッティング（Ensretting）」は、行動を合理化するための上からの周到な戦略を意味するが、スカンジナビアでは実際、それは政治的新左派勢力によって目標とされたものの総称であった。

## 4　普遍的解決策としての選択の自由

これを背景に、スウェーデンが北部で最初の国として、移民統合のためのその政策を整えたとき、選択の自由はどのようにして、重要な概念になることができたのだろうか。選択の自由は実際、エスピン－アンデルセン（Gösta Esping-Andersen）によって「社会民主主義の黄金時代」（Esping-Andersen, 1990）と呼ばれた期間――一九四五年から一九七〇年の間を意味する――の、社会民主主義的な福祉の伝統の目立った特徴ではなかった。また、スウェーデンはおそらく、中央政府による計画と行政に対する熱意の点では、最も強い位置に属する国であったが、自由と平等のいずれか一方を選択することを余儀なくされ、平等が確かに選ばれた。高度な質を担保する標準的解決策が、スウェーデン福祉国家の特別な特徴となっていた。このアプローチは、強固で中央集権化された国家だけが、税によって賄われる普遍的な解決策を基盤として、望ましい平等と公平さを保障できるという信念に基づいており、また、市民が中央政府の設計したモデルに大いなる支持を与える国においてのみ可能なものであった。さらに、平等を形成するためのこのプロジェクトは、権利だけでなく経済的再分配にも関与する。スウェーデン政府の行政上の熱意は、他の西欧の国において正当であるか、もしくは望ましいものとして知覚された範囲をはるかに越えて、私的領域にさえ浸透した。善意の名のもとに政府は、育児実践、夫婦関係、嗜好、一般的な生活様式を指導することを望めた。政治家夫妻であったアルバとグンナー・ミュルダールは、戦前の「社会工学」の形成期に重要な役割を果たした。「悪い習慣は正さねばならない」とグンナー・ミュルダールは確認した。彼はさらに、「人々は、彼らがこの種の消費を評価できるようになる前に、歯みがきおよびトマトを食べることを習慣化しなければならない」と主張した。彼は、家々の装飾および修繕について指導する考えとも無縁ではなかったし、また最後の手段として強制力に頼ることもいとわなかった（Hirdman 2000: 123）。イヴォンヌ・ヒルドマン（Yvonne

Hirdman）は、これらの諸活動に従事した彼らを、「『国民の家』のインテリア・デザイナー」と称した。

スカンジナビア三カ国は社会政策の管理において突出していたものの、行政による私的領域への介入という点で、ノルウェーとデンマークは、スウェーデンほど熱心ではなかった。この文脈において注目すべきことは、社会工学が最も進んだスウェーデンが、さらに多文化的な自由主義の最初の国になったということである。移民たちは、いわば、彼らの文化および平穏な私的領域の保持を選ぶことができたのである。

これが、実際上、どのような結果を生んできたのかは、三カ国すべてで繰り返し議論されてきているトピックであるが、しかし、スウェーデンは、北欧諸国での統合政策史の初期段階において、明確にこの概念の流行を仕掛けた国であった。一九七〇年代の初めに、デンマークとノルウェーで新しい移住がより顕著に意識され始めたとき、スウェーデンは既に数年間、多文化な移民を受け入れてきており、したがって、他の国々がそこから利益を得ることのできる経験を備えていた。

統合の理念は、平等、選択の自由および協同の三つの概念から成り立つが、この理念は、選択の自由の要素を通じて、移民という特別なグループのための「例外」という性質を獲得した。このためスウェーデンの研究者が、概念的転回のような方法で、この選択の自由の基礎には平等への関心がある、つまり、ニューカマーはマジョリティの人々と同様に彼らの言語と文化を保存する現実の機会が提供されるべきである、と示したとしても、均質的なスウェーデン社会で提示された標準的解決策から抜け出すことはかえって特殊性を強調するだろうという事実の回避にはならない。選択の自由は、あまりに異なることから普遍的な解決策への適応を期待できなかった人々に、特権を付与した。これは、彼らが外部者であることを今度は余儀なく強調するだろう（Gür 1996; Borevi 2002）。

この明確な自家撞着は、さらに他の北欧二カ国において、政策形成のための前提として受け入れられた。そしてそれは、いまだに統合政策の中枢を構成している。福祉国家の普遍的な解決策、および平等処遇への要求は、どのように少数民族の権利と文化的多様性と一致させるべきなのであろうか。

初期の段階では、受け入れ国家は、時間をかけて事態が落ち着くのを待つことができた。ニューカマーは、少なくとも二～三世代後に緩やかに新しい条件に順応し、アメリカによって例証された方法で、彼らが変更可能な生活様式によって、新しい国の大衆によく似るようになった。ニューカマーは適応し、ゆっくりと仕事や社会プロセスのなかで、時間をかけて統合されていった。歴史上、移民は実際、スカンジナビアでも徐々に同様に統合され、あるいは北欧人のマイノリティのうちのいくつかのケースが示すように、多数派の生活様式を採用するよう、積極的に圧力をかけられた（Brochmann & Kjeldstadli 2008）。

しかし現代の福祉国家は、緊急性をそのシステムへもたらした。この種の国家には、マイノリティおよび個々の移民が、労働市場の外部に取り残され、はく奪され、場合によっては世代間の移動可能性よりもネガティブな「社会的継承」に至るリスクがあるために、歴史に任せておくほどの時間がない。また、福祉国家は、マイノリティの構成員が、彼らの特有の文化的特徴を保つ権利を含む戦後の人権法制のために、すぐに多数派に順応する圧力を強くかける政治的正統性をもたなかった。結局、統合政策は、平等と多元性の妥協となったのだった。

この巧妙に作られた展開の余地は、その福祉国家の性質と、一九七〇年代以降にこの地に自らの生き方を見出した移民の種類の組み合わせに起因する。[6] 北欧福祉国家の普遍的な特性は、労使関係の制度化されたシステムの普及とともに、流入管理の必要性の基盤となった。その流入は他方では、労働移民を抑制することを意図した政策によって形成された。エントリーを許された唯一のカテゴリーは、福祉国家にとって極めてコストのかかるものであった。ガバナンスは、制限的な出入国管理規制の形で、まずこの特有の並置を促した。そして結果として、アクセス管理の点から、および包摂政策によって、より多くのガバナンスが必要となった。他方では、この福祉国家メカニズムを通しての包摂は、多数派に関するのと全く同じ方法ではできなかった。平等処遇の原則によって、経済的対応は多数派に適用したのと同じ基準を適用した。しかし、社会的・文化的な違いは、多くの分野でターゲットを絞った行為を必要とした。またその上、文化領域での選択の自由に関する政策は、政府が積極的にスカンジナビアの生活様式を勧めることを妨害した。

## 5　福祉国家における移民政策の論理

国家規制の伝統、大きな公共部門、弱者グループへの経済的移転、そして平等処遇の原則を兼ね備えたスカンジナビアの福祉国家は、「新しい移住」に関しての二つの中核含意を実際に必要とした。第一に、国への流入をコントロールすること——領土への最初の入口——は、そのシステム特有の性質の維持のための先行条件と見なされてきた。すべての成員を包含するが、過度の負担によって崩されもする、基本的に寛容な福祉モデルは、余所からの潜在的な新メンバーに関しての選択、および境界決定を必要とする。このロジックは、地域の至る所で、権利の拡張とともに再度強調されてきた。[7] また、権利が多くなるほど、より用心しなければならない。この用心はあからさまな「入国管理」の形で、さらに合わせて、カテゴリーを通じた差別化の増大によって明示されてきた。[8] 異なる種類の移民（部分的にはそれらの移住の動機によって識別された）は、次々に異なる権利内容を付与する、異なるタイプの居住資格を与えられ、そのことによって、さらに異なった支出予算の範囲も与えられる。移民法に反映されていた細分化された地位階層は、時とともに発展してきている。アクセス・コントロールと権利拡張の並置は、寛容な福祉構造と「望まれない移住」との間の、根本的な緊迫した対立を発生させる。福祉国家は普遍的であるべきだが、その限定的に定義された境界内でのみ、普遍的となりうる。

　第二には、平等、国家管理および福祉受給権についての強調であり、これらの強調は「統合」政策内の必然的結果に帰着した。この政策フレームワークが維持されるためには、法律上で新しく受け入れられた住民は、その一部にならねばならない。優れた福祉国家は、途中で挫折し、労働の規制された世界を妨害し、社会予算の負担となる行為を行う者やグループが社会の大きな構成要素となることを許容しない。これは、人々の大部分が社会から疎外され、社会的排除される場合、社会が滞りなく機能しないという事実の基本的認識を反映している。さらに、三カ国すべてで、組織された労働者は政治において中心的な役割を果たしてきており、他国よりも大いに労働市場の規制に寄与している。秩序ある労働者レジームが、そのシステムの操作・維持のための基礎的な必要条件のうちの一つであるところにおいて、再びそれが先進的な福祉国家に特有の結果をもたらした。労働組合は、低賃金労働予備軍のどのような形成にも反対した。なぜならそれは、労働生活で確立している標準を弱めようとするためであったからであろう。その結果、自由主義的な人道主義の規範に加え、重要な社会的配慮が、スカンジナビアの国々の包摂政策の基礎として存在している。

　移民政策はそのため、二重性をもつことになった。ほとんどの移民は当初は望まれない。しかし、どうにか入国してしまった場合には、彼らを何とかして統合しなければならない。頑強な外面および柔和な内面というヤヌスの顔は、スカンジナビアの移民政策の二面性である[9]。また、優秀な政府は、さらに一段と踏み込むだろう。統合プロジェクトを成功させるためには、人々のなかに前向きな姿勢を基礎として作り上げなければならない。言い換えれば、この政策は所得税システムを財源とするので、この政策のための支持を生み出さなければならない。

　福祉国家の基礎的な理念は、社会的不公正を縮小するために経済的再分配を試みることである。また、スカンジナビアの国々は、経済的平等を社会的市民権の平等性の先行条件と見なす傾向があった（Goul Andersen 2001）。社会的結合と安定の確立に必要なものとして、高度な社会的・経済的平等は認識されてきた。人々が自分は社会の一部であると感じるためには、その社会で高く評価される財へのアクセスが必要であり、そしてこれは結局、統合と平等が連結されることを示唆する。

したがって、経済的再分配を通じて達成された比較的経済的差異の小さな社会は、すべての成員のための社会的保護を兼ね備え、スカンジナビアの理想を体現した。この十分に完成した社会的市民権は、個人のための自由を発生させると考えられた。それは、親族への依存からの自由、基本的ニーズの充足に関連した懸念からの自由、また教育と健康によって能力を伸ばして成長する自由である。福祉国家の壮大な事業は、この種の市民権の前提条件を創造することだった。それゆえにその理想形では、スカンジナビアのモデルは、正反対としばしばとらえられる自由と平等という二つの次元を調和させることとなる。

平等処遇および福祉政策は、移民政策のデザインの大部分を説明する。しかしながら、福祉国家の移住へのアプローチには曖昧な表現があり、しかもそれは、他領域の政策からの影響とも見てとれる。福祉国家は、平等の確立のためのプロジェクトと合わせ、管理の実行のためのプロジェクトも同時に包含する。これらのプロジェクトは、社会的管理と同様に、社会的再配分にも関係している。この文脈における管理には、アクセスの規制に関係する二つのキーとなる次元を含む。それはすなわち、入国を許可する人数および、この移住の社会的効果をコントロールすることである。これらの効果はいくつかの状況に関係する。第一に、これは、公的な所得移転を通じた経済運営を含んでいる（ここでは、平等の確立のためのプロジェクトは、コントロールの側面も含んでいる）。第二に、これは、支援に依存する個人に対する特定のコントロールを含む。支援の供給は、受け手の動向および振る舞いを監視し、コントロールする機会を提供する。第三に、これは、文化的管理と関係する次元に言及できる。福祉スキームを通じて、個人が社会にどのように適合しなければならないかと、望ましい生活様式に関して指示が出される。[10]

フランシス・サイエシュテッド（Francis Sejersted）によれば、これはスカンジナビアの福祉国家の「温情主義の逆説」である。社会政策を通じて市民個々人は高められ、助けられるべきであるが、しかし他方で、形づくられ、文化化される（*formes og dannes*）（Sejersted 2005）。一定の量の監督は、現代の集団的な福祉の中心的規範に適応するという、共通善のための犠牲を払うように人々を仕向けるために必要となると認識された。悪い習慣は正されなければならない。しかしながら、人々を文化化するこの冒険的事業は、多文化主義の開始により問題視されるようになった。この選択の自由のイデオロギーは、新しく異なる要求への対応を暗に含んでいた。

## 6　福祉国家の科学的な起源

イギリスの社会学者T・H・マーシャルの著作は、現代の福祉国家における社会的市民権の発展のための標準書となった。福祉国家は、——その最も高度に発展した段階にあるものは——マーシャルによって、全社会の統合のための基礎的なプロジェクトと見なされた。政府の道具は、人々のなかで結束および忠誠心を確立するために使用されるべきである。これは、すべての社会階級を国民の家に組み入れる強力な歴史的な開発を通じて、達成されるべきである。市民権を通じた普遍的権利は、階級に基づいた不平等を打ち消す地位の新たな平等を形成するべきである。マーシャルは自己強化的なプロセスを思い描いた。その中で、コミュニティ感覚は市民権の形成のために求められる。同時に、これらの権利はコミュニティ感覚を強化するだろう。進行中の統合的なプロセスはコミュニティ感覚によって確立されるだろう。この効果を達成するためには、ある程度の経済再分配も必要となるだろう。ある程度の平等は、統合を達成するために必要とされた。もし市民の間の相違がより明白になれば、全体的な結束は緩むであろう。市民は、自分自身もであるが、社会によって蓄えられる資源へ平等にアクセスできることが認められなければならない。コミュニティ感覚は、すべての市民の平等的処遇を前提とした。誰でも同じ支援と尊厳で扱われるべきである。この必要な前提条件を保障するために、権利を制度化しなければならなかった。統合と平等は、緊密にマーシャルの概念のなかで絡み合う。そして、再分配する福祉国家は社会的結合に関して、原因と結果の両方として認識される。(11)

多文化的な状態のなかで社会的統合プロジェクトを継続するのに、マーシャルのモデルが十分であるかは、まったくもって自明のことではない。マーシャルは、文化的に均質な社会を想定していた。あるいは、とにかく、エスニシティは彼のモデルの次元の一つには入っていなかった。「新しい移住」を通じて創造された西洋社会の多元状態から、新たな多文化的な文脈での福祉国家の統合する機能について、研究者たちは疑うようになった。言い換えれば、マーシャルの一連の権利が、多数派の文化に含まれない人々の統合に十分であるのかを我々は疑うことができるのである。

一方では、マイノリティは、福祉スキームが多数派によって組織され、そのために彼らの特殊なニーズに対応しないという見方をするかもしれない。他方では、多数派は、コミュニティ感覚を失ったことから、福祉国家への支持を取り消し、さらには同じ社会の一員ととらえられないマイノリティをますますターゲットとするスキームに対して支払う動機もなくしてしまうかもしれない。費用のかかった、集団的解決策は、個人および社会の種々のグループより上位に成り立っている「何か」への連帯を要求する。それらは上位の、予測可能で安定している何かへの言及を要求する。ここで移住は、我々の民主主義的福祉国家のいくつかの側面、および福祉国家による国民的・文化的均質性へのある程度の暗黙の依存を、目に見える状態にする。それは、福祉国家がわかりやすく許容できる方法で、平等と寛容の規範を確立することができるとしてもである。多文化社会には、はじめからある程度の文化的一致があると想定されている。選択の自由とは、誰かが、これは支配的な原則であると決定することを想定している。それは、民主主義は、共通のメタ・イデオロギーを想定している。それは、民主主義の規範および制度への忠誠だからである。

平等主義の考え方、および平等処遇の原則は、いわば福祉国家の統合プロジェクトの基礎を構成する。ここでの平等という用語は、その文化的次元、社会の次元およびイデオロギーの次元に加えて、法的な次元、さらには同様に、経済的次元も含む。しかしながら、マイノリティに関しては、平等処遇は曖昧なツールである。平等処遇では、法的な保護を提供し、かつ、労働市場の低賃金分野の社会的ダンピング、および搾取を防ぐことが意図される。しかしながら、多数派とマイノリティが等しく扱われれば、不平等、およびそれによる不公平を再生産する恐れがある。現代のリベラルな民主主義国家も、多数派の暴政からマイノリティを保護する義務がある。同時に、マイノリティは多数派にアピールする点においては、この特別な保護を得るために、共通のリベラル民主主義の基礎に依存し続けるのである。したがって、現代の福祉国家の伝統には、平等処遇、および特例の両方の余地がある。これは、福祉政策分野の分裂として表出している。そして、専門家の間では、何が最もよく編入のプロセスを促進するかについて意見の一致はみられていない[12]。多文化主義のほとんどの基本的特徴は、他の現代の福祉国家でも見出せるものの、そのなかでスカンジナビアの特徴は、普遍的な方向性の強さにおいて注目され、より大きな文脈の一部を形成する。

福祉国家と多文化的な移住との関係を「とらえる」方法はいくつか存在する。ニューカマーの社会的排除は、エスニックの区分に沿った階級分断の形で、福祉国家の平等主義のプロジェクトに対する挑戦となる。同時に、この種の階級構成を打ち消す政治的な道具の使用は恐らくコストがかかり、全国民のなかの福祉国家支持者の間で、公平の感覚を悩ませるだろう。ニューカマーへ移された量が過度になれば、福祉国家の正統性は脅かされるであろう。また、この福祉レジームは、特に貧困なグループとして移民を非難する役目を果たすかもしれない。枠組みを仕立てることは、普遍的な福祉国家を害する役目を果たすかもしれない。言い換えれば、さまざまな社会集団間の結束を確立するように意図されたのと同じメカニズムは、その代わりに、より深い矛盾の源へ変わるかもしれないのである。

一九八〇年代および一九九〇年代以降、市民権についての議論は、移住を通じて新展開を迎えることとなった。エスニシティは、市民権の実現への障害として、社会階級に加えられた。

## 7　非難の的のスカンジナビア・モデル

近年、コスト意識がますます福祉政策に導入されてきている。福祉国家は、すべてのスカンジナビア諸国で緊張下にある。また、従来の公的手当制度の多くは改革にさらされてきた。この改革プロセスの結果として、すべての関係国の研究者および政府関係者は、しだいに、福祉国家そのものの特質、つまり特別の制度的手当が、移民政策での統合という目的を実際には妨げているのではないかと問うようになってきた。言い換えれば、ニューカマーの編入を妨害もしくは制限する役目をするように機能する福祉国家の構造、および機能の特徴があるのかもしれない。移民がどの程度、そしてどんな方法で労働市場と社会全体に組み込まれていくのかは、少なくとも部分的に、権利と政策の範囲および設計に依存している。受動性、つまり、行動の不足あるいは間違った行動は、貧弱な統合結果に対して責任があるのか。我々は（構造的）排除を目撃しているのか。または、これは福祉の顧客化の一つのケースなのだろうか（Brochmann & Hagelund 2005）。

福祉国家と、労働市場によって取り扱われる領域との関係は、極めて重要である。正規の労働市場における新規での社会メンバーの編入は、公的予算を助け、また経済成長を促進することができる。移民も他の市民と同様に、社会への「社会的」統合を達成するためのステップとして、労働市場を利用することができる。また反対に失業は、他の分野での疎外化に容易に結びつくかもしれない。これらのメカニズムは、人々にとって全体としてよく知られている。しかし社会への多様な参加方法をあまり持たない移民にとって、その影響は恐らく、さらに強いであろう。

労働市場は多くの点で、移民の福祉および生活環境に関して、福祉国家の鏡に映る像となる。労働市場における地位は大いに、個人の福祉および生活の質に反映する。労働市場との関係が断続的であったり、まったくなかったりすると、福祉給付へのより大きなニーズとそのような給付へのより不安定な権利に結びつく。したがって移民の人々は、多数派の人々よりもはるかに大きな程度に一時的福祉給付（社会保障給付）に依存し、資格によって生じる給付（失業手当、老齢年金など）を受ける権利は少ない程度になる。

北欧モデルでは、合法な在住に基づいた財・サービスは、所得に依存した社会保険の枠組みと組み合わされている。これは、北欧諸国において合法的に在住している人々が皆、社会保障給付を得る権利を与えられることを示唆する。[13] しかし市民の場合と同じように、彼らの労働市場とのこれまでの関係によって、社会保障関係支出と年金へのアクセスは不平等になるだろう。合法的に在住している人々のための社会保障関係支出の普遍的な付与は、研究者の間でもそうだったように、一般の人々の間での議論にも拍車をかけた。特に、デンマークでそうであった。それは、労働からの潜在的な所得と比較して、福祉給付がより高い場合に、職を探す誘因が低下することに関してだった。労働市場との弱い結びつき、およびその結果としての社会給付の高い消費（多数派の人々と比較したとき）はすべての北欧諸国の特徴であるが、しかし極めて顕著で（少なくともある期間で）、最も議論が白熱したのは、デンマークにおいてであった。デンマークは、社会給付の計算の基礎として在住時間を使用することで、（現在のところでは）不平等処遇を導入した唯一の北欧諸国であり続けている。

## 8　いずれにしてもマルチ・カルチュラリズムではない？

ヨーロッパでのさまざまな統合政策（あるいは多文化主義）の導入の三〇～四〇年後に、多くの国家が、過去の実績についての批判的な検証を試みた。このような行為は、前の政策の結果が不十分と見なされることによって始められる。多文化的な政策は多くの場合、問題が多いものとしてまとめられた。いくつかの移民グループは明白に、経済的・社会的に疎外されている。また、その問題は時折、第二世代へと再生産されるように見える。ほとんどの場合、状況が高度に複雑でも、この評価は、同様の方向をとる傾向がある新しい政策を生み出してきた。統合の課題ははっきりと注目され、また、一般の人々は移住に対してより批判的になった。政府は福祉財源を削減し、そして勤労の伝統と呼ばれた働く義務が、政策決定において優位に立った。従来の政党間の分裂は、もはやそれほど明確ではない。すなわち、ほとんどの政党は限定的な連携を組むようになった。因果関係を識別するのは難しい。また、ほとんどの政治家は政党の境界を越えたよりよい解決策を探している。いくつかの場合において、移民に関しての経費削減は、働く義務が概して代表的な位置を占める福祉国家内のより包括的な改革プロセスと密接な関係がある。

「人種のるつぼ」の話が、アメリカの国家建設の壮大な物語としては色あせてきた時期である、一九六〇年代のニューヨークで、多文化的なイデオロギーが生み出されたといわれている。一九七〇年代に、オーストラリアとカナダの両国が、多文化な政府として自らを表明した。また、多数の少数民族グループは、彼らの文化遺産を維持することを奨励された。やや遅れて、このアプローチはさらにヨーロッパにまで到達し、スウェーデン、オランダ、イギリス、また、やや少ない程度で、ノルウェーとデンマークといった国々が、新たな移住の結果としての文化的な異質性を承認するために、独自のモデルを形成した。また学術的な領域では、人類学、社会学および文学といった学問が、文化的複雑性に関する独自の理論展開をした。政治学および哲学がそれに続いた。チャールズ・テイラー（Charles Taylor）、ウィル・キムリカ（Will Kymlicka）、ライナー・バウボック（Rainer Bauböck）そしてビクー・バレック（Bhikhu Parekh）（Taylor 1994; Bauböck 2005; Kymlicka 1995; Parekh 2000）といった人々が、自身の研究分野をはるかに越えて議論に影響を及ぼした。その後、一九九七年には、ネーサン・グレイザー（Nathan Glazer）であった。頻繁に引用された本（Glazer 1997）のタイトルによって、「我々は皆多文化主義者である」ことを確認しえた。後から考えれば、グレイザーの宣言は明らかに時期尚早であった。こんにち、多文化主義は、二〇〇一年九月一一日に、ニューヨークのツインタワーの埃の下に埋められたことは明白である（Bauböck 2005）。

以下の二つの位置づけは、明らかに物差しの両端を表す。一方では、力強い声はすでに、九・一一のかなり前からグレイザーに反対していた。また他方では、多文化的な思考の多くは、二〇〇一年の後の国際テロと結びつけたり、つけなかったりしながら、宗教的・文化的対立へのより強い焦点にもかかわらず、さまざまな形式でいまだ繁栄している。しかしながら世紀の変わり目の後に、一般市民および学術界の両方において、制度化された多文化主義へのイデオロギーと政治的な投資に対して、懐疑的な目が向けられるようになったことは疑うべくもない。一つの初期の例は『文明の衝突』を語ったサミュエル・ハンティントンである。そこでは、グローバルな文化的ブロック間の、連続的な戦争の予測が示された。文化的な複雑さは、そこでは、社会の分裂と暴力的な紛争のリスクと関係づけられていた。他方、過去三〇年間に多くの国々で試みられた特定の政策に対しては、より過去に遡った批判的な分析によって、あまり大げさではない介入がなされてきた。社会学者のバウマン（Bauman）の評価は、とりわけ鋭いものがある。彼の見解では、多文化主義は反動的であるとする。差異に対する寛容は、人種的分離への無関心と受容を隠し、またそれによって、グローバル化の最悪の側面を完全に正統化するかもしれない(14)。

オランダでは最近までに、政府が多文化的な政策の多くを撤回してきている。政治家ピム・フォルタイン（Pim Fortuyn）と映画監督テオ・ファン・ゴッホ（Theo Van Gogh）の殺害は、すでに始まっていた政治過程への触媒作用として機能した。少数民族の間で増加した貧困、都市格差および高失業率は、多くの場合で、一九七〇年代以降に実行された多文化政策に関連したものであった。オランダの政府当局は、統合を推進するために一九九二年に導入した二重国籍を、一九九七年には撤回した。撤回を正当化する理由は、緩和後に帰化する意志を持つ移民の数が急激に増加するなかで、「道具的」な態度が見受けられるという主張であった（Entzinger 2003）。移民は権利を望んだが、そこではまだ社会契約、すなわち十全なマーシャルの市民権全体についての、社会的・市民的側面にほとんど注意を払っていなかった。言い換えれば、移民は、多文化主義をその言葉通りに解釈し、オランダの文化に賛同することなしに、市民権の形式およびそれに伴う財を選んでいた。同時に、多数派の既得権益である、社会的結合および自由民主主義の保存は、主要な関心事として一般市民の耳目を引いていた。一九九〇年代終盤以降、オランダは、領土へのアクセスおよび移住後の権利の両方の点から、その移民政策においてやや大幅な縮小を行ってきている。

スカンジナビアでは、多文化主義に関するこの国際的な議論は、各国で異なりながらも拡がりをみせ、また実際の政策にも異なった影響を及ぼした。デンマークの社会科学者ウルフ・ヒデトフト（Ulf Hedetoft）は、デンマークとスウェーデンを比較した場合において、散発的に異なる部分が多いとはいえ、二〇〇六年には実質的な収斂が見られると主張する（Hedetoft 2006）。この視角からの議論は、よく使われている。実践面では、福祉的権利および「文化的権利」（多文化的な領域へ関係）の解釈の両方に関して、状況はより複雑である。デンマークの事業縮小は世紀の変わり目以降、スウェーデンで観察されるものよりも、ニューカマーのための福祉サービスへのアクセスに対する制限を課しているという点では、明白により広範囲に及ぶものになっている。公式には、デンマーク政府はまだ「平等処遇」を適用している。しかし移民の人々は、政策変更において、ほぼ明らかなターゲット・グループであった[15]。文化的権利の点では、「国家市民権法」での最近の修正は、正式に国民国家の正規の成員になるために満たすべき要求についての雰囲気の表示として役立つものであった。帰化政策は、文化的な（国民性）領域と社会政治的な領域の間での交差に見出せるものであるが、その意味でデンマークおよびスウェーデンは、ヨーロッパの文脈における両極端に置くことができる。スウェーデンは二〇〇一年に法改正したが、しかし帰化の必要条件は、非常に緩やかなままであった。スウェーデン語についての知識や、歴史的あるいは政治的な知識への要求はなく、また、従来の五年間の在住要件に変更はなかった。加えて、スウェーデンはこの機会に、二重国籍の権利を加えることにより、選択肢の幅を拡張した。デンマークは、一九五〇年市民権法の着実な修正を通じて反対のコースを辿っており、二〇〇二年に法的な在住要件を九年間までに増加させている。デンマーク語・デンマーク文化・歴史・政治システムに関する新しいテスト（“indføds-retsprøve”）は、二〇〇六年に導入された。帰化するためにはこのテストに合格する必要がある。またさらに、単一国籍の原則も再確認されてきている。

近年、スウェーデンとデンマークは多文化的な論調に関して、異なる位置に身を置いた。そこでは、スウェーデンは文化的調節のための公式の要求をほとんどしないという、自由主義的アプローチを継続、すなわち「選択の自由」のイデオロギーをほぼそのまま継続していた。他方ではデンマークは、ニューカマーへの文化的要求について、はるかにあからさまな政策をとってきた。外国人がデンマークの生活様式に適合するべきであるという見解は、一般市民において大きな支持的論調を得て、強固な正統性をもっている。

ノルウェーの位置はより混合的なものであり、いつもの通りデンマークとスウェーデンの間で、物差しの中間点に位置する傾向をもっている。ノルウェーでは、制度化された多文化主義は実際にはまったく根づかなかったので、その修正も弱いものであった。二〇〇三年の国会への政府白書（「包摂と参加による多元主義」）において、ノルウェーのボンデヴィック二期目（Bondevik（II））政府（中道右派連合二〇〇一～二〇〇五年）は、マイノリティのためのいくつかの行動規範を定義しようとした。極めて弱い言葉遣いで、それは、社会の基礎的な価値への支持を要求した。そのメンバーの生活を定義する、グループの権利を犠牲にした個人の権利の強い強調を、多文化主義への間接的な批判と解釈することができるかもしれない。しかしながらこの白書は、他の国家の文脈での同様の政策と比較した際には、穏やかな文体で表されていた。労働党の左派連合で、二〇〇五年に引き継いだシュトルテンベルク（Stoltenberg）政権は、同じ方針を継続させた。個人は自身の行為に対してより大きな程度の責任を負わなければならなくなった。義務がますます強調された「社会契約」が確立された。ニューカマーは平等の権利を有するべきである。しかし彼らは、ノルウェー語を学習し、新しい社会に基本的に適応し、少なからず仕事を通じて社会に寄与する責任がある。

二〇〇三年の白書は、政府自身によって明示的にイデオロギー的な特徴を有し、それは政府自身によって「価値問題についての白書」と呼ばれた。白書のクレド（信条）は、政策が個人のために自由選択のオプションを促進するべきということであり、それは、社会が被害を被らない限りにおいて、多元主義と個人的選択を進めるものである。社会の誰でも従うべき規則および規範が存在している。そのゲームの規則は、「ノルウェーの法律および規則」と「その他」として定義された。白書では、「社会の基礎的価値に対する尊敬を守ること」「一定の規範は確認されること」「共通の善たるべき何か」などが必要であると主張された。ここで政府は、選択の自由と統治との間、あるいは文化的加入を選ぶ権利とよく機能するメンバーを持つ社会の必要性との間といった、まさに多文化的な分裂の中央に自らを置いている。コミュニケーションをするのは「よい政府」である。寛容、参加、包摂、反差別、対話および多元主義は、頻繁に用いられている言葉である。同時に、政府はニューカマーに対して、実際にその内容を定義せずに、

「接着剤」としてのノルウェー社会の基礎的価値を受容し、賛同する必要性を訴えたことにより、自ら危険に身をさらしたともいえる。論争の的になっているテーマは議論されなかった。たとえば、キリスト教の影響が支配的な学校での宗教や哲学の科目などは、「接着剤」の一部と見なせるのか。また、愛や結婚についてや、同性愛差別の禁止や、学校での体育科目での男女合同実施はどうなのか。

労働党内閣によって作られた初期のものと比較したとき、この白書内容の新しい色合いは、彼らの行動が不法なものではなく、単に規範的に承諾し難いだけだったとしても、人々の私的領域への公的関与の可能性を明示した初めてのものであった。しかしながら、政府がどのように個々の状況で行動するのかについては、不明瞭なままであった。たとえば政府は、どのように具体的な状況のなかで、親の権利と子どもの権利の対立を扱うのだろうか。また政府は、人々の宗教的信条が多数派の規範的標準と矛盾する状況を、どのように取り扱うのだろうか。

白書内における支配的なメッセージは、多数派が構成する規範のある部分とともに、法の支配の基本的原理を受容することと交換により、少数民族の権利と文化的寛容が提供されるということである。少数民族は、移民から市民へと変化させるために、労働市場、教育と市民社会を通じて、統合される必要のある「文化的な」グループと見なされている。彼らは、国民国家に組み込まれ、多元主義に対して寛容になるために再生することが求められる。政府は新しい衣服を身にまとい、また壮大な物語には新しい内容が付け加えられた。多元主義、寛容、対話などの、すべての肯定的と思われる言葉にもかかわらず、白書はその政治的指導力によって明瞭に表現され、自信満々の多数派を反映している。

たとえばカナダで知られた形の、制度化された集団ベースの権利を含むという形での多文化主義は、スカンジナビア各国のいずれでも、立脚点を得ることはできなかったと述べることもできるだろう。しかしながら、グループ文化および多数派の規範に文化的に適合するかどうかの選択の自由に焦点を当てた、より緩やかな形態は、スカンジナビアにおいてさまざまな形態で適用されつつある。新しい世紀の最初の一〇年間に、スカンジナビア三カ国で動機はそれぞれ異なっていたが、この地域では、(緩やかな形態ですら）多文化主義からの離脱を見てとることができる。スウェーデンはグループという考え方をまったく放棄している[16]。一九九七年には、スウェーデン政府は、それ以前の移民政策を廃止し、後に「統合政策」と呼ばれるものでそれを置き換えた[17]。焦点は、グループに基づいたアプローチを廃止するために、多数派の人々を含む多様性に置かれる。基本的な動機は、人口の中での「我々」対「彼ら」といった思考様式を回避し、そのために、統合プロセスの相互関係を強調することである。次に続いたノルウェー政府は、多様性の利点と国民の社会的結合の必要性の両方を同時に示して、彼らのレトリックの平衡を保つことを試みた。他方でデンマーク政府は、デンマークの文脈におけるデンマーク文化の優位性と、ニューカマーが適合する必要性を極めて強く強調した。

## 9　本質的な課題への視角

多文化主義が間違った答えだった場合、一体何が考慮すべき課題であったのか（Bauböck 2005）。修正をしようとしまいと、政治学者のライナー・バウボックによって提起された問題を考えることは有益である。バウボックは彼自身、国家建設の実施を継続するという国家の文脈内において、個々人の自由を与えるリベラルなコミットメントと平等とを並立させる、解答不能な矛盾と呼べるものへの言及を強調している。国家建設の本質は、多かれ少なかれ歴史上の伝統、言語およびシンボルに基づいた、不均一な集団の間の結合、および集合的な態度を確立させることを意味する。この試みは必然的に、さまざまな民族的、言語的、さらにそれ以外のマイノリティを生み出す。それは、属すると思わないか、あるいは属していないと認識される人々のことである。より強い理由で支配的であると何かを定義することは、他のことを支配的でないと定義することを意味する。社会規範は常に二重の性格をもつだろう。社会規範は、人々を互いに結びつけ、また人々を別々に分離させる。この二重の性格は、同一の動きのなかで、包摂と排除を促すのである。

さまざまなリベラル民主主義国家の政府が、もはや正統性をもって新参者に圧力を加えて同化させることはできないだろうし、あるいは、人々のグループを社会的市民権の外部にとどまらせることもないだろうという考えから、新しい解決策は先送りされてきた。人権の発展は、平等的処遇を意味している。しかし、それは十分ではなかった。政府は、機械的に人種差別をしない政策が、不平等を生成する傾向を持ち合わせていたことを認識した。人々の共有財へのアクセスを系統的に限定した文化的な違いを、無視することはできなかった。ターゲットを限定した政策および文化的承認の組み合わせは、これらの問題に対する、多少矛盾する答えであると判明した。言い換えれば、政府は「平等処遇」および「特別処遇」を同時に約束しようとした。そこには、多くのジレンマがあった。異なることへの権利は、等しく扱われる権利を弱めることにもつながり得たのである。

バウボックによって提起された問題、あるいは問題群は、きわめて基礎的なものである。社会的結合は、ますます複雑さを増す社会でどのようにして生成されうるのか。文化的な複雑さと個人の自由は、どのように調和させることができるのか。マイノリティに特有のニーズは、どのようにして民主主義のプロセスを壊さずに、認識されうるのであろうか。また、最も多くを要求するのが、最も属さない人々だとしたら、福祉国家とその財の再分配への多数派の支持動機をどのように維持することができるだろうか。

多文化主義者の政策への批判は、哲学的であると同時に根源的であり、時には、非常に実際的でもあった。ノルウェーでは、過度に寛容な政策は、欠点に寛大であることと非難され、「寛大主義（snillisme）」というレッテルを貼られた。その背後にある用語および分析は、非常に論争の的になっているが、それは一九九〇年代および二〇〇〇年以降、特に徐々に地歩を獲得したものだった。母語教育および福祉基金の非正統的な使用は、初期の議論の重要な論点だった。後に、マイノリティ状況に置かれた女性の自己決定権に関して、それが侵害された場合には政府が介入することが議論された。恐らくこの領域が矛盾で満ちていて、よりよい解決策を見つけるのが困難なために、このテーマはずっと論争の的になっている。

## 10　論争の源

すべてのスカンジナビア諸国において、福祉国家は最初から、ニューカマーの編入のための自明の道具であった。徐々に、政策の構造改革は、依存性の罠および「福祉の過剰消費」を回避するために必要であると見なされるようになった。社会改良の一般的な過程と並行して、この道具は、より論争の的になってきている。皮肉にも、統合政策がスカンジナビア諸国で導入されたときに重要な概念となった選択の自由が、徐々にほとんどの社会政策の領域で支配的になった。規制緩和、民営化、フレキシビリティ、および選択の自由は、福祉国家を構造改革するための時勢的な対応となった。同時に、三カ国すべての政府は、ニューカマーの多様な生活プロジェクトに利用できる、自由な領域を制限しようと継続的に努力してきた。「国民の家のインテリア・デザイナー」の新しい世代は未だ現れていなくとも、移民政策は、教育、情報、規範的な制度といった点で、人々のふるまいと態度を変えるべく信念を示す機会は増加してきている。新参者は高められ、支援されるべきであるが、一方、形作られ培養されるべきでもある。

福祉国家の宣誓には、本質的に異なる価値体系を持っている人々、または、社会民主主義の社会化過程に参加してきていない人々との、複雑で不明瞭な関係が一貫して存在していた。しかしながら、包摂は政治的・道徳的な命令に変えられた。それは、「義務を果たし、権利を要求せよ」の旗の下で導かれた、大規模な統合プロジェクトの必然的な継続である。さらに、この主要なプロジェクトは、その一部となりたい人々を皆、極端に取り込むことができた。ここで、道徳的観点の複雑な展望から、その本質的な矛盾のうちのいくつかが、見えるようになる。すなわち、国際的な連帯を原則としては含んでいるが、実際には、「一つの国での社会主義、あるいはこんにちの社会民主主義」であるスカンジナビアの政治的共同体においての、連帯の限界との曖昧な関係がある。これは、内部的な統合と外部的な排他性に帰着する。このように、福祉国家の原則は、国際的な結束と同様に、保護政策を生じさせる可能性がある。

一九七〇年代以来の発展は、根本的な問題を尋ねるための猶予の時間をほとんど提供していない。基本的な福祉国家についての合意は広がったが、この合意は現在腐食してきている。

分裂は、福祉国家を編入のプロセスのエンジンにし、かつその速度を増加させたい人々と、政府はナイーブで、そのために列車の最後の客車に移民を移した、と信じる人々との間で発生した。しかしながら、両方の主張は、福祉国家のロジックには同意している。福祉国家は寛大すぎるのだろうか。それとも、十分ではないのだろうか。

注

（1）ほとんどの場合、「北欧諸国」はアイスランドとフィンランドを含むが、「北欧諸国」と「スカンジナビア」という用語は、同意語として扱う。移民政策と福祉国家に関する研究では、スカンジナビア三カ国がその対象としての支配的な地位を占める。主な理由は、最近までフィンランドはほとんど労働移民や難民を受け入れてこなかったことである。フィンランドにおける移民研究のほとんどは、海外移住およびフィンランドとスウェーデンとの関係の話に終始していた。最近までフィンランド政府は、北欧近隣諸国のようには、移民と統合に関する積極的な国家政策を持っていなかった。他方で、アイスランドでは、政治的にも研究的にも、移民は新しいテーマとなっている。一九九五年まで、アイスランドは海外移住をする側であった。そのため、どのような同化政策もほとんどなかった。

Brochmann & Hagelund（2005）参照。

（2）この新しい規制は、一九七二年にスウェーデン、一九七三年にはデンマークで、そして一九七五年にはノルウェーで導入された。

（3）その概念がどのように使用されるか、また、それがどのように実践に適用されてきたかについては、相当な多様性が見られる。ほとんどの場所で、この政策は「同化」に関して否定的に定義されてきた。政府は、誰に対しても、マジョリティのようになるよう文化的に圧迫するべきではない。少数民族は元々の生活様式を実践し、保存することができるべきである。

（4）「ノルウェー人化」の政治は、ノルウェーで述べられていたように、とりわけサーミの少数民族の文化的、言語的、教育的、宗教的な「ノーマライゼーション」を含んでいた。

（5）この用語は、ＯＥＣＤ諸国以外の国からの移民に対し使用されたものである。
（6）ある人々は、因果関係が二つの間に存在していると主張するだろう。すなわちそれは、発展した福祉国家は、国際的な協約に従って権利を要求することができる人々を引きつける「磁石」として役立つということである。しかし、この論争の多い複雑な関係については、ここでは取り扱わない。
（7）再び、ここに、アクセス・コントロールの厳格さ（一般に最も寛容な国はスウェーデンであるが）に関して、三カ国間に、長年にわたる内部的差異がある。
（8）歴史的説明についてはBrochmann（2003）、より詳細な内容についてはBrochmann & Hagelund（eds.）（2012）を参照。
（9）たとえデンマークが世紀の変わり目以来、他の二カ国よりもかなり限定的になっているにしても、アクセス・コントロールと福祉受給権の両方の意味において、この二重性は一九七〇年代以来、三カ国すべてを特徴づけるものであった。Hedetoft（2006）を参照。
（10）温情主義的指示の理論的な議論および事例は、福祉国家論に豊富に見られる。たとえばCulpitt, Ian（1992）を参照。
（11）ノルウェーの文脈では、ハルフダン・コート（Halvdan Koht）によって提示された国家建設についての考えは、マーシャルのそれと重なると見なすことができる。コートの歴史的（かつ政治的）な視点は、戦いと努力を通じた、コミュニティへの新しい階級の編入にある。国家をより多様に、完璧にする一方で、すべての階級の利害に対応していた。Kjeldstadli（ed.）（2003）およびSlagstad（1998）を参照。
（12）これに関して、政党の政策としては進歩党が、「すべての形の特別取扱い」への反対者として、最も曖昧さのない立場を取っている。
（13）区別された社会給付が二〇〇二年にデンマークで導入されるまで、これは北欧諸国一般に当てはまった。ここでの我々の議論は、この改革に先立って普及していた共通の状況に基づく。
（14）*Weekendavisen* 新聞二〇〇二年四月二五日のインタビューから引用。
（15）最も重要な変更は、*Starthjælpen* と呼ばれる、移住してから七年間の社会給付水準の削減と、二四歳ルールという、結婚したカップルがデンマークにおいて家族を呼び寄せるための最低年齢である。
（16）このプロセスはすでに一九八〇年代には始まっていたが、それは一九九七年の新しい統合政策プログラムによって決定的となった。Borevi（2008）およびJørgensen（2006）を参照。
（17）これはいささか混乱を招く。「統合」は一九七〇年代以降、多くの福祉国家の包摂政策の公式な標札となっているが、それは権利と文化的寛容との結合アプローチであり、義務に関しては過剰に寛大であると度々非難の的となる。

## 参考文献


Bauböck, R.（2005）"If you say multiculturalism is the wrong answer, the what was the question you asked ?", *Canadian Diversity,* 4(1), pp. 90–95.

Barth, E., K. Moene & M. Wallerstein（2003）*Likhet under press. Utfordringer for den skandinaviske fordelingsmodellen,* Gyldendal, Oslo.

Borevi, K.（2002）*Välfärdsstaten i det mångkulturelle samhället,* Acta Universitatis Upsalensis, Uppsala.

Borevi, K.（2008）"Mångkulturalismen på reträt", in S. Gustafsson, et al.（eds.）*Statsvetanskapere ifrågasätter,* Acta Universitatis Upsaliensis, Uppsala.

Brochmann, G.（2003）*Den nye innvandringens tid.* Bind 3 In K. Kjeldstadli（ed.）*Norsk innvandrings historie,* Pax, Oslo.

Brochmann, G. & A. Hagelund（2005）*Innvandringens velferdspolitiske konsekvenser—Nordisk kunnskapsstatus,* Nordisk Ministerråd, København.

Brochmann, G. & A. Hagelund（2012）*Immigration policy and the Scandinavian welfare state 1945–2010,* Palgrave Macmillan, London.

Brochmann, G. & K. Kjeldstadli（2008）*A history of immigration. The case of Norway 900–2000,* Universitetsforlaget, Oslo.

Culpitt, I.（1992）*Welfare and citizenship. Beyond the crisis of the welfare state ?,* SAGE Publications, London.

Entzinger, Han（2003）"The rise and fall of multiculturalism: The case of the Netherlands", in C. Joppke & E. Morawska（Red.）*Toward assimilation and citizenship. Immigrants in liberal nation-states,* Palgrave Macmillan, London.

Esping- Andersen, G.（1990）*Three Worlds of Welfare Capitalism,* Polity Press, Cambridge.

Favell, A.（1999）"To belong or not to belong: The post-national question", in A. Geddes & A. Favell（eds.）*The politics of belonging. Migrants and minorities in contemporary Europe,* Aldershot, Ashgate.

Glazer, N.（1997）*We are all multiculturalists now,* Harvard University Press, Cambridge.

Goul A., J.（2001）"Medborgerskab, velfærdsstat og politisk deltagelse. En empirisk apprach i teoretisk perspektiv", Paper presentert på felleskonferanse for den norske og danske maktutredning, Vedbæk, 23–24. august.

Gür, T.（1996）*Staten och nykomlingarna. En studie av den svenska invandrarpolitikens ideer,* City University Press, Stockholm.

Hagelund, A. & G. Brochmann（2009）"From rights to duties ? Welfare and citizenship for immigrants and refugees in Scandinavia", in P. Baert, S. Koniordos, G. Procacci & C. Ruzza（eds.）*Conflict, Citizenship and Civil Society,* Routledge, London/New York.

Hedetoft, U., B. Petterson & L. Sturfelt (2006) *Bortom stereotyperna ? Innvandrere och integration i Danmark og Sverige*, Makadam Förlag, Göteborg.

Hirdman, Y. (2000) *Att lägge livet til rätta*, Carlssons, Stockholm.

Hvenegård-Lassen, K. (2002) *På lige fod. Samfundet, ligheden og Folketingets debatter om udlændingepolitik 1973-2000*, Phd Det Humanistiske Fakultet, Copenhagen.

Jørgensen, M. B. (2006) "Dansk realisme og svensk naivitet ? En analyse av den danske og svenske integrationspolitik", in U. Hedetoft, B. Petterson & L. Sturfelt (eds.) *Bortom stereotyperna. Invandrare och integration i Danmark och Sverige*, Makasam Förlag, Göteborg.

Kjeldstadli, K. (red.) (2003) *Norsk innvandringshistorie*, bd. 1-3, Pax, Oslo.

Kymlicka, W. (1995) *Multicultural citizenship*, Oxford University Press, Oxford.

Lorentzen, H. (2004) *Fellesskapets fundament. Sivilsamfunnet og individualismen*, Pax Forlag, Oslo.

Löfgren, O. (1999) "Nationalla arenor", in B. Ehn et al., *Försvenskningen av Sverige*, Natur och kultur, Stockholm.

Kangas, O. & J. Palme (2005) *Social policy and economic development in the Nordic countries*, Palgrave Mcmillan, New York.

Kautto, M. et al. (Red.) (1999) *Nordic Social Policy*, Routledge, London.

Parekh, B. (2000) *Rethinking Multiculturalism*, Palgrave Macmillan, Basingstoke.

Sejersted, F. (2005) *Sosialdemokratiets tidsalder*, Pax, Oslo.

Slagstad, R. (1998) *De nasjonale strateger*, Pax, Oslo.

St. meld. Nr. 39, 1973-1974, *Om innvandringspolitikken*, Kommunaldepartementet, Oslo.

Stråth, B. (2005) "The normative foundations of the Scandinavian welfare states in historical perspective", in N. Kildal & S. Kuhnle (eds.) *Normative foundations of the welfare state. The Nordic perspective*, Routledge, London.

Taylor, C. (1994) "The Politics of Recognition", in A. Gutman (ed.) *Multiculturalism*, Princeton University Press, New Jersey, pp. 25-75.

Vike, H. (2004) *Velferd uten grenser. Den norske velferdsstaten ved veiskillet*, Akribe, Oslo.

（グレーテ・ブロックマン）

# 第15章　欧州連合とグローバリゼーション——北欧モデルは存在するのか？（1）

北欧福祉モデルの生存可能性についての議論は、多くの点で、マルハナバチについての科学的議論と似通っている。我々が知るとおり、マルハナバチは、自然の法則および科学者の自然の法則に関する直感に反して空中に浮遊する。同じように、福祉国家は、その素晴らしさゆえに沈み行くであろうとの多くの社会科学者の予言にもかかわらず、存続し続けてきた。北欧福祉モデルは、他の欧州福祉モデルよりも普遍的かつ寛大と考えられるがゆえに、他の欧州モデルより早く、急速に絶滅するであろうと予想された。殊に、七つの要因が北欧モデルの絶滅につながるであろうと列挙された。つまり、グローバル化、欧州化、家族と労働市場の構造変化、年齢別人口構成の変化、新旧の社会問題、および福祉国家の人気である。これらの難問の多くは、福祉国家全体に関連するものであるが、時折、北欧福祉モデルが、他の欧州モデルよりも多くの注目すべき理由をもつものとして描かれていた。

本章において、我々はこれらの北欧福祉モデルへの難問を検討する。他の欧州モデルとの関連における北欧モデルの主要な特徴点を挙げた後、我々は、圧倒的な難問といわれる課題を検討する。これにより北欧モデルの命が旦夕に迫っているか、北欧モデルが他の欧州福祉モデルに近づいているか、あるいは、このモデルが二一世紀においても社会的、経済的に生存可能かを判断するための背景を得ることができよう。

## 1　北欧福祉モデルとは何か？

個々の国の福祉政策プログラムを通じて、単一の北欧モデルというものを確定することは、時に困難である。しかし、一般的なレベルにおいて、北欧福祉モデルは次の点によって特徴づけられる。

①　すべてを包含すること

国家は市場や市民社会に対し、大きな社会的責任を有する。これは包括的公共政策に反映されている。

②　普遍性

広範にわたる社会的事象や生活上の状況のなかで、国民は現物（サービス）給付、現金（移転）給付という形での基本的社会権をもつ。

③　個人主義

社会権は大きな程度に個人化されている。つまり、給付は他の家族の状況にかかわらず、相当の程度、個人の状況に関連して割り当てられ、額が決定される（有子家族への給付と社会扶助はこれへの例外である）。

④　高就業率という目標

政策は完全雇用に貢献し、失業、殊に、長期失業と戦うことを目指す。

⑤　機会の平等と結果の平等という目標

政策は、性・年齢、階級・家族状況・人種・地域・その他に基づく異なったグループ間の平等の増大に貢献することを目指す。

⑥　高い質と寛大さ

サービスは高い品質をもち、社会、健康、および教育セクターで雇用される者は、高度に教育され、訓練されている。社会保障は、「普通の」生活水準を可能とするため、低所得層に対して比較的寛大である。

多くのサービスは地方で組織化され、市町村によって供給される。北欧諸国間の差異は財源手当てに見られ、デンマークは、社会保険料の貢献度が高い他の国よりも租税でまかなわれる部分が大きい。この描写は、どの国も北欧モデルに完全には合致しないという意味で、北欧福祉モデルの理想的モデルと関連する。各国が北欧福祉モデルの理想と一致する程度は、分野と時代の変化によって変わってくる。このモデルは、明確な北欧的特徴を確定するための発見学習的用具であり、各国および各分野における実際の状況と進展が描写されたモデルとどの程度一致し、どの程度乖離しているかを計る物差しである（Kangas 1994; Kvist 1999; Kangas & Kvist 2012）。

北欧福祉モデルは、西欧におけるアングロサクソン・モデルおよび大陸欧州モデルという他の二つの理想的福祉モデルと対比される。これらのモデルの異なった歴史的・制度的発展と、その基礎にある異なった政治的イデオロギーを強調するため、北欧モデル、アングロサクソン・モデルおよび大陸欧州モデルはそれぞれ、社会民主主義福祉モデル、自由主義福祉モデルおよび保守主義福祉モデルとしばしば呼ばれる。（たとえば、Esping-Anderson 1990 & 1999, 参照）ドイツはしばしば大陸欧州モデルの典型国とされ、実はアメリカが自由主義福祉モデルの最適の代表国なのだが、イギリスがアングロサクソン・モデルのヨーロッパにおける最典型国とされる。

誰もが、北欧モデルは他のモデルよりもコストがかかると簡単に信じ込まされそうであり、このモデルはコストがかかりすぎて長期的には持続できないという主張をよく聞く。しかし、これは神話に過ぎない。福祉支出は三つのモデルとも

表15-1　総公的支出から合計純社会支出までの社会支出の総国内生産に対する2007年市場価格による割合

（%）

| | 総公的支出 | 純公的義務的支出 | 純社会支出 |
|---|---|---|---|
| デンマーク | 26.0 | 20.1 | 21.4 |
| フィンランド | 24.9 | 20.0 | 20.7 |
| ノルウェー | 20.8 | 17.1 | 18.3 |
| スウェーデン | 27.3 | 21.8 | 23.6 |
| ドイツ | 25.2 | 23.5 | 25.1 |
| イギリス | 20.5 | 19.4 | 23.7 |
| アメリカ | 16.2 | 17.8 | 25.6 |
| 日本 | 18.7 | 18.2 | 21.6 |

出所：OECD（2012）.

同様に大きいが、公的支出と民間支出の組み合わせは異なっており、税制も同じく異なっている。表15-1の第1欄に見られるように、北欧諸国と大陸欧州モデルを代表するドイツは、実際に、アングロサクソン・モデルを代表するイギリス、そして殊にアメリカよりも大きな総公的支出を行っている。ノルウェーは、イギリスと同程度の総公的支出で例外的である。

しかし、各国の税制の差異を考慮し、「私的」な福祉制度を含めて考えると、北欧諸国の福祉目的支出は、ドイツのような大陸欧州諸国モデルの諸国の支出よりもやや低く、イギリスやアメリカのようなアングロサクソン・モデルの諸国の支出水準さえも超えていない（福祉国家のこれまで「隠されてきた」部分については、Kvist & Sinfeld 1996，参照）。北欧諸国においては、大多数の社会保障給付や社会扶助は雑所得として課税されており、したがって、これらは政府の支出となるだけではなく収入ともなっている。この給付、租税の支出および義務的社会支出への課税を含めて見ると、表15-1第2欄に見られるように、北欧諸国の支出レベルは顕著に減少する。私的制度のような任意的制度も含めて見ると、表15-1第3欄に見られるように、アングロサクソン諸国の社会支出は顕著に増加する。まとめると、北欧諸国において、他の国々より高いのは純社会支出ではなく、総公的社会支出だけということになる。

日本との比較でいえば、北欧諸国の総公的支出はより高い。純公的義務的支出を比較すると、支出における差異は小さくなる。純社会支出を比較すると、この差異はなくなってしまう。スウェーデンのみが日本より純社会支出が高い。（表15-1第3欄参照）。

三つの福祉モデルの間の差異は、福祉の消費の大きさにあるのではなく、誰が福祉給付のために支払い、誰がそれを受け取るかにある。福祉において、国家（公的権力）、市民社会（特に、家族）および市場（第一義的には、労働市場）が果たす役割には顕著な差異がある。これは、福祉ミックスとして知られている。福祉政策の目標、方向、および目的手段の関係にも大きな差異がある。北欧モデルの状況については先に述べた。大陸欧州モデルにおいては、被用者が社会的な出来事によって影響を受けた際に、政府は、彼らが労働市場で得ていた地位を維持し、一方、家族がケアの責任をもつ。労働市場の内部者になっている者への移転支出は手厚いが、労働市場への弱いつながりしか持たない者へは、それほど有利でない保障のみである。公的ケアサービスは、ケアがたいてい家族やボランタリー組織および教会の責任とされていることから、比較的限られている。

アングロサクソン・モデルにおいては、国家はかなり小さな役割を持つものとしか考えられていない。そこでは、国家の目的は第一義的には、一時的貧困を軽減することであり、個人が自らやその家族の福祉を実現するべきものとされている。したがって、給付は経済的苦境にある者や救済されるべきと考えられる貧困者のグループを対象とする。これが、給付は特別なニーズのために用意され、所得と資産によって減額される理由である。他のモデルにおける給付に比し、公的移転所得（たとえば、失業保険）は、かなり少額であるが、しかし、それらは、他の給付（たとえば、住宅給付）によってしばしば補われる。たとえば、家族が子どもや高齢者について、政府からの援助なしで扶養とケアの主要な責任を持っているので、これらの者へのサービスの範囲は、限定的である。その代わり、ボランタリー組織や慈善団体が一定の役割を果たしている。これらの社会で優位にある者は、税制を介して政府の援助を受ける私的制度によって自らに保険を付している。

これらの福祉モデルの間の二つの本質的差異は、誰がどのようにして守られているかに関するものである。北欧モデルにおいては、現物給付であるか現金給付であるかを問わず、全国民が給付対象である。一方、大陸欧州諸国においては、主に社会保険による収入保護を受ける、内部に既に入っている者だけであり、アングロサクソン・モデルにおいては、社会扶助タイプの制度によって援助を受けるのは、「貧困であって当然の者」（第一義的には、労働ができない者とシングル・マザー）のなかの特別のグループと一時的な経済的苦境にある者だけである。ゆえに北欧福祉モデルは、より多くのより広範囲にわたるサービスを有している点で他の二つのモデルとは異なっている。大陸欧州諸国モデルよりも普遍的な保障範囲を目指した社会保障をもち、アングロサクソン・モデルよりも寛大な給付を有している。

観察力の鋭い読者は、一九九〇年にソ連の支配から独立したヨーロッパ諸国を代表する別個の中・東欧福祉モデルがないことにお気づきかもしれない。大雑把にいうと、これらの国は、大陸欧州諸国の社会保険に重点を置いた制度と北欧諸国のサービスに重点を置いた制度の混合した別個の制度をもっているが、給付水準は低く、サービスの適用範囲は狭い。

次に我々は、現代福祉国家の課題といわれるものを精査し、これらのモデルの差異の長い連鎖について議論する。それらは一方では、国民のなかの異なるグループにとっての、教育上・求職上・家族形成上の差異であり、他方では、北欧福祉モデルの経済的・社会的な生存可能性に関する差異である。

## 2　福祉国家の新しい課題

福祉国家は、北欧福祉モデルの中核を成すものであり、政治的レトリックや、報道や学術書を信じる限り、常に克服しがたい課題や危機に直面してきた。しかしながら、課題の診断は時とともに変わった（これに関する調査については、Jæger & Kvist 2000, 参照）。過去においては、西欧福祉国家への多くの大問題の原因は、福祉国家そのものであるとみられていた。多くの経済学者によれば、福祉国家が低い経済成長率と高い失業率をもたらし、その結果、繁栄を失わせたという。たとえば福祉国家は、国民の労働意欲を失わせ、人為的に賃金を上昇させ、結果として失業を増やして不十分な経済活動を招いたとして批判された。しかし、このような仮説に対する経験的証拠を見出すのは困難であって（たとえば、Atkinson & Mogensen 1993, 参照）、歴史的には、北欧福祉モデルのような発展した福祉国家が福祉社会の組織的衰退につながるという証拠はない。

したがって、新しい課題の定義は、福祉社会への最大の課題を生じさせているのは福祉国家であるとみなさないという点において、昨日の定義とは異なる。我々が精査する七つの大きな課題は、すべて、福祉国家外のシステムの変化に基づくものである。それらは、グローバル化、欧州化、家族と労働市場の構造変化、年齢別人口構成の変化、社会階層問題、および福祉国家の人気である。（表15-2参照）。

また我々は、近い将来に現在の世界的金融危機によって創出された外部的ショックがどのような衝撃を北欧福祉モデルに与えるかを見ることとなろう。グローバル化は殊に、システムとしての市場に関連しており、欧州化は、主に政治システムに関連している。他の課題は、システムとしての市民社

表15－2　北欧福祉モデルへの課題と可能な対応

| 課　題 | 例 | 可 能 な 対 応 |
|---|---|---|
| グローバル化 | 財政的競争<br>ソーシャル・ダンピング<br>頭脳流出 | 税・社会権・労働条件についての最低基準の設定，良好な社会的および経済的インフラストラクチュアへの競争 |
| 欧　州　化 | ソーシャル・ツーリズム<br>政治的統合<br>ソーシャル・ダンピング | 上記参照 |
| 変化する労働市場 | 増大する女性の労働市場参加<br>若年層および高齢者層労働力の労働市場参加の減少<br>労働力へのより大きな柔軟性と専門性の要求の増大<br>不安定(低賃金)就業周辺化の罠 | 仕事と家庭生活の両立支援の継続　たとえば広範囲の補助された保育，柔軟な休暇制度等<br>社会および租税制度の調整並びに労働条件の改善による高齢者層労働力への労働市場へのより長期の残留の奨励<br>成人教育，職場内訓練，労働市場訓練のより大きな利用を通じての生涯教育<br>賃金および労働状況によってではなく，労働力の専門性による競争<br>専門性の向上に重点を置いた長期失業者への努力の改善 |
| 変化する家族 | 非典型家族の増加(殊に，ひとり親，事実婚家族) | 労働市場を含む社会生活への参加の促進 |
| 変化する人口構成 | 寿命の伸長<br>高齢者の増大<br>有給被用者の減少<br>民族的少数派の増大 | 職業的機会の改善，生産性の改善，必要な人員確保のためのより多くのソーシャルワーカーの訓練の増加<br>退職年齢以降の更なる労働市場参加のための機会の増大<br>恵まれた人々の早期退職に対する公的支援の減少<br>高齢者へのサービス手段の，目に見える全般的な優先<br>たとえば，保育，学校，住宅政策や労働市場政策における，ソーシャルワーカーへの文化的事柄の処理についての訓練を含む，民族的少数派の統合のための努力の強化 |
| 階層社会問題 | 社会的相続<br>排　　除<br>周 辺 化 | 保育および教育サービスの質の改善<br>より早期の，また，おそらく，より包括的な家族への介入<br>弱い立場のグループへの社会的政策および労働市場政策の継続 |
| 福祉国家の人気 | より大きく，より良い給付への持続的要求<br>福祉国家の新しい政治 | 公的給付における優先順位の変化，たとえば，高齢者から若年者へ。ある種の所得移転からサービスへ。 |
| 金 融 危 機 | ソブリン・リスク・プレミアム | 早期退職制度の縮小および寿命の延伸に応じた法定退職年齢の引き上げによる退職年齢の引き上げ<br>社会支出を人的資本投資に振り向けることによる社会支出の収益率の向上。つまり，社会投資 |

会から生じている。以下の節において、北欧福祉モデルおよび北欧市民の福祉に関する社会的・経済的生存可能性に焦点を当てつつ、異なった福祉モデルが、どのようにこれらの課題に対応できるかを検討する。

## 3　グローバル化

世界は小さくなってきている。近代技術の進歩は、資源、商品および資本がすべて、これまで以上に早く、安く国境を越えていくということを意味している。この経済的統合は、殊に、福祉国家の財源調達にとっての潜在的・財政的脅威である。現在の課税水準を保ちながら、物品・サービス・会社といった移動可能性を持ったものに対して課税し続けることは可能であろうか。あるいは国民国家は、「財政的競争」または「奈落の底への競走」に入りつつあるのだろうか。財政的競争下にある国民国家は企業を引きつけるために、あるいは、企業を国内に維持するために、そして産物やサービスが、たとえばインターネットや国境を越えた取引によって一つの国から他の国へと売られていかないことを確保するために、税を軽減する。これは国家収入の減少を意味し、したがって、財政および福祉国家の給付の劣化または他の対象への増税への変化を意味する。

労働者は一般的に、生産物や会社ほどには移動可能性がないので、一つの解決策は、財源手当ての方法を産物や会社から労働者へと移すことかもしれない。しかし、これは存続可能な方法ではない。世界的経済統合は、競争力を増すための生産コストの低減への誘因が増大することを意味するかもしれない。これは、税や使用者および被用者のための社会保険料負担とともに、賃金を低減しようとし、雇用を規制する条件（労働環境、雇用保障等）を緩和させようとする潜在的な圧力が働き始めるきっかけになるかも知れない。

賃金や労働条件についての競争という形での、この種の「ソーシャル・ダンピング」は、福祉国家の歳入基盤を弱体化させ、潜在的にはより大きな問題を福祉国家に対して作り出すものと考えられる。同時に、労働者への高率課税は、高給与の職を持つ者が海外に職を求めるので、「頭脳流出」の危険性を伴っている。これは、去ろうとする者は経済発展におけるエンジンあるいは雇用創出者と考えられるので、雇用機会の喪失につながりかねない。

経済的統合が財政的競争、ソーシャル・ダンピング、および頭脳流失につながるかどうかは、一部は、商品、サービス、企業、私的個人への課税、および労働条件と賃金によっており、また他の一部は、消費者、会社、および被用者の実際の行動、殊に、これらの者の税率の低い国で購入しようという傾向、または、これらの国へ移住しようという傾向によっている。我々が見てきたように、異なった福祉モデルの国においても、総福祉消費は同様である。北欧諸国の被用者の大多数にとって、個人課税のレベルは、一般的税負担・社会保障制度・社会目的の私的制度を含めると、他の国におけるそれより高くはない。

最も高所得の者にとっては、それでも北欧諸国からの頭脳流出の結果を招きかねない限界税率の違いがある。しかし、最近四〇年間において、北欧諸国は労働力を喪失したり獲得したりしたが、国家歳入には大した変動はなかった。同様に、企業課税と雇用保護の水準は、北欧諸国においては、国際標準からみて、全く話にならないというほどに高い訳ではなく、多くの国際企業が北欧に拠点を置いている。規制緩和と賃金の弾力化という戦略は、北欧諸国によっては取られず、主に、アングロサクソン福祉モデルの国々によって実施された。その結果は、高い雇用率が得られなかったばかりでなく、低賃金労働、不平等、貧困や不安定といったものだった。たとえば、フランスやドイツのような、高度の雇用保護と保険料を財源とする失業保険制度を持つ大陸欧州諸国のいくつかにおいては、最近の改革によって、失業保険制度の財源の一部が保険料から税金に移され、オランダは雇用保護を切り下げた。

すべての工業国においては、その福祉モデルの如何を問わず、最近の二五年間において税率の引き下げと課税基盤の拡大が行われた。この傾向はおそらく、今後数年にわたって続くものと思われるので、その北欧福祉モデルへの不利な影響を最小限に抑えることが重要である。財政的競争を回避するために北欧諸国は、企業課税における最低税率の設定（Birch Sørensen 2000）や、土地や建物のような固定物への課税およびエネルギー・環境の消費への課税の増加を行いながら、欧州連合とのある程度の租税政策の協調を図ることもできた。ソーシャル・ダンピングを避けるために、国家は社会権と労働条件についての最低基準を設定することを試みることもできた。

グローバル化は、福祉国家の財源手当てに影響しただけでなく、柔軟で質の高い労働力への要求を強化した。この点において、たぶん以下に論じるように、他の福祉モデルをもつ国々での状況と比べて、広範囲にわたるサービスを提供する活動的な国家を目指す北欧の利点があるのであろう（Kvist 2011, 参照）。

## 4　欧州化

北欧諸国においてはしばしば、欧州連合内の協力は北欧福祉モデルの解体または本質的変更につながると主張されている。他の欧州連合諸国の福祉制度は、再分配、組織、財源手当てにおいて異なった原理に基づいているので、我々は必然的に我々の制度をそれに合わせなければならないということが想定されている。福祉国家の比較研究において、三つの福祉モデルは、教会の役割、二度の世界大戦、人口構成の変動、そして最後に述べるが決して軽んずるべきでないものとして、異なる政党間あるいはイデオロギー間での政治的闘争といった、それぞれの国の異なった歴史的・制度的背景の結果だとする点で、幅広い合意が見られる（たとえば、Esping-Andersen 1990；Stjernø 1995）。また北欧であれ、他の地域であれ、福祉政策の発展における原動力となったのが、欧州共同体でも欧州連合でもないという点でも一致が見受けられる。同様に、社会政策の近年の展開についての実証研究は、欧州連合の存在が何らかの違いをもたらしたということを示してはいない。デンマークは一九七三年以来、欧州連合のメンバーである。フィンランドとスウェーデンは一九九六年以来のメンバーであり、ノルウェーは欧州連合のメンバーではない。デンマークがより長期間にわたって、欧州連合のメンバーであったからといって、デンマークの福祉モデルの解体が起きた訳でもなければ、デンマークが他の北欧諸国から遠ざかった訳でもない。

フィンランドとスウェーデンの社会政策も、それらが欧州連合に加盟して以後、解体された訳でも、「欧州化された」訳でもない（しかしKvist & Saari 2007, 参照）。

欧州連合に加盟している北欧諸国と加盟していない北欧諸国の間に、制度的差異はない。しかしながら、男女間の平等を含む実際の福祉の分配と三つの福祉モデルに従った福祉政策においては、制度的な差異がある（Kautto et al. 2001）。このように、欧州連合の加盟国であることは、特定の福祉モデルを持つことと同義ではない。欧州連合に懐疑的なデンマークの政治家たちも、「欧州連合はデンマークの福祉を減らしはしなかったし、将来においても福祉を低減する具体的提案をすることはほとんどないだろう」と結論づけている（国会社会福祉委員会委員長・デンマーク社会人民党員Villy Søvndal氏 *Jyllandsposten*, 21 September 2000）。歴史的に、福祉国家の創設・設計・改革は、圧倒的に一国の仕事なのである。

しかし、将来の欧州協力の増大が北欧モデルを変化させることがありうるだろうか。最近まで、この見方を支持する典型的な議論は、ソーシャル・ツーリズム、政治的統合、およびソーシャル・ダンピングに関する議論だった。こんにち、これらの議論に加えて、欧州連合がマクロ経済政策を規制し、調整する必要性と好適性に関する議論がある（第一〇節参照）。いまだ生じていないことについて研究を行うことが不可能なことはいうまでもないが、最近の展開を基礎にして、条件つきの推測をすることはできる。北欧の視点からは、欧州連合の非北欧市民が普遍的社会給付によって利益を得るために北欧に押し寄せたときに、「ソーシャル・ツーリズム」が発生する。彼らは主に、南欧および中欧・東欧の新しく欧州連合に入った国からやってくるものと想定される。欧州連合内の国々の間の欧州連合市民の移動は、主に賃金労働者である。彼らは、移民労働者の社会権の調整に関する欧州連合法制の適用を受ける。簡単にいうと、これはたとえば、デンマークにいるスウェーデン人の労働者は、デンマーク人の賃金労働者と同等の社会給付への権利を獲得する（無差別の原則）ということと、その者はその権利を他の国に持っていくことができる（権利の持ち出しの原則）ということを意味する。同様に、たとえばドイツで老齢給付の権利を得たデンマーク人は、それを故国に持ち帰り、それをデンマークでの給付とともに（合算の原則）、単一の公的主体から（唯一権限主体の原則）支払ってもらうことができる。

時計のように、個々の歯車――社会的制度――は同じようには見えなくても、相互に影響することがありうる。さらに、当該国民でない欧州連合市民は、北欧諸国で働くことによって北欧の福祉制度に貢献している。たとえば、このような人々は、彼らが受けた福祉給付を差し引いても、毎年、デンマークの福祉社会に一〇〇万クローネ（一ユーロはおよそ七・四五デンマーククローネ）を支払う。典型的には、非北欧市民は、母国において経済的にはよりよく付保されているので、彼らを北に駆り立てたものは、恐らく共同経営者とか雇用者の地位といった、税と給付に関する考慮以外のものであろう。

欧州連合市民の移動と社会給付の協調は、このように北欧福祉モデルへの脅威とはならない。むしろ、将来のより多くの労働者への需要（第七節参照）を考慮すると、他の欧州連合諸国から北欧へより多くの被用者を惹きつけることは望ましいことである。

同様に、欧州連合がより大きな「政治的統合」によって、福祉政策の責任を引き受けようとする兆候はない。いまだに明らかに北欧福祉モデルが存在するという事実以上には、長年にわたる単一市場の形成のための経済的協力にもかかわらず、社会給付の水準と寛大さについて何らかの上限が設定されるであろうという示唆は存在しない。欧州閣僚評議会は、社会領域でたった一つの最小限の指令を出したのみである。それは、すべての加盟国が妊娠中の女性に対し、医者にかかるための有給休暇と最低一四週間の産前産後休暇を与えなければならないが、産前産後手当の額は各国に任せるということを規定する。具体的には、これによって、デンマークの女性は医者に二度かかる有給休暇を得て、ポルトガルの女性は半週間余分の法律上の産前産後休暇を得るということになった。これは、社会政策制度の基本的変更とか協調化とは全く呼べないものである。

最小限度指令は、社会給付がどこまで低額にできるかを定める最低限度を規定する。しかし、これらの指令は最高限度を定めない。より多くのこれらの最低限度ガイドラインが、正に、欧州連合内でのソーシャル・ダンピングを避けるために、さらなる拡大とともに設定されるということもありうる。

北欧福祉給付は、一般に給付規模・給付範囲が大きいので、これらの最低限度水準を満たすのに困難はない。しかしこれらの最低限度は、他のヨーロッパ諸国、まずは南欧・東欧諸国にとっては課題かもしれないが、それは別の話である。

ソーシャル・ダンピングの恐れは、欧州連合諸国間の競争ゆえに存在する。しかしソーシャル・ダンピングは、これまで見てきたように、世界経済に存在する潜在的リスクではあるものの、直接、欧州連合と関係するものではない。低賃金と劣悪な労働条件のおかげで北欧諸国よりも安価に大量生産することのできる国というものは常に存在するであろう。しかし歴史は、経済的なグローバル化にもかかわらず、北欧型のような包括的福祉制度を持つことが可能であることを教えている。したがって、如何にして福祉社会はグローバル化の呈する課題に対応し、また殊に、大きく競争力のある労働力を確保できるかが問題である。これを次節で検討することとする。

## 5　変化する労働市場

労働市場への女性の進出は、恐らく二〇世紀に北欧で起きた革命のうちの最大のものであろう。過去において、女性はパートタイムの仕事に就きがちであったのに対して、現在では、フルタイムの仕事への顕著な変化がみられる。こんにち、この変化は大陸欧州諸国よりも北欧および一定のアングロサクソン諸国において進んでいる。しかしながら、新しい世代は古い世代と同じ伝統や価値を持っている訳ではないので、大陸欧州諸国の女性も他の諸国と同じ程度に労働市場に進出してくるのは、時間の問題であるかもしれない。この進展が願望に基づくものか必要に基づくものかを決めるのは難しいが、北欧の女性のより大きな労働市場参加の理由の一つは、福祉国家のなかに見出すことができる。まず、女性はしばしば、社会福祉、医療、および教育部門に職をもつ。したがって、北欧の福祉国家は重要な雇用者としてみることができるかもしれない（Kolberg 1991）。第二に、伝統的にケア責任を担ってきた女性は、いまや子どもや高齢者への広範なサービスのおかげで、家庭生活と仕事をうまく両立させるよりよい機会をもつようになった。言い換えれば、北欧福祉モデルは、大きな範囲の仕事につく可能性と高い出生率の双方に貢献したのである。

たとえば、保育の範囲は、一九九〇年代においてでさえ顕著に拡大した（Kvist 2000）。こんにち、デンマークの三歳児から五歳児のうち、一〇人に九人が保育の対象となっており、スウェーデンでは一〇人のうち八人、ノルウェーでは四人のうち三人、そして、フィンランドでは一〇人のうち七人と続いている。フランスでは一〇人のうち約六人が何らかの形の補助された保育の対象となっており、イギリスおよびドイツでは五人のうち約二人と続いている。一方、オランダでは三歳から六歳の児童の四人に約一人だけが公的に補助された保育の対象になっているに過ぎない。言い換えると、北欧福祉モデルは、女性の労働市場進出の拡大への要求に直面していないのである。

グローバル化と技術発展は、「柔軟で専門性の高い労働力」を要求する。労働力への需要と実際の労働力の供給との間のミスマッチを避けるために、労働力は、合理的な程度に高い専門性をもち、現在の職および新しい職をこなすことができるように常に教育されていなければならない。この点において北欧諸国は、すべての者への無料の教育と労働市場における広範にわたる訓練制度および活性化手段を通して、生涯にわたるトレーニングの伝統をもつという利点がある。この人的資源維持への集団的責任は、これをより大きく私的責任としている他の福祉モデルにとっては類を見ないものである。これは、北欧諸国がその栄冠に安んじるべきであるということをいっているのではない。なぜなら、社会の急速な発展は労働力に、そしてまた広い意味での教育政策および労働市場政策に対して、ますます大きな要求をしているからである。

最後に、北欧諸国は他の欧州連合諸国と同じく、「年齢別の労働市場参加の変化」を経験しつつある。労働力への要求の増大に見合った能力をもつように教育期間が長くなっているため、若年層の市場参入は遅くなっている。教育の欠如は労働市場から周辺化されるリスクを伴うことから、これは肯定的な事象である。

## 6　変化する家族

歴史的には、すべての西欧諸国における支配的家族形態は、「死が二人を分かつまで」婚姻状態にある男性と女性で形成され、男性が妻と子どものための主たる稼ぎ手となっていた。これは、女性が正式に労働市場に参入したことから、「二人稼ぎ手モデル」が支配的となった北欧をはじめ、西欧諸国で生じた変化である。オランダのような大陸欧州諸国では、違いを明確にするために、一・五人稼ぎ手モデルへの変化ということが語られることがある。これは、女性が労働市場に参入しているが、週当たり労働時間の少ないパートタイムの仕事に就いているということを表している。

自分自身でお金を稼ぐということは、女性に男性との関係における権力を与え、不幸な結婚から飛び出す機会をより与える。これが離婚の増加の一因であり、生涯同一の配偶者をもつわけではないということが、より普通のこととなってきている。同時に、女性の権力の増大は、配偶者間のより相互的な依存も意味している。つまり男性は、仕事に就いている女性により依存している。

繁栄の拡大、家族計画と妊娠中絶についての新しい規範と機会の出現は、西欧全土で一家族当たりの子どもの数が減少することを意味してきた。こんにちにおいて出生率は、実際には南欧よりも北欧の方が高い。その一因は、高齢者と子どもに対する広範囲にわたる公的に補助されたケアにより、北欧では他の多くの国々よりも家族と仕事を両立させることが容易なことにある。要約すれば、北欧の女性は、大陸欧州の女性のようなキャリアをとるか家庭をとるかといった選択をせずとも、その両方を取ることができるのである。

三〇年前と比べて、現在ではより多くの人が「いくつかの異なった家族形態」のなかで生活している。殊に、単独世帯と欠損家族が増加している（OECD 2011）。過去には非典型的であった家族の拡大は、しばしば、伝統的社会から個人主義化および多様化に特徴づけられる近代社会あるいはポストモダン社会への移行の現れであると見られる。望ましくない経済的・社会的費用をかけることなしに、多様な形態の家族生活を可能にすることが、福祉モデルにとっての課題である。

家族の発展は全世界的現象であるが、しかし恐らく、その時期が異なっている限りにおいて、北欧モデルは、いくつかの利点を有している。北欧福祉モデルの高い個人主義化、包括的な保育、そして高い就業率を確保するための積極的な政府介入のために、実際にはこんにちすべてのグループが、家族形態にかかわらず、経済的に生き延びる可能性をもっている。これは、すでに内部に入っている者や伝統的家族構造を優遇し、男女差別のある大陸欧州モデルや異なる家族形態を積極的には支援しないアングロサクソン・モデルと比較することができる。この領域においては、北欧モデルよりも他の欧州福祉モデルにとって問題はより大きい（Esping-Andersen 2009, 参照）。このことがもたらす結果は、北欧の家族は、他のほとんどの欧州諸国の家族よりも大きな選択の自由を持っており、さらに長期的には、北欧福祉社会は、高齢化する人口と不十分な人口再生産という人口構成的爆弾を抱える他の東欧・南欧の福祉社会よりも持続可能であるということであるかも知れない。

## 7　変化する人口構成

西洋福祉社会にとっての最大の課題は、人口の年齢別構成の変化に関連している。過去二五年の間に、北欧での退職年齢（六五歳）を超えた人口の数は一三〇万人増加し、一方、労働年齢人口（一五～六五歳）は一四〇万人増加した（Eurostat 1999）。この理由によって人口の高齢化は、今までのところ、北欧福祉社会にとって経済的または社会的課題とはなってこなかった。しかし、より低い出生率と伸びた平均寿命により、北欧福祉社会はすぐに大きな問題に直面するであろう。今後二五年間に、さらに一九〇万人が年金受給年齢に達し、一方、労働力人口は八一〇万人減少するであろう（UN

1999）。したがって、生産年齢人口への圧力は増し、その圧力は、若年者の労働市場への参入が以前よりも遅くなり、高年者が労働市場をより速く離れるという事実によって、強化されてしまうだろう。言い換えると、福祉の受け手の割合は増加し、福祉の担い手の割合は減少している。

これに加え、将来の高齢者にとって、社会給付および医療給付を受け取らなければならなくなる「余分な」年月が良いものとなるのか、悪いものとなるのかはわからない。いずれにしろ、一九六八年生まれの世代は疑いなく、権力資源をもった重要な圧力団体となるであろう。彼らは、新しい技術の進展の利用についての強い要求を出すであろうし、それはコストの増加につながる。

人口の構成はまた別の点、つまり多文化社会の成長とともに変化するであろう。北欧福祉社会は、他の福祉モデルを有する諸国と比べて、高い程度の民族的等質性によって特徴づけられている。これは恐らく、今後相当の年数において続くであろう。たとえば、こんにちのデンマークの人口の四・六％のみが、非デンマーク的民族的背景をもっている。しかし、民族的少数派は、彼らの人口構成とその比較的低い雇用率から、実際上は将来における労働の供給を保障するための可能な方法の一つであるにもかかわらず、しばしば、問題として議論される。

人口の高齢化は、福祉社会に対して一連の問題を突き付ける。まず必要なことは、労働力年齢にある人口のうちで積極的に雇用されている者の数を極大化することである。換言すれば、働ける者はすべて働かねばならない。したがって、政府の支援を得て、労働市場から早期に退場する機会を減らさなければならない。また、子どもや若年者といった現在の世代を含む他のグループが、単に彼らのためばかりではなく、将来の高齢者のためにも、労働市場に足掛かりを得る、または持ち続けることが可能なように保障するための手段を優先することも必要である。これに加え、福祉社会は、老齢者ケアのより大きなニーズと労働力年齢にある人々の減少によって採用問題に直面している。ソーシャルワーカーのためのより高度な教育機会の改善は、労働力を引き付けて維持し、将来性のない仕事を回避して人々を疲弊させず、限定的ではあるが生産性を高め、サービスの質を向上させるための一つの手段である。他の福祉モデルと比べて北欧モデルは、比較的よく発達した高齢者ケア制度をもっているが、社会活動の質を改善するためにいまだ成されうることは多い。

## 8　古くて新しい社会問題

貧困と闘うことは、どの社会にとっても第一の義務である。高齢者の間での貧困は、過去には最大の難問だったが、現在では北欧内外のいずれにおいても、事実上は解消されている

（Pedersen 1999）。結婚したり、あるいは職を見つけた者は、しばしば貧困から逃れる。このことは、広く見られる二人稼ぎ手モデルと、単身者も含めた高い雇用率は、北欧における比較的低い貧困水準の説明要因の一部であることを意味する。加えて、北欧の社会保障給付は、それがすべての者に「通常の」生活をさせることを目標とするものであることから、低所得層にとっては国際水準からすると寛大である。社会階層・性別・人種・地域・年齢等といったものに基づく、異なるグループ間の不平等を均衡化させることが、北欧福祉モデルの主要な任務であった。将来においては、「社会的不平等の補強」を避けることが、さらに重要となるかもしれない。すべての者が彼らのもつ人間としての資源を最適化する機会を保障されなければならず、誰もが、失業や（賃金や内容の）適切でない仕事や社会問題に陥るべきではない。時間軸の一地点におけるある程度の不平等は受容可能であるが、家族の一員となったり、地域コミュニティや労働市場や政治に加わる等の人生の機会を実現できないままでいる者がいつも同一の者であってはならない。

北欧での生活環境についての研究は、しばしば、階層が問題であることを示す。いわゆる「社会的相続」の法則は、親の社会環境が、その子どもにたいてい受け継がれることを意味している（たとえば、Fritzell〔1999〕）。たとえば、あまり良くない階層に属する家族の子どもは、大人になってもあまり良くない階層に属しがちである。換言すれば、健康問題・失業・その他の社会問題は、体系的に不均質な配分を見せる。この負の側面に対処するには、青少年の生活環境に早期から包括的に介入することが要請される。これは、すべての者に対する十分に揃ったケアおよび教育と、重い負担を抱えた家族に対する特別な措置の準備を含んでいる。北欧福祉モデルは、他のモデルに比べると、家族生活への公的介入をするより大きな伝統をもっているが、社会問題はいまだに不均質に配分されている。このことは、不利な状況にある家族や子どものための施策の拡大と改善を継続すべきであるという主張を強化するものである。この必要性は、明日の労働力に対するより大きな需要によっても補強されている。今日のすべての青少年を、明日は福祉の受け手となるよりも、福祉の担い手とするために、北欧福祉政策は新しい考え方と資源もまた必要とする。

## 9　福祉国家の評判

福祉国家への支持が不十分であることは、伝統的に重要な課題であると考えられてきた。しかし、多くの意識調査において、北欧の国民が自分たちの福祉国家を支持していることが示されている（Goul Andersen et al. 1999）。実際に福祉国家への支持は、社会給付の利用と高い租税の支払いのなかに示されている。したがって、こんにち最も大きな課題は「福祉国家の評判」である（Petersen 1996）。国民は、見たところ、公的福祉への飽くなきニーズをもち、執拗に、より多く、より良い給付を要求する。より多くの国民ができるだけ多くのものを得て、できるだけ少ししか貢献しようとしないときに、問題が生じる。連帯を示さないことが「賢い」とか合理的とされるようになり、「ものを知らぬ者と愚者のみが残されるとき、制度はパンクする」（Andersen 1984）。

この点は、過去五〇年間の福祉政策の変化に照らして見るべきである。かつて政治家は、さまざまな制度の絶え間ない拡大と改善を手柄とすることができた。しかし、彼らはこんにちでは恐らく、ある者たちにとっては状況を改善するが、他の者たちにとっては状況を悪化させる変化についての責めを負わなければならない。これは、再選されることを望む政治家にとっては難しいことである。確立した福祉制度は、しばしば、受給者・利益集団・給付提供者といった形の、それに付属するいくつもの強力な利益団体をもっている。これらのグループは、その有利さを失うときには叫び、一方、受給者になりうる潜在的グループは、滅多に自分たちの利害に気づいておらず、また、利益団体と同程度に組織化されてもいない（Pierson［1996］参照）。こんにちの政治家は逆境にある。彼らは優先順位の変更を隠し、いわゆる不明瞭化によって福祉国家を地方分権と技術的詳細という手段を使って再構築するか、もしくは立ち上がって、しばしば評判の悪い彼らの選択が正しいと論じるかの選択しか有していない。

しかしながら、北欧モデルのいくつかの典型的な特徴のおかげで、北欧の政治家は他の欧州の政治家よりも良い位置にある。まず、民間保険であれ、社会保険であれ、保険の強い伝統のある国々と比べて、北欧諸国はその財源が何であれ（社会保険料であれ、租税であれ）、高度の政府介入の伝統をもっている。北欧諸国以外では、支払い済みの保険料は、政治家には触れることが許されない私的財産権の性格をもつ自力で勝ち得た権利として結実すると認識されている。さらに、アングロサクソン・モデルの国々に比べて、北欧では福祉のより多くの部分が公的財源で賄われている。これは、政治家より成る政治当局が、北欧モデルにおける福祉の供給と財源手当てに影響を与えることに、より大きな責任と潜在的可能性の双方をもっているということを意味している。

政府介入の伝統と比較的大きな公的財源手当は、このように、北欧福祉モデルを他の国に比べて柔軟なものとしている。このことは、北欧の政治家が他の国の政治家よりも、さらに容易に福祉制度の改革をすることができた一九九〇年代に明白だった（Kuhnle 2000; Kautto et al. 2001）。一九九〇年代初頭のスウェーデンとフィンランドの広範囲にわたる給付の切り下げは、経済的停滞期における連帯を示し、一方、一九九〇年代中期と二〇〇〇年代中期の経験は、アクティベーシヨンとその現金失業給付との相互関係の強調の増大に例証されるように、景気上昇期には現存の制度の質的変更が可能となることを示した（Hvinden et al. 2001; Clasen et al. 2001; Kvist et al 2012）。人口の高齢化・早期退職・古くて新しい社会問題のなかで、金融危機に対処するとともに、既に述べた課題に応えるために、北欧の政治家や他の欧州諸国の政治家が、有権者の大きなグループの機嫌を損ねたかどうかは、いまだ疑問として残っている。

## 10　世界的金融危機

現在の世界的金融危機は、北欧諸国とその福祉モデルにも影響を与えたが、それは他の福祉モデルをもつ国々よりも後であり、恐らく、程度の低いものであった。金融危機の始まりは、二〇〇七年八月にフランスの主要銀行の一つ、ＢＮＰパリバ（BNP Paribas）が、アメリカ市場でどれだけの損失を被ったかがわからないと発表したときだとされる。しかし、この危機が北欧諸国に上陸するには、一年以上がかかった。二〇〇八年八月には、経済的な情勢が急速に暗転した。たとえば、デンマークでの失業率は、二〇〇八年一〇月に最低記録である一・四％になった後、二〇〇九年六月には三・八％にまで上昇した。しかし、失業という点で見ると、この危機は先に描写した三つの福祉モデルにかかわらず、国によって異なる強さで襲ってきたことが見て取れる。二〇〇九年六月の比較可能なデータによれば、アメリカにおける失業率は九・五％であり、スウェーデンは九・〇％、フィンランドは八・五％、ドイツは七・七％、デンマークは六・三％、ノルウェーは三・一％であった（Eurostat 2009）。

しかし、北欧諸国で失業することと、アメリカはいうまでもないが、他のヨーロッパ諸国で失業することとの間には大きな違いがある。一般的に、北欧諸国における失業給付の受給資格は、他のどの国よりも広い。同時に、人々が雇用に戻ることを助け、働ける者が給付受給することを遅らせるためのさまざまな手段が取られている。

金融危機への政治的反応は、北欧諸国のなかでも異なっており、北欧共通の反応を語るのは難しい。すべての国がいわゆる金融パッケージを導入したが、ノルウェーのみが、古いケインズ主義的なやり方で経済を刺激するために、伝統的な公的救済事業、公的失業対策事業もまたより大規模に行った。対照的に、デンマークとスウェーデンは需要を刺激する助けとなる税制改革を導入した。この改革は、平等に関する関心がそれほど重視されない海外でも需要を刺激する。しかし、北欧諸国のいずれにおいても世界的金融危機によってもたらされた経済的逆境による国家福祉モデルの解体に向けた動きはなかった。このようにして、北欧福祉モデルは、これらの外的衝撃からも最も生き延びそうである。

## 11　北欧モデルの存続条件

北欧福祉モデルの最大の課題は、人口の年齢別構成の変化、労働市場への技能の要求の変化および金融危機に関係している。低い出生率による人口の高齢化、長い寿命ゆえの個々の老化、および年齢別の労働市場参加の変化は一緒になって、二〇一〇年以降、被用者の数が減少するであろうことを意味している。経済的には、答えは明白である。

働ける者のうちのできるだけ多くが働かなければならない。そして、早期退職を好む傾向の逆転のみが、雇用の減少を意味ある程度に防止できる。さらに、北欧外の国々は、たとえば財政援助された保育の拡大などの形で、女性の雇用を増やすことができる。これは、「北欧的解決策」とも呼ばれている。この視点から北欧福祉モデルは、経済の重荷になるようなものではない。むしろ、北欧福祉モデルは持続可能で、おおよそのところ、より多くの就業者が必要とされる時には好まれる考え方である。殊に女性は、若年者・病者・高齢者といった部類に属する家族の世話のために必要以上に長く労働市場を離れるべきではない。

労働市場・家族・人口構成における変化は、経済的持続可能性の問題だけでなく、社会的持続可能性を確保することについての問題でもある。この点は特に、ソーシャルワークに新しく複雑で、多様な需要を発生させる。ソーシャルワーカーの専門化と（さらに高度の）教育もまた、将来において極めて重要となるであろう。たとえば、民族的少数派が北欧の社会や労働市場に統合されていくこと、すべての家族と子どもが家族の階層や貧富にかかわらず、人間としての可能性を実現するための最良の条件をもつこと、高齢者のケアが質の良いものであることである。明日の社会の効率性と社会的連帯を確保するためには、ソーシャルワークが鍵となる。同時に、ソーシャルワークは、北欧福祉モデルへの支持の継続を確保するためにも主要な役割を担っている。中流階級を含むすべての人々が、たとえば高齢者へのケアの質に満足するとき、北欧モデルを国家にとっての主要な役割を果たすものとして保持することが可能となる。逆に、もし中流階級が満足しなければ、市場での私的解決策が比重を増してくるであろうし、福祉問題について自らの解決策を講じることのできる富者と二流の公的サービスに甘んじざるを得ない貧者との二極化が生じるであろう。同様に、民族的少数派への良きソーシャルワークは、我々が「我々」と「彼ら」に分断されることを避けるための、福祉国家の正当性の維持にとって極めて重要である。

主要な問題は、常に財政の節減を迫られ、労働力が不足しているこの時代に、政治家が子ども、若年者、失業者、民族的少数派や高齢者のためのソーシャルワークやサービスにさらに優先順位を付けるかどうかである。これまで見てきたように、政治家は、早期退職年金や老齢年金といった給付への既得権をもった大きな圧力団体に対峙しなければならない。しかし政治家は恐らく、圧力団体に挑戦することを余儀なくされるであろう。積極的雇用に就いている人数が減少し、一方、ケアとソーシャルワークへのより大きなニーズがあるとき、教育とより良い職業的機会こそが、ソーシャルワークを改善するだけでなく、必要な労働力を惹きつけ、確保することのできる要因なのである。加えて、一般的な社会の発展は、政治家の道具箱の中身の減少を意味してきた。金融危機の意味するところは、政治家はもはや、国際資本市場からの反動なしに通貨を切り下げて、拡大的財政政策をとることができないということを意味している。社会政策や労働市場政策は、したがって、国家の政策が違いを生み出しうる最も重要な分野の一つである。

明日の社会政策は、政策客体が労働市場や社会に（再）統合されることを助けるための人的資源への投資に関するものであるべきである。社会政策が主に非活動的な人々への社会保障から成っているときには、これは、福祉社会にとっても、この社会政策が助けようとしている個々人にとっても害のあるものである。政策手段は、高齢者から若年者へと、所得移転からサービスへと優先順位を付け直されるべきである。他の福祉モデルとの関係では、北欧モデルは、よい位置を保っている。北欧モデルは比較的包摂的で、より多くの市民に彼らの潜在能力を活用する機会を与える。だから恐らく、マルハナバチが空中に浮かぶということは、それほど驚くには当たらないのかもしれない。そしてマルハナバチは、北欧の政治家と人々が、敢えてマルハナバチにそうして欲しいと願う限り、空中を浮遊し続けることができる。

### 注

（1）本章は、当初 Krist, Joh. (2013). "Is the Nordic welfare model riable? 21st century challenges to the Nordic welfare model in a European context", *Journal of Policy Science*, vol. 7, 2013, the Policy Science Association of Ritsumeikan University, Kyoto に掲載された。

### 参考文献

Adema, W.（1999）*Net Social Expenditures*, OECD, Paris.
Andersen, B.R.（1984）*Kan vi bevare velfærdsstaten ?*, Fremad, København.

Atkinson, A. & G. V. Mogensen（eds.）（1993）*The Welfare State and Work Incentives*, Clarendon, London.

Clasen, J., J. Kvist, & W. v. Oorshot（2001）“On the condition of work”, in M. Kautto et al.（eds.）*Nordic Welfaare States in the European Context*, Routledge, New York & London, pp. 198–230.

Esping-Andersen, G.（1990）*The Three Worlds of Welfare Capitalism*, Polity Press, Cambridge.

Esping-Andersen, G.（1999）*Social Foundations of Postindustrial Economies*, Princeton University Press, Princeton.

Esping-Andersen, G.（2009）*The Incomplete Revolution: Adapting to womens new roles*, Polity, Cambridge.

EUROSTAT（1999）*Demographic Statistics*, European Communities, Luxembourg.

EUROSTAT（2009）*Euro area unemployment up to 9.4%*, European Communities, Luxembourg.

Fritzell, J.（1999）“Changes in the Social Patterning of Living Conditions”, in M. Kautto et al.（eds.）*Nordic Social Policy: Changing Welfare States*, Routledge, London, pp. 159–184.

Goul Andersen, J., P. A. Pettersen, S. Svalfors & H. Uusitalo（1999）“The Legitimacy of the Nordic Welfare States”, in M. Kautto et al.（eds.）*Nordic Social Policy: Changing Welfare States*, Routledge, London, pp. 235–261.

Hatland, A.（2001）“Changing Family Patterns: A Challenge to Social Security”, in M. Kautto et al.（eds.）*Nordic Welfare States in the European Context*, Routledge, London, pp. 116–136.

Hvinden, B., M. Heikkilä & I. Kankare（2001）“Towards Activation ?”, in M. Kautto et al.（eds.）*Nordic Welfare States in the European Context*, Routledge, London, pp. 168–197.

Jæger, M. & J. Kvist（2000）“Skiftende forestillinger om velfærdsstatens kriser”, *Nordisk Social Arbeid*, No. 4, pp. 218–227.

Kangas, O.（1994）“The Merging of Welfare State Models ?” *Journal of European Social Policy*, 4（2）, pp. 79–94.

Kangas, O. & J. Kvist（2012）“Nordic welfare states”, in B. Greve（eds.）*International Handbook of the Welfare State*, Routledge, London.

Kautto, M., M. Heikkilä, B. Hvinden, S. Marklund & N. Ploug（eds.）（1999）*Nordic Social Policy*, Routledge, London.

Kautto, M. et al.（eds.）（2001）*Nordic Welfare States in the European Context*, Routledge, London.

Kolberg, J. E.（ed.）（1991）*The Welfare State as Employer*, M. E. Sharpe, New York.

Kuhnle, S.（ed.）（2000）*Survival of the European Welfare State*, Routledge, London.

Kvist, J.（1995）“EU og socialpolitik”, *Social Forskning*, Velfærdssamfundets fremtid, Temanummer, pp. 23–33.

Kvist, J. & A. Sinfield（1996）*Comparing Tax Routes to Welfare in Denmark and the United Kingdom*, Socialforskningsinstituttet,

København.

Kvist, J. (1999) "Welfare Reform in the Nordic Countries in the 1990s: Using Fuzzy-Set Theory to Accesss Conformity to Ideal Types", *Journal of European Social Policy,* 9(3), pp. 231-252.

Kvist, J. (2000) "Idealtyper og fuzzy mængdelære — nordisk familiepolitik i 1990erne som eksempel", *Dansk Sociologi,* 11(3), pp. 71-94.

Kvist, J. & J. Saari (2007) (eds.) *The Europeanisation of Social Protection,* Policy Press, Bristol.

Kvist, J. (2011) "Flexicurity 2.0", in *Memos to the Left,* Progressive Unit, London.

Kvist, J., J. Fritzell, Bjørn Hvinden, & O. Kangas (2012) *Changing Social Equality: The Nordic Welfare model in the 21st century,* Policy Press, Bristol.

OECD (2008) *Employment Outlook,* OECD, Paris.

OECD (2011) *Doing better for families,* OECD, Paris.

OECD (2012) Social Expenditure Database, (www.oecd.org, 2012.5.10).

Pedersen, A. W. (1999) *The Taming of Inequality in Retirement,* Fafo, Oslo.

Petersen, J. H. (1996) *Vandringer i velfærdsstaten,* Odense Universitetsforlag, Odense.

Pierson, Paul (1996) "The New Politics of the Welfare State" *World Politics,* 48(2), pp. 143-79.

Rostgaard, T. og T. Fridberg (1998) *Caring for Children and Older People,* Socialforskningsinstituttet, København.

Stjernø, S. (1995) *Mellom kirke og kapital,* Universitetsforlaget, Oslo.

Sørensen, A. (2001) "Gender inequalities in earnings at work and at home", in M. Kautto et al (eds.) *Nordic Welfare States in the European Context,* Routledge, London, pp. 98-115.

Sørensen, P. B. (2000) "The case for international tax co-ordination reconsidered", *Economic Forum,* 31, October, pp. 430-472.

United Nations (1999) *World Population Prospects,* United Nations, New York.

（ヨーン・クビスト）

# 第16章　北欧モデルの起源・実績・教訓

「北欧諸国は、高い税率と贅沢な福祉制度を高い成長と低い失業率と組み合わせる魔法のような方法を見つけ出したと、広く考えられている。しかし、特別な北欧モデル、あるいは、「第三の道」として知られるものへの信用は、二〇〇七年の内にさらに崩れるであろう。」（"The World" in 2007, *The Ecomimist*, Edition, 2006, 44）

## 1　北欧モデルの主要な特徴(1)

一九八〇年代以来、福祉国家についてのいくつかの比較研究の結果に基づき、「北欧またはスカンジナビアン・モデル」あるいは、「福祉レジーム類型」といった概念が、国際機関や、学界や北欧諸国のマスメディアによく取り上げられるようになった。大部分、この概念は肯定的な意味を含んでいるが、文脈と観察者の視点によっては、いつもそうであるという訳ではない。新自由主義者と古いマルクス主義者は、懐疑的な意見を持っているようであり、一方、社会民主主義者は、他の多くの者より、喜んで強く肯定的な見方を提示する。実際、北欧の社会民主主義者は、これが彼らのモデルであると主張するであろうが、しかし、歴史的視点に立てば、これはあまりに単純過ぎる見方である。北欧諸国の地域内では、この認識は、一般的に肯定的な意味を与えられていて、各政党がこの概念が意味すると見られている種類の政治制度と福祉国家の「所有権」を主張して争うほどである。この概念は、幅広く、輪郭がぼやけていて、漠然としているが、市場指向型福祉民主制のさまざまな型を観察している者にとっては、有用な記号となっている（Leibfried & Mau 2008, 参照）。しかしヨーロッパの福祉国家は、殊に、家族政策と労働市場政策において、互いに学びあう状態にあるということを観察することもできる（Borrås & Jacobsson 2004）。欧州福祉国家モデルは、より相互に混合されたものとなりつつある（Cox 2004; also Abrahamson 2002, も参照）。しかし、「北欧」モデルなるものは存在せず、政治制度や福祉国家といったものは、型にはまってできるものではないと主張する学会の「少数派」（Ringen 1991）もいる。

我々は、「スカンジナビアンおよび北欧福祉国家」の概念と「スカンジナビアンおよび北欧福祉モデル」の概念を互換可能なものとして使用する。双方の概念が文献のなかで使われている。地理学的意味では、スカンジナビアンの本来の意味は、ノルウェーとスウェーデンの山がちな半島を指すであろう。一方、「北欧」には、デンマーク、フィンランドおよびアイスランドも含まれる。歴史的、制度的、文化的、および政治的理由（一九五〇年代以来の、たとえば、パスポートに関する同盟の創立、自由な北欧労働市場、および「社会連合」といった北欧地域における政治的制度的協力）から、我々は、「スカンジナビアン」という概念と「北欧」という概念を、同じものとして使っている（also Hilson 2008, も参照）。「福祉国家」または「福祉モデル」に関していえば、この五カ国は、アイスランドについてはいくつかの例外があるものの、本章において説明が加えられるいくつもの特性を共有している。北欧福祉モデルという認識を認めるのであれば、非常に包括的な文献からの分析的知見内容は三つの主要なステートメントに要約できる。

### （1）国家の関与

北欧福祉モデルは、福祉制度における国家の広い主導的役割に基づいている。北欧諸国の国家の関与は長い歴史的根拠を持ち、国家と国民の関係は、親密で肯定的なものと考えられる。その意味するところは、国家が「頭上から雨と日光を降らせる」（Marx〔1852〕1979: 187-188）ということではなく、二〇世紀の国家は、支配階級の手にある抑圧のための強圧的な道具ではないということである。国家はむしろ、「それを通じて社会を改革することができる機関として」（Korpi 1978: 48）の重要な役割を担い、異なった階級間の平和な戦場に発展した。国家の関与は、中間的構造（教会、任意団体等）の影響力が小さいことを意味するが、また「比較的強い社会的市民権と比較的統一的で統合された諸機関」を意味している。階級間の妥協は北欧型の福祉国家の構成の重要な要素である（Flora 1986: xvii-xx）。大きな公共サービスと公的雇用、および税金に裏打ちされた多くの現金給付制度に国家の役割を見ることができる。しかし社会サービスは、大抵、地方レベルで、意思決定者と人々の相互関係を親密で集中的なものとする数多くの小さな市町村によって組織されているということを思い出さなければならない。「アングロ・アメリカン諸国においては、多くの議論において、極めて重要である公民の違いは、北欧諸国においては、小さな重要性しか持たない。たとえば、最近まで、国家が個々の市民の記録を集め公表することは正当なことと考えられてきた。恐らく、スウェーデンとフィンランドが最も古くからの人口統計を持っていることは偶然ではなかろう」（Allardt 1986: 111）。

（2）普遍性

北欧諸国においては、普遍的な社会的権利の原理は、すべての国民に適用されている。サービスや現金給付は貧しい者だけを対象にするのではなく、中産階級をも対象としている。要約すれば、「すべての者が利益を得、すべての者が頼り、そして恐らく、すべての者が支払わなければならないと感じるだろう」ということである（Esping-Andersen 1990: 27-28）。北欧福祉国家の普遍主義的な性格は、二〇世紀初め前後の時期に作られた初期の社会法制の制度化に当たって、「喧伝され、一部は実施された理想主義的でもあり、現実的でもある考え方」にまで遡ることができる。まず、社会保障制度は、北欧諸国の経済的近代化の時代に提案され、「普遍主義の考え方は、少なくとも『国家建設』プロジェクトの潜在的一部分」であった。第二には、貧しい農民と貧しい労働者が類似した人生の可能性をもつということは、類似したリスクと社会的権利の認識に貢献した。つまり、「すべての市民は潜在的に一定のリスクに曝されている」ということである。第三には、殊に、第二次世界大戦後においては、北欧においては、貧しい収入しかない人々を除外することを避けようとする強い傾向があった。そして、最後に、詳細な収入確認の代わりに普遍的制度を良しとすることで、行政経費を最小限にしようとする極めて現実的な傾向があった（Kildal & Kuhnle 2005; Kuhnle & Hort 2004: 9-12）。

（3）平　等

北欧諸国の歴史的遺産は、階級、収入、男女間の僅少な格差である。北欧の近代的階級構造への道は、小作農の強い立場、地主の立場の弱体化、労働者階級の平和的でどちらかというと容易だった議会制度と労働市場での交渉への参加によって整備された。この遺産は、小さな収入格差と貧困のない社会に見出される（Ringen & Uusitalo 1992: 69-91; Fritzell & Lundberg 2005: 164-185）。さらには、北欧は、その男女格差の小ささで有名である。市町村が子どものケアや高齢者や障害者のケアの責任をより多く分担し、女性の雇用率が高かったので、男女格差は、北欧においては、他の先進国においてよりも小さな役割しかもたなかった（Sainsbury 1999; Lewis 1992, 参照）。比較的高い福祉給付、広範囲にわたる公的サービス、および労働市場における女性の良い立場を考え、少し皮肉にも、「北欧の男性は労働市場の専横から解放され、北欧の女性は家族の専横から解放された」ということが指摘されている（Alestalo & Flora 1994: 54-55）。

北欧諸国における特別な種類の福祉国家の存在についての議論は、この歴史的条件の分析を前提としている。これは、次節でなされる。我々の目的は、比較的視点から、どのように北欧福祉国家が生まれ、第二次世界大戦後の四〇年間に殊に繁栄したかを示すことであった（第三節に、より詳細な分析。本巻中の個別の国の歴史も参照）。その後、一九九〇年代と二〇〇〇年代に、ほとんどの先進国中で、福祉制度の基本条件の大きな変化があった。第四節および第五節において、我々は、どのように北欧諸国がグローバル化と欧州統合の高波のなかで、また、変わりゆく階級構造とイデオロギー間の対話の挑戦と向き合いつつ、福祉国家を維持することに成功したかを分析したいと思う。最後に、我々は、我々の物語の教訓と将来像を短く論じ、現代の「北欧モデル」を比較福祉国家研究の地理的境界と「脱グローバル化」の現代的可能性のなかで位置づける。

## 2　北欧モデル創出の条件

### (1) 北欧の道

準封建制農業社会から豊かな福祉国家社会への一般的変化の平和的プロセスで、北欧諸国がとった道を特徴づける三つの大きな重要性をもった要因がある。北欧の道は、イギリスやフランスの場合のように、中産階級の革命によって拓かれたのではなかった。また、ドイツにおけるようにファシズムに頂点を見た保守的反動によって拓かれたものでもなかった。さらに、ロシアにおけるように、共産主義へとつながる小作農によって拓かれたものでもなかった（Moore 1966）。上に述べた三つの変容とは、

① 産業革命以前の時代における「小作農の立場の継続的強化」。

これと関連して、

② 国内の危機と国際紛争の結果としての「地主と権力を有する貴族の立場の弱体化」。

この国際紛争を通じて、

③ 北欧の経済的、政治的尺度においての「周辺地域化」（Alestalo 1986: 11-12; Alestalo & Kuhnle 1987）である。

北欧諸国の階級形成における他に類を見ない特徴は、農業の個別化（小作農の農地所有権取得の増加、囲い込み運動〔Osterud 1978: 113-15, 参照〕）と極めて平和的な農業革命（商業的農業、市場経済、新しい農業技術の利用への変容）の結果として独立した小農階級の勃興である。家族経営の農場を農業経営の基礎的単位とする発展は、多くの西欧諸国（大規模商業農業）あるいは多くの東欧諸国（小作農が準封建的義務を持つ大規模農園）と異なっていた（Rueschemeyer et al. 1992: 83-98, 参照）。農業の個別化は王室の介入によるものであり、それはまた、貴族の立場の弱体化を意味した。貴族は徐々に、都市の官僚エリートへと転化していった。都市の上流階級と小作農の間の溝は、小農のアイデンティティの確立と社会運動と農民政党の台頭にとって重要であった（Olsson 1990）。

貴族の立場の弱体化は、スウェーデン帝国の崩壊とも関係しており、そして、一九世紀の最初の一〇年の間に、北欧諸国は、拡大する資本主義世界経済のなかで、周辺的地域となってしまった（Wallerstein 1980: 203-226）。北欧諸国における初期の産業化は、輸出産業の成功に基づいていた。これらの産業の空間的分散は相当のものであり、都市のスラムは出現しなかった。したがって、初期の労働運動は、工業労働者と地方の無産階級が行っていた。大衆政党の時代の始まりに当たって、北欧諸国は、三極の階級構造に支配されていた。都市上流階級、労働者階級および小農である。人種的、宗教的な溝が存在しなかったので、北欧諸国の政党構造は、長年にわたり、この三極によって支配されていた（Rokkan et al. 1970: 120-126; also Flora 1999, も参照）。

### （2）経済成長と構造的変容

フィンランドは一九一八年の激しい内戦があり、その経済および構造の発展がより遅れて、より不均衡で、より突然であったという点でデンマーク、ノルウェー、スウェーデンと少し異なっているが、北欧諸国の全体的経済発展は非常に急速であり、一八七〇年代以降、北欧四カ国はすべて、ヨーロッパで最も早く経済成長している国の一つであった。産業化された農業を持つデンマークは、ヨーロッパの平均的GDPレベルに第一次世界大戦以前に到達していた。海運業を持つノルウェーと多種多様な産業を持つスウェーデンは、一九五〇年までには、同じレベルに到達していた。フィンランドの発展はそれほど広範囲ではなかった。高い人口増加率、産業の偏在、第二次世界大戦の厳しい影響により、フィンランドの経済成長は非常に安定しているとは言い難かった。しかし、戦後の数十年間フィンランドはヨーロッパで最速の成長を遂げ、一九八〇年代には、高い北欧のレベルに到達した。それ以来、北欧諸国は、世界で最も豊かな国に属している。

デンマークとスウェーデンにおいて、農業から工業およびサービス業への変容の構図は、より早く工業化されたヨーロッパ諸国のそれと似ている。大戦間期においては、工業の成長はサービス業の成長より速かった。第二次世界大戦後、サービス業がまた拡大したとき、農業人口の割合は、デンマーク、ノルウェー、スウェーデンでは三分の一以下だった。フィンランドは、一九四〇年代後半にも、まだ、労働人口の半分以上が農業に従事する後発国だった。その後、フィンランドの構造的発展は、普通にないほど広範囲にわたり、強固だった。一九六〇年代および一九七〇年代には、フィンランドは、第二次産業および第三次産業の拡大が同時に起きた国のグループに属し、その社会構造はヨーロッパで最も速い変化を遂げていた（Alestalo 1986: 14-39; Alestalo & Kuhnle 1987: 13-18）。

### （3）平和的で民主的な階級闘争――合意による政治

台頭する労働者階級は、小農階級と同じく大衆運動の一部と考えられ、したがって、彼らの北欧の政治での支配は、いくらかの上からの抵抗があったにしても、ヨーロッパの視点から見れば極めて容易だった。農業革命以来、国家の介入に対し広く肯定的な態度がみられ、農業保護協定は、部分的にはより包括的なものだったので政治的妥協及び労働市場での妥協の原型となった（Castles 1978: 14-15; Allardt 1984: 172; Rothstein 1994）。北欧モデルは、通常、福祉国家制度（国家の関与、普遍主義）および福祉政策の結果（平等）の特質との関連で確認される。しかし、第三の重要な要素、つまり、それによって政治的決定が行われる方法、あるいは、それを通じて政治的決定がなされる過程を意味する「民主的統治の形態」を加えることが適当だと思われる。この点で、一九三〇年代の一〇年間は、工業と農業・第一次産業の間の、また労働組合連盟と企業家団体を通しての労働と資本の間の、全国的な階級間の妥協によって、すべての北欧諸国で政治的分岐点となった。これらの妥協は、さまざまな階級や経済的利害を代表する政党間の政治的妥協によって、議会と政府レベルに反映された。一九二〇年代後半より、デンマークは前に出て、スウェーデンの社会改革主義者をはじめとする者たちのための政策の役割モデルとして働いた（Nyström 1989）。しかしながら、アメリカのジャーナリスト、マーキス・チャイルド（Marquis Child）のこの時代のスウェーデンについての本のタイトル、『中道』（1936）は、一九三〇年代の北欧の政治における、新しい道を作った変化をよくとらえている。これらの業績は、当時においてはまだ不安定であり、より広いヨーロッパの視点からは周辺的なものに留まったが、一九三〇年代の政治は、こんにち存在する北欧モデルの原型を創り出すものであった。

広義の北欧モデルは、北欧諸国における「実際の」民主的な政府――または、「統治」という方がよりよい語かもしれないが――の形態の、紛争解決のための特定の構図の進化、政治的意思決定の基礎としての政治的正当性の創造といった諸様相を含まなければならない。この構図は、長い年月をかけて育まれ、決定が公式に議会や政府によってなされる前に、市民社会の諸組織が、とりわけ、政府・労働組合・企業家団体もしくはたとえば農業に関する類似の団体との間の三極関係のなかで意見を表明することによって、さまざまな、しばしば制度化された方法で、主体的に包含され、参加することによって特徴づけられる。この統治制度には、「合意による統治」というラベルを付けることができよう。北欧諸国は、小さく、統合的である。このことは、意思決定を大きなあるいは連邦制の国においてよりも容易にする。フィンランドの合意による民主制への発展の事例は、他の事例よりもっと劇的である。一九一八年の内戦から、共産党、社会民主党、自由党、保守党を含む一九九〇年代初頭の「虹連合政権」によって代表される北欧の平時における最も強い合意形成の例までの政治的距離と時間は長い。この連合政権は、一部は、ソビエト連合の破綻とそれによる相当の外国取引の突然の喪失によって引き起こされた劇的な経済の悪化の後で、フィンランドの経済と福祉国家を立て直すために結成された。

「合意による民主制」は、一般的には、一九三〇年代中盤および、特に、一九四五年以降に当てはまる語である。合意形成が北欧政治の重要な一部となった理由の一つは、特にデンマークとフィンランドにおいては、連立政権が一般的であって、殊にデンマーク、ノルウェー、スウェーデンでは、少数連立政権が多かったという単純な事実である。これらの国では、一九四五年以降、政府の大多数が少数政権であった。デンマークは、少数政権に関しては世界一である。北欧の伝統である「議会中心否定主義」とでも呼ぶべきもの、つまり政権は積極的に、または建設的に議会の多数党に基礎を置くべき必要はなく、政権は議会の多数党によって組織される必要もないという考え方は、政治的妥協の芸術に対し、論理的に訴えるものがあった。持続的な政治的決断は、政党が互いに協議し、相互の信頼を醸成することなくしては不可能だったし、与党が常に野党と協議することなくしても不可能だった。北欧政治の合意的スタイルと長期にわたる複数政党による議会および政権支配の経験は、この「モデル」に名を付けるときに、多くの社会科学の研究者がしているように、より狭義の政治イデオロギー的な形容である「社会民主主義」という語を用いるより、「北欧」という地理的な形容を用いる方がより意味がある理由の一つである。この構図に対する部分的例外はスウェーデンであり、そこでは、社会民主党が二〇世紀を通じてより支配的な地位にあり、社会改革の原則に関する議論が、時に、より二極分化しているように見えた（Lindbom & Rothstein 2004, スウェーデンの年金政策に関しては、Loxbo 2007, Lundberg 2003 も参照）。

さらに、北欧（福祉）モデルの発展の誘因としての、社会政策の分野における北欧協力の発展および北欧のアイデンティティの確立についても記さなければならない。最初の公式の国会議員の間での北欧諸国間協力は一九〇七年に既に始まっていた。この政策分野において、数多くある定期的北欧政治行政幹部の最初の合同会合が一九一九年にコペンハーゲンで開かれた。フィンランドとアイスランドが一九二〇年代にこの会合に参加し、クラウス・ペーターセンの概観（本書第六章）によれば、一九九五年に北欧社会保障協定が締結される前に、一四のそのような北欧社会政策決定者の会合がもたれていた。この協定の決定は、一九五二年における北欧協議会の設置後に行われたものであり、フィンランドは、一九五五年に（ソ連によって）北欧協議会への加盟を許された。これらの展開が、今日に至る多くの公共政策領域を横断した持続的北欧諸国間協力を創始したのである。共通で、対比的で、比較可能な北欧社会統計が一九四六年に開始された。北欧諸国が、第二次世界大戦後に先駆けて地域的国家間協力を始めたという事実も、「北欧モデル」という概念の成熟化に大いに寄与している。また、この協力は、異なった外交政策の方針のもとで行われ、その差異は、主に戦争の経験と冷戦下での地理的現実によって生じたものだった。西部北欧諸国は、NATOに加盟し、スウェーデンは中立を保ち、極北部東部においては、フィンランドとソ連の間に友好条約が存在していた。北欧諸国間協力が、対立的な冷戦的思考と冷戦的国際関係が成長しつつあった初期の年代において強固に制度化され得たということは、北欧のアイデンティティの歴史的な力と政府レベル、非政府レベルの双方で戦前の長い期間にわたって行われてきた関係強化の力を物語るものである。ソ連の終焉後、北欧諸国のNATOや欧州連合との関係は、いまださまざまではあるが、共通の北欧のアイデンティティがより強い影響を与えており、それが北欧諸国間の場や他の国際的な場で表明されている。人権問題、福祉、政治についての北欧の一致した立場は、しばしば、国連や他の国際組織を通じて表明されている。一九三〇年代初期以降の時期は、北欧諸国における福祉国家の発展に関していえば、国内的合意形成の時期として、また、共通の北欧アイデンティティ形成の時期として特徴づけることができよう。この二つの要素が北欧モデルの概念の極めて重要な柱である。

## 3　福祉国家の勃興

### (1) 初期の社会政策の選択肢

近代北欧福祉国家の始まりは、一九世紀の最後の一〇年間まで遡ることができる。ヨーロッパの他の地域と同じく、この展開は、一般的には、引き続く工業化と都市化に伴っていたが、しかし、一八八〇年代（国家建設と国家形成の時代）にドイツ帝国において導入された大規模な社会保険制度の政治的革新とも関連している。工業化と社会保険の発展の関連は、明白ではない。当時、ドイツは最も工業化の進んだ国ではなかったが、しかし、工業化が全く、あるいは、ほとんど進んでいない国では、社会保険は政治的議題に上ることはなかった。

極めて特徴的なことに、北欧諸国における最初の主要な社会保険法制は、「ほぼ同時期に」、つまり一八九〇年から一八九五年の五年間に、アイスランド、デンマーク、スウェーデン、ノルウェー、フィンランドで議会を通過し、そして、デンマークは、一八九〇年代に、北欧諸国で唯一、複数の、全部で三つの法律を通過させた。アイスランドは、一八九〇年に救貧法を穏健な形にした（収入条件付きの）老齢年金法を成立させた（Olafsson 2005）。デンマークは、「尊敬できる」

高齢者への給付を提供する法律を一八九一年に、任意の疾病基金への補助に関する法律を一八九四年に、そして、労災の場合の雇用者の義務に関する法律を一八九八年に導入した。スウェーデンは、任意の疾病基金への補助を一八九二年に導入した。ノルウェーは、労災保険法を一八九四年に成立させたが、これにより、雇用者は自身の被用者への保険の財源を手当てすることを義務づけられた。フィンランドは、準義務的な労災保険に関するその最初の法律を一八九五年に導入した。この導入時期の著しい同時性は、歴史上の偶然として片づけることはできず、社会経済的発展と政治的民主化の指標によってのみ、ある程度、説明可能なものである。当時、デンマークが、最も都市化され、工業化された国だった。北欧の文脈においては、一八九〇年代の社会法制の広がりの一般的水準に関して、単純な工業化の論理の議論が当てはまるように思われる。しかし、我々は、（北欧で）最も工業化された国（デンマーク）が老齢年金法を導入し、工業化の進んでいなかった国（ノルウェー）が労災保険を導入した論理は何であるかを尋ねることができよう。工業化の議論は、最初の社会保険法の導入時期に関しては、北欧各国を十分に差別化していないし、また最初の法律の実際のタイプの違いを理解できるように説明してもいない。一般的にいって、民主制のさまざまな指標も、初期の社会法制の説明としては、あまり機能していない。民主化要因は複数次元的であり、どの次元が社会政策の発展にとって論理的に最も重要かは、明白とは言い難い。ノルウェーは、北欧諸国のなかで、議会主義の原則が貫徹された唯一の国であり、一方、デンマークは、最高度の選挙権付与と最も発達した政党制度を持ち、最も広く参政権を付与した国である（Kuhnle 1981）。

北欧諸国における民主化の程度の全体的多様性と最初の社会保障法の導入時期の類似性は、民主化が重要であるという議論の説明力を弱めるものである。そして、我々の知るように、ドイツもオーストリアも社会保障法制の分野での一八八〇年代でのパイオニアでもなければ、民主化の発展についてのヨーロッパにおける先駆者でもなかった。しかし、これも我々の知るところであるが、社会保障法制はいくつもの理由や動機から導入されることがありうるものであり、人民の民主化要求というものはその中の一つでしかない。社会経済的発展の複合的影響と比較的、政治的に流動性のある選挙民の存在が、ある程度、デンマークが全体としては、一八九〇年代において、社会政治的法制の分野において、他の北欧の隣国より活動的であったという事実を説明できるということなのかもしれない。しかし、より広くヨーロッパ諸国の社会経済構造や政治制度の特質を比較すると、工業化や民主化といった単純な構造的説明要素に頼ることに対する警告が発せられるだろう。こういった分析は、我々の、いつ、どのようにして、そして、何の目的で社会保障法制が生まれたかの理解をある一定距離進めることができるだけである。北欧諸国における最初の社会保険法の導入時期の類似性も、北欧の政治的、行政的協力と協調によって説明することはできない。その当時は、協力や協調はほとんど存在していなかったのだから。しかし、ヨーロッパでは、国家の中央統計機関の間での国際協力が一九世紀の後半に発展し、各種のある程度比較可能な統計の収集を促進したとともに、当時の社会科学の知識集団としての経済学会がこの頃各国で結成され、国境を越えて対話したということは、述べておく必要があろう（Kuhnle 1996）。

一八八〇年代に始まったドイツの社会保険についてのアイデアは急速に北方に伝播し、北欧諸国の立法活動に明瞭なインパクトを与え、それにより、最初の北欧社会保険法制定時期の類似性にインパクトを与えた。ドイツの「革新」が実現され、ヨーロッパ諸国の多くにおいて、政治的提案と議論の引き金を引いた時に、北欧のいずれの国の政治行政当局も社会的問題に無関係ではなく、「社会問題」に関する問題意識は、ドイツの例によって、優先度が上がった。ドイツでの最初の二つの社会保険法が通過し、スウェーデンで、ドイツのこの法制を明確に意識しながら、同様の委員会が立ち上げられた後、デンマークにおいては、一八八五年七月に公的委員会が立ち上げられた。スウェーデンの委員会には、明示的に、ドイツの制度を研究し、それを基礎にした法制を提案することが求められた。しかし、いずれの国においても、殊にデンマークにおいては、社会問題は何年にもわたって議論され、ある程度公的に調査されてきていた。デンマークの委員会は、その成果として、明らかにドイツの前例の影響を受けた労災保険の案を作成したが、スウェーデンの場合も同じであったように、一八八八年に国会に提出されたこの案は、国会を通過しなかった。この委員会の一八八七年の任意保険に基礎を置く認定疾病基金への国家補助の提案は、一八九二年七月に成立した法制度へとつながり、実は、デンマークの法律より前に一八九一年五月に類似の法律を成立させたスウェーデンでの、委員会の提案にインパクトを与えた。しかし、これらの法律は、ビスマルクの強制保険の特徴はもっていない。

一八八五年にノルウェーで、社会保険を導入する目的を持って、ドイツの法制とスウェーデンで立ち上げられた委員会を引用しつつ、「労働者の委員会」が立ち上げられた。この委員会の活動の法律に反映された結果は、一八九四年に成立した労災保険法のみだった。ドイツでの展開に触れつつ、フィンランドの国会は、一八八八年に政府に対し、労働者保険の草案を作成する委員会を任命するよう請願し、翌年、労災保険と疾病保険の概案を作成するための委員会が任命された。一八九五年に準義務制の労災保険法が導入されたが、一八九七年の疾病保険に関する法律は、デンマークやスウェーデンと同じような公的補助を提供するには至らず、私的な疾病基金と年金基金に対する政府の監査を規定するにとどまった。デンマークにおいては、高齢者給付に関する政府の財政的役割を伴う最初の提案は、一八七五年に設立された委員会とその委員会が、一八七八年、つまり、ドイツ皇帝とその宰相ビスマルクが、一八八一年にドイツ国会でその制度を発表したより数年前に提出した提案に源を発している。要約すると、一八九一年四月に成立したデンマークの「救貧制度の対象外にある尊敬すべき人々に対する老齢年金」法は、一八八九年のドイツ法に全く似ていないのである。その財源、組織、給付対象に関する原則は、全く違っているのである(2)。

初期の北欧諸国における社会保険、社会保障の展開は、ドイツにおける展開に触発されたものであるが、初期の法制の結果や内容は全くドイツの例に倣っていなかった。初期の北欧での展開を説明するためには、国家の能力の視点を導入することができるかもしれない。この視点は、デンマーク、ノルウェー、および、スウェーデンの北欧三国の中央統計機関の成長と特質の比較において試みられた（Kuhnle 1996 & 2007）。公式統計の発展は、国家建設の過程と、専門化した官僚制の進化と密接につながっている。統計情報についての政府の関心は、常備陸軍と職業的行政の維持のために資源を動員しようとする努力の結果として増大した。北欧における公式統計の発展は、一九世紀のヨーロッパ全体の発展の一部であり、一八三〇年の七月革命の後に大きな飛躍があった。一八三〇年から一八五〇年までの期間は、統計の歴史における「熱狂の時代」と名づけられている（Westergaard 1932）。一八五〇年代以降、各種の事象に関する国家の公式の統計とその出版物は国際比較を促進した。北欧においては、憲政下の生活が保障されてくることにより、統計の出版が促進され、この展開は明白に国家建設過程と織り合わされていた。ドイツで社会保険法制が導入された時に、北欧では、国家は労働者保護と収入保障のための新しい必要に対応することによって社会問題を解決することができるということが、一般的に認知されていた。ドイツの法制は、北欧諸国が政治的に、また、知識的に国家の社会的行動について、「用意ができ」「熟して」いた時に登場したのだった。

統計機関の発展、彼らのさまざまな能力、彼らの活動方向と各種の統計の収集に当たっての経験は、歴史的に、それぞれの国で導入された最初の社会保障法の種類を説明する重要な変数、つまり、どの社会保障目的が、そのために法制を導入することが行政的に、また、恐らく、政治的に最も容易であったかを説明する変数であるという仮説を立てることもできよう。デンマークで最初の法律が老齢年金制度を導入し、スウェーデンが疾病保険を導入し、ノルウェーとフィンランドが、最初に労災保険を導入したのは、ただの偶然かもしれない。しかし、命題とされるのは、これらの違いは、大きな程度、国家の行政能力の異なった特質によって説明されうる

**表16－1　北欧諸国に於ける最初の普遍的・義務的社会保障制度の導入年**[1]

| | デンマーク | フィンランド | ノルウェー | スウェーデン |
|---|---|---|---|---|
| 制　度 | 普遍的・義務的制度の導入年 | | | |
| 労災保険 | 1898<br>1916 | 1895<br>1917 | 1894<br>1901<br>1921 | 1901<br>1916 |
| 疾病保険 | 1933<br>（準義務的） | 1963 | 1909<br>1953 | 1955 |
| 国民年金 | 1891<br>1922<br>1933 | 1937 | 1936 | 1913 |
| 失業保険 | — | — | 1938 | — |
| 児童手当 | 1952 | 1948 | 1946 | 1948 |

注：(1)本表は、義務的保険（あるいは，社会保障制度への義務的財政支出）を導入した法律のみを列挙している。これらの制度は，すべて，最終的には，普遍的制度となっているが，当初は，最初から普遍的に適用された1913年のスウェーデンの年金法と児童手当に関するすべての法律を除き，適用範囲に限定があった。
出所：Flora & Alber（1981），Kuhnle（1981）pp. 140, Flora（1986）(4) pp. 12, 23, 81, 88, 144, 210.

のではないかというものとなろう。ビスマルクの国家社会保険の概念がドイツから輸出され、政治的により真剣に受け止められなければならなかったときに、社会法制への統計的準備状況と短時間に大規模なデータ収集努力を行う能力には、差異があった。追加的な要因は、それぞれの国の（統計的専門知識をもつ者、経済学者、官僚および政治家といった）エリートの相互関係、あるいは、胚芽的知識を育むコミュニティである。経験的社会科学知識を代表する環境が、比較的独立した政府統計機関の内外に発展した。「社会統計」の概念が形成された。統計の利用可能性の差異が、初期の社会保険の対話において、政策形成の選択肢に影響したのである。

### (2) 普遍主義の躍進

デンマークとスウェーデンは、北欧諸国のなかで福祉国家の中核的制度に普遍的保障を導入した最初の国である。一八九〇年代において、これらの国は改革を行い、それまで、任意の基金だったものへ補助を行い始めた。同じ手続きが、デンマークとスウェーデンにおける国民年金についても行われた。スウェーデンは一九一三年に国民年金を導入し、デンマークは、一八九一年、一九二二年、一九三三年の一連の改革によって、これを導入した。国民年金制度に関しては、フィンランドとノルウェーは特に時期が遅れ、一九三〇年代中盤にこれを導入した。表16－1に示したように、北欧四カ国すべてが、ほとんど第二次世界大戦直後に児童手当を実施した。フィンランド、ノルウェー、スウェーデンでは、この手当は現金給付であり、デンマークでは、主に税額控除によっていた。

成長を続ける北欧福祉国家のなかにあって、都市化されておらず、工業化もされていないフィンランドは、戦間期にあっては、例外であることが実証された。その結合部である周辺部としての位置から、独立したフィンランドは、第一次世界大戦の灰のなかから、また、オーストリア・ハンガリー帝国とロシア帝国の灰のなかから新しくできた（東）ヨーロッパ諸国にも属していた。この地域の他の地域と同じく、土地改革が行われ、極度に小農の数が増加していた。囲い込み運動と一九一八年の激しい内戦のために、「土地問題」は、他の北欧諸国での政治的対話を席巻した「社会問題」よりもっと重要な問題として、重要な政治的、社会的問題となった。最後の土地改革は第二次世界大戦の後に行われた。その結果、フィンランドは、北欧および西欧福祉諸国のなかに遅れてやって来ることとなった。フィンランドは西欧諸国の中で、疾病保険を導入した最後の国となり、一九六三年にこれを導入した（Flora & Alber 1981: 59）。一九六〇年代の初期に、フィンランドは、主な福祉制度の適用範囲という点では、他の北欧諸国に追いついたが、補償の水準という点では、他の北欧諸国より相当に遅れていた（Alestalo, Uusitalo & Flora 1985: 192–202）。

「北欧・社会民主モデル」の描写において、社会民主主義者が社会問題における普遍主義の主要な提唱者であったということが強調されることがある（Esping-Andersen & Korpi 1987: 49–55; Esping-Andersen 1990: 26–29）。カリ・サルミネン（Kari Salminen）の北欧諸国における年金政策の形成についての詳細な分析は、普遍的年金政策は農民政党の公約の方により載せられていたことを示している。社会民主主義は、普遍性と労働生産性の混合物に基づくモデルを支持していた。社会民主主義者は、「必ずしも社会全体への年金ではなく、むしろ、すべての所得を得られる雇用をされていた人々に対する年金を」選好していた（Salminen 1993: 360; Hatland 1992, も参照）。

### （3）北欧福祉国家の黄金時代

一九六〇年代初頭から一九八〇年代の終わりまでの三〇年間は、北欧福祉国家の黄金時代だった。一九五〇年代には、デンマークやスウェーデンに比べてGDPの低い割合しか社会保障に使っていなかったフィンランド、アイスランド、ノルウェーが、この時代にデンマークやスウェーデンとの差を縮め、追いつく過程が生じていた。社会保障支出の実質的成長は、殊にアイスランドで顕著に早く、また、フィンランドおよびノルウェーにおいても、デンマークやスウェーデンより早く成長していた。このような異なった伸び率にもかかわらず、スウェーデンはこの時代、北欧福祉国家の先頭であり続けた。スウェーデンは、ほとんどすべての主要な制度において、他の国よりも多くの資源を使用した。スウェーデンとともに、デンマークも一九六〇年代においても、福祉国家の先駆者であったが、その後、先駆者としての地位を失い、一九八〇年代には、フィンランドおよびノルウェーの水準に留まっていた。デンマークの経済成長は、他の国より遅く、失業および社会扶助支出の増加は、一九七〇年代後半から他の国においてよりも速かった（Alestalo & Uusitalo 1992: 37-68）。

公的雇用の発展についての長期的比較は、今日、ＯＥＣＤの情報によってのみ可能である。このデータは、「政府サービスの生産者」概念を使用する「国民経済計算」に基づいている。この定義は、中央および地方の行政、防衛、健康、教育、社会サービス、経済振興を含み、ほとんどの公的企業を除いている。もし公的企業を含めたならば、労働力の内に公的部門の占める割合は、北欧諸国においては、ほぼ一〇％あるいは一〇％以上になるであろう。スウェーデンを除いて、北欧諸国は一九六〇年代には、政府雇用の範囲に関して、ＯＥＣＤの他の諸国とあまり変わらなかった。一九七〇年と一九八五年の間に、北欧諸国の雇用の増加の多くは、公的部門の拡大だった。殊に、スウェーデンとデンマークにおいて、この拡大は急速だった。一九八五年に、スウェーデンでは、政府雇用は全雇用の三〇％を超え、デンマークでは三〇％に非常に近づいた。フィンランドとノルウェーでは、かなり低い水準に留まった（表16-8参照）。北欧諸国が他の先進国と別の道をたどったのは、サービス部門の拡大が、主に福祉国家現象であったことによる。女性の労働力への参加の増加は、公的雇用の増加によって可能とされた。また、この点では、スウェーデンが先導者であり、デンマークがそれに続き、一方、フィンランドとノルウェーは、いくらか低い水準に留まった。スウェーデン、デンマーク、ノルウェーでは、この変化の大部分がパートタイム雇用の増加によっていたが、フィンランドでは、女性は、フルタイムの仕事に就いた（Alestalo, Bislev & Furåker 1991: 36-56）。

各国間にいくらかの違いはあるものの、北欧地域全体を通じて、変化の一般的なパターンはかなり類似している。公的部門の雇用が拡大し、福祉国家はすべての国民を対象とし、また、サービスと現金給付を深刻な社会的リスクに直面している人々に提供することができる。「北欧モデル」（1987）という本の編者が少し誇りを持って述べたように、「社会政策において、このモデルの基礎は、『普遍主義』である。北欧諸国は、少なくとも、書類の上では、すべての国民を包含する福祉国家を発展させ始めた。包括的な制度が選別的な制度より好まれた。それは具体的には、公立教育機関において、私立学校への要求を出させないほど十分なだけの高い水準を持った、すべての者に対する、無料あるいは安価な教育、また、同様の基礎をもった無料のあるいは安価な医療、貧しい母親のための所得調査付きの援助よりも全有子家族へ与えられる児童手当、主婦や所得のある雇用についたことのない者にも受給権を与える普遍的な老齢年金、「公営住宅」よりもむしろ一般住宅に関する政策である」(Erikson, Hansen, Ringen & Uusitalo 1987: vii-viii)。

## 4　一九九〇年代以降の状況の変化

一九九〇年代および二〇〇〇年代初頭の北欧福祉国家を取り巻く状況は、戦争直後の状況と極めて対照的である。これは、確固としていたものが、すべて溶け去ってしまったというのではない。たとえば、北欧諸国は、いまだルーテル派新教徒の拠点であり、国家と教会の関係は、歴史的に圧倒的に旧教が強いヨーロッパ大陸諸国とは違うものであったし、現在もそうである。しかし世俗分離が進行し、国家と教会の複合体は徐々に分解しつつある。たとえば、スウェーデンにおいては、スウェーデン教会は二〇〇〇年に「任意団体」、任意福祉団体となり、実際にその構成員は、いまだ人口の大多数を占めていたので、その種の団体のなかで最大のものとなった。さらに、殊にデンマークとスウェーデンでは、国際的移住と人口の年齢構成の変化が、旧教教会とイスラム教の各種団体を重要な宗教団体であり、意義のある福祉の供給者とした。加えて、以前の禁酒運動のような大衆動員型社会運動は、北欧ではその重要性を減少させており、他方、労働組合、経営者協会、農業協同組合といった他の運動は社会制度に組み込まれ、大衆動員型ではなくなってきていた(Olsson 2001)。北欧では、新しい社会運動、特に女性運動、環境運動といった運動に日が当たり、盛んになった。ただこれらは、従来型の運動というより、ネットワークとして機能した(Tranvik & Selle 2007; Papakostas 2001; Olofsson 1987, 参照)。

以下に、我々は、多かれ少なかれ福祉国家の発展の誘因となった、このような大規模な社会変化の五つの媒介変数を論じる。これらは、国際的移住と年齢構成の変化、グローバル化と欧州統合、経済成長、階級構造の変動、そして最後に、イデオロギーの変化と新しい考え方、あるいは、ネオ・リベラリズムの勃興(と衰退?)である。

### (1) 国際的移住と年齢構成の変化
#### ——均質的社会から異質的社会へ

ナポレオン時代と君主統治の衰退以来、北欧諸国四カ国は、ロシア帝政時代以後、スウェーデン語を話す少数民族が居住していたフィンランドを部分的例外として、極めて均質的だった。しかしながら、ラップランド地方のサーミ族が、常に多数民族であったように、各種の植民者の間の区別は曖昧であった。一九三〇年代初期までの北欧諸国は，多くの人々が特に北米に移住したので，移民流出によって特徴づけられていた。第二次世界大戦後，この構図は，二波の移住によって逆転された。戦後直後の数十年間の労働者移住において，デンマークとノルウェーとスウェーデンは受け入れ超過国となった。一方，フィンランドは，国外に人々を送り続け，殊に，スウェーデンに送り込んでいた。その後一〇年の好景気のなかでヨーロッパ南部からの移民が奨励され，その結果，地中海諸国が数多くの移民を供給した。一九七〇年代以降，北欧における主な新しい移住者は，やはりより南，または東からの難民，亡命希望者，家族を訪ねての移民者であった。もはやこの時代には，移民流出国ではなかったが，フィンランドは，この海外移住の構図の部分的例外であり続けた。しかし，中心的構図は，世界的な動きである南から北への動きの一部であり，この傾向は，一九九〇年に戦禍に見舞われたユーゴスラヴィアからの，その後にはまた，イラク，ソマリアからの大量の人々の流入によってより強調された。二〇一〇年が近づく今，スウェーデンでは一〇〇万人近く，デンマークとノルウェーではそれぞれ五〇万人近く（これらの数字は，北欧で生まれ育った移住者の子孫を含んでいない）の外国生まれの人々が，年齢構成の劇的な変化に貢献している。北欧社会は，もはや，人種的に均質であることをやめ，今や相当に異質的である。これは，（ほとんどの移住者が，当初は，労働者階級に属したために）階級構造に影響を与え，また，遠くから来た人々を，北欧国民国家に文化的に同化し，社会的に統合しようという強い試みがなされたことから，福祉国家にも影響を与えた。制度の統合に関しては，客分の労働者として扱うというアプローチは早期に撤回され，積極的な労働市場への統合プログラムが，言語訓練と社会についての学習を含んで，数年居住した場合に，地方参政権を与えることを含む参加的政治・制度的解決策に向かって実施された。第一世代の移民の子どもの運命および彼らの社会的変動可能性（高等教育）についての強い世論の関心が存在した。野心的な，国庫負担による，就学前児童のための施設から高齢者のための介護付き住宅までを含んだ社会的包摂プログラムが，殊に大都市区域で始められた。その成果は，予想を裏切るものだった。「社会統合政策」の失敗，つまり，部外者としての地位や殊に特定の大都市郊外における社会的排除（社会的差別）は，与野党間の議論の中心となってきた（Hajighasemi et al 2006）。グローバル化された世界のなかで，これらの福祉国家は，脱グローバル化の脅威に直面していたのである。

## (2) グローバル化と欧州統合

スカンジナビアまたは北欧福祉国家は，まずは，ドイツの，そして次にはイギリスの福祉国家に近づいたように，外国の例から常に学ぼうとする姿勢を持っていることの他に，世界経済への参入という意味と、北欧国家間の地域的協力から真に地球的規模のＩＬＯや国連への協力までを含めた国家間の地域的な組織的協力という意味との双方において、常にグローバルであった。一九四九年にデンマークとノルウェーはＮＡＴＯに加わったが、フィンランドとスウェーデンはＮＡＴＯ外にとどまったということを単に意味する軍事的安全保障の継続性を除いては、戦後の欧州統合は、北欧諸国にとっては、特に当初は欧州自由貿易連合七カ国間の協力を意味し、一九七〇年代からは、デンマークが一九七二年に当時のＥＥＣ（欧州経済連合）に加わった最初の北欧諸国になったことから、六カ国の協力に向かって動いた。同じ年にノルウェーでは、国民投票の結果、同様の選択肢は却下された。しかし、デンマークは、どちらかというと積極的でないメンバーであり、一九九二年のマーストリヒト条約への拒否の投票結果を含め、何度かより深化したヨーロッパの融合と統合に「ノー」と言った。デンマークの福祉国家がデンマーク的かつ北欧的であり続けたことは驚くに値しないだろう（Hilson 2008; Goul Andersen 1999; Christiansen et al. 2006; Petersen 2006も参照）。

冷戦の終結とともに、ノルウェーが再び、今や「単一市場」でかつすぐに欧州連合となったものへ接近しただけではなく、フィンランド、スウェーデンもこれに接近した。交渉が始まり、合意書が署名された。こうして一九九〇年代の初期から、これら三カ国は欧州連合とより大きな「欧州経済地域」の一部として、その内部市場により強く統合されることとなった。欧州連合における国家メンバーの地位をもつことが、再び政治日程に上り、一九九四年には三つの別々の国民投票が行われ、それによって、フィンランドとスウェーデンは一九九五年に欧州連合に加わることを決め、一方、ノルウェーは、再び参考とすべき国民投票における結果から「ノー」に至った。しかし、一九九九年に通貨統合が始まった際には、フィンランドのみがユーロ圏（ユーロは二〇〇二年には、日常的に使われるようになった）に参加し、デンマークとスウェーデンは独自通貨を維持した。しかし同時に、これら三カ国は、ヨーロッパの組織的構造のなかで、欧州連合を旧ソ連圏の諸国に向け、東方に開くことを推し進めていた。さらに三カ国は、バルト海地域、殊にエストニア、ラトビア、リトアニアでのさまざまな実際的な提案に、当初は社会政策のモデルとしてではなかったものの、積極的に参加していた。（Aidukaite 2004, 参照）。しかしながら、最近の欧州統合の結果として、北欧諸国は、ヨーロッパの社会モデルの要となったが、一方で、そのモデルのなかでの自らの部分の特色を持ち続けている（Montanari et al. 2008）。

### （3）経済的変化

このように、ソ連の崩壊とそれに続くソ連・ロシア経済の破たん後の、新旧欧州を含む新しい世界は、北欧福祉国家をより地域的で、また、同時にグローバルにした。構造的変化のなかで、恐らく最も重要だったのは、ますます自由化された資本の流れであろう。西欧の信用市場の規制緩和は、ノルウェー以外の北欧諸国を含む国民国家を、外国の投資家により害されやすい借り手とした。その後に生じた一九九〇年代初期の景気後退が公財政を厳しく抑制したことは、驚くには当たらない。ただし、デンマークは、その支出を予算の目標以下とすることに何とか成功した。一九九〇年代の前半は、特にフィンランドとスウェーデンにとってまさに危機的な時期であり、グローバル化が、職業的経済学者を含めた人々によって新しい思考の姿として登場とするとともに、福祉国家というものが精査されることとなった。しかし、デンマークとノルウェーは、当時の一般的景気後退の影響は少なかった。成長率は全体を通して下降し、特にフィンランドとスウェーデンは、一九九〇年代前半に数年間経済のマイナス成長を経験した。フィンランドにとって、ソ連は重要な貿易相手国であり、フィンランドとスウェーデンの経済間の絆は強かった。スウェーデンにおいては、企業の内、家屋建築セクターと銀行セクターの価値がほとんどなくなり、当初は、金のかかった、しかし、振り返って見ると革新的な政策の提案によって、救済されるしかなかった。この時、福祉国家の財政は危機に瀕した。財政の余裕は突然消え去り、財政のバランスは急激に悪化した。その結果の財政赤字は、福祉国家の持続可能性と普遍的福祉制度の資金手当ての可能性についての多くの心配を生じさせた。このように福祉国家は、内部から、また同時に外部の世界から、攻撃を受けていた。フィンランドにおいては、経済は、マイナス成長率、急激に増加する財政赤字、厳しい銀行危機、増大する外資借入、減少する内需、増税、急増する失業等が次々に生じる負の回転に陥った。しかし、主要な福祉制度の基本的変更は行われず、多くの小規模な調整と福祉給付とサービスの減額が行われた（Alestalo 1994: 73-84）。

しかしながら、一九九〇年代中盤より、デンマークとノルウェーだけでなく、フィンランドおよびスウェーデンもかなり印象に残るような経済発展の数値を示しはじめた（図16-1）。中程度の着実な成長が二〇一〇年に向かう時期での最近の危機（世界的金融恐慌）までの時期を特徴づけており、外部の世界は、まず驚き、次いで、財政手当の整った北欧福祉国家を羨ましく思いながら見るようになった。これが、北欧諸国の公的借入に対する世界における国外、国内双方の投資家の信頼を再保障し、ヨーロッパ極北の福祉国家は、グローバル化の試練を乗り越えたというのは、恐らく真実であろう。

さらには、最近の一〇年間において、世界的なビジネスのための環境、競争性および透明性の多くの調査において、北欧諸国は一貫して好成績を挙げ、より正確にいうと、非常に

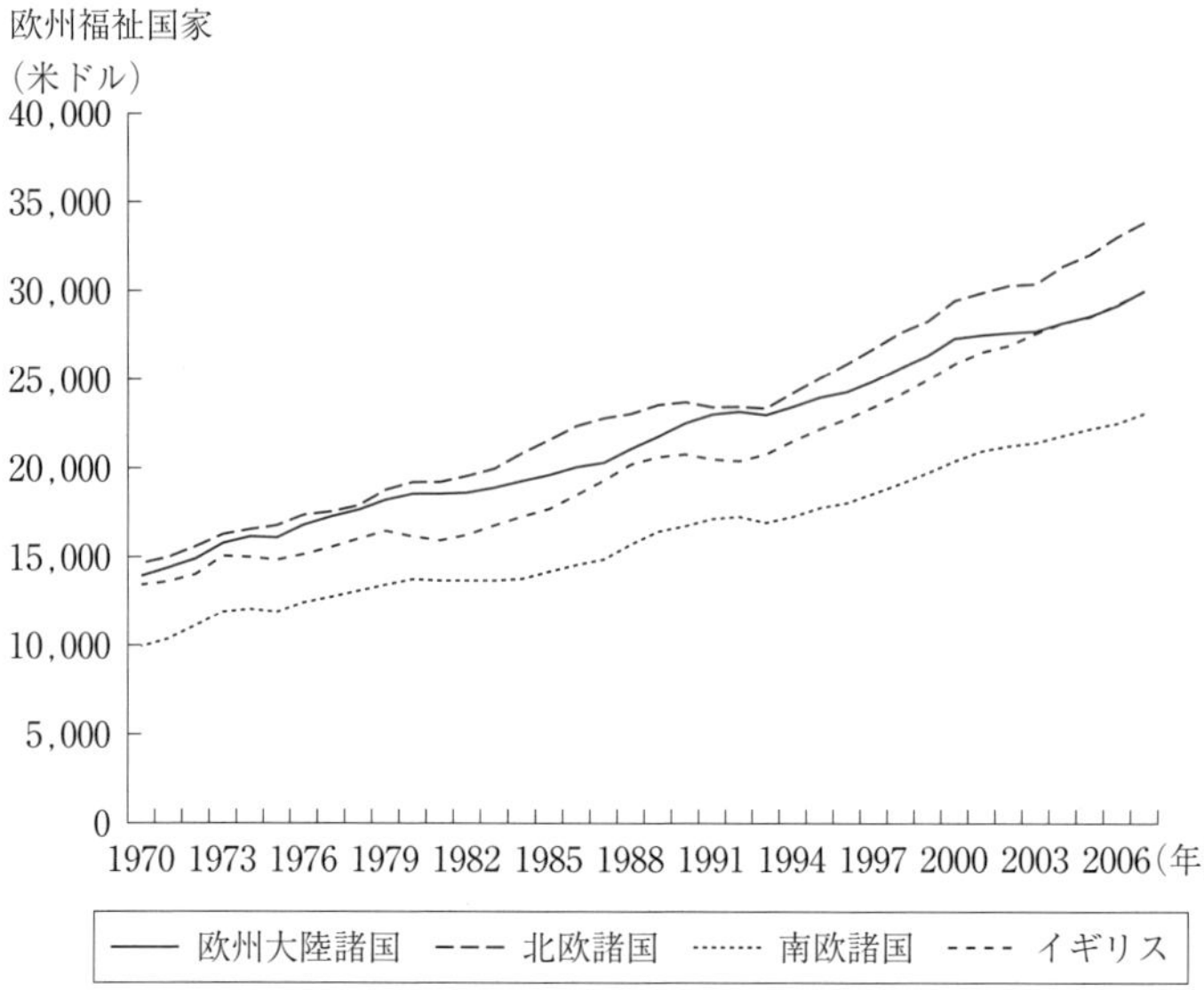


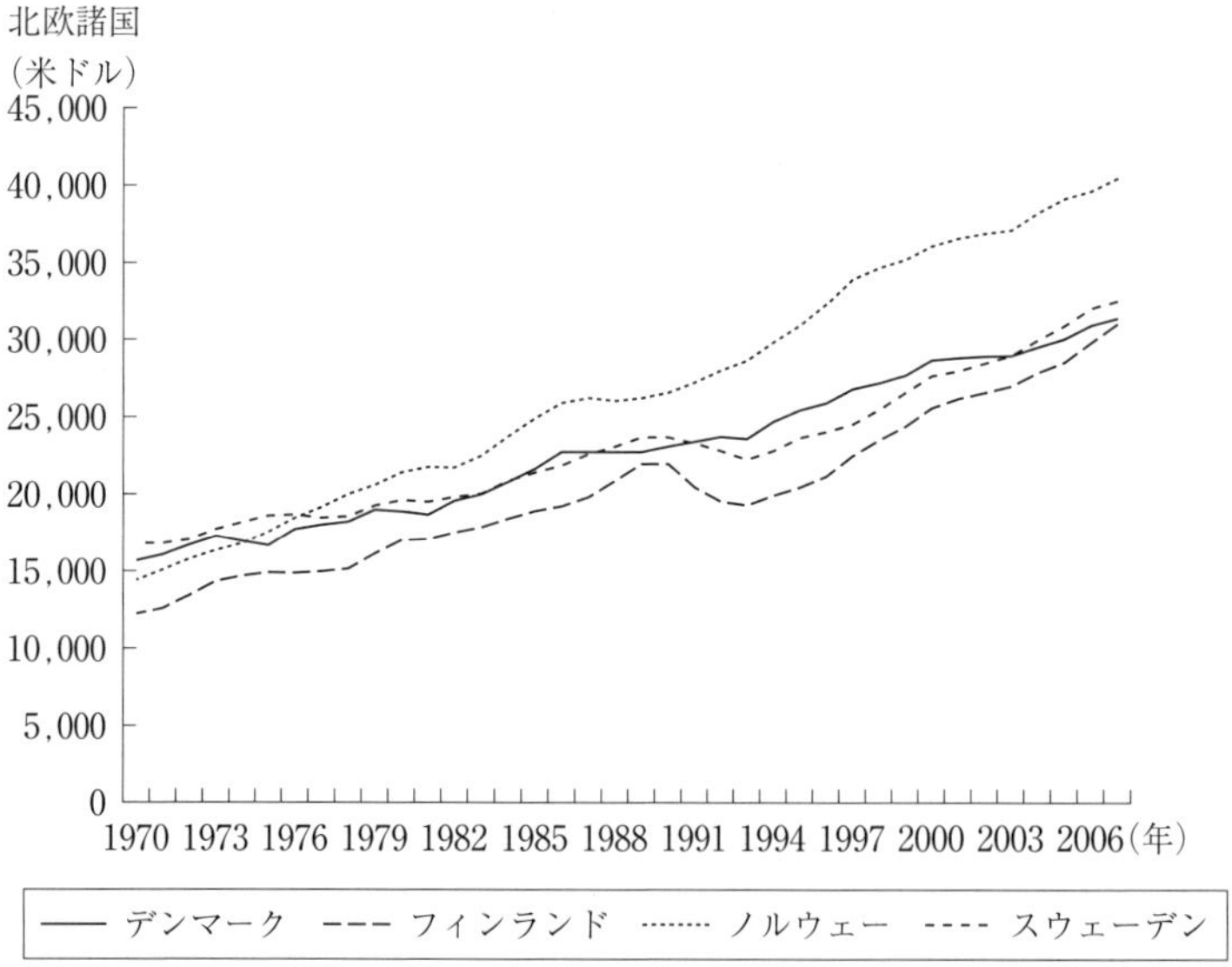


**図16－1**　固定価格による北欧諸国と他のタイプの福祉国家の１人当たりGDP（購買力平価, 1970-2007年）

注：国の分類については、図16-３参照。
出所：OECD（2008）　国民計算年報（主要係数・GDP）OECD. Stat（http://stats.oecd.org, 2009.4.18）.

好ましい成績を挙げた。世界経済フォーラムが作成した競争性の指標（ハーバード大学の世界開発センターと協力して、リストが作成されている）に基づく世界ランキングによれば、一九九〇年代初期に世界の景気後退に最も影響されたフィンランドは、その前の二年間に首位にあったアメリカに代わって、早くも二〇〇〇年に首位となっている。さらに、ヨーロッパの極北の他の主要三カ国も上位二〇位以内にランクされている。デンマークは六位（一九九九年の七位、一九九八年の八位から上昇）、スウェーデンは七位（一九九九年は四位、一九九八年は七位）、ノルウェーは二〇位（一九九九年は一八位、一九九八年は一四位）だった。各国の順位に変化はあったものの、この構図は新世紀の最初の一〇年間は続いた。二〇〇六年の世界競争性指標によれば、北欧諸国は世界のトップグループにいる。フィンランドは二位、スウェーデンは三位、デンマークは四位、ノルウェーは一二位である（World Economic Forum 2006）。

加えて、北欧諸国は一九九〇年代には、被用者人口当たりGDPとして定義される労働生産性においてEU諸国の平均およびアメリカより高く、最近の一〇年において、労働生産性はその前の一〇年より高くなっている（Kuhnle, Hatland & Hort 2003）。政府雇用の範囲と公的部門の大きさに関しては、北欧諸国はそれぞれに異なっていたが、北欧諸国の経験によれば、政府雇用の成長もまた、拡大する福祉国家および経済成長と全く両立しうるということであり、したがってまた、福祉国家の範囲と経済の成長との間には明確な関係はないということであった。

### (4) 階級構造の変化

北欧福祉国家の創生は、労働者と農民の政党の間の闘争、および、労働者と農民の政党と保守的な都市に基盤を置く政党との闘争に満ちていたが、封建的構造の不存在、土地所有の集中度の低さ、農村部の工業化、都市スラムの不存在、人種的亀裂の不存在といったことが、北欧諸国の主要な社会経済的構造を単一的にしていた。福祉国家の創成期には、北欧諸国の社会は、貧困労働者や貧困農民やあまり豊かでない都市住民の政党によって占められていた。そして、これが普遍的で、政府を中心として平等を目指した福祉構造の独特の基礎をなしたことは、比較的容易に理解できる。たとえば、中部ヨーロッパにおいては、経済組織、ギルド、互助組織、各種の労働組合の組織度の高さや豊かさのより大きな格差によって、より統一性のない制度ができ上がった（Alestalo & Flora 1994: 60-61; Allardt 1984, も参照）。

第二次世界大戦後の一〇年間の急速な経済成長、労働者の社会的分断の急速な変化、および、教育を受けた人間の増加は、北欧福祉国家の構造的基礎を変形させた。農民数は減少し、肉体労働者の割合の大きな減少もあった。こんにちの北

表16－2　北欧諸国における社会経済的現況による経済的に活動的な人口の区分（2006年）

（%）

| | デンマーク | フィンランド | ノルウェー | スウェーデン |
|---|---|---|---|---|
| 社会経済上の現況 | | | | |
| 経営者，専門家，上級ホワイトカラー労働者 | 27 | 22 | 17 | 23 |
| 下級ホワイトカラー労働者 | 39 | 38 | 53 | 49 |
| 小企業主，小企業経営者 | 3 | 3 | 2 | 1 |
| ブルーカラー労働者 | 28 | 31 | 25 | 25 |
| 農民その他の農業生産者 | 3 | 6 | 3 | 2 |
| 合　計 | 100 | 100 | 100 | 100 |
| （標本数） | 1,418 | 1,806 | 1,672 | 1,783 |

注：⑴15歳以上の非軍事被用者のみを含む。
⑵階級分類コード（ISCO 88）：経営者（1000-1239, 2000-3000, 3142-3144）；下級ホワイトカラー労働者（3100-3141, 3145-5220）；小企業主（1300, 1310, 1312, 1319）；ブルーカラー労働者（6000, 6100, 6140-9330）；農民（1311, 6110-6130）。
出所：欧州社会調査2006年（http://www.europeansocialsurvey.org/, 2009.2.18）。

欧の経済的に活動的な人口のほとんどは、各種のホワイトカラー労働者であり、その中で、高い教育を受け、豊かな中流階級の人口が高い割合を占めている（表16－2）。表16－2の分類の仕方は、上流ホワイトカラー労働者の割合を数%大きく見せているかもしれないが、北欧諸国の階級構造は、ヨーロッパ大陸諸国やイギリスでの階級構造とあまり変わらない（Leiulfsrud et al. 2005: 28-37）。階級構造の変化は、北欧福祉国家の前提条件の変化から生じる問題のうちで、最も重要なものの一つである。

### ⑸　イデオロギーおよび政治的変化——新自由主義の時代

最後に、考え方の画期的な変化について述べよう。最近の一〇年において、新たな世界的構造の成立とその文化的反映は、北欧とその福祉国家モデルの地理的政治的地位に影響する変化を伴った。以前に優勢だった東西による世界分断は、南北格差に取って代わられた。「北」は古い「西」を吸収して、それ以外が「南」となった。但し、新しい「東」、つまり「東」、「南東」および最近の一〇年には、南アジア（インド）さえ、ゆっくりとこの価値論的倫理学に挑戦しつつある。さらに、「北」の陣営のなかにある、新旧いずれの世界でも周辺部である極北は、「福祉国家」という少し異なった世界を造って、離れたところに身を置いていた。グローバル化の新しい波とともに、少なくとも一九九〇年代以来、北欧モデルは、より詳しい国際的精査に曝されるようになり、グローバルな社会組織の新しい俗世の方式である新自由主義に「適応」あるいは、これと調整しなければならなかったように見える。ある程度、これは真実である。やや皮肉なことに、北欧においては、社会民主主義者も新自由主義を唱えるようになった。一九八〇年代と一九九〇年代の社会政策議論において、多くの評論家と研究者が、もし福祉制度が大きくなり過ぎると、福祉制度は勤労生活と社会一般の双方における奨励構造を腐敗させてしまうと議論しはじめるようになった。福祉はそれに頼る最下層階級を作る。評論家や大学教授は、同じように、彼らが過剰であると考える疾病給付・失業給付・障害年金を受給する多種多様な機会を示し、この過剰な大盤振る舞いが各種の過剰利用や過剰付保につながると主張した。こういった主張をする人は、国家が国民の幸福に対し、広範囲な責任を負っていると考えることは、家族、近隣社会といった市民社会の各種のネットワークの弱体化につながり、支援を受けている人々は彼ら自身で行動する責任を免れていると主張する。彼らは少なくとも、社会政策はそれが解決しようとした問題を悪化させていると主張する。この批判は当然のことながら決して新しいものではない。むしろ全く逆で、「福祉への依存精神」についての議論は、社会政策の黎明期に、既に北欧および他の地域で広く行われていた。しかし、世界的な新自由主義の課題の認識とともに、新たな局面を迎えた。次の一歩は、「公的部門の役割の基礎的再評価」だった（Saunders & Klau 1985: 12）。

新しいことだったのは、この批判が加えられた、その力の強さとこの批判を行った者たちが、政治的色彩としては、左派の側にいたということだった（Kuhnle & Hort 2004: 13-17）。一九七〇年代中盤のいわゆる石油危機の後のマクロ経済的不均衡の増大は、国家の財政危機を、国家と経済の間の関係についての議論において繰り返し登場するテーマとした。恐らく、経済学者の専門において最も広く議論されたテーマであったであろう。西側世界のすべてで、この経済学者たちの主流派は、自由放任的な新古典派的経済思考を良しとして、従来支配的だったケインズ的マクロ経済計画の理論的枠組みの批判者へと変わりつつある。このように人々の間では、福祉国家はもはや解決策とは考えられず、むしろ危機の源泉と考えられている。恐らく北欧では、世界の他の先進国と比べて、それほどではないだろうが、しかし、この考え方は公的議論において影響力のある声となった。北欧における福祉国家の批判者は、公的部門の成長は、増税によって私的投資と私的企業家精神を妨げ、経済全体の成長の停滞を引き起こしたと論じている（Dowrick 1996; Agell, Lindh & Ohlsson 1997, も参照）。暫くの間、この議論は主に、国家の政策形成についての学術的批判だったが、一九七〇年代前半の増税反対は、既に福祉国家についてのコンセンサスの弱点を指摘していた（Norby Johansen 1986）。しかし、北欧全体に危機の兆候が増大してくると、この種の思考の衝撃は拡大した。新自由主義の理論的枠組みの真の可能性が福祉国家の中心部においても見られるようになるのは、この地域の二つの国家経済、つまりフィンランドとスウェーデンが経済危機により激しく傷み、経済学者が暫くの間、政策の再策定を支配するようになった一九九〇年代前半になってからだった（Lindbeck et al. 1994, 参照）。

しかし、普遍的福祉国家は、大規模な連帯的行動の実験と見ることもできる（Kumlien & Rothstein 2005; Rothstein 2001; Baldwin 1990）。もし、給付が広く、また組織的に批判され、あるいは批判されていると感じられれば、この連帯は厳しいストレス下に置かれることとなる。このように、制度の維持に必要な連帯は、絶対的なものではなく、条件的なものである。もし、経済学者の多数が福祉国家の背後にあった戦後のコンセンサスを離れたとすれば、別のパターンを北欧の人口一般のなかに見つけ出さなければならない。学者と政治的エリートの一部が福祉国家の効率性を疑問視していたとしても、対照的に、北欧の人口の大多数は確固として、ほとんどの社会制度、殊に普遍的社会制度を支持し続けた（Nordlund 2002; Svallfors 1996）。したがって、一九九〇年代後半以降の良好な経済実績、基礎となる社会構造の漸進的変化と大ヨーロッパへと緩やかに統合に向かう安定した政治制度を背景に、この一〇年において、北欧モデルは、グローバルあるいはアメリカ型という支配的な社会モデルに対するもう一つの選択肢、または補助的なものとして、その地位の一部を取り戻した。最近の分断されたヨーロッパにおいて、「欧州社会モデル」に新しいエネルギーを注入したのは、ヨーロッパ大陸諸国やブレア首相のアングロサクソン・モデルではなく、極北の普遍的福祉国家群の実績だった。

本節を要約すると、北欧福祉モデルは一九九〇年代の前半に、特にフィンランドとスウェーデンにおいて、厳しい試練にさらされたが、その中核的要素である普遍性と社会的、経済的階層化を再活性化し、維持することができた。我々は、北欧福祉国家の終焉をみる観察を論破し、なぜ、北欧諸国での福祉国家が崩壊しなかったかを説明しようと試みた。我々は、制度と結果をマクロ的視点から観察し、巨視的な政策の発展を示すことを目的としている。選択されたデータによって、我々は、北欧福祉モデルの変化がどこで起きたかを説明しようとし、北欧福祉モデルへのグローバル化の地域的影響についてのいくつかの仮の結論を引き出そうとする。

## 5　一九九〇〜二〇〇〇年代における北欧福祉国家

元来、一九九〇年代は危機の時代であり、新世紀の最初の一〇年には、北欧モデルへの新たな国際的興味が観察された。徐々に福祉国家は、その力の一部を取り戻した。一九九〇年代前半の金融危機に対して北欧諸国がとった解決方策、殊に銀行部門に対する解決策は、新しい危機の時代、あるいは、「金融崩壊」の時代への入り口にあって、世界が見習うもう一つの北欧モデルとなった。福祉と二つの危機の間の関連に注目しながら見ると、これらの福祉国家はどう変わったのだろうか。また、それは何故で、どのようなやり方によったのだろうか。まず、我々は政策の展開に注目し、次に社会的支出と福祉の削減と再編成に注目する。その結果は何だったのか。貧困と不平等だったのか。

## (1)より「子どもに好意的」だが「移民に好意的」ではない「労働・女性・家族に好意的」な政策

範囲や支給程度に関して、極北での特性をもった構造を含むさまざまなタイプの福祉国家の構造のなかで、経済成長は可能である。成長と効率は北欧福祉国家の目的のすべてではないが、一九九〇年代の危機の間およびその後、確かに、これらは補強されたし再解釈されさえした。しかし、これらのみが政治的、社会的目的ではない。出生増加的目的（たとえば、人口年齢構成的成長、あるいは、出生率を増加させる政策）のようないくつかの目的が部分的に隠されているのではないかとさえ考えられる。政治と福祉国家建設は、人生における機会の平等、社会的正義、社会保障、社会の結合および安定のためのものでもある。これらはすべて、多様な経路で、経済成長や経済発展の力学、投資環境といったところに関係しているだけではなく、政治的選好、イデオロギー、関心、および価値にも関連している。したがって、どのような種類の福祉国家政策が可能かは、常に、何が政党や有権者や政府によって望ましいと考えられるかの問題でもあり、そして何が望ましいか——国家は何ができて、何をすべきであるか(Rothstein 1994)——は、経済発展の程度や理論や経済成長および経済的効率のための前提条件に関する知識の問題であるとともに、政治的・文化的文脈（規範、期待、価値構造、すなわち、公正、正義、団結、安定、物質的・身体的安全、幸福等）での問題である。

スカンジナビア型福祉国家のものとされる多くの特性のなかに、「労働への友好性」がある。社会保障と労働市場政策を発展させようとする継続的なこの努力は、「完全雇用」の達成と、スカンジナビア諸国をOECD諸国の雇用比率表の上位に位置づけることに貢献した。最も包括的な福祉国家の一つであり、所得移転やサービスをヨーロッパの他の地域よりもっと普遍的なやり方で行っているにもかかわらず、すべての北欧諸国が、一九九〇年代にそれ以前の一〇年間よりも高い労働生産性を示し、その生産性が、北欧のどの国においてもアメリカや欧州連合の平均より高かったことは興味を引くところである（Kuhnle, Hatland & Hort 2003）。ヨーロッパの福祉国家のなかで、北欧諸国は最も「女性・家族・子どもに好意的」であった（Hernes 1978; Esping-Andersen 1999; 2002; 2005）。つまり、子どもやその他のケア責任を負う家族をもつ女性および男性が労働力に参加することを先導するような政策をすでに発展させていたという意味でそうであり、これは、福祉国家の「労働への友好性」の程度を測る一つの方法と考えてもよいかもしれない。ある意味で、このような政府の制度は、「労働に好意的」であるとともに、「家族に好意的」であると考えてもよいかもしれない。家族が、（家族内の子ども、高齢者、病者への）ケアの担い手としての「負担」（この言葉自体、議論のある概念であるが）の一部から解放されれば、労働市場の活動およびその流動性を増加させることができ、そして、その結果として、経済生産性と経済成長を増加させることができる。政府の社会政策は家族や被用者や事業所に対し、柔軟性のある解決策の基礎を提供することができる。社会政策は、望まれた場合、夫婦が共に家族に対する責任とフルタイムの（あるいは、パートタイムの）収入の伴った雇用を両立させることを可能にすることができる。スカンジナビア諸国は、長い間、西側福祉国家のなかで最も広範囲にわたる子どもと高齢者に対する（地方）政府による福祉およびケア・サービスの提供を行ってきた（Kohl 1981; Anttonen & Sipilä 1996: 87-100; Kautto et al. 1999）。男女平等のための政策に触れるとき、通常はスカンジナビア諸国がまず頭に浮かぶ。乳児をも対象とするデイケア、母親と父親に対する寛大な育児休暇、その他数々の支援プログラムは、世界中の女性に広く、スカンジナビア諸国のジェンダー平等の神話的な光景を創り出している。表16-3が示すように、スカンジナビア諸国は、家族に対する現金給付と社会サービスにおいて、先駆者であり続けた。このスカンジナビア福祉モデルの中核的特徴の内、一体、どれだけが現実の一部なのか。また、家族および女性政策は、時の経過のなかでどのように変わってきたのだろうか。

多くのヨーロッパ大陸諸国は、伝統的家族モデルを支持したが、北欧諸国は、共稼ぎ家族を奨励した。ジェンダー平等へのさらなる支持は、個人ベースの租税政策から生じた。北欧諸国は、家族に課税するのではなく、家族のそれぞれに独立して課税した。したがって、特に大陸福祉モデルと比べ、配偶者それぞれが働くことへの誘因は大きかった（Kangas & Palme 2005: 36）。北欧諸国の男女の雇用率がヨーロッパで最低の格差を示したことは、注目すべきことだった。ヨーロッパ大陸諸国での女性の雇用率が、婚姻（および出産）後に大きく下がることを考えると、このことは、特に重要であった。しかし、北欧の女性は、概ね、公的福祉部門で雇用され、このことが職域格差につながっていた。だが、近年には、女性の雇用に関しては、西側諸国とヨーロッパ大陸諸国全体

表16－3　異なるタイプの欧州福祉国家における家族に対する支出のGDPに対する割合（1985-2005年〔単純平均〕）

（％）

| 年 | 1980 | 1985 | 1990 | 1995 | 2000 | 2005 |
|---|---|---|---|---|---|---|
| デンマーク | 2.8 | 2.6 | 3.2 | 3.8 | 3.1 | 3.2 |
| フィンランド | 1.8 | 2.5 | 3.2 | 4.1 | 3.0 | 3.0 |
| ノルウェー | 1.8 | 1.9 | 2.7 | 3.5 | 3.0 | 2.8 |
| スウェーデン | 3.9 | 4.1 | 4.4 | 3.8 | 2.9 | 3.2 |
| 北欧諸国（平均）(1) | 2.6 | 2.8 | 3.4 | 3.9 | 3.0 | 3.1 |
| 欧州大陸諸国(1) | 2.6 | 2.3 | 2.2 | 2.3 | 2.4 | 2.4 |
| 南欧諸国(1) | 0.7 | 0.5 | 0.7 | 0.7 | 1.1 | 1.2(2) |
| イギリス | 2.3 | 2.3 | 1.9 | 2.3 | 2.7 | 3.2 |
| OECD 全体 | 1.6 | 1.5 | 1.7 | 1.8 | 1.9 | 2.0 |

注：(1)国の分類
　欧州大陸諸国：オーストリア，ベルギー，フランス，ドイツ，オランダ
　北欧諸国：デンマーク，フィンランド，ノルウェー，スウェーデン
　南欧諸国：ギリシャ，イタリア，ポルトガル，スペイン
(2)2005年のポルトガルの数値は不明

出所：OECD, OECD Stat Extracts and Source OECDを使用して作成：Social and Welfare Statistics, Social Expenditure, Aggregated Data（http://stats.oecd.org, 2009. 2. 11）.

で、同じ状況へ収束していくことがみられる。南ヨーロッパ諸国が、最も急速な増加をみせているが、特に、一九七〇年代からの数値と比較した場合、ヨーロッパ大陸諸国とイギリスが北欧の高い数値に近づきつつある（表16－4）。

比較的視点に立つと、家族支援制度はいまだに、有給の出産・育児休暇については最も寛大なものとして目立っている。これは、これらの制度が、財政の問題と経済の動揺の時代にも、重要な福祉の優先事項であったことを示している。出産・育児休暇、世界で最も寛大な有給の休暇制度は、一九八〇年代と一九九〇年代に統合整理された。殊に、デンマークとノルウェーにおいては、これらの制度は大きく拡充されさえした（ノルウェーについては、Berven 2005, 参照）。家族と子どもに対して好意的な政策は、政策の最優先事項であり、最近の経済と財政の困難の時代にも他の社会政策に比べ、削減や縮小からより保護されていた。出生率は、前の世代の規模や危機それ自身の影響を受けなかった訳ではないが、かなり安定していた（表16－5）。デンマークを除き、北欧諸国の貧困率は、ＯＥＣＤ諸国のなかで最低である（Ferrarini & Forssen 2005: 118-146）。しかしながら、シングルマザーの間での所得水準の低さは政策課題だった。恐らく最も重要なことは、家族支援制度は、父親が子育てでもっと積極的な役割を果たすことを奨励するためにより寛大なものとなったということである。このように、このような政策の強さは、北

**表 16－4**　異なるタイプの欧州福祉国家における15-64歳の女性人口中の労働力参加割合（1960-2007年，単純平均）

（%）

| 年 | 1960 | 1974 | 1980 | 1990 | 2000 | 2007 |
|---|---|---|---|---|---|---|
| デンマーク | 43.5 | 63.2 | 71.9[2] | 77.6 | 75.9 | 76.4 |
| フィンランド | 65.6 | 65.5 | 69.4 | 73.4 | 72.1 | 73.9 |
| ノルウェー | 50.1 | 50.0 | 62.2 | 70.7 | 76.5 | 76.5 |
| スウェーデン | 36.3 | 64.9 | 75.3 | 82.5 | 76.4 | 78.2 |
| 北欧諸国(平均)[1] | 48.9 | 60.9 | 69.7 | 76.1 | 75.3 | 76.3 |
| 欧州大陸諸国[1] | 42.1 | 45.2 | 46.9[2] | 53.0 | 61.7 | 66.7 |
| 南欧諸国[1] | 31.6 | 37.6 | 40.7[2] | 47.1 | 53.2 | 59.2 |
| イギリス | 46.1 | 54.3 | 61.7[2] | 67.3 | 68.9 | 69.8 |

注：(1)国の分類
　　欧州大陸諸国：オーストリア，ベルギー，フランス，ドイツ，オランダ
　　北欧諸国：デンマーク，フィンランド，ノルウェー，スウェーデン
　　南欧諸国：ギリシャ，イタリー，ポルトガル，スペイン
　(2)デンマーク，ベルギー，ギリシャの数値は1983年以降。英国についての数値は1984年以降

出所：1960-1974: OECD（1997）Historical Statistics 1960-1995, p. 41. 1980-2007: OECD Annual Labour Force Statistics. OECD. Stat. Statistics Database: Labour Force Statistics, LFS by Sex and Age-Indicators（http://stats.oecd.org, 2009. 4. 17）.

**表 16－5**　異なるタイプの欧州福祉国家における合計出生率（15-49歳の女性の出産する子どもの平均数，1960-2005年，単純平均）

（%）

| 年 | 1960 | 1970 | 1980 | 1990 | 2000 | 2005 |
|---|---|---|---|---|---|---|
| デンマーク | 2.6 | 2.0 | 1.6 | 1.7 | 1.8 | 1.8 |
| フィンランド | 2.7 | 1.8 | 1.6 | 1.8 | 1.7 | 1.8 |
| ノルウェー | 2.9 | 2.5 | 1.7 | 1.9 | 1.9 | 1.8 |
| スウェーデン | 2.2 | 1.9 | 1.7 | 2.1 | 1.5 | 1.8 |
| 北欧諸国（平均） | 2.6 | 2.0 | 1.7 | 1.9 | 1.7 | 1.8 |
| 欧州大陸諸国 | 2.7 | 2.3 | 1.7 | 1.6 | 1.6 | 1.6 |
| 南欧諸国 | 2.6 | 2.1 | 1.7 | 1.4 | 1.3 | 1.4 |
| イギリス | 2.7 | 1.8 | 1.9 | 1.8 | 1.6 | 1.8 |

注：国の分類
　　欧州大陸諸国：オーストリア，ベルギー，フランス，ドイツ，オランダ
　　北欧諸国：デンマーク，フィンランド，ノルウェー，スウェーデン
　　南欧諸国：ギリシャ，イタリー，ポルトガル，スペイン

出所：1960-1990: Castles（1998）p. 265. 2000-2005: Eurostat Statistics Database, Population and Social Conditions: Population, Demography-National data: Fertility, Fertility Indicators: Total Fertility Rate 1960-2005.（http://epp.eurostat.ec.europa.eu/portal/page/portal/population/data/database, 2009. 4. 27）

欧諸国における女性の政治や行政への大量の進出と関連しているると論じることが、理に適っているように思われる。したがって、「北欧フェミニズム」が、ほとんど世界中でよく知られた概念となったことは、決して偶然ではない。北欧諸国の経験からの実際的で使用可能な教訓は、たとえば、ドイツでは家族政策に関することなどで、他の諸国で利用された（Schiller & Kuhnle 2007）。

「労働への友好性」や「家族への友好性」の評価は、「企業に好意的な環境」の程度を示してもいる。我々の主要な主張は、社会保障とビジネスは火と水のように相容れない現象ではないということである。この二つが、調和しているか相争うかは、社会保障制度の具体的組立とその制度の社会との相互作用、その制度が働く社会の文化的および政治的特質によっている。労働の優位は、常に北欧福祉法制にとって中心的地位を占めていた。これらの福祉国家の特質は、福祉制度と労働の密接な関係であった。北欧諸国は、「強力な労働社会」と「強力な福祉国家」の両方として目立っており、時にはシュンペーター的「勤労福祉国家」（Benner 1997）とすら名づけられる。こうして、「積極的労働市場政策」と「労働からのアプローチ」は、特にノルウェーとスウェーデンで、第二次世界大戦後の福祉政策の礎石であった。

児童手当から、疾病手当、老齢年金といった各種の移転支払を提供する精巧な社会保障制度があるにもかかわらず、北欧諸国および他の西側諸国における支配的な規範は――ルターの労働倫理といってもよいものだが――、若年および中年の成人は――近年には多くの女性をも含んで――、収入を得るために労働市場で活動しなければならないというものであった。もちろん、重度の障害をもつ者（貧しくあって当然の者）は、この規範の例外とされた。さらに、この規範の受容は、金銭的収入のみならず、権力・名声・地位といった特性が個人が働くかどうかおよび行う労働の種類に応じて社会のなかで分配されるという事実によって、支持され、補強されてきた。国家と社会との間の境界が相当な程度において曖昧にされてきた、北欧諸国のような非常に緊密な社会における社会統制メカニズムに従えば、「不服従」が単にその個人の金銭的利益のためのものであっても、「不服従」は名声の失墜や支配的社会集団からの排除にほぼ確実につながる。

しかしながら、西側および北欧の福祉国家の思考と改革のなかでの重要な変化の場は、雇用政策であった。失業と無職であることは確固たる課題であり続け、高い失業率をほとんど経験したことのなかったノルウェーにおいても、無職の問題は、最近の二〇年間にわたって政治的注目を集めてきていた。戦争直後の時代からスウェーデンの、そして後には、北欧福祉モデルの宝であった積極的労働市場プログラムは、殊に、スウェーデンとフィンランドにおいて一〇％を超える（表16-6）までに失業が劇的に増加した一九九〇年代の景気

表16-6　異なるタイプの欧州福祉国家における総労働力率（除軍人）中で失業者の占める割合（1980-2007年，単純平均）

（%）

| 年 | 1980 | 1990 | 1995 | 2000 | 2007 |
|---|---|---|---|---|---|
| デンマーク | 6.9 | 8.4 | 7.1 | 4.6 | 4.0 |
| フィンランド | 4.7 | 3.2 | 15.4 | 9.8 | 6.9 |
| ノルウェー | 1.7 | 5.3 | 4.9 | 3.4 | 2.5 |
| スウェーデン | 2.2 | 1.8 | 9.2 | 5.8 | 6.2 |
| 北欧諸国（平均） | 3.9 | 4.7 | 9.2 | 6.0 | 4.9 |
| 欧州大陸諸国 | 5.0 | 6.6 | 8.5 | 5.9 | 6.4 |
| 南欧諸国 | 7.5 | 9.9 | 13.0 | 10.0 | 7.7 |
| イギリス | 5.7 | 6.9 | 8.6 | 5.5 | 6.2 |

注：国の分類
　欧州大陸諸国：オーストリア，ベルギー，フランス，ドイツ，オランダ
　北欧諸国：デンマーク，フィンランド，ノルウェー，スウェーデン
　南欧諸国：ギリシャ，イタリー，ポルトガル，スペイン
出所：OECD Stat Extracts, Annual Labour Force Statistics, ALFS Summary Tables.（http://www.stats.oecd.org, 2009.1.23）

後退のなかで、厳しくテストされた。「職なき成長」の展望に直面して、労働市場での訓練および活性化プログラムが、失業率が上昇するにつれ拡大されていった。このようなプログラムの増大は、既に確立した制度の拡大――同じものをより多く――としてのみ解釈することができた。但し、ときにより、これらのプログラムは、それに照応する新たな資源を投入することなく拡大しなければならなかった。一九九〇年代、新しい受給資格を厳しくし、支援の期間と水準を縮小した「労働」および「活動アプローチ」が出現した（Kildal 2001）。たとえば、四カ国すべてが、失業保険へのより厳しい加入条件を導入した。中央政府の雇用プログラムは極限まで拡大されたというのが恐らく真実であろうし、これらはまた、失業保険からの現金支援および（時には中央政府の補助をもらって、時には補助なしで）地方自治体が用意した最も雇用されにくい者への特別プログラムによって補われなければならなかった。しかしながら、多くの観察者がその質が低下した、激しく低下したとさえと考えたが、活性化策は生き延びた（Kosonen 1998; Lindvret 2006, も参照）。このような問題を乗り越えることと同時に、私的部門での就業機会の創造を試みて、スウェーデンでは二〇〇七年に、新しい非社会民主党政権が失業保険におけるより低い補填割合を新たに導入すると同時に国家の雇用創造手段を減少させた。ごく最近の好景気がこの目標の達成を容易にした。

北欧諸国においては、経済の「近代的部門」（つまり、農業と報酬のない家事労働を除くもの）における労働力参加割合は、一九三〇年代の一部と一九九〇年代の一部に例外はあるものの、二〇世紀を通じて増加し続けた。この例外の時期は、ヨーロッパ北部においても、（ノルウェーを例外として）失業が増加し、労働力参加が減少した経済悪化または「危機」の時代であった。それ以外には、報酬を伴う労働における労働力参加は増加した。第二次世界大戦後では、デンマークを除き、男性の労働参加率は一九七〇年代の後期まで増加し続けた。一方女性は、一九九〇年代の前半まで、ノルウェーでは一九九〇年代を通して、労働市場に参入し続けた。北欧において「主婦」は、その数的不存在を正しく反映して、社会的カテゴリーとしてはほとんど消滅した。さらには、教育制度の発展の衝撃とより高い能力と技能の強調の増大により、近年において、一六歳から二四歳の年齢集団のほとんどが学生となったことから、労働力年齢成人の定義が上方に押しやられた。このようにして、労働力の年齢・性別から見た内容は、近年、劇的に変化した。

前世紀を通じての労働力参加の発展と並行して、社会保障制度が大きく拡充された。一九八〇年代と一九九〇年代にできた、親に対するますます寛容な給付や休暇の制度は、保育制度の漸進的な発展（これは、北欧に固有のものではないが）とともに、明らかに、北欧における女性の高い労働力参加の誘因となった。北欧諸国を「労働に好意的」かつ「女性に好意的」で、ある意味では「家族と子どもに好意的」たらしめている寛容な制度の発展の説明要因の一つは、女性の政治への急速な参加である可能性が高い。政党、労働組合、国会等の意思決定機関、政府や公的官僚組織への参加である。

最後に、極北普遍的福祉国家の、最近の恐らくあまり移民に好意的でない展開について書こう。普遍的で相当に寛容な福祉国家は、不法入国者を除くすべての住人に対し差別のない社会保護を与えるが、また、国際的移動の突然の変化、殊に職が減り税収が減る時期の大規模な移民流入に対し脆弱でもある。第二次世界大戦後、北欧諸国は、フィンランドを部分的例外として、移民規制と社会権に関しては、流入者に対し相当に開かれていた。北欧諸国間協力と欧州連合への加盟は、北欧の国民国家それぞれの人口構成の不均衡の増大の原因となってきていた。極北における人口構成上の均質さの消滅は、政策形成者と国民全体の関心を引くようになっていた。遠方からの流入者の増大は、「他者」についての意識の台頭につながった。労働市場における統合には時間がかかりがちであったし、その統合は、もはや雇用者や労働組合の手で決められるものではなかった。今やそれは、入口で政府によって規制された特別のプログラムであり、したがって、「公的部門への重荷」といったものであった。最近のグローバル化の時代に、移民政策は非常に困難な政治課題となった。ますます不均衡となってくる人口構成の変化と折り合うための試みとして、多文化的な社会的包摂政策が追求された。しかしながら、これは一方では、均質な市民社会での地方政府を含む支配的な組織による、差別的言説や実践に気づかない、過度の同化だという批判につながった。また他方では、これは当局によるいまだ収入を得る雇用に就けない者に対する寛大すぎるアプローチだというかなり広く大衆的な反応へとつながった。この議論での重要な課題は、地元言語の基礎知識の必要性への主張の増大に対応した語学訓練であった。一九九〇年代の大量流入について、アフガニスタン、イラクの戦争による流入者があった後で、新しい社会制度が試行されたが、さまざまな形での政府の介入は、社会の各界のすべてから批判され続けた。たいてい、福祉資本主義の最盛期の巨大な住宅計画の産物である大都市近郊部が一〇〇を数える国籍を持つ人の国際的センターとなってきた。そこでは、文化、反体制文化がぶつかり、争い、そして言うまでもなく、世界的若者文化やこれまで均質的な北欧では知られていなかった旧教や各種のイスラム教といった宗教の集まりの各種の特徴がみられる。明白に移民とそれに伴う財政負担に批判的な新しい、相当に成功しつつある大衆的右派政党が、特にデンマークとノルウェーで生じ、伝統的政党も新しい状況に反応し、適応するのが遅くはなかった。少なくとも一九九〇年代以降、これらの政党は、中央政府および地方政府レベルでの主流的政策形成にますます関わるようになってきた。戦後の時代において、移民が抑制されていたので、ここまでフィンランドは部分的例外だった。スウェーデンと、程度は小さいがノルウェーにおいては、こんにちまで、移民への開放はおおむね維持されている。これと対照的に、こんにちのデンマーク福祉国家は、何よりもデンマーク福祉の普遍性を維持するために、移民に強い制約を課そうとしたのみならず、いくつかの給付制度で、デンマーク生まれの者とヨーロッパ外からの近年の移民とで異なった適用をすることを導入した（Goul Andersen 2007）。このようにして、ある種の福祉国家への「愛国心」あるいは除外事例が一般的には普遍性を持つ北欧でも全く存在しない訳ではなく、恐らく今後も模範的福祉国家の問題としてつきまとうであろう。

この北欧の過去二〇年間の経験は、高度のそして増大し続ける労働市場参加が社会保障制度の拡大および強化と共存できることを示している。「高度で持続可能な」完全雇用――男性が所得を得るモデルから女性も所得を得るモデルへと拡大されたもの――が、ケインズ流の需要制御の公共政策規範となった。女性も所得を得るモデルの拡大は、すべてのあるいは多くの社会保険において、金銭的寛大さと保障適用人口の範囲の点で、程度が上がることを意味していた。このことは、マクロのレベルでは、失業保険のような社会保障制度の一部においてですら当てはまる。しかし、社会科学の理論は、ミクロのレベルにおける真逆の効果、つまりこういった制度が個人を労働市場から退出させる誘因となる効果を強調する。失業は、もはや個人の問題であることは許されず、公的関心事となった。このようにして、労働市場は貨幣経済の重要な側面となり、社会保障制度が近代福祉国家の中心的制度となった。マクロ経済運営は社会統治の一部となったが、社会統治以上のことが、それに掛かっていた。北欧においては、制度的統合が、社会統合と手を携えて進んでいた。したがって、ミクロレベルにおいて、個人が職をもたないことの意味とリスクとは、周辺化され、排除されることであった。マクロレベルでは、企業が繁栄できる条件を作り出す政府の責任は、働くか、あるいは、収入のある雇用に就くために教育、研修、訓練を受けるすべての働く能力のある人間の一般的義務と関連づけられるようになった。一言でいうと、純粋に経済的な人間というものの合理性を示すもの以外の価値が、これまで長く働いていたのである。

## (2)　社会支出――限界および超越に向けた成長

一九九〇年代以来、北欧諸国においては、より一般的でより広範な福祉国家の再考の一環として多くの制度的変革が行われた。最もよく知られているのは、恐らく個人的貯蓄と投機の要素の導入を含む年金制度の改革であろう。新しいアプローチのもう一つの特色は、掛け金と支払のより密接な関連づけである。さらに年金制度は、年齢構成的および経済的変化に完全に適合するように改正された（Hort 2004）。しかし、スウェーデンにおいては、主要な年金改革に先立ち、一九九〇年に国際的に注目された課税基盤の拡大と限界税率の引下げを含む税制改革が行われていた。それでも課税水準は高止まりし、中期的見通しでは、福祉制度の財源手当てはより強固となった（Hajighasemi 2004）。

しかし、老齢人口の数と割合の増加は、福祉支出が増大する問題となった。表16-7が示すように、北欧諸国における老齢人口の割合は、殊に最近二〇年の間にヨーロッパの水準に達した。後に我々は、北欧諸国が戦後ベビーブーム期の世代の労働力からの離脱からくる危機に耐えられるかどうかを検討する。

さらに、福祉の資金手当てと供給における地方政府の役割が顕著に増加した。北欧諸国においては、こんにち、ほとんどすべての医療および社会ケア・サービスが税によって負担され、たいていの場合、公的主体によって供給されている。医療に関する総公的支出のGDPに対する割合は、一九九〇年以降、デンマーク、ノルウェー、スウェーデンにおいては、かなり安定的であり、フィンランドでは、わずかに減少している。大きな公的（医療）部門は、いまだ、北欧モデルの中核的特徴である。この福祉の供給における分権化は、地方政府を救貧制度の供給者から多種の公的サービスの供給者へ変

表16－7　異なるタイプの欧州福祉国家における総人口に対する65歳以上の割合（1961-2006年，単純平均）

（%）

| 年 | 1961 | 1970 | 1980 | 1990 | 1997 | 2006 |
|---|---|---|---|---|---|---|
| デンマーク | 10.8 | 12.3 | 14.4 | 15.6 | 15.0 | 15.3 |
| フィンランド | 7.4 | 9.1 | 12.0 | 13.4 | 14.6 | 16.3 |
| ノルウェー | 11.1 | 12.9 | 14.8 | 16.3 | 15.7 | 14.7 |
| スウェーデン | 11.9 | 13.7 | 16.3 | 17.8 | 17.4 | 17.3 |
| 北欧諸国(平均)(1) | 10.3 | 12.1 | 14.4 | 15.8 | 15.7 | 15.9 |
| 欧州大陸諸国(1) | 11.3 | 12.8 | 13.4 | 14.4 | 15.2 | 16.9 |
| 南欧諸国(1) | 8.4 | 9.9 | 12.1 | 14.0 | 15.6(2) | 18.0 |
| イギリス | 11.7 | 12.8 | 15.1 | 15.7 | 15.2 | 16.0 |

注：(1)国の分類
欧州大陸諸国：オーストリア，ベルギー，フランス，ドイツ，オランダ
北欧諸国：デンマーク，フィンランド，ノルウェー，スウェーデン
南欧諸国：ギリシャ，イタリー，ポルトガル，スペイン
(2)ギリシャの数値は1996年以降

出所：OECD（1974）StatExtracts, Labour Force Statistics 1961-1972, pp. 128-369; OECD（1998）Labour Force Statistics 1977-1997, pp. 177-467; OECD（2008）OECD in Figures 2008, Demography:（http://www.stats.oecd.org, 2009. 2. 16）; OECD Stat Labour Statistics, Annual Labour Force Statistics, ALFS Summary Tables, Population and Labour Force:（http://www.stats.oecd.org, 2009. 2. 16）.

容させようという試みによる福祉国家の拡大の背後にあった基礎的思想なのである（Kuhnle 1980; Olsson 1990）。この過程で、福祉全体の組織化のなかにおいて地方政府が最も重要な役割をもつことが制度化された。戦後すぐの時代に、中央政府は、市町村のもつ住民に対して独自に課税する憲法によって保護された権利に加えて、市町村に対し、目的補助金を交付することによって、社会ケア・システムの急速な拡大を促進した。このことから、地方政府の国家と社会における力が、一九九〇年代の危機の前に、徐々にではあるが着実に増大した。しかしながら、中央政府は、たとえば予算の上限や地方課税の上限を通じて、地方当局の業務に介入し続けた。そして時々、これも福祉の供給に関し、サービスの需要者のために選択肢を増やすこと（「民営化」）を含め、サービスの供給における民間主導への道を開いた。北欧諸国では、最近はさらに、利益を目的としない民間供給者――市民社会または都市社会における世俗双方の任意の福祉組織――がより活動的となり、存在を明らかにしている。しかし、これらのサービスの財源手当ては、圧倒的に公的なものに留まっている。

しかし、最近のもう一つの制度的変化は、国家の権限である法制化――ただし、中央政府は財源手当てをしない――の利用の増大である。これによって、市町村や州政府は、特定補助金・一般財源交付金の増額・新しい財源制度（課税や借入）なしで、財源負担者としての役割を果たさなければなら

ない。その代わりに、中央政府は市町村の支出に上限を設け、それによって、地方政府に、既存の福祉供給のなかでの優先順位を見直すように圧力をかけることを試みた。地方政府は、これに素早く反応した。これにより、近年、北欧諸国では、中央政府と地方政府の間で、より多くの交渉やさらには公式の契約が始まっている（Hort 2005a）。比較的視点に立てば、これらの「官官協力」は、北欧福祉モデルの成長の結果だと解釈することもできる。中央および地方政府は、憲法上は対等のパートナーではないが、多くの場において、特に地方政府が中央政府当局と交渉するために、力を合わせ、自身の共同組織を作り上げた場合には、かなり対等である。このようなパートナーシップは、それが私的経済領域にまで入り込むときには、「官民協力」が好ましいとする外国からの観察者には、やや奇妙に見えるかもしれない。北欧の文脈では、もちろん、民間のパートナーもまた官民福祉混合体により関わっているが、ヨーロッパの極北の特徴となる今日的現象としては、この「ＰＰＰＰ（public-private-public partnership）」、つまり官民官パートナーシップが最も目立っているのである。

普遍的社会保険制度は、給付を削減し、資格要件を厳しくすることにより、ある程度縮小された（Eitrheim & Kuhnle 2000; Kautto et al 1999）。たとえば、一九九〇年代初頭より、スウェーデンの社会保険制度のなかで、最もしばしば、そして、最も広範囲に再構成された制度は疾病現金給付制度である。ノルウェーにおいては、生涯年金のためのより厳しい医学的基準が一九九三年に導入された。疾病保険給付の受給要件は、フィンランドとスウェーデンで厳格化された。社会保障と福祉「改革」――つまり給付水準の切り下げと組織的変更――は、北欧諸国において、一九九〇年代を通して、たいてい新たな貧困や収入格差の拡大を避けられるような政治的にコンセンサスを得られるような方法によって行われた（Eitrheim & Kuhnle 2000）。フィンランドは、ＯＥＣＤ諸国のなかで、一九八〇年代および一九九〇年代の景気後退が一九三〇年代の景気後退よりひどかった唯一の国である（Uusitalo 2000）。しかし、一九三〇年代との基本的な違いは、危機が生じたときに発達した福祉国家が存在したということである。一九三〇年代当時の劇的な社会的、政治的影響は避けられた（いずれにしても、この影響は、北欧においては、農業利害と工業利害との間のおよび労働者と雇用者の間の重要な社会政治的妥協といった他の要因のおかげで、ヨーロッパの他の地域においてよりも軽かった）。もちろん、突然の予期せざる、大部分が外部からやってきた経済的衝撃に際しては、発達した福祉国家の存在は、その後の福祉改革の成功や急速な経済の回復の十分条件ではない。しかし、フィンランドの例はそのようなその後の展開が可能だということを証明しており、また、確固とした福祉国家は決して回復過程や新しい経済の成長を促がす上での障害ではないということを証明している。

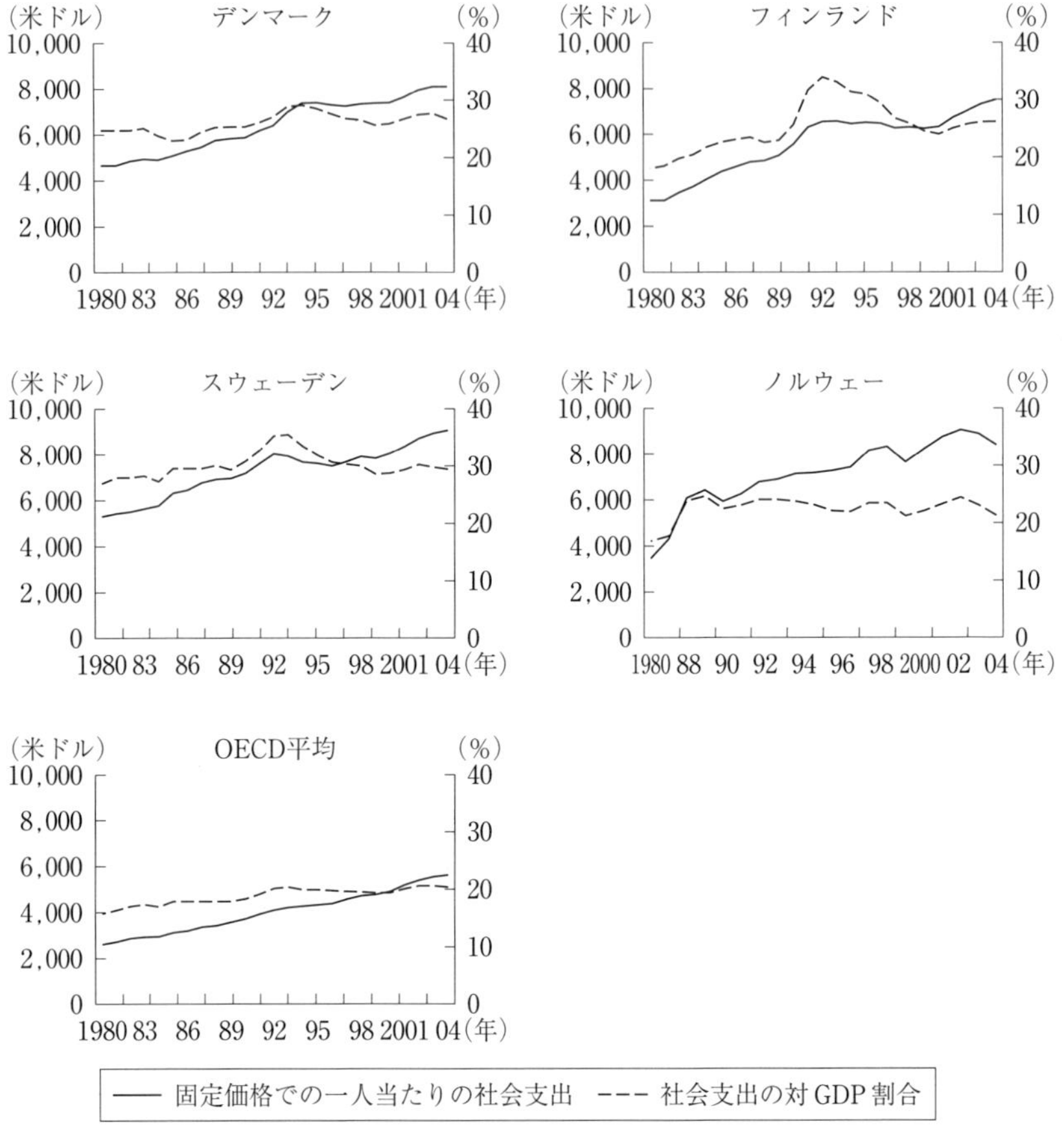


図16-2　北欧諸国における固定価格での一人当たり社会支出（インフレ調整値）と社会支出の対GDP割合（%，1980-2005年）

出所：OECD, Social and Welfare Statistics, Social Protection, Social Expenditure:（http://stats.oecd.org, 2009. 4. 18).

最近のヨーロッパ／北欧での展開は、社会政策の特質および国家と社会における主要な経済主体との結びつきの特質が、経済的、社会的、政治的危機の重要な転機において、危機からの脱出する方法にとって重要であるということを提示している。最近の一〇年間におけるスウェーデンとフィンランドの経験のもう一つの教訓は、民主的な制度や組織は、新しい予期せぬ問題に対応できるということである。社会における突然で予期されぬ危機が起きた際に、どのような制度が存在するかが大いに問題である。

北欧諸国は少しずつ、公的部門の収入と支出の大きな不均衡に対して、支出の伸びを抑制し、いくつかの給付を削減することにより対応した。一九九〇年代前半に社会支出が頂点を示した後、GDPの割合で見た公的社会支出は、二〇〇〇年代の初めには一九九〇年のレベルにまで戻った（図16-2参照）。フィンランドとスウェーデンは、一九九〇年代前半に支出が最も伸びた国であり、フィンランドではGDPの二五％からほとんど三五％へと伸び、スウェーデンではGDPの三一％から三七％へと伸びていた。今日、北欧四カ国はすべて比較的高い社会支出を維持しており、デンマークとスウェーデンがGDPの約三〇％、ノルウェーとフィンランドが約二五％を支出している。

図16-2は、社会支出のどのような分析においても、一つだけの指標に頼ってはならないことを教えてくれる。社会支出のGDPに占める割合に基づけば、我々は、簡単に、北欧諸国は成長の限界に達しつつあるという議論を始めそうである。一九九〇年代前半以降、社会支出の展開は着実な成長パターンを辿ったとは全く言い難い。そうではなく、成長していない時もあれば、年ごとに変動するパターンもある。しかし、社会支出の本当の成長を描写する数値を見れば、我々はほとんど一定を保った成長を表す図に到達する。

最近の公的雇用の成長を考慮に入れると、その構図はより複雑なものとなる。先に記したように、北欧福祉国家の黄金時代の描写は、公的部門の拡大を意味している（三八四頁以下を参照）。一九九〇年代と二〇〇〇年代に、総雇用中の政府雇用の割合は高いレベルに留まったが、もはや上昇することはなかった。一方、特に大陸欧州諸国および南欧福祉国家との比較において、データは公的サービスおよび公的当局に対する高い信頼を示している。

公的財政の制御を回復しようとする努力は、フィンランドではスウェーデンよりも過激な政策変更へとつながった。しかし、フィンランドにおけるいくつかの制度の厳しい削減は、基本的生活を確保するための政策革新によってフォローされた。長期にわたる失業者や、全くあるいはほとんど就業経験をもたない若者のためのプログラムが開始された。スウェーデンでは、さまざまな政党の各種の福祉政策に関する内紛が、一九九一年から一九九四年の非社会主義連立内閣を、社会民

表16－8　異なるタイプの欧州福祉国家における政府雇用の総雇用に対する割合（1970-2005年，単純平均）

（％）

| 年 | 1970 | 1980 | 1995 | 2000 | 2005 |
|---|---|---|---|---|---|
| デンマーク | 16.8 | 28.3 | 34.2(2) | — | — |
| フィンランド | 11.8 | 17.8 | 21.0 | 21.0 | 21.3 |
| ノルウェー | 16.4 | 21.9 | — | 28.5 | 28.8 |
| スウェーデン | 20.6 | 30.7 | 29.8 | 29.6 | 28.3 |
| 北欧諸国（平均）(1) | 16.4 | 24.7 | 28.3 | 26.4 | 26.1 |
| 欧州大陸諸国(1) | 12.9 | 16.4 | 13.9(2) | 15.9(2) | 14.6 |
| 南欧諸国(1) | 10.3(2) | 12.4(2) | 12.3(2) | 12.9(2) | 13.2(2) |
| イギリス | 18.0 | 21.2 | 20.0(2) | — | — |

注：(1)国の分類
欧州大陸諸国：オーストリア，ベルギー，フランス，ドイツ，オランダ
北欧諸国：デンマーク，フィンランド，ノルウェー，スウェーデン
南欧諸国：ギリシャ，イタリー，ポルトガル，スペイン
(2)ギリシャの数値はすべての年について不明。デンマークについての出所は，1995: OECD National Accounts. 1984-1996. Volume II.; フランスについての1995年の数値およびドイツについての1995年および2000年の数値は不明。イタリアについての1995年，2000年，2005年の数値は不明。イギリスについての出所は，OECD National Accounts. 1984-1996. Volume II. イギリスについての2000年，2005年の数値は不明。

出所：1970-1980: OECD（1983）p. 98;（1987a）p. 38. 1995-2005: OECD Statistics on Public Employment derived from CEPD（see Pilichowski E. and E. Turkisch（2008），“Employment in Government in the Perspective of the Production Costs of Goods and Services in the Public Domain”, OECD Working Papers on Public Governance, No. 8, OECD Publishing）.

主党の支持なしでは拡大する予算不均衡の問題に対処できないようにしていた。一九九二年の後半，スウェーデンが大きな通貨危機に見舞われていた際に，政府と野党の間で大きな合意が成立した。やや不慣れな政府は，自身のみでは財政不均衡の問題に取り組めなかった。一方，社会民主党は，以前の戦後期の選挙戦の時とは違って，一九九四年に勝利した選挙のための公約の一部として，給付の縮減といった総合的な緊縮手段を約束した。その公約には，最富裕層への小規模な増税が含まれており，これが，急速に右派政権支持から左派政権支持に変化し，地方に支持層をもつ中道の中央党の支持を引き寄せた。このように，一九九〇年代の前半の危機の際には，あちこちで，大きな歳入欠陥を乗り越えるには福祉国家を廃するしかないと広く考えられたが，福祉国家はスリム化されたものの，圧縮されてしまった訳ではなかった（Nordlund 2005）。結局，危機は一時的なものに終わり，こんにちまでのところ，経済の回復は財政的余剰とGDPに対する公的社会支出割合の相当の減少を生んだ（図16-2）。もう一つの危機が迫っているが，北欧では，福祉国家にはいまだ相当の行動の自由が残されている。この一〇年の内に行われた多くの福祉の政治的発展についての評価のなかでは，北欧諸国は，いまだ別物であると見

表16-9　異なるタイプの欧州福祉国家における2000年代中盤の所得格差，1980年代中盤～2000年代中盤の所得格差の趨勢，および2000年代中盤の貧困率

| | 所得格差の水準 | 所得格差の趨勢 | | 貧困率 |
|---|---|---|---|---|
| | 2000年代中盤のジニ係数(OECD) | ジニ係数の変化 | | 2000年代中盤の貧困率 50%中間値(LIS.) |
| | | 1980年代中盤～1990年代中盤の変化（LIS.） | 1990年代中盤～2000年代中盤の変化（LIS.） | |
| | | 割合（%）の変化 | | |
| デンマーク | 0.23 | −0.6 | 1.1 | 6 |
| フィンランド | 0.27 | 2.1 | 4.1 | 7 |
| ノルウェー | 0.28 | 2.2 | 2.0 | 6 |
| スウェーデン | 0.23 | 1.4 | 2.3 | 7 |
| 北欧諸国(平均)(1) | 0.25 | 1.3 | 2.4 | 6.5 |
| 欧州大陸諸国(1) | 2.78 | 0.5 | 0.4 | 7.4 |
| 南欧諸国(1) | 0.35 | 1.0 | 0.4 | 13.7 |
| イギリス | 0.34 | 2.9 | −1.9 | 12.0 |
| OECD 平均 | 0.31(2) | 1.7(3) | 0.1(3) | — |

注：(1)国の分類
欧州大陸諸国：オーストリア，ベルギー，フランス，ドイツ，オランダ
北欧諸国：デンマーク，フィンランド，ノルウェー，スウェーデン
南欧諸国：ギリシャ，イタリー，ポルトガル，スペイン
(2) OECD 30カ国——数値不明。
(3) OECD 24カ国——数値不明。
出所：OECD（2008）pp. 51, 53, 154.

られ、社会的保護の「新自由主義的」モデルとの融合の方向には進まなかったと見られている。表16-9において、イギリスは、新自由主義国家のモデルを代表している。所得の不平等の水準および貧困についての数値は、北欧モデルと新自由主義モデルとの差が如何に大きいかを明瞭に示している。北欧諸国と大陸欧州諸国との間の差は、かなり小さい。

デンマークとスウェーデンは、OECD三〇カ国中で所得不平等の数値が最小である。フィンランドは七位で、ノルウェーは一一位となっている。表16-9は、また、フィンランドとノルウェーにおいては、一九九〇年代の末と二〇〇〇年代の前半に、所得の不平等の顕著な増加があったことを示している。どちらの国においても、これは、急速な経済成長の時期と重なっている。この時期には、特に、所得上位四分の一に含まれる者が所得を増やしていた（OECD 2008: 31, 51）。貧困率についての情報は、北欧の国民の間での高い平等の図を強化する。

北欧諸国（およびヨーロッパの経験）から学ぶべき重要な教訓は、福祉国家は多くの機能を果たし、また果たすことができるという単純な

ものである。それゆえ、ヨーロッパ以外の他の地域において、何が学ぶべき適切な教訓であるか、何が適切な福祉政策による解決策であるかという議論には、多くの枠組みを与えることができる。社会的保護および福祉は、しばしば貧困の軽減や所得およびサービスの必要とされる最低限度に関して議論される。貧困の削減は、社会法制を公約に乗せる多くの政府にとって、歴史的に唯一の目標だった。しかし、欧州福祉国家の設立は、特に北欧タイプと大陸欧州タイプでは、もっと多くのことに関するものであった。元来は、社会的調和と制度への支持が重要な考慮要素であった。時の経過とともに、所得の喪失を生じさせる事件やリスクに対して保険をかけるために、また、生涯期間での所得の再配分や社会集団間の所得の再分配のために、そして、すべての市民に保障されているという感覚を与えるために、多くの制度が作り上げられていった（Atkinson 1999: 5-6）。制御された実験は不可能であるが、我々は、北欧・西欧の文脈における福祉国家とは、社会での重大な騒乱、強力な革命的運動、広範囲にわたる貧困を防いできた社会の「安定化装置」であったように思われることを敢えて主張する。民主的政府、規制された資本主義市場経済、および比較的総合的な福祉制度の構造の集合体は、どちらかというと成功裏に、変化する社会的需要と政治的希望を組み上げてきた。

要約すれば、過去二〇年間の間に北欧福祉モデルは、殊にフィンランドとスウェーデンにおいて、一九九〇年代の前半に厳しい試練にさらされることとなったが、その中核的要素である普遍性と社会的、経済的階層化を再活性化し、維持することができた。我々は、広義の政策発展を示す目標をもって、マクロ的視点から制度と結果を見て、北欧の福祉国家は終末を迎えたという観察に反駁する。選択したデータを使って、我々は、北欧福祉モデルでの変化がどこで起きたかを説明したところであり、本章の最後では、北欧福祉モデルが、グローバル化と地域的な欧州統合の中でどのような地域的影響を与えたかについての仮の結論を引き出すこととする。

## 6　北欧モデルの影響力

本章における我々の分析は、北欧福祉国家の勃興がいくつかの特別の歴史的前提条件によって可能となったということを意味している。それはまた、北欧福祉国家が、外部からの大変強い圧力にさらされながらも生き残ることができたということを示している。この筋書きが、真実であるには良すぎるものであるかどうかは、歴史のみが教えてくれる。

北欧の奮闘を比較することから得られた知見を要約すると、北欧福祉国家にとって変化した条件の最も明白な結果のいくつかは認めざるを得ない。国際人口移動、人口構成の変化、グローバル化と欧州統合、より開かれた経済、階級構造の変化、イデオロギー的・政治的潮流といったことは、北欧福祉国家の主要な次元に目に見える衝撃を与えた。国家がいまだに福祉サービスの主要な財政的担い手であったが、広範囲にわたる国家の守備範囲は、より多くの私企業や公的部門内外の競争にとって代わられた。これは特に、地方レベルで当てはまった。さらに、最近の二〇年間では、普遍主義が北欧福祉国家のバックボーンであり続けたが、たとえば、収入により関連づけられた給付システムへの目に見える変更があった。不平等が増大しがちであり、特に、所得階層の最上位にいる者が、より多くの取り分を占めることに成功してきていた。

同時に、「スカンジナビアの」あるいは「北欧（福祉）モデル」として知られるようになったものは、国際的マスメディアや政府間組織からますますの注意を引いた。もっとも、そのいずれもが、熱狂的に賛美するというわけではなく、むしろ、社会政策に関する文献のなかで、熱狂的に賛美されていた。このモデルの重要な要素は、包括的な政府の福祉供給、（広い意味での）福祉に関わる雇用の規模、総雇用中の公的雇用、再分配、主に政府財政からの財源手当て、女性に労働市場参入を慫慂するジェンダー視点と家族政策、積極的労働市場政策、国家・公的福祉供給に対する高い正当性の付与、市民権に基づく社会権である。

北欧福祉国家は多くの点で互いに異なるが、それらは世界の福祉国家のなかの一つのカテゴリーもしくは「家族」と括るに足るだけ、さまざまな面で類似している。しかし、想定されるグローバル化の脅威にもかかわらず、脱グローバル化という非常に明確に存在する危険がある。特に、二〇〇八年の世界的金融崩壊は、世界中で増大する孤立主義や保護主義への広範な懸念を生じさせた。新しい状況は、北欧経済の開放度を害するかもしれない。国際人口移動は、より議論のあるものとなるかもしれず、欧州連合は、その加盟国外からの人々の流入を積極的に抑制している。さらに、国内的には、人口的等質性の喪失に対する反発の増大は、福祉国家の幅広い基礎をもつ政治的正当性を崩してしまうかもしれない。しかしながら、断続的な経済の下降[3]にもかかわらず、北欧諸国は、高い税と低い社会的、経済的不平等と包括的福祉制度を長期的視点から見て「満足できる」（とても満足できるものですらある）経済成長と両立させることをやり遂げた。この明らかな成功の物語で重要な要素は、福祉国家を人口構成的および経済的課題に合わせて改革し、調整しながら、経済のダイナミズムと革新性を維持する能力と包容力であった。包括的公的福祉は、グローバルな文化、経済、政治に曝される時代に、明らかに満足できる経済的、社会的発展、安定した政治的発展と手を携えて進行していた。

北欧福祉国家グループは、このようなものとして他の諸国が参照し、恐らくそこから学べる「北欧福祉モデル」を構成する政治的構造物、あるいは、グローバル化の増大の時代に包括的福祉国家と両立して成功した開放経済として、考えられているかもしれない。北欧福祉国家は、歴史的に社会保険についての国際的モデルから着想を得てから、独自の形をもつ国際的モデルとなった。

北欧諸国をヨーロッパの他の国々と比較する北欧研究の結果を要約するとき、北欧の学者による分析のいくつかは、疑いもなく「北欧中心的」偏見を含んでいるということが指摘されてきた。市場経済によって創出された鎖が切れたところに、北欧の奇跡があるように見える。時折、殊に家族や家族政策に関しては、これにプロテスタント的なものの見方がついてくる。「北欧モデル」は、発展の到達点であり、他のヨーロッパ諸国にとってのモデル・世界に冠たる北欧モデルであると時折みなされる。しかしながら、前述の分析は、北欧のやり方がヨーロッパ共通のモデルとは考えられないことを意味している。単に他のヨーロッパ諸国は、北欧の前提条件やその因果関係に従った結果を真似ることができないのである。かなり広い文化的異質性や多国的、連邦的構造に基づく制度は、普遍的で国家を中心とした福祉政策を作り出しそうにはない（Alestalo & Flora 1994: 60-62）。これは、単一制度や単一枠組みのレベルでの普及と政治的学習の影響を否定するものではない。二〇〇七年、劇的に拡大されたドイツの「育児休暇給付金」政策は、スウェーデンあるいは北欧「モデル」に範をとったものである。モデルの影響は、大国から小国への一方通行ではない。また、他のヨーロッパ諸国は、近年、特に積極的労働市場政策および家族政策において、北欧のいくつかの教訓に学び、家族と労働の折り合いをつけることをより容易にしている。これらの教訓はまた、ＯＥＣＤや欧州連合を通じて普及している（Oinonen 2008: 174-185）。

## 注

（1）ここに図表をまとめていただいたことに対し、Jenni Nurmenniemi に感謝を表す。本章の草稿は、最初に Peter Flora の六五歳の誕生日を記念するシンポジウム（二〇〇九年三月六～七日）で発表された。内容および形式について貴重な意見をいただいた Valeria Fargion および Peter Flora、さらには他の参加者に感謝を表す。表現された意見およびなお残る間違いについては、著者のみがその責めに任ずるものである。

（2）事実、その法律がドイツの法に触発されたものであったとしても、それが公に認められることはありそうになかった。この時代は、一八六四年の第二次シュレスウィッヒ戦争の結果、ドイツにシュレスウィッヒを奪われたことのために、デンマークには、強い反独感情があったからである。（本書第二章参照）。

（3）特に、一九九〇年代前半のフィンランドとスウェーデン。

## 参考文献


Abrahamson, P.（2002）“The Welfare Modelling Business”, *Social Policy and Administration,* 33(4), pp. 394–415.

Agell, J., T. Lindh, & H. Ohlsson（1997）“Growth and the Public Sector: A Critical Review Essay”, *European Journal of Political Economy,* 13(1), pp. 33–52.

Ahrne, G., & A. Papakostas（2002）*Organisationer, samhälle och globalisering,* Studentlitteratur, Lund.

Aidukaite, J.（2004）*The Emergence of the Post-Socialist Welfare State,* Södertörn Doctoral Dissertations: 1, Sodertorn University Collage, Stockholm.

Aidukaite, J.（2009）*Poverty, Urbanity and Social Policy: Central and Eastern Europe Compared,* Nova Sciences Publishers, New York.

Alber, J. & G. Standing（2000）“Social Dumping, Catch-up or Convergence? Europe in a Comparative Global Context”, *Journal of European Social Policy,* 10(2), pp. 99–119.

Alestalo, M.（1986）*Structural Change, Classes and the State: Finland in an Historical and Comparative Perspective,* Research Group for Comparative Sociology, University of Helsinki, Research Reports, 33.

Alestalo, M.（1994）“Finland: The Welfare State at the Crossroads”, in N. Ploug & J. Kvist（eds.）*Recent Trends in Cash Benefits in Europe. Social Security of Europe,* Copenhagen, The Danish National Institute of Social Research, pp. 73–84.

Alestalo, M., S. Bislev & B. Furåker（1991）“Welfare State Employment in Scandinavia”, in J. E. Kolberg（ed.）*The Welfare State as Employer,* M. E-Sharpe, New York and London, pp. 36–58.

Alestalo, M. & P. Flora（1994）“Scandinavia: Welfare States in the Periphery–Peripheral Welfare States”, in M. Alestalo, E. Allardt, A. Rychard & W. Wesolowski（eds.）*The Transfomation of Europe. Social Conditions and Consequences,* IFiS Publishers, Warsaw, pp. 53–73.

Alestalo, M. & S. Kuhnle（1987）“The Scandinavian Route: Economic, Social, and Political Developments in Denmark, Finland, Norway, and Sweden”, in R. Erikson, E. J. Hansen, S. Ringen & H. Uusitalo（eds.）*The Scandinavian Model. Welfare States and Welfare Research,* M. E. Sharpe, New York and London, pp. 3–38.

Alestalo, M. & Hannu U.（1992）“Social Expenditure: A Decompositional Approach”, in J. E. Kolberg（ed.）*The Study of Welfare State Regimes,* M. E. Sharpe, New York and London, pp. 37–68.

Alestalo, M., H. Uusitalo & P. Flora（1985）“Structure and Politics in the Making of the Welfare State: Finland in Comparative Perspective", in R. Alapuro, M. Alestalo, E. Haavio-Mannila & R. Vayrynen (eds.) *Small States in Comparative Perspective,* Universitetsforlaget, Oslo, pp. 188-210.

Allardt, E. (1984) "Representative Government in a Bureaucratic Age", *Daedalus 113,* pp. 169-197.

Allardt, E. (1986) "The Civic Conception of the Welfare State", in R. Rose & R. Shiratori (eds.) *The Welfare State East and West,* Oxford University Press, Oxford.

Andersen, J. G. (2007) "The Danish Welfare State as 2 Politics for Markets 2: Combining Equality and Competitiveness in a Global Economy", *New Political Economy,* 12(1), pp. 71-78.

Anttonen, A. & J. Sipilä (1996) "European Social Care Services: Is It Possible to Identify Models ?", *Journal of European Social Policy,* 6(2), pp. 87-100.

Atkinson, A. B. (1999) *The Economic Consequences of Rolling Back the Welfare State,* Cambridge University Press, Cambridge.

Baldwin, P. (1990) *The Politics of Social Solidarity — the Class Basis of the European Welfare State 1875-1975,* Cambridge University Press, Cambridge.

Barrientos, A. (2004) "Latin America: Towards a Liberal-informal Welfare Regime", in I. Gough, with A. Barrientos, P. Bevan, P. Davis & G. Room, *Insecurity and Welfare Regimes in Asia, Africa and Latin America,* Cambridge University Press, Cambridge.

Benner, M. (1997) *The Politics of Growth — Economic Regulation in Sweden 1930-1994,* Arkiv, Lund.

Berven, N. (2005) *National Politics and Cross-national Ideas. Welfare, Work and Legitimacy in United States and Norway,* Rokkan Centre Report 5, Bergen.

Borrås, S. & K. Jacobsson (2004) "The Open Method of Co-ordination and New Governance in the EU", *Journal of European Public Policy,* 11(2), pp. 85-202.

Borzutsky, S. (2002) *Vital Connections — Politics, Social Security and Inequality in Chile,* University of Notre Dame Press, Notre Dame, Indiana.

Carson, M (2004) "A Paradigm Shift ?" in Nanna Kildal & Stein Kuhnle (eds.) *Normative Foundations of the Welfare State: The Nordic Experience,* Routledge, London.

Castles, F. G. (1978) *The Social Democratic Image of Society: A Study of the Achievements and Origins of Scandinavian Social Democracy in Comparative Perspective,* Routledge and Kegan Paul, London, Henley and Boston.

Castles, F. G. (1998) *Comparative Public Policy,* Edward Elgar, Cheltenham.

Castles, F. G. & D. Mitchell (1990) "Three Worlds of Welfare Capitalism or Four ?", Public Policy Program, Discussion Paper, No. 21. October 1990, The Australian National University, Canberra.

Childs, M. (1936) *Sweden: The Middle Way,* Yale University Press, New Haven.

Christiansen, N. F., K. Petersen, N. Edling & P. Håve (eds.) (2006) *The Nordic Model of Welfare: A Historical Reappraisal,* Museum Tusculanum Press, Copenhagen.

Cox, R. (2004) "The Path-Dependency of an Idea: Why Scandinavian Welfare States Remain Distinct ?", *Social Policy and Administration,* 38(2), pp. 204–219.

Deacon, B. (2000) "Eastern European Welfare States: the Impact of the Politics of Globalization", *Journal of European Social Policy,* 10(2), pp. 146–163.

Dowrick, S. (1996) "Swedish Economic Performance and Swedish Economic Debate: A View from Outside", *Economic Journal,* 106, pp. 1772–1779.

The Economist, *The World in 2007,* 21st Edition, 2006.

Erikson, R., E. J. Hansen, S. Ringen & H. Uusitalo (eds.) (1987) *The Scandinavian Model: Welfare States and Welfare Research,* M. E. Sharpe, New York and London.

Eitrheim, P. & S. Kuhnle (2000) "Nordic Welfare States in the 1990s: Institutional Stability, Signs of Divergence", in S. Kuhnle (ed.) *Survival of the European Welfare State,* Routledge, London and New York, pp. 39–57.

Esping-Andersen, G. (1990) *The Three Worlds of Welfare Capitalism,* Polity Press, Cambridge.

Esping-Andersen, G. (1999) *Social Foundations of Postindustrial Economies,* Oxford University Press, Oxford.

Esping-Andersen, G. (2002) "A Child-Centred Social Investment Strategy", in G. Esping-Andersen, D. Gallie, A. Hemerijck & J. Myles, *Why We Need a New Welfare State,* Oxford University Press, Oxford, pp. 26–67.

Esping-Andersen, G. (2005) "Education and Equal Life-Chances: Investing in Children", in O. Kangas & J. Palme (eds.) *Social Policy and Economic Development in the Nordic Countries,* Palgrave Macmillan, London, pp. 147–163.

Esping-Andersen, G. with D. Gallie, A. Hemerijck & J. Myles (2002) *Why We Need a New Welfare State,* Oxford University Press, Oxford.

Esping-Andersen, G. & W. Korpi (1987) "From Poor Relief to Institutional Welfare States: The Development of Scandinavian Social Policy", in R. Erikson, E. J. Hansen, S. Ringen & H. Uusitalo (eds.) *The Scandinavian Model. Welfare States and Welfare Research,*

M. E. Sharpe, New York and London, pp. 39–74.

Fargion, V. (2008) "Nord e Sud del mondo — Le Politiche Sociali nell'era della globalizzazione", *La Rivista delle Politiche Sociali*, No 1.

Ferrarini, T. & K. Forssen (2005) "Family Policy and Cross-National Patterns of Poverty", in O. Kangas & J. Palme (eds.) *Social Policy and Economic Development in the Nordic Countries*, Palgrave Macmillan, London, pp. 118–146.

Ferrera, M. (1996) "The Southern Model of Welfare in Social Europe", *Journal of European Social Policy*, 6, pp. 17–37.

Flora, P. (ed.) (1986) *Growth to Limits: The Western European Welfare States Since World War II*, Vol 1: Sweden, Norway, Finland, Denmark; Vol. 2: Germany, United Kingdom, Ireland, Italy; Vol. 4: Appendix (Synopses, Bibliographies, Tables), Walter de Gruyter, Berlin and New York.

Flora, P. (ed., with S. Kuhnle and D. Urwin) (1999) *State-Formation, Nation-Building and Mass Politics in Europe — the Theory of Stein Rokkan*, Oxford University Press, Oxford.

Flora, P. & J. Alber (1981) "Modernization, Democratization, and the Development of Welfare States in Western Europe", in P. Flora & A. J. Heidenheimer (eds.) *The Development of Welfare States in Europe and America*, Transaction Books, New Brunswick and London, pp. 37–80.

Fritzell, J. (2001) "Still Different? Income Distribution in the Nordic Countries in a European Comparison", in M. Kautto, J. Fritzell, B. Hvinden, J. Kvist & H. Uusitalo (eds.) *Nordic Welfare States in the European Context*, Routledge, London and New York, pp. 18–41.

Fritzell, J. & O. Lundberg (2005) "Fighting Inequalities in Health and Income: One Important Road to Welfare and Social Development", in O. Kangas & J. Palme (eds.) *Social Policy and Economic Development in the Nordic Countries*, Palgrave Macmillan, London, pp. 164–185.

Godinho Delgado, M. & L. V. Porto (org.) (2007) *O Estado de Bem-Estar Social no Século XXI*, Sao Paolo Editora LTr.

Gough, I., with G. Wood, A. Barrientos, P. Bevan, P. Davis & G. Room (2004) *Insecurity and Welfare Regimes in Asia, Africa and Latin America*, Cambridge University Press, Cambridge.

Goul Andersen, J. (1999) "Den universelle velferdsstat", *Grus*, No. 56/57, pp. 40–62.

Grigoyeva, I., N. Kildal, S. Kuhnle & V. Minina (eds.) (2004) *Welfare State Development in Nordic Countries and Russia*, St. Petersburg State University, St. Petersburg.

Guillén, A. M. & M. Matsaganis (2000) "Testing the 'Social Dumping' Hypothesis in Southern Europe: Welfare Policies in Greece and

Spain during the last 20 Years", *Journal of European Social Policy,* 10(2), pp. 120-145.
Hajighasemi, A. (2004) *The Transformation of the Swedish Welfare System: Fact or Fiction? Globalisation, Institutions, and Welfare State Change in a Social Democratic Regime,* Södertörn Academic Studies, Huddinge.
Hajighasemi, A., Sven E O Hort et al. (2006) *Experiment, motstånd, makt — det kommunala integrationsarbetet och storstadssatsningen i Södertälje,* Södertörn University, Huddinge.
Hallerod, B., C. D. Martinez & J. Sacks (2007) "Doing Gender While Doing Couple: Concluding Remarks", in J. Sacks, C. D. Martinez & B. Hallerod (eds.) *Modern Couples Sharing Money, Sharing Life,* Palgrave Macmillan, London, pp. 143-155.
Hatland, A. (1992) *Til dem som trenger det mest? Ökonomisk behovspröving i norsk sosialpolitikk,* Universitetsforlaget, Oslo.
Hernes, H. M. (1978) *Welfare States and Woman Power: Essays in State Feminism,* Norwegian University Press, Olso.
Hilson, M. (2008) *The Nordic Model: Scandinavia Since 1945,* Reaktion Books, London.
Hort, S. E. O. (2001) "Sweden: Still a Civilized Version of Workfare?", in N. Gilbert (ed.) *Activating the Unemployed: A Comparative Appraisal of Work-Oriented Policies,* Transaction, New Brunswick.
Hort, S. E. O. (2004) "Normative Innovations from Lindbeck to Svegfors — towards a Dynamic Conservativism?", in N. Kildal & S. Kuhnle (eds.) *The Normative Foundations of the Nordic Welfare Model,* Routledge, London, pp. 149-168.
Hort, S. E. O. (2005a) "Incubating Entrepreneurs via Collaborative Efforts between Business Communities and City Councils — the Stockholm Experiment", Proceedings from the INNOPB-URBAN Conference, Ipoh, Malaysia, March 8-9th.
Hort, S. E. O. (2005b) "After Warfare — Welfare? Excavating the Future of Social Policy in South Eastern Europe — towards a European Welfare Model?", in S. Kuhnle (ed.) *Social Policy Development in South Eastern Europe: Outside Influences and Domestic Forces,* Rokkansentret Report No 2, Bergen.
Hort, S. E. O. (2008) "Different Origins, Common Paths? Fifty Years of Social Science, Social Policy and Social Politics in Europe", in M. G. Mitev (ed.) *Reframing Social Policy: Actors, Dimensions, and Reforms,* Institute of Social Work and Social Policy of the Faculty of Philosophy of the University of SS, Cyril and Methodius in cooperation with the Friedrich Ebert Stiftung, Skopje.
Hort, S. E. O. & S. Kuhnle (2000) "The Coming of East and South East-Asian Welfare States", *Journal of European Social Policy,* 10(2), pp. 162-184 (republished In S. Leibfried & S. Mau (eds.) *Welfare States: Construction, Deconstruction, Reconstruction,* Vol. II., Edward Elgar, Aldershot, 2008).
Huber, J. & Stephens, J. (2005) "The Welfare State and Economy", in N. Smelser & R. Swedberg (eds.) *Handbook of Economic So-*

*ciology,* Russell Sage Foundation and Princeton University Press, New York and Princeton.

Kangas, O. & J. Palme（2005）“Coming Late — Catching Up: The Formation of a ‘Nordic Model’”, in O. Kangas & J. Palme（eds.）*Social Policy and Economic Development in the Nordic Countries,* Palgrave Macmillan, London, pp. 17–59.

Kautto, M., M. Heikkilä, B. Hvinden, S. Marklund & N. Ploug（eds.）（1999）*Nordic Social Policy: Changing Welfare States,* Routledge, London.

Kautto, M., J. Fritzell, B. Hvinden, J. Kvist & H. Uusitalo（2001）“Introduction: How Different Are the Nordic Welfare States”, in M. Kautto, J. Fritzell, B. Hvinden, J. Kvist & H. Uusitalo（eds.）*Nordic Welfare States in the European Context,* Routledge, London and New York, pp. 1–17.

Kay, S. J.（2000）“Recent Changes in Latin American Welfare States: Is there Social Dumping ?”, *Journal of European Social Policy,* 10(2), pp. 185–203.

Kiander, J.（2005）“Growth and Employment in the ‘Nordic Welfare States’ in the 1990s: a Tale of Crisis and Revival”, in O. Kangas & J. Palme（eds.）*Social Policy and Economic Development in the Nordic Countries,* Palgrave Macmillan, London, pp. 210–240.

Kildal, N.（2001）*Den nya sociala frågan, Om arbete, inkomst och rättvisar,* Daidalos, Götenborg.

Kildal, N. & S. Kuhnle（2005）“The Nordic Welfare Model and the Idea of Universalism”, in N. Kildal & S. Kuhnle（eds.）*Normative Foundations of the Welfare State: The Nordic Experience,* Routledge, London.

Kohl, J.（1981）“Trends and Problems in Postwar Public Expenditure Development in Western Europe and North America”, in P. Flora & A. J. Heidenheimer（eds.）*The Development of Welfare States in Europa and America,* Transaction Books, New Brunswick and London, pp. 307–344.

Korpi, W.（1978）*The Working Class in Welfare Capitalism. Work, Unions and Politics in Sweden,* Routledge and Kegan Paul, London, Henley and Boston.

Korpi, W.（ed.）（1992）*Halkar Sverige efter ?,* Carlssons, Stockholm.

Korpi, W.（2005）“Does the Welfare State Harm Economic Growth ? Sweden as a Strategic Test Case”, in O. Kangas & J. Palme（eds.）*Social Policy and Economic Development in the Nordic Countries,* Palgrave Macmillan, London, pp. 186–209.

Kosonen, P.（1994）*European Integration: A Welfare State Perspective,* Sociology of Law Series, No. 8, University of Helsinki, Helsinki.

Kosonen, P.（1998）“Activation, Incentives, and Workfare in Four Nordic Countries”, in *MIRE: Comparing Social Welfare Systems in*

*Nordic Europe and France,* Maison des Sciences de l'Homme Ange-Guepin, Nantes, pp. 419–443.

Kravchenko, Z. (2008) *Family (versus) Policy — Combining Work and Care in Russia and Sweden,* Huddinge Södertörn University (Dissertation series no. 30).

Kuhnle, S. (1980) "National Equality and Local Decision-Making: Values in Conflict in the Development of the Norwegian Welfare State", *Acta Sociologica,* 23(2)(3), pp. 97–112.

Kuhnle, S. (1981) "The Growth of Social Insurance Programs in Scandinavia: Outside Influences and Internal Forces", in P. Flora & A. J. Heidenheimer (eds.) *The Development of Welfare States in Europe and America,* Transaction Books, New Brunswick and London, pp. 125–150.

Kuhnle, S. (1990) "Den skandinaviske velferdsmodellen — skandinavisk? Velferd? Model?", in A. R. Hovdum, S. Kuhnle & L. Stokke (eds.) *Visjoner om velferdssamfunnet,* Alma Mater, Bergen.

Kuhnle, S. (1996) "International Modelling, States and Statistics: Scandinavian Social Security Solutions in the 1890s", in D. Rueschemeyer & T. Skocpol (eds) *Social Knowledge and the Origins of Modern Social Politics,* Princeton University Press, Princeton, pp. 233–263.

Kuhnle, S. (2007) "International Modelling in the Making of National Social Security Systems: Some Notes on the Case of Norden", in *HSoG Yearbook 2007,* Hertie School of Governance, Berlin, December 2007, pp. 92–101.

Kuhnle, S., A. Hatland & S. Hort (2003) "A Work-Friendly Welfare State: Lessons from Europe", in K. Marshall & O. Butzbach (eds.) *New Social Policy Areas for Europe and Asia,* World Bank, Washington DC, pp. 325–344.

Kuhnle, S. & S. E. O. Hort (2004) *The Developmental Welfare State in Scandinavia: Lessons for the Developing World,* United Nations Research Institute for Social Development, Social Policy and Development, Programme Paper Number 17, September 2004.

Kumlien, S. & B. Rothstein (2005) "Making and Breaking Social Capital: the Impact of Welfare State Institutions", *Comparative Political Studies,* 38(4), pp. 339–365.

Leibfried, S. (1992) "Towards a European Welfare State?", in C. Jones (ed.) *New Perspectives on the Welfare State in Europe,* Routledge, London and New York.

Leibfried, S. & S. Mau (2008) "Introduction", in S. Leibfried & S. Mau (eds.) *Welfare States: Construction, Deconstruction, Reconstruction,* Vols. 1–3. Edward Elgar, Aldershot.

Leiulfsrud, H., I. Bison & H. Jensberg (2005) *Social Class in Europe: European Social Survey 2002/3,* NTNU Samfunnsforskning/

NTNU Social Research Ltd. Department of Sociology and Political Science, Norwegian University of Technology and Science, Norway and Department of Sociology and Social Research, University of Trento, Italy. (http://ess.nsd.uib.no/files/2003/ESS1SocialClassReport.pdf)

Lewis, J. (1992) "Gender and the Development of Welfare Regimes", *Journal of European Social Policy,* 2(3), pp. 159-173.

Lindbeck, A. (1997) *The Swedish Experiment,* Centre for Business and Policy Study (SNS), Stockholm.

Lindbeck, A., P. Molander, T. Persson, O. Petterson, A. Sandmo, B. Swedenborg & N. Thygesen (1994) *Turning Sweden Around,* MIT Press, Cambridge, MA..

Lindbom, A. & B. Rothstein (2004) "The Mysterious Survival of the Swedish Welfare State", Paper presented at the American Political Science Association, Chicago Sept 2-5th.

Lindvret, J. (2006) *Ihålig arbetsmarknadspolitik ?,* Borea, Umeå.

Loxbo, K. (2007) *Bakom socialdemokraternas beslut: en studie av den politiska förändringens dilemma—från 1950-talets ATP-strid till 1990-talets pensionsuppgörelse,* Växjö University Press, Växjö.

Lundberg, U. (2003) *Juvelen i kronan—socialdemokraterna och den allmänna pensionen,* Hjalmarsson & Högberg, Stockholm.

Marx, K. 〔1852〕 (1979) "The Eighteenth Brumaire of Louis Bonaparte", in K. Marx & F. Engels, *Collected Works,* Vol. II, Progress Publishers, Moscow, pp. 99-197.

Montanari I., K. Nelson, & J. Palme (2008) "Towards a European Social Model: Trends in Social Insurance among EU countries", *European Societies,* 10(5), pp. 787-810.

Moore, B., Jr. (1966) *Social Origins of Dictatorship and Democracy: Lord and Peasant in the Making of the Modern World,* Beacon Press, Boston.

Nørby Johansen, L. (1986) "Welfare State Regression in Scandinavia? The development of the Scandinavian Welfare States 1970-1980.", in E. Øysen (ed.) *Comparing Welfare States and their Future,* Gower, London, pp. 143-176.

Nordlund, A. (2002) *Resilient Welfare States: Nordic Welfare State Development in the Late 20th Century,* Doctoral Dissertation, Department of Sociology, Umeå University, Umeå.

Nordlund, A. (2005) "Nordic Social Policies in the Late Twentieth Century: An Analysis of the Political Reform Agenda.", in N. Kildal & S. Kuhnle (eds.) *Normative Foundations of the Welfare State: The Nordic Experience,* Routledge, London.

Nyström, P. (1989) "Välfärdsstatens styrningsmekanismer", in *Historia och biografi,* Arkiv, Lund.

OECD（1981）*The Welfare State in Crisis,* OECD, Paris.

OECD（2008）*Growing Unequal ? Income Distribution and Poverty in OECD Countries,* OECD, Paris.

Oinonen, E.（2008）*Families in Converging Europe: A Comparison of Forms, Structures and Ideals,* Palgrave Macmillan, London.

Olafsson, S.（2005）"Normative Foundations of the Icelandic Welfare State: on the Gradual Erosion of Citizenship-based Welfare Rights", in N. Kildal & S. Kuhnle（eds.）*Normative Foundations of the Welfare State,* Routledge, London.

Olofsson, G.（1987）"After the Working Class Movement ?", *Acta Sociologica,* 31(1).

Olsson, S. E.（1990）*Social Policy and Welfare State in Sweden,* Arkiv, Lund.

Olsson, S. E.（1993）"Postscript: Crisis, Crisis, Crisis: The Swedish Welfare State 1990–1992", in S. E. Olsson（ed.）*Social Policy and Welfare State in Sweden,*（2nd ed）, Arkiv, Lund.

Olsson, S. E.（2001）"La société civile, l'État, et la sécurité sociale en Suéde: centralisation et décentralisation dans le model sociale scandinave", *Un siècle de protection sociale en Europe,* Association de l'étude de l'historie de la Sécurité sociale, Paris, pp. 49–58.

Osterud, O.（1978）*Agrarian Structure and Peasant Politics in Scandinavia: A Comparative Study of Rural Response to Economic Change,* Universitetsforlaget, Oslo.

Papakostas, A.（2001）"Why is there no clientelism in Scandinavia ? A comparison of the Swedish and Greek Sequences of Development", in S. Piattoni（ed.）*Clientelism, Interests and Democratic Representation - the European Experience in Historical and Comparative Perspective,* Cambridge University Press, Cambridge.

Petersen, K.（2006）"Constructing Nordic Welfare ? Nordic Social Political Cooperation 1919–1955", in N. F. Christiansen, K. Petersen, N. Edling & P. Håve（eds.）*The Nordic Model of Welfare: A Historical Reappraisal,* Museum Tusculanum Press, Copenhagen.

Ringen, S.（1991）"Do Welfare State Come in Types", in P. Saunders & D. Encel（eds.）*Social Policy in Australia: Options for the 1990s,* University of New South Wales: Social Policy Research Centre. Reports and Proceedings, No. 96.

Ringen, S. & H. Uusitalo（1992）"Income Distribution and Redistribution in the Nordic Welfare States", in J. E. Kolberg（ed.）*The Study of Welfare Regimes,* M.-E. Sharpe, New York and London, pp. 69–91.

Rokkan, S. with A. Cambell, P. Torsvik & H. Valen（1970）*Citizens, Elections, Partie: Approaches to the Comparative Study of the Process of Development,* David McKay and Universitetsforlaget, New York and Oslo.

Rothstein, B.（1994）*Vad bör staten göra,* SNS-forlag, Stockholm.

Rothstein, B.（2001）"The Universal Welfare State as a Social Dilemma", *Rationality and Society,* 14, pp. 190–214.

Rothstein, B.（2009）"Svensk välfärdstatsforskning — en kritisk betraktelse", in B. R. Nyland, B. S. Tranöy & J. Christensen（eds.）*Hjernen er alene. Institusjonalisering, kvalitet og relevans i norsk velferdsforskning,* Universitetsförlaget, Oslo, pp. 107-128.

Rueschemeyer, D., E. H. Stephens & J. D. Stephens（1992）*Capitalist Development and Democracy,* Polity Press, Cambridge.

Sainsbury, D.（1999）*Gender and Welfare State Regimes,* Oxford University Press, Oxford.

Salminen, K.（1993）*Pension Schemes in the Making. A Comparative Study of the Scandinavian Countries,* Studies 1993: 2, The Central Pension Security Institute, Helsinki.

Saunders, P. & F. Klau（1985）"The Role of the Public Sector. Causes and Consequences of the Growth of Government", *OECD Economic Studies,* No. 4 / Spring 1985, OECD, Paris.

Schiller, C. & S. Kuhnle（2007）"'Modell Tyskland' under ombygging: mot en stille systemendring?", *Tidsskrift for velferdsforskning,* 10(2), pp. 73-90.

Svallfors, S.（1996）*Välfärdsstatens moraliska ekonomi, Välfärdsopinionen i 90-talets Sverige,* Boréa, Umeå.

Therborn, G.（1997）"Europe in the 21st Century: The World's Scandinavia?", in P. Gowan & P. Anderson（eds.）*The Question of Europe,* Verso, London.

Therborn, G.（2004）*Between Sex and Power,* Routledge, London.

Tranvik, T., & P. Selle（2007）"The Rise and Fall of Popular Mass Movements: Organizational Change and Globalization — the Norwegian Case", *Acta Sociologica,* 150(1), pp. 57-70.

Uusitalo, H.（2000）Social Policy in Deep Economic Recession and After: The Case of Finland, Paper presented at ISSA Conference of Social Security, Helsinki, September 25-27, 2000.（http://www.issa.int/pdf/Helsinki2000/topic4/2uusitalo.pdf）

Wallerstein, I.（1980）*The Modern World-System II. Mercantilism and the Consolidation of the European World-Economy, 1600-1750,* Academic Press, New York.

Westergaard, H.（1932）*Contributions to the History of Statistics,* P. S. King & Son, London.

Wilensky, H.（1975）*The Welfare State and Equality,* University of California Press, Berkeley.

Wilensky, H.（2002）*Rich Democracies,* University of California Press, Berkeley.

World Economic Forum（2006）*Global Competitiveness Report.*（http://www.weforum.org/en/initiatievs/gcp/Global%20Competitiveness%20Reprt/index.htm）

（マティ・アレスタロ、スヴェン・E・O・ホート、スタイン・クーンレ）

## や　行



## ら・わ行



## 欧　文

## な　行



## は　行



## ま　行

## た　行

# 索　　引

## あ　行



## か　行



## さ　行

カール・ヘンリク・シーヴシン（Karl Henrik Sivesind）（ノルウェー・ノルウェー（国立）社会研究所，上級研究員，第12章）

ペア・セレ（Per Selle）（ノルウェー・ベルゲン大学比較政治学部教授，第12章）

クリスター・ターンクビスト（Christer Thörnqvist）（スウェーデン・イェーテボリ大学社会学・労働学部准教授，第13章）

グレーテ・ブロックマン（Grete Brochmann）（ノルウェー・オスロ大学社会学・人文地理学部教授，第14章）

ヨーン・クビスト（Jon Kvist）（デンマーク・ロスキレ大学社会・グローバル学部教授，第15章）

マティ・アレスタロ（Matti Alestalo）（フィンランド・タンペレ大学名誉教授，第16章）

スヴェン・E・O・ホート（Sven E. O. Hort）（スウェーデン，現：ソウル国立大学社会福祉学部教授，第16章）

## 著者紹介（所属，執筆分担，執筆順）

クラース・オマルク（Klas Åmark）（スウェーデン・ストックホルム大学名誉教授，第１章）

ウルバン・ルンドベルグ（Urban Lundberg）（ストックホルム大学歴史学部研究員，第１章）

ナイルズ・フィン・クリスティアンセン（Niles Finn Christiansen）（デンマーク・南デンマーク大学名誉教授，第２章）

クラウス・ペーターセン（Klaus Petersen）（デンマーク・南デンマーク大学福祉国家研究センター教授，第２章・第６章）

オイヴィン・ビョルンソン（Øyvind Bjørnson）（ノルウェー・元：ベルゲン大学歴史学部教授，第３章）

パウリ・ケットネン（Pauli Kettunen）（フィンランド・ヘルシンキ大学政治・経済学部政治史教授，第４章）

ユームナー・ヨーンソン（Guðmundur Jónsson）（アイスランド・アイスランド大学歴史学部教授，第５章）

ニナ・キルデル（Nanna Kildal）（ノルウェー・ベルゲン大学ロッカンセンター上級研究員，第７章）

スタイン・クーンレ（Stein Kuhnle）（ノルウェー・ベルゲン大学比較政治学部教授，第７章・第16章）

ヨアキム・パルメ（Joakim Palme）（スウェーデン・ウプサラ大学政治学部教授，第８章）

オリ・カンガス（Olli Kangas）（フィンランド・フィンランド社会保険庁研究部門長特任教授，第８章）

アネッテ・ボーコスト（Anette Borchorst）（デンマーク・オールボー大学歴史・国際・社会研究学部教授，第９章）

アネ・スケビック・グルデ（Anne Skevik Grødem）（ノルウェー・（国立）社会研究所上級研究員，第10章）

アクセル・ハトランド（Aksel Hatland）（ノルウェー・（国立）社会研究所上級研究員，第10章）

シーヴ・サンベルグ（Siv Sandberg）（フィンランド・オーボ・アカデミー大学行政学部研究員，第11章）

## 訳者紹介（所属，執筆分担，執筆順，＊は監訳者）

＊上《かみ》　子《こ》　秋《あき》　生《お》（立命館大学政策科学部教授：第１章・第３章・第８章・第11章・第15章・第16章）

＊大《おお》　塚《つか》　陽《よう》　子《こ》（立命館大学政策科学部教授：第２章・第９章・第10章・第13章）

桜《さくら》　井《い》　政《まさ》　成《なり》（立命館大学政策科学部教授：第４章・第12章・第14章）

上久保《かみくぼ》　誠《まさ》　人《と》（立命館大学政策科学部教授：第５章・第６章・第７章）



北欧福祉国家は持続可能か
——多元性と政策協調のゆくえ——

2017年11月20日　初版第１刷発行　〈検印省略〉

定価はカバーに
表示しています

監訳者　大　塚　陽　子
　　　　上　子　秋　生

発行者　杉　田　啓　三

印刷者　江　戸　孝　典

発行所　株式会社　ミネルヴァ書房

607-8494　京都市山科区日ノ岡堤谷町１
電話代表　075-581-5191
振替口座　01020-0-8076





共同印刷工業・新生製本

ISBN978-4-623-07535-5

Printed in Japan